Werner Geers

Berufliche Informatik

Office 2016

Word 2016 – Excel 2016 – Access 2016 – PowerPoint 2016
HTML5 – CSS3 – PHP – MySQL – SQL –
Statistische Analyseverfahren – E-Commerce

1. Auflage

Bestellnummer 70280

■ Bildungsverlag EINS
westermann

Vorwort

Das Buch „Berufliche Informatik – Informationsverarbeitung" für Fachgymnasien und Berufsfachschulen, Fachschulen usw. bietet die Möglichkeit, handlungsorientiert Inhalte zu erlernen. Es ist im Wesentlichen folgendermaßen aufgebaut:
- Zunächst werden kurze Bemerkungen zum Aufbau und der Funktion einer Datenverarbeitungsanlage gemacht.
- Die für den Unterricht benötigten Funktionen der Tabellenkalkulation Excel 2016, der Textverarbeitung Word 2016 und der Präsentationssoftware PowerPoint 2016 werden ausführlich erklärt. Übungen vertiefen das Erlernte. Das Buch ist so aufgebaut, dass innerhalb der Programme alle wesentlichen Inhalte jeweils erklärt werden.
- Der Datenaustausch zwischen den Programmen zeigt, dass Daten nur einmal in einem Programm erfasst werden müssen und danach in anderen Programmen weiterverarbeitet werden können.
- Algorithmische Grundstrukturen werden in einem gesonderten Kapitel erklärt. Sie dienen als Grundlage für die Programmierung mit VBA und PHP.
- Durch die Programmierung mit VBA (Visual Basic for Application) lassen sich Office-Programme effektiver nutzen. Schülerinnen und Schüler können beispielsweise schon in der Klasse 11 eines Gymnasiums in die Programmierung eingeführt werden.
- Die Erstellung einer Internetpräsenz für Unternehmen, Schulen usw. wird immer wichtiger. Mithilfe der Seitenbeschreibungssprache HTML und von selbsterstellten StyleSheets werden anspruchsvolle Webs erstellt. Dabei werden die Neuerungen durch HTML5 und CSS3 erklärt und angewandt. Moderne Techniken wie das sogenannte Boxmodell werden genutzt.
- Mithilfe der Skriptsprache PHP können Webseiten interaktiv genutzt werden. Alle wesentlichen Elemente der Programmierung werden angesprochen, auch die Objektorientierte Programmierung.
- Das Kapitel *Datenbank* wird außerordentlich umfangreich behandelt. Neben den theoretischen Grundlagen werden die Datenbanksysteme Access 2016 und MySQL intensiv beschrieben. Außerdem wird die Nutzung der Datenbanksprache SQL in beiden Datenbanksystemen erklärt. Da in beiden Datenbanken die gleichen Daten genutzt werden, kann der Sachverhalt anhand beider Datenbanken identisch erlernt werden. Als BuchPlusWeb wird außerdem ein Skript angeboten, mit dessen Hilfe fast alle Inhalte mit SQL-Befehlen bearbeitet werden können. Dies vertieft das Erlernte.
- Die Grundlagen des Electronic-Commerce werden dargestellt. Außerdem wird mithilfe von PHP und MySQL gezeigt, wie man im Internet Datenbanken nutzen kann. Dabei werden verschiedene Techniken gezeigt, effektiv Daten über selbsterstellte Skripte auszulesen usw.

Da ich nicht alle Informationen aufgrund des Umfangs des Buches verarbeiten konnte, erscheinen einige zusätzliche Inhalte als **BuchPlusWeb**. Im Buch wird dies entsprechend gekennzeichnet. Darüber hinaus stehen zusätzliche Skripte zur Bildbearbeitung, zur Nutzung von Mindmaps usw. zur Verfügung. Außerdem können Sie sich über Inhalte usw. auf der Webseite http://www.berufliche-informatik.de informieren.

Für die Arbeit mit diesem Buch wünsche ich Ihnen viel Spaß. Der Erfolg wird sich bei einer vernünftigen Arbeit mit dem Buch und den Programmen sicher einstellen.

Papenburg, Frühjahr 2017   *Werner Geers*

service@bv-1.de
www.bildungsverlag1.de

Bildungsverlag EINS GmbH
Ettore-Bugatti-Straße 6-14, 51149 Köln

ISBN 978-3-427-**70280**-1

westermann GRUPPE

© Copyright 2017: Bildungsverlag EINS GmbH, Köln
Das Werk und seine Teile sind urheberrechtlich geschützt. Jede Nutzung in anderen als den gesetzlich zugelassenen Fällen bedarf der vorherigen schriftlichen Einwilligung des Verlages.
Hinweis zu § 52a UrhG: Weder das Werk noch seine Teile dürfen ohne eine solche Einwilligung eingescannt und in ein Netzwerk eingestellt werden. Dies gilt auch für Intranets von Schulen und sonstigen Bildungseinrichtungen.

Inhaltsverzeichnis

1	**HANDHABUNG EINES DV-SYSTEMS**	**11**
1.1	**Hardware, Software, Informationstechnologie (IT)**	**11**
1.2	**Hardware**	**12**
1.2.1	Computerarten	12
1.2.2	Hauptbestandteile eines Computers – Personal Computers	13
1.2.3	Auswahlkriterien und Performance	14
1.3	**Software**	**15**
1.3.1	Softwarearten	15
1.3.2	Systemsoftware – Betriebssysteme	15
1.4	**Netze und Datenkommunikation**	**16**
1.4.1	Grundlagen der Kommunikation	16
1.4.2	Einplatz- und Mehrplatzsysteme	16
1.4.3	Kommunikationsnetze – LAN – WAN usw.	17
1.4.4	Intranet – Internet	17
2	**TABELLENKALKULATION MIT EXCEL**	**18**
2.1	**Nutzung des Programms**	**18**
2.1.1	Erste Schritte in der Tabellenkalkulation	18
2.1.2	Grundlagen	21
2.2	**Zellen**	**24**
2.2.1	Dateneingabe und Datenänderung	24
2.2.2	Auswählen (Markierung) von Zellen	27
2.2.3	Kopieren, Verschieben und Löschen von Zellen und Bereichen	27
2.3	**Schnellanalyse von Daten**	**30**
2.4	**Adressierung**	**32**
2.5	**Formeln**	**39**
2.6	**Funktionen**	**46**
2.6.1	Bearbeitungshinweise	47
2.6.2	Funktions-Assistent – Schaltflächen der Funktionsbibliothek	48
2.6.3	Mathematische Funktionen	50
2.6.4	Finanzmathematische Funktionen	51
2.6.5	Logik-Funktionen	53
2.6.6	Statistik-Funktionen	60
2.6.7	Matrix-Funktionen	61
2.6.8	Datums- und Zeitfunktionen	66
2.7	**Formatierung**	**69**
2.8	**Diagramme**	**70**
2.8.1	Vorbemerkungen	70
2.8.2	Darstellungsarten	70
2.8.3	Bearbeitungshinweise	71
2.8.4	Diagrammerstellung	72
2.8.5	Nachbearbeitung eines Diagramms	76
2.8.6	Liniendiagramm	78
2.8.7	Verbunddiagramm	79
2.9	**Mathematische und wirtschaftliche Auswertungen**	**79**
3	**TEXTVERARBEITUNG MIT WORD**	**82**
3.1	**Grundlegende Arbeitsschritte**	**82**
3.1.1	Erfassen eines Textes mit Sonderzeichen bzw. Symbolen	84
3.1.2	Rechtschreibprüfung und Grammatik	85
3.2	**Markieren, Kopieren usw.**	**86**
3.2.1	Markieren (Auswählen) von Zeichen, Wörtern, Zeilen usw.	86
3.2.2	Ausschneiden, Kopieren, Verschieben und Löschen von Texten	86
3.3	**Formatierung**	**87**
3.3.1	Zeichenformatierung	87
3.3.2	Absatzformatierung	91
3.4	**Objekte**	**100**
3.4.1	Tabellen	100
3.4.2	Bilder und Diagramme	105
3.5	**Erstellen von umfangreichen Dokumenten**	**106**

4		**PRÄSENTIEREN MIT POWERPOINT**	**108**
4.1		**Nutzung des Programms**	**108**
4.1.1		Vorbemerkungen	108
4.1.2		Vortrag mithilfe einer Präsentation	108
4.1.3		Sonstige Möglichkeiten	108
4.1.4		Elemente einer Präsentation	109
4.2		**Auswahl- und Gestaltungsmöglichkeiten**	**110**
4.3		**Präsentation**	**111**
4.4		**Entwicklung von Präsentationen**	**115**
4.4.1		Ansichten und Notizen	115
4.4.2		Folien	116
4.4.3		Designs	119
4.4.4		Erstellen einer neuen Entwurfsvorlage	120
4.4.5		Arbeiten mit vorgefertigten Präsentationen	121
4.5		**Text und Bilder**	**122**
4.5.1		Eingabe und Formatierung von Texten	122
4.5.2		Bild- und Grafikdateien	125
4.6		**Diagramme und gezeichnete Objekte usw.**	**126**
4.6.1		Vorbemerkungen	126
4.6.2		Diagramme	126
4.6.3		Organisations-Diagramm	126
4.6.4		Zeichnungsobjekte	127
4.6.5		Kopieren, Verschieben und Löschen von Diagrammen usw.	127
4.7		**Folienpräsentationseffekte**	**127**
4.8		**Masterfolien, Audio und Video**	**129**
4.9		**Aufbau eines Vortrags mithilfe einer Präsentationssoftware**	**130**
4.10		**Beurteilungskriterien und -bögen**	**131**
5		**DATENAUSTAUSCH**	**134**
5.1		**Vorbemerkungen**	**134**
5.2		**Datenexport von Excel in andere Programme**	**134**
5.2.1		Übertragen einer Excel-Tabelle in die Textverarbeitung Word	134
5.2.2		Übertragen eines Diagramms	135
5.2.3		Verknüpfung von Daten	135
5.3		**Serienbriefe**	**137**
5.3.1		Vorbemerkungen	137
5.3.2		Hauptdokument	138
5.3.3		Datenquellen	138
5.3.4		Einfügen der Seriendruckfelder in das Hauptdokument Anfrage	142
5.3.5		Ausgeben des Serienbriefes	144
5.3.6		Bedingungsfelder – Überspringen von Datensätzen	145
5.3.7		Bedingungsfelder – alternativer Text	145
5.3.8		Sortieren und Filtern der Datensätze	146
6		**BILDBEARBEITUNG – FOTOS UND GRAFIKEN**	**147**
6.1		**Grundlagen der Bildbearbeitung**	**147**
6.2		**Grundlagen der Programmbedienung von Paint.NET**	**152**
6.3		**Grundfunktionen**	**154**
6.3.1		Einstellungen	154
6.3.2		Erzeugung und Speicherung von Bildern	155
6.3.3		Auswahlwerkzeuge	156
6.3.4		Bildbearbeitung	161
6.4		**Arbeiten mit Bildern**	**164**
6.4.1		Zeichenwerkzeuge	164
6.4.2		Text	171
6.4.3		Malwerkzeuge	172
6.4.4		Ebenen	174
6.4.5		Effekte, Filter und Korrekturen	180
6.5		**Ausgabe**	**182**
6.6		**Zusätzliche Plug-Ins**	**182**

7 ALGORITHMEN 184
7.1 Begriff 184
7.2 Algorithmische Grundstrukturen 184
7.3 Darstellungsmöglichkeiten von Algorithmen 184
7.4 Beschreibungen und Anwendungsbeispiele 185
7.4.1 Vorbemerkungen 185
7.4.2 Sequenz 185
7.4.3 Selektion 186
7.4.4 Iteration 191

8 VBA (VISUAL BASIC FOR APPLICATIONS) 195
8.1 Vorbemerkungen 195
8.2 Arbeitsumgebung 195
8.3 Erstellung und Ausführung von Prozeduren (Programmen) 196
8.4 Ein- und Ausgabe von Daten 199
8.5 Konstanten und Variablen 202
8.6 Sequenzen 206
8.7 Selektion 208
8.7.1 Einseitige Auswahl: If Then 208
8.7.2 Zweiseitige Auswahl: If Then Else 209
8.7.3 Mehrseitige Auswahl: If Then ElseIf Else 210
8.7.4 Mehrseitige Auswahl: Case 212
8.8 Iteration 214
8.8.1 Arten 214
8.8.2 Kopfgesteuerte Schleife: For To Step Next 214
8.8.3 Kopfgesteuerte Schleife: Do While Loop 217
8.8.4 Kopfgesteuerte Schleife: Do Until Loop 220
8.8.5 Fußgesteuerte Schleife: Do Loop While 221
8.8.6 Fußgesteuerte Schleife: Do Loop Until 223
8.9 Funktionen 224
8.10 Userform – Gestaltung von Ein- und Ausgabeoberflächen 226

9 NUTZUNG VON PROGRAMMEN ZUR WEBSEITENERSTELLUNG 235

10 HTML – ERSTELLUNG VON WEBSEITEN 237
10.1 HTML – Grundlagen 237
10.1.1 Struktur eines HTML-Dokuments 237
10.1.2 Head – Kopf einer Webseite 237
10.1.3 Body – Textkörper einer Webseite 237
10.1.4 HTML-Tags, HTML-Attribute und Stylesheets 238
10.1.5 HTML-Element-Typen 238
10.1.6 Ordner für Webs und Webseiten 239
10.1.7 Grundgerüst einer Webseite – ohne Seitenstrukturierung 239
10.2 HTML-Befehle im Body – Bereich (Seitenbereich) 240
10.3 Textstrukturierung und -auszeichnung 240
10.4 HTML – Seitenstruktur 243
10.5 HTML-Attribute 245
10.6 Listen 247
10.7 Tabellen 251
10.8 Multimedia – Grafiken, Bilder, Audio und Video 254
10.8.1 Vorbemerkungen 254
10.8.2 Grafik 254
10.8.3 Audio 256
10.8.4 Video 258
10.9 Hyperlinks 260
10.9.1 Vorbemerkungen 260
10.9.2 Hyperlinks auf Webseiten und E-Mail-Adressen 260
10.9.3 Links im eigenen Web 261
10.9.4 Links auf Bilder und Grafiken 263
10.9.5 Thumbnails (Vorschaugrafiken) 263

11 STYLESHEETS (CSS) 265
11.1 Grundlagen 265
11.1.1 Zweck der Stylesheets 265
11.1.2 Formatierungsmöglichkeiten durch Stylesheets 265
11.1.3 Aufbau eines CSS-Befehls 265
11.1.4 Arten von Stylesheets 266
11.1.5 Inline-Style 266
11.1.6 Interne Stylesheets 267
11.1.7 Definition von Stylesheets in separaten Dateien – HTML-Befehle 268
11.1.8 Gruppierung von Stylesheets 269
11.1.9 Vererbung von Stylesheets 269
11.1.10 Regeln für die Anwendung von Stylesheets 270
11.2 Selektoren 271
11.2.1 Vorbemerkungen 271
11.2.2 Klassen-Selektoren 272
11.2.3 Einsatz von mehreren Klassen zur Modularisierung 273
11.2.4 ID-Selektoren 273
11.2.5 Attribut-Selektoren 275
11.3 Nachfahren-, Kind- und Geschwisterelemente 276
11.3.1 Vorbemerkungen 276
11.3.2 Nachfahrenelemente 276
11.3.3 Kindelemente 278
11.3.4 Geschwisterkombinator und allgemeiner Geschwisterkombinator 278
11.4 Gestaltung von Webseiten durch Stylesheets 280
11.4.1 Vorbemerkungen 280
11.4.2 Farben und Hintergründe 280
11.4.3 Hintergrundbilder 281
11.4.4 Schriften und Texte 283
11.4.5 Rahmen und Abstände 290
11.5 Listen 293
11.6 Tabellen 295
11.7 Multimedia – Grafiken, Bilder, Audio und Video 296
11.8 Pseudoelemente 297
11.9 Kästen (Boxen) für Texte und Bilder 302
11.10 Links auf Teile von Inhalten von Seiten und anderen Seiten 305
11.11 Aufbau eines Webs mit verschiedenen Navigationsmöglichkeiten 307
11.11.1 Vorbemerkungen 307
11.11.2 Kopf der Seite 307
11.11.3 Navigation 1 – mehrere Dateien horizontal 308
11.11.4 Navigation 2 – mehrere Dateien vertikal 310
11.11.5 Navigation 3 – eine Datei horizontal 311
11.11.6 Navigation 4 – eine Datei vertikal 312
11.12 CSS3-Elemente in Webseiten 313
11.12.1 Vorbemerkungen 313
11.12.2 Spalten 314
11.12.3 2D-Transformationen 315
11.12.4 Schriftgestaltung und Rotation 317
11.12.5 Exkurs: Schriftarten 319
11.12.6 Schatten 320
11.12.7 Rahmen 321
11.12.8 Hintergrundbild 322
11.12.9 Rahmen- und Hintergrundgestaltung 323
11.12.10 Animationen 325
11.12.11 Deckkraft 326
11.12.12 Farbverläufe 328
11.13 Boxmodell 330
11.13.1 Vorbemerkungen 330
11.13.2 Anwendungsbeispiele 330
11.13.3 Positionierung von Boxen 332
11.13.4 Navigation mithilfe von Boxen 337

12 DYNAMISCHE WEBSEITEN MIT PHP 343
12.1 Vorbemerkungen 343
12.2 Möglichkeiten des Einbaus von PHP-Skripten in HTML-Dokumente 343
12.3 Skript zur Überprüfung der Serververbindung 343
12.4 Ausgabe von Daten 345
12.4.1 Vorbemerkungen 345
12.4.2 Ausgabe von Daten durch HTML- und PHP-Code und Stylesheets 345
12.4.3 Ausgabe von Daten durch PHP-Code 346
12.4.4 Ausgabe von Daten mit abwechselndem Code 346
12.5 Fehler und Fehlersuche 347
12.6 Kommentare 349
12.7 Sonderzeichen 350
12.8 Variable und Konstante 352
12.9 Datentypen 354
12.10 Operatoren 356
12.11 Formulare 363
12.11.1 Vorbemerkungen 363
12.11.2 Textfelder und weitere Felder 364
12.11.3 Auswahlliste 369
12.11.4 Datenliste 371
12.11.5 Radio-Button 372
12.11.6 Checkboxen 373
12.11.7 Mehrzeilige Texte 374
12.11.8 Formulare mit mehreren Elementen 375
12.11.9 Formular zum Versenden von E-Mails 375
12.12 Formatierte Ausgaben 377
12.13 Funktionen 381
12.13.1 String-Funktionen 381
12.13.2 Variablen-Funktionen 384
12.13.3 Mathematische Funktionen 386
12.14 Kontrollstrukturen 396
12.14.1 Vorbemerkungen 396
12.14.2 Arten 396
12.14.3 Sequenz 397
12.14.4 Einseitige Auswahl: if 398
12.14.5 Zweiseitige Auswahl: if-else 401
12.14.6 Mehrseitige Auswahl: if-elseif 405
12.14.7 Mehrseitige Auswahl: if-elseif-else 407
12.14.8 Fallunterscheidung: switch 409
12.14.9 For-Schleife 412
12.14.10 Abweisende Schleife: while 416
12.14.11 Nichtabweisende Schleife: do while 418
12.15 Arrays 422
12.16 Verschlüsselung von Daten mit PHP 430
12.17 Passwortschutz – Verschlüsselung 432
12.18 Funktionen 433
12.18.1 Vorbemerkungen 433
12.18.2 Funktion mit internen Variablen 433
12.18.3 Funktion mit externen Variablen 434
12.18.4 Funktion mit Rückgabewerten 435
12.18.5 Rekursive Funktion 436

13 THEORETISCHE GRUNDLAGEN EINER RELATIONALEN DATENBANK 438
13.1 Funktionen einer Datenbank – Datenbankkonzept 438
13.2 Datenmodelle 438
13.3 Relationale Datenbank 439
13.4 Entity-Relationship-Modell (ERM) – semantisches Modell 441
13.4.1 Begriff 441
13.4.2 Entität 441
13.4.3 Attribute 441
13.4.4 Entitätstyp 442
13.4.5 Schlüsselfelder 443
13.4.6 Relationship (Beziehungen) 445
13.4.7 Kardinalität 446
13.4.8 Optionalität 446
13.4.9 Beziehungstypen 447
13.4.10 Beispiel für ein Entity-Relationship-Modell 451
13.5 Theoretische Grundlagen der Beziehungen zwischen Tabellen 452
13.6 Normalisierung von Tabellen 455
13.6.1 Ziel der Normalisierung 455
13.6.2 Probleme der Datenerfassung (Nullte Normalform) 455
13.6.3 Normalformen 456

14 DATENBANK MIT ACCESS 460
14.1 Grundlagen 460
14.2 Anlegen der Datenbank Betrieb 463
14.3 Tabellen 465
14.3.1 Vorbemerkungen 465
14.3.2 Tabellengestaltung 473
14.3.3 Indizes in Tabellen 482
14.3.4 Aufbau weiterer Tabellen 483
14.3.5 Formatieren von Daten 485
14.4 Formulare 487
14.5 Berichte 491
14.6 Abfragen 493
14.6.1 Vorbemerkungen 493
14.6.2 Arten von Abfragen 493
14.6.3 Auswahlabfrage 494
14.6.4 Parameterabfrage 500
14.6.5 Auswahlabfragen mit Nicht-Null- und Nullwerten 502
14.6.6 Kreuztabellenabfrage 503
14.6.7 Aktualisierungsabfragen 504
14.6.8 Gruppierung und Summenbildung usw. – Aggregatsfunktionen 509
14.6.9 Suche nach Duplikaten 510
14.7 Funktionen 511
14.7.1 Arten von Funktionen 511
14.7.2 Finanzmathematische Funktionen 511
14.7.3 Logik-Funktionen am Beispiel der WENN-Funktion 512
14.8 Beziehungen zwischen Tabellen 513
14.8.1 Vorbemerkungen 513
14.8.2 1:1-Beziehung zwischen zwei Tabellen 513
14.8.3 1:n-Beziehung zwischen zwei Tabellen 516
14.8.4 m:n-Beziehung zwischen Tabellen 518
14.8.5 m:n-Beziehung zwischen Tabellen (Nachschlage-Assistent) 523
14.8.6 m:n-Beziehung mit zusammengesetztem Primärschlüssel 527
14.8.7 Suche nach Inkonsistenzen 530
14.8.8 Beziehungen mit referentieller Integrität 532
14.8.9 Gleichheits- und Inklusionsverknüpfung 537
14.8.10 Verknüpfungen aufgrund einer Abfrage 539

15 MYSQL-DATENBANK MIT PHPMYADMIN ... 543
15.1 Vorbemerkungen ... 543
15.2 Arbeitsschritte ... 543
15.3 Informationen und Einstellungen ... 544
15.4 Rechte und Passwort für MySQL-Datenbanken ... 544
15.5 Anlegen einer Datenbank ... 546
15.6 Tabellen ... 547
15.6.1 Anlegen und Anzeigen der Tabelle Lager ... 547
15.6.2 Eingeben und Anzeigen von Daten in die Tabelle Lager ... 548
15.6.3 Bearbeiten, Kopieren und Löschen von Daten ... 550
15.7 Erstellung und Bearbeitung einer Tabelle mit Eigenschaften ... 552
15.7.1 Vorbemerkungen ... 552
15.7.2 Erstellung einer Tabelle und Einfügen von Daten ... 553
15.8 Bearbeiten der Tabellenstruktur ... 554
15.8.1 Hinzufügen von Datenfeldern und Einfügen von Daten ... 554
15.8.2 Hinzufügen eines Datums ... 556
15.8.3 Löschen von Datenfeldern ... 557
15.8.4 Ändern des Feldnamens eines Datenfelds ... 557
15.8.5 Ändern der Feldeigenschaften eines Datenfelds ... 558
15.8.6 Löschen und Hinzufügen eines Primärschlüssels ... 558
15.9 Aufbau weiterer Tabellen ... 559
15.10 Abfragen – Auslesen von Daten aus einer Tabelle ... 560
15.10.1 Grundsätzliche Bemerkungen ... 560
15.10.2 Abfragen durch Suche von Daten (Auswahlabfragen) ... 560
15.10.3 Abspeichern, Aufrufen und Löschen einer Abfrage mit einem SQL-Befehl ... 562
15.10.4 Abfragen über das Abfrage-Fenster ... 563
15.10.5 SQL-Abfragen ... 564
15.11 Aufbau von Beziehungen zwischen Tabellen einer Datenbank ... 566
15.11.1 Aufbau einer 1:1-Beziehung ... 566
15.11.2 Aufbau einer 1:n-Beziehung ... 570
15.11.3 Aufbau einer m:n-Beziehung ... 571
15.11.4 Aufbau einer m:n-Beziehung mit zusammengesetztem Primärschlüssel ... 575

16 SQL – STRUCTURED QUERY LANGUAGE ... 579
16.1 Datenbanksprache ... 579
16.2 SQL-Befehle ... 581
16.3 SQL-Befehle in verschiedenen Datenbanksystemen ... 581
16.4 Bearbeitung der dargestellten Befehle ... 581
16.5 SQL-Befehle in Access ... 582
16.6 SQL-Befehle in MySQL ... 584
16.7 Data Definition Language (DDL) ... 586
16.7.1 CREATE DATABASE – Erstellung einer Datenbank ... 586
16.7.2 DROP DATABASE – Löschung einer Datenbank ... 586
16.7.3 CREATE TABLE – Erstellung einer Tabelle ... 586
16.7.4 CREATE TABLE – PRIMARY KEY – Tabelle mit Primärschlüssel ... 588
16.7.5 Tabellen zur Herstellung von Beziehungen (Verbindungen) ... 589
16.7.6 DROP TABLE – Löschen einer Tabelle ... 590
16.7.7 ALTER TABLE – Änderung der Struktur einer Tabelle ... 590
16.7.8 CREATE INDEX – Indizieren eines Datenfeldes oder mehrerer Datenfelder ... 592
16.7.9 TRUNCATE TABLE – Löschen aller Daten einer Tabelle ... 593
16.7.10 CREATE VIEW – Ansichten – Teilansichten einer oder mehrerer Tabellen ... 593

16.8	**Data Manipulation Language (DML)**	**594**
16.8.1	INSERT INTO – Einfügen von Datensätzen	594
16.8.2	UPDATE – Aktualisierung von Daten	596
16.8.3	DELETE FROM – Löschen von Datensätzen bzw. Datenfeldern	597
16.9	**Data Query Language (DQL)**	**599**
16.9.1	SELECT – Projektion von Datensätzen	599
16.9.2	SELECT AS – Vergeben von Feldnamen für eine Auswertung	601
16.9.3	SELECT DISTINCT – Unterdrückung doppelter Ausgabe in Datenfeldern	601
16.9.4	SELECT-WHERE – Auswahl von Datensätzen	602
16.9.5	SELECT – Berechnung von Werten	608
16.9.6	SELECT ORDER BY – Sortieren von Datensätzen	609
16.9.7	SELECT GROUP BY – Gruppieren von Daten	611
16.9.8	SELECT HAVING – Gruppieren mit Bedingungen	612
16.9.9	UNION – JOINS – Datenauswertung aus verschiedenen Tabellen	613
16.9.10	Auswertung von Daten aus verschiedenen Tabellen	617
16.10	**SQL-Funktionen**	**620**
16.10.1	Vorbemerkungen	620
16.10.2	Numerische Funktionen	620
16.10.3	Alphanumerische Funktionen	622
16.10.4	Datentypumwandlungsfunktionen	624
16.10.5	Datumsfunktionen	625
16.10.6	Logikfunktionen	626
16.10.7	Aggregatfunktionen	628
17	**PHP UND MYSQL – DATENBANKEN**	**631**
17.1	**Voraussetzungen**	**631**
17.2	**Grundlegende Arbeiten mit einer Datenbank**	**631**
17.3	**Datenbanken**	**631**
17.3.1	Erstellung von Datenbanken – CREATE DATABASE	631
17.3.2	Löschen einer Datenbank – DROP DATABASE	637
17.3.3	Anzeigen aller vorhandenen Datenbanken – SHOW DATABASES	638
17.4	**Tabellen**	**639**
17.4.1	Erstellen einer Tabelle – CREATE TABLE	639
17.4.2	Löschen einer Tabelle – DROP TABLE	642
17.4.3	Datenstruktur einer Tabelle	643
17.4.4	Anpassung der Tabellenstruktur usw. – ALTER TABLE	644
17.4.5	Auslesen von Daten – SELECT	645
17.4.6	Einfügen von Daten	648
17.5	**Erstellung einer Web-Oberfläche**	**652**
18	**STATISTISCHE ANALYSEVERFAHREN**	**654**
18.1	**Vorbemerkungen**	**654**
18.2	**Auswertungen**	**654**
18.3	**Auswertungen mit Excel**	**655**
18.4	**Auswertungen mit VBA**	**655**
18.5	**Auswertungen mit PHP**	**657**
19	**BETRIEBS- UND VOLKSWIRTSCHAFTLICHE AUSWERTUNGEN**	**659**
19.1	**Finanzmathematische Auswertungen**	**659**
19.2	**Wirtschaftliche Auswertungen**	**663**
20	**GRUNDLAGEN DES E-COMMERCE**	**665**
	Stichwortverzeichnis	**667**

1 Handhabung eines DV-Systems

1.1 Hardware, Software, Informationstechnologie (IT)

Eine Datenverarbeitungsanlage erzielt dann gute Ergebnisse, wenn die Hardware als auch Software eines Rechnersystems gut aufeinander abgestimmt sind. Um diese Ergebnisse erzielen zu können, müssen in der Wissenschaft und in der Wirtschaft verschiedene Bereiche eng zusammenarbeiten, beispielsweise müssen moderne Telekommunikationsmöglichkeiten vorhanden sein, um die Möglichkeiten der Computer voll ausschöpfen zu können.

In der folgenden Übersicht werden einige wichtige Grundlagenbegriffe kurz erklärt:

Begriff	Erklärung
Hardware	Alle physikalisch-technischen Bestandteile einer Computeranlage werden als Hardware bezeichnet. Zur Hardware gehören u. a. • die Zentraleinheit (eigentlicher Computer), • Eingabegeräte wie die Tastatur oder die Maus, • Ausgabegeräte wie Drucker und Plotter, • Speicher wie Festplatten und Diskettenlaufwerke, • Datenkommunikations- und Multimediageräte wie ASDL-Modem, DVD und Lautsprecherboxen.
Software	Programme, die für den Betrieb eines Computers und für die Lösung bestimmter Aufgaben mit dem Computer benötigt werden, sind die Software eines Rechnersystems. Zur Softwareausstattung eines Computers gehören z. B. • Betriebssysteme, • Softwaretools wie Textverarbeitungs-, Tabellenkalkulations- und Datenbankprogramme, • Anwendungsprogramme zur Lösung bestimmter betrieblicher Aufgaben.
Informations-technologie (IT)	Informationstechnologie wird auch als Informationstechnik (IT) bezeichnet. Der Begriff ist ein Oberbegriff für die Informations- und Datenverarbeitung wie die dafür benötigte Hardware. Der Begriff kommt aus dem Englischen (information technology). Informationstechnik (Informationstechnologie) ist die Technik der Erfassung, Übermittlung, Verarbeitung und Speicherung von Informationen mithilfe von Computer- und Telekommunikationseinrichtungen (Computer, Telekommunikation). Informationstechnologie basiert auf den Grundlagen und Spezialbereichen der Informatik. Dies sind u. a. Betriebssysteme, Programmierung, Datenstrukturen, Rechnerarchitektur, Softwareentwicklung, Datenbanken, Computergrafik, Computertechnik, Datennetze, Netzwerke, Internet, Multimedia usw. Darüber hinaus bilden weitere physikalisch-technische Fachgebiete die Grundlage der Informationstechnik; z. B. die Nachrichten- und Übertragungstechnik, Telekommunikation, Elektrotechnik, Mikroelektronik, die Mess- und Regelungstechnik (Sensorik, Abtastung, Wandlung) usw.

1.2 Hardware

1.2.1 Computerarten

Computer werden in unterschiedlichen Arten und verschiedenen Formen angeboten. In der nachfolgenden Übersicht werden die einzelnen Computer kurz beschrieben. Auch ein Smartphone bietet heute viele computerähnliche Anwendungsmöglichkeiten.

Personal Computer/ Tower	Der Personal Computer enthält neben den traditionellen Komponenten Zentraleinheit und Festplatte weitere Hardwarekomponenten, wie z. B. ein DVD-Laufwerk, Schnittstellen oder eine weitere Festplatte. Der Tower ist zu empfehlen, da er besser auf Erweiterungen ausgelegt ist. Einen kleineren Tower bezeichnet man als Minitower. Das Desktop-Gehäuse als traditionelles Gehäuse für einen Personal Computer kommt heute kaum noch vor.
Laptop/ Notebook	Der Laptop (Notebook) ist ein tragbarer Computer, der es ermöglicht, auch ohne Stromanschluss Daten zu erfassen und zu verarbeiten. Er beinhaltet alle Elemente des herkömmlichen Computers mit Festplatte, DVD-Laufwerk bzw. -Brenner und Anschlussmöglichkeiten für Drucker und Maus. Ein besonderes Kennzeichen ist das Strom sparende Flüssigkristalldisplay zur Anzeige der Daten. Besonders leichte tragbare Personal Computer werden auch als Notebooks (Notizbuch) bezeichnet.
Tablet 	Als Tablet wird ein tragbarer Computer bezeichnet, der mit einem Touchscreen-Display ausgestattet ist. Der berührungsempfindliche Bildschirm ermöglicht die Arbeit mit dem Finger. Auf einem Tablet werden Betriebssysteme wie Apple OS (Operation System), Android von Google oder Windows von Microsoft verwandt. Für den Tablet PC stehen Apps (Programme) zur Verfügung, mit deren Hilfe z. B. im Internet recherchiert und E-Mails empfangen und versandt werden können. Als Apps werden Spiele, nützliche Helfer wie Kartendienste, Office-Programme, Bildbearbeitungen usw. angeboten.
Netbook	Netbooks sind zumeist nicht so leistungsfähig wie Notebooks, das Display und die Tastatur sind kleiner, ein DVD-Laufwerk nicht integriert. Die Geräte werden vorwiegend für die Internetnutzung, Büroarbeiten und zum Abspielen von Musik oder Videos konzipiert. Als Betriebssystem wird vorwiegend Windows oder Linux genutzt. Die Bedeutung von Netbooks geht zurück.
Smartphone 	Ein Smartphone verfügt normalerweise wie ein Computer über ein Betriebssystem (Apple OS, Android von Google, Windows von Microsoft), sodass Programme nach Bedarf installiert werden können. Der Touchscreen-Bildschirm ermöglicht die Eingabe mit dem Finger. Alle Möglichkeiten der Datenkommunikation sind gegeben, da das Gerät über entsprechende Verbindungsmöglichkeiten wie WLAN, Bluetooth, USB usw. verfügt. Über das Gerät können in der Regel SMS, Mails usw. empfangen und versandt werden. Die Nutzung des Internets erfolgt über einen Browser oder über spezielle Apps (Programme). Auch Internettelefonie (VoIP) über WLAN ist möglich. Audio- und Videoanwendungen ergänzen den Funktionsumfang.

Hardware

1.2.2 Hauptbestandteile eines Computers – Personal Computers

Ein Computersystem muss in der Lage sein, die Eingabe von Daten, die Verarbeitung der erfassten Daten und die Ausgabe der erfassten und verarbeiteten Daten zu gewährleisten. Dies entspricht dem sogenannten EVA-Prinzip (Eingabe-Verarbeitung-Ausgabe).

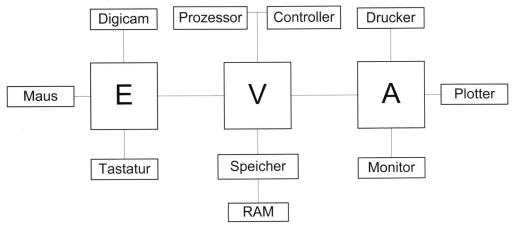

Zur Grundausstattung eines Computers, besonders des Personal Computers gehören neben dem eigentlichen Computer (der Zentraleinheit) Ein- und Ausgabegeräte. Eine immer größere Bedeutung erlangen Geräte, die die Datenkommunikation ermöglichen, also das Austauschen von Daten über Datenleitungen. Der Einsatz des Computers als Multimediainstrument für Lernzwecke (Lexika mit Videosequenzen usw., Lernprogramme mit Musik- und Sprachausgabe usw.) erfordert DVD-ROM-Laufwerke, Soundkarten usw.

In der folgenden Tabelle sind die wesentlichen Bestandteile eines Computersystems zusammengestellt. Eine klare Unterscheidung zwischen den einzelnen Bereichen Zentraleinheit usw. ist nicht immer möglich. Bestimmte Bestandteile des Computersystems werden für Ein- und Ausgabezwecke genutzt.

Eingabegeräte/ Ausgabegeräte	Zentraleinheit	Speicher	Datenkommunikation/ Netzwerke/Multimedia

• Tastatur
• Maus
• Scanner
• Barcodeleser
• Digitalkamera
• Camcorder
 	
• Bildschirm
• Drucker
• Plotter
• Lautsprecher
	• Motherboard mit
	  • Prozessor
	  • BIOS
	  • Controller
	  • Arbeitsspeicher
	    • ROM
	    • RAM
	  • Bussystem
	  • Steckplätze
	  • Schnittstellen
		• Festplatte
		• DVD
		• Speicherkarte
		• USB-Sticks
		• MO-Laufwerk
		• Streamer
			• Modem
			• DSL-Modem
			
			• Netzwerkkarte
			• Hub/Switch
			• Router
			
			• Grafikkarte
			• Soundkarte

Genauere Erklärungen zu den einzelnen Komponenten eines Computersystems können Sie u. a. über Suchmaschinen oder über Onlinelexika (z. B. Wikipedia) finden.

1.2.3 Auswahlkriterien und Performance

Je nach Bestimmungszweck müssen Computer unterschiedliche Anforderungen erfüllen.

Begriff	Erklärung
Kapazität	Die Kapazität bezeichnet die Größe der Datenspeicher (Festplatten, andere Laufwerke [DVD, CD, Magnetbänder usw.]).
Geschwindigkeit	Die Geschwindigkeit (Performance) von Computern hängt von der Geschwindigkeit des Prozessors, der Größe des Arbeitsspeichers usw. ab.
Kosten	Die Kosten eines Rechners sind je nach Einsatzgebiet extrem unterschiedlich. Bei Personal Computern ist festzustellen, dass der Preis trotz verbesserter Leistungen in der Regel relativ konstant bleibt.
Anwendungen	**Großrechner** Großrechner werden vor allem in größeren Unternehmen eingesetzt. Typische Anwendungsgebiete sind dabei z. B. die Abwicklung und Erfassung der Geschäftsfälle (Auftragsbearbeitung, Buchhaltung) in Unternehmen, die Konstruktion von neuen Produkten, die Abwicklung des Zahlungsverkehrs (besonders in Kreditinstituten usw.) **Personal Computer** Auf Personal Computern kommen vor allem Office-Programme (Textverarbeitung, Tabellenkalkulation, Präsentation, Datenbank) zur Anwendung. Auch Anwendungssoftware wie Auftragsbearbeitung, Finanzbuchhaltung gehören zu den Einsatzgebieten. **Laptop** Der Laptop eignet sich für alle Anwendungsgebiete, die ein Personal Computer erledigen kann. **Netzwerkcomputer** Netzwerkcomputer nutzen Anwendungen, die auf Netzwerk-Servern zur Verfügung gestellt werden, also z. B. Office-Programme.

Die Performance eines Computers wird von vielen Faktoren beeinflusst. Wesentliche Aspekte werden in der nachfolgenden Tabelle angesprochen.

Begriff	Erklärung
Geschwindigkeit des Prozessors	Der Prozessor steuert den Computer und ist für Berechnungen zuständig. Nach Anzahl der Rechenoperationen in einer Sekunde erhöht oder verringert sich die Geschwindigkeit der Abarbeitung von Programmen.
RAM	Im RAM-Speicher (Random Access Memory), auch Arbeitsspeicher genannt, werden Daten zwischengespeichert. Je mehr Speicher zur Verfügung steht, desto schneller können Programme abgearbeitet werden, da z. B. nicht auf einen externen Datenträger, z. B. eine Festpatte, zugegriffen werden muss.
Anwendungen	Die Arbeitsgeschwindigkeit eines Computers kann sich bei der gleichzeitigen Ausführung mehrerer Programme verschlechtern. Dies ist besonders bei Programmen zur Verarbeitung von Videos usw. der Fall.

1.3 Software

1.3.1 Softwarearten

Unter Software versteht man Programme, die es ermöglichen, mit einem Computer bestimmte Operationen auszuführen. Dabei werden zum einen Programme benötigt, die den Betrieb eines Rechnersystems ermöglichen und zum anderen Programme, die in der Lage sind, spezielle Aufgaben zu erfüllen.

Die Hardware eines Computers kann die Bearbeitung von betrieblichen und sonstigen Aufgaben allein nicht gewährleisten. Daher benötigt der Computer Systemsoftware, um Anwendungssoftware wie Finanzbuchhaltungs-, Tabellenkalkulations- oder Textverarbeitungsprogramme zu verarbeiten. Die Systemsoftware bezeichnet man auch als Betriebssystem. Die grundsätzliche Einteilung der Software kann daher folgendermaßen vorgenommen werden:

Software	
Systemsoftware (Betriebssystem)	**Anwendungssoftware**
Zur Systemsoftware gehören Programme, die beim Kauf eines Computers als Betriebssystem mitgeliefert werden. Außerdem werden Treiber für angeschlossene Geräte zur Verfügung gestellt.	Mithilfe der Anwendersoftware werden konkrete betriebliche und sonstige Aufgaben gelöst, z. B. für die Berechnung von betrieblichen Daten und deren Auswertung in Form von Grafiken.

1.3.2 Systemsoftware – Betriebssysteme

Die folgende Übersicht soll die wichtigsten Betriebssysteme kurz beschreiben.

Windows 10 **Windows 8** **Windows 7** **Windows 2000** **Windows XP** **Windows NT** **Windows 98**	Windows 10 ist die neueste Version des Betriebssystems von Microsoft. Das Betriebssystem wird in verschiedenen Versionen angeboten. Das Hauptaugenmerk bei der Entwicklung des Betriebssystems wurde auf eine vereinfachte Bedienung gelegt. Ältere Versionen des Betriebssystems sind auf der linken Seite aufgeführt.
MS-DOS	MS-DOS (Microsoft Disk Operating System) war ein Betriebssystem für einen Einzelplatzrechner. Es ist nicht mehrplatzfähig und verfügt über keine grafische Benutzeroberfläche.
Unix/Linux	Linux ist eine Variante von Unix, einem Betriebssystem, welches vor allem auf Großcomputern eingesetzt werden kann. Es wird oftmals als Betriebssystem für Räume genutzt, die vernetzt sind und an das Internet angeschlossen werden. Das Betriebssystem ist außerordentlich absturzsicher, allerdings auf Personal Computern nicht sehr weit verbreitet.

Die Systemsoftware besteht aus den Steuerprogrammen und Dienstprogrammen:

Systemsoftware	
Steuerprogramme	**Dienstprogramme**
Steuerprogramme lenken die Zentraleinheit und die entsprechende Peripherie. Sie binden damit alle Bestandteile des Computers in die Arbeit des Computers ein.	Dienstprogramme sind Bestandteile des Betriebssystems, um z. B. • Datenträger zu kopieren, • Dateien zu kopieren,

1.4 Netze und Datenkommunikation

1.4.1 Grundlagen der Kommunikation

Unter dem Begriff Kommunikation versteht man den Austausch von Informationen. Grundsätzlich können Informationen zwischen Menschen untereinander, zwischen Menschen und Maschinen und zwischen Maschinen untereinander ausgetauscht werden.

Im eigentlichen Sinne können Informationen nur zwischen Menschen ausgetauscht werden, da nur sie in der Lage sind, die Bedeutung der Information zu erfassen. Der Begriff der Kommunikation wird jedoch heutzutage weiter gefasst und auch der Datenaustausch wird als Kommunikation verstanden. In der Datenverarbeitung werden im Rahmen der Kommunikation Daten ausgetauscht, etwa Texte, Bilder, Sprache usw.

Grundsätzlich lässt sich folgendes Kommunikationsmodell darstellen:

Sender		Kanal		Empfänger
Der Sender produziert das Signal.	Signale →	Der Kanal stellt die Verbindung zwischen Sender und Empfänger her.	Signale →	Der Empfänger bekommt das Signal.

Es besteht die Möglichkeit, dass Daten nur vom Sender zum Empfänger transportiert werden können (**Einwegkommunikation**). Dies ist beispielsweise bei einem Fernsehprogramm gegeben. Kann der Sender zum Empfänger und umgekehrt der Empfänger zum Sender werden, spricht man von **Zweiwegkommunikation**. Dies ist beispielsweise beim Austausch von Informationen zwischen zwei Computern oder bei einem Telefongespräch der Fall.

Werden Daten ausgetauscht, kann man diese mithilfe eines Codes verschlüsseln. Die Daten werden vom Sender codiert (verschlüsselt) und vom Empfänger decodiert (entschlüsselt).

1.4.2 Einplatz- und Mehrplatzsysteme

Computersysteme können als Einplatz- und Mehrplatzsysteme aufgebaut werden. Mehrplatzsysteme beinhalten Komponenten, die Vorstufen einer Vernetzung darstellen.

Einplatzsystem 	Bei einem Einplatzsystem ist die Zentraleinheit des Computers mit anderen Komponenten verbunden wie • einem Dialogterminal (Tastatur und Bildschirm) • Diskettenlaufwerk, Festplatte • DVD-ROM-Laufwerk • Drucker
Mehrplatzsystem 	Bei einem Mehrplatzsystem ist die Zentraleinheit des Computers mit anderen Komponenten verbunden wie • mehreren Dialogterminals (Tastatur und Bildschirm) • Diskettenlaufwerk, Festplatte • DVD-ROM-Laufwerk • Drucker Die Zentraleinheit wird von mehreren Teilnehmern genutzt, da die einzelnen Dialogterminals keine eigene „Intelligenz" haben. Das System wird durch ein Multi-User-Betriebssystem gesteuert, welches in der Lage ist, die Prozessorzeit auf die verschiedenen Benutzer zu verteilen (Time-Sharing-Verfahren).

Netze und Datenkommunikation

1.4.3 Kommunikationsnetze – LAN – WAN usw.

Begriff

Ein Netzwerk, das der Kommunikation zwischen Anwendern dient, wird als Kommunikationsnetz bezeichnet. In einem Kommunikationsnetz können Daten, Sprache, Töne und Bilder übertragen werden.

Ein Netzwerk besteht aus zwei oder mehreren Rechnern, die über Leitungen miteinander verbunden sind. Über eine spezielle Software können die Rechner miteinander kommunizieren und somit die Ressourcen aller Computer, z. B. Drucker oder Festplatten, nutzen.

Netzwerkarten

Grundsätzlich lassen sich die Netzwerke in Netzwerke, die dem innerbetrieblichen, dem regionalen und dem weltweiten Austausch von Informationen dienen, unterscheiden.

LAN (local area network)	Die untereinander verbundenen Computer eines Betriebes bilden ein Netzwerk. Der Datenaustausch wird dadurch vereinfacht. Vorhandene Geräte, wie etwa Drucker oder Festplatten, können von verschiedenen Computern genutzt werden.
Wireless-LAN (wireless-local area network)	Computer in einem begrenzten Bereich werden drahtlos miteinander verbunden. Die Daten werden per Funk übertragen.
MAN (metropolitan area network)	In einer Region vorhandene lokale Netzwerke werden miteinander verbunden.
WAN (wide area network)	Ein überregionales, meist weltweites Netz schließt die Computer verschiedener Betriebe oder anderer Benutzer (z. B. Privatpersonen) zusammen. Das bekannteste weltweite Netz ist das Internet.

1.4.4 Intranet – Internet

Netzwerke beruhen in der Regel auf der Grundlage der Techniken des Internets.

Intranet	Ein Netzwerk, welches nur von festgelegten Personen (Mitarbeiter eines Unternehmens, Schülern einer Schule, Mitglieder eines Vereins usw.) genutzt werden kann, wird als Intranet bezeichnet. Als Techniken werden die Möglichkeiten des Internets genutzt. Dazu gehört u. a., dass das Internetprotokoll TCP/IP als Netzwerkprotokoll und Webbrowser wie Mozilla Firefox oder der Internet-Explorer von Microsoft als Benutzeroberfläche genutzt werden. Eine räumliche Begrenzung für das Intranet ist nicht unbedingt notwendig.
Internet	Beim Internet (**Inter**connected **Net**works) handelt es sich um weltweit zusammengeschaltete Netzwerke, die es gestatten, Verbindungen zwischen Computern herzustellen. Im Prinzip kann damit jeder Computer, der an einer Datenleitung angeschlossen ist, weltweit mit jedem anderen an einer Datenleitung angeschlossenen Computer kommunizieren. Das Internet besteht aus verschiedenen Diensten, nicht nur aus dem *World Wide Web*, welches oftmals mit dem Internet gleichgesetzt wird. Das Internet ermöglicht beispielsweise das Versenden von Mails oder das Telefonieren über das Internet, ein Dienst, dessen Bedeutung innerhalb kürzester Zeit enorm an Bedeutung zugenommen hat.

2 Tabellenkalkulation mit Excel

2.1 Nutzung des Programms

2.1.1 Erste Schritte in der Tabellenkalkulation

Tabellenkalkulationsprogramm starten und beenden

Tabellenkalkulationsprogramme können wie jedes andere Programm über das Anklicken eines Symbols auf dem Desktop oder über die Schaltfläche **Start** gestartet werden.

Die Arbeit mit dem Programm ist nicht davon abhängig, welches Windows-Betriebssystem genutzt wird. Die Darstellung des Programms auf dem Bildschirm kann durch den Benutzer teilweise beeinflusst werden. Daher können leichte Abweichungen zu den nachfolgenden Abbildungen eintreten, die Funktionsweise des Programms ist jedoch vollkommen identisch.

Bearbeitungsschritte:

- Starten Sie das Programm **Excel** über die entsprechende Kachel oder das Programmsymbol auf dem Desktop.

- Alternativ können Sie das Programm über die folgenden Schaltflächen auswählen:

- Eventuell können Sie das Programm über die **Taskleiste** öffnen:

- Der Excel-Bildschirm wird eingeblendet. Sie können nun unter anderem zuletzt verwendete Excel-Mappen oder Vorlagen für verschiedene berufliche und/oder private Aufgaben aufrufen.

- Wählen Sie den Bereich **Leere Mappe** aus. Es wird eine Mappe mit leeren Tabellen eingeblendet. Nachfolgend werden die einzelnen Bereiche näher erklärt.

Nutzung des Programms 19

Der Excel-Bildschirm beinhaltet die nachfolgend dargestellten Komponenten. Neben den normalen Komponenten wie der Menüleiste und dem Menüband gibt es bei einer Tabellenkalkulation die Rechenleiste für die Eingabe und Anzeige von Werten, Formeln usw.

Je nach Einstellung ist es möglich, dass das Menüband nicht eingeblendet worden ist. Auf den Sachverhalt wird später noch eingegangen.

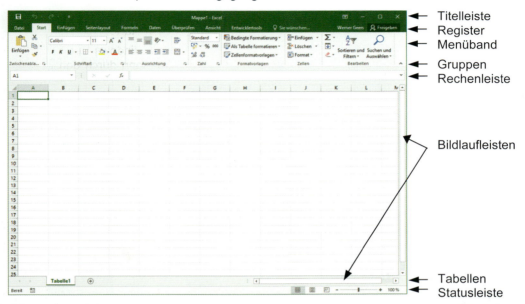

← Titelleiste
← Register
← Menüband
← Gruppen
← Rechenleiste
← Bildlaufleisten
← Tabellen
← Statusleiste

Bearbeitungsschritte:

- Geben Sie in der Zelle **B2** die folgende Bezeichnung ein:

	A	B	C	D	E
1					
2		Umsatzberechnung 1			

- Eine Excel-Mappe besteht aus mehreren Tabellen. Am unteren Rand des Excel-Bildschirms können Sie durch Anklicken des Pluszeichens eine neue Tabelle einblenden. Klicken Sie das Pluszeichen an.

- Geben Sie in der *Tabelle2* die folgende Bezeichnung ein:

	A	B	C	D	E
1					
2		Umsatzberechnung 2			

- Klicken Sie wieder die *Tabelle1* an. Zwischen den Tabellen einer Mappe können Sie jederzeit beliebig wechseln. Wie später gezeigt werden wird, lassen sich auch Berechnungen zwischen Zellen der einzelnen Tabellen durchführen.
- Beenden Sie das Programm durch einen Klick auf die Schaltfläche **Schließen** in der rechten oberen Ecke.
- Im dem dann eingeblendeten Fenster geben Sie an, dass Sie die Mappe nicht speichern wollen.

Backstage-Bereich

Aufbau des Backstage-Bereichs

Der Backstage-Bereich stellt neben traditionellen Elementen wie Fenster zum Abspeichern und Öffnen von Dateien, Bereiche zur Verfügung, die Informationen und spezielle Nutzungsmöglichkeiten beinhalten.

Bearbeitungsschritte:	
• Starten Sie das Programm **Excel**. Wählen Sie den Menüpunkt **Datei**. Der Backstage-Bereich des Programms wird angezeigt. Über die einzelnen Menüpunkte können Sie benötigte Optionen anwählen.	

Folgende Menüpunkte stehen zur Verfügung:
- Informationen über das Dokument (Eigenschaften wie Seitenzahl usw., Autor usw.),
- ein neues Dokument aufgrund einer Standardvorlage, einer zur Verfügung gestellten oder selbsterstellten Vorlage,
- Öffnen von Dateien,
- Speichern von Dateien in verschiedenen Formaten und auf unterschiedlichen Speichermedien,
- Speichern von Dateien unter einem anderen Namen und auf unterschiedlichen Speichermedien,
- Drucken von Dateien und genaue Einstellungen für das Drucken von Dokumenten,
- Freigabe von Dateien in der Cloud oder als Anhang einer E-Mail,
- Exportieren der Daten in verschiedene Dateiformate, Excel-Formate, Text-Dateien usw.,
- Schließen von Mappen (nicht des Programms),
- Konto-Einstellungen, z. B. des Office-Hintergrunds und Office-Designs,
- Optionen für die Nutzung des Programms.

Aufteilung des Backstage-Bereichs

Bei Aufruf der Menüpunkte, bei denen kein Fenster aufgerufen wird, wird ein dreigeteilter Ausgabenbereich dargestellt. Die einzelnen Elemente sind unterschiedlich. Am Beispiel des Druckens sollen grundsätzliche Möglichkeiten verdeutlicht werden. Einzelne Bereiche werden später intensiv beschrieben.

Menüpunkt	Einstellungen	Darstellung
Drucken	Drucken — Exemplare: 1 — Drucken — Drucker — Brother HL-2170W series — Bereit — Druckereigenschaften	Umsatz (Kreisdiagramm: Vertreter A 4.000,00 €; Vertreter B 1.500,00 €; Vertreter C 2.400,00 €; Vertreter D 1.500,00 €)

Nutzung des Programms 21

Erstellen einer neuen Mappe aufgrund einer Standardvorlage

Eine Mappe in **Excel** beinhaltet mehrere Tabellen. Beim Starten des Programms wird automatisch eine leere Mappe, die auf der Standardvorlage beruht, geöffnet. Zusätzlich können jederzeit weitere Mappen erstellt werden.

Bearbeitungsschritte:
• Starten Sie das Programm **Excel** und öffnen Sie eine neue leere Mappe. Geben Sie in der Zelle **B2** die folgende Bezeichnung ein:

	A	B	C	D	E
1					
2		Umsatzberechnung 1			

- Wählen Sie den Menüpunkt **Datei/Neu**. Öffnen Sie nochmals eine leere Mappe.
- Geben Sie in der Zelle **B2** der neuen Mappe folgende Bezeichnung ein:

	A	B	C	D	E
1					
2		Zinsberechnung			

- Zwischen Mappen kann in der **Taskleiste** gewechselt werden. Außerdem können Sie über das Register **Ansicht** in der Gruppe **Fenster** nach Anklicken der Schaltfläche **Fenster wechseln** die Mappe auswählen. Die gewählte Mappe wird gekennzeichnet.

- Die Mappen können über die Menüpunkte **Datei/Speichern** und **Datei/Speichern unter** in einem zu wählenden Ordner oder im Netz abgespeichert werden.

2.1.2 Grundlagen

Register, Menüband, Gruppen und Schaltflächen

Effektives Arbeiten ist möglich, wenn die Grundlagen des Programms erarbeitet werden. Die meisten Befehle werden über das Anklicken von Schaltflächen aufgerufen. Die Schaltflächen lassen sich über verschiedene Register im Menüband auswählen.

Bearbeitungsschritte:
• Beim Start des Programms ist je nach Einstellung die **Registerleiste** mit den einzelnen Registerbezeichnungen angezeigt oder es werden zusätzlich die einzelnen Gruppen eingeblendet.

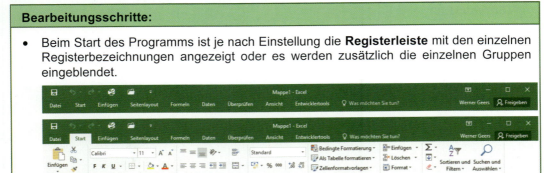

Bearbeitungsschritte (Fortsetzung):

- Über die Schaltfläche **Menüband-Anzeigeoptionen** am rechten oberen Programmfenster können Sie die gewünschte Einstellung vornehmen.

- Klicken Sie das Register **Einfügen** an. Es werden andere Schaltflächen angeboten.

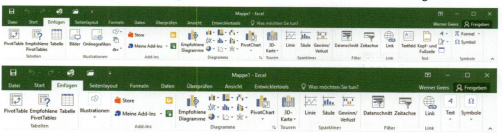

- Die Darstellung ist abhängig von der Bildschirmauflösung und/oder der Fenstergröße. Daher kommt es vor, dass einzelne Möglichkeiten erst nach dem Anklicken der Schaltflächen mit Pfeil zur Verfügung gestellt werden. Im dargestellten Beispiel werden Schaltflächen nach Anklicken der Schaltfläche **Text** eingeblendet.

- Klicken Sie wieder das Register **Start** an. Die einzelnen Schaltflächen sind in Gruppen geordnet. Eine Gruppe im Register **Start** ist beispielsweise die Gruppe **Schriftart**. Die Bezeichnung der Gruppe wird am unteren Rand angegeben, in diesem Fall also **Schriftart**.

- Belässt man den Mauszeiger eine gewisse Zeit auf einer Schaltfläche, wird ein erklärender Text eingeblendet.

Nutzung des Programms

Bearbeitungsschritte (Fortsetzung):

- Über den **Pfeil nach unten** im rechten unteren Eck werden in einzelnen Gruppen Alternativen zur Verfügung gestellt. Nach dem Markieren eines Bereichs kann z. B. die Schriftart ausgewählt werden.

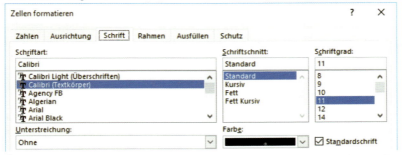

- Über die einzelnen Registerkarten in dem Fenster können Sie weitere Optionen auswählen, z. B. das Format einer Zahl bestimmen. Oftmals stehen damit weitere und verbesserte Optionen zur Verfügung.

Kontextmenü

Das Kontextmenü stellt die jeweils möglichen Optionen zur Verfügung. Beispielsweise wird angegeben, ob kopiert, eingefügt usw. werden kann.

Bearbeitungsschritte:

- Klicken Sie mit der rechten Maustaste die Zelle **B2** an. Das Kontextmenü wird eingeblendet. Die zur Verfügung stehenden Befehle werden angegeben.

- Sie können nun beispielsweise Formatierungen vornehmen, Menüpunkte im Kontextmenü wählen usw. Damit ist eine schnelle Bearbeitung gegeben.

2.2 Zellen

2.2.1 Dateneingabe und Datenänderung

Bearbeitungshinweise

Das Eingeben von Buchstaben, Zahlen und Sonderzeichen in eine Zelle erfolgt immer auf die gleiche Art und Weise:

Markieren	Eine Zelle wird durch Anklicken mit der Maus markiert. Die Zelle kann auch mit den Cursor-Tasten angesteuert werden.
Bearbeiten	In die gewählte Zelle werden über die Tastatur Buchstaben, Zahlen usw. eingegeben. Außerdem ist es möglich, nach dem Anklicken der entsprechenden Schaltfläche die markierte Zelle zu formatieren, beispielsweise mit einer bestimmten Hintergrundfarbe zu belegen oder einen Rahmen um die Zelle zu legen.
Abschließen	Die Bearbeitung einer Zelle, also das Eingeben von Werten usw., wird mit dem Drücken der **Return-Taste** bzw. mit dem Anklicken der Schaltfläche **Eingeben** (✓) in der Bearbeitungszeile abgeschlossen.

Auch einzelne oder mehrere Bereiche werden, vor allem beim Formatieren, nach diesem Schema bearbeitet. Werden über Schaltflächen Fenster aufgerufen, wird eine Bearbeitung meistens durch das Anklicken der Schaltfläche **OK** in dem Fenster beendet.

Eingaben und Korrekturen

Das Eingeben und Korrigieren von Werten in Zellen gehört zu den wesentlichen Arbeiten beim Umgang mit einer Tabellenkalkulation. Am Beispiel der irrtümlichen Eingabe der Bezeichnung *Umsatzberechnung 2116* statt der richtigen Bezeichnung *Umsatzberechnung 2016* soll die Eingabe und Korrektur von Zelleninhalten demonstriert werden.

Bearbeitungsschritte:

- Markieren Sie zunächst die Zelle **B2** und geben Sie den folgenden Text ein:

	A	B	C	D	E
1					
2		Umsatzberechnung 2116			
3					
4					
5					

- Markieren Sie eine andere Zelle und danach für die Korrektur nochmals die Zelle **B2**.

B2		*fx*	Umsatzberechnung 2116

- Klicken Sie mit der Maus in der Bearbeitungszeile zwischen die Zahlen 2 und 1. Danach drücken Sie die Taste **Entf** (Entfernen) und geben Sie die Zahl *0* ein. Das richtige Ergebnis wird angezeigt.
- Mit der Taste [**Return**], auch als Taste [**Enter**] bezeichnet, oder dem Anklicken der Schaltfläche **Eingeben** (✓) können Sie die Eingabe beenden.

Zellen

Bearbeitungsschritte (Fortsetzung):

- Alternativ können Sie die Zelle **B2** markieren und danach die Funktionstaste **F2** betätigen. Der Cursor befindet sich jetzt am Ende der Zelle hinter der Zahl 6.

	A	B	C	D	E
1					
2		Umsatzberechnung 2116			

- Mit den Cursor-Tasten oder der Maus gehen Sie zwischen die Zahlen 2 und 1. Drücken Sie danach die Taste **Entf** (Entfernen) und geben Sie die Zahl *0* ein. Das richtige Ergebnis wird angezeigt.

	A	B	C	D	E
1					
2		Umsatzberechnung 2016			

Dateneingabe und Berechnungen anhand eines einfachen Beispiels

Eine einfache Umsatzberechnung, wie nachstehend im Ergebnis abgebildet, soll zur Grundlage der Erklärungen gemacht werden. Die einzelnen Bearbeitungsschritte werden genau angegeben. Einzugebende Zahlen werden dunkel unterlegt, berechnete Zahlen und einzugebende Texte werden normal dargestellt.

	A	B	C	D	E
1					
2		Umsatzberechnung			
3					
4		Menge	Preis	Umsatz	
5					
6	Vertreter A	200	20	4000	
7	Vertreter B	100	15	1500	
8	Vertreter C	80	30	2400	
9	Vertreter D	150	10	1500	
10					
11	Gesamtumsatz			9400	

Bearbeitungsschritte:

- Tragen Sie zunächst in die entsprechenden Zellen die Worte *Umsatzberechnung*, *Menge*, *Preis*, *Umsatz*, *Vertreter A*, *Vertreter B*, *Vertreter C*, *Vertreter D* und *Gesamtumsatz* ein, indem Sie die Zellen anklicken und die Texte eintragen.
- Schreiben Sie die entsprechenden Mengen und Preise in die jeweiligen Zellen.
- Markieren Sie mit der Maus die Zelle **D6**.
- Beginnen Sie die Berechnung des Umsatzes des Vertreters A mit der Eingabe des Gleichheitszeichens =. Markieren Sie mit der Maus die abgesetzte Menge des Vertreters A in der Zelle **B6**. Die Zelle wird in der Formel angezeigt. Geben Sie das Multiplikationszeichen * ein. Markieren Sie mit der Maus den Preis in der Zelle **C6**. Nun ist die Formel für den Umsatz des Vertreters A *(= B6 * C6)* angegeben.
- Schließen Sie die Bearbeitung des Vertreterumsatzes mit der **Returntaste** oder mit dem Anklicken der Schaltfläche **Eingeben** (✓) ab.
- Berechnen Sie die Umsätze der anderen Vertreter auf die gleiche Art.

Bearbeitungsschritte (Fortsetzung):

- Der Gesamtumsatz ergibt sich aus den Einzelumsätzen der vier Vertreter, er ist also die Summe der einzelnen Umsätze. **Excel** kennt Funktionen, u. a. „Summe".
- Markieren Sie die Zelle **D11**. Klicken Sie im Register **Start** in der Gruppe **Bearbeiten** die Schaltfläche **AutoSumme** (∑ AutoSumme ▼) an. Markieren Sie den Bereich **D6** bis **D9**. Das Ergebnis sieht folgendermaßen aus: **=Summe(D6:D9)**. Schließen Sie die Bearbeitung des Gesamtumsatzes mit der Taste **Return** oder mit dem Anklicken der Schaltfläche **Eingeben** (✓) ab. In den einzelnen Zellen stehen jetzt die nachstehenden Inhalte:

	A	B	C	D	E
1					
2		Umsatzberechnung			
3					
4		Menge	Preis	Umsatz	
5					
6	Vertreter A	200	20	4000	
7	Vertreter B	100	15	1500	
8	Vertreter C	80	30	2400	
9	Vertreter D	150	10	1500	
10					
11	Gesamtumsatz			9400	

- Durch Anklicken einer Zelle können Sie den jeweiligen Inhalt der Zelle in der Bearbeitungszeile ansehen.

D6			*fx*	=B6*C6	
	A	B	C	D	E
4		Menge	Preis	Umsatz	
5					
6	Vertreter A	200	20	4000	
7	Vertreter B	100	15	1500	

- Über die Schaltfläche **Formeln anzeigen** in der Gruppe **Formelüberwachung** im Register **Formeln** können Sie alle Formeln auf dem Bildschirm sehen. Mit der gleichen Schaltfläche wird zur Anzeige der Ergebnisse zurückgeschaltet.

- Das Formelergebnis sieht folgendermaßen aus:

	A	B	C	D	E
4		Menge	Preis	Umsatz	
5					
6	Vertreter A	200	20	=B6*C6	
7	Vertreter B	100	15	=B7*C7	
8	Vertreter C	80	30	=B8*C8	
9	Vertreter D	150	10	=B9*C9	
10					
11	Gesamtumsatz			=Summe(D6:D9)	

Zellen

2.2.2 Auswählen (Markierung) von Zellen

Vor allem bei der Formatierung von Zellen, aber beispielsweise auch bei der Erstellung von aussagekräftigen Diagrammen, ist die Markierung von einzelnen Zellen und Bereichen wichtig. Die Handhabung ist dabei nicht besonders schwierig, da Zellen und Bereiche zumeist nur mit der Maus angeklickt werden müssen. Sollen mehrere Bereiche markiert werden, muss die Taste [**STRG**] benutzt werden.

2.2.3 Kopieren, Verschieben und Löschen von Zellen und Bereichen

Löschen von Zellen und Bereichen

Das Löschen bestimmter Zellen oder Bereiche ist relativ einfach und soll anhand der Berechnung eines Umsatzes vorgenommen werden. Dabei sollen die Zellen gelöscht werden, die zunächst mit einer Formel berechnet wurden (die Zellen **D7** bis **D9**), obwohl es sich angeboten hätte, durch Kopieren diese Formeln zu erstellen und damit unnötige Arbeit zu vermeiden.

Bearbeitungsschritte:

- Speichern Sie das Dokument *Umsatz1* unter dem Namen *Umsatz2* nochmals ab. Markieren Sie den zu löschenden Bereich, in diesem Fall die Zellen **D7** bis **D9**.

	A	B	C	D	E
4		Menge	Preis	Umsatz	
5					
6	Vertreter A	200	20	4000	
7	Vertreter B	100	15	1500	
8	Vertreter C	80	30	2400	
9	Vertreter D	150	10	1500	
10					
11	Gesamtumsatz			9400	

- Drücken Sie die Taste [**Entf**]. Die Inhalte werden gelöscht.

	A	B	C	D	E
6	Vertreter A	200	20	4000	
7	Vertreter B	100	15		
8	Vertreter C	80	30		
9	Vertreter D	150	10		
10					
11	Gesamtumsatz			4000	

- Alternativ können Sie auch mithilfe des Kontextmenüs die Löschung über den Menüpunkt **Inhalte löschen** vornehmen.

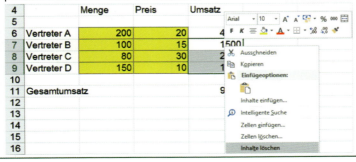

Kopieren und Einfügen von Zellen und Bereichen

Unter Kopieren versteht man, dass der Inhalt bestimmter Zellen in andere Zellen bzw. der Inhalt von Bereichen in andere Bereiche übertragen wird. Dies hat den großen Vorteil, dass bestimmte Formeln, Texte usw. nicht doppelt und dreifach eingegeben werden müssen, sondern nur einmal und dann kopiert werden können.

Die vorher gelöschten Formeln sollen nun wieder durch das Kopieren von Inhalten und das Einfügen an anderer Stelle in die entsprechenden Zellen hineingeschrieben werden. In der Zelle **D6** ist die entsprechende Formel (**=B6*C6**) vorhanden, die zum Berechnen des Umsatzes des Vertreters A führt. Kopiert man nun diese Formel in eine andere Zelle, z. B. in die Zelle **D7**, wird das Programm automatisch die Formel in der neuen Zelle verändern (**=B7*C7**). Dies wird durch die Adressierungsart bestimmt und in einem späteren Kapitel erläutert.

Bearbeitungsschritte:

- Markieren Sie zunächst die zu kopierende Zelle **D6**.

	A	B	C	D	E
4		Menge	Preis	Umsatz	
5					
6	Vertreter A	200	20	4000	
7	Vertreter B	100	15		
8	Vertreter C	80	30		
9	Vertreter D	150	10		
10					
11	Gesamtumsatz			4000	

- Klicken Sie im Register **Start** in der Gruppe **Zwischenablage** die Schaltfläche **Kopieren** an.

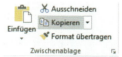

- Markieren Sie die Zellen **D7** bis **D9**, in die Formeln eingefügt werden sollen. Klicken Sie danach die Schaltfläche **Einfügen** an.

- Das richtige Ergebnis sieht danach folgendermaßen aus:

	A	B	C	D	E
4		Menge	Preis	Umsatz	
5					
6	Vertreter A	200	20	4000	
7	Vertreter B	100	15	1500	
8	Vertreter C	80	30	2400	
9	Vertreter D	150	10	2500	

- In der Statuszeile werden Werte der markierten Zellen eingeblendet, z. B.:

Mittelwert: 1800   Anzahl: 3   Summe: 5400

Zellen

Ausschneiden und Einfügen von Zellen und Bereichen

Das Ausschneiden und Einfügen von Zellen und Bereichen ist bis auf einen wesentlichen Punkt identisch mit dem Kopieren und Einfügen. Während beim Kopieren und Einfügen der ursprüngliche Inhalt einer Zelle oder eines Bereiches erhalten bleibt und entsprechend in andere Bereiche ebenfalls eingefügt wird, wird beim Ausschneiden und Einfügen der ursprüngliche Bereich in einen anderen Bereich verschoben. In den ursprünglichen Zellen stehen die Inhalte nicht mehr zur Verfügung.

Bearbeitungsschritte:

- Markieren Sie die zu verschiebenden Zellen **D6** bis **D9**. Klicken Sie im Register **Start** in der Gruppe **Zwischenablage** die Schaltfläche **Ausschneiden** an.

- Damit ist der gewählte Bereich in die Zwischenablage von Windows kopiert worden.
- Markieren Sie die Zelle **E6** als Anfangszelle des Bereichs, in den die zu verschiebenden Zellen eingefügt werden sollen. Klicken Sie die Schaltfläche **Einfügen** an.

- Die zu verschiebenden Zellen werden an der angegebenen Stelle eingefügt.

	A	B	C	D	E
6	Vertreter A	200	20		4000
7	Vertreter B	100	15		1500

Drag and Drop

Als **Drag and Drop** (Ziehen und Ablegen) bezeichnet man die Möglichkeit, den Inhalt einer Zelle oder eines Bereichs von einer Stelle zu einer anderen Stelle innerhalb einer Tabelle zu versetzen. Dies ist nicht nur bei Zellen und Bereichen mit Texteingaben möglich, sondern in der Regel auch bei Inhalten wie Zahlen und Rechenoperationen. Allerdings ist hierbei die Adressierungsart (wird später erklärt) von entscheidender Bedeutung.

Bearbeitungsschritte:

- Gehen Sie mit der Maus an den Rand der Zelle **B2**. Der Mauszeiger verändert sich in einen Pfeil mit vier Richtungen.

	A	B	C	D	E
1					
2		Umsatzberechnung			
3					

- Drücken Sie die linke Maustaste und ziehen Sie den Inhalt der Zelle **B2** bei gedrückter linker Maustaste in die Zelle **D2**. Nach dem Loslassen der Maustaste steht der Inhalt der Zelle **B2** jetzt in der Zelle **D2**.

	A	B	C	D	E
1					
2				Umsatzberechnung	

2.3 Schnellanalyse von Daten

Vorbemerkungen

Die Schnellanalyse von Daten bietet die Möglichkeit, Ergebnisse, Formatierungen, Diagramme usw. sehr schnell zu erstellen. Die Möglichkeiten der Schnellanalyse sind stark von den jeweiligen Daten abhängig, die analysiert werden sollen.

Meistens können die Ergebnisse mit den speziell für diesen Zweck gedachten Instrumenten jedoch besser und vollständiger erstellt werden. Daher dient die Schnellanalyse oftmals dazu, nur einen Überblick zu verschaffen, welche speziellen Auswertungsmöglichkeiten vorhanden sind. Die speziellen Möglichkeiten werden später im Buch genau beschrieben, wie z. B. die Erstellung eines Diagramms mit vernünftigen Beschriftungen, Legenden, Überschriften usw.

Möglichkeiten der Schnellanalyse

Anhand eines Beispiels sollen die Möglichkeiten der Schnellanalyse beschrieben werden.

Bearbeitungsschritte:

- Speichern Sie das Dokument *Umsatz1* unter dem Namen *Umsatz_Schnellanalyse* nochmals ab. Löschen Sie alle Daten in der Zeile *11*.
- Markieren Sie die Zellen **D6** bis **D9**. Klicken Sie danach die Schaltfläche **Schnellanalyse** rechts unterhalb des letzten Wertes an.

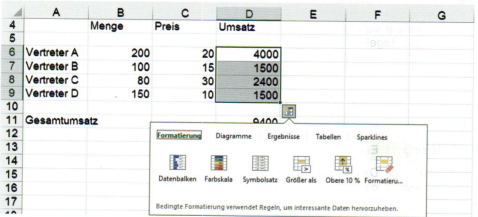

- Verschiedene Analysemöglichkeiten werden zur Verfügung gestellt.

- Fahren Sie mit der Maus im Bereich **Formatierung** über die einzelnen Schaltflächen. Verschiedene Formatierungen der Zellen werden vorgeschlagen.

2.4 Adressierung

Vorbemerkungen

Das Ansprechen von Zellen in Formeln nennt man Adressierung. Wenn man z. B. den Inhalt der Zelle **D6** aus der Tabelle *Umsatz1* betrachtet, so ist in der Zelle die folgende Formel eingetragen: *=B6*C6*. Dies bedeutet, dass das Programm in der Zelle **D6** das Ergebnis der Multiplikation der Zellen **B6** und **C6** eintragen soll. Es wurden also die Adressen (Zellen) angegeben, in denen Werte stehen, die für die entsprechende Formel benötigt werden.

Die Tabellenkalkulation **Excel** stellt mehrere Möglichkeiten der Adressierung zur Verfügung. Die Wahl der richtigen Adressierungsart ist besonders wichtig und wird daher genau beschrieben, da sich bestimmte Ergebnisse nur mit bestimmten Adressierungsarten erreichen lassen und eine sinnvolle Mischung der Adressierungsarten zu dem gewünschten Ergebnis führt.

Grundsätzlich lassen sich alle Probleme mit der relativen und absoluten Adressierung lösen. Daher sollten Sie unbedingt diese beiden Arten der Adressierung bearbeiten.

Die Verwendung von Namen wird jedoch besonders bei umfangreichen Tabellen die Arbeit erleichtern, da die Formeln in normaler Sprache eingegeben werden können, z. B. wird der Umsatz als *Menge * Preis* eingegeben.

Hinweis: Die Arbeit mit Namen kann an dieser Stelle eventuell weggelassen werden und später erfolgen. Grundsätzlich lassen sich alle weiteren Inhalte des Buches auch ohne die Verwendung von Namen bearbeiten. Einige wenige Ausnahmen führen in der Regel zu übersichtlicheren Ergebnissen.

Arten der Adressierung

Es stehen die folgenden Adressierungsarten zur Verfügung:

Adressierung	Erklärung	Beispiel
Relative Adressierung	Die anzusprechende Zelle steht in einem gewissen Verhältnis zu der Berechnungszelle, beispielsweise steht ein zur Berechnung benötigter Wert immer in der Zelle links neben der Berechnungszelle.	z. B. wird mit der Maus die Zelle **B6** markiert.
Absolute Adressierung	Absolute Adressierung bedeutet, dass immer genau auf die angegebene Zelle zugegriffen wird. Die absolute Adressierung wird durch Dollarzeichen vor der Zeilen- und Spaltenbezeichnung gekennzeichnet.	z. B. wird die Zelle **B6** mit der Angabe **$B$6** in eine Formel eingegeben.
Adressierung über Namen (definierte Namen)	Die anzusprechende Zelle bzw. der anzusprechende Bereich wird mit einem Namen belegt. Diese Namen werden in Formeln verwandt.	z. B. wird die Zelle **E15** mit dem Namen **Provisionssatz** belegt und kann unter diesem Namen in Formeln verwandt werden.

Relative Adressierung

Die relative Adressierung wurde bisher bei der Umsatzberechnung angewandt und soll daher nur kurz angesprochen werden. In der Zelle **D6** ist die Formel eingetragen:

	A	B	C	D
4		Menge	Preis	Umsatz
5				
6	Vertreter A	200	20	=B6*C6
7	Vertreter B	100	15	

Diese Formel ist relativ adressiert, das bedeutet, dass die Zelle **B6**, die zwei Spalten vor der Zelle **D6** ist, mit der Zelle **C6** multipliziert werden soll, die eine Spalte vor der Zelle **D6** angeordnet ist. Dieses Prinzip der Anordnung wird nun grundsätzlich beim Kopieren der Zelle **D6** in andere Zellen übertragen.

Wird die Formel in der Zelle **D6** eine Zeile nach unten in die Zelle **D7** kopiert, wird automatisch die Formel in der Zelle **D7** angepasst: *= B7*C7*.

	A	B	C	D
4		Menge	Preis	Umsatz
5				
6	Vertreter A	200	20	=B6*C6
7	Vertreter B	100	15	=B7*C7

Diese Art der Adressierung eignet sich immer dann ideal, wenn Bezug genommen wird auf Zellen, die entweder links, rechts, oben oder unten immer in einem gleichen Abstand zur Formelzelle angesprochen werden sollen.

Absolute Adressierung

Anhand der Arbeitsmappe *Umsatz_Absolut* soll die absolute Adressierung als Nächstes sinnvoll eingesetzt werden. Gleichzeitig soll gezeigt werden, dass sich in einer Tabelle unterschiedliche Adressierungsarten vernünftig einsetzen lassen. Als Beispiel soll dabei die Berechnung der Provision der einzelnen Vertreter dienen.

Bearbeitungsschritte:

- Laden Sie zunächst die Arbeitsmappe *Umsatz1* und speichern Sie diese Arbeitsmappe unter dem Namen *Umsatz_Absolut* wieder ab.
- Ergänzen Sie die *Tabelle1* um die Worte *Provision*, *Provisionssatz in %* und um die Zahl *15* als Provisionssatz, sodass die Tabelle folgendermaßen aussieht:

	A	B	C	D	E
4		Menge	Preis	Umsatz	Provision
5					
6	Vertreter A	200	20	4000	
7	Vertreter B	100	15	1500	
8	Vertreter C	80	30	2400	
9	Vertreter D	150	10	1500	
10					
11	Gesamtumsatz			9400	
12					
13	Provisionssatz in %				15

Adressierung

Bearbeitungsschritte (Fortsetzung):

- Die Provision für den Vertreter A berechnet sich nach der folgenden Formel:
  = **Umsatz * Provisionssatz/100**
- Daraus ergibt sich die in die Zelle **E6** einzusetzende Formel:
  = *D6* * *$E$13*/100

  Hinweis: Nach der Eingabe der Zellenbezeichnung **E13** wird durch das Drücken der Taste **F4** die für die absolute Adressierung typische Form **$E$13**.
- Die Zelle **E13** wird in der Formel absolut adressiert, damit sie beim Kopieren nicht verändert wird und somit für die Provisionsberechnung der anderen Vertreter zur Verfügung steht. Die Zelle **D6** wird relativ adressiert, damit sie sich beim Kopieren verändert, z. B. in **D7**.
- Geben Sie die entsprechende Formel wie angegeben in die Zelle **E6** ein. Benutzen Sie dabei die Funktionstaste **F4**.
- Kopieren Sie die Zelle **E6** in die Zellen **E7** bis **E9**. Berechnen Sie außerdem die Summe der Provision. Das richtige Ergebnis wird auf dem Bildschirm angezeigt:

	A	B	C	D	E
1					
2		Umsatzberechnung			
3					
4		Menge	Preis	Umsatz	Provision
5					
6	Vertreter A	200	20	4000	600
7	Vertreter B	100	15	1500	225
8	Vertreter C	80	30	2400	360
9	Vertreter D	150	10	1500	225
10					
11	Gesamtumsatz			9400	1410
12					
13	Provisionssatz in %				15

- Durch das Eintragen eines anderen Prozentsatzes werden die Vertreterprovisionen nun automatisch angepasst.
- Das Ergebnis wird formelmäßig nachfolgend dargestellt. Nur durch die Verwendung der relativen und der absoluten Adressierung war es möglich, Formeln zu kopieren. Benutzt man bei der Berechnung der Provision nur die relative Adressierung, muss jede Provision einzeln errechnet werden.

	A	B	C	D	E
4		Menge	Preis	Umsatz	Provision
5					
6	Vertreter A	200	20	=B6*C6	=D6*$E$13/100
7	Vertreter B	100	15	=B7*C7	=D7*$E$13/100
8	Vertreter C	80	30	=B8*C8	=D8*$E$13/100
9	Vertreter D	150	10	=B9*C9	=D9*$E$13/100
10					
11	Gesamtumsatz			=Summe(D6:D9)	=Summe(E6:E9)
12					
13	Provisionssatz in %				15

Adressierung über Namen

Vorbemerkungen

Besonders interessant, gerade bei umfangreichen Tabellen, ist die Möglichkeit, Zellen und/oder Bereiche über Namen in Formeln aufzurufen. In der Formel wird dann nicht eine Zelle mit **E13** (relativ) oder **$E$13** (absolut) angegeben, sondern der Name, z. B. *Provisionssatz*. Bereiche, wie beispielsweise **B6** bis **B9**, werden markiert und dann ebenfalls mit einem Namen versehen, der dann in Formeln verwandt werden kann. Die Namen sollten dem entsprechen, was sie aussagen, beispielsweise *Menge*, *Preis* oder *Umsatz*.

Die folgende Übersicht zeigt die Zellen und Bereiche, die mit Namen versehen werden sollen.

	A	B	C	D	E
1					
2		Umsatzberechnung			
3					
4		Menge	Preis	Umsatz	Provision
5					
6	Vertreter A	200	20	4000	600
7	Vertreter B	100	15	1500	225
8	Vertreter C	80	30	2400	360
9	Vertreter D	150	10	1500	225
10					
11	Gesamtumsatz			9400	1410
12					
13	Provisionssatz in %				15

Name	Menge	Preis	Umsatz	Provision	Provisionssatz
Zellen/Bereiche	B6:B9	C6:C9	D6:D9	E6:E9	E13

Namen festlegen

Um mit Namen in Formeln arbeiten zu können, müssen zunächst Namen festgelegt werden.

Bearbeitungsschritte:

- Laden Sie die Mappe *Umsatz_Absolut* und speichern Sie diese Mappe unter dem Namen *Umsatz_Namen1* wieder ab. Löschen Sie alle Inhalte im Bereich **D6** bis **E9**.
- Markieren Sie mit der Maus die Zelle **E13**. Klicken Sie danach im Register **Formeln** in der Gruppe **Definierte Namen** die Schaltfläche **Namen definieren** an.

- Geben Sie im **Eingabefeld** des Fensters **Neuer Name** den Namen *Provisionssatz* ein. Sie können auch den Namen, den das Programm eventuell vorschlägt, akzeptieren.

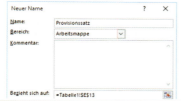

Adressierung

Bearbeitungsschritte (Fortsetzung):

- Wollen Sie überprüfen, ob die richtige Zelle markiert ist und das Fenster die markierte Zelle verdeckt, so können Sie das Fenster durch Anklicken der Schaltfläche 📧 in der rechten Ecke des Fensters verkleinern.

- Durch Anklicken der Schaltfläche 📧 wird das Fenster wieder eingeblendet.
- Geben Sie eventuell die benötigte Zelle an. Sie können auch den Zellenbezug, den das Programm aufgrund der Markierung der Zelle vorschlägt, übernehmen.
- Klicken Sie auf die Schaltfläche **OK**. Damit ist der Name für die Zelle festgelegt.
- Alternativ kann nach dem Markieren der Zelle **E13** in der Rechenleiste der Pfeil nach unten angeklickt und die Bezeichnung *Provisionssatz* eingegeben werden.

- Markieren Sie die Zellen **B6:B9**. Klicken Sie danach im Register **Formeln** in der Gruppe **Definierte Namen** die Schaltfläche **Namen definieren** an. Definieren Sie auf eine der beschriebenen Arten den Namen *Menge*.
- Definieren Sie danach die Bereiche mit den Namen *Preis*, *Umsatz* und *Provision*.

Überprüfen und Löschen von Namen

Ein Name darf nur einmal in einer Mappe benutzt werden. Ist der Name für eine Zelle oder einen Bereich nicht mehr notwendig oder falsch, kann er gelöscht werden.

Bearbeitungsschritte:

- Klicken Sie danach im Register **Formeln** in der Gruppe **Definierte Namen** die Schaltfläche **Namens-Manager** an.

- Klicken Sie den Namen *Menge* an.

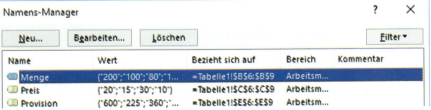

- Klicken Sie die Schaltfläche **Löschen** an, bestätigen Sie danach im nächsten Fenster die Löschung und klicken Sie dann die Schaltfläche **Schließen** an. Der Name wird gelöscht. Eventuelle Berechnungsergebnisse existieren jedoch nicht mehr. Eine Fehlermeldung würde auf den fehlenden Namen hinweisen.
- Definieren Sie den Namen *Menge* wieder. Da eventuelle Formeln noch vorhanden wären, würde das korrekte Ergebnis angezeigt.

Namen in Formeln verwenden

Nachdem die Namen für die Zellen und Bereiche festgelegt wurden, kann man in Formeln die Namen verwenden. Es stehen verschiedene Bearbeitungsmöglichkeiten zur Verfügung, die nachfolgend beschrieben werden.

Bearbeitungsschritte:

- Klicken Sie mit der Maus die Zelle **D6** an. Geben Sie das Gleichheitszeichen ein: **=**.
- Markieren Sie mit der Maus die Zellen **B6:B9**. Der Name wird bei richtiger Markierung in die Formel eingefügt:

	A	B	C	D	E
6	Vertreter A	200	20	=Menge	

- Alternativ klicken Sie im Register **Formeln** in der Gruppe **Definierte Namen** die Schaltfläche **In Formel verwenden** und dann die Bezeichnung *Menge* an. Der Name wird ebenfalls eingefügt.

- Vervollständigen Sie die Formel mit einem Multiplikationszeichen * und fügen Sie danach wie vorstehend beschrieben über die Markierung der Zellen **C6:C9** den Namen *Preis* ein.

	A	B	C	D	E
6	Vertreter A	200	20	=Menge*Preis	

- Die Formel lautet nun: **= *Menge*Preis***. Mit der Taste [**Return**] bzw. [**Enter**] oder dem Anklicken der Schaltfläche **Eingeben** (✓) beenden Sie die Berechnung.
- Kopieren Sie die Formel in die Zellen **D7** bis **D9**. Das Ergebnis sieht wie folgt aus:

	A	B	C	D	E
4		Menge	Preis	Umsatz	Provision
5					
6	Vertreter A	200	20	4000	
7	Vertreter B	100	15	1500	
8	Vertreter C	80	30	2400	
9	Vertreter D	150	10	1500	

- Formelmäßig kommt folgendes Ergebnis zustande:

	A	B	C	D	E
4		Menge	Preis	Umsatz	Provision
5					
6	Vertreter A	200	20	=Menge*Preis	
7	Vertreter B	100	15	=Menge*Preis	
8	Vertreter C	80	30	=Menge*Preis	
9	Vertreter D	150	10	=Menge*Preis	

- Automatisch nimmt das Programm jeweils für die Berechnung die richtige Menge und den richtigen Preis.

Adressierung

Bearbeitungsschritte (Fortsetzung):

- Klicken Sie mit der Maus die Zelle **E6** an. Geben Sie das Gleichheitszeichen ein: **=**.
- Markieren Sie mit der Maus die Zellen **D6:D9**. Der Name wird bei richtiger Markierung in die Formel eingefügt:

	A	B	C	D	E
4		Menge	Preis	Umsatz	Provision
5					
6	Vertreter A	200	20	4000	=Umsatz

- Alternativ klicken Sie im Register **Formeln** in der Gruppe **Definierte Namen** die Schaltfläche **In Formel verwenden** und dann die Bezeichnung *Umsatz* an. Der Name wird ebenfalls eingefügt.

- Vervollständigen Sie die Formel mit einem Multiplikationszeichen * und fügen Sie danach wie vorstehend beschrieben über die Markierung der Zelle **E13** den Namen *Provisionssatz* ein. Vervollständigen Sie die Formel durch die angegebene Division.

	A	B	C	D	E
4		Menge	Preis	Umsatz	Provision
5					
6	Vertreter A	200	20	4000	=Umsatz*Provisionssatz/100

- Die Formel lautet nun: **= *Umsatz*Provisionssatz/100***. Mit der Taste [**Return**], auch als Taste [**Enter**] bezeichnet, oder dem Anklicken der Schaltfläche **Eingeben** (✓) beenden Sie die Berechnung.
- Kopieren Sie die Formel in die Zellen **E7** bis **E9**. Das Ergebnis sieht wie folgt aus:

	A	B	C	D	E
4		Menge	Preis	Umsatz	Provision
5					
6	Vertreter A	200	20	4000	600
7	Vertreter B	100	15	1500	225
8	Vertreter C	80	30	2400	360
9	Vertreter D	150	10	1500	225

- Formelmäßig kommt folgendes Ergebnis zustande:

	A	B	C	D	E
4		Menge	Preis	Umsatz	Provision
5					
6	Vertreter A	200	20	=Menge*Preis	=Umsatz*Provisionssatz/100
7	Vertreter B	100	15	=Menge*Preis	=Umsatz*Provisionssatz/100
8	Vertreter C	80	30	=Menge*Preis	=Umsatz*Provisionssatz/100
9	Vertreter D	150	10	=Menge*Preis	=Umsatz*Provisionssatz/100

Namen in Funktionen anwenden

Markierte Zellen oder Bereiche lassen sich unter ihrem Namen in Funktionen eingeben. Dadurch wird die Aussagekraft einer Funktion erhöht. Es wird z. B. in der Funktion angegeben, was summiert werden soll, nämlich bei der Umsatzberechnung der Umsatz.

Für die Nutzung von Funktionen stehen mehrere Möglichkeiten zur Verfügung, drei werden nachfolgend beschrieben.

Bearbeitungsschritte:

- Markieren Sie die Zelle **D11**. Klicken Sie die Schaltfläche **AutoSumme** in der Gruppe **Funktionsbibliothek** im Register **Formeln** an.

- Klicken Sie danach die Schaltfläche **In Formel verwenden** in der Gruppe **Definierte Namen** im Register **Formeln** an. Wählen Sie den Namen *Umsatz* aus.

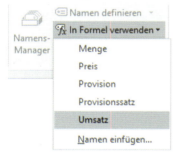

- Das Ergebnis sieht in der Zelle **D11** folgendermaßen aus:

  = *Summe(Umsatz)*

- Markieren Sie die Zelle **E11**. Klicken Sie danach die Schaltfläche **AutoSumme** in der Gruppe **Funktionsbibliothek** im Register **Formeln** an. Markieren Sie mit der Maus die Zellen **E6:E9**.

- Als Ergebnis wird in der Zelle **E11** Folgendes angezeigt:

  = *Summe(Provision)*

- In den einzelnen Zellen stehen nun nur noch eingegebene Werte und Formeln und Funktionen, die Namen enthalten. Dies kann über die Formelansicht angezeigt werden.

	A	B	C	D	E
6	Vertreter A	200	20	=Menge*Preis	=Umsatz*Provisionssatz/100
7	Vertreter B	100	15	=Menge*Preis	=Umsatz*Provisionssatz/100
8	Vertreter C	80	30	=Menge*Preis	=Umsatz*Provisionssatz/100
9	Vertreter D	150	10	=Menge*Preis	=Umsatz*Provisionssatz/100
10					
11	Gesamtumsatz			=Summe(Umsatz)	=Summe(Provision)

- Alternativ können Sie auch die Zelle **E11** markieren und die folgende Formel eingeben:

  = *Summe(Provision)*

2.5 Formeln

Vorbemerkungen

Mithilfe von Formeln lassen sich mathematische Probleme mit einer Tabellenkalkulation lösen, so z. B. Berechnungen von Durchschnitten, Prozentrechnungen, Zinsrechnungen usw.

Formeln – Prozentrechnung

Mit der Prozentrechnung können anteilige Werte eines Ganzen usw. errechnet werden.

Begriff	Formel	Erklärung
Prozentwert	$W = \dfrac{G * p}{100}$	Der Prozentwert ist der absolute Anteil vom Ganzen.
Prozentsatz	$p = \dfrac{W * 100}{G}$	Der Prozentsatz ist der relative Anteil vom Ganzen.
Grundwert	$G = \dfrac{W * 100}{p}$	Der Grundwert ist der Ausgangswert (das Ganze).

Zeichenerklärung:
G = Grundwert   W = Prozentwert   p = Prozentsatz

Bearbeitungsschritte:

- Erstellen Sie die Tabelle. Speichern Sie die Mappe unter dem Namen *Prozent*.

	A	B	C	D	E
1					
2	Prozentrechnung				
3					
4	Grundwert	1000			
5	Prozentsatz	5			
6					
7	Prozentwert				

- Erstellen Sie die folgende Formel in der Zelle **B7**: *=B4*B5/100*
- Das Ergebnis wird formelmäßig folgendermaßen aussehen:

	A	B	C	D	E
7	**Prozentwert**	=B4*B5/100			

- Formatieren Sie die Tabelle wie unten angegeben.

	A	B	C	D	E
1					
2	**Prozentrechnung**				
3					
4	**Grundwert**	1000			
5	**Prozentsatz**	5			
6					
7	**Prozentwert**	50			

- Berechnen Sie danach in den Tabellen *2* und *3* den Prozentsatz und den Grundwert bei Verwendung derselben Zahlen.

Formeln – Zinsrechnung

Am Beispiel der Berechnung von Zinsen soll das Anwenden von Formeln in der Tabellenkalkulation demonstriert werden. Die Zinsformel lautet:

Begriff	Formel	Erklärung
Zinsen	$Z = \dfrac{K * p * t}{100 * 360}$	Die Zinsen für ein eingesetztes Kapital werden berechnet. Es wird die Tageszinsformel zugrunde gelegt.
Kapital	$K = \dfrac{Z * 100 * 360}{p * t}$	Das Kapital, welches bei Anlage zu einem bestimmten Zinssatz für eine bestimmte Zeit eine genau bestimmte Zinssumme ergibt, wird ermittelt.
Zinssatz	$p = \dfrac{Z * 100 * 360}{K * t}$	Der Zinssatz für ein für einen bestimmten Zeitraum angelegtes Kapital wird ermittelt.
Tage	$t = \dfrac{Z * 100 * 360}{K * p}$	Die Anlagedauer wird bei gegebenen Zinsen, Zinssatz und Kapital ermittelt.

Zeichenerklärung:
Z = Zinsen   K = Kapital   p = Zinssatz   t = Tage

Bearbeitungsschritte:

- Erstellen Sie die Tabelle. Speichern Sie die Mappe unter dem Namen *Zinsen*.

	A	B	C	D	E
1					
2	Zinsberechnung				
3					
4	Kapital	10000			
5	Zinssatz	5			
6	Tage	180			
7					
8	Zinsen				

- Erstellen Sie die folgende Formel in der Zelle **B8**: *=B4*B5*B6/(100*360)*
- Das Ergebnis wird formelmäßig folgendermaßen aussehen:

	A	B	C	D	E
8	Zinsen	=B4*B5*B6/(100*360)			

- Formatieren Sie die Tabelle wie unten angegeben.

	A	B	C	D	E
1					
2		Zinsberechnung			
3					
4	**Kapital**	10000			
5	**Zinssatz**	5			
6	**Tage**	180			
7					
8	**Zinsen**	250			

- Berechnen Sie danach in den Tabellen *2* bis *4* das Kapital, den Zinssatz und die Tage.

Formeln – Zinseszinsrechnung unter Verwendung der Zinseszinsformel

Die Zinseszinsrechnung, die vorhin mithilfe der Zinsrechnung durchgeführt wurde, soll nun mit der Zinseszinsformel erstellt werden.

Begriff	Formel/Funktion	Erklärung
Zinseszins/ Aufzinsung	$K_n = K_0 * (1 + \frac{p}{100})^n$ $K_n = K_0 * q^n$	Das Kapital einschließlich Zinsen und Zinseszinsen wird ermittelt. Die beiden dargestellten Formeln zeigen denselben Sachverhalt.
Abzinsung	$K_0 = \frac{K_n}{q^n}$	Das ursprünglich eingesetzte Kapital wird unter Berücksichtigung von Zinsen und Zinseszinsen ermittelt.
Zinssatz	$P = \left(\left(\frac{K_n}{K_0}\right)^{\frac{1}{n}} - 1\right) * 100$	Der gewährte Zinssatz einer Geldanlage wird aufgrund der gegebenen Werte *Anfangskapital*, *Endkapital* und *Anlagedauer* ermittelt.
Jahre	$n = \frac{lg\left[\frac{K_n}{K_0}\right]}{lg\ q}$	Der Anlagezeitraum für ein Kapital wird aufgrund der gegebenen Werte *Anfangskapital*, *Endkapital* und *Zinssatz* ermittelt.

Zeichenerklärung:

$q = 1 + \frac{p}{100}$

K_n = Endkapital K_0 = Anfangskapital   p = Zinssatz   n = Jahre

Bearbeitungsschritte:

- Geben Sie die nachfolgende Tabelle ein. Speichern Sie die Mappe unter dem Namen *Zinseszins* ab.

	A	B	C	D	E
1					
2	Zinseszinsberechnung				
3					
4	Kapital	10000			
5	Jahre	5			
6	Zinssatz	4			
7					
8	Kapitalendwert				

- Erstellen Sie in der Zelle **C8** die Formel in der folgenden Form: **=C4*(1+(C5/100))^C6**
- In der Zelle **C8** steht daher die folgende Formel:

	A	B	C	D	E
8	Kapitalendwert	=C4*(1+(C5/100))^C6			

- Das Ergebnis sieht folgendermaßen aus:

	A	B	C	D	E
8	Kapitalendwert	12155,0625			

- Nutzen Sie gegebenenfalls die anderen Formeln für weitere Berechnungen.

Anwendung von Formeln – Zinseszinsrechnung

Mithilfe der Zinseszinsrechnung wird ermittelt, wie hoch ein Kapital bei Anlage zu einem festen Zinssatz nach einer bestimmten Anzahl von Jahren wird.

Zunächst soll die Zinseszinsrechnung mithilfe der traditionellen Zinsrechnung durchgeführt werden, um zu zeigen, dass Tabellen mit einem relativ kleinen Aufwand erstellt werden können. Durch geschicktes Anwenden von Formeln und durch das Kopieren dieser Formeln in andere Zellen lässt sich das Arbeiten sehr vereinfachen.

Bearbeitungsschritte:

- Geben Sie die Tabelle zunächst in der nachfolgend dargestellten Form ein. In den Zellen **C4** bis **C6** sollen die Eingaben erfolgen. Werden später Alternativrechnungen benötigt, so sollen nur die Angaben in diesen Zellen geändert werden.

	A	B	C	D
1				
2	Zinseszinsberechnung			
3				
4	Kapital		10000	
5	Jahre		5	
6	Zinssatz		4	
7				
8				
9	Jahr	Kapital am Jahresanfang	Zinsen	Kapital am Jahresende

- Tragen Sie in die Zelle **A10** die Zahl **1** für das erste Jahr ein. Diese Zahl soll die Grundlage für die Berechnung der weiteren Jahre darstellen.
- Die weiteren Jahreszahlen sollen nun mit einer sehr einfachen Formel berechnet werden. Tragen Sie in die Zelle **A11** die folgende Formel ein: *=A10+1*. Es soll also zum Inhalt der Zelle **A10** (**1**) die Zahl **1** addiert werden. Kopieren Sie nun diese Formel zwecks Berechnung der weiteren Jahre in die Zellen **A12** bis **A13**.

	A	B	C	D
9	Jahr	Kapital am Jahresanfang	Zinsen	Kapital am Jahresende
10	1			
11	=A10+1			
12	=A11+1			
13	=A12+1			

- Übernehmen Sie das Kapital aus der Zelle **C4** in die Zelle **B10**, indem Sie in die Zelle **B10** die folgende Formel eintragen: = *C4*.
- In die Zelle **B11** soll als Kapital am Jahresanfang des Jahres **2** das Kapital am Jahresende des ersten Jahres eingetragen werden. Daher lautet die Formel: = *D10*. Ein Ergebnis wird noch nicht angezeigt, da das Kapital am Jahresende noch nicht berechnet wurde. Kopieren Sie die Formel in die Zellen **B12** bis **B13**.

	A	B	C	D
9	Jahr	Kapital am Jahresanfang	Zinsen	Kapital am Jahresende
10	1	=C4		
11	=A10+1	=D10		
12	=A11+1	=D11		
13	=A12+1	=D12		

Formeln

Bearbeitungsschritte (Fortsetzung):

- Berechnen Sie die Zinsen in der Zelle **C10** mit der Formel für Jahreszinsen:
  = *B10* * *$C$5*/*100* (*Kapital* * *Zinssatz*/*100*)
- Der Zinssatz muss in absoluter Adressierung angegeben werden, da er sich jeweils in der angegebenen Zelle **C5** befindet. Das Kapital muss relativ adressiert werden, da es sich durch das Kopieren ändern soll, also aus der Zelle **B10** in der nächsten Zeile die Zelle **B11** usw. werden soll.
- Kopieren Sie die Formel der Zelle **C10** in die Zellen **C11** bis **C13**.

	A	B	C	D
9	Jahr	Kapital am Jahresanfang	Zinsen	Kapital am Jahresende
10	1	=C4	=B10*$C$5/100	
11	=A10+1	=D10	=B11*$C$5/100	
12	=A11+1	=D11	=B12*$C$5/100	
13	=A12+1	=D12	=B13*$C$5/100	

- Es wird noch kein Ergebnis angezeigt, da das Kapital am Jahresende noch nicht ermittelt wurde und daher ein Wert in der Formel noch nicht zur Verfügung steht.

	A	B	C	D
9	Jahr	Kapital am Jahresanfang	Zinsen	Kapital am Jahresende
10	1	10.000,00 €	500,00 €	
11	2	- €	- €	

- Berechnen Sie das Kapital am Jahresende in der Zelle **D10**, indem Sie das Kapital am Jahresbeginn und die Zinsen addieren: = *B10* + *C10*. Kopieren Sie die Formel in die Zellen **D11** bis **D13**.

	A	B	C	D
9	Jahr	Kapital am Jahresanfang	Zinsen	Kapital am Jahresende
10	1	=C4	=B10*$C$5/100	=B10+C10
11	=A10+1	=D10	=B11*$C$5/100	=B11+C11
12	=A11+1	=D11	=B12*$C$5/100	=B12+C12
13	=A12+1	=D12	=B13*$C$5/100	=B13+C13

- Das Ergebnis sieht formatiert folgendermaßen aus:

	A	B	C	D
1				
2		Zinseszinsberechnung		
3				
4	Kapital	10000		
5	Jahre	5		
6	Zinssatz	4		
7				
8				
9	Jahr	Kapital am Jahresanfang	Zinsen	Kapital am Jahresende
10	1	10.000,00 €	500,00 €	10.500,00 €
11	2	10.500,00 €	525,00 €	11.025,00 €
12	3	11.025,00 €	551,25 €	11.576,25 €
13	4	11.576,25 €	578,81 €	12.155,06 €

- Speichern Sie die Tabelle unter der Bezeichnung *Zinsen (tabellarisch)* ab.

Formeln – Einfacher und gewogener Durchschnitt

Der einfache Durchschnitt wird ermittelt, indem die Summe aller Werte durch die Anzahl der Werte dividiert wird. Dazu steht in der Tabellenkalkulation die Funktion MITTELWERT zur Verfügung, die später erklärt wird.

Beim gewogenen Durchschnitt wird der Gesamtwert durch die Gesamtanzahl der Werte dividiert. Ein Beispiel wird nachfolgend gezeigt, wobei die Möglichkeiten in unterschiedlicher Art demonstriert werden. Um den Unterschied zu dem einfachen Durchschnitt zu zeigen, wird auch dieser Wert in verschiedenen Berechnungsarten gezeigt.

Begriff	Formel/Funktion
Einfacher Durchschnitt	$Einfacher\ Durchschnitt = \dfrac{Summe\ der\ Werte}{Anzahl\ der\ Werte}$
Gewogener Durchschnitt	$Gewogener\ Durchschnitt = \dfrac{Gesamtwert}{Gesamtzahl\ der\ Werte}$

Bearbeitungsschritte:

- Geben Sie die nachfolgenden Werte ein bzw. berechnen Sie die Werte. Formatieren Sie wie angezeigt. Speichern Sie die Mappe unter dem Namen *Durchschnitt* ab.

	A	B	C	D
1			Umsatz	
2		Menge	Preis	Umsatz
3	Januar	140	23,00 €	3.220,00 €
4	Februar	145	26,00 €	3.770,00 €
5	März	129	28,00 €	3.612,00 €
6	April	113	29,00 €	3.277,00 €
7	Mai	134	24,00 €	3.216,00 €
8	Juni	167	22,00 €	3.674,00 €

- Führen Sie in den Zellen **B10** bis **B14** die folgenden Berechnungen durch. In den Zellen **C10** und **C12** werden die Werte mithilfe der in einer Tabellenkalkulation zur Verfügung stehenden Funktionen, die später intensiver erklärt werden, ermittelt. Dies ist der vernünftigere Weg. Folgt man den Definitionen der Berechnungen von Durchschnitten, ist der andere, sehr viel umständlichere, Weg zu wählen.

	A	B	C
10	Gewogener Durchschnitt		=SUMME(D3:D8)/SUMME(B3/B8)
11	Gewogener Durchschnitt		=(D3+D4+D5+D6+D7+D8)/(B3+B4+B5+B6+B7+B8)
12	Einfacher Durchschnitt		=MITTELWERT(C3:C8)
13	Einfacher Durchschnitt		=(C3+C4+C5+C6+C7+C8)/6

- Das Ergebnis sieht formatiert folgendermaßen aus:

	A	B	C
9			
10	**Gewogener Durchschnitt**		25,08 €
11	**Gewogener Durchschnitt**		25,08 €
12	**Einfacher Durchschnitt**		25,33 €
13	**Einfacher Durchschnitt**		25,33 €

Übungen:

1. Aufgabe

Im Lager befinden sich die folgenden Waren mit den folgenden Verkaufspreisen:

Warenbezeichnung	Bestand	Verkaufspreis pro Stück	Neuer Verkaufspreis pro Stück
Computer	150	3.500,00	
Drucker	302	900,00	
Scanner	74	1.860,00	
Monitore	130	390,00	

a) Die Preise der Artikel sollen um 5 % erhöht werden. Erstellen Sie eine Tabelle, die es erlaubt, einen beliebigen Prozentsatz in eine Zelle einzugeben und danach die Anpassung der Verkaufspreise mithilfe der absoluten Adressierung vorzunehmen.

b) Versehen Sie die Zelle, in der der Prozentsatz steht, mit dem Namen *Preiserhöhung*. Nehmen Sie daraufhin die Erhöhung der Preise unter Verwendung des Namens vor.

c) Versehen Sie den Bereich, in dem die bisherigen Verkaufspreise stehen, mit dem Namen *Verkaufspreis*. Berechnen Sie den neuen Verkaufspreis unter Verwendung der Namen *Preiserhöhung* und *Verkaufspreis*.

d) Geben Sie dem Bereich, in dem die einzelnen Bestände stehen, den Namen *Bestand*. Summieren Sie den Bestand unter Verwendung des Namens.

2. Aufgabe

In Ihrem Unternehmen wird grundsätzlich bei einer Bestellmenge von 10 Stück pro Artikel ein Mengenrabatt in unterschiedlicher Höhe (je nach Kunde) gewährt.

Warenbezeichnung	Verkaufspreis pro Stück	Rabatt	Verkaufspreis nach Abzug des Rabatts
Computer	3.500,00		
Drucker	900,00		
Scanner	1.860,00		
Monitore	390,00		

a) Erstellen Sie eine Tabelle mit absoluter Adressierung des Rabattsatzes, mit der der jeweilige Rabatt und der jeweilige Verkaufspreis nach Abzug des Rabatts ermittelt werden kann. Tragen Sie zunächst als Rabatt die Zahl 10 ein.

b) Legen Sie Zellen und Bereiche mit den Namen *Rabattsatz*, *Verkaufspreis* und *Rabatt* fest und benutzen Sie diese Namen bei den Berechnungen.

3. Aufgabe

Ein Anleger möchte 12.000 € am Anfang des ersten Jahres anlegen und dann ab dem nächsten Jahr jeweils am Anfang des Jahres 10 Jahre lang je 1.000,00 €.

a) Berechnen Sie das Kapital, welches am Ende des letzten Jahres zur Verfügung steht.

b) Führen Sie die Berechnung unter Nutzung von Namen durch.

c) Führen Sie eine Berechnung unter der Annahme durch, dass statt einer Einzahlung am Anfang eines jeden Jahres jeweils eine Abhebung von 500,00 € erfolgt.

2.6 Funktionen

Vorbemerkungen

Die Tabellenkalkulation **Excel** kennt über 200 definierte Funktionen aus verschiedenen Bereichen. Die Funktionen sollen komplizierte Berechnungen vereinfachen.

Auf den folgenden Seiten werden zunächst die Arten von Funktionen kurz beschrieben. Danach wird die Anwendung einfacher Funktionen erklärt. Anschließend wird an einem Beispiel die Arbeit mit dem Funktions-Assistenten (Funktionsbibliothek) demonstriert.

Abschließend wird aus den einzelnen Arten der Funktionen jeweils zumindest ein Beispiel bearbeitet. Diese Beispiele können hintereinander nachvollzogen werden, es können jedoch auch einzelne Funktionen später bearbeitet werden.

Arten von Funktionen

Die folgende Übersicht zeigt die einzelnen Bereiche, aus denen die Tabellenkalkulation **Excel** Funktionen zur Verfügung stellt.

Mathematik	Komplizierte aber auch relativ einfache mathematische Berechnungen wie Wurzelberechnungen oder das Runden von Zahlen werden mithilfe dieser Funktionen durchgeführt. Gerade durch diese Funktionen werden komplizierte Formeln überflüssig.
Finanzmathematik	Finanzwirtschaftliche Funktionen erlauben z. B. Zins-, Renten- und Abschreibungsberechnungen. Sie sind daher vor allem im kaufmännischen Bereich hervorragend einsetzbar.
Datum & Zeit	Mithilfe dieser Funktionen kann der Zeitabstand zwischen verschiedenen Tagen, die Ermittlung des augenblicklichen Datums usw. vorgenommen werden. Die ermittelten Daten können dann z. B. für Zinsberechnungen weiterverwendet werden.
Logik	Logikfunktionen ermöglichen Alternativberechnungen, stellen fest, überprüfen Sachverhalte usw. Ohne diese Funktionen würde sich eine Tabellenkalkulation nur für das Berechnen von Werten eignen.
Text	Textfunktionen ermöglichen unter anderem, Texte aus verschiedenen Zellen zusammenzuführen. Damit kann z. B. ein berechnetes Ergebnis in einer Zelle sofort interpretiert werden.
Statistik	Der Statistik fällt die Aufgabe zu, Daten zu erfassen, aufzubereiten und auszuwerten. Aufgrund statistischer Daten können z. B. Voraussagen gemacht werden.
Information	Informationen über den Inhalt von Zellen werden zur Verfügung gestellt. Aufgrund der gewonnenen Informationen können Fehler abgefangen, Aussagen gemacht werden usw.
Matrix	Durch Matrixfunktionen werden z. B. bestimmte Datensätze aus einer Liste ausgefiltert. Steht ein Datenbankprogramm zur Verfügung, ist das Ergebnis damit u. U. einfacher zu erzielen.
Datenbank	Datenbankfunktionen nehmen Auswertungen in einem Datenbestand vor, z. B. kann der durchschnittliche Bestand von Waren ermittelt werden.

2.6.1 Bearbeitungshinweise

Die Arbeitsschritte zum Einfügen einer Funktion in eine Zelle sind identisch, die Funktionen können aber auf unterschiedliche Weise aufgerufen werden. In der Übersicht werden die Bearbeitungsmöglichkeiten beschrieben, Anwendungsbeispiele für verschiedene Funktionen – besonders im Hinblick auf das Auswählen von Zellen und Bereichen oder das Eingeben von Bedingungen usw. – werden auf den nächsten Seiten beschrieben.

Bearbeitung	Erklärung
Markieren	Zunächst wird die Zelle, in der die Funktion stehen soll, mit der Maus bzw. durch Ansteuern der Zelle mit den Cursor-Tasten markiert.
Auswählen, Bearbeiten und Abschließen Auswahl der Funktion	**Alternative 1: Schaltfläche *Summe* (mathematische Funktionen)** Einfache mathematische Funktionen werden durch das Anklicken des Pfeils in der Schaltfläche **AutoSumme** in der Gruppe **Bearbeiten** im Register **Start** aufgerufen. 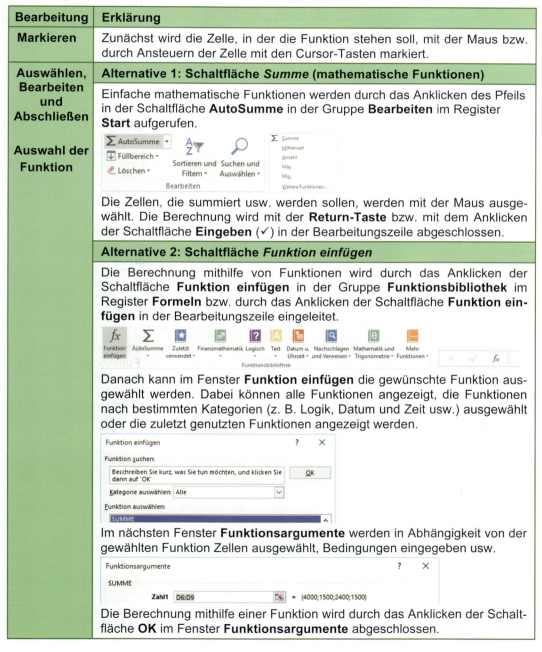 Die Zellen, die summiert usw. werden sollen, werden mit der Maus ausgewählt. Die Berechnung wird mit der **Return-Taste** bzw. mit dem Anklicken der Schaltfläche **Eingeben** (✓) in der Bearbeitungszeile abgeschlossen. **Alternative 2: Schaltfläche *Funktion einfügen*** Die Berechnung mithilfe von Funktionen wird durch das Anklicken der Schaltfläche **Funktion einfügen** in der Gruppe **Funktionsbibliothek** im Register **Formeln** bzw. durch das Anklicken der Schaltfläche **Funktion einfügen** in der Bearbeitungszeile eingeleitet. Danach kann im Fenster **Funktion einfügen** die gewünschte Funktion ausgewählt werden. Dabei können alle Funktionen angezeigt, die Funktionen nach bestimmten Kategorien (z. B. Logik, Datum und Zeit usw.) ausgewählt oder die zuletzt genutzten Funktionen angezeigt werden. Im nächsten Fenster **Funktionsargumente** werden in Abhängigkeit von der gewählten Funktion Zellen ausgewählt, Bedingungen eingegeben usw. Die Berechnung mithilfe einer Funktion wird durch das Anklicken der Schaltfläche **OK** im Fenster **Funktionsargumente** abgeschlossen.

Auswählen, Bearbeiten und Abschließen	Alternative 3: Schaltflächen der Gruppe Funktionsbibliothek
	Zunächst wird eine bestimmte Schaltfläche (z. B. Finanzmathematik, Text usw.) in der Gruppe **Funktionsbibliothek** im Register **Formeln** angeklickt und danach eine Funktion ausgewählt. Im nächsten Fenster **Funktionsargumente** werden in Abhängigkeit von der gewählten Funktion Zellen ausgewählt, Bedingungen eingegeben usw.  Die Berechnung mithilfe einer Funktion wird durch das Anklicken der Schaltfläche **OK** im Fenster **Funktionsargumente** abgeschlossen.

2.6.2 Funktions-Assistent – Schaltflächen der Funktionsbibliothek

Die Benutzung des Funktions-Assistenten erleichtert die Arbeit mit den vom Programm zur Verfügung gestellten Funktionen. Grundsätzlich lassen sich zwar alle Funktionen über die Tastatur eingeben. Dies ist jedoch umständlich und fehlerbehaftet. Der Funktions-Assistent wird im Register **Formeln** über die Schaltflächen der Gruppe **Funktionsbibliothek** oder durch das Anklicken der Schaltfläche **Funktion einfügen** f_x in der Bearbeitungsleiste aufgerufen. Dies wurde auf der vorherigen Seite dargestellt.

Über die Schaltflächen oder im Fenster **Funktion einfügen** kann man die gewünschte Funktion auswählen. Dabei kann bestimmt werden, ob alle Funktionen oder nur bestimmte, wie etwa mathematische Funktionen oder die zuletzt benutzten Funktionen angezeigt werden sollen.

Am Beispiel der Rundungsfunktionen soll die Nutzung des Funktions-Assistenten erklärt werden. Die Funktion GANZZAHL liefert immer eine Zahl ohne Nachkommastellen.

Wichtig: Bei einer Formatierung wird mit den ungerundeten Zahlen weitergerechnet, bei der Rundung mit den gerundeten Zahlen. Daher ist zu überlegen, wann ein Ergebnis gerundet werden soll, u. U. bei Zwischenergebnissen oder erst beim Endergebnis.

Syntax			
=RUNDEN()	=AUFRUNDEN()	=ABRUNDEN()	=GANZZAHL()
=RUNDEN(C8)	=AUFRUNDEN(C8)	=ABRUNDEN(C8)	=GANZZAHL(A15)
Bearbeitungsschritte:			
• Laden Sie die Mappe *Zinseszins*. Speichern Sie die Datei unter dem Namen *Rundungsarten*. Löschen Sie in der Zelle **B8** ein eventuell vorhandenes Währungsformat. Vervollständigen Sie die Tabelle folgendermaßen:			

	A	B	C	D	E
10	Kapitalendwert (gerundet)				

- Markieren Sie die Zelle **B10**. Klicken Sie die Schaltfläche **Mathematik und Trigonometrie** an. Wählen Sie die Funktion RUNDEN aus.

Bearbeitungsschritte:

- Das folgende Fenster wird eingeblendet. Markieren Sie die Zelle **B8**, dessen Wert gerundet werden soll. Geben Sie danach die Anzahl der Nachkommastellen an.

- Nach dem Anklicken der Schaltfläche **OK** wird das folgende Ergebnis ausgegeben:

	A	B	C	D	E
8	Kapitalendwert	12155,0625			
9					
10	Kapitalendwert (gerundet)	12155,06			

- Löschen Sie den Wert in der Zelle **B10**, um eine weitere Möglichkeit der Berechnung auszuprobieren. Klicken Sie danach die Schaltfläche **Funktion einfügen** in der Gruppe **Funktionsbibliothek** oder in der **Rechenleiste** an.

- Wählen Sie im Fenster **Funktion einfügen** aus der Kategorie **Math. & Trigonom.** die Funktion RUNDEN aus. Die allgemeine Syntax und die Bedeutung der Funktion werden angegeben. Klicken Sie danach die Schaltfläche **OK** an.

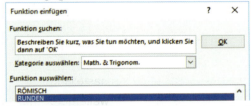

- Danach können Sie die Berechnung wie bereits gezeigt vornehmen. Eleganter wäre sicherlich gewesen, direkt in der Zelle **C8** den Kapitalendwert mit Abrundung zu berechnen. Die in die Zelle **C8** einzugebende Formel lautet:
  = *RUNDEN(B4*(1+(B5/100))^B6;2)*
- Auch über den **Funktions-Assistenten** ist das Ergebnis zu realisieren:

- Berechnen Sie anschließend in verschiedenen Zellen mithilfe der Funktionen RUNDEN, AUFRUNDEN und ABRUNDEN die Zinsen auf die nachfolgend angegebenen Nachkommastellen. Die Werte werden mathematisch korrekt ermittelt.

	A	B	C	D	E
10	Stellen	0	1	2	3
11	RUNDEN	12.155	12.155,1	12.155,06	12.155,063
12	AUFRUNDEN	12.156	12.155,1	12.155,07	12.155,063
13	ABRUNDEN	12.155	12.155,0	12.155,06	12.155,062

2.6.3 Mathematische Funktionen

POTENZ

Beim Runden von Zahlen wurde eine mathematische Funktion benutzt. Aus der großen Anzahl der Möglichkeiten soll ein Beispiel für den Einsatz der Funktion POTENZ gezeigt werden. Neben der Berechnung der Potenzwerte wird eine Grafik angezeigt. Die Erstellung der Grafiken sollten Sie nach dem Durcharbeiten des Kapitels *Diagramme* vornehmen.

Syntax
=POTENZ(Zahl;Potenz)

Bearbeitungsschritte:

- Erstellen Sie die Tabelle. Speichern Sie sie unter dem Namen *Funktion_Potenz*.

	A	B	C	D	E
1	x	x^2	x^3		
2	1				
3	2				
4	3				
5	4				
6	5				

- Markieren Sie die Zelle **B2**. Wählen Sie auf eine beschriebene Art die Funktion POTENZ aus.

- Kopieren Sie das Ergebnis nach unten. Berechnen Sie auch die nächste Spalte.

	A	B	C	D	E
1	x	x^2	x^3		
2	1	1	1		
3	2	4	8		
4	3	9	27		
5	4	16	64		
6	5	25	125		

- Später können Sie das Ergebnis in ein oder mehrere Diagramme umwandeln:

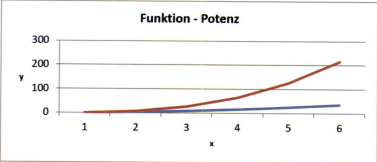

2.6.4 Finanzmathematische Funktionen

ZW (ZUKUNFTSWERT)

Am Beispiel der Zinseszinsrechnung soll die Arbeit mit einer finanzmathematischen Funktion gezeigt werden. Für die Zinseszinsberechnung gibt es die Funktion ZW (Zukunftswert). Sie entspricht dem Kapitalendwert bei der Zinseszinsrechnung. Mit dieser Funktion könnten auch Rentenendwerte berechnet werden, wenn zusätzlich jährliche Zahlungen erfolgen sollen.

Syntax	
=ZW(Zins;Zzr;Rmz;Bw;F)	
Bezeichnung	**Bedeutung/Beispiel**
ZW	Zukunftswert (Zinseszins- oder Rentenrechnung)
Zins	Zinssatz
Zzr	Zeitraum (Jahre)
Rmz	Zahlung pro Zeitraum (in der Zinseszinsrechnung, da keine Jahreszahlungen erfolgen, 0)
Bw (optional)	Kapital (sogenannter Barwert oder Kapitalanfangswert)
F (optional)	Zahlungen pro Zeitraum am Anfang des Zeitraumes: 1
	Zahlungen pro Zeitraum am Ende des Zeitraumes: 0

Da die Funktion ZW (Zukunftswert) in erster Linie Rentenendwerte berechnen soll, ist das Kapital am Anfang des Jahres lediglich ein optionaler einzugebender Wert, er wird für die Rentenrechnung nicht unbedingt benötigt. Ist ein Wert optional, kann eine Eingabe erfolgen; sie ist nicht unbedingt notwendig.

Bearbeitungsschritte:

- Erstellen Sie zunächst wiederum die folgende Tabelle:

	A	B	C	D	E
1					
2	Zinseszinsrechnung				
3					
4	Kapital	-10000			
5	Zinssatz	5%			
6	Jahre	4			
7					
8	Kapitalendwert				

- Es ergeben sich folgende Besonderheiten bei der Eingabe der Werte. Das Kapital muss als negativer Wert eingegeben werden. Dies wird damit begründet, dass ausgegebenes Geld negativ anzusehen ist und eingenommenes Geld (Kapitalendwert) positiv dargestellt werden soll.
- Der Zinssatz muss als 0,05 eingegeben werden. Durch das Anklicken der Schaltfläche **Prozentformat** im Register **Start** in der Gruppe **Zahl** wird der Zinssatz als 5 % dargestellt. Auch ohne das Anklicken des Symbols würde die Rechnung ordnungsgemäß durchgeführt.

Bearbeitungsschritte (Fortsetzung):

- Markieren Sie die Zelle **B8** und rufen Sie die entsprechende Funktion auf. Dies kann wie beschrieben auf unterschiedliche Art und Weise geschehen.
- Wenn Sie die Schaltfläche **Funktion einfügen** nutzen, wählen Sie aus der Kategorie **Finanzmathematik** die Funktion ZW aus. Alternativ können Sie auch die Kategorie **Alle aufrufen** und dann die entsprechende Funktion wählen. Dabei müssen Sie jedoch unter allen Funktionen die gesuchte Funktion heraussuchen. Sind Sie sicher, dass eine Funktion einer bestimmten Kategorie angehört, sollten Sie die bestimmte Kategorie wählen und dann die Funktion aufrufen.

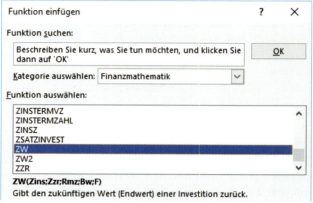

- Nach dem Anklicken der Schaltfläche **OK** wird der Schritt 2 des Funktions-Assistenten dargestellt. Geben Sie jeweils die entsprechende Zelle bei Zins usw. ein. Sie können dies auch durch das jeweilige Markieren der Zelle erreichen. Bei der Zahlung pro Zeitraum geben Sie eine 0 ein, da keine Zahlung erfolgt. Das Ergebnis wird in der Mitte des Fensters angezeigt.

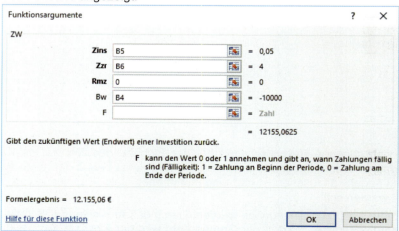

- Das Ergebnis wird in der Zelle **B8** nach dem Anklicken der Schaltfläche **OK** angezeigt. Speichern Sie die erstellte Tabelle unter dem Namen *ZW_Zukunftswert* ab.
- Eine andere Möglichkeit, eine Funktion in eine Zelle zu übernehmen, ist ebenfalls relativ einfach. Sie geben über die Tastatur die entsprechende Formel ein:
  =ZW(B5;B6;0;B4)

Funktionen

2.6.5 Logik-Funktionen
WENN

Die Tabellenkalkulation **Excel** bietet verschiedene Logik-Funktionen, unter anderem die **WENN-Funktion**, mit der man Fallunterscheidungen ausführen kann.

Am Beispiel der Umsatzberechnung soll durch Hinzufügen der Provisionsberechnung für die einzelnen Vertreter diese Funktion erklärt werden. Bei einem Umsatz von über 2.000,00 € soll eine Provision von 15 % gezahlt werden, ansonsten von 10 %.

Syntax
=WENN(Prüfung;Dann_Wert;Sonst_Wert)
=WENN(D6>2000;D6*15/100;D6*10/100)

Bearbeitungsschritte:
• Laden Sie die Arbeitsmappe *Umsatz_Absolut* und speichern Sie die Arbeitsmappe unter dem Namen *Umsatz_Logik1* wieder ab.
• Löschen Sie den Inhalt des Bereichs **E6** bis **E9**. Der Betrag, ab dem der *Provisionssatz_1* gewährt werden soll, soll eingegeben werden können. Ermöglichen Sie zusätzlich die Eingabe eines zweiten Provisionssatzes.
• Bei einem Umsatz von über 2.000,00 € soll eine Provision von 15 % gezahlt werden, ansonsten eine Provision von 10 %.

	A	B	C	D	E
1					
2		Umsatzberechnung			
3					
4		Menge	Preis	Umsatz	Provision
5					
6	Vertreter A	200	20	4000	
7	Vertreter B	100	15	1500	
8	Vertreter C	80	30	2400	
9	Vertreter D	150	10	1500	
10					
11	Gesamtumsatz			9400	
12					
13	Provisionssatz_1 in %				15
14	Provisionssatz_1 ab €				2000
15					
16	Provisionssatz_2 in %				10

• Markieren Sie die Zelle **E6**. Wählen Sie die Funktionskategorie **Logisch** und dann die **WENN-Funktion**.

Bearbeitungsschritte (Fortsetzung):

- Füllen Sie im zweiten Schritt die Maske entsprechend aus, dass zunächst die Bedingung (D6>$E$14) eingegeben wird, die geprüft werden muss. Danach werden die beiden Alternativen eingetragen.

- Unten wird der korrekt berechnete Wert angegeben, nämlich in diesem Fall 15 % von *4000* gleich *600*.
- Nach Anklicken der Schaltfläche **OK** wird das Ergebnis in der Zelle **E6** angezeigt.
- Kopieren Sie die Berechnung in die Zellen **E7** bis **E9**.
- Das Ergebnis sieht folgendermaßen aus und gibt die korrekte Berechnung der Provisionen wieder:

	A	B	C	D	E
1					
2		Umsatzberechnung			
3					
4		Menge	Preis	Umsatz	Provision
5					
6	Vertreter A	200	20	4000	600
7	Vertreter B	100	15	1500	150
8	Vertreter C	80	30	2400	360
9	Vertreter D	150	10	1500	150

- Es ergeben sich hierbei die folgenden Formeln:

	D	E
4	Umsatz	Provision
5		
6	=B6*C6	=WENN(D6>$E$14;D6*$E$13/100;D6*$E$16/100)
7	=B7*C7	=WENN(D7>$E$14;D7*$E$13/100;D7*$E$16/100)
8	=B8*C8	=WENN(D8>$E$14;D8*$E$13/100;D8*$E$16/100)
9	=B9*C9	=WENN(D9>$E$14;D9*$E$13/100;D9*$E$16/100)

- Darüber hinaus können in den Formeln Namen verwandt werden, wenn diese definiert wurden. Die Formeln sehen dann (hintereinander dargestellt) folgendermaßen aus:

	D
4	Umsatz
5	
6	=Menge*Preis
7	=Menge*Preis
8	=Menge*Preis
9	=Menge*Preis

Funktionen

	Bearbeitungsschritte (Fortsetzung):
	E
4	Provision
5	
6	=WENN(Umsatz>Provisionssatz_1_Betrag;Umsatz*Provisionssatz_1/100; Umsatz*Provisionssatz_2/100)
7	=WENN(Umsatz>Provisionssatz_1_Betrag;Umsatz*Provisionssatz_1/100; Umsatz*Provisionssatz_2/100)

- Speichern Sie die Arbeitsmappe unter dem Namen *Umsatz_Logik2* ab.

Verwendungsmöglichkeiten der WENN-Funktion

Werden bei der Verwendung der **WENN-Funktion** und anderer Funktionen Texte ausgelesen, müssen diese in der Funktion in Anführungszeichen geschrieben werden. Auch bei der Ausgabe von Texten sind diese in Anführungszeichen zu schreiben.

Syntax
=WENN (Prüfung;Dann_Wert;Sonst_Wert)
=WENN(A1<1000;"Unbefriedigender Umsatz";"Zufriedenstellender Umsatz")
*=WENN(A1="Nein";A2*1,05;A2*1,03)*
=WENN(A1="Ja";"Das Ergebnis ist richtig";"Das Ergebnis ist falsch")
=WENN(A1<>"Ja";" Nein";"Ja")

Verschachtelte Funktionen – WENN_WENN

Mithilfe des Funktions-Assistenten können Funktionen mit mehreren Alternativen erstellt werden. Beispielsweise soll bis zu einem Umsatz von 2.000,00 € 10 %, bis zu einem Umsatz von 3.000,00 € 15 % und bei einem Umsatz von mehr als 3.000,00 € 20 % Provision gewährt werden. Die manuelle Eingabe ist allerdings eine zu überlegende Alternative, wenn mehr als zwei Alternativen benötigt werden.

Syntax
=WENN(Prüfung;Dann_Wert;WENN(Prüfung;Dann_Wert;Sonst_Wert)
*=WENN(D6<=2000;D6*10/100;WENN(D6<=3000;D6*15/100;D6*20/100)*

Bearbeitungsschritte:

- Laden Sie die Arbeitsmappe *Umsatz_Logik1* und speichern Sie die Datei unter dem Namen *Umsatz_Logik3* wieder ab. Löschen Sie die Zellen **E6** bis **E9**. Ergänzen Sie die Zeilen *13* bis *19* wie nachfolgend dargestellt:

	A	B	C	D	E
13	Provisionssatz_1 in %				10
14	Provisionssatz_1 ab €				2000
15					
16	Provisionssatz_2 in %				15
17	Provisionssatz_2 ab €				3000
18					
19	Provisionssatz_3 in %				20

Bearbeitungsschritte (Fortsetzung):

- Markieren Sie die Zelle **E6** und rufen Sie die Funktion WENN auf. Wählen Sie die **WENN-Funktion** aus. Geben Sie die erste Prüfbedingung und den **Dann_Wert** ein.

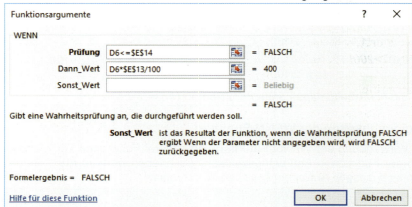

- Klicken Sie mit der Maus in das Feld **Sonst_Wert**. Klicken Sie auf das Wort *WENN* in der Rechenleiste. Wird das Wort nicht in der Liste der auszuwählenden Befehle aufgeführt, müssen Sie den Punkt *Weitere Funktionen* wählen.

- Danach kann die nächste Bedingung eingegeben werden.

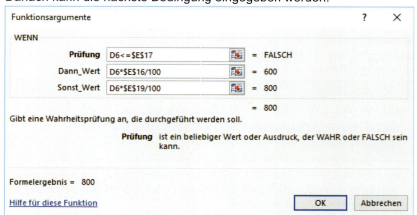

- Klicken Sie die Schaltfläche **OK** an. Das Ergebnis wird richtig angezeigt und die Formel in der Bearbeitungszeile angegeben. Kopieren Sie danach die Formel in die Zellen **E7** bis **E9**. Formelmäßig sieht das Ergebnis in der Spalte **E** folgendermaßen aus:

	E
6	=WENN(D6<=$E$14;D6*$E$13/100;WENN(D6<=$E$17;D6*$E$16/100;D6*$E$19/100))
7	=WENN(D7<=$E$14;D7*$E$13/100;WENN(D7<=$E$17;D7*$E$16/100;D7*$E$19/100))
8	=WENN(D8<=$E$14;D8*$E$13/100;WENN(D8<=$E$17;D8*$E$16/100;D8*$E$19/100))
9	=WENN(D9<=$E$14;D9*$E$13/100;WENN(D9<=$E$17;D9*$E$16/100;D9*$E$19/100))

Funktionen

UND

Will man überprüfen, ob bestimmte Bedingungen wahr oder falsch sind, benutzt man die **UND-Funktion**. Will man z. B. feststellen, ob alle Vertreter einen Umsatz von mindestens 200,00 € erreicht haben, lauten Syntax und Formel in der Zelle **E6** folgendermaßen:

Syntax
=UND(Wahrheitswert1;Wahrheitswert2;...)
=UND(D6>2000;D7>2000;D8>2000;D9>2000;)

Bearbeitungsschritte:

- Laden Sie die Arbeitsmappe *Umsatz1* und speichern Sie die Arbeitsmappe unter dem Namen *Umsatz_Logik_Und* wieder ab. Ergänzen Sie das Dokument folgendermaßen:

	A	B	C	D	E
1					
2		Umsatzberechnung			
3					
4		Menge	Preis	Umsatz	Bedingung
5					
6	Vertreter A	200	20	4000	
7	Vertreter B	100	15	1500	
8	Vertreter C	80	30	2400	
9	Vertreter D	150	10	1500	

- Markieren Sie die Zelle **E6**. Wählen Sie nach Aufruf des **Funktions-Assistenten** die Funktionskategorie **Logisch** und dann die **UND-Funktion**.

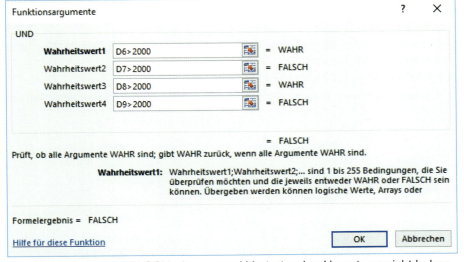

- Das Ergebnis lautet FALSCH, da nur zwei Vertreter den Umsatz erreicht haben.

	A	B	C	D	E
4		Menge	Preis	Umsatz	Bedingung
5					
6	Vertreter A	200	20	4000	FALSCH

ODER

Die **ODER-Funktion** ist identisch aufgebaut. Das Ergebnis lautet WAHR, da zwei Vertreter eine höhere Provision erreicht haben.

Syntax
=ODER(Wahrheitswert1;Wahrheitswert2;...)
=ODER(D6>2000;D7>2000;D8>2000;D9>2000;)

Verschachtelte Funktionen – WENN_UND

Logik-Funktionen lassen sich verbinden. So kann z. B. eine Abfrage konstruiert werden, die sowohl die **WENN-Funktion** als auch die **UND-Funktion** enthält. Am Beispiel der Umsatzberechnung soll dies gezeigt werden. Ein Vertreter soll nur dann 10 % Provision erhalten, wenn er mindestens 100 Produkte abgesetzt hat und mindestens 1.000,00 € Umsatz erzielt hat.

Syntax
=WENN(UND(Prüfung;Prüfung);Dann_Wert;Sonst_Wert)
=WENN(UND(D6>=1000;B6>=100);D6*10/100;0)

Bearbeitungsschritte:

- Laden Sie die Arbeitsmappe *Umsatz_Logik1* und speichern Sie die Arbeitsmappe unter dem Namen *Umsatz_Logik_Wenn_Und* wieder ab. Löschen Sie den Inhalt des Bereichs **E6** bis **E9**. Ergänzen Sie die Tabelle folgendermaßen:

	A	B	C	D	E
13	Provisionssatz in %				10
14					
15	Menge >				100
16					
17	Umsatz >				1000

- Tragen Sie in der Zelle **E6** die folgende Formel ein bzw. erstellen Sie die Formel mithilfe des Funktions-Assistenten:
  =WENN(UND(D6>=$E$17;B6>=$E$15);D6*$E$13/100;0)

- Das Ergebnis sieht nach dem Kopieren in die Zellen **E7** bis **E9** folgendermaßen aus:

	A	B	C	D	E
4		Menge	Preis	Umsatz	Provision
5					
6	Vertreter A	200	20	4000	400
7	Vertreter B	100	15	1500	150
8	Vertreter C	80	30	2400	0
9	Vertreter D	150	10	1500	150

- Formelmäßig ergeben sich die folgenden Werte:

	D	E
4	Umsatz	Provision
5		
6	=B6*C6	=WENN(UND(D6>=$E$17;B6>=$E$15);D6*$E$13/100;0)
7	=B7*C7	=WENN(UND(D7>=$E$17;B7>=$E$15);D7*$E$13/100;0)
8	=B8*C8	=WENN(UND(D8>=$E$17;B8>=$E$15);D8*$E$13/100;0)
9	=B9*C9	=WENN(UND(D9>=$E$17;B9>=$E$15);D9*$E$13/100;0)

Verschachtelte Funktion – WENN_MIN_MAX

Verschachtelte Funktionen können sehr flexibel eingesetzt werden. Beispielsweise kann durch die Eingabe einer Zahl (z. B. *1*) der Minimalwert einer Datenreihe ermittelt werden, alle anderen Zahlen führen zur Ausgabe des Maximalwerts. Die Ermittlung dieses Wertes ist dann interessant, wenn mit dem Ergebnis einer bestimmten Zelle weitergearbeitet werden soll.
Mithilfe der Funktion WENN kann man außerdem das Ergebnis textlich erläutern.

Syntax
=WENN(Prüfung;Dann_Wert;Sonst_Wert)
=WENN(B4=1;MIN(A4:A8);MAX(A4:A8))

Bearbeitungsschritte:

- Erstellen Sie die Tabelle. Speichern Sie sie unter dem Namen *WENN_Min_Max*.

	A	B	C	D	E
3	Betrag	Eingabe	Ergebnis	Ergebnis (Text)	
4	3.451,87 €	1			
5	876,00 €				
6	5.467,89 €				

- Markieren Sie die Zelle **C4**. Rufen Sie über den Funktions-Assistenten die Funktion WENN auf. Überprüft werden soll, ob in der Zelle **B4** eine *1* steht.

- Stellen Sie den Cursor in den Bereich **Dann_Wert**. Klicken Sie danach den Pfeil nach unten neben der Bezeichnung *WENN* in der Bearbeitungsleiste an. Wählen Sie den Menüpunkt **Weitere Funktionen** aus.

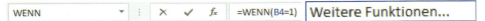

- Wählen Sie im nächsten Fenster die Funktion MIN aus. Bestimmen Sie danach im nächsten Fenster den Bereich, aus dem der Wert ausgewählt werden soll.

- Nach dem Anklicken der Schaltfläche **OK** wird in der Bearbeitungsleiste die bisher bestimmte Formel angezeigt, es fehlt jedoch noch die Alternative.

- Klicken Sie in der Bearbeitungsleiste die Schaltfläche **Funktion einfügen** an. Sie können nun im Bereich **Sonst_Wert** wie beschrieben die Funktion MAX auswählen. Nach dem nochmaligen Anklicken der Schaltfläche **Funktion einfügen** werden die folgenden Funktionsargumente angezeigt:

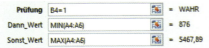

- Fügen Sie mithilfe der Funktion WENN in die Zelle **D4** folgende Formel ein:
  =WENN(B4=1;"Minimalwert";"Maximalwert")
- Das Ergebnis sieht nun (ohne die Textausgabe) folgendermaßen aus:

	A	B	C			A	B	C
3	Betrag	Eingabe	Ergebnis		3	Betrag	Eingabe	Ergebnis
4	3.451,87 €	1	876,00 €		4	3.451,87 €	2	5.467,89 €

2.6.6 Statistik-Funktionen

Tabelle mit verschiedenen statistischen Funktionen

Die Funktionen MAX und MIN geben den höchsten und den niedrigsten Wert einer Zahlenreihe an. Die Funktion MODALWERT bestimmt den häufigsten Wert einer Zahlenreihe. Der Zentralwert (MEDIAN) gibt die Zahl an, die in der Mitte einer Reihe liegt. Der Unterschied zwischen den Funktionen ANZAHL und ANZAHL2 liegt darin, dass die Funktion ANZAHL2 alle Zellen mit Inhalt zählt, während die Funktion ANZAHL nur die Zellen mit Zahlen zählt.

Syntax	
=ANZAHL(Wert1;Wert2];...)	=ANZAHL2(Wert1;Wert2];...)
=ANZAHL(D2:D14)	=ANZAHL2(D2:D14)

Syntax		
=MIN(Wert1;Wert2];...)	=MAX(Wert1;Wert2];...)	=MITTELWERT(Wert1;Wert2];...)
=MIN(D2:D14)	=MAX(D2:D14)	=MITTELWERT(D2:D14)

Bearbeitungsschritte:

- Geben Sie die folgenden Datenfeldbezeichnungen und Datensätze ein. Speichern Sie die Mappe unter dem Namen *Lager_Statistik* ab.

	A	B	C	D	E	F
1	A_Nr	Artikelart	Artikel_Bez	Bestand	Einkaufspreis	Verkaufspreis
2	1000	Schreibtisch	Gabriele	5	800,00 €	1.365,00 €
3	1001	Schreibtisch	Modern	10	456,00 €	735,00 €
4	1002	Schreibtisch	Exklusiv	20	1.250,00 €	1.848,00 €
5	1003	Büroschrank	Elegant		2.400,00 €	3.190,00 €
6	1004	Büroschrank	Aktuell	17	897,00 €	1.345,00 €
7	1005	Büroschrank	Elegant	12	2.400,00 €	3.724,50 €
8	1006	Drucker	Stil	8	1.300,00 €	1.972,95 €
9	1007	Drucker	Klassic	12	2.900,00 €	4.305,00 €
10	2000	Scanner	Swift	8	1.578,00 €	2.198,00 €
11	2001	Scanner	Akura		2.790,00 €	3.700,00 €
12	3000	Computer	AGIB HS	10	3.322,93 €	3.980,00 €
13	3001	Computer	Trup AK	5	3.576,00 €	4.190,00 €
14	3002	Computer	Ambro Super	21	3.454,98 €	nicht festgelegt!

- Berechnen Sie die Werte mithilfe der jeweiligen Funktionen: ANZAHL, ANZAHL2, ANZAHLLEERZELLEN, MITTELWERT, MAX, MIN, MODALWERT, MEDIAN.

	A	B	C	D	E	F
16			Anzahl	11	13	12
17			Anzahl2	11	13	13
18			Leerzellen	2	0	0
19			Arith. Mittel	11,64	2.086,53 €	2.712,79 €
20			Maximum	21	3.576,00 €	4.305,00 €
21			Minimum	5	456,00 €	735,00 €
22			Modalwert	5	2.400,00 €	#NV
23			Zentralwert	10	2.400,00 €	2.694,00 €

- Da kein Modalwert beim Verkaufspreis existiert, wird eine Fehlermeldung ausgegeben.

Funktionen

ZÄHLENWENN

Die Funktion ZÄHLENWENN stellt fest, ob in einer Zelle oder in einem Bereich ein bestimmtes Kriterium erfüllt ist. So kann man beispielsweise feststellen, in wie vielen Zellen ein bestimmter vorgegebener Lagerbestand nicht vorhanden ist.

Syntax
=ZÄHLENWENN(Bereich;Kriterien)
=ZÄHLENWENN(D2:D14;"<11")

Bearbeitungsschritte:

- Laden Sie die Arbeitsmappe *Lager_Statistik*. Geben Sie folgenden Text ein:

	A	B	C	D
25	Anzahl der Artikel mit einem Bestand unter 11			

- Rufen Sie die Funktion ZÄHLENWENN auf. Bestimmen Sie die Werte.

- Das Ergebnis gibt alle Bestandswerte aus, die unter *11* liegen. Leere Zellen werden nicht mitgezählt.

	A	B	C	D
25	Anzahl der Artikel mit einem Bestand unter 11			6

2.6.7 Matrix-Funktionen

Vorbemerkungen

Durch Matrix-Funktionen werden Berechnungen in Datenbanken, Listen usw. vorgenommen. Sie dienen der Auswertung dieser Listen. Einzelne Datensätze können z. B. aus einer Liste aussortiert und weiterverarbeitet werden.

SVERWEIS

Mit der Funktion SVERWEIS können bestimmte Daten aus einer Tabelle ausgewählt werden. Diese Daten können dann in weiteren Berechnungen genutzt werden.

Syntax
=SVERWEIS(Suchkriterium;Matrix;Spaltenindex;Bereich_Verweis)
=SVERWEIS(F16;A2:F14;1)

Bearbeitungsschritte:

- Laden Sie die Arbeitsmappe *Lager_Statistik*. Speichern Sie die Arbeitsmappe mit den unten dargestellten Änderungen unter dem Namen *Sverweis_1* ab.

	A	B	C	D	E	F
14	3002	Computer	Ambro Super	21	3.454,98 €	4.050,00 €
15						
16		Geben Sie die Artikelnummer des Produkts an:				1007

Bearbeitungsschritte (Fortsetzung):

- In der Zelle **F16** soll durch Angabe der Artikelnummer festgelegt werden, welche Daten aus der Liste ausgewählt werden sollen. Markieren Sie danach die Zelle **A18**.
- Wählen Sie die Funktion SVERWEIS aus. Als Suchkriterium geben Sie die Zelle **$F$16** ein. In diese Zelle soll der Anwender die Artikelnummer des gewünschten Datensatzes eingeben. Im Bereich **Matrix** wird der gesamte Datenbereich angegeben, in dem die Daten stehen, also der Bereich **$A$2** bis **$F$14**. Im **Spaltenindex** wird die Spalte eingetragen, in der die Artikelnummer gesucht werden soll. Die nachfolgend gewählte absolute Adressierung ist nicht unbedingt notwendig, bietet sich jedoch an.

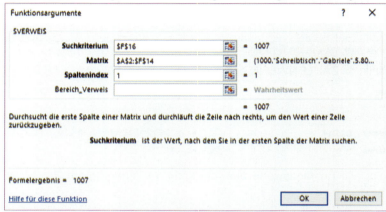

- Als Ergebnis wird in der Zelle **A18** die ausgesuchte Artikelnummer ausgegeben.

	A	B	C	D	E	F
16	Geben Sie die Artikelnummer des Produkts an:					1007
17						
18	1007					

- Geben Sie in den Zellen **B18** bis **F18** die entsprechenden Formeln ein. Als Suchkriterium ist jeweils die Zelle **F16** anzugeben Der Bereich der Matrix verändert sich nicht. Lediglich der Spaltenindex muss angepasst werden.

	A	B
18	=SVERWEIS($F$16;$A$2:$F$14;1)	=SVERWEIS($F$16;$A$2:$F$14;2)

- Das Ergebnis sieht folgendermaßen aus:

	A	B	C	D	E	F
16	Geben Sie die Artikelnummer des Produkts an:					1007
17						
18	1007	Drucker	Klassic		12	2.900,00 €	4.305,00 €

- Speichern Sie das Ergebnis unter dem Namen *Sverweis1*.
- Die Arbeit mit dem Befehl *SVERWEIS* lässt sich vereinfachen, wenn man Namen für einzelne Zellen und Bereiche definiert. Wenn die Zelle **F16** als Artnummer und der Bereich **A2** bis **F14** als Artikel definiert wird, ergeben sich folgende Formeln:

	A	B
18	=SVERWEIS(Artnummer;Artikel;1)	=SVERWEIS(Artnummer;Artikel;2)

- Speichern Sie das Ergebnis unter dem Namen *Sverweis2*.

Funktionen

SVERWEIS mit Nutzung der Funktion SPALTE
Vereinfachte Nutzung der Funktion SVERWEIS mithilfe der Funktion SPALTE

Mithilfe der Funktion SPALTE kann die Arbeit vereinfacht werden.

Syntax		
=Spalte()	=Spalte()	=Spalte(A1:F18)
Bearbeitungsschritte:		

- Laden Sie die Arbeitsmappe *Sverweis_1*. Speichern Sie die Arbeitsmappe mit den unten dargestellten Änderungen unter dem Namen *Sverweis_3* ab. Löschen Sie die Daten der Zellen **A18** bis **F18**.
- Erstellen Sie in der Zelle **A18** die folgende Funktion. Geben Sie im Bereich **Spaltenindex SPALTE()** ein bzw. stellen Sie den Cursor in den Bereich **Spaltenindex** und wählen Sie die Funktion SPALTE über die Bearbeitungsleiste aus.

- Kopieren Sie die Daten nach rechts. Folgende Formeln ergeben sich:

	A	B
18	=SVERWEIS($F$16;$A$2:$F$14;SPALTE())	=SVERWEIS($F$16;$A$2:$F$14; SPALTE())

- Das Ergebnis entspricht den zuvor gezeigten Ergebnissen. Durch die Funktion SPALTE() ohne das Eingeben eines Spaltenindexes wird die jeweilige Spaltennummer ausgelesen. Der Wert des Spaltenindexes verändert sich daher und wird den Erfordernissen angepasst.

	A	B	C	D	E	F
16		Geben Sie die Artikelnummer des Produkts an:				1007
17						
18	1007	Drucker	Klassik	12	2.900,00 €	4.305,00 €

- Selbstverständlich kann bei der Nutzung der Funktion SVERWEIS auch mit Namen gearbeitet werden. Laden Sie die Arbeitsmappe *Sverweis_3*. Speichern Sie die Arbeitsmappe mit den unten dargestellten Änderungen unter dem Namen *Sverweis_4* ab.

	A	B
18	=SVERWEIS(Artnummer;Artikel;SPALTE())	=SVERWEIS(Artnummer;Artikel;SPALTE())

Nutzung der Funktionen SVERWEIS und SPALTE zur Darstellung von Daten

Mithilfe der Funktionen SVERWEIS und SPALTE lassen sich verschiedene Darstellungen zur Auswertung von Daten realisieren. Auch die Eingabe von Daten in einer und die Ausgabe von Daten in einer anderen Tabelle sind möglich. Bei dem nachfolgenden Beispiel handelt es sich um eine komplizierte Anwendung, die nur bei Bedarf nachvollzogen werden sollte.

Bearbeitungsschritte:

- Laden Sie die Arbeitsmappe *Sverweis_1*. Speichern Sie die Arbeitsmappe mit den unten dargestellten Änderungen unter dem Namen *Sverweis_5* ab.

Bearbeitungsschritte (Fortsetzung):

- Benennen Sie die Tabelle1 in *Ergebnis* und die Tabelle *2* in *Daten* um. Klicken Sie die Bezeichnung *Tabelle1* am unteren Fensterrand mit der rechten Maustaste an und wählen Sie danach den Menüpunkt **Umbenennen**.
- Löschen Sie die Daten der Zellen **A18** bis **F18** in der Tabelle *Ergebnis*. Schneiden Sie danach den Bereich **A1** bis **F14** aus. Fügen Sie diesen Bereich an gleicher Stelle in die Tabelle *Daten* ein. Geben Sie zunächst in der Tabelle *Daten* die Überschrift und in der Spalte **A** die Bezeichnungen ein. Tragen Sie in der Zelle **B3** das Suchkriterium ein.
- Erstellen Sie in der Zelle **B5** die folgende Funktion. Bestimmen Sie die Zelle des Suchkriteriums und die Zellen des Datenbereichs (Matrix). Wählen Sie einen größeren Bereich aus, sodass Sie bei Bedarf zusätzliche Daten eingeben können. Bestimmen Sie im Bereich **Spaltenindex** den nachfolgend dargestellten Bereich.

- Erstellen Sie anschließend die Formeln für die anderen Werte in der Tabelle *Ergebnis*.

	A	B	B
1	Ausgabe von Daten		
2			
3	Artikel_Nr	1007	1007
4			
5	Artikel_Nr	1007	=SVERWEIS($B$3;Daten!$A$2:Daten!$F$50;SPALTE(Daten!A1))
6	Artikelart	Drucker	=SVERWEIS($B$3;Daten!$A$2:Daten!$F$50;SPALTE(Daten!B1))
7	Artikel_Bez	Klassic	=SVERWEIS($B$3;Daten!$A$2:Daten!$F$50;SPALTE(Daten!C1))
8	Bestand	12	=SVERWEIS($B$3;Daten!$A$2:Daten!$F$50;SPALTE(Daten!D1))
9	Einkaufspr.	2.900,00 €	=SVERWEIS($B$3;Daten!$A$2:Daten!$F$50;SPALTE(Daten!E1))
10	Verkaufspr.	4.305,00 €	=SVERWEIS($B$3;Daten!$A$2:Daten!$F$50;SPALTE(Daten!F1))

- Die Formeln in der Spalte **B** können auch folgendermaßen aussehen:

	B
5	=SVERWEIS($B$3;Daten!$A$2:Daten!$F$50;SPALTE(Daten!$A$9:$A$50))
6	=SVERWEIS($B$3;Daten!$A$2:Daten!$F$50;SPALTE(Daten!$B$9:$B$50))

- Speichern Sie das Ergebnis ab. Speichern Sie die Mappe unter dem Namen *Sverweis_6* nochmals ab. Die Bearbeitung soll nun unter der Nutzung von Namen erfolgen. Da Namen in einer gesamten Mappe gelten, sind die Formeln leichter zu verstehen.
- Belegen Sie die Zelle **B3** in der Tabelle *Ergebnis* mit dem Namen *Artnummer* und anschließend den Bereich **A1** bis **F50** in der Tabelle *Daten* mit dem Namen *Artikel*. Werten Sie anschließend die Daten unter Nutzung der festgelegten Namen aus.

	A	B	B
3	Artikel_Nr	1007	1007
4			
5	Artikel_Nr	1007	=SVERWEIS(Artnummer;Artikel;SPALTE(Daten!A1))
6	Artikelart	Drucker	=SVERWEIS(Artnummer;Artikel;SPALTE(Daten!B1))

Funktionen

SVERWEIS – Anwendungsbeispiel

Anhand eines Beispiels sollen die Möglichkeiten der Funktion SVERWEIS demonstriert werden. Ein Kunde möchte wissen, wie viel 3 Drucker *Klassic*, 4 Scanner *Swift* und 2 Computer *AGIB HS* plus 19 % MwSt. zusammen kosten. Mithilfe der Funktion SVERWEIS werden die Daten aus einer Datenliste ausgelesen und dann weiterverarbeitet.

In dem Beispiel werden Zellen und Bereiche weitestgehend mit Namen versehen und angesprochen. Die restlichen relativ adressierten Berechnungen können nach Belieben ebenfalls in Berechnungen mit Namen umgewandelt werden. Erstellen Sie daher auch noch Dateien, die nur Namen verwenden oder auf die Verwendung von Namen gänzlich verzichten.

Bearbeitungsschritte:

- Laden Sie die Arbeitsmappe *Sverweis1* bzw. *Sverweis2*. Speichern Sie die Arbeitsmappe sofort unter dem Namen *Sverweis7* wieder ab.
- Der Aufbau und das Ergebnis sollen folgendermaßen aussehen:

	A	B	C	D	E	F
14	3002	Computer	Ambro Super	21	3.454,98 €	4.050,00 €
15						
16	Geben Sie die Artikelnummer des 1. Produktes ein:					1007
17	Geben Sie die Artikelnummer des 2. Produktes ein:					2000
18	Geben Sie die Artikelnummer des 3. Produktes ein:					3000
19						
20						
21	Menge	Artikel-Nr	Artikelart	Artikel_Bez	Einzelpreis	Gesamtpreis
22	3	1007	Drucker	Klassic	4.305,00 €	12.915,00 €
23	4	2000	Scanner	Swift	2.198,00 €	8.792,00 €
24	2	3000	Computer	AGIB HS	3.980,00 €	7.960,00 €
25						
26	Rechnungspreis					29.667,00 €
27	+ Mehrwertsteuer in %				19	5.636,73 €
28	Rechnungspreis + Mehrwertsteuer					35.303,73 €

- Die Zellen **F16** bis **F18** werden mit den Namen *Artnummer*, *Artnummer2* und *Artnummer3* versehen. In diese Zellen werden die Artikelnummern der Artikel eingegeben. Der Bereich **A2** bis **F14** wird als Artikel definiert.
- Die Mengen werden in die Zellen **A22** bis **A24** eingetragen. Folgende Formeln für die Übernahme der Daten und die Berechnung ergeben sich:

	A	B	C
22	3	=SVERWEIS(Artnummer;Artikel;1)	=SVERWEIS(Artnummer;Artikel;2)
23	4	=SVERWEIS(Artnummer2;Artikel;1)	=SVERWEIS(Artnummer2;Artikel;2)
24	2	=SVERWEIS(Artnummer3;Artikel;1)	=SVERWEIS(Artnummer3;Artikel;2)

	D	E	F
22	=SVERWEIS(Artnummer;Artikel;3)	=SVERWEIS(Artnummer;Artikel;6)	=A22*E22
23	=SVERWEIS(Artnummer2;Artikel;3)	=SVERWEIS(Artnummer2;Artikel;6)	=A23*E23
24	=SVERWEIS(Artnummer3;Artikel;3)	=SVERWEIS(Artnummer3;Artikel;6)	=A24*E24
25			
26			=SUMME(F22:F24)
27		19	=F26*C27/100
28			=SUMME(F26:F27)

2.6.8 Datums- und Zeitfunktionen

Formatierung von Zellen zur Aufnahme eines Datums

Eine Zelle oder ein Bereich können so formatiert werden, dass sie ein Datum darstellen. Sind mehrere Zellen bzw. Bereiche als Datum formatiert, so können Berechnungen mit den entsprechenden Zellen erfolgen, z. B. kann ermittelt werden, wie viele Tage zwischen den beiden Daten liegen. Damit eignet sich eine Tabellenkalkulation besonders gut für die Berechnung von Zinszeiträumen, Arbeitszeiten usw.

Bearbeitungsschritte:

- Erstellen Sie die folgende Tabelle und markieren Sie die Zellen **B4** und **B5**, in denen jeweils ein Datum eingetragen werden soll:

	A	B	C	D
1				
2		Zeitberechnung		
3				
4	Einzahlungstag			
5	Auszahlungstag			
6				
7	Tage			

- Klicken Sie den Pfeil nach unten in der Gruppe **Zahl** im Register **Start** und wählen Sie das angegebene Zahlenformat aus.

- Das Datumsformat für eine Zelle kann auch über die Schaltfläche **Zahlenformat** in der Gruppe **Zahl** im Register **Start**, über das Auswählen des Registers **Zahlen**, das Anklicken der entsprechenden Kategorie und das Auswählen eines bestimmten Datumsformats festgelegt werden.

- Beenden Sie mit Anklicken der Schaltfläche **OK** die Formatierung der Zellen. Geben Sie die folgenden Daten ein:

	A	B	C	D
1				
2		Zeitberechnung		
3				
4	Einzahlungstag	02.03.2016		
5	Auszahlungstag	30.06.2016		

Berechnung des Zeitabstandes mithilfe der Subtraktion von Zellen

Auch ohne die Nutzung einer Funktion lassen sich mithilfe der Subtraktion von Zellen Zeitabstände berechnen. Die Zellen müssen als Datumszellen formatiert werden.

Bearbeitungsschritte:

- Führen Sie die folgende Berechnung durch. Speichern Sie die Arbeitsmappe unter dem Namen *Zeitberechnung1*.

	A	B	C	D
4	Einzahlungstag	02.03.2016		
5	Auszahlungstag	30.06.2016		
6				
7	Tage	=B5-B4		

- Die Berechnungsmethode berechnet die tatsächlichen Tage. Es wird also beispielsweise berücksichtigt, dass der Januar 31 Tage und der April 30 Tage hat. Auch wird die Anzahl der Tage in einem Jahr korrekt mit 365 bzw. 366 berechnet.

	A	B	C	D
7	Tage	120		

- Sollte das Ergebnis nicht korrekt angezeigt werden, müssen Sie in der Gruppe **Zahl** im Register **Start** die Kategorie *Standard* wählen.

TAGE360

Mithilfe der Funktion TAGE360 lassen sich ebenfalls Zeitabstände berechnen. Erforderlich ist wiederum, dass vorher die Zellen als Datumszellen formatiert wurden.

Syntax
=TAGE360(Ausgangsdatum;Enddatum;Methode)

Bearbeitungsschritte:

- Speichern Sie die Arbeitsmappe *Zeitberechnung1* unter dem Namen *Zeitberechnung2*. Löschen Sie die Inhalte der Zelle **B7**. Markieren Sie danach die Zelle.
- Wählen Sie die nachfolgend angezeigte Funktion aus:

- Im zweiten Schritt des Funktions-Assistenten müssen die Zellen des Ausgangs- und des Enddatums durch Anklicken der Zellen eingetragen werden:

- Als Ergebnis wird 118 Tage angegeben, da der Monat mit 30 Tagen berechnet wird.

Übungen:

1. Aufgabe

Im Lager Ihres Unternehmens befinden sich die folgenden Waren:

Warenbezeichnung	Verkaufspreis pro Stück	Neuer Verkaufspreis pro Stück
Computer	3.500,00	
Drucker	900,00	
Scanner	1.860,00	
Monitore	390,00	

Preiserhöhung bei einem Verkaufspreis < 1.000,00 (in %)	5
Preiserhöhung bei einem Verkaufspreis >= 1.000,00 (in %)	3

a) Die Preise der Artikel sollen wie angegeben erhöht werden. Erstellen Sie eine Tabelle, die es erlaubt, einen beliebigen Prozentsatz in die Zellen mit den Preiserhöhungen einzugeben und in der danach die neuen Verkaufspreise pro Stück errechnet werden.

b) Erstellen Sie die Tabelle unter Verwendung der Namen *Preiserhöhung1*, *Preiserhöhung2* und *Verkaufspreis*.

2. Aufgabe

Die Verkaufszahlen Ihres Unternehmens sind in einer Tabelle zusammengefasst:

Verkaufszahlen			
Monat	Drucker	Computer	Monitore
Januar	150	123	66
Februar	302	244	34
März	74	134	54
April	130	65	12
Mai	140	124	33
Juni	89	112	87
Gesamtverkauf			
Durchschnittlicher Verkauf			
Minimaler Verkauf			
Maximaler Verkauf			

a) Berechnen Sie mithilfe von Funktionen den Gesamtverkauf, den durchschnittlichen Verkauf, den minimalen und maximalen Verkauf.

b) Versehen Sie die Bereiche, in denen die Verkaufszahlen stehen, mit Namen. Berechnen Sie die Werte unter Verwendung von Namen.

3. Aufgabe

Ein PKW Ihres Unternehmens wird für 24.000,00 € gekauft. Er soll im Betrieb 8 Jahre benutzt werden und dann zu einem Restwert von 2.000,00 € verkauft werden.

a) Erstellen Sie die Tabelle unter Nutzung der Funktion *Lineare Abschreibung*.

b) Erstellen Sie die Tabelle unter Verwendung von Namen.

2.7 Formatierung

Die Formatierung wird im Wesentlichen über das Register **Start** vorgenommen. Es stehen in den einzelnen Gruppen verschiedene Schaltflächen zur Verfügung, mit denen die Formatierung direkt oder mithilfe von Menüpunkten im Kontextmenü vorgenommen wird. Außerdem kann mithilfe der Schaltfläche **Zellen formatieren** das Fenster **Zellen formatieren** aufgerufen werden, welches spezielle Formatierungsmöglichkeiten zur Verfügung stellt.

Gruppe	Erklärungen
Schriftart	Über die Schaltflächen der Gruppe können die Schriftart (z. B. *Arial*), der Schriftschnitt (z. B. *Kursiv*) und der Schriftgrad (z. B. *10*) bestimmt werden. Der Schriftgrad kann durch Anklicken der Schaltfläche vergrößert oder verkleinert werden.
	Außerdem können Rahmen, die Schriftfarbe und die Hintergrundfarbe bestimmt werden.
Ausrichtung	Die Ausrichtung einer Zelle oder eines markierten Bereichs kann in horizontaler und vertikaler Weise bestimmt werden. Außerdem können die Inhalte in verschiedener Weise gedreht werden.
	Damit der Inhalt einer Zelle oder mehrerer Zellen sowohl vertikal als auch horizontal vernünftig dargestellt werden kann, können Inhalte untereinander oder auf mehrere Zellen verteilt ausgegeben werden.
Zahl	Zellen können sehr unterschiedliche Daten, z. B. ein Datum, einen Währungsbetrag, eine Prozentzahl usw. enthalten.
	Über die entsprechende Formatierung kann die benötigte Formatierung in dieser Gruppe ausgewählt werden. Es können z. B. Nachkommastellen hinzugefügt oder gelöscht werden.
Formatvorlagen	Automatische Formatierungen von markierten Bereichen, Formatierungen in Zellen aufgrund des Ergebnisses, Formatierungen als Tabellen, die danach ausgewertet werden können, werden in dieser Gruppe zur Verfügung gestellt.
	Außerdem können neue Formate erstellt werden.
Schriftart, Ausrichtung, Zahl usw.	Über die Schaltfläche , die in den Gruppen **Schriftart**, **Ausrichtung** und **Zahl** zur Verfügung steht, wird das Fenster **Zellen formatieren** aufgerufen.
	Über die einzelnen Registerkarten können umfangreiche Einstellungen vorgenommen werden.
	Die Nutzung dieses Fensters ist zu empfehlen, wenn alle zur Verfügung stehenden Möglichkeiten auf ihre Nutzung geprüft werden sollen.

2.8 Diagramme

2.8.1 Vorbemerkungen

Die Erstellung von Diagrammen, die wirtschaftliche Zahlen aussagekräftig darstellen, ist durch die Verwendung leistungsfähiger Tabellenkalkulationsprogramme relativ einfach geworden. Die Umwandlung von Zahlenmaterial in grafische Darstellungen macht den Sachverhalt für den Betrachter anschaulich.

2.8.2 Darstellungsarten

Wirtschaftliche Daten lassen sich auf verschiedene Art und Weise darstellen, beispielsweise als Säulen-, Linien- oder Kreisdiagramm. Es empfiehlt sich, genau zu bedenken, welche Darstellung für einen bestimmten Sachverhalt gewählt werden soll. So können Umsätze sicherlich ausgezeichnet als Säulendiagramm dargestellt werden; wenn der jeweilige Anteil am Umsatz zu erkennen sein soll, auch besonders gut als Kreisdiagramm.

Besonders geeignet, um die Entwicklung wirtschaftlicher Tatbestände anzugeben, sind z. B. Linien- oder Säulendiagramme. Sollen verschiedene Tatbestände in einem Diagramm abgebildet werden, ist ein Verbunddiagramm zu wählen. Optisch ansprechend sind sehr oft 3-D-Darstellungen, da sie den Sachverhalt formschön präsentieren.

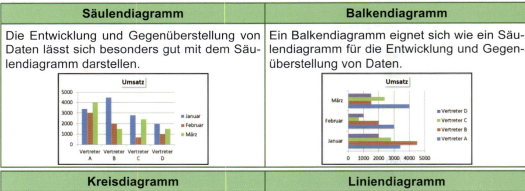

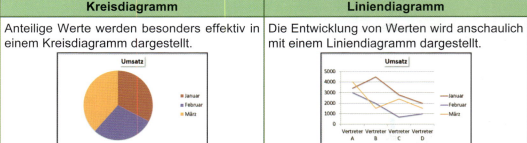

Ein wesentlicher Gesichtspunkt bei der Auswahl des Diagrammtyps muss jedoch die Übersichtlichkeit sein. Überfrachtete Grafiken sind sehr oft nicht mehr aussagekräftig und werden daher vom Betrachter nicht angenommen. Die Tabellenkalkulation **Excel** stellt außerdem u. a. die nachfolgend abgebildeten Diagrammtypen zur Verfügung.

Diagramme

2.8.3 Bearbeitungshinweise

Bei der Erstellung von Diagrammen sind Arbeitsschritte in einer bestimmten Reihenfolge vorzunehmen.

Bearbeitung	Erklärung	
Markieren	Die Zellen, deren Werte und Bezeichnungen in einem Diagramm dargestellt werden sollen, werden mit der Maus markiert. Grundsätzlich ist es möglich, Überschriften usw. mit zu markieren, um diese automatisch in das Diagramm einzufügen. Ist das Programm dazu nicht in der Lage, werden zunächst nur Zahlenwerte markiert und später entsprechende Ergänzungen im Diagramm vorgenommen. Dies dürfte öfters vorkommen.	
Auswählen des Diagrammtyps	**Alternative 1:**	**Empfohlene Diagramme**
	Nach dem Anklicken der Schaltfläche **Empfohlene Diagramme** in der Gruppe **Diagramme** im Register **Einfügen** werden Diagrammarten mit einer Vorschauansicht angeboten, die für die Darstellung des Sachverhalts besonders geeignet sind. Alle anderen Diagrammtypen können ebenfalls ausgewählt werden. Auch dabei werden Diagramme in der Vorschauansicht gezeigt.	
	Alternative 2:	**Schaltflächen in der Gruppe Diagramme**
	Durch das Anklicken einer Schaltfläche in der Gruppe **Diagramme** im Register **Einfügen** wird die gewünschte Diagrammart ausgewählt. Danach wird bestimmt, welche spezielle Form das Diagramm haben soll, ob es sich z. B. beim Säulendiagramm um ein 2D- oder 3D-Diagramm handeln soll, ob die Daten nebeneinander oder in gestapelter Form dargestellt werden sollen usw.	
Nachbearbeitung	Das Ergebnis muss in der Regel nachbearbeitet werden. Beispielsweise muss eine Überschrift, eine Legende usw. hinzugefügt oder Formatierungen usw. vorgenommen werden.	

2.8.4 Diagrammerstellung

Erstellung eines Diagramms 1

Am Beispiel des Umsatzes der Vertreter soll die Erstellung eines Diagramms demonstriert werden. Die Möglichkeiten der Gestaltung des Diagramms werden danach beschrieben.

Im ersten Beispiel werden lediglich die Werte und die Achsenbeschriftungen, die unterhalb der x-Achse stehen sollen, markiert. Andere Bezeichnungen wie z. B. die Überschrift und die Legende werden nachträglich hinzugefügt.

Bearbeitungsschritte:

- Laden Sie die Mappe *Umsatz1* und speichern Sie die Mappe unter dem Namen *Umsatz_Diagramm_1* wieder ab.
- Markieren Sie die Bereiche, die für die Erstellung eines Diagramms benötigt werden. Markieren Sie zunächst den Bereich **A6** bis **A9**, drücken Sie die Taste [**Strg**] und markieren Sie anschließend bei gedrückter Taste [**Strg**] den Bereich **D6** bis **D9**.

	A	B	C	D	E
1					
2		Umsatzberechnung			
3					
4		Menge	Preis	Umsatz	
5					
6	Vertreter A	200	20	4000	
7	Vertreter B	100	15	1500	
8	Vertreter C	80	30	2400	
9	Vertreter D	150	10	1500	

- Klicken Sie danach im Register **Einfügen** in der Gruppe **Diagramme** die Schaltfläche **Empfohlene Diagramme** an. Durch Anklicken können Sie zwischen den in diesem Fall empfohlenen Diagrammarten **Säule**, **Kreis** und **Balken** wählen.

- Durch Anklicken des Reiters **Alle Diagramme** können auch alle zur Verfügung stehenden Optionen angezeigt werden.

Diagramme

Bearbeitungsschritte (Fortsetzung):

- Nach Auswahl der Diagrammart und Anklicken der Schaltfläche **OK** wird das gewünschte Diagramm in das Tabellenblatt eingefügt. Allerdings ist das Diagramm noch nicht sehr aussagekräftig. Einzelne Elemente, wie z. B. die Überschrift, fehlen noch. Das Diagramm muss daher nachbearbeitet werden.

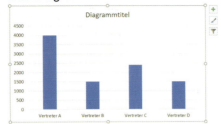

- Sie können nun das Diagramm mit der Maus an eine gewünschte Position verschieben. Bei gedrückter Taste **[ALT]** wird es an Zellenbegrenzungen angeheftet.

Erstellung eines Diagramms 2

Im zweiten Beispiel werden lediglich die Werte und die Achsenbeschriftungen, die unterhalb der x-Achse stehen sollen, markiert. Andere Bezeichnungen wie z. B. die Überschrift und die Legende werden nachträglich hinzugefügt. Oftmals muss dieser Weg gewählt werden, da eine automatische Zuordnung durch das Programm nicht erfolgen kann.

Bearbeitungsschritte:

- Laden Sie die Mappe *Umsatz1* und speichern Sie die Mappe unter dem Namen *Umsatz_Diagramm_2* wieder ab.
- Markieren Sie die Bereiche, die für die Erstellung eines Diagramms benötigt werden. Markieren Sie zunächst den Bereich **A6** bis **A9**, drücken Sie die Taste **[Strg]** und markieren Sie anschließend bei gedrückter Taste **[Strg]** den Bereich **D6** bis **D9**.

	A	B	C	D	E
1					
2		Umsatzberechnung			
3					
4		Menge	Preis	Umsatz	
5					
6	Vertreter A	200	20	4000	
7	Vertreter B	100	15	1500	
8	Vertreter C	80	30	2400	
9	Vertreter D	150	10	1500	

- Klicken Sie im Register **Einfügen** in der Gruppe **Diagramme** die Schaltfläche **Säulen- oder Balkendiagramm einfügen** an. Wählen Sie die erste **2D-Säule** aus.

- Wie beim ersten Beispiel wird ein unvollständiges Diagramm ohne die Bezeichnung *Diagrammtitel* angezeigt.

Erstellung eines Diagramms 3

Im dritten Beispiel wird davon ausgegangen, dass die Zellen für die Beschriftungen sofort mit markiert werden können und das Programm automatisch eine richtige Zuordnung vornimmt. Da die Zuordnung nicht immer automatisch geschieht, ist zu überlegen, ob auf diese Art der Markierung verzichtet werden kann, wenn die Datenstruktur problematisch erscheint.

Bearbeitungsschritte:

- Laden Sie die Mappe *Umsatz1* und speichern Sie die Mappe unter dem Namen *Umsatz_Diagramm_3* wieder ab.
- Markieren Sie die Bereiche, die für die Erstellung eines Diagramms benötigt werden. Markieren Sie zunächst den Bereich **A4** bis **A9**, drücken Sie die Taste [**Strg**] und markieren Sie anschließend bei gedrückter Taste [**Strg**] den Bereich **D4** bis **D9**.

	A	B	C	D	E
1					
2			Umsatzberechnung		
3					
4		Menge	Preis	Umsatz	
5					
6	Vertreter A	200	20	4000	
7	Vertreter B	100	15	1500	
8	Vertreter C	80	30	2400	
9	Vertreter D	150	10	1500	

- Klicken Sie im Register **Einfügen** in der Gruppe **Diagramme** die Schaltfläche **Säule** an. Verschiedene Säulenarten werden angezeigt. Fahren Sie mit der Maus über die einzelnen angebotenen Diagrammarten. Die Ergebnisse werden jeweils angezeigt. Wählen Sie die erste **2D-Säule** aus.

- Das gewünschte Diagramm wird mit Überschrift angezeigt, allerdings ist es noch nicht sehr aussagekräftig. Einzelne Elemente, wie z. B. die Legende, fehlen noch.
- In der Tabelle wird angezeigt, welche Zellen für die Darstellung genutzt und automatisch zugeordnet werden.

	A	B	C	D	E
1					
2			Umsatzberechnung		
3					
4		Menge	Preis	Umsatz	
5					
6	Vertreter A	200	20	4000	
7	Vertreter B	100	15	1500	
8	Vertreter C	80	30	2400	
9	Vertreter D	150	10	1500	

Diagramme

Erstellung eines Diagramms 4

Liegen alle Werte, die in einem Diagramm dargestellt werden sollen, neben- und hintereinander, ist die Erstellung des Diagramms mit Datenbeschriftung und Legende möglich. Die Nachbearbeitung des Diagramms ist dann in der Regel nicht besonders umfangreich.

Bearbeitungsschritte:

- Erstellen Sie die nachfolgende Tabelle. Speichern Sie die Mappe unter dem Namen *Umsatz_Monate*. Markieren Sie den Bereich **A4** bis **D8**.

	A	B	C	D	E
1					
2			Umsatzberechnung		
3					
4		Januar	Februar	März	
5	Vertreter A	3400	3000	4000	
6	Vertreter B	4500	2000	1500	
7	Vertreter C	2800	700	2400	
8	Vertreter D	2000	1000	1500	

- Klicken Sie danach im Register **Einfügen** in der Gruppe **Diagramme** die Schaltfläche **Empfohlene Diagramme** an. Durch Anklicken können Sie zwischen den in diesem Fall empfohlenen Diagrammarten **Säule**, **Linien**, **Balken** usw. wählen. Der Sachverhalt bietet u. a. an, gestapelte **Säulen-** oder **Balkendiagramme** zu erstellen.

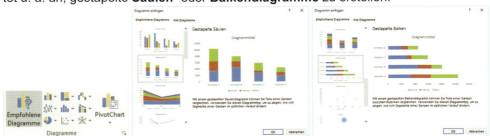

- Erstellen Sie Diagramme mit Angaben unter der x-Achse und in der Legende.

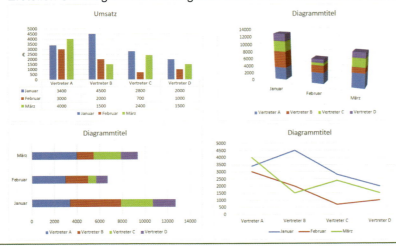

2.8.5 Nachbearbeitung eines Diagramms

Vorbemerkungen

Anhand eines Säulen- und eines Kreisdiagramms werden die Elemente angegeben, die bearbeitet werden können. Bei anderen Diagrammen sind in der Regel dieselben Möglichkeiten gegeben. Zur Nachbearbeitung eines Diagramms stehen nach dem Markieren eines Diagramms die Schaltflächen der Register **Diagrammtools/Entwurf** und **Diagrammtools/Format** zur Verfügung. Im Wesentlichen gleiche Möglichkeiten bieten Schaltflächen, die neben einem markierten Diagramm eingeblendet werden. Außerdem kann ein Diagramm mithilfe von **Diagrammformatvorlagen** interessant formatiert werden.

Elemente eines Diagramms

In einem Diagramm können Elemente formatiert werden, z. B. die Schriftgröße und -farbe usw. Die Darstellung zeigt Elemente, die beim Säulendiagramm beeinflusst werden können.

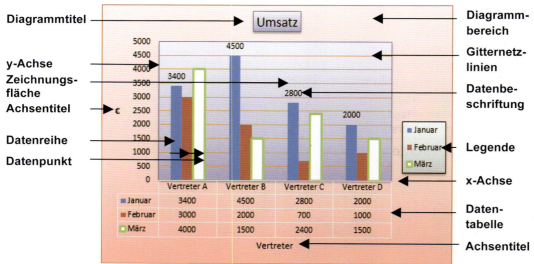

Für ein Kreisdiagramm stehen in der Regel wesentlich weniger Beeinflussungsmöglichkeiten zur Verfügung. Dies ist aufgrund der zu verarbeitenden Daten logisch.

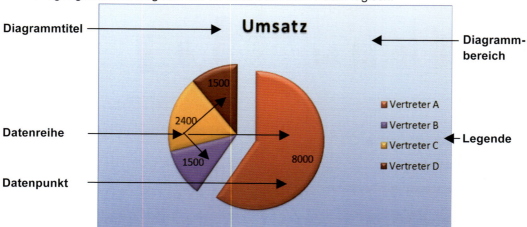

Diagramme

Diagrammtools

Die Bearbeitung eines Diagramms wird mithilfe der zur Verfügung stehenden Diagrammtools vorgenommen. Diese werden nach der Erstellung oder Markierung eines Diagramms automatisch in der Menüleiste eingeblendet.

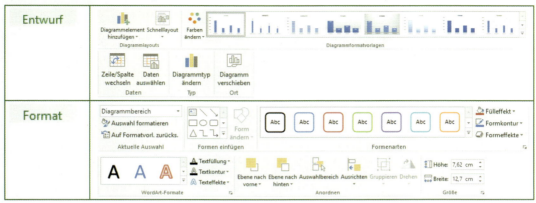

Schaltflächen zur Gestaltung eines Diagramms

Nach Anklicken der neben dem Diagramm vorhandenen Schaltflächen **Diagrammelemente**, **Diagrammformatvorlagen** und **Diagrammfilter** werden Möglichkeiten der Bearbeitung angezeigt. In einer Livevorschau werden mögliche Ergebnisse direkt angezeigt.

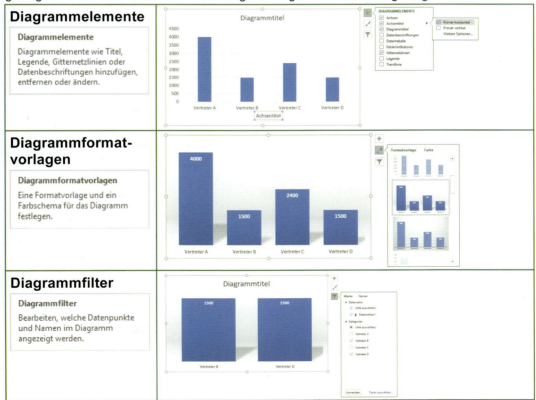

2.8.6 Liniendiagramm

Anhand der Erstellung eines Liniendiagramms soll die Nutzung der Diagrammoptionen nochmals verdeutlicht werden, da bei Liniendiagrammen oftmals die Anordnung der Daten auf der x-Achse nicht optimal gelöst ist.

Bearbeitungsschritte:

- Erstellen Sie die folgende Tabelle und markieren Sie die Zellen **A1** bis **D6**. Speichern Sie die Tabelle unter dem Namen *Liniendiagramm*.

	A	B	C	D	E
1	Menge	Fixe Kosten	Var. Kosten	Gesamtkosten	
2	0	458	0	458	
3	10	458	120	578	
4	20	458	240	698	
5	30	458	360	818	
6	40	458	480	938	

- Klicken Sie danach im Register **Einfügen** in der Gruppe **Diagramme** die Schaltfläche **Empfohlene Diagramme** an. Wählen Sie das erste Liniendiagramm aus.

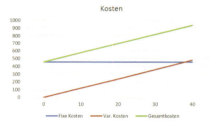

- Das Ergebnis überzeugt noch nicht. Die Werte sind auf der x-Achse nicht optimal angeordnet. Markieren Sie daher die x-Achse. Klicken Sie danach im Register **Diagrammtools/Format** in der Gruppe **Aktuelle Auswahl** die Schaltfläche **Auswahl formatieren** an. Im Fenster **Achse formatieren** bestimmen Sie, dass die Achsenposition **Auf Teilstrichen** festgelegt wird.

- Das Ergebnis entspricht nun den Vorstellungen:

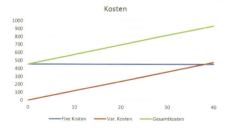

- Durch Filterung der Daten können z. B. nur die Gesamtkosten angezeigt werden.

2.8.7 Verbunddiagramm

In einem Verbunddiagramm können beispielsweise Durchschnittswerte eingebaut werden. Danach kann das Diagramm normal weiterbearbeitet werden.

Bearbeitungsschritte:

- Öffnen Sie die Tabelle *Umsatz_Monate*. Speichern Sie sie unter dem Namen *Umsatz_Monate_Durchschnitt* nochmals ab. Berechnen Sie die dargestellten Durchschnittswerte. Markieren Sie den Bereich **A4** bis **D9**.

	A	B	C	D	E
1					
2		\multicolumn{3}{c}{Umsatzberechnung}		
3					
4		Januar	Februar	März	Durchschnitt
5	Vertreter A	3400	3000	4000	3466,67
6	Vertreter B	4500	2000	1500	2666,67
7	Vertreter C	2800	700	2400	1966,67
8	Vertreter D	2000	1000	1500	1500,00
9	Durchschnitt	3175	1675	2350	2400,00

- Klicken Sie im Register **Einfügen** in der Gruppe **Diagramme** die Schaltfläche **Empfohlene Diagramme** an. Wählen Sie das Diagramm **Gruppierte Säulen/Linien** aus. Nach einer Bearbeitung könnte das Diagramm wie links dargestellt aussehen. Markieren Sie anschließend den Bereich **A4** bis **E8** und erstellen Sie das zweite Diagramm.

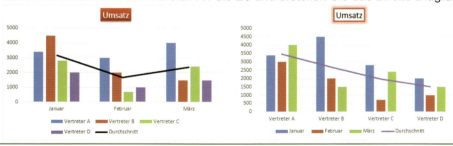

2.9 Mathematische und wirtschaftliche Auswertungen

Eine Tabellenkalkulation bietet vielfältige Möglichkeiten, mathematische, betriebswirtschaftliche und volkswirtschaftliche Auswertungen vorzunehmen. Es können u. a. Bilanzkennzahlen ermittelt, Kalkulationen durchgeführt, Kosten und Erlöse berechnet und dargestellt und finanzwirtschaftliche Berechnungen und Investitionsberechnungen durchgeführt werden.

Ein ca. 50-seitiges Skript zu diesen Themen mit den entsprechenden Erläuterungen können Sie als **BuchPlusWeb** aus dem Internet laden. Dabei werden die Berechnungen intensiv erklärt, sodass sowohl bekannte Excel-Kenntnisse vertieft als auch neue Excel-Kenntnisse erworben werden. Die Tabellen ohne Berechnungen werden ebenfalls als **BuchPlusWeb** zur Verfügung gestellt.

Übungen:

1. Aufgabe
Die Verkaufszahlen Ihres Unternehmens sind in einer Tabelle zusammengefasst:

Verkaufszahlen			
Monat	Drucker	Computer	Monitore
Januar	150	123	66
Februar	302	244	34
März	74	134	54
April	130	65	12
Mai	140	124	33
Juni	89	112	87
Gesamtverkauf			
Durchschnittlicher Verkauf			
Minimaler Verkauf			
Maximaler Verkauf			

a) Berechnen Sie mithilfe von Funktionen den Gesamtverkauf, den durchschnittlichen, den minimalen und maximalen Verkauf.
b) Stellen Sie den Gesamtverkauf der einzelnen Produkte mit den Prozentzahlen in einem Kreisdiagramm dar. In der Legende sollen die Produkte aufgeführt werden.
c) Stellen Sie in einem Säulendiagramm die Verkäufe der drei Produkte in den Monaten Januar bis Juni dar. In der Legende sollen die Produkte angegeben werden. Kennzeichnen Sie den höchsten Umsatz eines Produkts in einem Monat, indem Sie die Säule mit einem Muster versehen.
d) Stellen Sie den durchschnittlichen, minimalen und maximalen Verkauf dar. Wählen Sie dafür ein 3-D-Balkendiagramm. Verändern Sie die Skalierung so, dass nur noch Hunderterwerte angezeigt werden.

2. Aufgabe
Die Entwicklung des Verkaufspreises mehrerer Produkte wird in der folgenden Tabelle dargestellt:

Warenbezeichnung	2015	2016	2017
Computer	2.300,00 €	2.200,00 €	2.000,00 €
Drucker	800,00 €	900,00 €	1.050,00 €
Scanner	2.100,00 €	1.800,00 €	1.500,00 €
Monitore	400,00 €	400,00 €	410,00 €

a) Erstellen Sie ein Liniendiagramm, in dem die Preisentwicklung der einzelnen Produkte dargestellt wird.
b) Stellen Sie die Preise der Produkte im Jahre 2015 in Form einer 3-D-Säulengrafik dar. Ändern Sie die Farben der einzelnen Säulen und fügen Sie jeweils auch ein Muster bei. Versetzen Sie die Legende und formatieren Sie den Titel „Verkaufspreise 2015" mit einer Textfarbe und einem farbigen Hintergrund. Fügen Sie außerdem einen Rahmen um den Titel hinzu. Beschriften Sie die Säulen mit den Verkaufspreisen, indem Sie Datenbeschriftungen anbringen.

Übungen:

3. Aufgabe

Werten Sie die Daten der Tabelle *Lager_Statistik* (Seite *60*) aus.

c) Stellen Sie die Einkaufspreise in einem Balkendiagramm dar.
d) Stellen Sie die Bestände in einem Säulendiagramm dar.
e) Berechnen Sie den prozentualen Anteil des jeweiligen Bestands an dem Gesamtbestand. Geben Sie danach den Sachverhalt in Form eines Kreisdiagramms aus.
f) Geben Sie den prozentualen Anteil des jeweiligen Bestands an dem Gesamtbestand in Form eines weiteren Kreisdiagramms aus. Realisieren Sie die Darstellung ohne die Berechnung der prozentualen Anteile.

4. Aufgabe

Die Mitarbeiterentwicklung in den Jahren 2013 bis 2016 sieht folgendermaßen aus:

	2013	%	2014	%	2015	%	2016	%
Einkauf	27		36		35		40	
Verkauf	21		24		20		23	
Buchhaltung	12		14		10		15	
Lager	8		8		8		8	
Produktion	43		46		40		42	

a) Berechnen Sie den jeweiligen prozentualen Anteil der Mitarbeiter in den einzelnen Abteilungen im Verhältnis zu den gesamten Mitarbeitern. Runden Sie in der Berechnung das Ergebnis auf zwei Stellen hinter dem Komma.
b) Stellen Sie die Mitarbeiter im Jahr 2013 in einem Kreisdiagramm dar. Die Anzahl der Mitarbeiter soll angegeben werden.
c) Werten Sie die Mitarbeitertabelle in den folgenden Arten aus:

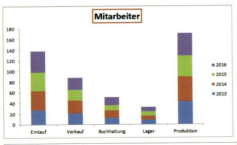
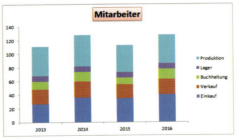
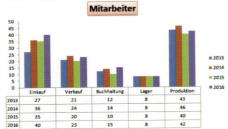
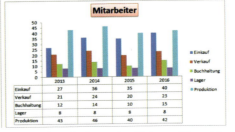

d) Realisieren Sie weitere Diagramme, die den Sachverhalt verdeutlichen. Dies könnten z. B. Auswertungen in Bezug auf ein Jahr in Form von Kreisdiagrammen sein.

3 Textverarbeitung mit Word
3.1 Grundlegende Arbeitsschritte
Eingaben und Korrekturen

Der folgende Text soll eingegeben werden. Eventuelle Fehler bei der Eingabe sollten sofort korrigiert werden. Später kann eine Gesamtkorrektur des Textes vorgenommen werden. Lesen Sie daher anschließend den Text nochmals durch und korrigieren Sie eventuelle noch vorhandene Fehler.

Bearbeitungsschritte:

- Starten Sie gegebenenfalls das Programm **Word**.
- Geben Sie den nachfolgenden Übungstext ein. Die Taste [**Return**] darf nur gedrückt werden, wenn die Eingabe eines Absatzes abgeschlossen ist. Es sollen keinerlei Formatierungen vorgenommen werden.

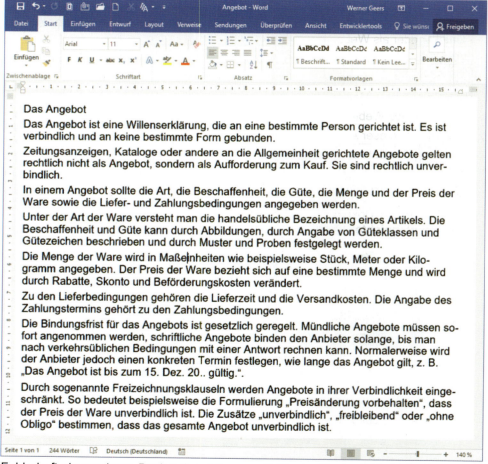

- Fehlerhaft eingegebene Buchstaben können mithilfe der Tasten [**Rücktaste**] und [**Entf**] entfernt werden. Durch das Drücken der Taste [**Rücktaste**] wird das Zeichen vor dem Cursor gelöscht. Mit der Taste [**Entf**] wird das Zeichen hinter dem Cursor entfernt. Danach kann das richtige Zeichen eingegeben werden.

Ein- und Ausblenden von nicht druckbaren Zeichen

Die Übersichtlichkeit eines Textes kann durch das Einblenden von Absatzmarken und sonstigen ausgeblendeten Formatierungsmerkmalen erhöht werden. Das Ende eines Absatzes, Leerzeichen, die Verwendung von Tabulatoren usw. ist dadurch gut zu erkennen. Es ist jedoch zu überlegen, ob man die nicht druckbaren Zeichen immer einblenden sollte.

Bearbeitungsschritte:

- Klicken Sie im Register **Start** in der Gruppe **Absatz** die Schaltfläche **Alle anzeigen** an. Die nicht druckbaren Zeichen werden angezeigt.

Ansichtsoptionen wechseln

Die Darstellung des Textes auf dem Bildschirm wird durch die Wahl einer bestimmten Ansicht beeinflusst. Hauptziel dabei ist, festzustellen, wie das Dokument in einer Ausgabe, z. B. über einen Drucker oder als Webseite, aussieht.

Seitenlayout	Normalerweise wird im Seitenlayout-Modus gearbeitet. Er bietet alle Möglichkeiten, einen Text vernünftig einzugeben, zu bearbeiten usw.
Lesemodus	Dieser Modus bietet die beste Möglichkeit, den Text zu lesen.
Weblayout	Das Weblayout zeigt den Text wie er in einem Browser dargestellt würde.
Gliederung	In dieser Ansicht werden einzelne Absätze usw. besonders gekennzeichnet.
Entwurf	Die Entwurfsansicht eignet sich zur Eingabe von Texten usw. Sie zeigt jedoch nicht alle Informationen, wie z. B. Kopf- und Fußzeilen.

Bearbeitungsschritte:

- Öffnen Sie das Dokument *Angebot*. Klicken Sie im Register **Ansicht** in der Gruppe **Dokumentansichten** gegebenenfalls die Schaltfläche **Seitenlayout** an.

- Die Darstellung sieht in etwa folgendermaßen aus:

- Die beste Möglichkeit des Lesens auf dem Bildschirm bietet der Lesemodus.

- Der Wechsel zwischen den einzelnen Ansichten kann jederzeit auch über die Ansichtsoptionen in der Statusleiste vorgenommen werden.

3.1.1 Erfassen eines Textes mit Sonderzeichen bzw. Symbolen

Als Sonderzeichen (Symbole) werden spezielle Zeichen bezeichnet, die normalerweise nicht über die Tastatur in ein Dokument eingefügt werden können. Sie werden daher über einen speziellen Menüpunkt eingefügt.

Bearbeitungsschritte:

- Geben Sie den nachfolgenden Text bis zu den Aufzählungen ein. Drücken Sie danach die Taste [**Return**]. Speichern Sie den Text unter dem Namen *Sonderzeichen*.

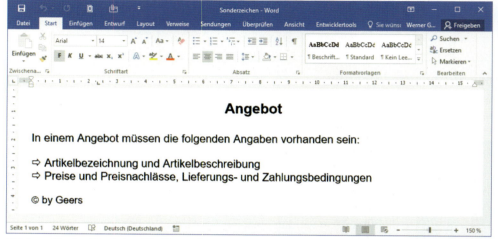

- Klicken Sie im Register **Einfügen** in der Gruppe **Symbole** die Schaltfläche **Symbol** an. Wählen Sie danach den Menüpunkt **Weitere Symbole**.

- Wählen Sie im Fenster **Symbol** die Schriftart *Wingdings3* aus. Markieren Sie den Pfeil.

- Klicken Sie nacheinander die Schaltflächen **Einfügen** und **Schließen** an. Das Sonderzeichen wird an der angegebenen Stelle eingefügt.
- Geben Sie den Rest des Textes mit den Sonderzeichen ein. Das Sonderzeichen © finden Sie im Zeichensatz **(normaler Text)** oder direkt nach Anklicken der Schaltfläche **Symbol** in der Gruppe **Symbole** im Register **Einfügen**.

3.1.2 Rechtschreibprüfung und Grammatik

Zu den großen Vorteilen eines Textverarbeitungsprogramms gehört die Möglichkeit, Texte auf Rechtschreib- und Grammatikfehler zu überprüfen.

Bearbeitungsschritte:

- Öffnen Sie das Dokument *Angebot*. Ändern Sie das *unverbindlich* in *unveebindlich*. Unter dem Wort wird eine rote wellenförmige Linie angezeigt.

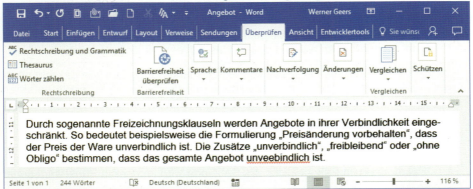

- Stellen Sie den Cursor an den Textanfang. Klicken Sie danach im Register **Überprüfen** in der Gruppe **Dokumentprüfung** die Schaltfläche **Rechtschreibung und Grammatik** an. Alternativ können Sie auch die Funktionstaste [**F7**] drücken.

- Wörter, die im Wörterbuch des Programms nicht vorhanden sind, werden im Aufgabenbereich **Rechtschreibung** angezeigt. Das Programm zeigt das nicht erkannte Wort an. Es schlägt außerdem in der Regel Wörter vor, die das falsch eingegebene Wort ersetzen sollen. Markieren Sie ein richtiges Wort. Durch Anklicken der Schaltfläche **Ändern** wird das Wort korrigiert. Das Wort kann, wenn es einen Sinn ergibt, auch zur Rechtschreibprüfung hinzugefügt werden. Unter Umständen findet das Programm jedoch auch kein sinnvolles Wort, wie z. B. bei *unververbindlich*.

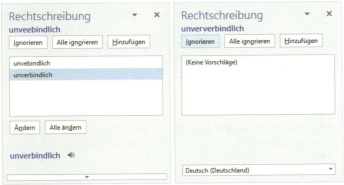

- Markieren Sie ein Wort im Text, z. B. das Wort *Angebot*. Klicken Sie die Schaltfläche **Thesaurus** an. Es werden Wörter mit ähnlicher Bedeutung angezeigt.

3.2 Markieren, Kopieren usw.

3.2.1 Markieren (Auswählen) von Zeichen, Wörtern, Zeilen usw.

Vorbemerkungen

Neben der Texteingabe ist das Markieren eines Wortes, eines Absatzes usw. eine besonders häufige Aufgabe bei der Arbeit mit einem Textverarbeitungsprogramm. In der Regel muss zunächst ein Textteil markiert werden, um danach z. B. formatiert, gelöscht oder versetzt werden zu können.

Markieren mit der Maus

Nachstehend werden die wichtigsten Möglichkeiten des Markierens mit der Maus angegeben. Es bietet sich an, Markierungen anhand des Textes *Angebot* auszuprobieren.

Ein Zeichen oder mehrere Zeichen	Es wird mit der Maus vor das zu markierende Zeichen geklickt und dann bei gedrückter linker Maustaste mit der Maus nach rechts gefahren. Es können auch mehrere Zeichen, Absätze usw. markiert werden.
Wort	Ein einzelnes Wort wird durch einen Doppelklick mit der linken Maustaste auf das entsprechende Wort markiert.
Satz	Bei gedrückter Taste [**Strg**] wird mit der linken Maustaste auf ein Zeichen im Satz geklickt. Als Satzende wird immer ein Punkt angesehen.
Eine oder mehrere Zeilen	Mit der Maus wird zunächst der Bereich links neben einer zu markierenden Zeile angeklickt. Sollen mehrere Zeilen markiert werden, so muss die linke Maustaste gedrückt gehalten und dann die Maus nach unten oder oben bewegt werden.
Absatz	Der zu markierende Absatz wird durch einen Dreifachklick mit der linken Maustaste auf den Absatz oder einen Doppelklick links neben dem Absatz markiert.
Gesamter Text	Bei gedrückter Taste [**Strg**] wird mit der linken Maustaste links neben dem Text auf eine beliebige Stelle geklickt.

3.2.2 Ausschneiden, Kopieren, Verschieben und Löschen von Texten

Textteile können ausgeschnitten, kopiert, eingefügt, gelöscht usw. werden.

Bearbeitungsschritte:

- Öffnen Sie das Dokument *Angebot* und speichern Sie es unter dem Namen *Angebot_1* nochmals ab.
- Markieren Sie einen Teil des Textes. Klicken Sie im Register **Start** in der Gruppe **Zwischenablage** die Schaltfläche **Ausschneiden** an. Der Bereich wird gelöscht.

- Kopieren Sie danach einen Teil des Textes und fügen Sie diesen Teil am Ende ein. Nutzen Sie die folgenden Schaltflächen.

3.3 Formatierung
3.3.1 Zeichenformatierung

Schriftgröße, Schriftart, Schriftfarbe und Texthervorhebungsfarbe

Für die Bildschirmanzeige und die Druckausgabe sollte eine gut lesbare Schrift eingestellt werden. Geeignete Schriftarten sind z. B. Arial und Times New Roman. Außerdem können je nach Bedarf die Schriftgröße (Schriftgrad), die Schriftfarbe usw. eingestellt werden. Auswahlmöglichkeiten ergeben sich, wenn ein Pfeil nach unten angeklickt werden kann.

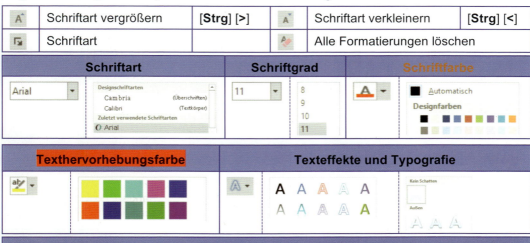

Bearbeitungsschritte:

- Klicken Sie gegebenenfalls das Register **Start** an. In der Gruppe **Schriftart** werden alle für die Zeichenformatierung notwendigen Schaltflächen zur Verfügung gestellt. Stellen Sie die Schriftart **Arial** mit dem Schriftgrad **11** ein.

- Erstellen Sie mithilfe der Schaltflächen den nachfolgenden Text.

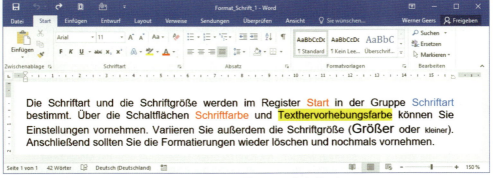

- Speichern Sie den Text unter dem Namen *Format_Schrift_1*.
- Löschen Sie dann die Formatierungen mithilfe der Schaltfläche **Alle Formatierungen löschen** . Speichern Sie den unformatierten Text unter dem Namen *Format_Schrift*.

Zeichenformate – Formatierung bei der Texteingabe

Vor der Eingabe eines Textes, eines Absatzes, eines Wortes usw. wird durch Anklicken einer Schaltfläche bzw. durch eine Tastenkombination die Formatierung eines Textes vorgenommen. Mit derselben Tastenkombination oder dem nochmaligen Anklicken der Schaltfläche wird die Formatierung nach der Eingabe wieder aufgehoben. Alle Formatierungen werden durch die Tastenkombination [**Strg**] + [**Leertaste**] wieder aufgehoben. Die folgende Übersicht zeigt die Möglichkeiten der Formatierung von Wörtern usw. an:

F	Fett	[**Strg**] [⇧] [**F**]	x₂	Tiefgestellt	[**Strg**] [**#**]
K	*Kursiv*	[**Strg**] [⇧] [**K**]	x²	Hochgestellt	[**Strg**] [**+**]
ab̶c̶	D̶u̶r̶c̶h̶s̶t̶r̶e̶i̶c̶h̶e̶n̶			Alle Formatierungen löschen	
	Doppelt unterstrichen	[**Strg**] [⇧] [**D**]		Nur Wörter unterstrichen	[**Strg**] [⇧] [**W**]
	KAPITÄLCHEN	[**Strg**] [⇧] [**Q**]		Aufheben aller Textformate	[**Strg**] [**Leertaste**]

Außerdem stehen Schaltflächen mit Auswahlmöglichkeiten zur Verfügung.

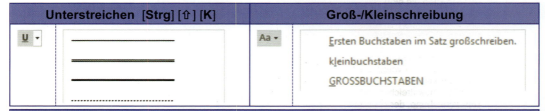

Bearbeitungsschritte:

- Geben Sie folgenden Text ein. Formatieren Sie den Text bei der Eingabe mithilfe der Tastatur bzw. mit der Maus. Speichern Sie ihn unter dem Namen *Format_Zeichen_1*.

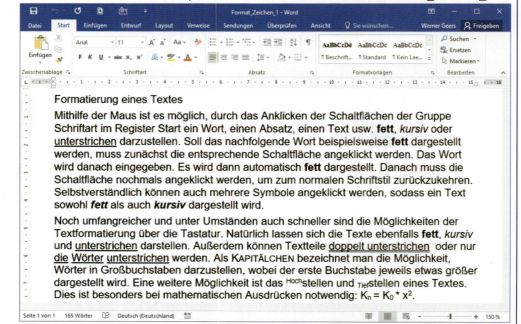

Formatierung 89

Zeichenformate – Nachträgliche Formatierung über Schaltflächen

Die nachträgliche Formatierung ist eine Alternative zur sofortigen Formatierung.

Bearbeitungsschritte:

- Schreiben Sie zunächst den Text ohne die angegebenen Formatierungen. Speichern Sie danach den Text unter dem Namen *Format_Zeichen_2* ab.

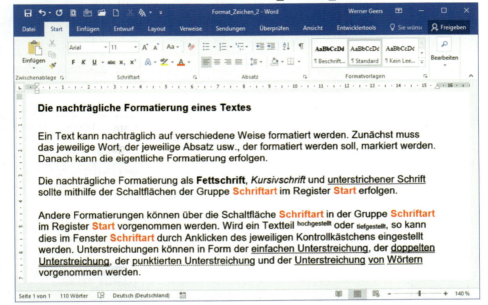

- Markieren Sie jeweils die zu formatierenden Wörter. Formatieren Sie den Text mithilfe der Schaltflächen in der Gruppe **Schriftart** im Register **Start**.

- Speichern Sie den Text unter dem Namen *Format_Zeichen_2a* nochmals ab.
- Öffnen Sie die Datei *Format_Schrift*. Speichern Sie den Text unter dem Namen *Format_Schrift_2* nochmals ab. Formatieren Sie den Text danach wie angezeigt:

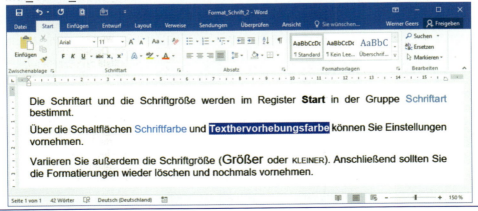

Formatierung übertragen

Sind Formatierungen in einem Text bereits vorgenommen worden und werden diese Formatierungen in anderen Textbereichen benötigt, so bietet es sich an, die Formatierungen zu übertragen. Die Erfahrung zeigt jedoch, dass es dabei durchaus zu nicht erwünschten Effekten kommen kann. Über die Schaltfläche **Rückgängig** in der **Symbolleiste für den Schnellzugriff** ist es jedoch möglich, Änderungen der Formatierung wieder zurückzunehmen.

Die Formatübertragung kann einmalig oder mehrmals vorgenommen werden, je nachdem, wie mit der Schaltfläche **Format übertragen** gearbeitet wird. Beide Möglichkeiten werden erklärt.

Bearbeitungsschritte:

- Schreiben Sie den nachfolgenden Text. Formatieren Sie lediglich das Wort **Format** und das Wort *Nummerierungen* wie angegeben.

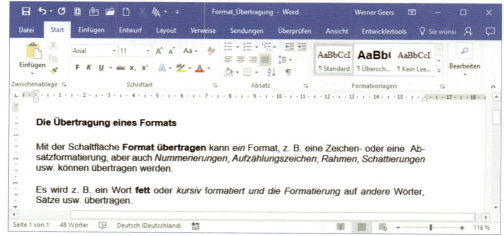

- Markieren Sie das fett formatierte Wort *Format*.
- Klicken Sie im Register **Start** in der Gruppe **Zwischenablage** die Schaltfläche **Format übertragen** an.

- Der Mauszeiger verändert sich folgendermaßen:
- Markieren Sie das Wort *übertragen*. Das Wort wird danach ebenfalls fett dargestellt.
- Wenn das Format auf mehrere Wörter oder Bereiche übertragen werden soll, muss die Schaltfläche **Format übertragen** doppelt angeklickt werden.
- Stellen Sie den Cursor in das Wort *Nummerierungen*. Klicken Sie die Schaltfläche **Format übertragen** doppelt an.
- Stellen Sie danach den Cursor in ein Wort oder markieren Sie einen Bereich. Nach Anklicken wird das Wort oder der Bereich kursiv dargestellt.
- Sie können danach weitere Wörter oder Bereiche formatieren. Erst mit dem erneuten Anklicken der Schaltfläche **Format übertragen** oder dem Drücken der Taste [**Esc**] wird das Übertragen des Formats beendet.

3.3.2 Absatzformatierung

Einfügen und Löschen von Absätzen

Durch Absätze wird ein Text in sachlogische Abschnitte unterteilt. In einem Textdokument können Absätze nach Bedarf eingefügt oder gelöscht werden.

Bearbeitungsschritte:

- Erstellen Sie folgenden Text. Speichern Sie das Dokument unter dem Namen *Absatz*.

- Stellen Sie den Cursor hinter das Wort *bezeichnet*. Fügen Sie mithilfe der Taste [**Enter**] einen neuen Absatz ein.

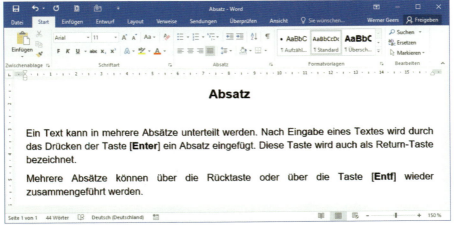

- Stellen Sie den Cursor hinter das Wort *bezeichnet*. Entfernen Sie den Absatz mithilfe der Tasten [**Entf**] bzw. [**del**].

- Sie können jederzeit mithilfe der angesprochenen Tasten Absätze einfügen und auch wieder löschen.

Absatzausrichtung über Tastaturbefehle und Schaltflächen

Unter Absatzformatierung wird im Wesentlichen die Ausrichtung eines Absatzes verstanden. In der folgenden Übersicht sind die Tastaturbefehle und die Schaltflächen für die Ausrichtung von Schaltflächen zusammengestellt:

	Linksbündig ausrichten	**[Strg] [L]**		Rechtsbündig ausrichten	**[Strg] [R]**
	Zentrieren	**[Strg] [E]**		Blocksatz	**[Strg] [B]**
	Absatzeinstellungen				

Schattierung	Rahmen	Zeilen- und Absatzabstand
Designfarben	Gitternetzlinien anzeigen / Rahmen und Schattierung…	1,0 / 1,15

Bearbeitungsschritte:

- Schreiben Sie den Text. Sie können die Ausrichtung der einzelnen Absätze direkt bei der Eingabe vornehmen oder den gesamten Text zunächst schreiben und dann formatieren. Die Schaltflächen stehen im Register **Start** in der Gruppe **Absatz** zur Verfügung.

- Bei der nachträglichen Formatierung müssen Sie lediglich den Cursor in den entsprechenden Absatz stellen.

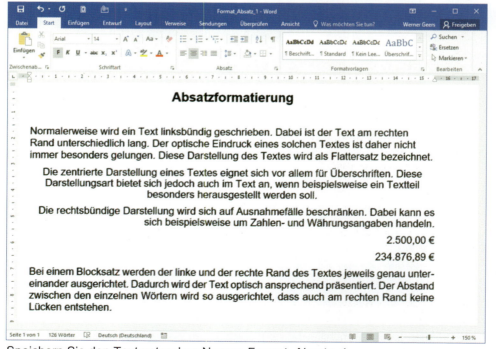

- Speichern Sie den Text unter dem Namen *Format_Absatz_1*.

Formatierung

Absatzeinzug über das Lineal

Im oberen Bildschirmbereich sollte grundsätzlich das Lineal eingeblendet werden. Durch das Ziehen der Randsymbole im Lineal werden unterschiedliche Textdarstellungen ermöglicht. Die Möglichkeiten entsprechen denen, die über das Fenster **Absatz** gegeben sind.

Bearbeitungsschritte:

- Geben Sie den Text ein und speichern Sie ihn unter dem Namen *Format_Einzug_2*.

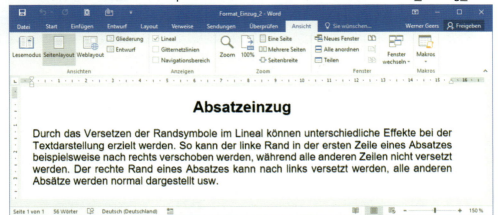

- Überprüfen Sie, ob das Lineal eingeblendet ist. Aktivieren Sie ansonsten das Lineal durch Anklicken des Kontrollkästchens vor der Bezeichnung **Lineal** in der Gruppe **Anzeigen** im Register **Ansicht**.

- Ziehen Sie den **Erstzeileneinzug** mit gedrückter linker Maustaste nach rechts. Das Ergebnis sieht so aus:

- Bei der Einstellung **Hängender Einzug** werden alle Zeilen außer der ersten eingerückt dargestellt. Sie müssen dabei mit der Maus den oberen Bereich des unteren Randsymbols anfahren und dann das Symbol versetzen.

- Über das Symbol **Linker Einzug** wird der Text nach links verschoben.

- Über das Symbol **Rechter Einzug** wird der rechte Rand des Textes bestimmt.

Setzen, Löschen usw. von Tabulatoren über das Lineal

Über das Setzen von Tabulatoren können die Eingaben in ein Dokument nach den jeweiligen Erfordernissen vorgenommen werden. So können beispielsweise Zahlen rechtsbündig und Währungen mit Dezimaltabulatoren eingegeben werden.

Bearbeitungsschritte:

- Erstellen Sie ein neues Dokument. Speichern Sie es unter dem Namen *Tabulatoren_2*. Das Ergebnis sollte folgendermaßen aussehen:

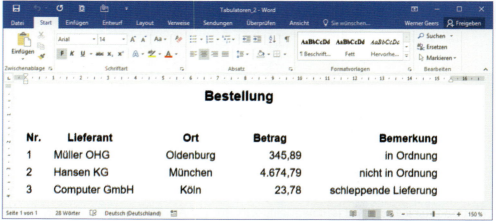

- Geben Sie die Überschrift ein. Drücken Sie danach zweimal die Taste [**Return**].
- Klicken Sie auf das Zeichen auf der linken Seite des Lineals, bis das Zeichen für einen **Tabstopp links** erscheint. Klicken Sie danach auf die Zahl *1* auf dem Lineal. Dadurch wird ein linksbündiger Tabulator eingefügt.

- Fügen Sie danach einen zentrierten Tabulator ein.

- Fügen Sie danach einen Dezimaltabulator ein. Der Dezimaltabulator sorgt dafür, dass das Komma bei Zahlenwerten untereinander steht.

- Als Letztes geben Sie einen rechtsbündigen Tabulator ein.

- Einzelne Tabulatoren können über das Lineal gelöscht werden. Zu diesem Zweck sollten Sie zunächst die gesamte Tabelle markieren und danach den Tabstopp mit der Maus anfahren und dann bei gedrückter linker Maustaste nach unten ziehen.

Formatierung

Bearbeitungsschritte (Fortsetzung):

- Selbstverständlich wird dadurch der Gesamteindruck des Dokuments gestört. Entweder machen Sie daher die Änderung rückgängig oder Sie löschen nicht benötigte Daten, die bisher durch den Tabstopp eine genau bestimmte Position im Dokument innehatten.
- Das Versetzen ist relativ einfach. Fahren Sie mit der Maus auf den linksbündigen Tabstopp. Mit gedrückter linker Maustaste können Sie danach den Tabstopp nach rechts oder links versetzen.

- Durch einen Doppelklick auf einen Tabstopp können Sie auch das Fenster **Tabstopps** aufrufen. Danach können Sie beispielsweise auch die Position von Tabstopps ändern. Auf der nächsten Seite wird darauf näher eingegangen.

Setzen, Löschen usw. von Tabulatoren über das Fenster Tabstopps

Individuelle Einstellungen sollten im Fenster **Tabstopps** vorgenommen werden.

Bearbeitungsschritte:

- Erstellen Sie ein neues Dokument. Speichern Sie es unter dem Namen *Tabulatoren_3*.
- Das Ergebnis sollte folgendermaßen aussehen:

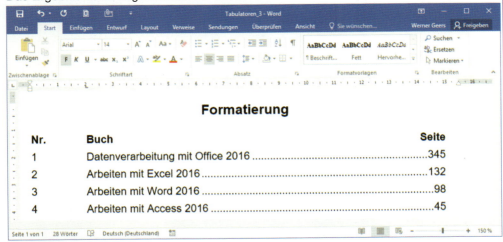

- Geben Sie die Überschrift ein. Drücken Sie danach zweimal die Taste [**Return**].
- Klicken Sie im Register **Start** in der Gruppe **Absatz** die Schaltfläche **Absatz** an. Klicken Sie im Fenster **Absatz** die Schaltfläche **Tabstopps** an.
- Legen Sie für die einzelnen Überschriften (*Buch*, *Seite*) einen linksbündigen Tabstopp auf die Position *2* cm und einen rechtsbündigen Tabstopp auf die Position *15* cm. Ein Tabstopp am Anfang der Zeilen ist nicht notwendig.

Bearbeitungsschritte (Fortsetzung):

- Klicken Sie dann auf die Schaltflächen **Festlegen** und **OK**.

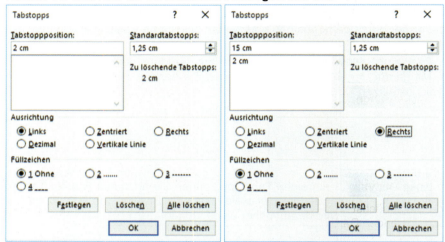

- Geben Sie die Überschriften (*Nr.* usw.) ein. Drücken Sie danach die Taste [**Return**].
- Für die einzelnen Daten in den nächsten Zeilen soll der rechtsbündige Tabstopp mit einem Füllzeichen versehen werden. Führen Sie daher mit der Maus einen Doppelklick auf den rechtsbündigen Tabstopp im Lineal aus. Alternativ können Sie im Register **Start** in der Gruppe **Absatz** die Schaltfläche **Absatz** und danach im Fenster **Absatz** die Schaltfläche **Tabstopps** anklicken. Legen Sie das angezeigte Füllzeichen fest.

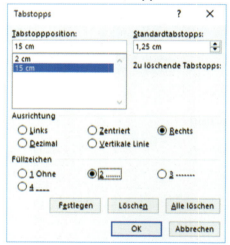

- Um einen Tabstopp über das Fenster **Tabstopps** zu löschen, müssen Sie den Tabstopp im Bereich **Tabstoppposition** markieren und dann die Schaltfläche **Löschen** anklicken. Alle Tabstopps werden über die Schaltfläche **Alle löschen** gelöscht.
- Das Versetzen über das Fenster **Tabstopps** ist nur durch das Löschen eines Tabstopps und das anschließende Setzen eines neuen Tabstopps auf die gewünschte Position möglich. Daher bietet es sich an, das Lineal für diesen Zweck zu nutzen.
- Im Fenster **Tabstopps** finden Sie alle Möglichkeiten, die Ausrichtung eines Tabstopps nachträglich zu ändern. Auch das Entfernen oder Setzen von Füllzeichen ist möglich.

Formatierung

Nummerierungen und Aufzählungen

Erstellung einer Nummerierung

Tagesordnungen, Klausuren usw. werden normalerweise nummeriert. Die Textverarbeitung bietet die Möglichkeit der automatischen Nummerierung.

Bearbeitungsschritte:

- Geben Sie zunächst das Wort *Tagesordnung* ein und formatieren Sie es entsprechend der nachfolgenden Darstellung.

- Drücken Sie danach zweimal die Taste [**Return**] bzw. [**Enter**]. Stellen Sie die Formatierung wieder auf linksbündig und auf einen kleineren Schriftgrad zurück. Klicken Sie im Register **Start** in der Gruppe **Absatz** den Pfeil neben der Schaltfläche **Nummerierung** an. Wählen Sie danach die angezeigte Nummerierung aus.

- Geben Sie den folgenden Text ein, der automatisch nummeriert wird. Nach dem Drücken der Taste [**Return**] bzw. [**Enter**] wird die Nummerierung jeweils fortgeführt.

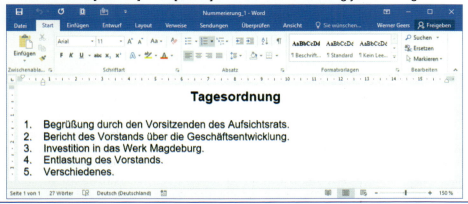

Bearbeitungsschritte (Fortsetzung):

- Die Einrückung der Markierung sollte überprüft und eventuell geändert werden. Markieren Sie den Bereich der Nummerierung. Klicken Sie im Register **Start** in der Gruppe **Absatz** die Schaltfläche **Absatz** an. Stellen Sie den Einzug folgendermaßen ein:

- Alternativ können Sie den Bereich der Nummerierung markieren und im Lineal den **Erstzeileneinzug**, den **Linken Einzug** und den **Hängenden Einzug** versetzen.

- Durch das Markieren der Tagesordnungspunkte und dem anschließenden Anklicken des Pfeils neben der Schaltfläche **Nummerierung** in der Gruppe **Absatz** im Register **Start** können Sie die Art der Nummerierung ändern. Probieren Sie verschiedene Möglichkeiten aus. Kehren Sie danach zur Ursprungsnummerierung zurück.
- Speichern Sie den Text unter dem Namen *Nummerierung_1* ab.

Änderung der Nummerierung

Die Nummerierung in einem Dokument wird automatisch angepasst, wenn nachträgliche Änderungen vorgenommen werden.

Bearbeitungsschritte:

- Öffnen Sie das Dokument *Nummerierung_1*. Speichern Sie das Dokument unter dem Namen *Nummerierung_2*. Stellen Sie danach den Cursor hinter den Text des Tagesordnungspunktes 4. Nach dem Drücken der Return-Taste wird automatisch ein neuer Tagesordnungspunkt eingefügt und die Nummerierung entsprechend angepasst.

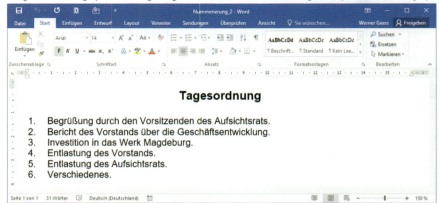

- Soll ein Tagesordnungspunkt entfernt werden, muss der entsprechende Absatz markiert (durch Anklicken mit der Maus auf der linken Seite vor der Nummerierung) und über die Schaltfläche **Ausschneiden** in der Gruppe **Zwischenablage** im Register **Start** ausgeschnitten werden. Durch das Drücken der Taste [**Entf**] wird der markierte Text ebenfalls ausgeschnitten. Die Nummerierung wird angepasst.

Formatierung

Aufzählungszeichen

In einem Text können Aufzählungsglieder durch verschiedene Zeichen (z. B. Raute, Stern, Kreisfläche) gekennzeichnet werden. Außerdem können Symbole und Bilder, die auf einem Computer vorhanden sind, genutzt werden.

Bearbeitungsschritte:

- Geben Sie zunächst das Wort *Tagesordnung* ein und formatieren Sie es entsprechend der nachfolgenden Darstellung. Fügen Sie danach eine Leerzeile ein.

- Klicken Sie im Register **Start** in der Gruppe **Absatz** den Pfeil neben der Schaltfläche **Aufzählungszeichen** an. Wählen Sie das angezeigte Aufzählungszeichen.

- Geben Sie den Text ein. Das Ergebnis sieht in etwa so aus:

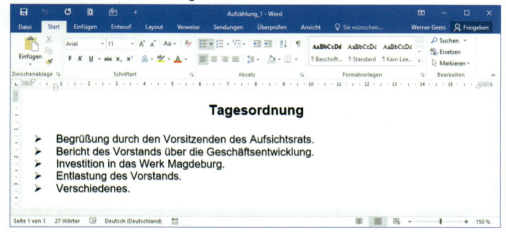

- Speichern Sie die Datei unter dem Namen *Aufzählung_1*. Speichern Sie sie danach nochmals unter dem Namen *Aufzählung_2*.
- Als Aufzählungszeichen lassen sich Symbole, Bilder usw. verwenden. Damit kann ein Dokument interessanter und abwechslungsreicher gestaltet werden.

3.4 Objekte
3.4.1 Tabellen

Anlegen einer Tabelle

Der Aufbau einer Tabelle wird in der nachfolgenden Darstellung gezeigt. Die einzelnen Begriffe wie Spalte, Zeile, Zelle usw. und deren Bedeutung lassen sich dem Schaubild entnehmen:

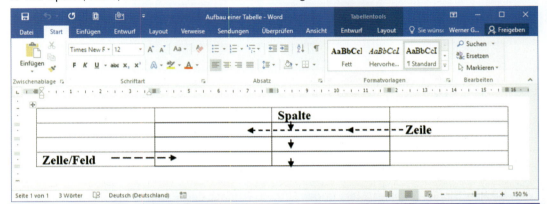

Bearbeitungsschritte:

- Erstellen Sie folgende Tabelle. Die Arbeitsschritte werden nachfolgend erklärt.
- Speichern Sie die Tabelle unter dem Namen *Tabelle_1*.

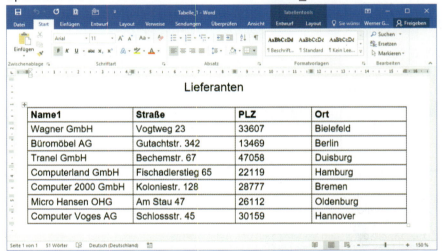

- Schreiben und formatieren Sie zunächst die Überschrift der abgebildeten Tabelle. Drücken Sie danach zweimal die Taste [**Return**]. Damit wird ein gewisser Abstand zwischen der Überschrift und der Tabelle hergestellt.
- Klicken Sie im Register **Einfügen** in der Gruppe **Tabellen** die Schaltfläche **Tabelle** an. Wählen Sie danach mit der Maus die angezeigte Tabelle aus.

Objekte

Bearbeitungsschritte (Fortsetzung):

- Alternativ können Sie auch im Register **Einfügen** in der Gruppe **Tabellen** den Menüpunkt **Tabelle einfügen** wählen. Stellen Sie danach im Fenster **Tabelle einfügen** die Spalten- und Zeilenanzahl ein.

- Geben Sie die Inhalte ein. Springen Sie mit der Taste [**Tab**] die nächste Zelle an. Mit der Taste [**Return**] wird ein Zeilenumbruch in einer Zelle vorgenommen.
- Am Ende der Tabelle wird durch das Drücken der Taste [**Tab**] in der letzten Zelle eine neue Zeile eingefügt. Speichern Sie den Text unter der Bezeichnung *Tabelle1*.

Zeichnen einer Tabelle

Eine Tabelle kann auch mit der Maus gezeichnet werden.

Bearbeitungsschritte:

- Erstellen Sie ein neues Dokument unter dem Namen *Tabelle_Zeichnen*.
- Klicken Sie im Register **Einfügen** in der Gruppe **Tabellen** die Schaltfläche **Tabelle** an. Wählen Sie danach den Menüpunkt **Tabelle zeichnen**.

- Ziehen Sie zunächst mit der Maus eine Tabellenzelle, gehen Sie dann mit der Maus an den oberen Rand der Zelle und ziehen Sie die nächste Zelle usw.

Auswählen, Formatieren usw. der gesamten Tabelle, Zeilen usw.

Nach dem Auswählen einer Tabelle ergeben sich vielfältige Möglichkeiten der Gestaltung und Veränderung der Tabelle. Auf die gleiche Weise wird eine Zelle, eine Spalte usw. formatiert.

Bearbeitungsschritte:

- Öffnen Sie das Dokument *Tabelle_1*. Speichern Sie das Dokument unter dem Namen *Tabelle_2*. Stellen Sie den Cursor in die Tabelle.
- Klicken Sie im Register **Tabellentools/Layout** in der Gruppe **Tabelle** die Schaltfläche **Tabelle auswählen** an. Wählen Sie die gesamte Tabelle aus.

Bearbeitungsschritte (Fortsetzung):

- Wählen Sie im Register **Tabellentools/Entwurf** in der Gruppe **Tabellenformatvorlagen** eine Vorlage aus.

- Nach dem Anklicken des Pfeils nach unten neben den angezeigten Möglichkeiten stehen weitere zur Verfügung. Das Ergebnis könnte so aussehen:

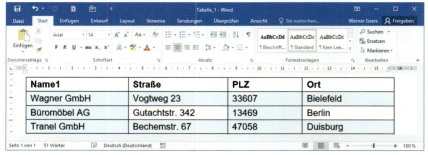

- Alternativ können Sie über die Schaltflächen **Schattierung** in der Gruppe **Tabellenformatvorlagen** und den Schaltflächen in der Gruppe **Rahmen** die Gestaltung der Tabelle vornehmen, z. B. eine Hintergrundfarbe wählen und die Rahmen entfernen.

- Öffnen Sie die Datei *Tabelle_1*. Speichern Sie sie unter dem Namen *Tabelle_3*.
- Klicken Sie im Register **Tabellentools/Entwurf** in der Gruppe **Tabellenformatvorlagen** die Schaltfläche **Schattierung** an. Bestimmen Sie eine Hintergrundfarbe.

- Klicken Sie im Register **Tabellentools/Entwurf** in der Gruppe **Tabellenformatvorlagen** den Pfeil in der Schaltfläche **Rahmen** an. Wählen Sie den Menüpunkt **Rahmen und Schattierung**.

- Legen Sie folgende Einstellungen fest:

- Das Ergebnis zeigt die Tabelle mit Rahmen und Schattierung:

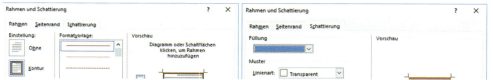

Objekte

Einfügen, Löschen, Ändern usw. von Zellen

Eine Tabelle kann geteilt, einzelne Elemente in die Tabelle eingefügt oder Tabellenelemente geteilt oder zusammengefügt werden. Die Möglichkeiten sind nahezu unbegrenzt. Daher sollen nachfolgend einige Aspekte angesprochen werden.

Bearbeitungsschritte:

- Öffnen Sie die Datei *Tabelle_1*. Speichern Sie das Dokument unter dem Namen *Tabelle_5*. Stellen Sie den Cursor in die dritte Zeile und die erste Spalte der Tabelle.
- Klicken Sie im Register **Tabellentools/Layout** in der Gruppe **Zeilen und Spalten** die Schaltfläche **Löschen** an. Wählen Sie die Alternative **Zeilen löschen** aus.

- Die ausgewählte Zeile wird gelöscht. Machen Sie die Löschung wieder rückgängig.
- Markieren Sie zwei Zellen oder Spalten einer Tabelle. Klicken Sie im Register **Tabellentools/Layout** in der Gruppe **Zusammenführen** die Schaltfläche **Zellen verbinden** an. Die Zellen bzw. die Zellen einer Spalte werden verbunden. Auf ähnliche Weise können Sie einzelne Zellen oder die Zellen einer Spalte teilen.

- Probieren Sie einige Möglichkeiten aus und machen Sie diese dann wieder rückgängig.
- Stellen Sie den Cursor in die zweite Zeile der Tabelle. Klicken Sie im Register **Tabellentools/Layout** in der Gruppe **Zusammenführen** die Schaltfläche **Tabelle teilen** an. Die Überschrift wird von dem Rest der Tabelle abgetrennt.

- Problemlos können Zeilen in einer Tabelle eingefügt werden. Stellen Sie den Cursor hinter die letzte Zelle in der Zeile 3 (nicht in der Zelle). Nach dem Drücken der Taste [**Return**] wird die Zelle eingefügt. Sie kann danach wieder gelöscht werden.
- Verringern Sie die Spaltenbreite über das Lineal. Bei gedrückter linker Maustaste können Sie nach Anfahren der entsprechenden Spaltenmarkierung im Lineal die Spaltenbreite ändern.

Name1	Straße	PLZ	Ort	Umsatz
Wagner GmbH	Vogtweg 23	33607	Bielefeld	345,90

Bearbeitungsschritte (Fortsetzung):

- Alternativ können Sie auch im Register **Tabellentools/Layout** in der Gruppe **Zellengröße** die Schaltfläche **AutoAnpassen** anwählen. Wählen Sie die angezeigte Alternative aus. Probieren Sie auch andere Einstellungen aus. Legen Sie auch feste Spaltenbreiten und Zeilenhöhen fest.

- Außerdem können Sie bei mehreren markierten Spalten bzw. mehreren markierten Zeilen über die Schaltflächen **Spalten verteilen** und **Zeilen verteilen** die Spaltenbreite bzw. die Zeilenhöhe gleichmäßig gestalten.

- Als weitere Alternative können Sie auch im Register **Tabellentools/Layout** in der Gruppe **Tabelle** die Schaltfläche **Eigenschaften** anwählen. Im Fenster **Tabelleneigenschaften** können Sie z. B. die Spaltenbreiten bestimmen.

- Stellen Sie den Cursor in die letzte Spalte der Tabelle. Klicken Sie im Register **Tabellentools/Layout** in der Gruppe **Zeilen und Spalten** die Schaltfläche **Rechts einfügen** an.

- Ergänzen und formatieren Sie die Tabelle folgendermaßen:

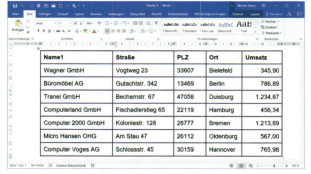

- Auf die gleiche Weise könnten Sie Spalten bzw. Zeilen über die Schaltflächen der Gruppe **Zeilen und Spalten** einfügen.

3.4.2 Bilder und Diagramme

Vorbemerkungen

Das Einfügen von Bildern usw. und das Bearbeiten dieser Objekte wird im Kapitel *Datenaustausch* ausführlich erklärt. Arbeiten Sie daher bei Bedarf dieses Kapitel durch. Im Kapitel *Datenaustausch* wird u. a. das Einfügen eines Diagramms in einen Word-Text beschrieben. Auch dies sollte bei Bedarf erarbeitet werden.

Einfügen und Anordnen einer Grafik

Durch eine geschickte Anordnung von Grafiken in Texten können ansprechende Flyer, Werbetexte, Einladungen usw. erstellt werden.

Bearbeitungsschritte:

- Erstellen Sie ein neues Dokument. Geben Sie den Text ein. Formatieren Sie den Text als Blocksatz. Speichern Sie das Dokument unter dem Namen *Grafik_Layout_1* ab. Das Ergebnis soll in etwa so aussehen:

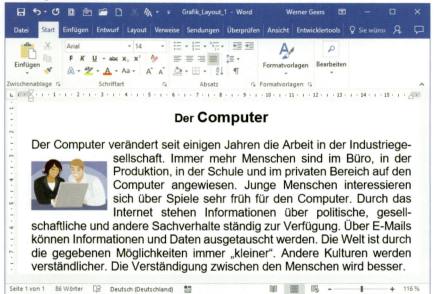

- Stellen Sie den Cursor eine Zeile hinter den Text. Klicken Sie im Register **Einfügen** in der Gruppe **Illustrationen** die Schaltfläche **Onlinegrafiken** an. Fügen Sie eine Onlinegrafik, beispielsweise die angezeigte, ein.

- Markieren Sie die Grafik. Verändern Sie über die Anfasser oder über die Schaltflächen **Höhe** und/oder **Breite** in der Gruppe **Größe** im Register **Bildtools/Format** die Darstellung.

Bearbeitungsschritte (Fortsetzung):

- Ziehen Sie die Grafik an die angezeigte Position. Das Ergebnis dürfte noch nicht vernünftig sein.
- Klicken Sie im Register **Bildtools/Format** in der Gruppe **Anordnen** die Schaltfläche **Textumbruch** an. Wählen Sie die Option **Eng**.

- Ziehen Sie die Grafik eventuell noch auf die gewünschte Position. Verändern Sie gegebenenfalls die Größe. Probieren Sie einige Optionen aus, z. B. die Option **Hinter den Text**. Sie werden feststellen, dass die Lesbarkeit des Textes kaum gegeben ist. Allerdings könnte bei einer entsprechenden Schriftfarbe und einem sehr blassen Bild auch dies gewährleitet werden.

- Kehren Sie zur Option **Eng** zurück.
- Klicken Sie im Register **Bildtools/Format** in der Gruppe **Anordnen** die Schaltfläche **Textumbruch** an. Wählen Sie die Option **Weitere Layoutoptionen**.

- Klicken Sie die Schaltfläche **Textumbruch** an. Sie können nun beispielsweise den Abstand der Grafik vom Text festlegen. Probieren Sie einige Möglichkeiten aus. Kehren Sie dann zur ursprünglichen Einstellung zurück. Klicken Sie dann die Registerkarte *Position* an. Wenn Sie gewährleisten wollen, dass die Grafik mit dem Text verschoben wird, müssen Sie die horizontale und vertikale Bildposition wie angezeigt absolut festlegen. Dies ist in der Regel die Voreinstellung.

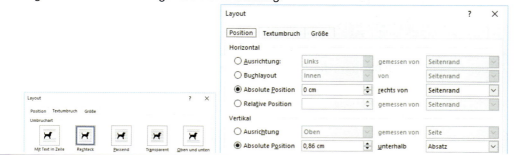

3.5 Erstellen von umfangreichen Dokumenten

Die Erstellung von Referaten, Projekt- und Facharbeiten mit Inhalts-, Literatur-, Stichwort- und Abbildungsverzeichnissen wird in einem besonderen Kapitel beschrieben, welches als **BuchPlusWeb** aus dem Internet geladen werden kann.

Übungen:

1. Aufgabe

Erstellen Sie den folgenden Text unter Nutzung von Zeichen- und Absatzformatierungen:

Datenredundanz, Dateninkonsistenz und Datenintegrität

Mehrfache Einträge desselben Sachverhaltes in einer Datenbank nennt man **Datenredundanzen**. Beispielsweise ist es unlogisch, in einer Tabelle zu jedem Artikel den Lieferanten einzugeben. Liefert der Lieferant mehrere Artikel, müssten jedes Mal die Daten in allen Datensätzen geändert werden, wenn sich beispielsweise der Name (Firmenbezeichnung) des Lieferanten ändert.

Bei der *Datenänderung* muss gewährleistet sein, dass alle betroffenen Eintragungen erfasst werden, ansonsten kommt es zur **Dateninkonsistenz**, also zu nicht mehr aktuellen Daten. Ein besonderes Problem ist gegeben, wenn in Tabellen unterschiedliche Daten desselben Sachverhalts entstehen. Dies muss unbedingt bei der Planung und der Arbeit mit einer Datenbank verhindert werden.

Durch mehrfache Einträge werden außerdem *Platzressourcen* verschwendet. Die mehrfache Erfassung führt daneben zur Zeitverschwendung, etwa bei der Dateneingabe, da Lieferanten- und Artikeldaten nicht nur einmal erfasst würden.

Unter **Datenintegrität** versteht man die Genauigkeit von Daten und ihre Übereinstimmung mit der erwarteten Bedeutung.

2. Aufgabe

Erstellen Sie den folgenden Text:

Allgemeine Geschäftsbedingungen

1   Umfang der Lieferung

Der Umfang der Lieferung ergibt sich aus dem schriftlichen Angebot und/oder der schriftlichen Auftragsbestätigung des Lieferanten. Bei mündlicher oder telefonischer Bestellung ist die schriftliche Auftragsbestätigung des Lieferanten maßgebend. Zusätzliche Vereinbarungen bedürfen grundsätzlich der schriftlichen Bestätigung.

2   Preise und Zahlungsbedingungen

- ➢ Die Preise gelten ab Lager Papenburg einschließlich Verpackung.
- ➢ Die Rechnungen sind innerhalb von 8 Tagen nach Rechnungsdatum unter Abzug von 2 % Skonto oder nach 30 Tagen ohne Abzug zu begleichen.

3   Eigentumsvorbehalt

Alle gelieferten Waren bleiben bis zur vollständigen Bezahlung unser Eigentum.

3. Aufgabe

Erstellen Sie folgenden Text mit Tabelle. Ergänzen Sie die Tabelle (siehe Seite *46*):

Arten von Funktionen

Die folgende Übersicht zeigt die einzelnen Bereiche, aus denen die Tabellenkalkulation **Excel** Funktionen zur Verfügung stellt.

Mathematik	Komplizierte aber auch relativ einfache mathematische Berechnungen wie Wurzelberechnungen oder das Runden von Zahlen werden mithilfe dieser Funktionen durchgeführt. Gerade durch diese Funktionen werden komplizierte Formeln überflüssig.

4 Präsentieren mit PowerPoint

4.1 Nutzung des Programms

4.1.1 Vorbemerkungen

Die bestimmende Nutzungsmöglichkeit einer Präsentationssoftware ist vor allem die Unterstützung eines Vortrags. Neben den Ausführungen der vortragenden Person werden Informationen mithilfe des Computers und eines Projektors (Beamer) zur Unterstützung des Vortrags an einer Projektionsfläche angezeigt. Daneben gibt es jedoch eine Reihe weiterer Nutzungsmöglichkeiten des Programms **PowerPoint**. Es werden verschiedene Möglichkeiten geboten, beispielsweise Handzettel, Grafiken usw. zu erstellen. Die gegebenen Möglichkeiten erleichtern die betriebliche und schulische Arbeit in vielfältiger Hinsicht.

4.1.2 Vortrag mithilfe einer Präsentation

Die Aussagen eines Vortrags können optimal mit PowerPoint-Folien unterstützt werden. Die Wirkung des gesprochenen Wortes wird durch den Inhalt der Folien verstärkt.

Vortrag 	Der Vortrag ist die klassische Form der Nutzung einer Präsentationssoftware. Eine PowerPoint-Präsentation wird unter Nutzung eines Computers (eines Notebooks) mithilfe eines Beamers auf einer Projektionsfläche dargestellt. Der Inhalt der einzelnen Folien wird vom Vortragenden erläutert.
	Hinweis: Erklärungen zum Aufbau eines Vortrags und zu möglichen Bewertungskriterien für einen Vortrag werden am Ende des Kapitels *Präsentieren mit PowerPoint* gegeben. Außerdem werden zur Orientierung mögliche Bewertungsbögen dargestellt.

4.1.3 Sonstige Möglichkeiten

Neben der Präsentation zur Unterstützung eines Vortrags gibt es noch andere Möglichkeiten, erstellte Präsentationen zu nutzen. Dabei sollte der Einsatzzweck schon bei der Erstellung der Folien berücksichtigt werden.

Selbstablaufende Präsentation	Auf einer Ausstellung, in einem Schaufenster usw. wird eine Präsentation gezeigt, die Menschen anlockt und informiert.
Ausdruck	Die einzelnen Folien (Arbeitsblätter) werden über einen Drucker ausgegeben und in Mappen usw. zusammengefasst.
Textverarbeitung Word	Eine Präsentation wird in die Textverarbeitung Word übertragen, es werden beispielsweise zusätzliche Notizen mit übertragen.
Handzettel	Handzettel ermöglichen die Wiedergabe mehrerer Folien auf einer Seite. Sie können z. B. für Werbezwecke eingesetzt werden.
Erstellung und Speicherung von Folien als Grafiken	Hintergründe, gesamte Folien usw. können als Grafiken abgespeichert werden. Diese Grafiken können dann in verschiedenen anderen Programmen eingesetzt werden.
Video	Die Folien werden als Video in verschiedenen Formaten ausgegeben. Dadurch können sie z. B. im Internet veröffentlicht werden oder auf einem Computer angezeigt werden.

4.1.4 Elemente einer Präsentation

In Präsentationen kann zur Veranschaulichung eine Reihe von Elementen eingesetzt werden. Die folgende Übersicht zeigt die wesentlichen:

Text/ Tabellen	Die Aussagen auf Folien sollen kurz und prägnant sein. Vollständige Sätze sind in der Regel nicht empfehlenswert. Der Vortragende soll nicht die Texte ablesen, sondern die gezeigten Aussagen erläutern. Tabellen bieten sich vor allem für Gegenüberstellungen an. 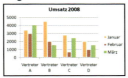 
Diagramme	Die Wahl eines Diagrammtyps hängt im Wesentlichen mit dem Sachverhalt zusammen, der verdeutlicht werden soll. **Säulendiagramm**: Die Gegenüberstellung von Daten lässt sich besonders gut mit dem Säulendiagramm darstellen. **Kreisdiagramm**: Anteilige Werte werden besonders effektiv in einem Kreisdiagramm dargestellt.
Bilder/ Onlinegrafiken	Bilder sollten eingesetzt werden, um Produkte usw. genauer zu beschreiben. Mithilfe von Onlinegrafiken und/oder Bildern können Folien aussagekräftiger gestaltet werden. Illustrationen ergänzen sinnvoll Texte usw.
Sounds	Audio-Dateien sind Sounds, aufgezeichnete Texte usw. Sie können z. B. als Hintergrundmusik oder Sprachkommentare in Folien eingesetzt werden. Im Programm besteht die Möglichkeit, Töne aufzunehmen. Außerdem kann mithilfe des Windows-Audiorecorders ein Text aufgezeichnet werden.
Film/Video	Ein neues Produkt kann z. B. durch ein Video vorgestellt werden. Mithilfe spezieller Programme, z. B. dem kostenlosen *Microsoft MovieMaker*, können Videos erstellt werden, die in Folien abgespielt werden können.
SmartArt	Schematische Darstellungen ermöglichen z. B. den Aufbau eines Betriebes usw. darzustellen. Es stehen verschiedene Arten von SmartArts zur Verfügung, mit denen Hierarchien, Prozesse, Zyklen usw. erstellt werden können. 

4.2 Auswahl- und Gestaltungsmöglichkeiten

Nach dem Start des Programms stehen verschiedene Möglichkeiten zur Verfügung, eine neue oder schon erstellte Präsentation zu bearbeiten. Die folgende Tabelle gibt eine Übersicht:

Leere Präsentation		Eine leere Präsentation bietet die Möglichkeit, möglichst individuell das Design usw. der Präsentation zu wählen. Soll oder muss sich eine Präsentation von anderen wesentlich unterscheiden, kann sie z. B. auf die Corporate Identity (Identität) des Unternehmens abgestimmt werden.
Vorlagen		Vorlagen vereinfachen die Erstellung einer Präsentation. Die einzelnen Komponenten der Vorlage sind aufeinander abgestimmt, sodass die einzelnen Elemente ein harmonisches Gesamtbild ergeben. Die Vorlagen können über Designs und Varianten (siehe unten) verändert werden.
Zuletzt verwendet		Zuletzt verwendete Präsentationen können direkt nach dem Starten des Programms geöffnet werden.
Durchsuchen		Auf dem Computer, im Netzwerk oder im Cloud gespeicherte Präsentationen können ausgewählt und geöffnet werden.

Beim Erstellen einer neuen Präsentation sollten Sie zunächst verschiedene Aspekte wie Designs usw. festlegen. Ein späteres Verändern der Präsentation ist zumeist arbeitsaufwendig und führt oftmals nicht zu dem gewünschten Ergebnis.

Designs		Eine Folie, vor allem eine leere, sollte mit einem Design versehen werden. Damit ist die Gestaltung der Präsentation im Wesentlichen festgelegt, die Komponenten der Präsentation aufeinander abgestimmt.
Varianten		Verschiedene Varianten von Designs, z. B. die farbliche Gestaltung einzelner Elemente oder des Hintergrunds, bieten die Möglichkeit, die Gestaltung der Präsentation relativ einfach zu beeinflussen.
Foliengröße		Die Foliengröße kann aktuellen Gegebenheiten angepasst werden, indem das bei modernen Fernsehgeräten und Beamern genutzte Breitbildformat 16 : 9 eingestellt werden kann. Auch das Standardmaß 4 : 3 kann gewählt werden.
Hintergrund		Farbverläufe, Musterfüllungen sowie Bild- und Texturfüllungen geben der Präsentation eine individuelle Note. Die Einstellungen werden über einen Aufgabenbereich vorgenommen.

Präsentation *111*

4.3 Präsentation
Erstellung einer Präsentation

Die Vorstellung eines Unternehmens ist eine interessante Möglichkeit für eine Präsentation. Die einzelnen Elemente können vernünftig eingesetzt werden. Bei der Erstellung einer Präsentation sollte direkt ein vernünftiges Design ausgewählt werden. Ist dies nicht der Fall, müssen unter Umständen einzelne Elemente wie Texte, Grafiken usw. nachträglich neu gestaltet und/oder angeordnet werden. Dies sollte vermieden werden.

Bearbeitungsschritte:

- Starten Sie das Programm **PowerPoint**. Erstellen Sie eine leere Präsentation.

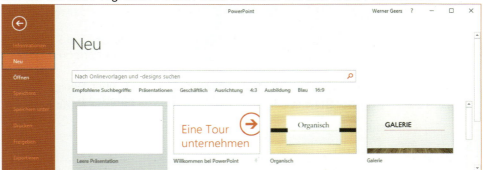

- Klicken Sie das Register **Entwurf** an. In der Gruppe **Designs** werden Designs, Farben und Schriftarten angezeigt, in den anderen Gruppen stehen Schaltflächen zur Veränderung der Designs zur Verfügung.

- Klicken Sie den Pfeil nach unten neben den dargestellten Designs an. Es werden alle zur Verfügung stehenden Designs angezeigt. Daneben lassen sich aus dem Internet weitere Designs laden.

- Fahren Sie mit der Maus über die einzelnen Designs. Das jeweilige Design wird angezeigt. Wählen Sie durch Anklicken mit der Maus das Design *Metropolitan* aus:

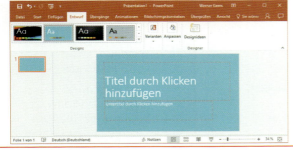

Bearbeitungsschritte (Fortsetzung):

- Durch Anklicken der einzelnen Bereiche der Folie können Sie jeweils einen *Titel* und einen *Untertitel* eingeben. Das Ergebnis sollte in etwa so aussehen:

- Klicken Sie im Register **Start** in der Gruppe **Folien** die Schaltfläche **Neue Folie** an.

- Wählen Sie das Textlayout *Titel und Inhalt* aus. Die neue Folie wird eingefügt.

- Erstellen Sie die folgende Folie zunächst ohne die Aufzählungszeichen. Zur vernünftigen Darstellung der Aufzählungszeichen ist eine Nachbearbeitung notwendig.

Schüler GmbH
Bürobedarfsgroßhandlung

- führendes Bürofachgeschäft in Deutschland, in Österreich und in der Schweiz
- günstige Preise
- aktuelle Produktpalette
- leistungsstarker und zuverlässiger Kundendienst

Präsentation

Bearbeitungsschritte (Fortsetzung):

- Markieren Sie den gesamten Text außer der Überschrift. Klicken Sie danach im Register **Start** in der Gruppe **Absatz** den Pfeil nach unten in der Schaltfläche **Aufzählungszeichen** an. Wählen Sie die angezeigte Option.

- Klicken Sie im Register **Start** in der Gruppe **Absatz** die Schaltfläche **Absatz** rechts unten an. Wählen Sie den Einzug wie angegeben. Die Darstellung ist nun vernünftig.

- Weitere Nachbearbeitungen können über die Schaltflächen der Gruppen **Schriftart** und **Absatz** im Register **Start** vorgenommen werden. Grundsätzlich muss darauf geachtet werden, dass die Elemente in der Präsentation einheitlich gestaltet werden.

- Bereiche innerhalb der Folie können über die Anfasser an den Seiten und Ecken nach Bedarf größer oder kleiner gezogen werden.

- Zur Gestaltung des Hintergrunds können Sie im Register **Entwurf** in der Gruppe **Anpassen** die Schaltfläche **Hintergrund formatieren** nutzen. Probieren Sie einige Möglichkeiten aus, kehren Sie jedoch letztendlich zur Ausgangssituation zurück.

Bearbeitungsschritte (Fortsetzung):

- Klicken Sie im Register **Start** in der Gruppe **Folien** die Schaltfläche **Neue Folie** an. Wählen Sie die angezeigte Folienart aus.

- Die dritte Folie sollte in etwa so aussehen:

- Speichern Sie die Präsentation unter dem Namen *Schüler_1*.

Bildschirmpräsentation

Das erzielte Ergebnis soll über den Bildschirm präsentiert werden. Es werden noch nicht alle Möglichkeiten der Präsentation angegeben; es soll lediglich die grundsätzliche Vorgehensweise gezeigt werden. In einem späteren Kapitel werden weitere Möglichkeiten erklärt.

Bearbeitungsschritte:

- Klicken Sie im Register **Bildschirmpräsentation** in der Gruppe **Bildschirmpräsentation starten** die Schaltfläche **Von Beginn an** an.

- Klicken Sie mit der linken Maustaste. Die nächste Folie wird eingeblendet. Sind alle Folien präsentiert worden, erscheint die folgende Meldung:

Ende der Bildschirmpräsentation. Zum Beenden klicken

- Kehren Sie mit einem Mausklick zur Normalansicht zurück.
- Eine Präsentation können Sie jederzeit mit der Taste [**Esc**] abbrechen.
- Wenn Sie die Maus an den Rand unten links des Bildschirms bewegen, werden links unten Schaltflächen eingeblendet. Die sich durch das Anklicken dieser Schaltflächen ergebenden Möglichkeiten werden später genau besprochen.

4.4 Entwicklung von Präsentationen

4.4.1 Ansichten und Notizen

Bisher wurde lediglich in der Normalansicht gearbeitet. Andere Ansichten sollten ausprobiert werden, da sie zum Teil interessante Bearbeitungsmöglichkeiten bieten. Dabei kann z. B. die Reihenfolge der Folien geändert werden.

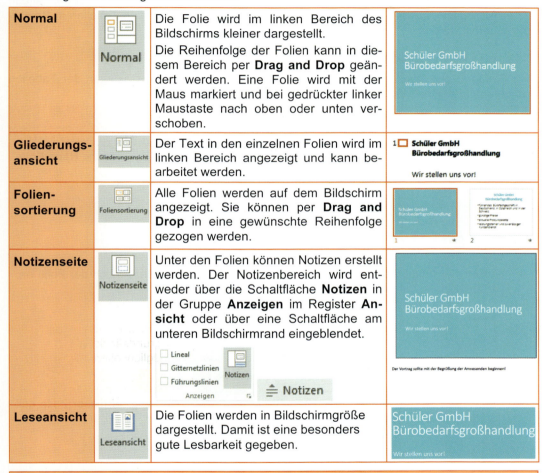

Normal		Die Folie wird im linken Bereich des Bildschirms kleiner dargestellt. Die Reihenfolge der Folien kann in diesem Bereich per **Drag and Drop** geändert werden. Eine Folie wird mit der Maus markiert und bei gedrückter linker Maustaste nach oben oder unten verschoben.
Gliederungs- ansicht		Der Text in den einzelnen Folien wird im linken Bereich angezeigt und kann bearbeitet werden.
Folien- sortierung		Alle Folien werden auf dem Bildschirm angezeigt. Sie können per **Drag and Drop** in eine gewünschte Reihenfolge gezogen werden.
Notizenseite		Unter den Folien können Notizen erstellt werden. Der Notizenbereich wird entweder über die Schaltfläche **Notizen** in der Gruppe **Anzeigen** im Register **Ansicht** oder über eine Schaltfläche am unteren Bildschirmrand eingeblendet.
Leseansicht		Die Folien werden in Bildschirmgröße dargestellt. Damit ist eine besonders gute Lesbarkeit gegeben.

Bearbeitungsschritte:

- Öffnen Sie die Präsentation *Schüler_1*. Durch das Anklicken kann zwischen den einzelnen Ansichten gewechselt werden. Probieren Sie die Möglichkeiten aus.

- Außerdem finden Sie die Schaltflächen auch am unteren Bildschirmrand. Zusätzlich können Sie z. B. Notizen ein- und ausblenden. Fügen Sie Notizen in die Folien ein.

4.4.2 Folien

Vorbemerkungen

Neben Texten können in Folien eine Reihe anderer Elemente wie Diagramme, Grafiken usw. eingefügt werden. Dies wird später intensiv erklärt.

Durch Datenaustausch können Excel-Tabellen eingefügt werden. Dies wird nachfolgend kurz angesprochen und im Kapitel *Datenaustausch* intensiv erklärt. Sind jedoch normale Inhalte in die Präsentation aufzunehmen, können sie auch vernünftig in Form von Tabellen in **Power-Point** erstellt werden.

Folie mit selbsterstellter Tabelle

Das Einfügen und Bearbeiten von Tabellen ist relativ einfach. Zum Gestalten der Tabellen stehen umfangreiche Möglichkeiten zur Verfügung.

Bearbeitungsschritte:

- Öffnen Sie gegebenenfalls die Präsentation *Schüler_1*. Gehen Sie zur letzten Folie. Klicken Sie danach im Register **Start** in der Gruppe **Folien** die Schaltfläche **Neue Folie** an. Wählen Sie die Folienart *Titel und Inhalt* aus.

- Erstellen Sie zunächst die Überschrift wie in den Folien zuvor.
- Klicken Sie danach die Schaltfläche **Tabelle einfügen** im Inhaltsbereich der Folie an. Bestimmen Sie danach die Spalten- und Zeilenanzahl.

- Die Tabelle wird eingefügt. Markieren Sie danach die erste Zeile. In dieser Zeile soll danach eine Überschrift eingefügt werden.

- Klicken Sie im Register **Tabellentools/Layout** in der Gruppe **Zusammenführen** die Schaltfläche **Zellen verbinden** an.

Entwicklung von Präsentationen

Bearbeitungsschritte (Fortsetzung):

- Die vierte Folie sollte nach dem Einfügen von Daten in etwa so aussehen:

- Nutzen Sie die umfangreichen Möglichkeiten der Gestaltung der Tabelle. Im Kapitel *Textverarbeitung mit Word* werden sie genauestens beschrieben.

Folie mit Excel-Tabelle

Eine Tabelle kann zunächst in **Excel** erstellt und dann in **PowerPoint** kopiert werden. Diese Inhalte werden an anderer Stelle genau erklärt.

Bearbeitungsschritte:

* Erstellen Sie in **Excel** die folgende Tabelle. Formatieren Sie die Tabelle. Speichern Sie die Mappe unter dem Namen *Umsatz_Monate*.

	A	B	C	D
1				
2		**Umsatzberechnung**		
3				
4		Januar	Februar	März
5	Vertreter A	3400	3000	4000
6	Vertreter B	4500	2000	1500
7	Vertreter C	2800	700	2400
8	Vertreter D	2000	1000	1500

- Öffnen Sie die Präsentation *Schüler_1*. Erstellen Sie hinter der letzten Folie eine neue Folie *Nur Titel*. Markieren Sie die Tabelle in **Excel**, kopieren Sie diese und fügen sie in eine neue Folie ein. Das Ergebnis könnte nach Formatierungen so aussehen:

Schüler GmbH
Bürobedarfsgroßhandlung

Umsatzberechnung

	Januar	Februar	März
Vertreter A	3400	3000	4000
Vertreter B	4500	2000	1500
Vertreter C	2800	700	2400
Vertreter D	2000	1000	1500

Folie mit Textfeld, WordArt-Objekten, Pfeilen usw.

Zur Erstellung der nächsten Folie sollten Sie weitestgehend vorhandenes Wissen nutzen.

Bearbeitungsschritte:

- Erstellen Sie eine neue Folie mit dem Layout *Nur Titel*. Fügen Sie den Titel hinzu.
- Klicken Sie im Register **Einfügen** in der Gruppe **Text** die Schaltfläche **Textfeld** an.

- Geben Sie den folgenden Text in das Textfeld ein. Markieren Sie den Text.

- Sie können den Text nun beliebig formatieren. Alternativ können Sie über das nun angegebene Register **Zeichentools/Format** den Text in WordArt-Objekte umwandeln und/oder Formenarten verwenden.

- Das Ergebnis könnte so aussehen:

- Analog dazu können Sie auch den Titel über ein **WordArt** formatieren. Machen Sie die Formatierung danach rückgängig.

- Der Text kann alternativ auch direkt als **WordArt** eingegeben werden. Klicken Sie im Register **Einfügen** in der Gruppe **Text** die Schaltfläche **WordArt** an. Außerdem können Sie im Register **Einfügen** in der Gruppe **Illustrationen** über die Schaltfläche **Formen** Pfeile usw. einfügen.

- Fügen Sie den folgenden Text und einen Pfeil ein:

- Wenn Sie mit der Maus über das Ergebnis fahren, können Sie jeweils sehen, wie das Ergebnis aussehen könnte. Das WordArt-Objekt muss vollständig markiert sein.

Entwicklung von Präsentationen *119*

4.4.3 Designs

Designs und Varianten

Durch die Wahl eines anderen Designs wird eine Präsentation wesentlich verändert. Grundsätzlich sollte man sich jedoch vorher überlegen, welche Vorlage für eine bestimmte Präsentation besonders geeignet ist. Im Register **Entwurf** können Sie über Schaltflächen und Menüpunkte die Darstellung einer Präsentation beliebig verändern. Probieren Sie verschiedene Möglichkeiten aus.

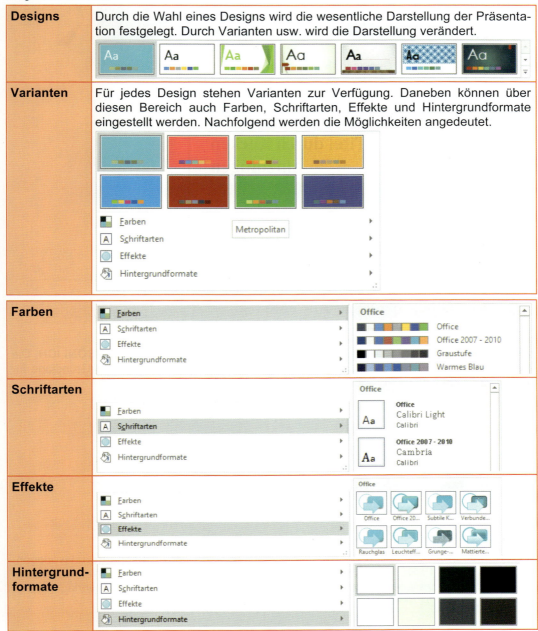

4.4.4 Erstellen einer neuen Entwurfsvorlage

Aus bestehenden Entwurfsvorlagen und Designs lässt sich relativ einfach eine neue Entwurfsvorlage, die dann für die Erstellung von Präsentationen genutzt werden kann, erstellen.

Bearbeitungsschritte:

- Erstellen Sie eine neue leere Präsentation über den Menüpunkt **Datei/Neu**.
- Klicken Sie im Register **Entwurf** in der Gruppe **Designs** ein Design an, z. B. *Parallax*.

- Bearbeiten Sie das Design im Hinblick auf Farben, Hintergründe usw.

- Speichern Sie die Datei als **PowerPoint-Vorlage**.

- Schließen Sie die Datei.
- Wählen Sie den Menüpunkt **Datei/Neu**. Gehen Sie in den Bereich **PERSÖNLICH**. Die erstellte Vorlage wird angezeigt und kann wie jede andere Vorlage die Grundlage für eine Präsentation darstellen.

- Danach können Sie mit der Erstellung einer Präsentation beginnen.
- Normalerweise erstellen Unternehmen, Institutionen, Schulen usw. Entwurfsvorlagen, sodass alle Präsentationen ein einheitliches Aussehen haben. Auch Webseiten usw. werden so gestaltet. Selbstverständlich können Sie die neue Entwurfsvorlage später um Logos usw. ergänzen.

Entwicklung von Präsentationen

4.4.5 Arbeiten mit vorgefertigten Präsentationen

Das Programm **PowerPoint** stellt eine Reihe von fertigen Präsentationen zur Verfügung, die entsprechend den eigenen Erfordernissen verändert werden können. Dabei werden Vorlagen auch aus dem Internet gezogen.

Bearbeitungsschritte:

- Wählen Sie den Menüpunkt **Datei/Neu**. Gehen Sie in den Bereich *Geschäftliches* bzw. geben Sie den Begriff als Suchbegriff ein. Die zur Verfügung stehenden Vorlagen des Bereichs werden angezeigt. Wählen Sie mit einem Doppelklick eine Vorlage aus.

- Die gewählte Vorlage wird nach dem Anklicken der Schaltfläche **Erstellen** aufgerufen.

- Es stehen nun einige Folien zur Verfügung, die entsprechend mit eigenen Daten ausgefüllt werden müssen.

- Ob es einfacher ist, eine eigene Präsentation zu erstellen oder eine bereits bestehende Vorlage zu nutzen, ist nicht genau zu beantworten. Der erfahrene Nutzer des Programms wird mit Sicherheit eine eigene Präsentation aufbauen.

4.5 Text und Bilder

4.5.1 Eingabe und Formatierung von Texten

Hinzufügen und Ändern von Text in der Folie und in der Gliederung

In der Folie selbst, aber auch in der Gliederungsansicht lässt sich der Text jederzeit wie in einer Textverarbeitung einfügen oder löschen.

> **Bearbeitungsschritte:**
>
> - Öffnen Sie die Präsentation *Schüler_1*. Speichern Sie die Präsentation unter dem Namen *Schüler_2*. Klicken Sie im linken Bereich des Bildschirms die Registerkarte **Gliederung** an. Geben Sie den Text in der Gliederung ein. Gleichzeitig wird er auch in der Folie eingefügt.
>
>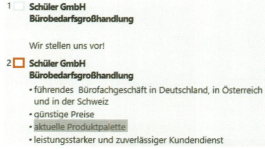
>
> - Löschen Sie den Textteil wieder. Wenn Sie den Text danach in der Folie einfügen, wird er gleichzeitig in der Gliederung angezeigt. Löschen Sie den Textteil wiederum.
> - Die Gliederung kann mit der Maus nach rechts oder links geschoben und damit vergrößert oder verkleinert werden. Ist der Bereich überhaupt nicht mehr zu sehen, kann er mit der Maus am linken Bildschirmbereich erfasst und danach aufgezogen werden.
>
>

Ändern von Notizen

Notizen können jederzeit verändert werden. Es muss nur die entsprechende Ansicht aufgerufen werden.

> **Bearbeitungsschritte:**
>
> - Klicken Sie im Register **Ansicht** in der Gruppe **Präsentationsansichten** die Schaltfläche **Notizenseite** an. In der Statuszeile ist die Ein- und Ausblendung ebenfalls jederzeit möglich.
>
>
>
> - Ergänzen, löschen oder korrigieren Sie die Notizen nach Ihren Wünschen. Die Notizen können über einen Drucker mit den Folien ausgedruckt werden.

Formatierung der Schrift, des Absatzes und der Nummerierung

Das Erscheinungsbild und die Formatierung der Schrift (Schriftart, Schriftgröße, Schriftschnitt, Schriftfarbe, Groß- und Kleinschreibung) usw. lassen sich beliebig einstellen. Allerdings sollte überprüft werden, ob manche Einstellungen sinnvoll sind.

Bearbeitungsschritte:

- Öffnen Sie die Präsentation *Schüler_1*. Ändern Sie mithilfe der Schaltflächen der Gruppe **Schriftart** im Register **Start** in der Folie *2* die Darstellung. Markieren Sie den ersten Aufzählungspunkt. Ändern Sie die Schriftgröße, den Schriftschnitt und die Schriftfarbe. Die Farbe wird über den Pfeil neben der Schaltfläche **Schriftfarbe** eingestellt.

- Ergebnisse könnten wie nachfolgend dargestellt aussehen. Im zweiten Beispiel wurde die Großschreibung über die Schaltfläche **Schriftart** in der Gruppe **Schriftart** erzeugt.

- Formatieren Sie den Text der anderen Folien nach Ihren eigenen Vorstellungen.
- Der Titel ist in der Regel zentriert ausgerichtet. Unter Umständen bietet sich auch eine rechts- oder linksbündige Ausrichtung an, während die Ausrichtung als Blocksatz normalerweise keinen Sinn ergibt. Die Überschrift könnte z. B. so ausgerichtet werden:

- Klicken Sie im Register **Ansicht** in der Gruppe **Anzeigen** das Kontrollkästchen vor der Bezeichnung *Lineal* an. Das Kontrollkästchen wird mit einem Häkchen gekennzeichnet.

- Das Lineal wird eingeblendet:

- Verschieben Sie den nachfolgend gezeigten Anfasser nach rechts.

- Als Ergebnis wird die Darstellung deutlich verbessert, da Aufzählungszeichen und Text deutlich mehr Abstand zueinander haben:

Schüler GmbH
Bürobedarfsgroßhandlung

- führendes Bürofachgeschäft in Deutschland, in Österreich und in der Schweiz

Gestaltung des Absatzes

Vielfache Möglichkeiten der Gestaltung eines Absatzes sind durch die in den Office-Anwendungen zur Verfügung gestellten Schnellformatvorlagen gegeben. Außerdem können Bilder, Farbverläufe, Strukturen usw. genutzt werden.

Bearbeitungsschritte:

- Öffnen Sie die Präsentation *Schüler_1*. Speichern Sie die Präsentation unter dem Namen *Schüler_3*. Rufen Sie die Folie *2* auf.
- Markieren Sie den Titel. Klicken Sie danach im Register **Start** in der Gruppe **Zeichnung** die Schaltfläche **Schnellformatvorlagen** an. Wählen Sie eine Vorlage aus. Formatieren Sie auf diese Weise danach den zweiten Bereich mit einer anderen Vorlage.

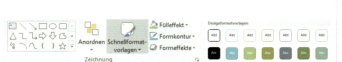 

- Formatieren Sie mithilfe der anderen Schaltflächen der Gruppe **Zeichnung** im Register **Start** die Seiten nach Ihren Vorstellungen.

Umwandlung eines Textes in eine SmartArt-Grafik

Eine besonders einfache und effektive Form der Gestaltung eines Absatzes ergibt sich aus der Möglichkeit, Texte aus Absätzen in eine SmartArt-Grafik umzuwandeln. Eventuell muss oder kann die Schriftgröße nachbearbeitet werden.

Bearbeitungsschritte:

- Markieren Sie den Titel. Klicken Sie danach im Register **Start** in der Gruppe **Absatz** die Schaltfläche **In SmartArt konvertieren** an. Wählen Sie die angezeigte Form aus.

- Formatieren Sie den Titel und danach den unteren Bereich der Folie wie angezeigt:

Text und Bilder

4.5.2 Bild- und Grafikdateien

Eine vernünftige Präsentation wird in der Regel nicht nur aus Texten dargestellt. Onlinegrafiken und Bilder können einen Sachverhalt verdeutlichen und/oder ergänzen. Oftmals ergibt erst die Kombination verschiedener Elemente eine ausgewogene und vernünftige Darstellung.

Bearbeitungsschritte:

- Öffnen Sie die Präsentation *Schüler_1*. Fügen Sie eine neue Folie (*Inhalt mit Überschrift*) ein. Fügen Sie die Überschrift und den linken Text ein. Ändern Sie die Größe der beiden unteren Bereiche. Klicken Sie danach im rechten unteren Bereich die Schaltfläche **Onlinegrafiken** an.

- Fügen Sie eine Onlinegrafik ein. Über die Anfasser oder die Möglichkeiten im Register **Bildtools/Format** können Sie danach die Größe des Objekts festlegen. Auch eine Nachbearbeitung des Objekts ist denkbar. Das Ergebnis sollte unter Nutzung von SmartArt-Grafiken in etwa so aussehen:

- Fügen Sie eine neue Folie (*Zwei Inhalte*) ein. Klicken Sie danach die Schaltfläche **Grafik aus Datei einfügen** an. Fügen Sie zunächst links und dann rechts unten eine Grafik ein.

- Klicken Sie im Register **Einfügen** in der Gruppe **Bilder** die Schaltfläche **Bilder** bzw. die Schaltfläche **Onlinegrafiken** an.

- Fügen Sie auf der zweiten Folie das Bild oder die Onlinegrafik ein. Dazu sollten Sie eventuell zunächst das Textfenster mit der Maus verkleinern oder verschieben. Auch die Grafik muss in der Größe sicherlich angepasst werden. Mit einer SmartArt-Grafik können Sie die Darstellung verschönern.

4.6 Diagramme und gezeichnete Objekte usw.

4.6.1 Vorbemerkungen

Die Erklärungen für das Einfügen von Objekten werden im Kapitel *Datenaustausch* gegeben. Arbeiten Sie bei Bedarf das Kapitel durch. Im Kapitel *Tabellenkalkulation mit Excel* wird außerdem intensiv auf die Bearbeitung von Tabellen und Diagrammen eingegangen.

4.6.2 Diagramme

Diagramme können in **PowerPoint** selbst erstellt werden oder in **Excel** erstellt werden. Logisch erscheint dabei das Kopieren oder Verknüpfen von Excel-Daten und Excel-Diagrammen mit einer Präsentation. Beide Arten der Übertragung werden im Buch angesprochen.

Bearbeitungsschritte:

- Öffnen Sie die Mappe *Umsatz_Monate*. Erstellen Sie das folgende Diagramm:

- Öffnen Sie die Präsentation *Schüler_1*. Erstellen Sie eine neue Folie *Nur Titel*. Markieren Sie das Diagramm in **Excel**, kopieren Sie es und fügen Sie es in die Folie ein. Dabei stehen Ihnen verschiedene Eingabeoptionen zur Verfügung. Das Ergebnis könnte aussehen wie in der linken Darstellung. Verändern Sie das Aussehen des Diagramms durch die Wahl der Änderung der Säulenfarben usw. Die Möglichkeiten stehen Ihnen jeweils nach Anklicken eines Elements im Register **Diagrammtools** zur Verfügung.

- Wie später gezeigt wird, können die einzelnen Säulen während der Vorführung animiert werden. Damit wird die Aussagekraft des Diagramms weiter erhöht.

4.6.3 Organisations-Diagramm

Ein Organisationsdiagramm kann die Aufbauorganisation eines Betriebes darstellen.

Bearbeitungsschritte:

- Öffnen Sie die Präsentation *Schüler_1*. Fügen Sie eine Folie nur mit einem Titel ein, probieren Sie ein SmartArt aus und fügen Sie danach das Organisationsdiagramm ein:

Folienpräsentationseffekte

4.6.4 Zeichnungsobjekte

Zeichnungsobjekte können einen Sachverhalt erklären, z. B. Produkte erläutern.

Bearbeitungsschritte:

- Öffnen Sie die Präsentation *Schüler_1*. Fügen Sie eine Folie nur mit einem Titel ein.
- Blenden Sie über die Schaltflächen in der Gruppe **Anzeigen** im Register **Ansicht** das Lineal und Gitternetzlinien ein. Diese Linien und das Lineal können zur Orientierung genutzt werden.

- Erstellen Sie danach über das Register **Einfügen** das folgende Zeichnungsobjekt. Blenden Sie danach das Lineal und die Gitternetzlinien wieder aus und erstellen Sie folgende zusätzliche Folie:

4.6.5 Kopieren, Verschieben und Löschen von Diagrammen usw.

Die Vorgehensweise entspricht der Vorgehensweise in anderen Office-Programmen. Außerdem sind im Kapitel *Datenaustausch* verschiedene Möglichkeiten beschrieben, wie Inhalte und Daten zwischen einzelnen Programmen kopiert und eingefügt werden. Auch wird die Verknüpfung von Daten angesprochen.

4.7 Folienpräsentationseffekte

Animationen

Vorbemerkungen

Folien, aber auch einzelne Elemente von Folien, können animiert werden. Es kann z. B. bestimmt werden, wie ein Text eingeblendet werden soll usw. Überlegen Sie jedoch genau, ob viele Animationen in einer Folie vernünftig sind oder von den Betrachtern eher als lästig empfunden werden. Die Erfahrung zeigt, dass weniger oftmals mehr ist. Vor allem, wenn die Präsentation durch einen Vortrag ergänzt wird, sollte man in der Regel keine oder wenige Animationen einarbeiten. Animationseffekte lassen sich für Texte, Bilder, Diagramme usw. einbauen.

Animieren von Texten, Bildern und Grafiken

Texte mit Aufzählungspunkten oder nummerierte Elemente einer Präsentation können bei Bedarf insgesamt oder nacheinander aufgerufen werden.

Bearbeitungsschritte:

- Öffnen Sie die Präsentation *Schüler_1*. Speichern Sie sie unter dem Namen *Schüler_A1*. Markieren Sie danach in der Folie 2 den dargestellten Bereich. Die Auswahl ist auch gegeben, wenn die Linie gestrichelt angezeigt wird.

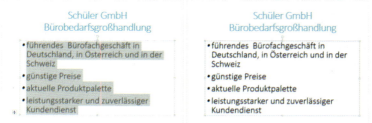

- Klicken Sie das Register **Animationen** an. Klicken Sie in der Gruppe **Animation** mit der Maus auf eine der angegebenen Animationen. Der Effekt wird dargestellt. Probieren Sie einige Effekte und sonstige Einstellungen aus, bevor Sie sich festlegen.

- Soll keine Animation vorgenommen werden, muss die Option **Keine** angeklickt werden.
- Bilder und Grafiken werden auf die gleiche Art und Weise animiert.

Übergänge

Der Folienübergang von einer Folie zur nächsten kann mit oder ohne Effekt per Mausklick oder automatisch erfolgen. Bei einem Vortrag bietet es sich an, per Mausklick die nächste Folie einzublenden. Soll eine Präsentation auf Messen, in Schaufenstern usw. ablaufen, kann dies nur durch einen automatischen Folienübergang erfolgen. Es muss jedoch ausdrücklich davor gewarnt werden, zu viele Effekte einzubauen. Oftmals wirken sie nervig.

Bearbeitungsschritte:

- Öffnen Sie die Präsentation *Schüler_1*. Speichern Sie sie unter dem Namen *SchülerF1*.
- Klicken Sie im Register **Übergänge** in der Gruppe **Übergang zu dieser Folie** den Pfeil neben den einzelnen möglichen Folienübergängen an oder wählen Sie direkt einen der vorgegebenen Folienübergänge.

- Der Übergang von einer Folie zur nächsten sollte in der Regel für alle Folien gleich sein. Klicken Sie daher im Register **Übergänge** in der Gruppe **Anzeigedauer** die Schaltfläche **Für alle übernehmen** an. Ein Sound stört beim Vortrag in der Regel. Bei einem automatischen Ablauf ist es überlegenswert, ihn einzusetzen. Jedoch muss darauf geachtet werden, dass die Zuhörer nicht den Effekt als nervig empfinden.

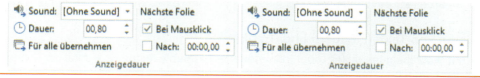

Zeigen der Präsentation

Normalerweise wird ein Sachverhalt von der ersten Folie bis zur letzten Folie vorgeführt werden. Allerdings kann es auch sein, dass z. B. aufgrund einer Pause der Vortrag mit einer bestimmten Folie (aktuelle Folie), die ausgewählt wird, fortgeführt werden soll. Außerdem können für eine Präsentation bestimmte Folien ausgesucht werden.

Bearbeitungsschritte:

- Öffnen Sie die Präsentation *Schüler_1*.
- Klicken Sie im Register **Bildschirmpräsentation** in der Gruppe **Bildschirmpräsentation starten** die Schaltfläche **Von Beginn an** an.

- Danach beginnt die Präsentation mit der ersten Folie. Beenden Sie bei Bedarf die Vorführung durch das Drücken der Taste [**Esc**].
- Markieren Sie in der Folienansicht im linken Bildschirmbereich die Folie, mit der Sie die Bildschirmpräsentation beginnen möchten.

- Klicken Sie im Register **Bildschirmpräsentation** in der Gruppe **Bildschirmpräsentation starten** die Schaltfläche **Ab aktueller Folie** an. Die Präsentation kann beginnen. Außerdem können für eine benutzerdefinierte Präsentation bestimmte Folien ausgewählt werden.

4.8 Masterfolien, Audio und Video

Masterfolien bieten Möglichkeiten, das Design und Aussehen einer Präsentation entscheidend zu verändern. Das grundsätzliche Format kann durch eine einzige Masterfolie verändert werden, es besteht jedoch auch die Möglichkeit, einzelne Folien mit einem eigenständigen Design usw. zu versehen. Grundsätzlich sollte jedoch ein einheitliches Erscheinungsbild der Präsentation gewährleistet werden.

Eine mehrseitige Einführung in das Thema können Sie als **BuchPlusWeb** aus dem Internet laden. Zum Thema Audio und Video (Sounds und Filme) steht ebenfalls eine Einführung zur Verfügung.

4.9 Aufbau eines Vortrags mithilfe einer Präsentationssoftware

Die einzelnen Bestandteile einer Präsentation und mögliche Inhalte sind selbstverständlich je nach Thema unterschiedlich. Die folgende Aufstellung soll daher nur Anhaltspunkte geben. Auch die einzelnen Aussagen sollen lediglich Hinweise auf mögliche Aussagen des Vortragenden geben.

Selbstverständlich muss die erstellte PowerPoint-Präsentation den Inhalten des Vortrages entsprechen und umgekehrt. Daher muss bei der Erstellung der Präsentation beachtet werden, ob der Vortragende in der Lage ist, die inhaltlichen Vorgaben der Präsentation mit seinem Vortrag zu verbinden.

Einleitung	• **Anrede, Begrüßung** *Sehr geehrte Damen und Herren, ich begrüße Sie ...* • **Vorstellung des Vortragenden** *Mein Name ist ..., ich bin Marketingleiter der ... und für den Bereich ... zuständig.* • **Thema des Vortrags** *Einführung eines Produkts* • **Weckung des Interesses für das Thema** *Der Absatz unseres Produkts ist aufgrund ... dramatisch zurückgegangen. Daher ...* • **Ziele, Inhalt usw. der Präsentation** *Ursachen, Probleme und mögliche Lösungen sollen daher im Vortrag dargestellt werden.*

Hauptteil	• **Problemanalyse**
	Der Absatz unseres Produktes ist dramatisch zurückgegangen, wie Sie anhand des folgenden Diagramms sehen können:
	• **Ursachenanalyse**
	Das von uns vertriebene Produkt ist in den letzten Jahren kaum verbessert worden, die Konkurrenz hat ...
	• **Lösungen und alternative Lösungen**
	Folgende Lösungen des Problems bieten sich an:
	   • *Einführung eines neuen Produkts*
	   • *Steigerung des Werbeaufwands für das bestehende Produkt*
	   • *...*
	• **Vorteile und Nachteile bestimmter Lösungen**
	Die Vor- und Nachteile der einzelnen Möglichkeiten sind in der folgenden Tabelle zusammengefasst und werden nun erläutert:

Zusammenfassung	• **Rückblick auf die Ausgangslage** *Ich fasse zusammen: Wir gehen von folgender Ausgangslage aus: ...* • **Wiederholung der wesentlichen Aussagen** *Unser Problem ... hat die folgenden Ursachen: ... Die erarbeiteten Lösungen haben folgende Vor- und Nachteile: ...* • **Schlussfolgerungen und Schlussbetrachtungen** *Zusammenfassend möchte ich folgende Punkte festhalten: ...*

Diskussion	• **Unklarheiten, offene Punkte** *Wenn Sie zusätzliche Erläuterungen benötigen oder noch offene Fragen bestehen, bitte ich Sie, diese anzusprechen.* • **Zustimmung, Ablehnung, unterschiedliche Meinungen** *Bitte äußern Sie Ihre Meinung zu den angesprochenen Punkten und ...* • **Verabschiedung** *Ich danke Ihnen für Ihre Aufmerksamkeit ...*

4.10 Beurteilungskriterien und -bögen

Vorbemerkungen

Die Beurteilung, ob eine Präsentation gut oder weniger gut war, ist sicherlich nicht einfach. Daher sollte man, bevor man mit der Arbeit beginnt, mögliche Beurteilungskriterien beachten. Diese Kriterien sind jedoch nicht allgemein verbindlich. Sie sollen lediglich einen Hinweis geben, worauf bei einer Präsentation unter anderem geachtet werden sollte. In den folgenden Aufstellungen werden positive und negative Aspekte einer Präsentation gegenübergestellt:

Einsatz von Medien und inhaltliche Aspekte

Der zielgerichtete Einsatz von Medien, im speziellen Fall der Einsatz einer Präsentationssoftware, ist die Grundvoraussetzung für den Erfolg einer Präsentation. Sollten Medien nicht funktionieren, Inhalte falsch gesetzt werden usw., ist auch eine überzeugende Präsentation kaum möglich. Daher sollte der Einsatz einer Präsentationssoftware gut vorbereitet werden.

• funktionieren • richtige Bedienung • angemessener Einsatz	**Medien**	• funktionieren nicht oder nicht besonders gut • werden nicht richtig bedient • unangemessener Einsatz
• sachlich richtig • richtige Schwerpunktbildung	**Inhalt**	• sachlich fehlerhaft • unwichtige Aspekte wurden überbetont
• deutlich erkennbar • Ziel deutlich erkennbar • Struktur für Zuhörer deutlich erkennbar	**Struktur**	• nicht erkennbar • Ziel nicht erkennbar • Struktur für Zuhörer nicht verständlich
• aussagekräftige, prägnante und kurze Texte • informative und übersichtliche Schaubilder • übersichtliche und klar strukturierte Tabellen • vernünftiges Design mit deutlich erkennbaren Texten	**Visualisierung**	• umfangreiche Textdarstellungen, die abgelesen werden • überladene, kaum zu interpretierende Schaubilder • überfrachtete, unverständliche Tabellen • Design und Textfarben kaum zu unterscheiden
• begrenzter Einsatz, je nach Notwendigkeit	**Effekte**	• übertriebener, oftmals störender Einsatz

Art der Präsentation durch den Vortragenden

Neben der richtigen Gestaltung der Präsentation ist selbstverständlich die Art des Vortrages für den Erfolg einer Präsentation ausschlaggebend.

• angemessener Einsatz von Fachausdrücken • verständlich in Wortwahl, Satzbau, Ausdruck usw.	**Sprache**	• keine Benutzung von Fachausdrücken • unangemessen, unsicher, umständlich usw.
• angemessene Betonung • deutliche Aussprache • angemessene Lautstärke	**Sprechweise**	• unzureichende Betonung • unverständliche Aussprache • zu laut oder zu leise
• gute Pausentechnik • dynamisch und ausgeglichen	**Sprechtempo**	• keine, zu kurze usw. Pausen • zu schnell, zu langsam usw.
• Aussagen werden unterstützt	**Gestik/Mimik**	• steif, unfreundlich usw.
• freier Vortrag • Zuhörer fühlen sich angesprochen	**Blickkontakt**	• Vortrag wird abgelesen, daher kein Blickkontakt • Zuhörer fühlen sich nicht oder zu wenig angesprochen

Beurteilungsbogen

Auf einem Beurteilungsbogen (siehe nachfolgende unvollständige Beispiele) können einzelne Aspekte der Präsentation zusammengefasst und danach ein Gesamturteil gebildet werden.

Bewertungsbogen															
Medien															
15	14	13	12	11	10	09	08	07	06	05	04	03	02	01	00
Inhalt															
15	14	13	12	11	10	09	08	07	06	05	04	03	02	01	00
Gesamturteil: …… von …… möglichen Punkten								**Punkte:** ……………………………							

Bewertungsbogen															
• funktionieren • richtige Bedienung • angemessener Einsatz							**Medien**		• funktionieren nicht oder nicht besonders gut • werden nicht richtig bedient • unangemessener Einsatz						
15	14	13	12	11	10	09	08	07	06	05	04	03	02	01	00
Gesamturteil: …… von …… möglichen Punkten								**Punkte:** ……………………………							

Bewertungsbogen					
Medien					
sehr gut	gut	befriedigend	ausreichend	mangelhaft	ungenügend
Gesamturteil:					

Übungen:

1. Aufgabe

Rechtliche und wirtschaftliche Probleme bei der Abwicklung von Kaufverträgen veranlassen den Geschäftsführer Ihres Unternehmens, eine Fortbildung zum Thema *Abschluss und Anbahnung des Kaufvertrags* anzubieten. Sie werden beauftragt, für die Fortbildung eine Präsentation zu entwickeln. Die ersten Folien werden nachfolgend dargestellt. Vervollständigen Sie die Präsentation.

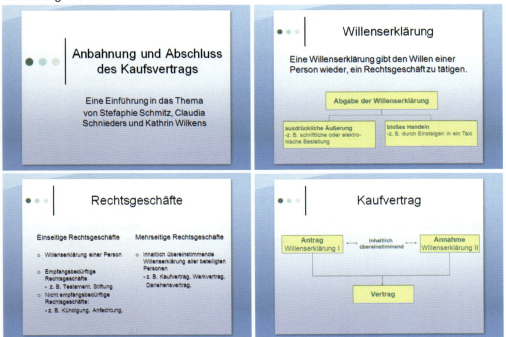

2. Aufgabe

In Ihrem Unternehmen sollen die Mitarbeiterinnen und Mitarbeiter im Umgang mit Computern geschult werden. Dazu wird eine Präsentation zum Thema *Aufbau und Funktion einer Datenverarbeitungsanlage* benötigt, um die theoretischen Grundlagen zu legen. Erst danach soll eine praktische Schulung erfolgen. Erstellen Sie eine entsprechende Präsentation, indem Sie die Informationen im Buch (Seiten 11 – 15) und das Internet nutzen.

5 Datenaustausch

5.1 Vorbemerkungen

Unter Datenaustausch versteht man das Exportieren und Importieren von Daten, die mit unterschiedlichen Programmen erstellt wurden. Eine erstellte Tabelle oder Grafik der Tabellenkalkulation **Excel** kann beispielsweise in ein Textdokument eingefügt oder in **Word**, **Excel** oder **Access** erfasste Daten können für einen Serienbrief genutzt werden. Daten des Programms **Excel** können beispielsweise auch in Datenbanken, die mit **Access** erstellt wurden, eingelesen werden. Verschiedene Möglichkeiten werden auf den nächsten Seiten erklärt.

5.2 Datenexport von Excel in andere Programme

5.2.1 Übertragen einer Excel-Tabelle in die Textverarbeitung Word

Die häufigste Anwendung des Datenaustauschs dürfte sicherlich darin bestehen, dass Zahlenwerte von der Tabellenkalkulation in die Textverarbeitung übertragen werden. Damit können die Zahlenwerte in einen Text integriert werden.

Bearbeitungsschritte:

- Öffnen Sie das Programm **Word**. Speichern Sie ein leeres Dokument unter dem Namen *Datenaustausch*. Öffnen Sie mit **Excel** die Mappe *Umsatz_Diagramm_1*. In der Taskleiste werden je nach Einstellung die Programme angezeigt. Ansonsten können Sie z. B. die Programme über die Anzeige auf dem Desktop anwählen.

- Formatieren Sie die Tabelle wie unten angezeigt. Markieren Sie den Bereich **A4** bis **D9**. Klicken Sie danach im Register **Start** in der Gruppe **Zwischenablage** die Schaltfläche **Kopieren** an.

- Wechseln Sie in die Textverarbeitung **Word**. Klicken Sie im Register **Start** in der Gruppe **Zwischenablage** die Schaltfläche **Einfügen** an.

- Das Ergebnis sieht etwa so aus. Eventuell muss eine Nachbearbeitung erfolgen.

  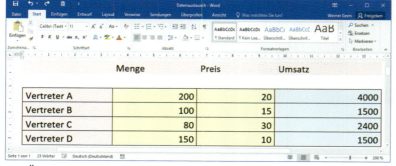

- Die Übertragung der Daten in alle anderen Windows-Programme ist identisch.

Datenexport von Excel in andere Programme 135

5.2.2 Übertragen eines Diagramms

Als eine weitere Möglichkeit des Datenaustauschs ist die Übertragung einer Grafik von der Tabellenkalkulation **Excel** in die Textverarbeitung **Word** oder ein anderes Programm interessant. Die Aufmerksamkeit, die das Dokument erzielt, wird deutlich gesteigert.

> **Bearbeitungsschritte:**
>
> - Öffnen Sie gegebenenfalls die Dateien *Datenaustausch* und *Umsatz_Diagramm_1* in den Programmen **Word** und **Excel**. Markieren Sie danach in der Datei *Umsatz_Diagramm_1* durch einfaches Anklicken mit der Maus das Diagramm.
> - Klicken Sie im Register **Start** in der Gruppe **Zwischenablage** die Schaltfläche **Kopieren** an. Wechseln Sie danach in das Dokument *Datenaustausch* in der Textverarbeitung **Word**. Klicken Sie im Register **Start** in der Gruppe **Zwischenablage** die Schaltfläche **Einfügen** an.
>
>
>
> - Das Ergebnis sieht z. B. in etwa folgendermaßen aus:
>
>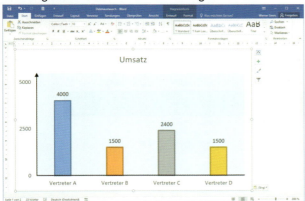
>
> - Die Übertragung in andere Programme ist auf die gleiche Weise vorzunehmen.

5.2.3 Verknüpfung von Daten

Werden Daten verknüpft, so werden diese Daten bei einer Änderung im Programm, in dem sie erfasst wurden, automatisch auch in dem Programm geändert, in das sie übertragen wurden.

> **Bearbeitungsschritte:**
>
> - Öffnen Sie gegebenenfalls die Dateien *Datenaustausch* und *Umsatz_Diagramm_1* in den Programmen **Word** und **Excel**.
> - Markieren Sie mit der Maus den Bereich **A2** bis **D9** in der Excel-Datei *Umsatz_Diagramm_1*. Klicken Sie im Register **Start** in der Gruppe **Zwischenablage** die Schaltfläche **Kopieren** an.
>
>

Bearbeitungsschritte (Fortsetzung):

- Klicken Sie in der Taskleiste die Textverarbeitung **Word** an. Klicken Sie dann im Register **Start** in der Gruppe **Zwischenablage** den Pfeil in der Schaltfläche **Kopieren** an und danach den Menüpunkt **Verknüpfen und ursprüngliche Formatierung beibehalten** an.

- Nach Anklicken der Schaltfläche **OK** werden die Inhalte übertragen.

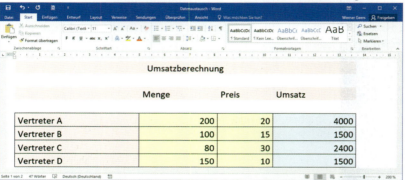

- Verändern Sie im Programm **Excel** die Mengen wie nachfolgend dargestellt. Speichern Sie die neuen Daten durch Anklicken der Schaltfläche **Speichern**.

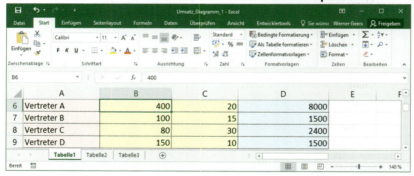

- Wechseln Sie zum Programm **Word**. Das Ergebnis sieht ungefähr so aus. Die Daten wurden angepasst.

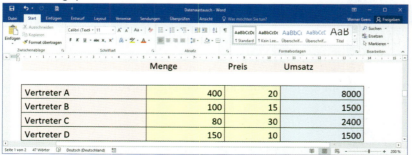

- Probieren Sie die Verknüpfung z. B. mit dem Programm **PowerPoint**.

5.3 Serienbriefe

5.3.1 Vorbemerkungen

In einem Serienbrief wird ein Text mit im Wesentlichen gleichen Inhalten an verschiedene Empfänger gerichtet. Daher muss ein Brieftext (Hauptdokument) und ein Dokument mit den einzelnen auszutauschenden Inhalten (Datenquelle) erstellt werden. Diese beiden Dokumente werden zur Erstellung eines Serienbriefs miteinander verbunden. Im Hauptdokument werden einzelne Datenfelder der Datenquelle eingefügt.

Hauptdokument

«Name1»
«Name2»
«Straße»
«PLZ» «Ort»

Anfrage

Sehr geehrte Damen und Herren,

wir bitten Sie um ein Angebot über Computer und Drucker mit den entsprechenden Preisen und Lieferungs- und Zahlungsbedingungen.

Mit freundlichen Grüßen

Datenquelle

Name1	Name2	Straße	PLZ	Ort
Wagner GmbH	Büromöbel	Vogtweg 23	33607	Bielefeld
Büromöbel AG	Büroeinrichtungen	Gutachtstr. 342	13469	Berlin
Tranel GmbH	Büromöbel	Bechemstr. 67	47058	Duisburg
Computerland GmbH	Computer	Fischadlerstieg 65	22119	Hamburg
Computer 2000 GmbH	EDV-Herstellung	Koloniestr. 128	28777	Bremen
Micro Hansen OHG	Computerlösungen	Am Stau 47	26112	Oldenburg
Computer Voges AG	EDV-Bedarf	Schlossstr. 45	30159	Hannover

Serienbriefe

Wagner GmbH
Büromöbel
Vogtweg 23
33607 Bielefeld

Anfrage

Sehr geehrte Damen und Herren,

wir bitten Sie um ein Angebot über Computer und Drucker mit den entsprechenden Preisen und Lieferungs- und Zahlungsbedingungen.

Mit freundlichen Grüßen

5.3.2 Hauptdokument

Zunächst wird das Hauptdokument mit dem Text erstellt, welcher an alle Empfänger des Serienbriefes versandt werden soll. Grundsätzlich kann der Text des Hauptdokuments erst dann eingegeben werden, wenn die einzelnen Datenfelder bereits eingesetzt wurden. Dies erscheint aber nicht besonders logisch.

Bearbeitungsschritte:

- Erstellen Sie im Programm **Word** das folgende Dokument:

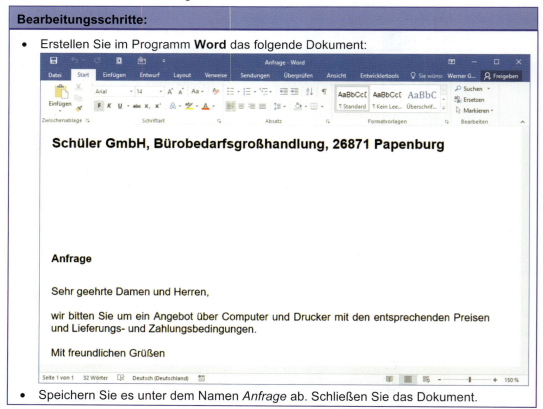

- Speichern Sie es unter dem Namen *Anfrage* ab. Schließen Sie das Dokument.

5.3.3 Datenquellen

Vorbemerkungen

Zur Erstellung eines Serienbriefs sind ein Hauptdokument mit den Bestandteilen des Briefs und eine Datenquelle mit den einzelnen Datensätzen notwendig. Verschiedene Datenquellen können genutzt werden:

- Access-Tabelle,
- Excel-Tabelle,
- Word-Tabelle,
- Erstellen einer neuen Liste in Word (wird in diesem Buch nicht beschrieben).

Der Idealfall für die Erstellung von Serienbriefen ist die Erfassung der Daten in **Access** und die Ausgabe der Briefe mit **Word**. Dieselben Ergebnisse können jedoch auch mit den anderen Datenquellen erzielt werden.

Hinweis: Nutzen Sie zunächst nur eine der 4 Alternativen zur Erstellung des Serienbriefs. Probieren Sie später weitere Möglichkeiten aus.

Serienbriefe

Alternative 1: Datenquelle Access-Tabelle

Datenfelder aus der Tabelle *Lieferanten* der Datenbank *Betrieb* werden in das Hauptdokument eingefügt. Die angesprochene Datenbank wurde im Access-Teil des Buchs erstellt. Sie enthält u. a. auch die benötigte Tabelle *Lieferanten*.

Selbstverständlich können Sie auch andere Tabellen, wie z. B. *Kunden*, und Abfragen für Serienbriefe nutzen.

Bearbeitungsschritte:

- Öffnen Sie die Datenbank *Betrieb*. Markieren Sie in der Navigationsleiste des Programms **Access** die Tabelle *Lieferanten*, die die Grundlage für die einzelnen Datenfelder in dem Serienbrief darstellt.
- Klicken Sie im Register **Externe Daten** in der Gruppe **Exportieren** die Schaltfläche **Word-Seriendruck** an.

- Der Seriendruck-Assistent von **Word** wird eingeblendet:

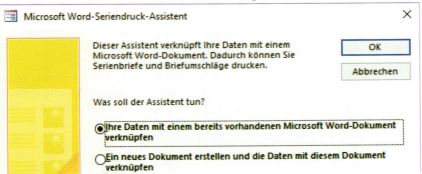

- Markieren Sie durch Anklicken, dass Sie Ihre Daten mit einem vorhandenen Word-Dokument verknüpfen wollen. Danach können Sie im Fenster **Microsoft Word-Dokument auswählen** die Datei *Anfrage* auswählen.

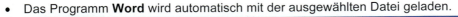

- Das Programm **Word** wird automatisch mit der ausgewählten Datei geladen.

Alternative 2: Datenquelle Excel-Tabelle

Um einen Seriendruck mit einer Excel-Tabelle zu realisieren, muss zunächst in **Excel** eine Tabelle (in diesem Fall eine Datenbank) aufgebaut werden, die anschließend in **Word** zur Grundlage für die auszufüllenden Felder in dem Serienbrief wird. Wenn die Tabelle *Lieferanten* in der Datenbank *Betrieb* zur Verfügung steht, sollte sie zunächst als Excel-Tabelle exportiert werden und danach die Grundlage für einen Serienbrief bilden.

Bearbeitungsschritte:

- Erstellen Sie in **Excel** die Datei *Lieferanten* durch Eingeben der Daten bzw. durch das Übertragen der Daten aus **Access**. Schließen Sie danach die Datei.

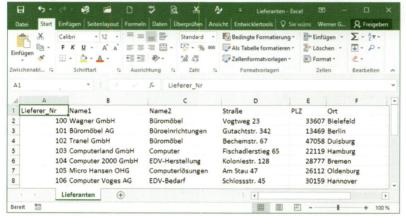

- Laden Sie im Programm **Word** das Dokument *Anfrage*. Klicken Sie anschließend im Register **Sendungen** in der Gruppe **Seriendruck starten** die Schaltfläche **Empfänger auswählen** an. Wählen Sie den Menüpunkt **Vorhandene Liste verwenden**.

- Wählen Sie die Tabelle *Lieferanten* als Datenquelle aus.

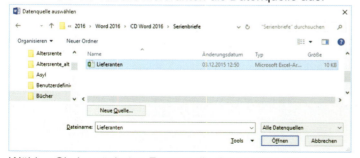

- Wählen Sie im nächsten Fenster die richtige Tabelle aus:

- Danach können Sie den Seriendruck wie später beschrieben vornehmen.

Serienbriefe

Alternative 3: Datenquelle Word-Tabelle

Um einen Seriendruck mit einer Word-Tabelle zu realisieren, muss zunächst in **Word** eine Tabelle aufgebaut werden, die anschließend in **Word** zur Grundlage für die auszufüllenden Felder in dem Serienbrief wird.

Bearbeitungsschritte:

- Erstellen Sie in **Word** die Datei *Lieferanten* durch Eingeben der Daten bzw. durch das Übertragen der Daten aus einem anderen Programm. Das Übertragen von Daten wird an anderer Stelle genauer erklärt. Schließen Sie danach die Datei, damit sie als Datenquelle ausgewählt werden kann.

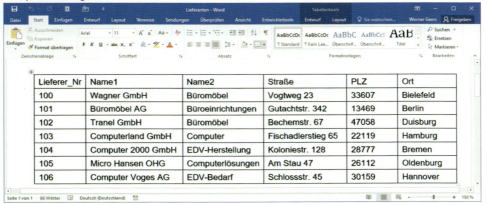

- Laden Sie im Programm **Word** das Dokument *Anfrage*. Klicken Sie anschließend im Register **Sendungen** in der Gruppe **Seriendruck starten** die Schaltfläche **Empfänger auswählen** an.

- Wählen Sie den Menüpunkt **Vorhandene Liste verwenden**.

- Wählen Sie die Tabelle *Lieferanten* als Datenquelle aus.

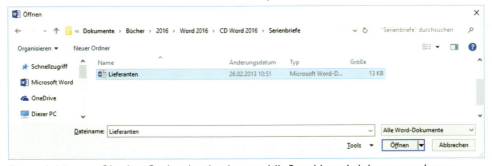

- Danach können Sie den Seriendruck wie anschließend beschrieben vornehmen.

5.3.4 Einfügen der Seriendruckfelder in das Hauptdokument Anfrage

Unabhängig davon, womit die Datenquelle erstellt wurde, können durch die Verbindung des Hauptdokuments mit der Datenquelle Serienbriefe erstellt werden. Bei den nachfolgenden Erörterungen wird davon ausgegangen, dass Sie auf eine der beschriebenen Arten eine Datenquelle in das Dokument *Anfrage* eingefügt haben.

Zunächst müssen in das Hauptdokument die benötigten Datenfelder eingefügt werden. Es können alle Datenfelder ausgewählt werden, dies ist jedoch nicht zwingend notwendig. Später wird gezeigt, dass auch nur bestimmte Datensätze verwandt werden können.

Es bestehen verschiedene Möglichkeiten, nun einen Serienbrief zu erstellen. Es soll hier eine schnelle Möglichkeit mit individuellen Gestaltungsmöglichkeiten beschrieben werden.

Bearbeitungsschritte:

- Klicken Sie im Register **Sendungen** in der Gruppe **Schreib- und Einfügefelder** den oberen Bereich der Schaltfläche **Seriendruckfeld einfügen** an.

- Bestimmen Sie im Fenster **Seriendruckfeld einfügen**, dass Datenbankfelder eingefügt werden sollen. Die in der Tabelle *Lieferanten* vorhandenen Datenfelder werden in dem Fenster **Seriendruckfeld einfügen** angezeigt.

- Alternativ können Sie auch den unteren Teil der Schaltfläche anklicken und ein Datenfeld auswählen. Benutzen Sie jedoch zunächst die erste Methode.

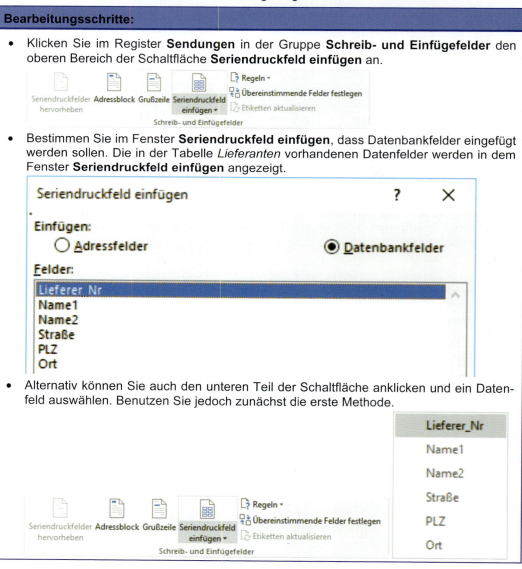

Bearbeitungsschritte (Fortsetzung):

- Markieren Sie jeweils die nachstehend angegebenen Datenfelder und klicken Sie danach jeweils die Schaltfläche **Einfügen** an. Sie können die Datenfelder auch durch einen Doppelklick einfügen.

- Nachdem die gewünschten Datenfelder ausgewählt wurden, klicken Sie die Schaltfläche **Schließen** an.
- Verändern Sie danach die Anordnung der Datenfelder wie nachstehend dargestellt, indem Sie mit dem Cursor zwischen die Datenfelder gehen und dann die Taste [**Return**] drücken. Fügen Sie außerdem weitere Angaben ein:

- Sollten Sie ein Seriendruckfeld nicht benötigen, klicken Sie im Register **Start** in der Gruppe **Zwischenablage** die Schaltfläche **Ausschneiden** an.
- Durch Anklicken der Schaltfläche **Seriendruckfelder hervorheben** in der Gruppe **Schreib- und Einfügefelder** im Register **Sendungen** können Sie die Seriendruckfelder im Dokument dunkel unterlegen.

- Speichern Sie das Dokument danach unter dem Namen *Serienbrief*.

5.3.5 Ausgeben des Serienbriefes

Als Nächstes soll der Serienbrief ausgegeben werden.

Bearbeitungsschritte:

- Klicken Sie im Register **Sendungen** in der Gruppe **Vorschau Ergebnisse** die Schaltfläche **Vorschau Ergebnisse** an.

- Der erste Datensatz wird angezeigt. Damit können Sie überprüfen, ob die gewünschte Darstellung gegeben ist. Außerdem können Sie über die Schaltflächen andere Datensätze auswählen.

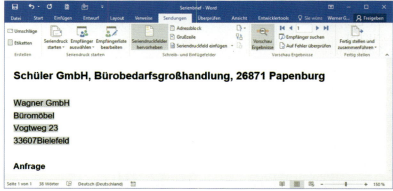

- Klicken Sie im Register **Sendungen** in der Gruppe **Fertig stellen** die Schaltfläche **Fertig stellen und zusammenführen** an. Wählen Sie den markierten Menüpunkt.

- Sie können nun bestimmen, was ausgegeben werden soll.

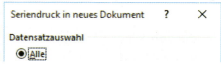

- In der Normalansicht sieht z. B. der erste Brief folgendermaßen aus:

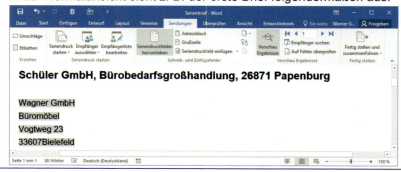

Serienbriefe 145

> **Bearbeitungsschritte (Fortsetzung):**
>
> - Wechseln Sie wieder in das Dokument *Serienbrief*, in dem die einzelnen Seriendruckfelder eingefügt werden.
> - Wenn Sie im Register **Sendungen** in der Gruppe **Fertig stellen** die Schaltfläche **Fertig stellen und zusammenführen** anklicken und danach den Menüpunkt **Dokumente drucken** wählen, werden die einzelnen Seiten über den Drucker ausgegeben.

5.3.6 Bedingungsfelder – Überspringen von Datensätzen

Unter Umständen sollen nur bestimmte Datensätze in Serienbriefen verwandt werden. So kann es sein, dass nur Lieferanten in einem bestimmten Postleitzahlbereich oder mit einem bestimmten Anfangsbuchstaben angeschrieben werden sollen. Selbstverständlich bietet es sich auch an, diese Steuerung in **Access** über Abfragen, die dann für die Serienbriefe verwandt werden, durchzuführen.

> **Bearbeitungsschritte:**
>
> - Speichern Sie die Datei *Serienbrief* unter dem Namen *Serienbrief_Überspringen*. Stellen Sie den Cursor unter das letzte Datenfeld.
> - Klicken Sie im Register **Sendungen** in der Gruppe **Schreib- und Einfügefelder** die Schaltfläche **Regeln** an. Wählen Sie den angegebenen Menüpunkt.

> - Bestimmen Sie danach, dass alle Datensätze mit einer Postleitzahl unter 30000 nicht ausgegeben werden.

> - Als Ergebnis werden nur die Datensätze mit einer Postleitzahl von 30000 oder höher in den Serienbriefen verarbeitet.

5.3.7 Bedingungsfelder – alternativer Text

Bei einer Anfrage, einer Bestellung oder einem sonstigen Text besteht die Möglichkeit, in Abhängigkeit von einer Bedingung einen alternativen Text in einen Serienbrief einzubauen. So kann z. B. eine unterschiedliche Transportbedingung in einen Brief eingebaut werden.

Bearbeitungsschritte:

- Speichern Sie die Datei *Serienbrief* nochmals unter dem Namen *Serienbrief_Alternativer_Text*. Stellen Sie den Cursor zwei Zeilen unter das letzte Datenfeld bzw. wenn Sie einen Brief entwickelt haben, an der für das Bedingungsfeld vorgesehenen Stelle.
- Klicken Sie im Register **Sendungen** in der Gruppe **Schreib- und Einfügefelder** die Schaltfläche **Regeln** an. Wählen Sie den angegebenen Menüpunkt.

- Geben Sie die nachfolgenden Bedingungen ein:

- Klicken Sie die Schaltfläche **OK** an. Klicken Sie im Register **Sendungen** in der Gruppe **Fertig stellen** die Schaltfläche **Fertig stellen und zusammenführen** an. Wählen Sie den angegebenen Menüpunkt.

- Wenn Sie im Register **Sendungen** in der Gruppe **Fertig stellen** die Schaltfläche **Fertig stellen und zusammenführen** anklicken und den Menüpunkt **Dokumente drucken** wählen, werden die einzelnen Seiten über den Drucker ausgegeben.

5.3.8 Sortieren und Filtern der Datensätze

Datensätze der Datenquelle können nach einem Datenfeld oder mehreren Datenfeldern sortiert werden. Damit wird die Auswahl bestimmter Datensätze erleichtert.

Bearbeitungsschritte:

- Rufen Sie, falls notwendig, das Hauptdokument *Serienbrief* auf.
- Klicken Sie im Register **Sendungen** in der Gruppe **Seriendruck starten** die Schaltfläche **Empfängerliste bearbeiten** an. Wählen Sie im Fenster **Seriendruckempfänger** den Link **Sortieren**. Im linken Bereich des Fensters wird die Datenquelle angegeben, in diesem Fall *Betrieb.accbd*.

- Sortieren bzw. filtern Sie im nächsten Fenster die Datensätze.

Grundlagen der Bildbearbeitung 147

6 Bildbearbeitung – Fotos und Grafiken
6.1 Grundlagen der Bildbearbeitung
Einsatzgebiete digitaler Bilder

Bilder können in unterschiedlicher Form zur Verfügung gestellt und eingesetzt werden, z. B. im Internet und/oder als Ausdruck.

Web-Publishing	Webpublishing bezeichnet den gesamten Bereich der Projektierung, Realisierung, Veröffentlichung und des Unterhalts von Webauftritten. Häufig wird der Begriff mit Webdesign gleichgesetzt.
Ausdruck	Bilder können nach einer Bearbeitung unter Nutzung von Einstellungen in Form von Größe, Qualität usw. gedruckt werden.
Versand per E-Mail	Die Bilder werden als Anhang einer E-Mail versandt. Die Dateigröße sollte dem Zweck angepasst werden.
Computer/Netzwerk/CD/DVD	Mithilfe eines Computers und/oder eines Datenträgers können Fotos über Netzwerke, Datenträger, in Fotobüchern usw. zur Verfügung gestellt werden und z. B. über einen Fernseher ausgegeben werden.

Hauptfunktionen

Digitale Bilder entsprechen nicht immer den Erwartungen des Betrachters. Sie müssen daher nachbearbeitet, eventuell neu zusammengesetzt und optimiert werden. Bildbearbeitungsprogramme bieten daher vielfältige Möglichkeiten, Bilder zu bearbeiten. Dabei sind bewusste Manipulationen durchaus denkbar.

Verbesserung der Darstellung	Die Darstellung wird durch Änderungen der Helligkeit, des Kontrastes usw. und durch Werkzeuge, Pinsel usw. optimiert.
Erzeugung neuer Bilder	Aus vorhandenen Bildern können neue erzeugt werden, etwa durch die Nutzung von Bildausschnitten, dem Hinzufügen von Farben, dem Zusammenführen von Bildteilen usw. Die Beweiskraft von Bildern wird durch diese Möglichkeiten selbstverständlich eingeschränkt.
Aufbereitung und Optimierung für den Einsatz im Web	Neben der verbesserten Darstellung werden vor allem die Datei- und die Bildgröße im Hinblick auf die Web-Darstellung optimiert. Der Dateityp kann ebenfalls den Anforderungen im Web angepasst werden.

Digitale Bilder

Die Haupteigenschaften digitaler Bilder lassen sich wie folgt zusammenfassen:

Binärer Code	Daten in einem Bild werden in einem binären Code gespeichert, entweder als Punkte (Pixel) oder als Funktionen, wie etwa bei einer Vektorgrafik. Der binäre Code ist die Bezeichnung für einen Code, mit dem Nachrichten durch Sequenzen von zwei verschiedenen Symbolen (zum Beispiel 1/0 oder w/f) dargestellt werden.

Pixel	Ein Pixel ist ein Punkt in einer Grafik, einem Bild. Das Wort *Pixel* entstand aus den beiden Begriffen *Picture (Bild)* und *Element*. Durch Verbindung der beiden ersten Buchstaben mit einem *x* entstand das Kürzel *Pixel*. Jede Abbildung besteht aus Pixeln. In der Regel sind sie für das menschliche Auge nicht erkennbar, weil sie sehr klein sind. Erst bei extremer Vergrößerung (Zoom) werden einzelne Pixel für den Menschen sichtbar.
Auflösung	Die Auflösung gibt die Ausgabegröße eines Bildes sowie die Anzahl der horizontalen und vertikalen Pixel an. Wird ein Bild vergrößert und die Anzahl der Pixel beibehalten, nimmt die Auflösung ab und damit auch die Qualität des Bildes. Die Auflösung beschreibt nicht den Informationsgehalt, sondern die Qualität eines Bildes bei einer festen Bildgröße.

Farbe

Vorbemerkungen und Begriffe

Die einzelnen kurzen Erklärungen zu Farbbegriffen beschränken sich darauf, den angegebenen Tatbestand anzugeben. Ziel ist es, dass der Nutzer eines Bildbearbeitungsprogramms die Wirkung bestimmter Korrekturmöglichkeiten einschätzen kann. Eine vollständige Erklärung einzelner Begriffe bleibt anderen Büchern usw. vorbehalten.

Farbmodelle	HSB	Das HSB-Modell basiert auf der menschlichen Farbwahrnehmung und beschreibt drei Grundmerkmale von Farbe: • Farbton (*Hue*), • Sättigung (*Saturation*), • Helligkeit (*Brightness*). Die Begriffe werden anschließend erklärt.
	CMYK	Der CMYK Farbraum basiert auf den 4 Farben Cyan, Magenta, Yellow und Schwarz und wird vor allem für den Druck verwendet. Farbdrucker haben in der Regel vier Farbpatronen bzw. Farbtoner, die dann je nach Bedarf die Farben abgeben und mischen.
	RGB 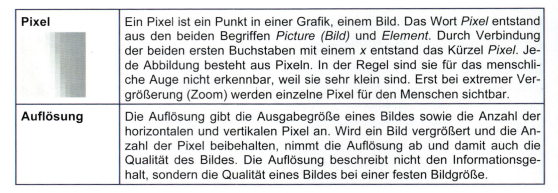	Das RGB Modell benutzt die drei Grundfarben Rot, Grün, Blau. Um verschiedene Farben zu mischen, variiert man die Intensitäten der drei Grundfarben. Viele Funktionen in Bildbearbeitungsprogrammen basieren auf dem RGB-Modell. Im Programm **Paint.NET** können Sie die Farben genau einstellen, u. a. durch Regler.

Grundlagen der Bildbearbeitung

Farbton	Der Farbton beinhaltet die reine Farbinformation wie z. B. *grün*, *blau*, *rot* und kann variiert werden, z. B. *rosa* usw. Er wird beispielsweise als Hexadezimaler Code angegeben. Hex.: 495FFF Hex.: FF2638
Sättigung	Die Farbsättigung ist eine vom Menschen als grundlegend empfundene Eigenschaft einer Farbe. Sie beschreibt die Qualität der Farbwirkung wie Buntheit, Farbintensität, Farbtiefe, Brillanz, Graustich usw. Die Sättigung ist die Stärke oder Reinheit der Farbe. Sie beschreibt den Grauanteil im Verhältnis zum Farbton und wird als Prozentwert zwischen 0 % (Grau) und 100 % (voll gesättigt) gemessen.
Farbbalance	Über die Farbbalance können Sie die Farb-Intensität des Bildes mit den RGB-Reglern einstellen. Diese Funktion erlaubt es Ihnen, einen Farbstich zu entfernen. Digitalbilder, die bei kaltem Kunstlicht, wie zum Beispiel dem von Leuchtstoffröhren, entstehen, haben oftmals einen Blaustich. Sie können nun gezielt dem Bild die blaue Farbe entziehen.
Farbpalette	Die Farbpalette umfasst die Farben, die dargestellt werden können. Eine eigene Farbpalette mit Farben, die immer wieder benötigt werden, kann in Bildbearbeitungsprogrammen wie **Paint.NET** erstellt werden.
Farbtiefe	Die Farbtiefe bestimmt, wie viele unterschiedliche Farben in einem Pixel dargestellt werden können. Die Farbtiefe, besser bekannt vielleicht als Bit-Auflösung, enthält die Farbinformationen eines Bildes.
Transparenz	Transparente Bereiche eines Bildes werden in anderen Programmen mit der Hintergrundfarbe gefüllt. Fügt man eine entsprechende Grafik beispielsweise in PowerPoint ein, wird in transparenten Bereichen das Design der Präsentation angezeigt. Die Bilder müssen in bestimmten Formaten wie *png* oder *gif* abgespeichert werden, um die Transparenz zu erhalten. Im Bildformat *jpeg* wird der Bereich ansonsten in der Farbe *weiß* abgespeichert und dargestellt.

Kontrast, Helligkeit, Gamma

In Bildbearbeitungsprogrammen wird die Bildqualität über Korrekturen, Filter usw. beeinflusst. So können z. B. die Helligkeit und der Kontrast eingestellt werden.

Helligkeit	Bilder können je nach Empfinden eines Menschen zu hell oder zu dunkel sein. Daher kann die Helligkeit in der Bildbearbeitung von 0 – 100 % eingestellt werden (0 % stellt Schwarz dar, 100 % Weiß).
Gamma	Die Gammakorrektur ist eine im Bereich der Bildverarbeitung häufig verwendete Korrekturfunktion. Die vom Menschen empfundene Helligkeit steigt in dunklen Bereichen steiler und in hellen weniger steil an. Dieser Effekt wird mithilfe mathematischer Verfahren ausgeglichen.

Kontrast	Jede Form der Manipulation einer Pixelgrafik, z. B. Helligkeit, Kontrast, Sättigung oder Gammakorrektur, ist ein Filter. Denn auf Rechnerebene ist das Ändern von Helligkeit, Kontrast usw. mit einem bestimmten mathematischen Algorithmus verbunden, der auf die gespeicherten RGB-Werte in der Grafik angewendet wird. Diese werden durch die Anwendung des Algorithmus neu berechnet. Das Ergebnis ist dann das geänderte Aussehen des Bildes aufgrund der neuen RGB-Werte der einzelnen Pixel. 

Bilder und Grafiken

Raster- und Vektorgrafiken

Im Unterschied zu Rastergrafiken, auch Bitmap-Grafiken genannt, werden bei den Vektor- oder auch objektorientierten Grafiken nicht einzelne Bildpunkte gespeichert, sondern mathematische Formeln für geometrische Körper.

Rastergrafik	Die Rastergrafik oder Pixelgrafik ist ein Bildformat, das aus einzelnen fest definierten Pixeln besteht. Eine solche Grafik ist schlecht komprimierbar, da in der Regel bereits bei der Erstellung des Bildes eine Komprimierung vorgenommen wird, z. B. beim Grafikformat *jpg*.
Vektorgrafik	Die Vektorgrafik ist aus Flächen, Linien und Kurven aufgebaut, die mit sogenannten Vektoren mathematisch exakt beschrieben werden können. Daher können sie z. B. beliebig verlängert, verkleinert usw. werden. Mit dem Open-Source-Programm **Inkscape** lassen sich Vektorgrafiken erstellen und Rastergrafiken teilweise in Vektorgrafiken umwandeln.

Komprimierung

Bei der Komprimierung von Dateien und Bildern wird zwischen verlustfreier und verlustbehafteter Kompression unterschieden. Bilddateien sind aufgrund des Bildformats in der Regel schon komprimiert, eine weitere Komprimierung mit einem speziellen Programm ist daher nicht notwendig.

verlustfrei (lossless)	Bei der verlustfreien Komprimierung gehen keinerlei Informationen des Bildes verloren. Es kann unbegrenzt oft komprimiert und dekomprimiert werden, ohne dass die Qualität eines Bildes abnimmt.
verlustbehaftet (lossy)	Die verlustbehaftete Komprimierung arbeitet mit Algorithmen, die zwischen wichtigen und unwichtigen Informationen innerhalb des Datenstroms unterscheiden. Die als unwichtig erkannten Informationen werden nicht abgespeichert und sind somit verloren. Das bekannteste Verfahren im Bereich von Grafikdateien ist das JPEG-Verfahren. Das Verfahren ist äußerst kompliziert und wird daher nur in Ansätzen beschrieben. Das Bild wird in Blöcke (8-mal 8 Pixel) zerlegt, dabei werden die einzelnen Farben (z. B. Grün) in jedem Block gesondert bearbeitet. Es wird im Prinzip ein Durchschnittswert dieser 64 Pixel gebildet, der für die bestimmte Farbe gilt. Erst bei einer starken Kompression erkennt man, dass die Farbverläufe nicht mehr flüssig zu sehen sind.

Grundlagen der Bildbearbeitung 151

Bildtypen

Hersteller nutzen für ihre Programme eigene Formate. Die Bilder können teilweise in **Paint.NET** über zusätzlich installierte Plug-Ins genutzt werden, so z. B. Photoshop-Bilder.

Format	Bezeichnung	Hersteller/Kurzbeschreibung
PSD	Photoshop Document	PSD ist das Format des professionellen Programms **Photoshop**. Über ein Plug-Inn ist es in **Paint.NET** nutzbar.
PSP	Paint Shop Pro	Das Format wird von der Software **Paint Shop Pro** genutzt. Das Programm wurde vom Hersteller **Corel** übernommen.
XCF	eXperimental Computing Facility	Das Open-Source-Programm **Gimp** nutzt dieses eigene Format. Das Programm kommt ursprünglich aus der Linux-Welt und die Bedienung ist gewöhnungsbedürftig.
CPT	Corel Photo Paint	Das Programm des Herstellers **Corel** ist Teil eines umfangreichen Pakets von Grafikprogrammen.

Grafikformate

Erstellte Bilder werden unter einem Grafikformat abgespeichert, welches je nach Zweck z. B. im Internet eingesetzt werden kann, besonders viele Bildinformationen enthält usw.

Format		Beschreibung	
		Vorteile	Nachteile
.gif	Graphics Interchance Format	Das Format wird im Internet genutzt. Schaltflächen, Logos und Hintergründe von Webseiten können erstellt werden.	
		• von Internet-Browsern lesbar • sehr wenig Speicherbedarf • Animationen möglich	• nur 256 Farben (8 Bit [1 Byte])
.jpg	Joint Photographic Expert Group	Fotos und Grafiken werden stark komprimiert, sodass Seiten mit Bildern aus dem Internet recht schnell geladen werden können.	
		• von Internet-Browsern lesbar • 16,7 Millionen Farben möglich • geringer Speicherbedarf	• bei starker Kompression ist ein Qualitätsverlust sichtbar
.png	Portable Network Graphics	Das Format ist unabhängig von einem Betriebssystem einsetzbar, jedoch noch nicht von allen Browsern lesbar.	
		• 16,7 Millionen Farben möglich • verlaufsfreie Kompression • transparente Farben möglich	• Dateien größer als GIF und JPG, daher längere Ladezeiten im Internet
.tif	Tagged Image File Format	Qualitativ hochwertige Bilder für den professionellen Bereich werden in diesem Format erstellt und abgespeichert. Die Fotos sind auf verschieden Betriebssystemen zu verwenden.	
		• Farbtiefen bis 64 Bit • verschiedene Kompressionen	• Internet-Nutzung nicht möglich • Probleme mit der Kompatibilität
.bmp	Bitmap	Das Format ist das Original-Windows-Format.	
		• 16,7 Millionen Farben möglich (Farbtiefe bis 24 Bit [3 Byte])	• von Browsern nicht lesbar • sehr große Dateigröße

6.2 Grundlagen der Programmbedienung von Paint.NET

Vorbemerkungen

Die Möglichkeiten, die Bildbearbeitungsprogramme bieten, sind in der Regel ähnlich. Das Programm **Paint.NET** erfüllt in vielen Bereichen professionelle Ansprüche. Es kann kostenlos genutzt werden. Ein späterer Umstieg auf ein kommerzielles Programm ist unproblematisch.

Grundsätzliche Bearbeitungsmöglichkeiten

Menüpunkte und Schaltflächen

Die Menüpunkte und die standardmäßig eingeblendeten Schaltflächen stellen Bearbeitungsmöglichkeiten zur Verfügung. Wesentliche Bearbeitungen lassen sich über Schaltflächen aufrufen, über Menüpunkte können weitere Möglichkeiten der Bearbeitung genutzt werden.

Außerdem stehen bei Auswahl eines Tools jeweils spezielle Bearbeitungsmöglichkeiten zur Verfügung. Die Tools werden auf der nächsten Seite angesprochen.

Die folgende Übersicht zeigt die wichtigsten Schaltflächen und Menüpunkte zur Bearbeitung von Fotos usw.

Schaltflächen		Menüpunkte
	Neu	Datei/Neu
	Öffnen	Datei/Öffnen
	Speichern	Datei/Speichern
	Drucken	Datei/Drucken
	Ausschneiden	Bearbeiten/Ausschneiden
	Kopieren	Bearbeiten/Kopieren
	Einfügen	Bearbeiten/Einfügen
	Auf Markierung zuschneiden	Bild/Aus Markierung zuschneiden
	Auswahl aufheben	Bearbeiten/Auswahl aufheben
	Rückgängig	Bearbeiten/Rückgängig
	Wiederholen	Bearbeiten/Wiederholen
	Pixel Rast. bei Vergr. anzeigen	Ansicht/Pixel Raster
	Lineale	Ansicht/Lineal

Bearbeiten mehrerer Bilder

Mehrere Bilder können geöffnet werden. Sie werden dann neben der Menüleiste angezeigt. Durch Anklicken mit der Maus kann ein bestimmtes Bild ausgewählt werden.

Tools

Die **Tools** sind Werkzeuge z. B. zum Auswählen von Bildbereichen, das Ziehen von Linien, das Füllen von Bildern oder Bildbereichen, die Benutzung eines Pinsels usw. Die Werkzeuge können über das Fenster **Tools** durch Anklicken einer Schaltfläche ausgewählt werden.

Einstellung von Werkzeugen (Tools)

Einzelne Werkzeuge bieten Einstellmöglichkeiten wie z. B. das Festlegen einer Pinselstärke.

6.3 Grundfunktionen

6.3.1 Einstellungen

Die Arbeit mit dem Programm **Paint.NET** unterscheidet sich nicht von der Arbeit mit anderen Windows-Programmen. Daher werden das Laden, das Speichern und das Drucken und andere selbstverständliche Bearbeitungsschritte in diesem Kapitel nicht angesprochen. Andere Einstellungen, etwa die der Primär- und Sekundärfarbe (Vorder- und Hintergrundfarbe) werden an geeigneter Stelle, etwa bei der Arbeit mit Zeichenwerkzeugen, erläutert.

Wenn Sie mit den hier genutzten Bildern arbeiten möchten, finden Sie diese unter der Internetadresse *www.berufliche-informatik/Office/Bilder*.

Bearbeitungsschritte:

- Starten Sie das Programm **Paint.NET**.

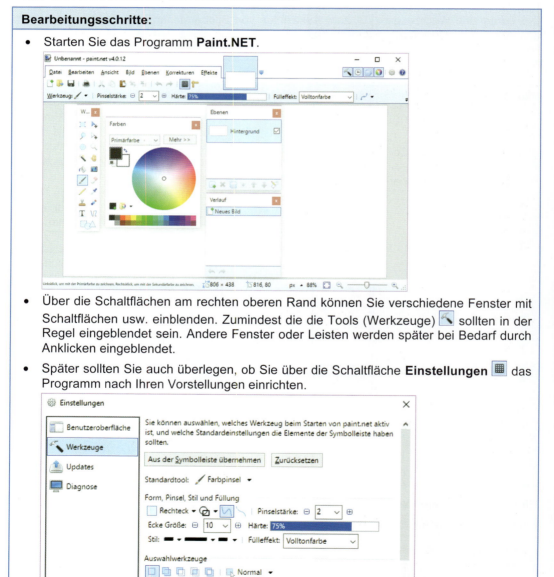

- Über die Schaltflächen am rechten oberen Rand können Sie verschiedene Fenster mit Schaltflächen usw. einblenden. Zumindest die die Tools (Werkzeuge) sollten in der Regel eingeblendet sein. Andere Fenster oder Leisten werden später bei Bedarf durch Anklicken eingeblendet.

- Später sollten Sie auch überlegen, ob Sie über die Schaltfläche **Einstellungen** das Programm nach Ihren Vorstellungen einrichten.

Grundfunktionen 155

6.3.2 Erzeugung und Speicherung von Bildern

Vorbemerkungen

Grundsätzlich kann man davon ausgehen, dass entweder vorhandene Bilder genutzt oder neue Bilder erstellt werden sollen. Beide Aspekte werden später intensiv angesprochen.

Screenshots

In das Programm **Paint.NET** können mithilfe des Betriebssystems Screenshots eingefügt werden. Die Screenshots können später wie andere Bilder und Grafiken bearbeitet werden.

Bearbeitungsschritte:

- Starten Sie das Programm **Paint.NET**. Das Programm füllt den gesamten Windows-Bildschirm aus. Starten Sie ein anderes Windows-Programm.
- Drücken Sie die Tastenkombination [**Alt**]+[**Druck**] bzw. [**Alt**]+[**PrintScreen**]. Der gesamte Bildschirm wird in die Zwischenablage von Windows gelegt.
- Wechseln Sie über die Taskleiste wieder in das Programm **Paint.NET**. Wählen Sie danach den Menüpunkt **Bearbeiten/In neues Bild einfügen**. Das Bild aus der Zwischenablage wird eingefügt.
- Speichern Sie das Bild über den Menüpunkt **Datei/Speichern** oder wählen Sie den Menüpunkt **Datei/Schließen**. Danach können Sie entscheiden, ob Sie das Bild speichern oder nicht speichern wollen. Außerdem können Sie das Schließen der Datei abbrechen und zur Bearbeitung zurückkehren.

- Auch ein verkleinertes Windows-Fenster können Sie auf die zuvor beschriebene Weise in das Programm **Paint.NET** einfügen.

Bilder aus dem Internet

Beachten Sie beim Einfügen von Bildern aus dem Web die urheberrechtlichen Bestimmungen.

Bearbeitungsschritte:

- Starten Sie das Programm **Paint.NET**. Starten Sie einen Internet-Browser, z. B. *Mozilla Firefox* oder *Google Chrome*.
- Rufen Sie eine Webseite mit einem Bild auf. Klicken Sie mit der rechten Maustaste auf das Bild. Es werden Menüpunkte angezeigt. Wählen Sie den Menüpunkt **Grafik kopieren**.
- Wechseln Sie zum Programm **Paint.NET**. Wählen Sie den Menüpunkt **Bearbeiten/Einfügen**. Das Bild wird eingefügt. Eventuell müssen Sie wieder entscheiden, ob der gesamte Inhalt oder nur Bereiche eingefügt werden sollen.

6.3.3 Auswahlwerkzeuge

Vorbemerkungen

Zur Auswahl eines Bereichs einer Grafik stehen verschiedene Auswahlwerkzeuge zur Verfügung:

- Rechteckige Maske
- Elliptische Maske
- Lasso-Auswahl
- Zauberstab

Auf die einzelnen Werkzeuge wird anschließend genauer eingegangen.

Auswahl des gesamten Bildes

Über den Menüpunkt **Bearbeiten/Alles auswählen** kann der gesamte Bereich eines Bildes ausgewählt werden. Über den Menüpunkt **Bearbeiten/Auswahl aufheben** wird die Auswahl, wie auch die Auswahl eines Bereichs, wieder aufgehoben.

Auswahl eines Bereichs

Mithilfe der zur Verfügung gestellten Auswahlwerkzeuge können Bereiche einer Grafik/eines Bildes ausgewählt werden. Die zunächst getroffene Auswahl ist jedoch nicht immer optimal, daher kann die Auswahl z. B. verschoben, vergrößert und verkleinert, ergänzt, beschnitten usw. werden.

Bearbeitungsschritte:

- Erstellen Sie einen Ordner mit dem Namen *Grafik*. Speichern Sie in dem Ordner das Bild *Boot.jpg*. Speichern Sie das Bild unter dem Namen *Boot_1.jpg* nochmals ab.
- Wählen Sie das Werkzeug *Elliptische Maske* aus.
- Markieren Sie mithilfe der Maus in etwa den folgenden Bereich. Klicken Sie danach die Schaltfläche **Auswahl verschieben** an. An den Seiten und Ecken des markierten Bereichs werden kleine Anfasser eingeblendet. Außerdem ändert sich das Maussymbol in ein kleines Doppelkreuz. Bei gedrückter linker Maustaste können Sie den markierten Ausschnitt verschieben, sodass ein anderer Ausschnitt des Bildes markiert wird.

Grundfunktionen **157**

Bearbeitungsschritte (Fortsetzung):

- Mithilfe der kleinen Anfasser an den Seiten und Ecken kann der ausgewählte Bereich bei gedrückter linker Maustaste vergrößert bzw. verkleinert werden. Der Mauszeiger verändert sich beim Anfahren der Anfasser in eine Hand. Wählen Sie den angezeigten Bereich aus. Auch über den Rand des Ausschnitts lässt sich der Bereich ändern.

- Klicken Sie danach die Schaltfläche **Ausgewählte Pixel verschieben** an. Mit gedrückter linker Maustaste wird der ausgewählte Bereich verschoben.

- Das Verschieben dürfte im Normalfall nicht erwünscht sein. Machen Sie es daher mithilfe des Menüpunkts **Bearbeiten/Rückgängig** wieder rückgängig. Sie können auch einzelne Arbeitsschritte oder alle Arbeitschritte im Fenster **Verlauf** jederzeit rückgängig machen oder wiederholen.

- Mithilfe der Auswahlwerkzeuge lässt sich nicht nur jeweils eine neue Auswahl treffen. Vielmehr kann auch zur bestehenden Auswahl ein zusätzlicher Bereich hinzugefügt werden oder ein Bereich aus der Auswahl entfernt werden usw. Wählen Sie z. B. das Tool *Rechteckige Maske* aus und bestimmen Sie den Markierungsmodus **Hinzufügen**.

- Markieren Sie mit der Maus einen Bereich. Nach dem Loslassen der linken Maustaste wird der zusätzliche Bereich ebenfalls markiert.

> **Bearbeitungsschritte (Fortsetzung):**
>
> - Mehrere Bereiche können übrigens auch grundsätzlich mithilfe der Taste [**Strg**] ausgewählt werden. Dabei wird zunächst der erste Bereich ausgewählt, dann die Taste gedrückt und danach der nächste Bereich markiert usw.
>
>
>
> - Wählen Sie den Menüpunkt **Bearbeiten/Auswahl aufheben**. Damit ist kein Bereich des Bildes mehr ausgewählt.

Kopieren und Einfügen eines Bereichs in dasselbe Bild

Unter Umständen soll ein Element in dasselbe Bild nochmals eingefügt werden.

> **Bearbeitungsschritte:**
>
> - Öffnen Sie gegebenenfalls das Bild *Boot_1.jpg*. Wählen Sie das Werkzeug *Rechteckige Auswahl* aus.
>
>
>
> - Markieren Sie mithilfe der Maus den folgenden Bereich:
>
>
>
> - Wählen Sie den Menüpunkt **Bearbeiten/Kopieren**. Danach stehen Ihnen über den Menüpunkt **Bearbeiten** verschiedene Möglichkeiten zur Verfügung. Wählen Sie z. B. den Menüpunkt **Bearbeiten/Einfügen**. Der gewählte Ausschnitt wird an gleicher Stelle zusätzlich in das Bild eingefügt und kann dann mit gedrückter linker Maustaste an eine beliebige Stelle gezogen werden. Speichern Sie das Bild unter dem Namen *Boot_3.jpg*.
>
>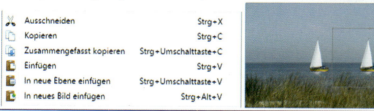

Kopieren und Einfügen in ein anderes Bild

Ein ausgewählter Bereich kann auch in ein anderes Foto kopiert werden.

> **Bearbeitungsschritte:**
>
> - Öffnen Sie die Bilder *Schiff.jpg* und *Boot.jpg*. Beide Bilder werden oben rechts im Fenster angezeigt und können durch Anklicken ausgewählt werden.
>
>

Grundfunktionen

Bearbeitungsschritte (Fortsetzung):

- Wählen Sie einen Bereich, z. B. das Boot, aus dem Bild *Boot.jpg* mit einem Auswahlwerkzeug aus. Wählen Sie den Menüpunkt **Bearbeiten/Kopieren**.
- Wechseln Sie danach zum Bild *Schiff.jpg*. Wählen Sie dann den Menüpunkt **Bearbeiten/Einfügen**. Der ausgewählte Bereich wird eingefügt.
- Ziehen Sie den Ausschnitt an die gewünschte Stelle. Sie können ihn mit der Maus über die Anfasser an den Ecken und Seiten auch größer oder kleiner ziehen. Auch eine farbliche Anpassung ist möglich. Darauf wird später noch eingegangen. Speichern Sie danach das Bild unter dem Namen *Boo_2.jpg* ab.

Kopieren und Einfügen in ein neues Bild

Ein Teilbereich eines Bildes kann als neues Bild eingefügt werden.

Bearbeitungsschritte:

- Öffnen Sie das Bild *Boot.jpg*.
- Markieren Sie wie beschrieben den folgenden Bereich:

- Wählen Sie den Menüpunkt **Bearbeiten/Kopieren**. Wählen Sie danach den Menüpunkt **Bearbeiten/In neues Bild einfügen**. Das eingefügte Bild ist entsprechend kleiner als das andere Bild, da es nur einen Ausschnitt darstellt. Es enthält nur den ausgewählten Bereich, umliegende Bereiche sind transparent.

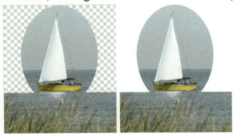

- Speichern Sie das neue Bild unter dem Namen *Boot_Ausschnitt.jpg* ab.

Zauberstab

Der Zauberstab ermöglicht die Auswahl von Bereichen eines Bildes. Es soll z. B. versucht werden, den blauen Himmel als Hintergrund zu entfernen. Dabei muss bei der Auswahl eines Bereichs eine Abweichung (Toleranz) vom markierten Punkt bestimmt werden. Dann wird alles markiert, was innerhalb des tolerierten Bereichs ist. Es ist in der Regel notwendig, verschiedene Toleranzwerte auszuprobieren, um ein vernünftiges Ergebnis zu erzielen. Das Bild soll im Format *gif* abgespeichert werden, damit der transparente Bereich erhalten wird und damit das Bild für spätere Bearbeitungen genutzt werden kann.

Bearbeitungsschritte:

- Laden Sie das Bild *Boot_1.jpg*. Speichern Sie das Bild unter dem Namen *Boot_1.gif* ab.
- Wählen Sie das Werkzeug *Zauberstab* aus. Bestimmen Sie eine Toleranz von 28 % durch Anklicken in Bereich **Toleranz**. Dies bedeutet, dass nach Anklicken eines Punktes im Bild alle Bereiche markiert werden, die bis zu 28 % farblich von dem Punkt abweichen.

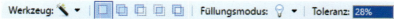

- Klicken Sie mit der Maus den oberen Bereich des Bildes an. Der markierte Bereich wird mit einer Umrandung dargestellt. Ist das Ergebnis nicht befriedigend, machen Sie es mithilfe des Menüpunkts **Bearbeiten/Rückgängig** rückgängig. Probieren Sie danach einen anderen Wert aus.
- Wählen Sie danach den Menüpunkt **Bearbeiten/Ausschneiden**.

- Unter Umständen müssen Sie das Werkzeug oder andere Auswahlwerkzeuge nochmals einsetzen, um weitere Bereiche auszuschneiden.
- Auf die nun gegebenen Nutzungsmöglichkeiten wird später eingegangen.

Lasso-Auswahl

Mit dem Auswahlwerkzeug lassen sich beliebige Ausschnitte eines Bildes ausschneiden. Das Werkzeug kann auch zusammen mit anderen Auswahlwerkzeugen genutzt werden.

Bearbeitungsschritte:

- Laden Sie das Bild *Boot.jpg*. Speichern Sie das Bild unter dem Namen *Boot_2.gif* ab.
- Wählen Sie mit dem Auswahlwerkzeug *Lasso-Auswahl* mit gedrückter linker Maustaste einen Bereich des Bildes aus. Wählen Sie danach den Menüpunkt **Bearbeiten/Ausschneiden**. Der ausgewählte Bereich wird ausgeschnitten. Er kann danach beispielsweise mit Farben usw. versehen werden.

6.3.4 Bildbearbeitung

Vorbemerkungen

Wesentliche Möglichkeiten, Bilder zu bearbeiten, wie z. B. Auswahlbereiche eines Bildes zu vervielfältigen, Auswahlbereiche zu bewegen und anzuordnen, Bereiche in ein neues Bild einzufügen usw., wurden bereits im vorherigen Kapitel angesprochen.

Für bestimmte Ausgaben, z. B. im Internet oder bei der Druckausgabe, müssen Bilder jedoch auf eine vernünftige Größe gebracht werden, eventuell gedreht werden usw.

Bildgröße

Unter der Bildgröße kann man zum einen die Größe in Zentimetern, Pixeln usw. verstehen, zum anderen die Größe der erstellten Datei (Dateigröße). Beides kann sehr wichtig werden, beispielsweise im Hinblick auf den Ausdruck oder im Hinblick auf die Ladezeiten im Internet.

Bearbeitungsschritte:

- Laden Sie das Bild *Boot.jpg*. Speichern Sie das Bild unter dem Namen *Boot_4.jpg* ab.
- Wählen Sie den Menüpunkt **Ansicht/Originalgröße**.
- Ist die Schaltfläche **Lineale**  aktiviert und sind die Einheiten auf *Zentimeter* eingestellt, können Sie mithilfe der Bildlaufleisten feststellen, dass das Bild ca. 150 cm breit und ca. 100 cm hoch ist.
- Wählen Sie den Menüpunkt **Bild/Größe ändern**. Aus den Informationen in dem Fenster kann man entnehmen, dass die Datei 46,4 MB groß ist, also für eine Darstellung im Internet viel zu groß. Auch ist eine Druckausgabe wegen der Breite und Höhe des Bildes im Regelfall nicht möglich. Verändern Sie daher die Größe wie angegeben auf 10 % der ursprünglichen Größe.

Bearbeitungsschritte (Fortsetzung):

- Die Druckgröße wird nach der Änderung angegeben. Sie können erkennen, dass der Ausdruck nun auf eine DIN-A4-Seite passen würde. Auch die Größe der Datei lässt den Einsatz im Internet zu.
- Nach dem Anklicken der Schaltfläche **OK** werden Sie die wirkliche Größe des Bildes auf dem Bildschirm erkennen können.
- Beim Abspeichern können Sie die Dateigröße wesentlich beeinflussen. Speichern Sie zunächst das neue Bild über den Menüpunkt **Datei/Speichern unter** mit einem Qualitätsfaktor von 100 unter dem Dateinamen *Boot_4a.jpg* ab. Die Dateigröße wird angegeben.

- Speichern Sie danach das Bild mit einem Qualitätsfaktor von unter 100 unter dem Dateinamen *Boot_12b.jpg* ab. Variieren Sie die Qualitätsstufe. Sie werden sehen, dass bei einer geringen Qualitätsstufe zum Beispiel einzelne Pixelbereiche nicht mehr vernünftig dargestellt werden. Sie müssen daher einen vernünftigen Kompromiss zwischen Dateigröße und Qualität finden. Speichern Sie probehalber mit dem Qualitätsfaktor 10 und schließen Sie dann die Datei.

- Nach dem erneuten Öffnen der Datei werden Sie erkennen, dass diese Qualität wahrscheinlich nicht für eine Veröffentlichung im Web oder einen Ausdruck ausreicht.

Grundfunktionen 163

Bilddarstellung

Aus unterschiedlichen Gründen kann es notwendig werden, dass beispielsweise ein Bild gedreht, gekippt usw. werden muss. Dies ist relativ einfach möglich.

Bearbeitungsschritte:

- Laden Sie das Bild *Boot.jpg*. Speichern Sie das Bild unter dem Namen *Boot_5.jpg* ab.
- Wählen Sie den Menüpunkt **Bild**. Verschiedene Möglichkeiten werden angegeben. Probieren Sie einige davon aus. Kehren Sie danach zum Ausgangspunkt zurück.

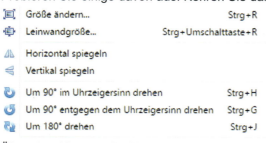  

- Über den Menüpunkt **Ebenen/Rotationszoom** können Sie ein Bild rotieren, schwenken und zoomen. Mithilfe der **Rotation** werden Winkel für die Darstellung bestimmt. Das Instrument **Schwenken** bestimmt, wo das Objekt platziert wird, das Instrument **Zoom** bestimmt die Größe. Die Instrumente werden am besten mit der Maus gesteuert, indem man mit gedrückter linker Maustaste die entsprechenden Schalter versetzt.

- Mögliche Ergebnisse könnten, je nachdem, ob die Optionen **Kacheln** oder **Hintergrund beibehalten** aktiviert wurden, so aussehen:

 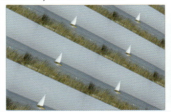 

6.4 Arbeiten mit Bildern

6.4.1 Zeichenwerkzeuge

Vorbemerkungen

Zur Bearbeitung eines Bildes, eines Bereichs eines Bildes oder zur Erstellung eines Bildes stehen verschiedene Farbwerkzeuge zur Verfügung:

- Farbeimer
- Farbverlauf
- Farbpinsel
- Radierer
- Zeichenstift
- Farbauswahl
- Klonen
- Neu kolorieren

Auf die einzelnen Werkzeuge wird anschließend genauer eingegangen.

Daneben wird zur Bearbeitung von Farben das Fenster **Farben** zur Verfügung gestellt. Es kann eine Primär- und eine Sekundärfarbe ausgewählt werden. Die Primärfarbe wird immer dann genutzt, wenn die Farbwerkzeuge verwandt werden. Die Sekundärfarbe spielt vor allem bei sogenannten Farbverläufen eine Rolle. Dabei wird beispielsweise ein Übergang zwischen den einzelnen gewählten Farben erstellt. Relativ einfach lässt sich eine Primär- zur Sekundärfarbe machen und umgekehrt.

Farbbearbeitungen werden sowohl bei vorhandenen Bildern als auch bei neu erstellten Grafiken vorgenommen. Neue Grafiken können mit anderen verbunden werden, wie später erklärt wird.

Farbeinstellungen

Bei der Erstellung einer neuen Grafik wird zumeist auch ein farbiger Hintergrund erstellt. Dieser Hintergrund kann z. B. als Ebene verwandt werden. Dies wird später erklärt.

Bearbeitungsschritte:

- Schließen Sie alle Bilder. Wählen Sie den Menüpunkt **Datei/Neu**, um eine neue Grafik zu erstellen. Bestimmen Sie die hier angegebenen Werte. Die erstellte Grafik soll später verwendet werden.

Arbeiten mit Bildern 165

Bearbeitungsschritte (Fortsetzung):

- Im Fenster **Farben** können Sie die Primär- und eine Sekundärfarbe auswählen. Bestimmen Sie zunächst, dass Sie eine Primärfarbe auswählen wollen. Dies können Sie, indem Sie den Pfeil nach unten neben der Bezeichnung *Primärfarben* bzw. *Sekundärfarben* anklicken und dann die Auswahl vornehmen. Einfacher ist es jedoch, einfach das obere Kästchen zur Bestimmung der Primär- und das untere Kästchen zur Bestimmung der Sekundärfarbe anzuklicken.
- Bestimmen Sie zunächst die Primärfarbe. Klicken Sie eine Farbe im dargestellten Kreis an bzw. wählen Sie eine Farbe aus. Dies ist vor allem dann detailliert möglich, wenn die Optionen nach Anklicken der Schaltfläche **Mehr** zur Verfügung stehen. Bestimmen Sie danach eine Sekundärfarbe. Orientieren Sie sich in etwa an den angezeigten Werten.

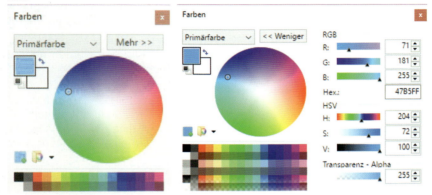

- Durch Anklicken der Pfeilspitzen werden die Farben ausgetauscht. Soll eine Schwarz-Weiß-Kombination ausgewählt werden, ist die entsprechende Schaltfläche anzuklicken.
- Klicken Sie die Schaltfläche **Farbeimer** an. Stellen Sie bei Bedarf verfügbare Optionen ein, es ist jedoch nicht unbedingt notwendig.

- Klicken Sie mit der Maus die leere weiße Fläche an. Sie wird bläulich (mit der Primärfarbe) gefärbt. Klicken Sie nicht mit der linken, sondern mit der rechten Maustaste in die Grafik, wird die Sekundärfarbe verwandt. Selbstverständlich kann durch das Austauschen der beiden Farben (siehe oben) der gleiche Effekt erreicht werden.

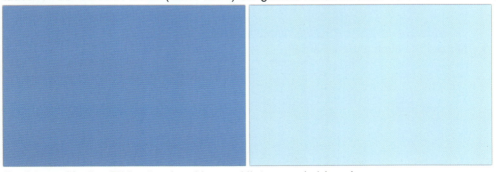

- Speichern Sie das Bild unter dem Namen *Hintergrund_1.jpg* ab.

Farbverläufe

Farbverläufe verbinden die Primär- und die Sekundärfarbe in einer vom Anwender gewünschten Form. Durch die Möglichkeit, Formen zu nutzen, sind beliebige Variationen möglich.

Bearbeitungsschritte:

- Erstellen Sie wie beschrieben über den Menüpunkt **Datei/Neu** eine neue leere weiße Grafik.
- Klicken Sie die Schaltfläche **Farbverlauf** an. Mithilfe des Werkzeugs werden Farbverläufe zwischen der Primär- und der Sekundarfarbe erstellt. Es werden verschiedene Variationen für einen Farbverlauf angeboten; wählen Sie die erste (*Linear*).

- Klicken Sie mit dem Mauszeiger + in die Mitte der weißen Fläche. Der markierte Punkt wird durch einen kleinen Kreis o dargestellt. Fahren Sie mit der Maus auf den Kreis. Der Mauszeiger wird zu einer Hand. Klicken Sie dann die linke Maustaste an. Das Ergebnis könnte in etwa wie abgebildet aussehen. Beide Farben werden ohne einen Farbverlauf dargestellt. Ein zweiter kleiner Kreis wird ebenfalls angezeigt.

- Wenn Sie nun einen der Kreise anfahren und mit gedrückter linker Maustaste verschieben, kommt es zu einem Farbverlauf. Auch den zweiten Punkt können Sie beliebig verschieben. Nutzen Sie zu Übungszwecken auch andere mögliche Optionen, die in der Symbolleiste **Tools** angezeigt werden.

- Nutzen Sie auch andere Farben.

- Speichern Sie das ursprüngliche Bild unter dem Namen *Hintergrund_2.jpg* ab.

Arbeiten mit Bildern 167

Löschen und Füllen eines ausgewählten Bereichs

Bereiche, die in einem Bild ausgewählt werden, können anschließend gelöscht oder mit Farben bzw. Mustern gefüllt werden. Daher müssen zunächst die Farben bestimmt werden.

Bearbeitungsschritte:

- Laden Sie das Bild *Boot.jpg*. Speichern Sie das Bild unter dem Namen *Boot_6.jpg* ab.
- Wählen Sie mit dem Auswahlwerkzeug *Lasso-Auswahl* einen Bereich des Bildes aus. Über die Schaltfläche **Radierer** können Sie weitere Bereiche entfernen.

- Wählen Sie den Menüpunkt **Bearbeiten/Ausschneiden** oder drücken Sie die Taste [**Entf**]. Der ausgewählte Bereich wird transparent gestellt. Dies bedeutet, dass er anschließend mit einer Farbe gefüllt, mit Inhalten anderer Bilder gefüllt (wird später erklärt) werden kann usw.

- Im Bereich der Werkzeuge können Sie die Primär- und eine Sekundärfarbe auswählen. Bestimmen Sie zunächst, dass Sie eine Primärfarbe auswählen wollen. Klicken Sie eine Farbe an bzw. wählen Sie eine Farbe aus. Bestimmen Sie danach eine Sekundärfarbe. Durch Anklicken der Pfeilspitzen werden die Farben ausgetauscht.

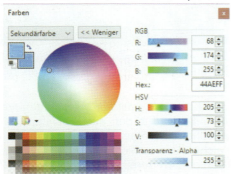

- Durch Anklicken der Schaltfläche **Farbeimer** und anschließendem Anklicken des ausgewählten Bereichs wird die Vordergrundfarbe in den ausgewählten Bereich eingefügt. In diesem Bereich könnte später beispielsweise ein Text eingefügt werden.

Farbauswahl mit der Pipette, Farbeimer und Farbpinsel

Mithilfe verschiedener Werkzeuge soll der Hintergrund eines Bildes bearbeitet werden. Außerdem sollen z. B. Nachbearbeitungen erfolgen.

Bearbeitungsschritte:

- Laden Sie das Bild *Boot.jpg*. Speichern Sie das Bild unter dem Namen *Boot_7.jpg* ab.
- Wählen Sie das Tool *Farbauswahl* aus. Klicken Sie danach mit der Maus in den oberen Bereich des Bildes. Damit ist die Primärfarbe bestimmt. Mithilfe der ausgewählten Farbe können dann später Bereiche farblich gestaltet werden.
- Wählen Sie das Tool *Zauberstab* aus. Bestimmen Sie eine Toleranz von beispielsweise 34 %.

- Klicken Sie mit der Maus den unteren Bereich des Bildes (das Wasser) an. Der markierte Bereich wird mit einer Umrandung dargestellt. Das Ergebnis muss nicht zwangsläufig dem entsprechen, was nachfolgend angezeigt wird. Ist das Ergebnis jedoch absolut unbefriedigend, machen Sie es mithilfe des Menüpunkts **Bearbeiten/Rückgängig** rückgängig. Wählen Sie danach den Menüpunkt **Datei/Ausschneiden**.

- In den ausgeschnittenen Bereich können Sie nun beispielsweise wie schon beschrieben eine Farbe einfügen. Auch bietet es sich an, das Foto mit einem anderen zu verbinden. Die Vorgehensweise wird später beschrieben.
- Klicken Sie die Schaltfläche **Farbeimer** an. Klicken Sie mit der Maus in den ausgeschnittenen Bereich. Die ausgewählte Primärfarbe wird in den ausgewählten Bereich eingefügt. Das Ergebnis zeigt eine in etwa einheitliche Fläche. Allerdings dürfte zwischen den einzelnen blauen Bereichen ein leichter Unterschied erkennbar sein. Diesen können Sie dadurch ausgleichen, dass Sie den oberen Bereich zunächst mit dem Zauberstab markieren, dann ausschneiden und danach mit dem Farbeimer neu einfärben.

Arbeiten mit Bildern 169

Bearbeitungsschritte (Fortsetzung):

- Unter Umständen sind nun einzelne Bereiche noch markiert. Dies ist nicht immer wünschenswert. Wählen Sie daher den Menüpunkt **Bearbeiten/Auswahl aufheben**.
- Auch können in einzelnen Bereichen noch störende Farbkleckse usw. vorhanden sein. Diese können mit einem Farbpinsel entfernt werden.
- Wählen Sie das Tool *Farbpinsel* aus. Bestimmen Sie eine Pinselstärke von 20.

- Übermalen Sie mit dem Farbpinsel mit gedrückter linker Maustaste die störenden Stellen. Aufgrund der getroffenen Farbauswahl wird die Fläche mit der gewünschten Farbe ausgefüllt.

- Bearbeiten Sie anschließend das Boot nach. Das Segel und der Bootsrumpf sollten u. U. mit dem Farbpinsel nachbearbeitet werden. Dazu müssen Sie jeweils eine andere Farbauswahl treffen. Das Ergebnis sollte in etwa wie rechts angezeigt aussehen:

- Mithilfe des Farbeimers lassen sich auch andere schöne Effekte erzielen. Laden Sie das Bild *Boot.jpg*. Speichern Sie das Bild unter dem Namen *Boot_8.jpg* ab.
- Blenden Sie das Fenster **Farben** ein. Wählen Sie eine Farbe.

- Klicken Sie die Schaltfläche **Farbeimer** an. Klicken Sie danach auf eine beliebige Stelle im Bild. Je nach angeklicktem Bereich wird das gesamte Bild oder Teile eines Bildes eingefärbt.

Klonen

In Fotos sind oftmals Elemente enthalten, die nicht unbedingt hineingehören. So kann beispielsweise ein Objekt in einem Bild stören und nachträglich entfernt werden. In einem Gesicht können Pickel usw. stören, die wegretuschiert werden können. Stellen Sie sich darauf ein, dass Sie den gewünschten Erfolg erst nach einiger Übung erreichen. Umso besser wird später das Ergebnis ausfallen.

Bearbeitungsschritte:

- Laden Sie das Bild *Boot.jpg*. Speichern Sie das Bild unter dem Namen *Boot_9.jpg* ab.
- Das zu erreichende Ergebnis, die See ohne das Boot, wird nachfolgend neben dem Original angezeigt.

- Klicken Sie die Schaltfläche **Klonen (Stempel)** an. Stellen Sie das Werkzeug ein:
- Stellen Sie den Cursor an die links dargestellte Stelle, drücken Sie die Taste [**Strg**]. Der Mauszeiger wird mit einem Anker dargestellt. Klicken Sie auf die linke Maustaste. Der Ausgangspunkt des zu klonenden Bereichs ist nun markiert. Lassen Sie die Taste [**Strg**] wieder los. Fahren Sie mit der Maus an die auf dem rechten Bild dargestellte Stelle. Der Ausgangspunkt ändert sich nicht.

- Drücken Sie danach die linke Maustaste und fahren Sie dann mit gedrückter linker Maustaste nach rechts. Der angefahrene Bereich wird nun durch den mit Anker markierten Bereich übermalt. Dabei geht der Ausgangspunkt mit der Bewegung der Maus mit. So können unterschiedliche Bereiche (Wasser, Horizont) in einem Schritt übertragen werden. Übermalen Sie mit der Maus das gesamte Boot.
- Da das Klonen sicherlich nicht sofort vernünftig gelingen wird, können Sie nicht erwünschte Effekte über den Menüpunkt **Bearbeiten/Rückgängig** wieder rückgängig machen. Probieren Sie auch Änderungen bei der Einstellung des Klon-Stempels aus.
- Mithilfe der Tools *Farbauswahl* und *Farbpinsel* können Sie bei Bedarf beispielsweise den Schnittpunkt zwischen *Wasser* und *Horizont* nachbearbeiten.

Arbeiten mit Bildern 171

6.4.2 Text

Das Textwerkzeug erlaubt das Einfügen eines Textes in ein Bild. Darüber hinaus kann die Schriftart, Schriftgröße und Schriftfarbe bestimmt und der Text auf einer bestimmten Position angeordnet werden.

Bearbeitungsschritte:

- Laden Sie das Bild *Boot.jpg*. Speichern Sie das Bild unter dem Namen *Boot_10.jpg* ab.
- Wählen Sie im Fenster **Farben** eine Primärfarbe aus. Klicken Sie danach die Schaltfläche **Text**  an.
- Stellen Sie das Werkzeug in Bezug auf die Schriftart, die Schriftgröße, die Zeichenformatierung und die Textausrichtung folgendermaßen ein:

- Bestimmen Sie mit der Maus, wo der Text eingegeben werden soll. Geben Sie danach den Text ein. Solange unter dem Text ein Pfeilsymbol eingeblendet ist, können Sie mit der Maus den Text verschieben und nach Ihren Vorstellungen ändern.

- Klicken Sie jedoch mit der linken Maustaste auf das Bild oder klicken Sie eine andere Schaltfläche an, ist der Text fest verankert.
- Selbstverständlich können Sie das Eingeben des Textes rückgängig machen. Wählen Sie zu diesem Zweck den Menüpunkt **Bearbeiten/Rückgängig** oder klicken Sie im Fenster **Verlauf** die entsprechende Schaltfläche an.

- Probieren Sie auch weitere Optionen aus.

- Mithilfe zusätzlich geladener Effekte können auch andere Darstellungen erzielt werden. Auf das Installieren zusätzlicher Effekte wird noch eingegangen.

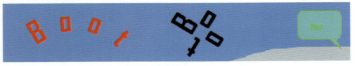

- Über die Schaltfläche ✓ Fertigstellen schießen Sie die Bearbeitung eines Textes ab.

6.4.3 Malwerkzeuge

Vorbemerkungen

Zum Einfügen von Linien/Kurven, Ellipsen usw. stehen verschiedene Malwerkzeuge zur Verfügung:

- Linie/Kurve
- Rechteck
- Abgerundetes Rechteck
- Ellipse
- Freihand

Linien und Kurven

Linien und Kurven können auf besondere Inhalte des Bilds hinweisen, Bereiche abgrenzen usw. Sie können mit bestimmten Stilen und Fülleffekten versehen werden. Die gegebenen Möglichkeiten werden nachfolgend dargestellt:

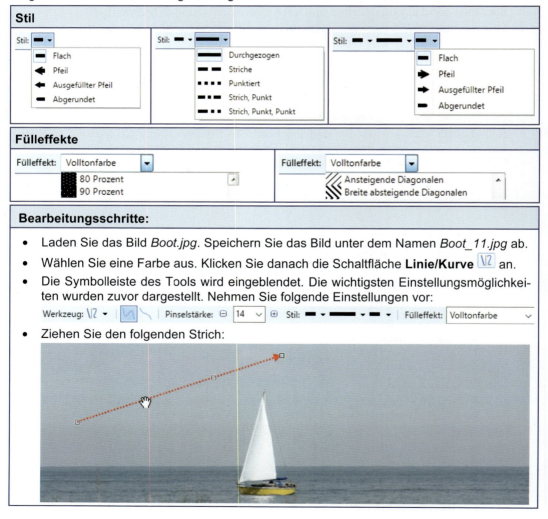

Stil		
Stil: ■ ▼	Stil: ■ ▼ ▬ ▼	Stil: ■ ▼ ▬ ▼ ■ ▼
■ Flach	▬ Durchgezogen	■ Flach
← Pfeil	▬ ▬ Striche	→ Pfeil
← Ausgefüllter Pfeil	▪▪▪▪ Punktiert	→ Ausgefüllter Pfeil
■ Abgerundet	▬ ▪ ▬ Strich, Punkt	■ Abgerundet
	▬ ▪▪ ▬ Strich, Punkt, Punkt	

Fülleffekte	
Fülleffekt: Volltonfarbe	Fülleffekt: Volltonfarbe
80 Prozent	Ansteigende Diagonalen
90 Prozent	Breite absteigende Diagonalen

Bearbeitungsschritte:

- Laden Sie das Bild *Boot.jpg*. Speichern Sie das Bild unter dem Namen *Boot_11.jpg* ab.
- Wählen Sie eine Farbe aus. Klicken Sie danach die Schaltfläche **Linie/Kurve** an.
- Die Symbolleiste des Tools wird eingeblendet. Die wichtigsten Einstellungsmöglichkeiten wurden zuvor dargestellt. Nehmen Sie folgende Einstellungen vor:
- Ziehen Sie den folgenden Strich:

Arbeiten mit Bildern 173

Bearbeitungsschritte (Fortsetzung):

- Über die Schalflächen lassen sich über Anfasser verschiedene Linienformen erstellen. Probieren Sie das Werkzeug intensiv aus. Über die Schaltfläche **Fertigstellen** schließen Sie die Bearbeitung einer Zeichnung ab.

Rechtecke, Ellipsen und Farbpinsel-Zeichnungen

Rechtecke, Ellipsen usw. können ganze oder einzelne Bereiche durch Umrandungen besonders herausstellen. Mit dem Werkzeug **Formen** werden verschiedene Möglichkeiten vorgegeben. Mit dem Werkzeug **Farbpinsel** wird ein frei gewählter Bereich umrandet.

Art der Form	Formfüllmodus

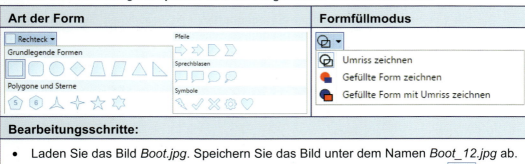

Bearbeitungsschritte:

- Laden Sie das Bild *Boot.jpg*. Speichern Sie das Bild unter dem Namen *Boot_12.jpg* ab.
- Wählen Sie eine Farbe aus. Klicken Sie danach die Schaltfläche **Formen** an. Bestimmen Sie die angegebenen Optionen.

- Erstellen Sie die folgenden Darstellungen mithilfe der zur Verfügung stehenden Schaltflächen. Nutzen Sie für die letzte das Werkzeug **Farbpinsel**.

- Bei der Zeichnung von Formen haben Sie verschiedene Optionen.

- Natürlich können auch Text- und Malwerkzeuge zusammen eingesetzt werden.

6.4.4 Ebenen

Begriff

Mithilfe von Ebenen werden Bilder wie Folien übereinandergelegt. Die Folien können bei Bedarf hinzugefügt oder auch entfernt werden. Die Zusammenstellung der Folien kann beliebig erfolgen. Daher kann man das Bild (die Grafik) in verschiedenen Formen beispielsweise über einen Drucker ausgeben.

Erzeugung, Ein- und Ausblendung, Benennen von Ebene – Bild – Schrift – Rahmen

In einem ersten Schritt soll ein Bild mit Überschriften und Rahmen versehen werden. Dabei sind die einzelnen Elemente nicht fest in der Grafik verankert, sondern können bei Bedarf ein- und ausgeblendet werden.

Bearbeitungsschritte:

- Laden Sie das Bild *Boot_1.gif*. Speichern Sie es unter dem Namen *Boot_13.gif* ab.
- Blenden Sie das Fenster **Ebenen** ein. Im Fenster **Ebenen** wird das Bild als eine Ebene dargestellt. Machen Sie einen Doppelklick auf die Bezeichnung *Hintergrund*. Benennen Sie die Ebene im Fenster **Ebenen-Eigenschaften** und bestimmen Sie den Modus **Normal**. Damit wird die Ebene ohne besondere Einstellungen eingefügt.

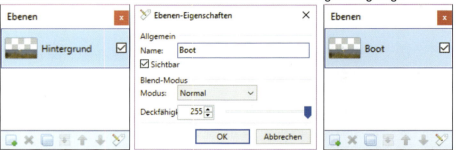

- Wählen Sie den Menüpunkt **Ebenen/Neue Ebene hinzufügen**. Im Fenster **Ebenen** wird die Ebene angezeigt. Wählen Sie den Menüpunkt **Ebenen/Ebenen-Eigenschaften** bzw. machen Sie einen Doppelklick auf den Bereich *Ebene 2*. Im Fenster **Ebenen-Eigenschaften** legen Sie die folgenden Optionen fest. Mit dem Modus **Erhellen** wird die Ebene in den Vordergrund gerückt. Nach Anklicken der Schaltfläche **OK** verändert sich das Fenster **Ebenen**. Blenden Sie die Ebene *Boot* durch Anklicken des Häkchens aus.

- Klicken Sie die Schaltfläche **Text** an. Stellen Sie das Werkzeug folgendermaßen ein und wählen Sie im Fenster **Farben** eine rote Farbe.

Arbeiten mit Bildern 175

Bearbeitungsschritte (Fortsetzung):

- Das Ergebnis sollte mit einer rechteckigen Umrandung folgendermaßen aussehen:

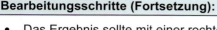

- Je nachdem, ob man eine Ebene aktiviert ist oder nicht, werden Elemente des Bildes ein- bzw. ausgeblendet.

- Bei Aktivierung beider Ebenen sieht das Ergebnis folgendermaßen aus:

Erzeugung, Ein- und Ausblendung, Benennen, Deckkraft von Ebenen – Hintergrund

Ein Hintergrund kann beispielsweise einen transparenten Bereich ausfüllen.

Bearbeitungsschritte:

- Wählen Sie den Menüpunkt **Ebenen/Neue Ebene hinzufügen**. Im Fenster **Ebenen** wird die Ebene wie bereits beschrieben angezeigt. Deaktivieren Sie die anderen Ebenen. Stellen Sie die Eigenschaften ein. Der Modus **Abdunkeln** sorgt dafür, dass die Ebene in den Hintergrund gesetzt wird.

- Klicken Sie die Schaltfläche **Farbeimer** an. Wählen Sie eine hellblaue Farbe. Stellen Sie bei Bedarf verfügbare Optionen ein.

Bearbeitungsschritte (Fortsetzung):

- Bei Einblendung aller drei Ebenen sieht das Ergebnis folgendermaßen aus:

- Die Eigenschaften der Ebenen können jederzeit geändert werden. Beispielsweise kann die Deckfähigkeit einer Ebene erhöht bzw. auch wieder vermindert werden. Dadurch ändert sich die Darstellung.

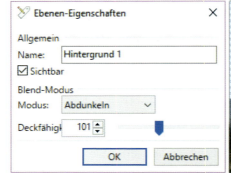 

Speichern einer Datei mit Ebenen

Die Abspeicherung von Grafiken mit Ebenen unterscheidet sich im Prinzip nicht von der Abspeicherung anderer Bilddateien. Wichtig ist jedoch, dass die Datei unter einem dafür speziell vorgesehenen Format (*pdm*) abgespeichert wird. Dadurch werden die einzelnen Ebenen getrennt voneinander in einer Datei abgelegt.

Bearbeitungsschritte:

- Speichern Sie die Datei unter dem Dateinamen und dem Dateityp *Boot_1.pdn* ab.
- Das Bild wird zusammengefasst. Beim Öffnen können Sie das Bild und damit die einzelnen Ebenen normal weiterbearbeiten.
- Wenn Sie zuvor die Speicherung unter dem Dateityp *pdn* vorgenommen haben, können Sie die Datei beruhigt unter dem Dateityp *jpg* abspeichern. Die einzelnen Ebenen in dem Bild können allerdings nicht mehr getrennt und damit bearbeitet werden.

Arbeiten mit Bildern 177

Zusammenführen, Löschen und Vervielfältigen von Ebenen

Ebenen, die nicht mehr benötigt werden, sollten gelöscht werden. Daneben kann man Ebenen, die sachlogisch zusammengehören, zu einer Ebene zusammenführen. Werden Ebenen in fast identischer Form benötigt, sollte man eine Ebene vervielfältigen und dann eine der beiden Ebenen in der gewünschten Form ändern.

Bearbeitungsschritte:

- Speichern Sie die Datei *Boot_1.pdn* unter dem Namen *Boot_2.pdn* nochmals ab.
- Markieren Sie im Fenster **Ebenen** die Ebene *Hintergrund 1*. Klicken Sie danach die Schaltfläche **Doppelte Ebene** an. Die zusätzliche Ebene wird angezeigt. Rufen Sie die zusätzliche Ebene auf, verändern Sie den Namen und fügen Sie mit dem **Farbeimer** eine andere Farbe ein.

- Probieren Sie zunächst verschiedene Kombinationen aus. Markieren Sie danach die Ebene *Hintergrund 2*. Klicken Sie die Schaltfläche **Ebene löschen** an, um die Ebene zu löschen. Dies ist auch über den Menüpunkt **Ebenen/Ebene löschen** möglich.

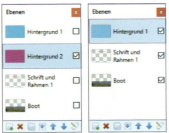

- Ebenen können auch zusammengeführt, also aus mehreren Ebenen eine erstellt werden. Dies bietet sich an, wenn diese Ebenen immer zusammen genutzt werden. Bringen Sie zunächst die Ebenen mithilfe der Schaltflächen **Ebene nach oben verschieben** und **Ebene nach unten verschieben** in die folgende Reihenfolge. Klicken Sie danach die Schaltfläche **Ebene nach unten zusammenführen** an. Die beiden Ebenen sind nun zu einer Ebene verschmolzen. Um eine vernünftige Darstellung zu erreichen, muss für die neue Ebene der Modus **Abdunkeln** gewählt werden.

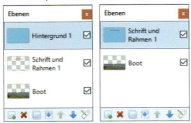

Importieren eines Bildes

Durch das Importieren von Bildern soll in der Regel versucht werden, Informationen aus zwei verschiedenen Bildern zu einem sinnvollen Bild zu verarbeiten. Im folgenden Fall soll der bedeckte Himmel eines Bildes in das Bild mit dem Boot eingearbeitet werden.

Bearbeitungsschritte:

- Speichern Sie die Datei *Boot_1.pdn* unter dem Namen *Boot_3.pdn* nochmals ab.
- Wählen Sie den Menüpunkt **Ebenen/Aus Datei importieren**. Wählen Sie die Datei *Wolken_1.jpg* aus. Im Fenster **Ebenen** wird das Bild angegeben.

- Blenden Sie das Bild *Wolken_1* aus und das Bild *Boot* ein.

- Wählen Sie das Tool *Zauberstab* aus. Bestimmen Sie eine Toleranz von 16 %. Dies bedeutet, dass nach Anklicken eines Punktes in dem Bild alle Bereiche markiert werden, die bis zu 16 % farblich von dem Punkt abweichen. Der Wert wurde willkürlich gewählt, grundsätzlich sollte man immer überprüfen, ob der gewünschte Effekt eintritt.

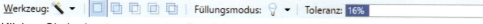

- Klicken Sie in den transparenten Bereich und markieren Sie dadurch den Bereich.

Arbeiten mit Bildern 179

Bearbeitungsschritte (Fortsetzung):

- Aktivieren Sie auch wieder die Ebene *Wolken_1*. Der markierte Bereich der Ebene *Boot* wird in die Ebene *Wolken_1* übertragen.

- Deaktivieren Sie die Ebene *Boot*. Der bisher markierte Bereich soll in dem neuen Bild integriert und der Rest ausgeschnitten werden. Wählen Sie daher den Befehl **Bearbeiten/Auswahl umkehren**, um den anderen Bereich des Bildes zu markieren.

 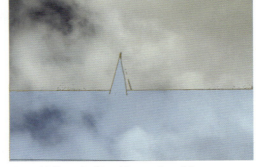

- Wählen Sie den Menüpunkt **Bearbeiten/Ausschneiden**.

- Aktivieren Sie zusätzlich die Ebene *Boot*. Das Ergebnis überzeugt. Aus einem Bild mit strahlendblauem Himmel wurde ein Bild mit einem wolkenverhangenen Himmel.

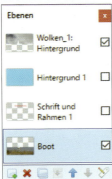 

6.4.5 Effekte, Filter und Korrekturen

Vorbemerkungen

Ein Bild entspricht nicht immer den Vorstellungen, die bei der Erstellung des Bildes gegeben waren. Es kann daher wie bereits gezeigt wurde, verändert werden.

Ein Grafikverarbeitungsprogramm verfügt daneben über viele Möglichkeiten, ein Bild zu verbessern oder zu verändern, beispielsweise kann der Kontrast erhöht, die Helligkeit verändert oder das Bild als Bleistift- oder Ölgemälde dargestellt werden. Standardmäßig verfügt das Programm **Paint.NET** über ca. 50 Korrekturhilfen und Filter (Effekte), mit deren Hilfe ein Bild verändert werden kann. Über die Paint.Net-Seite im Internet können mehrere Hundert weitere dieser Werkzeuge geladen und dann installiert werden. Außerdem werden weitere kostenlose Werkzeuge im Netz angeboten. Sie können über Suchmaschinen gefunden werden.

Korrekturen

Das Bild *Boot.jpg* erscheint tendenziell etwas zu dunkel. Daher soll es nachbearbeitet werden.

Bearbeitungsschritte:

- Speichern Sie die Datei *Boot.jpg* unter dem Namen *Boot_14.jpg* nochmals ab.
- Wählen Sie den Menüpunkt **Korrekturen**. Verschiedene Möglichkeiten der Korrektur eines Bildes stehen zur Verfügung. Wählen Sie den Menüpunkt **Helligkeit/Kontrast** und verändern Sie die Werte.

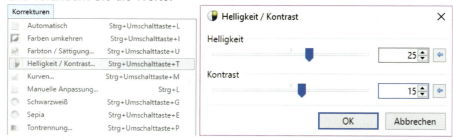

- Das Ergebnis zeigt ein deutlich helleres Bild. Außerdem müsste das Bild kontrastreicher dargestellt werden. Machen Sie die Korrektur danach wieder rückgängig.

- Probieren Sie nacheinander alle Korrekturmöglichkeiten aus. Machen Sie die Ergebnisse wieder rückgängig. Nachfolgend werden einige mögliche Ergebnisse gezeigt:

Arbeiten mit Bildern 181

Effekte

Mithilfe von mathematischen Algorithmen werden durch digitale Filter Bilder verbessert, verändert oder für andere Zwecke aufbereitet. Das Programm **Paint.NET** stellt ca. 30 verschiedene Effekte, die auch als Filter bezeichnet werden, zur Verfügung.

Oftmals stehen Parameter zur Verfügung, die für unterschiedliche Ergebnisse der Anwendung von Filtern sorgen. Die Bearbeitungszeit für die Erstellung des Ergebnisses hängt weitestgehend von der Leistungsfähigkeit des Computers ab.

Bearbeitungsschritte:

- Speichern Sie die Datei *Boot.jpg* unter dem Namen *Boot_15.jpg* nochmals ab.
- Wählen Sie den Menüpunkt **Effekte**. Verschiedene Effekte (Filter) stehen zur Verfügung. Wählen Sie den Menüpunkt **Künstlerisch/Bleistiftskizze**.

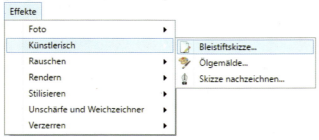

- Das Ergebnis sieht je nach Einstellung unterschiedlich aus:

- Über den Menüpunkt **Korrekturen/Kurven** können Sie z. B. den Effekt verstärken.

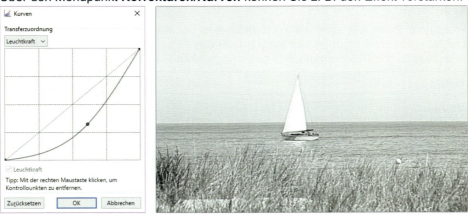

- Probieren Sie weitere Filter aus. Machen Sie das Ergebnis jeweils rückgängig bzw. speichern Sie das Ergebnis unter einem anderen Dateinamen ab.

6.5 Ausgabe

Vorbemerkungen

Die Ausgabe der Bilder kann selbstverständlich sehr unterschiedlich realisiert werden. Grundsätzlich ist es beispielsweise möglich, die Bilder über einen Drucker auszugeben, denkbar ist es jedoch auch, die Bilder in der Hinsicht zu optimieren, dass sie mit einer vernünftigen Ladezeit für den Anwender im Internet zur Verfügung gestellt werden.

Drucken

Der Druck wird mithilfe eines Assistenten durchgeführt. Verschiedene Ausgabeoptionen können dabei genutzt werden, z. B. ganzseitiger Ausdruck, Passbildformat usw.

Bearbeitungsschritte:

- Laden Sie die Datei *Boot.jpg*. Wählen Sie danach den Menüpunkt **Datei/Drucken**. Das Fenster **Bilder drucken** wird angezeigt. Wählen Sie einen Drucker aus, stellen Sie die Papiergröße ein, bestimmen Sie die Qualität und eventuell den Papiertyp.

- Klicken Sie die Schaltfläche **Drucken** an, wenn Sie einen Ausdruck vornehmen möchten. Ist dies nicht der Fall, sollten Sie den Vorgang abbrechen.

Veröffentlichung im Web

Soll ein Bild im Internet veröffentlicht werden, sind verschiedene Einstellungen notwendig. Vor allem im Hinblick auf die Bildgröße und den *Dateityp* (gif, *jpeg*) müssen Sie eventuell Anpassungen vornehmen, um die Bilder vernünftig im Internet und mit einer akzeptablen Ladezeit präsentieren zu können.

6.6 Zusätzliche Plug-Ins

Das Programm **Paint.Net** stellt viele Möglichkeiten der Bildbearbeitung zur Verfügung. Zusätzliche Möglichkeiten ergeben sich jedoch über das Einbinden von *Plug-Ins*. Auf diese Weise stehen zusätzliche Dateiformate, Korrekturmöglichkeiten und Effekte zur Verfügung.

Bearbeitungsschritte:

- Starten Sie das Programm **Paint.Net**. Klicken Sie die Schaltfläche **Hilfe** in der rechten oberen Ecke an. Wählen Sie danach den Menüpunkt **Hilfe/Plug-Ins**. Wählen Sie aus hunderten Möglichkeiten Effekte aus und installieren Sie sie.

Übungen:

1. Bearbeiten Sie die Bilder. Die Bilder können Sie unter der folgenden Internetadresse laden:

   www.berufliche-informatik/Office/Bilder

   a) Entfernen Sie aus dem Bild *Kanal* den Ausflugsdampfer.

   b) Stellen Sie mithilfe der zur Verfügung stehenden Werkzeuge das Segelboot aus dem Bild *Boot.jpg* frei und fügen Sie es mithilfe der Ebenentechnik in das Bild *Kanal* ein.

2. Laden Sie das Bild *Mühle*. Drehen Sie das Bild. Nehmen Sie Korrekturen vor und nutzen Sie mögliche Effekte. Nutzen Sie eventuell durch Plug-Ins zur Verfügung gestellte Möglichkeiten.

7 Algorithmen
7.1 Begriff

Ein Algorithmus ist eine genaue Angabe von Einzelschritten zur Lösung eines Problems. Es wird angegeben, welche Operationen in der richtigen Reihenfolge vollzogen werden müssen, damit ein erwartetes Resultat erreicht wird.

Für die Erstellung eines Computerprogramms benötigt man daher einen Algorithmus, der im Einzelnen festlegt, wie die Elemente einer komplexen Aufgabe nacheinander ausgeführt werden müssen, damit der Computer die gestellte Aufgabe mittels der entsprechenden Befehle eines Programms lösen kann.

Auch bei der Lösung von Problemen in Standardprogrammen werden Algorithmen angewendet. In einzelnen Zellen der Tabellenkalkulation **Excel** stehen beispielsweise Funktionen, die algorithmische Grundstrukturen darstellen. Nur mithilfe dieser Funktionen ist es erst möglich, mit Standardsoftwareprogrammen vernünftige Lösungen zu erzielen.

7.2 Algorithmische Grundstrukturen

Probleme, die mithilfe eines Computers gelöst werden können, werden in Einzelschritte zerlegt. Dabei kann der Einzelschritt die folgenden Lösungsmöglichkeiten erfordern:

Sequenz (Folge)	Unter Folgen versteht man eine Aneinanderreihung von Anweisungen.
Selektion (Auswahl)	Bei der Auswahlstruktur werden Alternativen in Abhängigkeit von einer Bedingung angegeben.
Iteration (Wiederholung)	Anweisungen werden in Abhängigkeit von einer Bedingung wiederholt ausgeführt.

7.3 Darstellungsmöglichkeiten von Algorithmen

Um Problemlösungen erarbeiten zu können, empfiehlt es sich grundsätzlich, mithilfe von Symbolen den entsprechenden Sachverhalt zunächst grafisch darzustellen.

Einzelne Teile des Problems werden mithilfe eines **Struktogramms** bzw. eines **Programmablaufplanes** (PAP) analysiert. Danach kann man das Problem beispielsweise mit Programmier- oder Skriptsprachen (VBA [Visual Basic for Applications], PHP usw.) lösen.

Anwendungsprogramme wie beispielsweise die Tabellenkalkulation **Excel** bieten entsprechende Funktionen, mit deren Hilfe die Lösung eines Problems möglich ist. Als Beispiel soll hier die Funktion WENN genannt werden, mit deren Hilfe eine Auswahl zwischen verschiedenen Möglichkeiten vorgenommen werden kann.

Bei einer **Sequenz** (Folge) handelt es sich um die Folge einzelner Anweisungen, die nacheinander abgearbeitet werden. Bei einem Standardprogramm werden beispielsweise Berechnungen unabhängig von einer Bedingung durchgeführt, in Programmen ebenfalls.

Bei einer **Selektion** (Auswahl) werden in Abhängigkeit von einer oder mehreren Bedingungen Anweisungen ausgeführt. In einer Tabellenkalkulation steht für diese Zwecke die Funktion *WENN* zur Verfügung, in Programmiersprachen in der Regel der Befehl *If*. Die **mehrseitige Selektion** (Mehrseitige Auswahl) kann in einer Tabellenkalkulation z. B. mit der Funktion *SVERWEIS* durchgeführt werden. In Programmiersprachen stehen Befehle zur Verfügung.

Für die **Iteration** (Wiederholung) bieten Tabellenkalkulationen z. B. die *Zielwertsuche* und den *Solver* an. Programmiersprachen stellen verschiedene Schleifen zur Verfügung, mit deren Hilfe die erforderlichen Ergebnisse erzielt werden können.

7.4 Beschreibungen und Anwendungsbeispiele

7.4.1 Vorbemerkungen

Unabhängig von einer genutzten Programmiersprache, Skriptsprache usw. sollten Sie zunächst einen Sachverhalt in einen Programmablaufplan (PAP) oder einem Struktogramm darstellen. Auf den nächsten Seiten werden einige Probleme mithilfe dieser Möglichkeiten veranschaulicht.

In späteren Kapiteln des Buches finden Sie die einzelnen Beispiele jeweils wieder. Sie können dann aufgrund der erstellten Struktogramme oder Programmablaufpläne die Programme, Prozeduren usw. schreiben.

7.4.2 Sequenz

Bei einer Sequenz werden alle Befehle nacheinander ausgeführt.

Beispiel: Berechnung des Umsatzes

Nach der Eingabe einer Menge und eines Preises wird der Umsatz berechnet und danach ausgegeben.

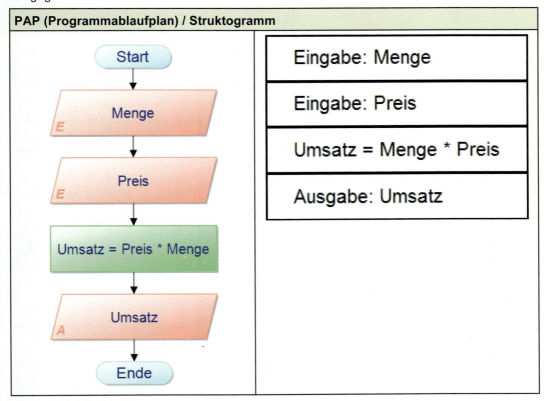

Eingabewerte		Ausgabewert	
Menge	50	Umsatz	5000
Preis	100		

7.4.3 Selektion

Selektion – Einseitige Auswahl

Bei einer Selektion werden die Werte in Abhängigkeit von einer Bedingung bestimmt. Bei einer einseitigen Auswahl wird nur dann ein Befehl ausgeführt, wenn die Bedingung erfüllt ist. Ansonsten wird kein Befehl ausgeführt.

Beispiel 1:   Ausgabe eines Textes

In Abhängigkeit von einem Ergebnis soll das Ergebnis kommentiert werden. Die beiden Eingabewerte sollen außerdem ausgegeben werden.

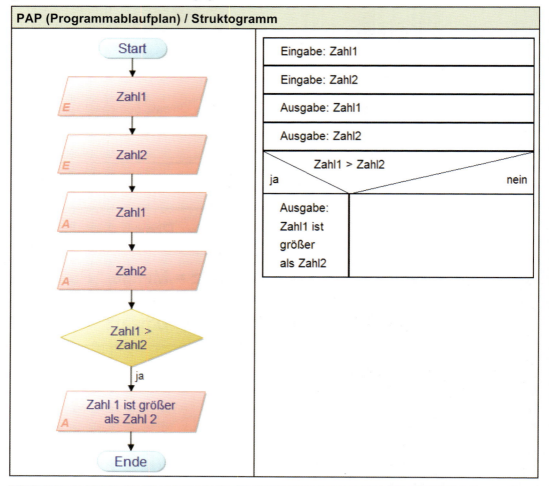

Eingabewerte		Ausgabewerte		Eingabewerte		Ausgabewerte	
Zahl1	150	Zahl1	150	Zahl1	50	Zahl1	50
Zahl2	100	Zahl2	100	Zahl2	100	Zahl2	100
		Zahl 1 ist größer als Zahl 2					

Selektion – Zweiseitige Auswahl

Bei einer Selektion werden die Werte wie bereits erwähnt in Abhängigkeit von einer Bedingung bestimmt. Bei einer zweiseitigen Auswahl wird ein Befehl ausgeführt, wenn die Bedingung erfüllt ist. Ist die Bedingung nicht erfüllt, wird ein anderer Befehl ausgeführt.

Beispiel 1: Ausgabe eines Textes

In Abhängigkeit von einem Ergebnis soll das Ergebnis kommentiert werden. Eine Kommentierung erfolgt in jedem Fall, da sowohl für die eine als auch für die andere Möglichkeit ein Text vorgesehen ist. Die beiden Eingabewerte werden unabhängig vom Ergebnis außerdem ausgegeben.

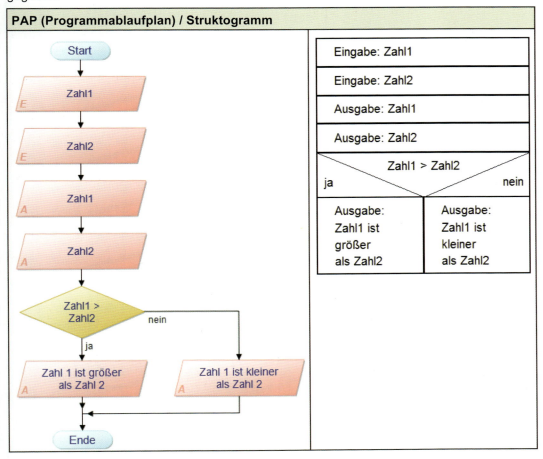

Eingabewerte		Ausgabewerte		Eingabewerte		Ausgabewerte	
Zahl1	150	Zahl1	150	Zahl1	50	Zahl1	50
Zahl2	100	Zahl2	100	Zahl2	100	Zahl2	100
		Zahl 1 ist größer als Zahl 2				Zahl 1 ist kleiner als Zahl 2	

Selektion – Einseitige Auswahl – Zweiseitige Auswahl

Der Unterschied zwischen einer einseitigen und zweiseitigen Auswahl soll anhand der folgenden umfangreicheren Beispiele noch einmal verdeutlicht werden.

Beispiel 1: Berechnung von Umsatz und Rabatt

Nach der Eingabe einer Menge und eines Preises wird der Umsatz berechnet und danach in Abhängigkeit vom errechneten Wert ein Rabatt berechnet. Danach wird der Rabatt vom Umsatz abgezogen und alle Daten werden ausgegeben.

PAP (Programmablaufplan)

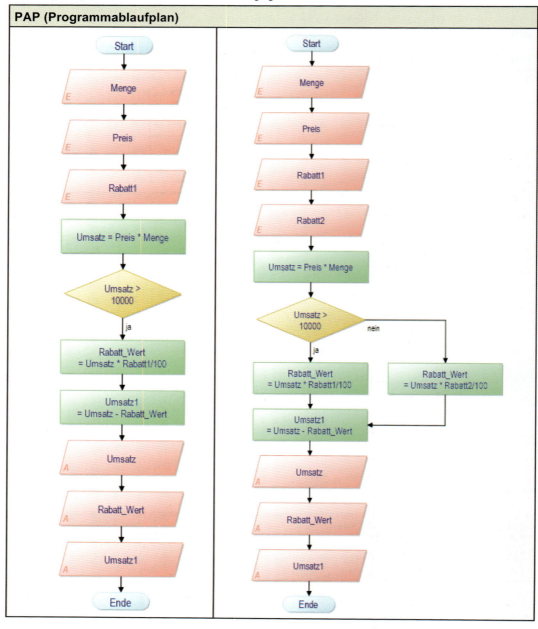

Beschreibungen und Anwendungsbeispiele

Struktogramm

Eingabe: Menge		
Eingabe: Preis		
Eingabe: Rabatt1		
Umsatz = Menge * Preis		
Umsatz > 10000		
ja		nein
Rabatt_Wert = Umsatz * Rabatt1 / 100		
Umsatz1 = Umsatz - Rabatt_Wert		
Ausgabe: Umsatz		
Ausgabe: Rabatt_Wert		
Ausgabe: Umsatz1		

Struktogramm

Eingabe: Menge	
Eingabe: Preis	
Eingabe: Rabatt1	
Eingabe: Rabatt2	
Umsatz = Menge * Preis	
Umsatz > 10000	
ja	nein
Rabatt_Wert = Umsatz * Rabatt1 / 100	Rabatt_Wert = Umsatz * Rabatt2 / 100
Umsatz1 = Umsatz - Rabatt_Wert	
Ausgabe: Umsatz	
Ausgabe: Rabatt_Wert	
Ausgabe: Umsatz1	

Eingabewerte		Ausgabewerte		Eingabewerte		Ausgabewerte	
Menge	50	*Umsatz*	5000	*Menge*	200	*Umsatz*	20000
Preis	100	*Rabatt_Wert*	500	*Preis*	100	*Rabatt_Wert*	4000
Rabatt1	20	*Umsatz1*	4500	*Rabatt1*	20	*Umsatz1*	16000
Rabatt2	10			*Rabatt2*	10		

Selektion – Mehrseitige Auswahl

Auch mehrseitige Auswahlmöglichkeiten können genutzt werden. Der Rabatt soll in Abhängigkeit vom Umsatz berechnet und abgezogen werden.

PAP (Programmablaufplan)

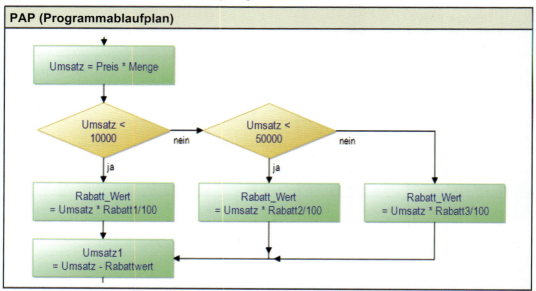

Struktogramm

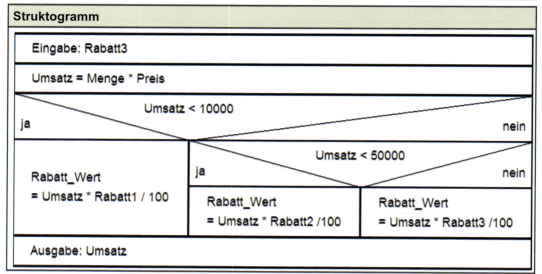

Eingabewerte		Ausgabewerte		Eingabewerte		Ausgabewerte	
Menge	50	Umsatz	5000	Menge	200	Umsatz	20000
Preis	100	Rabatt_Wert	500	Preis	100	Rabatt_Wert	4000
Rabatt1	10	Umsatz1	4500	Rabatt1	10	Umsatz1	16000
Rabatt2	20			Rabatt2	20		
Rabatt3	30			Rabatt3	30		

7.4.4 Iteration

Iteration – Wiederholung – Kopfgesteuerte Schleife

Bei der Iteration werden Anweisungen wiederholt. Dabei wird genau festgelegt, wie oft eine Anweisung zu wiederholen ist. Außerdem kann beispielsweise eine Schrittweite bestimmt werden. Dadurch wird die Anweisung nur für bestimmte Zahlen ausgeführt. In einem Programmablaufplan kann der Sachverhalt auf verschiedene Weise dargestellt werden. Dies wird nachfolgend gezeigt:

Beispiel 1: Ausgabe von Zahlen

Eine Zahl soll bis zu einer festgelegten Zahl hochgezählt werden. Alle Zahlen sollen ausgegeben werden. Unter Umständen sollen nicht alle Zahlen ausgegeben werden.

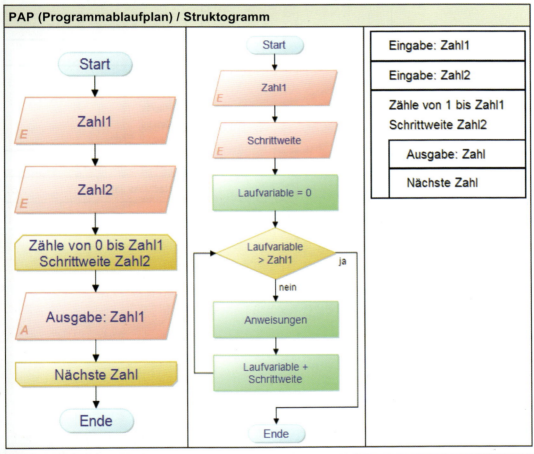

Eingabewerte		Ausgabewerte	Eingabewerte		Ausgabewerte
Zahl1	5	1	Zahl1	9	0
Zahl2	1	2	Zahl2	2	2
		3			4
		4			8
		5			

Beispiel 2: Berechnung von Zinsen

Ein Kapital soll zu einem festgelegten Zinssatz über mehrere Jahre angelegt werden. Die einzelnen Zwischenergebnisse sollen ausgegeben werden.

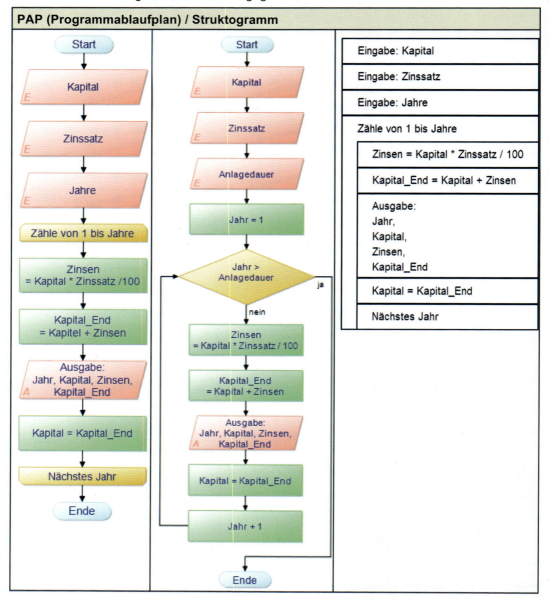

Eingabewerte		Ausgabewerte			
Kapital	10000	1	10000,00	500,00	10500,00
Zinssatz	5	2	10500,00	525,00	11025,00
Jahre	3	3	11025,00	551,25	11576,25

Iteration – Kopfgesteuerte Schleife – Abweisende Schleife

Bei der kopfgesteuerten Schleife werden Anweisungen wiederholt, solange eine im Kopf der Schleife definierte Bedingung erfüllt ist. Die Kopfbedingung kann beispielsweise auch Schrittweiten enthalten. Schleifen werden oftmals mit Abbruchbedingungen verbunden, die im Zusammenhang mit den jeweiligen Programmiersprachen angesprochen werden.

Beispiel 1: Ausgabe von Zahlen

Eine Zahl (*Zahl2*) soll solange ausgegeben werden, wie sie kleiner als eine andere Zahl (*Zahl1*) ist. Dabei soll die Zahl mithilfe einer Schrittweite (*Schrittweite*) hochgezählt werden. Das Programm soll so gestaltet werden, dass alle Werte zunächst eingegeben werden. Danach soll die feststehende Zahl (*Zahl1*) ausgegeben werden. Anschließend soll die hochzuzählende Zahl (*Zahl2*) jeweils ausgegeben werden.

PAP (Programmablaufplan) / Struktogramm

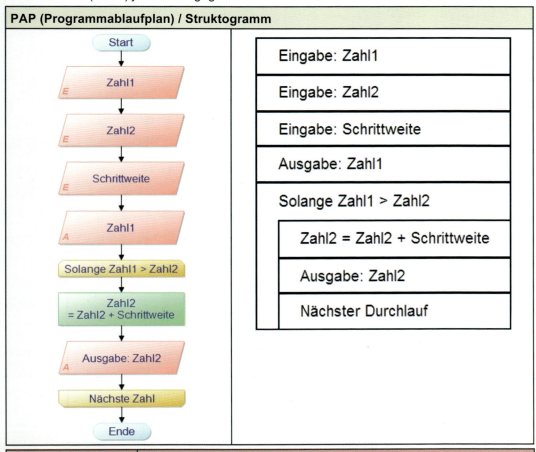

Eingabewerte		Ausgabewerte				
Zahl2	16	Zahl1		1	Zahl2	5
Zahl1	0	Zah1		2	Zahl2	10
Schrittweite	5	Zahl1		3	Zahl2	15
		Zahl1		4	Zahl2	20

Iteration – Fußgesteuerte Schleife – Nichtabweisende Schleife

Bei der fußgesteuerten Schleife wird die Bedingung erst am Ende der Schleife überprüft. Dies bedeutet, dass die Anweisung oder die Anweisungen zunächst ausgeführt werden. Die Anweisungen werden solange wiederholt, bis eine im Fuß der Schleife definierte Bedingung erfüllt ist.

PAP (Programmablaufplan) / Struktogramm
Eine Anweisung wird solange wiederholt, bis eine am Fußende definierte Bedingung erfüllt ist.

Eingabewerte			Ausgabewerte				
Zahl2		16	Durchlauf		0	Zahl1	0
Zahl1		0	Durchlauf		1	Zahl1	5
Schrittweite		5	Durchlauf		2	Zahl1	10
			Durchlauf		3	Zahl1	15

8 VBA (Visual Basic for Applications)

8.1 Vorbemerkungen

Die Programmiersprache **VBA** (Visual Basic for Applications) ist standardmäßig in den Office-Paketen von Microsoft integriert. Damit ist es möglich, Abläufe zu automatisieren, Verzweigungen vorzunehmen, Kontrollstrukturen einzubauen usw. VBA ist im Wesentlichen seit der Office-Version 2000 unverändert, sodass die Programmiersprache in verschiedenen Office-Versionen genutzt werden kann.

Eine Möglichkeit, die Programmiersprache zu nutzen, ist die Erstellung von Makros und die anschließende Änderung einzelner Befehle, je nach den gewünschten Ergebnissen. Die andere Möglichkeit ist das Schreiben von Programmen. Auf den nächsten Seiten wird systematisch in die Programmiersprache eingeführt. Es wird Wert darauf gelegt, dass das erlernte Wissen dazu genutzt werden kann, auch andere Programmiersprachen zu erlernen und anzuwenden.

8.2 Arbeitsumgebung

Aufruf des Programms

Normalerweise muss zumindest in Office 2016 zunächst einmal das Register **Entwicklertools** aktiviert werden, damit eine Arbeit mit **VBA** möglich wird.

> **Bearbeitungsschritte:**
>
> - Starten Sie das Programm **Excel**. Klicken Sie die Schaltfläche **Optionen** an, wenn das Register **Entwicklertools** nicht eingeblendet ist.
>
>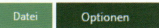
>
> - Aktivieren Sie danach das Kontrollkästchen vor **Entwicklertools** im Bereich **Menüband anpassen**.
>
>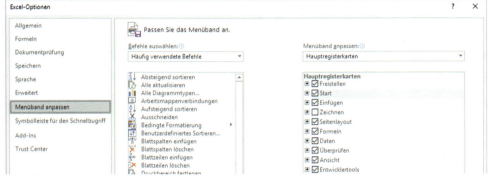
>
> - Das Register **Entwicklertools** wird zur Verfügung gestellt:
>
>
>
> - Nach dem Anklicken der Schaltfläche **Visual Basic** in der Gruppe **Code** wird die Entwicklungsumgebung (Arbeitsumgebung) von **VBA** zur Verfügung gestellt.
> - In früheren Excel-Versionen wird die Arbeitsumgebung über den Menüpunkt **Extras/Makros/Visual Basic-Editor** aufgerufen.

Einstellung der Arbeitsumgebung

Um optimal arbeiten zu können, muss zunächst die Arbeitsumgebung eingestellt werden. Spätere Änderungen usw. können jederzeit über Menüpunkte vorgenommen werden.

Bearbeitungsschritte:

- Rufen Sie die Arbeitsumgebung wie beschrieben auf:

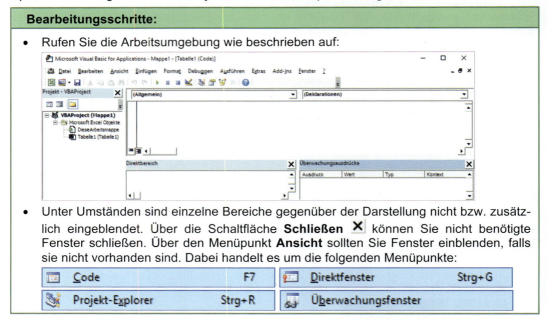

- Unter Umständen sind einzelne Bereiche gegenüber der Darstellung nicht bzw. zusätzlich eingeblendet. Über die Schaltfläche **Schließen** ☒ können Sie nicht benötigte Fenster schließen. Über den Menüpunkt **Ansicht** sollten Sie Fenster einblenden, falls sie nicht vorhanden sind. Dabei handelt es um die folgenden Menüpunkte:

	Code	F7		Direktfenster	Strg+G
	Projekt-Explorer	Strg+R		Überwachungsfenster	

8.3 Erstellung und Ausführung von Prozeduren (Programmen)

Nachfolgend werden drei einfache Prozeduren zur Eingabe und Ausgabe von Daten vorgestellt. Erklärungen dazu finden Sie auf den nächsten Seiten. An dieser Stelle geht es vor allem um die Handhabung der Arbeitsumgebung.

Bearbeitungsschritte:

- Wählen Sie den Menüpunkt **Einfügen/Modul**. Damit steht ein Programmierbereich zur Verfügung.
- Geben Sie im Codebereich von *Modul1* die folgende VBA-Prozedur ein. Achten Sie auf die korrekte Schreibweise und Darstellung des Programms:

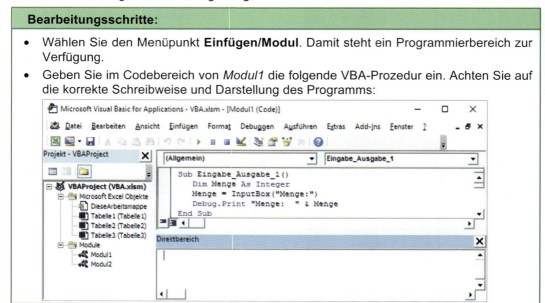

Erstellung und Ausführung von Prozeduren (Programmen)

Bearbeitungsschritte (Fortsetzung):

- Das Programm soll ein Fenster öffnen, in dem eine Eingabe erfolgt. Danach soll der eingegebene Wert im Direktbereich (Direktfenster) ausgegeben werden.
- Wählen Sie den Menüpunkt **Ausführen/Sub/UserForm ausführen**.

- Ein Eingabefenster wird eingeblendet:

- Als Ergebnis wird im Direktbereich der Ausgabewert angezeigt:

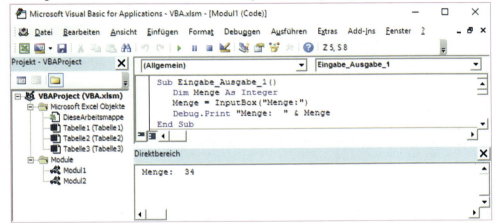

- Grundsätzlich stehen zwei weitere Möglichkeiten der Ausgabe zur Verfügung. Kopieren Sie das erste Programm und fügen Sie es wieder ein. Verändern Sie es entsprechend:

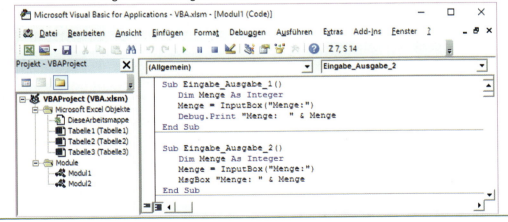

Bearbeitungsschritte (Fortsetzung):

- Der Strich zwischen den beiden Programmen wird automatisch eingefügt (nach *End Sub*) und dient der Abgrenzung zwischen den einzelnen Programmen.
- Statt im Direktbereich soll das Ergebnis über ein Fenster ausgegeben werden. Stellen Sie den Cursor in das zweite Programm. Wählen Sie danach den Menüpunkt **Ausführen/Sub/UserForm ausführen**. Geben Sie einen Wert in das Eingabefenster ein.
- Als Ergebnis wird in einem Fenster der eingegebene Wert ausgegeben:

- Eine weitere Möglichkeit der Ausgabe ergibt sich dadurch, dass Daten in eine Tabelle geschrieben werden. Zu diesem Zweck werden zunächst alle eventuell vorhandenen Daten aus einer Tabelle entfernt und dann bestimmt, in welche Zellen welcher Tabelle die Daten geschrieben werden sollen.

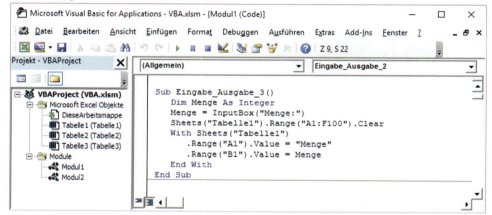

- Führen Sie das Programm aus. Geben Sie zunächst einen Wert ein.
- Als Ergebnis werden die Daten in **Excel** ausgegeben:

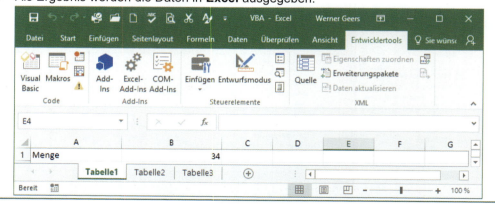

8.4 Ein- und Ausgabe von Daten

Vorbemerkungen

Die Eingabe von Daten kann auf zwei verschiedenen Wegen erfolgen:
- Eingabe über eine Eingabebox (Eingabefenster)
- Eingabe über einen Wert in einer Zelle eines Tabellenblattes

Je nach gewünschtem Zweck können diese beiden Arten eingesetzt werden.

Die Ausgabe von Daten kann wie auf den vorherigen Seiten beschrieben auf unterschiedliche Art und Weise erfolgen:
- Ausgabe über eine Ausgabebox,
- Ausgabe im Direktbereich des Microsoft Visual Basic - Editors,
- Ausgabe in einer Zelle einer Excel-Tabelle

Die Ausgabe kann beispielsweise zunächst im Direktbereich zu Übungszwecken erfolgen. Ist das Programm ausgereift, wird später eine andere Ausgabemöglichkeit gewählt.

Eingabe über ein Fenster und Ausgabe über den Direktbereich

Die Eingabe von Daten erfolgt über ein entsprechendes Fenster, eine sogenannte Inputbox. Später werden jedoch auch Zellen aus einer Tabelle von Excel benutzt, um Daten einzugeben und danach zu bearbeiten.

Befehl	Beispiel	Beschreibung
Sub Name ()	Sub Eingabe_Ausgabe()	Beginn des Programmcodes
Dim ... As	Dim Menge As Integer	Bestimmung des Variablentyps
InputBox " "	InputBox "Menge"	Erstellung eines Eingabefensters
Debug.Print	Debug.Print "Menge: " & Menge	Ausgabe eines Textes (in Anführungszeichen) und des Werts einer Variablen
End Sub	End Sub	Ende des Programmcodes

VBA/Beispiel/PAP (Programmablaufplan)/Struktogramm/Erklärung

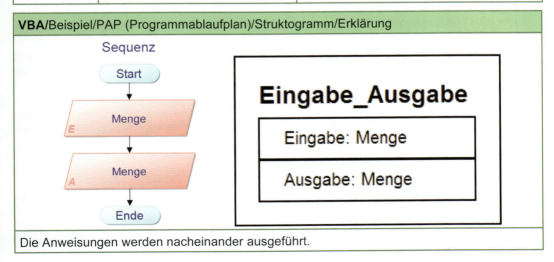

Die Anweisungen werden nacheinander ausgeführt.

```vba
1  Sub Eingabe_Ausgabe_1()
2    Dim Menge As Integer
3    Menge = InputBox("Menge:")
4    Debug.Print "Menge:  " & Menge
5  End Sub
```

Eingabe im Fenster – Anzeige im Direktbereich – Ergebnis

Eingabe über ein Fenster und Ausgabe über ein Fenster

Die Eingabe von Daten erfolgt über ein entsprechendes Fenster, eine sogenannte Inputbox. Die Ausgabe erfolgt ebenfalls über ein Fenster, einer sogenannten Messagebox.

Befehl	Beispiel	Beschreibung
MsgBox	MsgBox "Menge: " & Menge	Ausgabe eines Textes (in Anführungszeichen) und des Werts einer Variablen

```vba
1  Sub Eingabe_Ausgabe_2()
2    Dim Menge As Integer
3    Menge = InputBox("Menge:")
4    MsgBox "Menge: " & Menge
5  End Sub
```

Eingabe über ein Fenster und Ausgabe in eine bestimmte Tabelle

Die Eingabe von Daten erfolgt über ein entsprechendes Fenster, eine sogenannte Inputbox. Die Ausgabe erfolgt ebenfalls über ein Fenster, einer sogenannten Messagebox.

Befehl	Beispiel	Beschreibung
Sheets.Range .Clear	Sheets("Tabelle1") .Range("A1:F100").Clear	Löschen aller Inhalte ausgewählter Zellen eines Tabellenblatts

With … End With	With Sheets("Tabelle1")
	    .Range("A4").Value = "Menge"
	    .Range("B4").Value = Menge
	End With
		Auswählen einer Tabelle. Innerhalb der Anweisung werden dann zusätzliche Befehle ausgeführt

.Range	.Range("A1:F100").Clear	Auswählen und Löschen eines Bereichs
	.Range("A4").Value = "Menge"	Ausgabe eines Textes
	.Range("B4").Value = Menge	Ausgabe des Werts einer Variablen

Ein- und Ausgabe von Daten

```
1  Sub Eingabe_Ausgabe_3()
2    Dim Menge As Integer
3    Menge = InputBox("Menge:")
4    Sheets("Tabelle1").Range("A1:F100").Clear
5    With Sheets("Tabelle1")
6      .Range("A1").Value = "Menge"
7      .Range("B1").Value = Menge
8    End With
9  End Sub
```

Anzeige in der Tabelle1 – Ergebnis

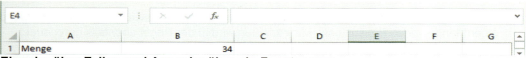

Eingabe über Zellen und Ausgabe über ein Fenster usw.

Die Eingabe von Daten erfolgt über Werte, die in bestimmten Zellen einer Tabelle eingegeben werden. Die Ausgabe kann über ein Fenster, über den Direktbereich usw. erfolgen.

Befehl	Beispiel	Beschreibung
MsgBox	MsgBox "Menge: " & Menge	Ausgabe eines Textes (in Anführungszeichen) und des Werts einer Variablen

```
1  Sub Eingabe_Ausgabe_4()
2    Dim Bezeichnung As String
3    Dim Menge As Single
4    With Sheets("Tabelle1")
5      Bezeichnung = Range("A1")
6      Menge = Range("B1")
7      MsgBox Bezeichnung & "   " & Menge
8    End With
9  End Sub
```

Anzeige in einem Fenster – Ergebnis

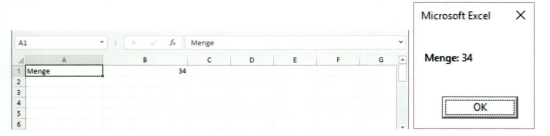

8.5 Konstanten und Variablen

Begriffe

In VBA können konstante und variable Werte genutzt werden. Obwohl es nicht unbedingt notwendig ist, sollten Konstanten und Variablen definiert werden. Geschieht dies nicht, wird ein Standarddatentyp verwandt, auf den noch eingegangen wird.

- **Konstanten**

  Als Konstanten werden feste Werte bezeichnet, mit denen beispielsweise gerechnet wird. Typische Beispiele für Konstanten sind etwa der Wert *Pi* bei der Kreisberechnung oder der Satz der Mehrwertsteuer.

- **Variablen**

  Variable können unterschiedliche Werte annehmen, beispielsweise durch die Eingabe einer Menge, eines Preises usw. Mit Variablen wird in der Regel ebenfalls gerechnet.

Lokale und globale Konstanten und Variablen

Konstanten und Variablen können so definiert werden, dass sie entweder nur in einer Prozedur oder auch für alle Prozeduren gültig sind.

- **Lokal**

  Die Gültigkeit der Konstanten oder Variablen beschränkt sich auf eine einzelne Prozedur. In einer anderen Prozedur kann eine andere Zuordnung vorgenommen werden.

- **Global**

  Die Gültigkeit wird für alle Prozeduren festgelegt. In den einzelnen Prozeduren müssen keine Festlegungen getroffen werden.

Praktische Beispiele werden den Sachverhalt später verdeutlichen.

Variablen-Typen

Bei der Eingabe, Verarbeitung und Ausgabe von Daten sollte definiert werden, um welche Daten es sich jeweils handelt, also beispielsweise um Texte, Zahlen oder Objekte. Geschieht dies nicht, wird der Datentyp V*ariant* verwendet, der in der nachfolgenden Liste ebenfalls erklärt wird.

Variable werden direkt am Anfang des Programms deklariert. Auf der vorherigen Seite können Sie die Art der Deklaration nachvollziehen.

In der Tabelle werden die einzelnen Variablentypen und die Werte, die jeweils genutzt werden können, angegeben. Außerdem wird der jeweilige Speicherbedarf genannt.

Variable	Wertebereich	Speicherbedarf
Byte	Ganze Zahlen zwischen 0 und 255	1 Byte
Boolean	Wahrheitswert (True, False)	2 Byte
Currency	Währungsdatentyp: Festkommazahlen mit 15 Stellen vor und 4 Stellen nach dem Komma	8 Byte
Date	Datum und Zeit	8 Byte
Double	Fließkommazahlen, Genauigkeit 16 Stellen hinter dem Komma	8 Byte

Konstanten und Variablen

Variable	Wertebereich	Speicherbedarf
Integer	Ganze Zahlen, Wertebereich zwischen -32.768 und +32.767	2 Byte
Long	Ganze Zahlen, Wertebereich zwischen -2.147.483.648 und +2.147.483.647	4 Byte
Objekt	Verweis auf ein Objekt	4 Byte
Single	Fließkommazahlen, Genauigkeit 8 Stellen hinter dem Komma	4 Byte
String	Texte	10 Byte
Variant	Standarddatentyp, automatische Verwendung, wenn kein anderer Datentyp definiert wurde	16 Byte

Kreisberechnungen mit lokalen Konstanten und Variablen

Die Nutzung von Konstanten und Variablen wird im folgenden Beispiel demonstriert. Dabei werden lokale Konstanten und Variablen genutzt.

Hinweis: Erstellen Sie zunächst über den Menüpunkt **Einfügen/Modul** einen weiteren Programmierbereich (*Modul2*).

Beispiel 1: Berechnung des Umfangs eines Kreises

Die Berechnung des Kreisumfangs wird durch die Formel *Umfang = Durchmesser * Pi* vorgenommen. Der Wert *Pi* ändert sich nicht und ist daher konstant.

Befehl	Beispiel	Beschreibung
Const	Const Pi = 3.14159265	Festlegen einer lokalen Konstanten
Dim … As	Dim Radius As Single	Festlegen einer lokalen Variablen

```
1   Sub Pi_1()
2       Const Pi = 3.14159265
3       Dim Radius As Single
4       Dim Umfang As Single
5       Radius = InputBox("Radius (in Meter):")
6       Umfang = (Radius + Radius) * Pi
7       Sheets("Tabelle1").Range("A1:F100").Clear
8       With Sheets("Tabelle1")
9         .Range("B4:B5").NumberFormat = "#.00"
10        .Range("A2").Value = "Berechnung des Umfangs"
11        .Range("A4").Value = "Radius in Meter"
12        .Range("B4").Value = Radius
13        .Range("A5").Value = "Umfang in Meter"
14        .Range("B5").Value = Umfang
15      End With
16   End Sub
```

Anzeige in der Tabelle1 – Ergebnis

	A	B
2	Berechnung des Umfangs	
4	Radius in Meter	23,00
5	Umfang in Meter	144,51

Beispiel 2:   Berechnung des Inhalts eines Kreises

Neben der Berechnung des Umfangs bietet es sich an, auch den Inhalt des Kreises zu berechnen. Dies kann durch Ergänzung der vorherigen Prozedur oder durch eine neue Prozedur erfolgen. Soll die Berechnung mithilfe einer neuen Prozedur erfolgen, sollte zunächst die schon erstellte Prozedur kopiert und dann nochmals eingefügt werden. Danach können dann die notwendigen Änderungen vorgenommen werden.

```vba
Sub Pi_2()
    Const Pi = 3.14159265
    Dim Radius As Single
    Dim Inhalt As Single
    Radius = InputBox("Radius (in Meter):")
    Inhalt = Radius * Radius * Pi
    Sheets("Tabelle1").Range("A1:F100").Clear
    With Sheets("Tabelle1")
        .Range("B4:B5").NumberFormat = "#.00"
        .Range("A2").Value = "Berechnung des Inhalts"
        .Range("A4").Value = "Radius in Meter"
        .Range("B4").Value = Radius
        .Range("A5").Value = "Inhalt in Quadratmeter"
        .Range("B5").Value = Inhalt
    End With
End Sub
```

Anzeige in der Tabelle1 – Ergebnis

	A	B
2	Berechnung des Inhalts	
4	Radius in Meter	96,00
5	Inhalt in Quadratmeter	28952,92

Beispiel 3:   Berechnung des Umfangs und des Inhalts eines Kreises

Erstellen Sie eine Prozedur zur Berechnung des Umfangs und des Inhalts eines Kreises.

Anzeige in der Tabelle1 – Ergebnis

	A	B
2	Berechnung des Inhalts	
4	Radius in Meter	45,00
5	Umfang in Meter	282,74
6	Inhalt in Quadratmeter	6361,73

Kreisberechnungen mit lokalen und globalen Konstanten und Variablen

In den zuvor erstellten Prozeduren werden die Konstante *Pi* und die Variable *Radius* jeweils lokal, also innerhalb der Prozedur, definiert. Unter Umständen werden diese oder andere Konstanten und Variablen nicht nur in diesen Prozeduren, sondern auch in anderen benötigt.

Es bietet sich daher an, globale Konstanten und Variablen zu definieren, die nicht nur in einer Prozedur ihre Gültigkeit haben, sondern in allen. Zu diesem Zweck müssen die globalen Definitionen vor die Prozeduren gestellt werden, wie aus der Abbildung zu erkennen ist. Werden die Konstanten und Variablen in Modulen definiert, sind sie auch in anderen Modulen gültig.

Die Vorteile dieser Vorgehensweise sind vielfältig. Es müssen die Konstanten und Variablen nicht in jeder Prozedur wieder neu definiert werden, bei Änderung einer Konstanten (beispielsweise bei einer Änderung des Mehrwertsteuersatzes) muss nur ein Wert geändert werden usw.

Hinweise: Erstellen Sie zunächst über den Menüpunkt **Einfügen/Modul** einen weiteren Programmierbereich (*Modul3*).

Die Abgrenzungen (Striche) zwischen den einzelnen Bereichen werden automatisch eingefügt.

Befehl	Beispiel	Beschreibung
Public Const	Public Const Pi = 3.14159265	Festlegen einer globalen Konstanten
Public … As	Public Radius As Single	Festlegen einer globalen Variablen

```
 1   Public Const Pi = 3.14159265
 2   Public Radius As Single
 3   _____
 4   Sub Pi_1()
 5     Dim Umfang As Single
 6     Sheets("Tabelle1").Range("A1:F100").Clear
 7     Radius = InputBox("Radius (in Meter):")
 8     Umfang = (Radius + Radius) * Pi
 9     With Sheets("Tabelle1")
10       .Range("B4:B5").NumberFormat = "#.00"
11       .Range("A2").Value = "Berechnung des Umfangs"
12       .Range("A4").Value = "Radius in Meter"
13       .Range("B4").Value = Radius
14       .Range("A5").Value = "Umfang in Meter"
15       .Range("B5").Value = Umfang
16     End With
17   End Sub
18   _____
19   Sub Pi_2()
20     Dim Inhalt As Single
21     Sheets("Tabelle1").Range("A1:F100").Clear
22     …
```

8.6 Sequenzen

In den bisherigen Prozeduren wurden die Befehle nacheinander, also sequenziell, abgearbeitet. Daher ist der nachfolgend dargestellte Sachverhalt sicherlich leicht nachvollziehbar.

Beispiel 1: Berechnung des Umsatzes

Der Umsatz, die Mehrwertsteuer und der Umsatz mit Mehrwertsteuer werden berechnet.

```
1   Sub Umsatz_1()
2     Const MWSt = 19
3     Dim Menge As Integer
4     Dim Preis, Umsatz, MWSt_Betrag, Umsatz_MWSt, Zahlungsbetrag As Single
5     Menge = InputBox("Menge:")
6     Preis = InputBox("Preis:")
7     Umsatz = Menge * Preis
8     MWSt_Betrag = Umsatz * MWSt / 100
9     Zahlungsbetrag = Umsatz + MWSt_Betrag
10    Debug.Print "Menge:            " & Menge
11    Debug.Print "Preis:            " & Preis
12    Debug.Print "Umsatz:           " & Umsatz
13    Debug.Print "MWSt:             " & MWSt_Betrag
14    Debug.Print "Zahlungsbetrag:   " & Zahlungsbetrag
15  End Sub
```

Anzeige im Direktbereich – Ergebnis

```
Direktbereich
    Menge:              50
    Preis:              40
    Umsatz:             2000
    MWSt:               380
    Zahlungsbetrag:     2380
```

Beispiel 2: Bezugskalkulation

Der Bezugspreis ist der Preis, der für eine Ware bezahlt werden muss, wenn vom Einkaufspreis Rabatt und Skonto abgezogen und Bezugskosten hinzugerechnet werden.

Anzeige in der Tabelle1 – Ergebnis

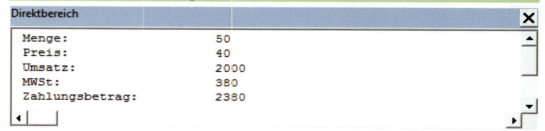

	A	B	C
1			
2	Bezugskalkulation		
3			
4	Listeneinkaufspreis		980,00 €
5	- Rabatt	15,00	147,00 €
6	Zieleinkaufspreis		833,00 €
7	- Skonto	2,00	16,66 €
8	Bareinkaufspreis		816,34 €
9	+ Bezugskosten		134,65 €
10	Bezugspreis		950,99 €

```vba
Sub Bezugskalkulation()
  Dim Listeneinkaufspreis As Single
  Dim Rabatt_Prozent As Single
  Dim Rabatt As Single
  Dim Zieleinkaufspreis As Single
  Dim Skonto_Prozent As Single
  Dim Skonto As Single
  Dim Bareinkaufspreis As Single
  Dim Bezugskosten As Single
  Dim Bezugspreis As Single
  Listeneinkaufspreis = InputBox("Listeneinkaufspreis in €:")
  Rabatt_Prozent = InputBox("Rabatt in %:")
  Skonto_Prozent = InputBox("Skonto in %:")
  Bezugskosten = InputBox("Bezugskosten in €:")
  Rabatt = Listeneinkaufspreis * Rabatt_Prozent / 100
  Zieleinkaufspreis = Listeneinkaufspreis - Rabatt
  Skonto = Zieleinkaufspreis * Skonto_Prozent / 100
  Bareinkaufspreis = Zieleinkaufspreis - Skonto
  Bezugspreis = Bareinkaufspreis + Bezugskosten
  Sheets("Tabelle1").Range("A1:F100").Clear
  With Sheets("Tabelle1")
    .Range("B4:B12").NumberFormat = "#.00 "
    .Range("C4:C12").NumberFormat = "#.00 €"
    .Range("A2").Value = "Bezugskalkulation"
    .Range("A4").Value = "Listeneinkaufspreis"
    .Range("C4").Value = Listeneinkaufspreis
    .Range("A5").Value = "- Rabatt"
    .Range("B5").Value = Rabatt_Prozent
    .Range("C5").Value = Rabatt
    .Range("A6").Value = "Zieleinkaufspreis"
    .Range("C6").Value = Zieleinkaufspreis
    .Range("A7").Value = "- Skonto"
    .Range("B7").Value = Skonto_Prozent
    .Range("C7").Value = Skonto
    .Range("A8").Value = "Bareinkaufspreis"
    .Range("C8").Value = Bareinkaufspreis
    .Range("A9").Value = "+ Bezugskosten"
    .Range("C9").Value = Bezugskosten
    .Range("A10").Value = "Bezugspreis"
    .Range("C10").Value = Bezugspreis
  End With
End Sub
```

8.7 Selektion

8.7.1 Einseitige Auswahl: If Then

Bei einer einseitigen Auswahl wird eine Anweisung nur durchgeführt, wenn die angegebene Bedingung erfüllt wurde. Ansonsten wird kein Befehl ausgeführt.

VBA/Beispiel/PAP (Programmablaufplan)/Struktogramm	

If Bedingung Then {
    Anweisungsblock
    }
End If
	If $Betrag > 1000 Then {
	    $Rabatt = ($Betrag*$Rabattsatz)/100
	    }
	End If

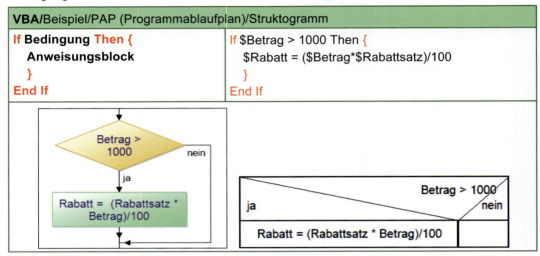

Beispiel 1:   Vergleich von Zahlen

Im Einführungsbeispiel wird gezeigt, dass eine Ausgabe erfolgt, wenn eine Bedingung erfüllt ist. Ist die Bedingung nicht erfüllt, erfolgt keine Ausgabe.

```vba
1   Sub IF_Bedingung_1()
2     Dim Zahl1 As Integer
3     Dim Zahl2 As Integer
4     Zahl1 = InputBox("Zahl 1:")
5     Zahl2 = InputBox("Zahl 2:")
6     Debug.Print "Zahl 1 :" & Zahl1
7     Debug.Print "Zahl 2 :" & Zahl2
8     If Zahl1 > Zahl2 Then
9       Debug.Print "Zahl 1 ist größer als Zahl 2"
10    End If
11  End Sub
```

Anzeige im Direktbereich – Ergebnis

```
Direktbereich
Zahl 1 :12
Zahl 2 :10
Zahl 1 ist größer als Zahl 2
```

```
Direktbereich
Zahl 1 :8
Zahl 2 :10
```

8.7.2 Zweiseitige Auswahl: If Then Else

Bei der zweiseitigen Auswahl wird in Abhängigkeit von der Bedingung ein Anweisungsblock oder ein anderer Anweisungsblock abgearbeitet.

VBA/Beispiel/PAP (Programmablaufplan)/Struktogramm

VBA	Beispiel

If Bedingung Then {
  Anweisungsblock
} Else {
  Anweisungsblock
}
End If
	if $Betrag > 1000 Then {
	  $Rabatt = ($Betrag*$Rabattsatz_1)/100
	} Else
	  ($Rabatt = $Betrag*$Rabattsatz_2/100)
	}
	End If

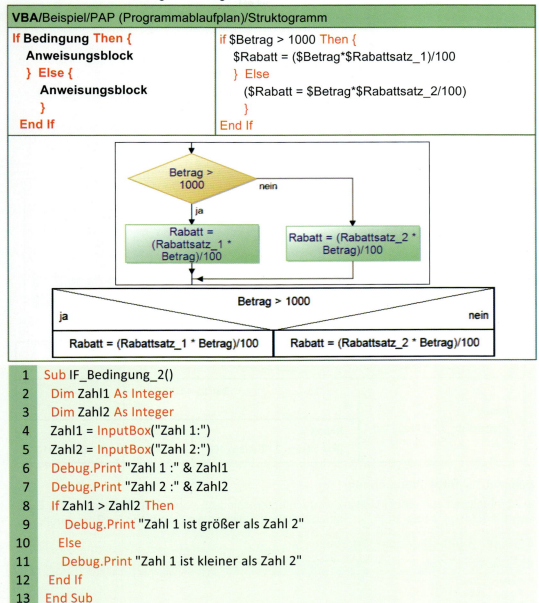

```
1   Sub IF_Bedingung_2()
2     Dim Zahl1 As Integer
3     Dim Zahl2 As Integer
4     Zahl1 = InputBox("Zahl 1:")
5     Zahl2 = InputBox("Zahl 2:")
6     Debug.Print "Zahl 1 :" & Zahl1
7     Debug.Print "Zahl 2 :" & Zahl2
8     If Zahl1 > Zahl2 Then
9       Debug.Print "Zahl 1 ist größer als Zahl 2"
10    Else
11      Debug.Print "Zahl 1 ist kleiner als Zahl 2"
12    End If
13  End Sub
```

Anzeige im Direktbereich – Ergebnis

```
Direktbereich
Zahl 1 :8
Zahl 2 :10
Zahl 1 ist kleiner als Zahl 2
```

8.7.3 Mehrseitige Auswahl: If Then ElseIf Else

Bei der mehrseitigen Auswahl wird in Abhängigkeit von der Bedingung ein durch die Bedingung bestimmter Anweisungsblock abgearbeitet.

VBA/Beispiel/PAP (Programmablaufplan)/Struktogramm	

If Bedingung Then {
  Anweisungsblock
} ElseIf (logischer Ausdruck) Then {
  Anweisungsblock
} Else {
  Anweisungsblock
}
End If
	If \$Betrag < 10000 Then {
	  \$Rabatt = (\$Betrag*\$Rabattsatz_1)/100
	} ElseIf \$Betrag < 50000 Then {
	  \$Rabatt = (\$Betrag*\$Rabattsatz_2)/100
	} Else {
	  \$Rabatt = (\$Betrag*\$Rabattsatz_3)/100
	}
	End If

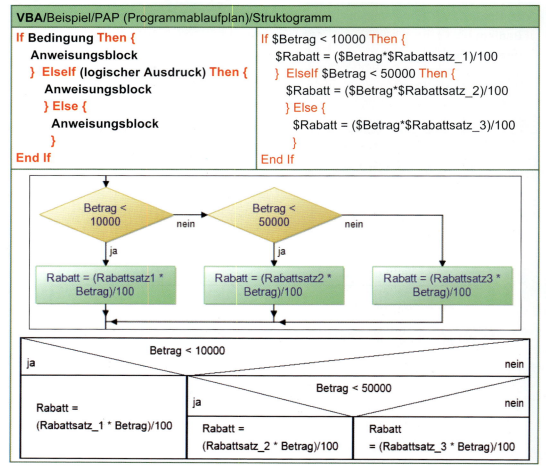

Beispiel 1: Rabattberechnung

In Abhängigkeit von einem Umsatz wird ein unterschiedlich hoher Rabatt gewährt. Die Eingabewerte (Menge, Preis, Rabatt1, Rabatt2, Rabatt3) dienen als Grundlage für Berechnungen.

Anzeige im Direktbereich – Ergebnis

```
Direktbereich
Menge   :100
Preis   :300
Rabatt1 :5
Rabatt2 :10
Rabatt3 :15
Umsatz1 :30000
Rabattsatz :10
Rabatt  :3000
Umsatz1 :27000
```

Selektion

```vba
 1  Sub IF_Then_ElseIf_Else_1()
 2    Dim Menge As Single
 3    Dim Preis As Single
 4    Dim Umsatz As Single
 5    Dim Rabatt1 As Single
 6    Dim Rabatt2 As Single
 7    Dim Rabatt3 As Single
 8    Dim Rabatt_Wert As Single
 9    Dim Umsatz1 As Single
10    Menge = InputBox("Menge:")
11    Preis = InputBox("Preis:")
12    Rabatt1 = InputBox("Rabatt1 :")
13    Rabatt2 = InputBox("Rabatt2 :")
14    Rabatt3 = InputBox("Rabatt3 :")
15    Umsatz = Menge * Preis
16    Debug.Print "Menge :" & Menge
17    Debug.Print "Preis :" & Preis
18    Debug.Print "Rabatt1 :" & Rabatt1
19    Debug.Print "Rabatt2 :" & Rabatt2
20    Debug.Print "Rabatt3 :" & Rabatt3
21    Debug.Print "Umsatz1 :" & Umsatz
22    If Umsatz < 10000 Then
23       Rabatt_Wert = Umsatz * Rabatt1 / 100
24       Debug.Print "Rabattsatz :" & Rabatt1
25       ElseIf Umsatz < 50000 Then
26          Rabatt_Wert = Umsatz * Rabatt2 / 100
27          Debug.Print "Rabattsatz :" & Rabatt2
28       Else
29          Rabatt_Wert = Umsatz * Rabatt3 / 100
30          Debug.Print "Rabattsatz :" & Rabatt3
31    End If
32    Umsatz1 = Umsatz - Rabatt_Wert
33    Debug.Print "Umsatz :" & Umsatz
34    Debug.Print "Rabatt :" & Rabatt_Wert
35    Debug.Print "Umsatz1 :" & Umsatz1
36  End Sub
```

Beispiel 2: Rabattberechnung mit einer weiteren Alternative

Sind mehr als drei Alternativen vorhanden, ist ein weiterer *ElseIf-Block* einzufügen. Entwickeln Sie daher das Beispiel in der Hinsicht weiter, dass ein zusätzlicher Rabattsatz in Abhängigkeit von einem Umsatz gewährt wird.

8.7.4 Mehrseitige Auswahl: Case

Bei der mehrseitigen Auswahl wird in Abhängigkeit von der Bedingung ein durch die Bedingung bestimmter Anweisungsblock abgearbeitet. Die Darstellung im Programmablaufplan unterscheidet sich nicht von der Darstellung, die bei einer mehrseitigen Auswahl mithilfe einer If-Anweisung erstellt wird.

VBA/Beispiel/PAP (Programmablaufplan)/Struktogramm	

Select Case Name
  Case (Auswahl)
    Anweisungsblock
  Case (Auswahl)
    Anweisungsblock
  Case Else
    Anweisungsblock
End Select
	Select Case Umsatz
	  Case Is < 10000
	    Rabatt_Wert = Umsatz * Rabatt1 / 100
	  Case Is < 50000
	    Rabatt_Wert = Umsatz * Rabatt2 / 100
	  Case Else
	    Rabatt_Wert = Umsatz * Rabatt3 / 100
	End Select

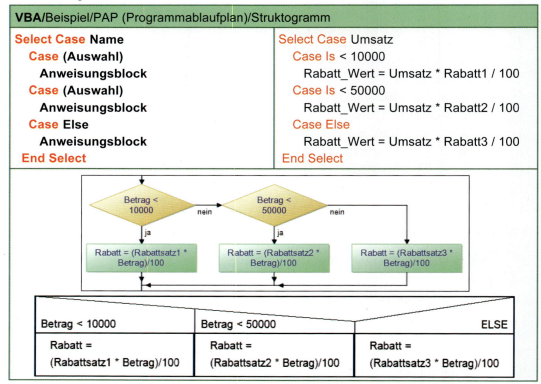

Beispiel 1: Rabattberechnung

Die Rabattberechnung (siehe Prozedur *Sub IF_Then_ElseIf_Else_1()*) kann auch mithilfe der Case-Anweisung durchgeführt werden. Nachfolgend wird der Teil angegeben, der geändert werden muss. Das Ergebnis ist identisch:

```
22  Select Case Umsatz
23    Case Is < 10000
24      Rabatt_Wert = Umsatz * Rabatt1 / 100
25      Debug.Print "Rabattsatz :" & Rabatt1
26    Case Is < 50000
27      Rabatt_Wert = Umsatz * Rabatt2 / 100
28      Debug.Print "Rabattsatz :" & Rabatt2
29    Case Else
30      Rabatt_Wert = Umsatz * Rabatt3 / 100
31      Debug.Print "Rabattsatz :" & Rabatt3
32  End Select
```

Beispiel 2: Auswahl eines Bereichs

Mithilfe der Case-Anweisung werden verschiedene Bereiche einer Prozedur angesprochen.

```vba
1   Sub Case_2()
2     Dim Zahl As Integer
3     Zahl = InputBox("Zahl :")
4     Select Case Zahl
5       Case 1 To 5
6         Debug.Print "Zahl von 1 bis 5"
7       Case 6, 7, 8
8         Debug.Print "Zahl von 6 bis 8"
9       Case 9
10        Debug.Print "Zahl ist 9"
11      Case Else
12        Debug.Print "Zahl außerhalb von 3 bis 9"
13    End Select
14  End Sub
```

Anzeige im Direktbereich – Ergebnis

```
Direktbereich
Zahl außerhalb von 3 bis 9
```

Beispiel 3: Eingabe eines Begriffs

Auch Strings können zur Eingabe genutzt werden. Über den Begriff wird z. B. eine Berechnung aufgerufen. Im nachfolgenden Beispiel wird lediglich das Prinzip verdeutlicht:

```vba
1   Sub Case_3()
2     Dim Zins As String
3     Zins = InputBox("Zinsberechnungen :")
4     Debug.Print "Berechnungsart :" & Zins
5     Select Case Zins
6       Case "Zinsen"
7         Debug.Print "Zinsen"
8       Case "Zinssatz"
9         Debug.Print "Zinssatz"
10      Case Else
11        Debug.Print "Falsche Eingabe"
12    End Select
13  End Sub
```

Anzeige im Direktbereich – Ergebnis

```
Direktbereich
Berechnungsart :Zinssatz
Zinssatz
```

8.8 Iteration

8.8.1 Arten

Schleifen können ohne und mit Abhängigkeit von einer Bedingung ausgeführt werden. Ist die Ausführung von einer Bedingung abhängig, kann die Bedingung vor oder nach dem Schleifendurchlauf geprüft werden. Dies bedeutet, dass Anweisungen nach der Überprüfung noch ausgeführt oder nicht mehr ausgeführt werden. Daher wird von abweisenden und nicht abweisenden Schleifen gesprochen.

Anweisungen werden mit der **Do**-Anweisung solange wiederholt, bis der Ausdruck **True** (richtig) wird. Wenn die Anweisung **While** genutzt wird, muss die Bedingung **False** (falsch) werden, um die Schleife abzubrechen (*Solange es Wahr ist, wiederhole ...*). Wird **Until** verwendet, muss der Ausdruck **True** ergeben (*Bis es Wahr ist, wiederhole ...*).

Aufbau der Schleife	Bedingung/Überprüfung/Ausdruck	Schleifenart
For ... To ... Step (Bedingung) Anweisungen **Next**	• keine Bedingung gegeben, grundsätzliche Ausführung	
Do While (Bedingung) Anweisungen **Loop**	• Bedingung gegeben, Überprüfung vor Schleifendurchlauf • Ausdruck muss **False** werden	• abweisend
Do Anweisungen **Loop While** (Bedingung)	• Bedingung gegeben, Überprüfung nach Schleifendurchlauf • Ausdruck muss **False** werden	• nicht abweisend
Do Until (Bedingung) Anweisungen **Loop**	• Bedingung gegeben, Überprüfung vor Schleifendurchlauf • Ausdruck muss **True** werden	• abweisend
Do Anweisungen **Loop Until** (Bedingung)	• Bedingung gegeben, Überprüfung nach Schleifendurchlauf • Ausdruck muss **True** werden	• nicht abweisend

8.8.2 Kopfgesteuerte Schleife: For To Step Next

Es wird angegeben, wie oft bestimmte Bearbeitungsschritte durchgeführt werden sollen.

VBA/Beispiel/PAP (Programmablaufplan)/Struktogramm	

For Variable = Anfang **To** Ende **Step** Schrittweite
  Anweisungsblock
Next Variable
	For Jahr = 1 **To** Laufzeit **Step** 1
	  Zinsen = Kapital * Zinssatz / 100
	Next Jahr

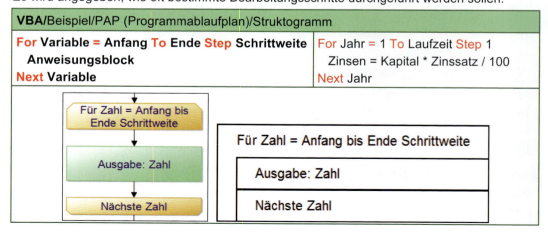

Beispiel 1: Ausgabe von Zahlen

Von der Zahl *0* sollen bis zu einer vorgegebenen Zahl alle Zahlen ausgegeben werden. Eventuell sollen mithilfe einer Schrittweite nur bestimmte Zahlen ausgegeben werden.

```vba
 1  Sub FOR_TO_1()
 2    Dim Zahl As Integer
 3    Dim Anfang As Integer
 4    Dim Ende As Integer
 5    Dim Schrittweite As Integer
 6    Anfang = InputBox("Anfang:")
 7    Ende = InputBox("Ende:")
 8    Schrittweite = InputBox("Schrittweite:")
 9    For Zahl = Anfang To Ende Step Schrittweite
10      Debug.Print Zahl
11    Next Zahl
12  End Sub
```

Anzeige im Direktbereich – Ergebnis

```
Direktbereich
0
2
```

Beispiel 2: Kosten

Die Kosten in Abhängigkeit zu einer bestimmten Stückzahl sollen ermittelt werden.

```vba
 1  Sub Kosten()
 2    Dim Kosten_fix As Double
 3    Dim Kosten_var As Double
 4    Dim Schrittweite As Integer
 5    Dim Kosten_ges As Double
 6    Dim Zahl As Integer
 7    Dim Stueckzahl As Integer
 8    Kosten_fix = InputBox("Fixkosten:")
 9    Kosten_var = InputBox("Variable Kosten pro Stück:")
10    Schrittweite = InputBox("Schrittweite:")
11    For Zahl = 0 To 10
12      Stueckzahl = Zahl * Schrittweite
13      Kosten_ges = Kosten_fix + (Kosten_var * Stueckzahl)
14      Debug.Print "Stueckzahl :" & Stueckzahl & " Gesamtkosten: " & Kosten_ges
15    Next Zahl
16  End Sub
```

Anzeige im Direktbereich – Ergebnis

```
Direktbereich
Stueckzahl :0 Gesamtkosten: 1000
Stueckzahl :10 Gesamtkosten: 1050
```

Beispiel 3: Zinseszins

Ein Kapital wird für mehrere Jahre zu einem bestimmten Zinssatz angelegt. Aus Gründen der Übersicht soll keine Zinseszinsformel angewandt werden, sondern es sollen u. a. die Zinsen pro Jahr und das jeweilige Kapital am Ende des Jahres ausgegeben werden.

Befehl	Beispiel	Beschreibung
offset ().value	.Offset(Jahr, 0).Value = Jahr	Schreiben von Werten in die jeweils nächste Zeile

```vba
Sub Zinseszins_1()
  Dim Jahr As Integer
  Dim Kapital As Single
  Dim Zinssatz As Single
  Dim Zinsen As Single
  Dim Kapital_neu As Single
  Dim Laufzeit As Integer
  Kapital = InputBox("Kapital:")
  Zinssatz = InputBox("Zinssatz:")
  Laufzeit = InputBox("Laufzeit:")
  Sheets("Tabelle1").Range("A1:F100").Clear
  Range("B2:D20").NumberFormat = "#.00 €"
  With Sheets("Tabelle1").Range("A2")
    Range("A1").Value = "Berechnung von Zinseszinsen"
    For Jahr = 1 To Laufzeit Step 1
      .Offset(Jahr, 0).Value = Jahr
      .Offset(Jahr, 1).Value = Kapital
      Zinsen = Kapital * Zinssatz / 100
      .Offset(Jahr, 2).Value = Zinsen
      Kapital_neu = Kapital + Zinsen
      .Offset(Jahr, 3).Value = Kapital_neu
      Kapital = Kapital_neu
    Next Jahr
  End With
End Sub
```

Anzeige in der Tabelle1 – Ergebnis

	A	B	C	D
1	Berechnung von Zinseszinsen			
2				
3		1	10000,00 €	500,00 €	10500,00 €
4		2	10500,00 €	525,00 €	11025,00 €
5		3	11025,00 €	551,25 €	11576,25 €
6		4	11576,25 €	578,81 €	12155,06 €

Iteration 217

8.8.3 Kopfgesteuerte Schleife: Do While Loop

Bei einer kopfgesteuerten Schleife werden die Anweisungen solange wiederholt, bis eine Bedingung erfüllt ist. Die Bedingung wird im Kopf der Schleife formuliert.

VBA/Beispiel/PAP (Programmablaufplan)/Struktogramm	

Do While Bedingung
   Anweisungsblock
Loop
	Do While Zahl2 < Zahl1
	   Zahl2 = Zahl2 + Schrittweite
	   Debug.Print Zahl 2 " & Zahl2
	Loop

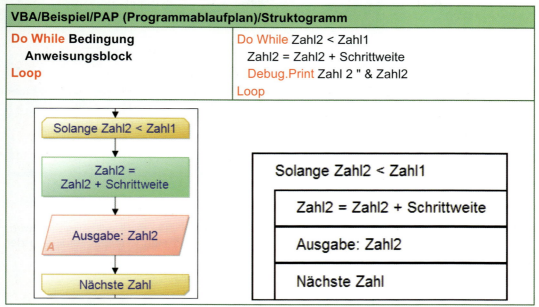

Beispiel 1: Ausgabe von Zahlen 1

Von einer niedrigsten bis zu einer höchsten Zahl sollen alle Zahlen ausgegeben werden. Eventuell sollen mithilfe einer Schrittweite nur bestimmte Zahlen ausgegeben werden.

```vba
Sub Do_While_Loop_1()
    Dim Zahl1 As Integer
    Dim Zahl2 As Integer
    Dim Schrittweite As Integer
    Dim Durchlauf As Integer
    Zahl1 = InputBox("Höchste Zahl:")
    Zahl2 = InputBox("Niedrigste Zahl:")
    Schrittweite = InputBox("Schrittweite:")
    Debug.Print "Höchste Zahl " & Zahl1 & "  Niedrigste Zahl " & Zahl2 _
                & "  Schrittweite " & Schrittweite
    Durchlauf = 1
    Do While Zahl2 < Zahl1
        Zahl2 = Zahl2 + Schrittweite
        Debug.Print "Durchlauf: " & Durchlauf; "   Zahl 2: " & Zahl2
        Durchlauf = Durchlauf + 1
    Loop
End Sub
```

Anzeige im Direktbereich – Ergebnis

```
Direktbereich
Höchste Zahl 10   Niedrigste Zahl 5   Schrittweite 1
Durchlauf: 1      Zahl 2: 6
Durchlauf: 2      Zahl 2: 7
Durchlauf: 3      Zahl 2: 8
Durchlauf: 4      Zahl 2: 9
Durchlauf: 5      Zahl 2: 10
```

```
Direktbereich
Höchste Zahl 10   Niedrigste Zahl 5   Schrittweite 3
Durchlauf: 1      Zahl 2: 8
Durchlauf: 2      Zahl 2: 11
```

Beispiel 2:   Ausgabe von Zahlen 2

Aus dem ersten Beispiel ist zu erkennen, dass die niedrigste Zahl nicht mit ausgeben wird. Durch eine Umstellung der Arbeitsschritte in der Schleife und eine einfache Änderung der Bedingung lässt sich das Problem lösen.

```
1   Sub Do_While_Loop_2()
        ...
11      Do While Zahl2 <= Zahl1
12          Debug.Print "Durchlauf: " & Durchlauf; "   Zahl 2: " & Zahl2
13          Zahl2 = Zahl2 + Schrittweite
14          Durchlauf = Durchlauf + 1
15      Loop
```

Beispiel 3:   Ausgabe von Zahlen 3 – Verwendung von Exit Do

Mithilfe einer Aussprungsbedingung kann eine Schleife schon bevor die Ursprungsbedingung erfüllt ist, abgebrochen werden.

Befehl	Beispiel	Beschreibung
Exit Do	If Zahl2 > Zahl1 Then Exit Do	Aussprung aus einer Schleife aufgrund einer Bedingung

```
1   Sub Do_While_Exit_Do_1()
        ...
11      Do While Zahl2 <= Zahl1
12          Debug.Print "Durchlauf: " & Durchlauf; "   Zahl 2: " & Zahl2
13          Zahl2 = Zahl2 + Schrittweite
14          If Zahl2 > Zahl1 Then Exit Do
15          Durchlauf = Durchlauf + 1
16      Loop
```

Anzeige im Direktbereich – Ergebnis

```
Direktbereich
Höchste Zahl 10   Niedrigste Zahl 5   Schrittweite 3
Durchlauf: 1      Zahl 2: 5
Durchlauf: 2      Zahl 2: 8
```

Beispiel 4: Zinseszinsrechnung mit vorgegebenem Anfangs- und Endkapital 1

Ein Kapital soll am Ende der Laufzeit eine bestimmte Summe bei einem bestimmten Zinssatz ergeben. Das Programm soll abbrechen, wenn die Summe erreicht oder überschritten wurde.

```vba
1  Sub Zinseszins_Do_While_Loop()
2    Dim Jahr As Integer
3    Dim Kapital, Zinssatz, Zinsen, Zielkapital As Single
4    Kapital = InputBox("Kapital:")
5    Zielkapital = InputBox("Zielkapital:")
6    Zinssatz = InputBox("Zinssatz:")
7    Debug.Print "Kapital      " & Kapital
8    Debug.Print "Zielkapital    " & Zielkapital
9    Debug.Print "Zinssatz      " & Zinssatz
10   Jahr = 0
11   Debug.Print "Jahr     Kapital      Zinsen     Kapital_End"
12   Do While Kapital_End < Zielkapital
13     Jahr = Jahr + 1
14     Zinsen = Kapital * Zinssatz / 100
15     Kapital_End = Kapital + Zinsen
16     Debug.Print Jahr, Kapital, Zinsen, Kapital_End
17     Kapital = Kapital_End
18   Loop
19  End Sub
```

Anzeige im Direktbereich – Ergebnis

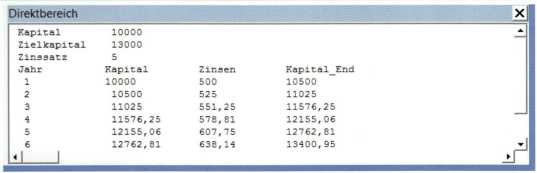

8.8.4 Kopfgesteuerte Schleife: Do Until Loop

Bei einer kopfgesteuerten Schleife werden die Anweisungen wiederholt, bis eine Bedingung erfüllt ist. Die Bedingung wird im Kopf der Schleife formuliert.

VBA/Beispiel/PAP (Programmablaufplan)/Struktogramm	

Do Until Bedingung
    Anweisungsblock
Loop
	Do Until Zahl2 > Zahl1
	    Debug.Print Zahl 2 " & Zahl2
	    Zahl2 = Zahl2 + Schrittweite
	Loop

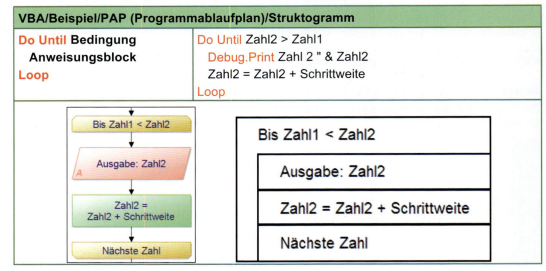

Beispiel 1:   Ausgabe von Zahlen 1

Von einer niedrigsten bis zu einer höchsten Zahl sollen alle Zahlen ausgegeben werden. Eventuell sollen mithilfe einer Schrittweite nur bestimmte Zahlen ausgegeben werden.

```
 1  Sub Do_Until_Loop_1()
    ...
10    Durchlauf = 0
11    Do Until Zahl2 > Zahl1
12      Debug.Print "Durchlauf: " & Durchlauf; "   Zahl 2: " & Zahl2
13      Durchlauf = Durchlauf + 1
14      Zahl2 = Zahl2 + Schrittweite
15    Loop
```

Beispiel 2:   Zinsberechnung

Die Zinsberechnung kann durch eine Umstellung mit dieser Schleife durchgeführt werden.

```
 1  Sub Zinseszins_Do_Until_Loop()
    ...
11    Do Until Kapital_End > Zielkapital
12      Jahr = Jahr + 1
13      Zinsen = Kapital * Zinssatz / 100
14      Kapital_End = Kapital + Zinsen
15      Debug.Print Jahr, Kapital, Zinsen, Kapital_End
16      Kapital = Kapital_End
17    Loop
18  End Sub
```

Iteration

8.8.5 Fußgesteuerte Schleife: Do Loop While

Bei einer fußgesteuerten Schleife werden die Anweisungen solange wiederholt, bis eine Bedingung erfüllt ist. Die Bedingung wird im Fuß der Schleife formuliert.

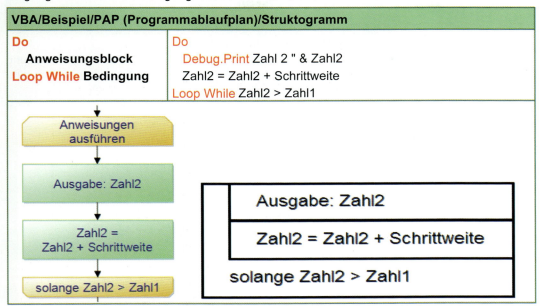

Beispiel 1: Umwandlung einer Dezimal- in eine Dualzahl

Zur Umwandlung von Zahlen in ein anderes Zahlensystem stehen verschiedene Funktionen zur Verfügung, allerdings keine Funktion zur Umwandlung von Dezimalzahlen in Dualzahlen und umgekehrt. Dies kann allerdings auch mithilfe eines Programms realisiert werden.

```vba
1   Sub Dualzahl_1()
2       Dim Zahl, Zahl1 As Integer
3       Zahl = InputBox("Zahl:")
4       Zahl1 = Zahl
5       Do
6           If Zahl Mod 2 = 0 Then
7               Dualzahl = "0" & Dualzahl
8           Else
9               Dualzahl = "1" & Dualzahl
10          End If
11          Zahl = Zahl \ 2
12      Loop While Zahl > 0
13      Debug.Print "Dezimalzahl :" & Zahl1
14      Debug.Print "Dualzahl    :" & Dualzahl
15  End Sub
```

Anzeige im Direktbereich – Ergebnis

```
Direktbereich
  Dezimalzahl  :245
  Dualzahl     :11110101
```

Beispiel 2:   Umwandlung einer Dezimal- in eine Dualzahl

Das Beispiel zeigt die Umwandlung einer Dezimal- in eine Dezimalzahl, also die Umwandlung einer Zahl in ein anderes Zahlensystem. Da es sich bei der genutzten Schleife nicht um eine fußgesteuerte Schleife handelt, passt dieses Beispiel an dieser Stelle eigentlich nicht.

```
 1  Sub Dezimalzahl_1()
 2    Dim Dualzahl, Zahl As String
 3    Dim Zaehler, Laenge, Zahl1, Zahl2 As Integer
 4    Dualzahl = InputBox("Dualzahl:")
 5    Zahl = 0
 6    Zaehler = 0
 7    Laenge = Len(Dualzahl)
 8    For Zaehler = 0 To Laenge - 1
 9      Zahl = Mid(Dualzahl, Laenge - Zaehler, 1)
10      Zahl1 = Zahl * 2 ^ Zaehler
11      Zahl2 = Zahl2 + Zahl1
12    Next Zaehler
13    Debug.Print "Dualzahl    :" & Dualzahl
14    Debug.Print "Dezimalzahl :" & Zahl2
15  End Sub
```

Anzeige im Direktbereich – Ergebnis

```
Direktbereich
  Dualzahl     :10011101
  Dezimalzahl  :157
```

Beispiel 3:   Ausgabe von Zahlen

Die bereits mehrmals mithilfe anderer Schleifen vorgenommene Ausgabe von Daten soll durchgeführt werden.

```
 1  Sub Do_Loop_While_1()
       ...
 7    Durchlauf = 1
 8    Do
 9      Debug.Print "Zahl 2 " & Zahl2
10      Zahl2 = Zahl2 + Schrittweite
11    Loop While Zahl2 <= Zahl1
12  End Sub
```

8.8.6 Fußgesteuerte Schleife: Do Loop Until

Bei einer fußgesteuerten Schleife werden die Anweisungen solange wiederholt, bis eine Bedingung erfüllt ist. Die Bedingung wird im Fuß der Schleife formuliert.

VBA/Beispiel/PAP (Programmablaufplan)/Struktogramm

VBA	Beispiel

Do
  Anweisungsblock
Loop Until Bedingung
	Do
	  Debug.Print "Zahl 1 " & Zahl1 & " Zahl 2 " & Zahl2
	  Zahl2 = Zahl2 + Schrittweite
	Loop Until Zahl2 > Zahl1

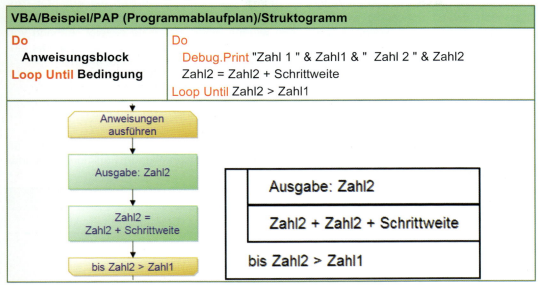

Beispiel 1: Ausgabe von Zahlen

Von einer niedrigsten bis zu einer höchsten Zahl sollen alle Zahlen ausgegeben werden. Eventuell sollen mithilfe einer Schrittweite nur bestimmte Zahlen ausgegeben werden.

```
1   Sub Do_Loop_Until_1()
      ...
8     Do
9       Debug.Print "Zahl 2 " & Zahl2
10      Zahl2 = Zahl2 + Schrittweite
11    Loop Until Zahl2 > Zahl1
12  End Sub
```

Anzeige im Direktbereich – Ergebnis

```
Direktbereich
Höchste Zahl 10   Niedrigste Zahl 5   Schrittweite 1
Zahl 2  5
Zahl 2  6
Zahl 2  7
Zahl 2  8
Zahl 2  9
Zahl 2  10
```

```
Direktbereich
Höchste Zahl 10   Niedrigste Zahl 5   Schrittweite 3
Zahl 2  5
Zahl 2  8
```

8.9 Funktionen

Vorbemerkungen

Mithilfe von Funktionen werden Aufgaben gelöst, bei denen ansonsten ein erhöhter Programmieraufwand notwendig wäre. In VBA stehen u. a. mathematische Funktionen und Stringfunktionen zur Verfügung. Nachfolgend werden einige Beispiele gezeigt. Anhand von Handbüchern und der Hilfe-Funktion können alle Funktionen ermittelt und in Programme eingebaut werden. Umwandlungsfunktionen werden im Kapitel *UserForm* angesprochen.

Nutzung von Funktionen

Nachfolgend werden einige Funktionen anhand praktischer Beispiele erklärt:

Beispiel 1:   Wurzelberechnung 1

Wurzelberechnungen können ohne Verwendung einer Funktion durchgeführt werden, wie an anderer Stelle in diesem Buch gezeigt wird. Steht eine entsprechende Funktion zur Verfügung, ist die Realisierung allerdings entschieden einfacher.

Befehl	Beispiel	Beschreibung
Sqr()	Wurzel1 = Sqr(Wurzel)	Berechnung mithilfe der vorgegebenen Funktion

```
1  Private Sub Wurzel()
2    Dim Wurzel, Wurzel1 As Double
3    Wurzel = 10
4    Wurzel1 = Sqr(Wurzel)
5    Debug.Print "Die Quadratwurzel ist " & Wurzel1
6  End Sub
```

Anzeige im Direktbereich – Ergebnis

Beispiel 2:   Wurzelberechnung 2

Mithilfe einer Funktion und einer Schleife lässt sich die Berechnung ausbauen.

```
1  Private Sub Wurzel_1()
2    Dim Wurzel, Wurzel1 As Double
3    Dim Durchlauf, Zahl As Integer
4    Wurzel = 81
5    Durchlauf = 3
6    For Zahl = 1 To Durchlauf
7      Wurzel1 = Sqr(Wurzel)
8      Debug.Print "Die " & Zahl & " Quadratwurzel: " & Wurzel1
9      Wurzel = Wurzel1
10   Next Zahl
11 End Sub
```

Beispiel 3: Zahlensysteme

Zur Umwandlung in ein anderes Zahlensystem stehen einige Funktionen zur Verfügung. Nachfolgend wird die Umwandlung vorgenommen. Für die Umwandlung einer Dezimalzahl in eine Dualzahl steht übrigens keine Funktion zur Verfügung; die Umwandlung wird an anderer Stelle beschrieben.

Befehl	Beispiel	Beschreibung
Hex()	Wert = Hex(Zahl)	Berechnung des hexadezimalen Werts einer Zahl
Oct()	Wert = Oct(Zahl)	Berechnung des Oktalwerts einer Zahl

```
1   Private Sub Zahlensysteme()
2     Dim Zahl As Integer
3     Dim Hexadezimaler_Wert, Oktalwert As String
4     Zahl = 44
5     Hexadezimaler_Wert = Hex(Zahl)
6     Oktalwert = Oct(Zahl)
7     Debug.Print "Zahl:                  " & Zahl
8     Debug.Print "Hexadezimaler Wert:    " & Hexadezimaler_Wert
9     Debug.Print "Oktalwert:             " & Oktalwert
10  End Sub
```

Anzeige im Direktbereich – Ergebnis

```
Direktbereich
Zahl:                  44
Hexadezimaler Wert:    2C
Oktalwert:             54
```

Beispiel 4: Ausgabe des aktuellen Datums und der aktuellen Zeit

Zeitdaten können ausgegeben und danach zum Beispiel für Berechnungen genutzt werden.

Befehl	Beispiel	Beschreibung
Date	Datum = Date	Ermittlung des aktuellen Datums (Systemdatum)
Time	Zeit = Time	Ermittlung der aktuellen Zeit (Systemzeit)

```
1   Private Sub Aktuelles_Datum()
2     Dim Datum As Date
3     Dim Zeit As Date
4     Datum = Date
5     Zeit = Time
6     Debug.Print Datum; Time
7   End Sub
```

Anzeige im Direktbereich – Ergebnis

```
Direktbereich
03.09.2013 08:02:40
```

8.10 Userform – Gestaltung von Ein- und Ausgabeoberflächen

Vorbemerkungen

In den bisherigen Beispielen wurde die Eingabe über ein oder mehrere Fenster oder über eine Tabelle vorgenommen. Es wirkt allerdings unpraktisch, wenn die Werte in verschiedenen Fenstern eingegeben und dann über ein weiteres Fenster, die Tabelle oder im Direktbereich ausgegeben werden. Daher soll nachfolgend die Erstellung von Fenstern (Userformen) zur Eingabe und Ausgabe von Werten erklärt werden. Auch andere Ausgabeformen werden angesprochen. Insgesamt werden die wichtigsten der zur Verfügung stehenden Möglichkeiten genannt.

Elemente einer Userform

In eine Userform können verschiedene Elemente eingefügt werden. Die wichtigsten davon werden in der folgenden Tabelle dargestellt:

Schaltfläche	Bedeutung
Beschriftungsfeld A	In ein Formular wird mit der Schaltfläche **Bezeichnung** ein Text eingefügt. Dieser Text kann eine Überschrift usw. darstellen. Dieses Element dient daher lediglich dazu, dem Nutzer den Umgang mit dem Formular zu erleichtern.
Textfeld abl	In einem Textfeld werden Werte aufgenommen. Diese müssen in der Regel in ein anderes Format konvertiert werden. Beispielsweise wird der Inhalt eines Textfelds in eine Zahl umgewandelt, um Berechnungen vornehmen zu können. Der ermittelte Wert wird wiederum in einen Text umgewandelt, um das Ergebnis in einem Textfeld ausgeben zu können.
Befehlsschaltfläche	Um ein Formular zu schließen, Berechnungen durchzuführen usw., werden Befehlsschaltflächen eingefügt. Es werden jeweils Prozeduren aufgerufen, die den jeweiligen Zweck erfüllen sollen.

Erstellung einer Userform – Einfügen von Bezeichnungs- und Textfeldern

Mithilfe der Userform soll eine Zinsberechnung durchgeführt werden. Zu diesem Zweck müssen zunächst Bezeichnungs- und Textfelder eingefügt werden.

Bearbeitungsschritte:
• Starten Sie Excel und erstellen Sie eine neue Mappe unter dem Namen *Userform*. Wählen Sie dabei den folgenden Dateityp aus: 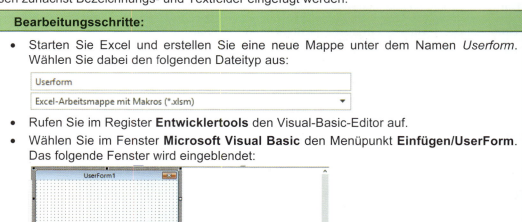 • Rufen Sie im Register **Entwicklertools** den Visual-Basic-Editor auf. • Wählen Sie im Fenster **Microsoft Visual Basic** den Menüpunkt **Einfügen/UserForm**. Das folgende Fenster wird eingeblendet:

Userform – Gestaltung von Ein- und Ausgabeoberflächen

Bearbeitungsschritte (Fortsetzung):

- Ziehen Sie das Fenster gegebenenfalls größer. Außerdem sollten Sie über die Anfasser an der rechten unteren Ecke den zur Verfügung stehenden Arbeitsbereich vergrößern.

- Klicken Sie die Schaltfläche **Eigenschaftenfenster** oder drücken Sie die Taste [**F4**]. Das Eigenschaftenfenster zur Einstellung der Eigenschaften für das gesamte Fenster wird eingeblendet:

- Geben Sie einen Namen und die Beschriftung des Steuerelements (*Caption*) ein. Unter dem Namen können in Prozeduren Textfelder angesprochen und damit genutzt werden. Die Beschriftung zeigt lediglich die Bezeichnung des Fensters an.

- Klicken Sie die Schaltfläche **Werkzeugsammlung** an, falls das Fenster **Toolsammlung** nicht schon eingeblendet ist.

- Klicken Sie die Schaltfläche **Beschriftungsfeld** A an und ziehen Sie das Bezeichnungsfeld wie angezeigt auf:

- Klicken Sie die Schaltfläche **Eigenschaftenfenster** oder drücken Sie die Taste [**F4**]. Das Eigenschaftenfenster zur Einstellung der Eigenschaften für das Bezeichnungsfeld wird eingeblendet. Stellen Sie die Beschriftung und die Schriftart ein. Die Schriftgröße usw. lässt sich nach Anklicken der drei Punkte im unteren Bereich einstellen.

- Das Ergebnis könnte folgendermaßen aussehen:

Bearbeitungsschritte (Fortsetzung):

- Ergänzen Sie das Formular um die folgenden Bezeichnungsfelder:

- Klicken Sie die Schaltfläche **Textfeld** an. Ziehen Sie das Textfeld auf:

- Klicken Sie die Schaltfläche **Eigenschaftenfenster** oder drücken Sie die Taste [**F4**]. Das Eigenschaftenfenster zur Einstellung der Eigenschaften für das Textfeld wird eingeblendet. Stellen Sie die Schriftart und den Namen des Textfelds ein. Der Name ist sehr wichtig, da er im Code des Programms genutzt werden muss.

- Ergänzen Sie das Formular um die Textfelder *Zinssatz*, *Tage* und *Zinsen*. Die Vorgehensweise entspricht der vorher beschriebenen.

Userform – Gestaltung von Ein- und Ausgabeoberflächen   229

Erstellung einer Userform – Einfügen von Schaltflächen

Mithilfe von Schaltflächen soll die Berechnung vorgenommen und das Formular geschlossen werden. Der Code für die Berechnung wird später eingefügt.

Bearbeitungsschritte:

- Klicken Sie die Schaltfläche **Befehlsschaltfläche** an und ziehen Sie die Schaltfläche wie angezeigt auf:

- Klicken Sie die Schaltfläche **Eigenschaftenfenster** oder drücken Sie die Taste [**F4**]. Das Eigenschaftenfenster zur Einstellung der Eigenschaften für die Schaltfläche wird eingeblendet. Stellen Sie die Darstellung wie folgt ein und stellen Sie außerdem die Schriftart ein:

- Das Ergebnis sollte in etwa so aussehen:

- Fügen Sie auf die gleiche Weise danach eine weitere Schaltfläche mit dem Namen **Berechnen** ein.

Schließen der Userform mithilfe der Schaltfläche Ende

Die erstellten Schaltflächen enthalten bisher keinen Code, sind daher noch vollkommen ohne Funktion. Daher sollen sie nun mit entsprechenden Anweisungen versehen werden.

Zunächst soll mithilfe der Schaltfläche **Ende** das Formular geschlossen werden.

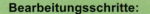
Bearbeitungsschritte:

- Klicken Sie die Schaltfläche **Berechnen** an. Der automatisch erzeugte Code für die beiden Schaltflächen wird eingeblendet. Die Prozeduren werden unter dem eingegebenen Namen mit dem Zusatz *Click* angezeigt und können ergänzt werden. Benennen Sie die Prozedur **Berechnen_Click()** in Prozedur **Berechnen1_Click()** um.

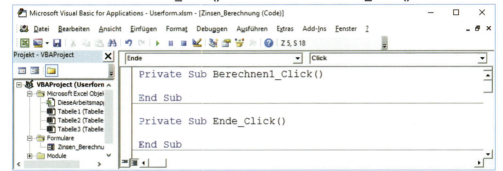

- Ergänzen Sie die Prozedur **Ende_Click()** um das Wort *End*. Dieser Befehl reicht aus, um mithilfe der Schaltfläche das Formular zu schließen.

- Wählen Sie den Menüpunkt **Ausführen/Sub/Userform ausführen**. Das Formular wird eingeblendet:

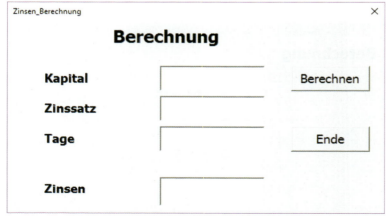

- Klicken Sie die Schaltfläche **Ende** an. Das erstellte Formular wird geschlossen.

Userform – Gestaltung von Ein- und Ausgabeoberflächen

Aktivierreihenfolge

Normalerweise wird beim Einfügen von Objekten in eine Userform darauf geachtet, dass alle Elemente in der richtigen Reihenfolge aufgerufen werden, also z. B. der Cursor nach dem Aufrufen der Userform in dem ersten Textfeld steht. Ist dies nicht der Fall, sollte die Aktivierreihenfolge der einzelnen Elemente geändert werden.

Bearbeitungsschritte:

- Wählen Sie den Menüpunkt **Ansicht/Aktivierreihenfolge**. Im Fenster **Aktivierreihenfolge** wird die zuvor im Formular erarbeitete Reihenfolge der Aktivierung der einzelnen Elemente angezeigt:

- Im dargestellten Fenster wird gezeigt, dass in der Userform zunächst die einzelnen Bezeichnungsfelder, danach die Textfelder und dann die Schaltflächen aktiviert werden.
- Besonders wichtig ist es, dass die Textfelder in der vorgesehenen Reihenfolge (wie im Formular angezeigt) aktiviert werden. Ist dies nicht der Fall, kann die Reihenfolge mithilfe der Schaltflächen **Nach oben** und **Nach unten** korrigiert werden.

Berechnen der Werte – Ausgabe in der UserForm

Die Durchführung der Berechnung muss nach einer bestimmten Reihenfolge ablaufen, die nachfolgend dargestellt wird:

Schaltfläche	Bedeutung
Definition von Variablen	Zunächst müssen die für die Berechnung notwendigen Variablen, wie z. B. Kapital1, Zinssatz usw. definiert werden. Dies kann als globale oder lokale Variable geschehen.
	Der Variablentyp ist nach den jeweiligen Erfordernissen zu wählen (z. B. Tage *Integer*).
Umwandlung einer Zeichenkette in eine Zahl	Die in den Textfeldern eingegebenen Werte müssen in Variable umgewandelt werden, mit denen die mathematischen Berechnungen durchgeführt werden.
Berechnung eines Wertes	Die Berechnung erfolgt mithilfe von Formeln usw. und den zur Verfügung stehenden Werten in Variablen.
Umwandlung einer Zahl in eine Zeichenkette	Der ermittelte Wert muss in einen Text (String) umgewandelt werden, da das Ergebnis in einem Textfeld in der Userform angezeigt werden soll.

Befehl	Beispiel	Beschreibung
Val()	Tage1 = Val(Zinsen_Berechnung.Tage)	Der numerische Wert in einer Zeichenfolge wird als Zahl zurückgegeben (Datentyp Double).
STR()	Zinsen_Berechnung.Zinsen = Str(Zinsen1)	Umwandlung einer Zahl in eine Zeichenfolge.

Bearbeitungsschritte:

- Ergänzen Sie die Prozedur **Berechnen1_Click()** um die angegebenen Elemente (Definition von Variablen usw.).

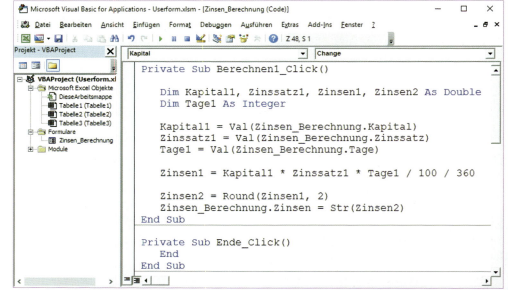

- Führen Sie eine Berechnung über den Menüpunkt **Ausführen/Sub/UserForm ausführen** durch. Das folgende Ergebnis könnte angezeigt werden:

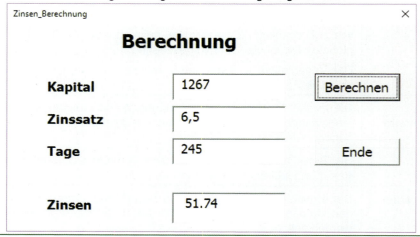

Berechnen der Werte – Ausgabe in der Tabelle

Die Eingabe von Werten über ein Formular ist sicherlich ideal. Die Ausgabe des Ergebnisses über das Formular ist in vielen Fällen vollkommen ausreichend, kann aber ideal beispielsweise mit einer Ausgabe in eine Tabelle kombiniert werden. Außerdem kann in einigen Fällen auch die alleinige Ausgabe in der Tabelle sinnvoll sein, etwa bei der Ausgabe einer Zinseszinsrechnung in Form einer Tabelle.

Nachfolgend wird die Prozedur **Berechnen_Click()** um eine Tabellenausgabe ergänzt. Die einzelnen Ausgabeschritte sind aufgrund der bisherigen Erklärungen sicherlich problemlos nachvollziehbar:

```vba
Private Sub Berechnen_Click()
    Dim Kapital1, Zinssatz1, Zinsen1 As Double
    Dim Tage1 As Integer
    Kapital1 = Val(Zinsen_Berechnung.Kapital)
    Zinssatz1 = Val(Zinsen_Berechnung.Zinssatz)
    Tage1 = Val(Zinsen_Berechnung.Tage)
    Zinsen1 = Kapital1 * Zinssatz1 * Tage1 / 100 / 360
    Zinsen2 = Round(Zinsen1, 2)
    Zinsen_Berechnung.Zinsen = Str(Zinsen2)
    Sheets("Tabelle1").Range("A1:F100").Clear
    With Sheets("Tabelle1")
        .Range("B4:B8").NumberFormat = "#.00"
        .Range("A2").Value = "Berechnung der Zinsen"
        .Range("A4").Value = "Kapital:"
        .Range("B4").Value = Kapital1
        .Range("A5").Value = "Zinssatz:"
        .Range("B5").Value = Zinssatz1
        .Range("A6").Value = "Tage:"
        .Range("B6").Value = Tage1
        .Range("A8").Value = "Zinsen:"
        .Range("B8").Value = Zinsen2
    End With
End Sub
```

Anzeige in der Tabelle1 – Ergebnis

	A	B	C	D	E	F	G
1							
2	Berechnung der Zinsen						
3							
4	Kapital:	1267,00					
5	Zinssatz:	6,00					
6	Tage:	245,00					
7							
8	Zinsen:	51,74					

Übungen

1. Aufgabe

Erweitern Sie die Berechnung des Bezugspreises zu einer vollständigen Handelskalkulation. Es fallen 25 % Handelskostenzuschlag und 12 % Gewinn an. Außerdem müssen 3 % Kundenskonto und 12 % Kundenrabatt einkalkuliert werden.

a) Erstellen Sie ein Struktogramm und/oder einen Programmablaufplan (PAP).
b) Kopieren Sie die Prozedur *Bezugskalkulation* und fügen Sie sie unter dem Namen *Handelskalkulation* wieder ein. Ergänzen Sie die Prozedur. Den sachlichen Inhalt können Sie unter Umständen Rechnungswesen- oder Wirtschaftsmathematikbüchern entnehmen.

2. Aufgabe

In der Abteilung Verkauf eines Unternehmens müssen oftmals Prozentberechnungen durchgeführt werden. Daher soll ein Programm geschrieben werden, das jederzeit aufgerufen und genutzt werden kann.

a) Erstellen Sie eine Prozedur mit dessen Hilfe der Prozentwert ermittelt werden kann. Dabei soll auf 2 Stellen nach dem Komma gerundet werden. Führen Sie eine Modellberechnung anhand des nachfolgenden Sachverhalts durch:

Prozentwert	
Betrag	5.600,00 €
Prozentsatz	5
Prozentwert	280,00 €

b) Erstellen Sie ein Programm zur Ermittlung des Prozentsatzes.
c) Erstellen Sie ein Programm zur Ermittlung des Grundwertes.
d) Erstellen Sie ein Formular für die Berechnung des Prozentwerts.

3. Aufgabe

Das Bruttoinlandsprodukt (BIP) in einem Staat beträgt 2009 3001 Mrd. €. Es wird in den nächsten sieben Jahren mit einer jeweiligen Steigerung um 3 % gerechnet.

a) Berechnen Sie mithilfe der Zinseszinsformel das BIP am Ende der sieben Jahre.
b) Geben Sie die einzelnen Jahre und das jeweilige BIP in einer Tabelle aus.
c) Bei gleichen Voraussetzungen beträgt das BIP nach einigen Jahren 3800 Mrd. €. Berechnen Sie mithilfe einer Schleife die Anzahl der Jahre und damit das Jahr, in dem der Wert erreicht wurde.

4. Aufgabe

Der normale Preis einer Ware beträgt 2.800,00 €. Ab einer Abnahmemenge von 50 Stück wird ein Rabatt von 12 %, ab einer Menge von 80 Stück von 15 % gewährt.

a) Erstellen Sie ein Formular, in dem die Menge eingegeben werden kann und danach der Rabattsatz, der normale Preis für die Gesamtmenge, der Rabatt und der zu zahlende Preis angegeben werden.
b) Erweitern Sie das Programm um die Ausgabe aller Werte in einer Tabelle.
c) Gestalten Sie das Programm flexibler. Bisher fest vorgegebene Werte wie der Preis der Ware sollen eingegeben werden.

9 Nutzung von Programmen zur Webseitenerstellung

HTML, CSS, PHP und MySQL

Die Erstellung formschöner und interaktiv nutzbarer Webseiten und die Nutzung von webbasierten Datenbanken werden mithilfe folgender Instrumente (Skriptsprachen usw.) realisiert:

HTML	CSS	PHP	MySQL
Hyper**T**ext **M**arkup **L**anguage	**C**ascading **S**tyle **S**heets	**P**HP **H**ypertext **P**reprocessor	**S**tructured **Q**uery **L**anguage
• Erstellung von Webseiten	• Gestaltung von Webseiten	• Erstellung interaktiver Webseiten	• Erstellung relationaler Datenbanken

Die Erstellung entsprechender Dokumente wird durch die Nutzung verschiedener kostenloser Werkzeuge unterstützt. Um die Skriptsprache **PHP** und die Datenbank **MySQL** (**MariaDB**) auf einem Rechner lokal nutzen zu können, muss ein sogenannter Webserver installiert werden.

Script zur Erstellung von Webseiten

Auf dieser und der nächsten Seite werden Programme und Tools kurz vorgestellt, die zur Erstellung von Webseiten genutzt werden können. Mithilfe dieser Programme und Tools können alle HTML-, CSS- und PHP-Dateien erstellt werden, die im Buch angesprochen werden. Außerdem können MySQL-Datenbanken erstellt und ausgewertet werden. Dies wird im Buch ebenfalls beschrieben.

Eine umfangreichere Darstellung, in der unter anderem die Nutzung von Programmen, die Einbindung von Tools und die Installation eines Webservers (wird für die Erstellung von interaktiven Seiten, z. B. für Berechnungen auf Webseiten benötigt), beschrieben wird, kann als **BuchPlusWeb** aus dem Internet geladen werden. Den entsprechenden Zugangscode finden Sie im Buch.

Programme und Tools zur Webseitenerstellung und -darstellung

Durch den Einsatz von speziellen HTML-Editoren wird die Seitenerstellung erleichtert und vereinfacht. Für private und schulische Zwecke steht hierfür z. B. der Editor **Phase 5** zur Verfügung, er kann kostenlos aus dem Internet geladen werden. Auch andere vergleichbare Editoren können genutzt werden. Außerdem sollten kostenlose Tools auf einem Rechner zur Verfügung stehen. Diese bieten Informationen über HTML-, PHP- und CSS-Befehle.

	Der Editor bietet die Möglichkeit, einzelne HTML-Befehle über Menüpunkte oder Schaltflächen einzufügen. Die entsprechenden Befehle müssen dann nicht mehr über die Tastatur eingegeben werden. Allerdings stellt ein Editor nur die grundlegenden HTML-Befehle zur Verfügung.
	Bei Nutzung der Skriptsprache PHP bietet es sich an, alternativ zum Editor **Phase 5** den Editor **Weaverslave 4** zu nutzen. Er bietet die Möglichkeit, PHP- und HTML-Befehle mithilfe der Maus in ein Skript einzufügen.
	SELFHTML ist eine Dokumentation der HTML-Befehle. Die einzelnen Befehle werden genau beschrieben. Anhand vieler Beispiele werden Möglichkeiten zur Erstellung von Webseiten angegeben. Einzelne Codebeispiele können kopiert und in eigene Skripte integriert werden.
CSS:4you	Cascading Style Sheets (CSS) sind Formatvorlagen für Webseiten und einzelne Bestandteile von Webseiten. **CSS4you** stellt eine hervorragende Einführung mit Beschreibung einzelner Möglichkeiten zur Verfügung.

	Mithilfe der Skriptsprache PHP werden z. B. Seiten dynamisch gestaltet und Datenbanken ausgelesen. Das Tool beschreibt Befehle usw.
	Das **XAMPP Control Panel** stellt einige benötigte Programme zur Verfügung, beispielsweise den Webserver **Apache**, die Programmiersprache **PHP** und das Datenbankprogramm **MySQL**.

XAMPP – Tool zur Nutzung von PHP und MySQL

Die Arbeit mit der Skriptsprache **PHP** und der Datenbank **MySQL** ist auf einem Rechner nur möglich, wenn ein sogenannter Webserver installiert ist.

Grundsätzlich können einzelne benötigte Programme (Webserver: **Apache**, Datenbanksystem: **MySQL**, Skriptsprache: **PHP** usw.) einzeln installiert werden. In der Regel müssen umfangreiche Einstellungen vorgenommen werden, die ein profundes Spezialwissen erfordern. Mithilfe des Tools **XAMPP**, das im Internet (http://www.apachefriends.de/) kostenlos zur Verfügung gestellt wird, können die benötigten Programme problemlos installiert werden.

Hinweis: Um auf dem heimischen Computer mit dem benötigten **XAMPP** arbeiten zu können, sind Erklärungen zur Installation des Tools und zu den zu nutzenden Arbeitsverzeichnissen notwendig. Diese Erklärungen finden Sie im Internet unter **BuchPlusWeb**.

XAMPP – Grundsätzliche Hinweise zu den Programmen des Tools XAMPP

In der nachfolgenden Tabelle finden Sie einige grundsätzliche Bemerkungen und Hinweise zum Tool **XAMPP**. Mit der Installation stehen die Programme und Tools zur Verfügung.

	Das **XAMPP Control Panel** stellt benötigte Programme zur Verfügung. Über Schaltflächen können die einzelnen Programme gestartet und gestoppt werden. 
	Werden Seiten im Internet veröffentlicht, stellt der Provider den benötigten Webserver zur Verfügung. Um Programme wie **PHP** und **MySQL** auf dem eigenen Computer nutzen zu können, muss ein Webserver installiert sein.
	Das Datenbankprogramm **MySQL** (**MariaDB**) basiert auf der Datenbanksprache *SQL* (*Structured Query Language*). Die Datenbanksprache stellt Befehle zur Verfügung, z. B. zum Auswerten usw. von Datenbanken.
	Die Programmiersprache **PHP** ermöglicht es, Webseiten dynamisch zu gestalten, also z. B. Berechnungen durchzuführen. *MySQL-Datenbanken (MariaDB)* können mithilfe der Programmiersprache ausgewertet werden.
	Das Tool **phpMyAdmin** erleichtert die Erstellung und Auswertung von MySQL-Datenbanken. Außerdem generiert es PHP-Befehle, die dann in PHP-Skripte eingefügt werden können.

10 HTML – Erstellung von Webseiten

10.1 HTML – Grundlagen

10.1.1 Struktur eines HTML-Dokuments

HTML-Dokumente (*Hypertext Markup Language*) sind grundsätzlich identisch aufgebaut. Die folgende Übersicht zeigt die einzelnen Bereiche einer Webseite:

Dokumententyp	Der Dokumententyp ermöglicht es dem Browser, das Dokument richtig und schnell anzuzeigen. In HTML5 wird der nebenstehende Dokumententyp festgelegt. Daher sollte dieser Typ verwandt werden.	`<!DOCTYPE html>`
Kopfzeile	In der Kopfzeile werden Informationen über die Seite und Links zu CSS-Dateien (StyleSheets) untergebracht. Der Titel einer Seite wird dann im Browser oben links angezeigt.	`<head></head>`
Textkörper	Im Textkörper befinden sich alle Elemente, die im Browserfenster zu sehen sind, also beispielsweise die Navigation, Überschriften, Absätze, Bilder usw.	`<body></body>`

10.1.2 Head – Kopf einer Webseite

Der Kopf einer Webseite kann Anweisungen und Informationen enthalten. Daher werden wichtige generelle Möglichkeiten nachfolgend angegeben.

Kopfzeile	Im Kopf einer Webseite werden Informationen über den verwendeten Zeichensatz, Verlinkungen zu Stylesheets usw. abgelegt.	`<head></head>`
Titel der Seite	Der Titel der Seite wird von den Browsern in der linken oberen Ecke angezeigt.	`<title>`Schüler`</title>`

Metaangaben	Über Metaangaben kann z. B. der Zeichensatz, der verwendet werden soll, angegeben werden. Der Datensatz *utf-8* stellt sicher, dass Texte in den wichtigsten Sprachen auf neueren Browsern richtig dargestellt werden.
	
	Angaben über Autoren, Ersteller oder Unternehmen, die die Seite veröffentlichen, werden von Suchmaschinen ausgewertet und führen dazu, dass Seiten im Netz gefunden werden.
		`<meta charset=`"utf-8"`>`
		`<meta name=`"author"` content=`"Meyer"`>`
		`<meta name=`"creator"` content=`"Meyer"`>`
		`<meta name=`"publisher"` content=` "Schüler AG"`>`

Verlinkung	Stylesheets werden z. B. in einer separaten Datei abgelegt und dann über eine Verlinkung in das HTML-Dokument integriert.	`<link rel=`"stylesheet" `href=`"format.css" `type=`"text/css"`>`

10.1.3 Body – Textkörper einer Webseite

Im *Body* werden mithilfe von HTML-Tags (HTML-Befehle) Inhalte in eine Webseite eingefügt.

Textkörper	Die Tags werden im Textkörper des HTML-Dokuments aufgenommen.	`<body></body>`
Tags (Befehle)	Über einzelne Befehle werden die Inhalte in einer Webseite eingefügt.	`<p></p>` `<div></div>`

10.1.4 HTML-Tags, HTML-Attribute und Stylesheets

Webseiten werden mithilfe der Seitenerstellungssprache **HTML** (**H**yper**T**ext **M**arkup **L**anguage), HTML-Attributen und Stylesheets erstellt. Die grundsätzlichen Zusammenhänge zwischen diesen Komponenten werden in der folgenden Tabelle verdeutlicht.

HTML-Tags	Die HTML-Tags des Seitenbereichs strukturieren Webseiten und bewirken außerdem die Ausgabe von Inhalten. Dabei werden normalerweise keine Formatierungen vorgenommen. Die Seiten sind also wenig ansehnlich und nicht geeignet, in dieser Form in das Internet gestellt zu werden.
HTML-Attribute	HTML-Befehle können mit Attributen, also mit Eigenschaften, versehen werden. Damit können z. B. Formatierungen (Stylesheets) eingegeben (eher selten) oder aus einer externen Datei aufgerufen werden oder die Größe einer Bilddarstellung bestimmt werden usw.
Stylesheets (Cascading Style Sheets)	Mithilfe von Cascading Style Sheets (CSS) werden HTML-Tags formatiert, also beispielsweise die Inhalte angeordnet, Texte farbig gestaltet, Hintergrundfarben bestimmt usw.

Die einzelnen Komponenten werden in diesem Buch in der Regel kurz erklärt und dann in Listings eingearbeitet. Das jeweilige Ergebnis wird zur Überprüfung ebenfalls angezeigt.

HTML	Bedeutung	
<p>...</p>	Einfügen eines Textabsatzes	

Attribut	Beschreibung	Syntax/Beispiel
class	Das Attribut weist dem Tag eine Formatierung aus einer externen Stylesheets-Datei zu.	class="name" <p class="c1">Schule</p>

CSS	Bedeutung	Angaben
border:	Rahmenbreite	thin, medium, thick oder num. Wert

10.1.5 HTML-Element-Typen

Bei HTML-Befehlen wird unterschieden, ob mit der Nutzung des Befehls ein Zeilenumbruch bei der Darstellung erfolgt oder nicht. So wird z. B. nach einem Befehl zur Ausgabe einer Überschrift ein Zeilenumbruch vorgenommen, bei einem markierten Text jedoch nicht.

Block-Elemente	Es wird ein Zeilenumbruch vor und nach dem Element vorgenommen. Die Elemente werden untereinander dargestellt. Element Element
Inline-Elemente	Bei der Nutzung dieser Befehle (Tags) wird kein Zeilenumbruch vorgenommen. Die Elemente werden hintereinander dargestellt. Element Element Element

Durch eine unterschiedliche farbliche Kennzeichnung wird im Buch darauf hingewiesen, ob es sich um ein Inline-Element oder ein Block-Element handelt.

HTML – Grundlagen **239**

10.1.6 Ordner für Webs und Webseiten

Wenn ein Webserver installiert wurde, sollten Dateien im Verzeichnis *htdocs/HTML_Grundlagen* bzw. in dem jeweils genannten Ordner im Verzeichnis *htdocs* abgespeichert werden. Ansonsten können Sie jeden beliebigen Ordner nutzen. In den jeweiligen Ordnern könnten z. B. Unterordner für Bilder (*images*) oder andere Dateien eingerichtet werden.

Oftmals wird angegeben, welchen Menüpunkt Sie wählen müssen, wenn Sie den HTML-Editor **Phase 5** nutzen. Die Benutzung des Editors ist nicht zwingend notwendig. In einem gesonderten Kapitel wird die Erstellung von HTML-Seiten mit dem Editor und die Nutzung verschiedener Hilfstools erklärt.

index.html	HTML_Grundlagen

10.1.7 Grundgerüst einer Webseite – ohne Seitenstrukturierung

Der Aufbau einer Webseite wird nachfolgend dargestellt. Der Dokumententyp (<!DOCTYPE. html>), der Kopf (<head>) und der Körper (<body>) werden in die Seite eingefügt.

index.html	HTML_Grundlagen

```
1   <!DOCTYPE html>
2     <head>
3       <title></title>
4     </head>
5     <body>
6     </body>
7   </html>
```

Erstellen Sie mithilfe eines Editors die folgende Webseite. Die Metaangaben legen in diesem Beispiel den deutschen Zeichensatz fest und geben den Ersteller der Seite an. Die Tags (Befehle) in Bereich *body* werden später genauer erklärt. Rufen Sie danach die Webseite auf.

index.html	HTML_Grundlagen

```
1   <!DOCTYPE html>
2     <head>
3       <title>index</title>
4       <meta charset="utf-8">
5       <meta name="author" content= "Meyer">
6     </head>
7     <body>
8       <h1>Computer-System</h1>
9       <p>Computer</p>
10      <p>Drucker</p>
11    </body>
12  </html>
```

Anzeige im Browser – Ergebnis

Computer-System

Computer

Drucker

10.2 HTML-Befehle im Body – Bereich (Seitenbereich)

Grundsätzlich lassen sich HTML-Tags in verschiedene Kategorien verteilen. Die einzelnen Tags dienen z. B. der Strukturierung einer Seite, der Erstellung von Formularen usw.

Obwohl die Seitenstrukturierung später das Aussehen der Seite im Wesentlichen prägt, werden anschließend zunächst Textstrukturierungsbefehle und Textauszeichnungsbefehle und dann Attribute und Stylesheets erklärt. Ohne diese Befehle fehlen die Inhalte einer Webseite und wesentliche Gestaltungsmöglichkeiten. Einzelne Bereiche, wie etwa die eingesetzten Medien oder die Navigation innerhalb eines Webs, werden separat erklärt. Dabei werden dann sofort zur Gestaltung der Seiten Stylesheets eingesetzt.

Seiten-strukturierung	In HTML5 können Bereiche wie etwa der Navigationsbereich, allgemeine Bereiche, Artikel oder Kopf- und Fußbereiche definiert werden. Die Struktur einer Webseite wurde vor HTML5 wesentlich durch die Definition von Bereichen (div-Befehl) vorgenommen. Dies ist weiterhin teilweise sinnvoll.
Text-strukturierung	Textbereiche, wie z. B. Absätze und Listen, werden zur inhaltlichen Gestaltung einer Webseite je nach Notwendigkeit eingesetzt.
Text-auszeichnung	Durch die Hervorhebung bestimmter Texte können besondere Akzente auf einer Seite z. B. mithilfe von Stylesheets gesetzt werden.
Formulare	Mithilfe von Formularen werden Daten eingegeben, die dann z. B. mit der Skriptsprache PHP weiterverarbeitet werden.
Medien	Aussagekräftige und informative Webseiten zeichnen sich durch die Nutzung von Bildern und Audio- und/oder Videosequenzen aus.
Tabellen	Tabellen werden heutzutage dazu genutzt, Daten, wie z. B. Umsatzzahlen, darzustellen. Ein Einsatz zur Seitengestaltung ist nicht mehr zeitgemäß.

10.3 Textstrukturierung und -auszeichnung

Textstrukturierung

Bei der Strukturierung des Textes werden z. B. Absätze, Blöcke usw. gestaltet. Nachfolgend werden nur einige angesprochen, weil andere im Zusammenhang später mit der Erstellung von Listen, der Auszeichnung von Grafiken usw. genauer beschrieben werden. Die Befehle werden im nächsten Beispiel zusammen mit Befehlen zur Textauszeichnung angewandt.

`<p> ... </p>`	Ein Textblock, auch als Absatz bezeichnet, wird zur Verfügung gestellt. `<p>Computer</p>`
`<hr>`	Eine Trennlinie zwischen Textblöcken wird eingefügt, um Inhalte voneinander zu trennen. `<hr>`

`<div> ... </div>`	Ein Bereich wird eingefügt. In HTML5 sollte der Befehl nur eingesetzt werden, wenn kein anderer Befehl zur Seitenstrukturierung zur Verfügung steht. Der Bereich wird durch Stylesheets formatiert.
	`<div>`
	   `<h1>Computer</h1>`
	   `<h2>Arten</h2>`
	`</div>`

`<blockquote>... </blockquote>`	Ein Zitat wird als Abschnitt eingefügt. `<blockquote>Der Computer ...</blockquote>`

Textauszeichnung

Mithilfe verschiedener HTML-Tags zur Textauszeichnung lassen sich Texte verschiedenartig ausgeben. Oftmals wird die Darstellung über Stylesheets noch verändert. Textauszeichnungs-Tags sind weitestgehend Inline-Elemente, es wird also kein Zeilenumbruch vorgenommen.

HTML	Bedeutung/Syntax	Anzeige
`<a>…</a>`	Ein Hyperlink wird ins Internet usw. gelegt. `<a href="http://www.spiegel.de">Spiegel</a>`	Spiegel
`<abbr>…</abbr>`	Eine Abkürzung usw. wird angegeben. Über das Attribut *title* sollte die Bedeutung des Wortes erklärt werden. `<p>an <abbr title ="und so weiter">usw.</abbr></p>`	an usw. und so weiter
`<cite>…</cite>`	Der Titel einer Quelle, z. B. eines Buchs, wird definiert. `<p><cite>Infomatik</cite><p>`	*Infomatik*
`<em>…</em>`	Ein Wort wird in kursiver Schreibweise hervorgehoben. `<p><em>Computer</em></p>`	*Computer*
`<kdb>…</kdb>`	Der Text weist auf mögliche Eingaben des Nutzers hin. `<p>Neu laden! Taste <kdb>F5</kdb><p>`	Neu laden! Taste F5
`<mark>…</mark>`	Ein Text oder Teile eines Textes werden gelb markiert. `<p>Computer <mark>AGIB HS</mark></p>`	AGIB HS
`<q>…</q>`	Ein Zitat wird mit Anführungszeichen dargestellt. `<p>Heine: <q>Ein …</q></p>`	Heine: "Ein …"
`<span>…</span>`	Ein Element ohne eine spezielle Bedeutung wird definiert. Der HTML-Befehl ergibt nur im Zusammenhang mit einer Formatierung über Stylesheets einen Sinn. `<p><span>besonders</span></p>`	
`<strong>…</strong>`	Ein wichtiger Text wird definiert und fett dargestellt. `<p><strong>besonders</strong></p>`	**besonders**
`<sub>…</sub>`	Der Befehl dient zur Erstellung von Formeln usw. `<p>Wasser: H<sub>2</sub>O</p>`	Wasser: H_2O
`<sup>…<sup>`	Der Befehl dient zur Erstellung von Formeln usw. `<p>Potenz: x<sup>n</sup></p>`	Potenz: x^n

`<time>…</time>`	Ein Datum oder eine Zeiteingabe werden definiert. Suchmaschinen können die Angaben z. B. auswerten.
	`<p><time>14:00</time><p>`
	`<p><time>20.08.2016</time><p>`
	`<p><time datetime="01.05.2016">Arbeit</time><p>`
		14:00
		
		20.08.2016
		
		Arbeit

` `	Ein Zeilenumbruch in einem p- oder address-Tag wird eingefügt. Andere Verwendungsmöglichkeiten sollten nicht genutzt werden. `<adress>Reifen AG Poststraße 45 26789 Leer</adress>`	Reifen AG Poststraße 45 26789 Leer
`<wbr>`	Optionale Zeilenumbrüche in langen Wörtern werden eingefügt. `Com<wbr>pu<wbr>ter<wbr>be<wbr>stand<wbr>tei<wbr>le`	Computerbe standteile

Im nachfolgenden Beispiel werden die meisten beschriebenen HTML-Tags aus den Bereichen Textstrukturierung und Textauszeichnung zu Übungszwecken angewandt. Normalerweise wird dies in der Realität wohl kaum vorkommen. Außerdem würden für viele Tags Stylesheets erstellt, um die Darstellung deutlich zu verbessern.

Textauszeichnung.html	HTML_Grundlagen
1	`<!DOCTYPE html>`
2	`<head>`
3	`<title>index</title>`
4	`<meta charset="utf-8">`
5	`<meta name="author" content= "Meyer">`
6	`</head>`
7	`<body>`
8	`<h2>Computer-System</h2>`
9	`<h3>Der von uns angebotene <em>Computer</em> <mark>AGIB HS</mark> ist <strong>besonders</strong> schnell!</h3>`
10	`<p>Die wesentlichen Com<wbr>pu<wbr>ter<wbr>be<wbr>stand<wbr>tei<wbr>le werden von uns hergestellt!</p>`
11	`<p>Computer-Magnet: <q>Ein wunderbarer Computer ...</q> <abbr title ="und so weiter"> usw.</abbr></p>`
12	`<blockquote>Der Computer ...</blockquote>`
13	`<p><time datetime="20.08.2016">Verkaufsstart: </time><time>20.08.2016</time><time>14:00</time></p>`
14	`<adress>Computer AG Poststraße 45 26789 Leer</adress>`
15	`<p></p>`
16	`<hr>`
17	`<p><cite>Berufliche Informatik</cite><p>`
18	`<p>Die Zinseszinsformel lautet: Z<sub>n</sub> = Z<sub>0</sub> * (1 + p/100)<sup>n</p>`
19	`<p>Neu laden! Taste <kdb>F5<kdb><p>`
20	`</body>`
21	`</html>`

Anzeige im Browser – Ergebnis (nebeneinander dargestellt)

Computer-System

Der von uns angebotene *Computer* AGIB HS ist besonders schnell!

Die wesentlichen Computerbe standteile werden von uns hergestellt!

Computer-Magnet: "Ein wunderbarer Computer..." usw.

    Der Computer ...

Verkaufsstart: 20.08.201614:00

Computer AG
Poststraße 45
26789 Leer

Berufliche Informatik

Die Zinseszinsformel lautet: $Z_n = Z_0 * (1 + p/100)^n$

Neu laden! Taste F5

10.4 HTML – Seitenstruktur

Die Befehle, mit denen die Struktur der Seite festgelegt wird, führen normalerweise zu keinen Ausgaben auf dem Bildschirm. Über Stylesheets wird jedoch z. B. festgelegt, welche Farben in einem Bereich der Seite genutzt werden, wie die Elemente angeordnet werden usw.

HTML	Bedeutung
<address> ... </address>>	In diesem Bereich werden Informationen wie Adressen, Links zu Kontaktseiten, E-Mail-Adressen usw. eingegeben.
<article>...</article>	Unabhängige, in sich geschlossene Inhalte, wie beispielsweise Kommentare, werden eingefügt.
<aside>...</aside>	Inhalte mit oder ohne Bezug zu einem Artikel oder einem anderen Bereich werden erstellt. Oftmals werden die Inhalte über Stylesheets rechts neben dem Hauptbereich angeordnet.
body	Alle sichtbaren Elemente einer Webseite werden von dem Befehl umschlossen.
<footer>...</footer>	Fußbereich einer Seite, eines Abschnitts, eines Artikels usw.
<h1> ... </h1> <h2> ... </h2> ... <h6> ... </h6>	Überschriften für die gesamte Webseite oder für Bereiche einer Webseite können definiert werden. Ohne Formatierung (Stylesheets) werden die Überschriften in unterschiedlicher Größe angezeigt. Über Stylesheets können z. B. beliebige Größen, Farben usw. gewählt werden.
<header>...</header>	Kopfbereich einer Seite, eines Abschnitts, eines Artikels usw.
<nav>...</nav>	Bereich, in dem die Navigation eines Webs definiert wird. Dieser Bereich kann, muss aber nicht, in den Kopf- oder Fußbereich einer Seite eingebaut werden.
<section>...</section>	Ein Bereich einer Webseite wird abgegrenzt.

Prinzipiell kann eine Webseite außerordentlich unterschiedlich strukturiert sein, wie Webseiten im Internet zeigen.

Die folgenden Darstellungen zeigen daher nur, wie der Aufbau einer Seite aussehen könnte. Auch wurden nicht alle Elemente, wie etwa Überschriften, die sich in Elementen wie *article*, *section* usw. befinden können, eingearbeitet.

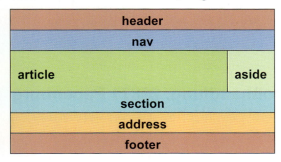 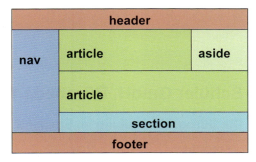

Das nachfolgende Listing zeigt, welche Elemente eine Seite enthalten. Die angegebene Navigation wird später intensiv erklärt. Das Ergebnis ist unbefriedigend, erst mit der Gestaltung durch Stylesheets (CSS) lässt sich die zuvor dargestellte Seitenstruktur erstellen.

seitenstruktur.html	HTML_Grundlagen

```html
 1  <!DOCTYPE html>
 2  <head>
 3    <title>index</title>
 4  </head>
 5  <body>
 6    <header>
 7      <h1>Schüler GmbH, Bürobedarfsgroßhandlung, 26871 Papenburg</h1>
 8      <h2>Die Bürogroßhandlung im Emsland</h2>
 9    </header>
10    <nav>
11      <ul>
12        <li><a href="#index">HomePage</a></li>
13        <li><a href="#produkte">Produkte</a></li>
14      </ul>
15    </nav>
16    <article>
17      <p>Unabhängige, in sich geschlossene Inhalte, wie beispielsweise …</p>
18    </article>
19    <aside>
20      <p>Inhalte mit oder ohne Bezug zu einem Artikel … </p>
21    </aside>
22    <section>
23      <p>Ein Bereich einer Webseite wird abgegrenzt.</p>
24    </section>
25    <adress>
26      <p>In diesem Bereich werden Informationen wie Adressen …</p>
27    </adress>
28    <footer>
29      <p>Fußbereich einer Seite, eines Abschnitts, eines Artikels usw.</p>
30    </footer>
31  </body>
32  </html>
```

Anzeige im Browser – Ergebnis (Ausschnitt)

Schüler GmbH, Bürobedarfsgroßhandlung, 26871 Papenburg

Die Bürogroßhandlung im Emsland

- HomePage
- Produkte

Unabhängige, in sich geschlossene Inhalte, wie beispielsweise …

10.5 HTML-Attribute

Vorbemerkungen

HTML-Befehle können mit Attributen, also mit Eigenschaften, versehen werden. Damit können z. B. Formatierungen (Stylesheets) aus einer externen Datei aufgerufen werden.

Es gibt Attribute, die in fast allen HTML-Tags eingesetzt werden können (Universalattribute) und Attribute, die speziell in bestimmten Tags genutzt werden. Die letzteren werden anschließend im Zusammenhang mit der Erstellung einer Tabelle beschrieben und später jeweils im Zusammenhang mit HTML-Tags erläutert.

Universalattribute – Allgemeine Universalattribute

Nachfolgend werden Universalattribute angesprochen, die später benötigt werden. Attribute, die z. B. nur bei Nutzung einer Skriptsprache wie JavaScript genutzt werden, werden nicht beschrieben. Auf einige dieser Attribute, wie etwa *style*, *class* und *id* wird bei der Beschreibung von StyleSheets genauer eingegangen.

Attribut	Beschreibung	Syntax/Beispiel
class	Das Attribut weist dem Tag eine Formatierung aus einer externen Stylesheets-Datei zu.	class="name" *<p class="c1">Schule</p>*
id	Das Attribut weist einem Tag einen Namen zu. Über den Namen erfolgt eine eindeutige Identifizierung, über die z. B. Formate oder die Skriptsprache JavaScript aufgerufen werden.	id="name" *<div id ="f1">* * <h1>Überschrift 1</h1>* *</div>*
style	Das Attribut weist dem Tag eine Formatierung, eine sogenannte Inline-Style, zu.	style="CSS-Regel" *<p style="color: red">Text</p>*
title	Ein Bild, ein Text usw. werden nach Anfahren mit der Maus um eine Information ergänzt.	title="Text" *<p title="Spanien">Madrid</p>*

Universalattribute – Internationalisierung

Diese Attribute erlauben Angaben über die verwendete Sprache und/oder die Textrichtung. Sie werden daher im Zusammenhang mit international ausgerichteten Seiten eingesetzt.

Attribut	Beschreibung	Syntax/Beispiel
dir	Die Schriftrichtung wird festgelegt, z. B. für Sprachen, bei denen von rechts nach links geschrieben wird *(rtl)*.	dir="direktion" *<html dir="rtl">* *<html dir="ltr">*
lang	Durch das Attribut wird die verwendete Sprache, z. B. in einem bestimmten Tag, festgelegt.	lang="languagecode" *<span lang="en">Town</span>*

Individuelle Attribute – am Beispiel des Einbindens einer Grafik in eine Webseite

Individuelle Attribute werden für einen bestimmten HTML-Tag festgelegt, wie z. B. für einen Tag zum Einbinden einer Grafik. Daher erfolgen die Erklärungen hierzu jeweils in den entsprechenden HTML-Tags. Die nachfolgenden Tabellen dienen daher an dieser Stelle nur zur Verdeutlichung. Später werden die HTML-Tags und die jeweiligen Attribute genauer erklärt.

Grafik	
HTML	Bedeutung
<img>	Einbinden einer Grafik in eine Webseite

Attribut	Wert	Syntax	Erklärung
src	src=""	src="Boot.jpg"	Die Dateiquelle wird angegeben.
alt	alt=""	alt="Boot"	Ein alternativer Text wird ausgegeben, falls ein Bild nicht angezeigt wird, weil es nicht oder nicht im richtigen Format vorhanden ist.

Universalattribute – Anwendungsbeispiel
Im nachfolgenden Beispiel werden Universalattribute genutzt.

HTML	Bedeutung
…	Style-Formatierung für einen bestimmten Raum

Attribut	Wert	Syntax	Erklärung
dir	rtl	dir="rtl"	Der Text fließt von rechts nach links.
lang	en	lang="en"	Die englische Sprache wird ausgewählt.
style	red	style="color: red"	Eine Formatierung wird festgelegt.
title	Text	title="Text"	Ein Text wird bei Anfahren des Bereichs eingeblendet.

attribute_universal.html	Grundlagen

```
1   <!DOCTYPE html>
2   <head>
3     <title>Universal-Attribute</title>
4   </head>
5   <body>
6     <h1 style="color: blue">Sprache und Ausrichtung</h1>
7     <h2 title="Hauptstadt von Spanien">Madrid</h2>
8     <p dir="ltr">Der Text fließt von links nach rechts ...</p>
9     <p dir="rtl">Der Text fließt von rechts nach links ...</p>
10    <p lang="en">England: <span style="color: red" >United Kingdom</span></p>
11    <p lang="en-US">USA: <span style="color: green" >United States</span></p>
12    <p lang="fr">Frankreich: <span style="color: yellow">France</span></p>
13    <p lang="es">Spanien: <span style="color: blue">España</span></p>
14  </body>
15  </html>
```

Anzeige im Browser – Ergebnis (nebeneinander dargestellt)

Sprache und Ausrichtung

Madrid

Der Text fließt von links nach rechts ... [Hauptstadt von Spanien]

... Der Text fließt von rechts nach links

England: United Kingdom
USA: United States
Frankreich: France
Spanien: España

10.6 Listen

Vorbemerkungen

In Webseiten können unterschiedliche Listen eingebaut werden. Über Stylesheets werden dabei verschiedene Formen festgelegt.

Listen	
Ungeordnete Liste	Die Listen beinhalten Aufzählungspunkte in unterschiedlicher Art.
Definitionsliste	In Definitionslisten wird ein Begriff angegeben und anschließend erklärt, definiert usw.
Geordnete Liste	Die Listen enthalten Nummerierungen in unterschiedlicher Form.

Ungeordnete Listen – Aufzählungen ohne Unterpunkte

Enthält eine Liste keine Nummerierung, sind Aufzählungszeichen zu definieren. Dies ist vor allem dann der Fall, wenn keine bestimmte Reihenfolge der Listenpunkte vorgegeben ist.

Ungeordnete Listen – Aufzählungen	
HTML	Bedeutung
<ul>…</ul>	Listenart
<li>…</li>	Listenpunkte

aufzaehlungen_1.html	HTML_Grundlagen

```
 1  <!DOCTYPE html>
 2  <html>
 3    <head>
 4      <title>Aufzählungen</title>
 5    </head>
 6    <body>
 7      <h1>Computer-System</h1>
 8      <!--Definition der Listenart-->
 9      <ul>
10        <!--Listeneinträge-->
11        <li>Computer</li>
12        <li>Drucker</li>
13        <li>Scanner</li>
14      </ul>
15    </body>
16  </html>
```

Anzeige im Browser – Ergebnis

Computer-System

- Computer
- Drucker
- Scanner

Ungeordnete Listen – Aufzählungen mit Unterpunkten

Oftmals sollen in einer Aufzählung Unterpunkte angegeben werden. Dies ist mit den bisher zur Verfügung stehenden Tags problemlos möglich. Im nachfolgenden Beispiel wird diese Art der Aufzählung demonstriert:

aufzaehlungen_2.html	HTML_Grundlagen

```html
1   <!DOCTYPE html>
2   <html>
3     <head>
4       <title>Aufzählungen</title>
5     </head>
6     <body>
7       <h1>Computer-System</h1>
8       <ul>
9         <!--Listeneinträge-->
10        <li>Computer</li>
11          <ul>
12            <li>AGIB HS</li>
13            <li>Ambro Super</li>
14          </ul>
15        <li>Drucker</li>
16          <ul>
17            <li>Quanta 500</li>
18            <li>Aros SW 4000</li>
19          </ul>
20        <li>Scanner</li>
21          <ul>
22            <li>Quanta 17L</li>
23            <li>Aros 5000</li>
24          </ul>
25      </ul>
26    </body>
27  </html>
```

Anzeige im Browser – Ergebnis (Ausschnitt)

Computer-System

- Computer
  - AGIB HS
  - Ambro Super
- Drucker
  - Quanta 500
  - Aros SW 4000

Definitionslisten

Definitionslisten bestehen aus einem Fachbegriff und einer zugehörigen Definition. Beispielsweise können auf diese Weise einzelne Begriffe aus dem Computerbereich erläutert werden.

Definitionslisten	
HTML	Bedeutung
<dl>…</dl>	Erstellung einer Definitionsliste
<dt>…</dt>	Begriff
<dd>…</dd>	Begriffserklärung

definitionslisten.html HTML_Grundlagen

```html
1   <!DOCTYPE html>
2   <html>
3     <head>
4       <title>Definitionslisten</title>
5     </head>
6     <body>
7       <h1>Computer - Lexikon</h1>
8       <!--Definition der Listenart-->
9       <dl>
10        <dt>CSS<dt>
11        <dd>Cascading Style Sheets<dd>
12      </dl>
13      <dl>
14        <dt>HTML<dt>
15        <dd>HyperText Markup Language<dd>
16      </dl>
17      <dl>
18        <dt>PHP<dt>
19        <dd>PHP Hypertext Preprocessor<dd>
20      </dl>
21    </body>
22  </html>
```

Anzeige im Browser – Ergebnis

Computer - Lexikon

CSS
    Cascading Style Sheets

HTML
    HyperText Markup Language

PHP
    PHP Hypertext Preprocessor

Geordnete Listen – Nummerierungen

Durch Nummerierungen wird in Listen eine Reihenfolge definiert. Verschiedene Möglichkeiten der Nummerierung stehen zur Verfügung und können je nach Bedarf eingesetzt werden.

Geordnete Listen – Nummerierungen	
HTML	**Bedeutung**
<ol>…</ol>	Listenart
<li>…</li>	Listenpunkte

Attribut	Wert	Syntax	Erklärung
start	"5"	start="5"	Erster Wert der Nummerierung

nummerierung.html	**HTML_Grundlagen**

```
 1  <!DOCTYPE html>
 2  <html>
 3    <head>
 4      <title>Nummerierungen</title>
 5    </head>
 6    <body>
 7      <h1>Computer-System</h1>
 8      <!--Definition der Listenart-->
 9      <ol start="3">
10        <!--Listeneinträge-->
11        <li>Computer</li>
12        <li>Drucker</li>
13        <li>Scanner</li>
14        <li>Monitore</li>
15        <li>Router</li>
16      </ol>
17    </body>
18  </html>
```

Anzeige im Browser – Ergebnis

Computer-System

3. Computer
4. Drucker
5. Scanner
6. Monitore
7. Router

10.7 Tabellen

Tabellen sollten nur eingesetzt werden, wenn Daten in Tabellenform ausgegeben werden sollen. Wird kein Rahmen gesetzt, ist die Tabelle als solche nicht zu erkennen. Zum Gestalten von Bereichen einer Webseite oder als Hilfen bei der Navigation sollten sie nicht verwandt werden. In den nachfolgenden Listings werden Tabellenköpfe und Tabellenfüße genutzt. Dies wird normalerweise eigentlich nur bei sehr großen Tabellen gemacht. Die Tabellen werden später über Stylesheets verschiedenartig formatiert.

Damit später über Stylesheets Zahlen rechtsbündig angeordnet werden können, sollten Sie den Befehl (<td>…</td>) wenn angegeben wie folgt ergänzen: (<td class="Zahl">…</td>). Der Sachzusammenhang wird im Kapitel *Stylesheets (CSS) – Grundlagen* ausführlich erklärt.

Beim zweiten Beispiel sollten Sie zu Übungszwecken danach Spalten und Zeilen wechseln.

Tabelle	
HTML	Bedeutung
<table>…</table>	Definition einer Tabelle
<thead>…</thead>	Kopfbereich einer Tabelle
<tfoot>…</tfoot>	Fußbereich einer Tabelle
<tbody>…</tbody>	Tabellenkörper
<tr>…</tr>	Tabellenzeile

Tabellenüberschriften (Spalten- und Zeilenüberschriften)			
HTML		Bedeutung	
<th>…</th>		Tabellenüberschrift	
Attribut	Wert	Syntax	Erklärung
scope	"col"	scope="col"	Spaltenüberschriften
	"row"	scope="row"	Zeilenüberschriften

Tabellenspalten			
HTML		Bedeutung	
<td>…</td>		Tabellenspalte	
Attribut	Wert	Syntax	Erklärung
colspan	"3"	colspan="3"	Spaltenzusammenfassung
rowspan	"2"	rowspan="2"	Zeilenzusammenfassung

Anzeige im Browser – Ergebnis

Bestandsliste zum 31.12.2016

Artikelnummer	Artikelart	Artikelbezeichnung	Bestand	Gesamtpreis
1000	Schreibtisch	Gabriele	5	4.000,00 €
1001	Schreibtisch	Modern	10	4.560,00 €
1002	Schreibtisch	Exus		
Gesamtsummen			15	8.560,00 €

| tabellen_1.html | HTML_Grundlagen |

```
1   <!DOCTYPE html>
2   <html>
3     <head>
4       <title>Bestandsliste</title>
5     </head>
6     <body>
7       <table>
8         <thead>
9           <th colspan="5">Bestandsliste zum 31.12.2016</th>
10          <tr>
11            <td>Artikelnummer</td>
12            <td>Artikelart</td>
13            <td>Artikelbezeichnung</td>
14            <td>Bestand</td>
15            <td>Gesamtpreis</td>
16          </tr>
17        </thead>
18        <tbody>
19          <tr>
20            <td>1000</td>
21            <td>Schreibtisch</td>
22            <td>Gabriele</td>
23            <td class="zahl">5</td>
24            <td class="zahl">4.000,00 €</td>
25          </tr>
26          <tr>
27            <td>1001</td> <td>Schreibtisch</td> <td>Modern</td>
30            <td class="zahl">10</td> <td class="zahl">4.560,00 €</td>
32          </tr>
33          <tr>
34            <td>1002</td> <td>Schreibtisch</td> <td>Exus</td>
37            <td class="zahl"></td> </td class="zahl"><td>
39          </tr>
40        </tbody>
41        <tfoot>
42          <td colspan="3">Gesamtsummen</td>
43          <td class="zahl">15</td>
44          <td class="zahl">8.560,00 €</td>
45        </tfoot>
46      </table>
47    </body>
48  </html>
```

Tabellen

tabellen_2.html — HTML_Grundlagen

```
1   <!DOCTYPE html>
2   <html>
3     <head><title>Stundenplan</title></head>
6     <body>
7       <table>
8         <thead>
9           <th colspan="5">Stundenplan</th>
10        </thead>
11        <tbody>
12          <tr>
13            <th></th>  <th scope="col">Montag</th>
15            <th scope="col">Dienstag</th>  <th scope="col">Mittwoch</th>
17          </tr>
18          <tr>
19            <th scope="row">08.10 - 08.55</th> <td rowspan="2">Mathematik</td>
21            <td>Rechnungswesen</td>  <td rowspan="3">Projekt</td>
23          </tr>
24          <tr>
25            <th scope="row">08.55 - 09.40</th>
26            <td></td>
27          </tr>
28          <tr>
29            <th>10.00 - 10.45</th>  <td>Englisch</td>  <td>Mathematik</td>
32          </tr>
33          <tr>
34            <th scope="row">10.45 - 11.30</th>
35            <td>Volkswirtschaftslehre</td> <td>Rechnungswesen</td>  <td></td>
39          </tr>
40        <tbody>
41        <tfoot>  <th colspan="5">Viel Spaß im Unterricht!</th>  </tfoot>
44      </table>
45    </body>
46  </html>
```

Anzeige im Browser – Ergebnis (mit Rahmen zur besseren Übersicht)

	Stundenplan		
	Montag	Dienstag	Mittwoch
08.10 - 08.55	Mathematik	Rechnunswesen	Projekt
08.55 - 09.40			
10.00 - 10.45	Englisch	Mathematik	
10.45 - 11.30	Volkswirtschaftslehre	Rechnungswesen	
Viel Spaß im Unterricht!			

	Stundenplan			
	08.10 - 08.55	08.55 - 09.40	10.00 - 10.45	10.45 - 11.30
Montag	Mathematik		Englisch	Mathematik
Dienstag	Rechnungswesen		Mathematik	Rechnungswesen
Donnerstag	Projekt			
Viel Spaß im Unterricht!				

10.8 Multimedia – Grafiken, Bilder, Audio und Video

10.8.1 Vorbemerkungen

Nur aus Text bestehende Webseiten wirken langweilig, Grafiken und Bilder, Audio- (Musik, Word-Beiträge usw.) und Video-Dateien lockern Seiten auf und bieten oftmals die gewünschten Informationen. Die Beschreibung eines Gebäudes kann in einer Webseite sicherlich nicht die Darstellung des Gebäudes als Bild oder in Form eines Videos ersetzen.

Nicht alle Grafik-, Audio- und Videoformate können in Webseiten einbaut werden. Daher wird jeweils zunächst kurz auf Formate und ihre Einsatzmöglichkeiten im Internet eingegangen. Mit gängigen Grafik- und Konvertierungsprogrammen lassen sich Bilder in ein anderes Grafikformat und Audio- und Videodateien in andere Audio- und Videoformate umwandeln.

Hinweis: Beachten Sie das Urheberrecht, wenn Sie Bilder, Audio- und Video-Dateien in Webseiten nutzen. Die hier genutzten Bilder und Videos können Sie im Bereich *Office/Bilder* bzw. *Office/Video* von der Seite *www.berufliche-informatik.de* downloaden und nutzen. Bei Audio-Dateien müssen Sie Dateien nutzen, deren Rechte Sie besitzen. Prüfen Sie unbedingt, ob Sie die Dateien ins Internet stellen dürfen.

10.8.2 Grafik

Grafikformate

Grafikprogramme können in der Regel viele verschiedene Grafikformate verarbeiten. Drei wichtige, die im Internet genutzt werden können, werden nachfolgend dargestellt.

Format		Beschreibung	
		Vorteile	Nachteile
.gif	Graphics Interchange Format	Das Format wird im Internet genutzt. Schaltflächen, Logos und Hintergründe von Webseiten können erstellt werden. Außerdem können mithilfe von Programmen animierte Grafiken erstellt werden.	
		• von Internet-Browsern lesbar • sehr wenig Speicherbedarf • Animationen möglich	• nur 256 Farben (8 Bit [1 Byte])
.jpg	Joint Photographic Expert Group	Dieses Format wird im Internet besonders oft genutzt. Fotos und Grafiken werden stark komprimiert, sodass Seiten mit Bildern aus dem Internet recht schnell geladen werden können.	
		• von Internet-Browsern lesbar • 16,7 Millionen Farben möglich (Farbtiefe bis 24 Bit [3 Byte]) • geringer Speicherbedarf bei guter Komprimierung	• bei starker Kompression ist ein Qualitätsverlust sichtbar
.png	Portable Network Graphics	Dieses Format soll im Internet Nachfolger der Dateiformate GIF und JPG werden. Es ist unabhängig von einem Betriebssystem einsetzbar, jedoch noch nicht von allen Browsern lesbar.	
		• 16,7 Millionen Farben möglich (Farbtiefe bis 24 Bit [3 Byte]) • verlaufsfreie Kompression • Zusatzinfos im Bild • transparente Farben möglich	• Dateien größer als GIF und JPG, daher längere Ladezeiten im Internet

Grafiken und Bilder

Um Webseiten interessanter und informativer zu gestalten, werden oftmals neben Texten zusätzlich Bilder usw. eingefügt. Bilder können beschriftet und gestaltet werden. Grundsätzlich sollte beim Einfügen von Bildern beachtet werden, dass

- die Bilder in einem richtigen Format (*gif*, *jpg*, *png*) abgespeichert worden sind,
- die Bilder in der richtigen Größe, möglichst wie auf der Webseite, abgespeichert wurden,
- die Auflösung der Bilder nicht zu hoch gewählt wurde. 72 pt ist vollkommen ausreichend, da Computerbildschirme in der Regel größere Auflösungen nicht anzeigen.

Grafiken und Bilder			
HTML		Bedeutung	
<img>		Einbinden einer Grafik in eine Webseite	
Attribut	Wert	Syntax	Erklärung
src	src=""	src="Boot.jpg"	Die Dateiquelle wird angegeben.
alt	alt=""	alt="Boot"	Ein alternativer Text wird ausgegeben, falls ein Bild nicht angezeigt wird, weil es z. B. nicht vorhanden ist.
height	height=""	height="200"	Die Höhe der Grafikdarstellung wird festgelegt.
width	width=""	width="300"	Die Breite der Grafikdarstellung wird festgelegt.

Element – Definition und Beschriftung	
HTML	Bedeutung
<figure>…</figure>	Ein Element, z. B. ein Foto oder eine Audiodatei, wird definiert.
<figcaption>…<figcaption>	Ein mit **<figure>** definiertes Element wird beschriftet.

grafik_1.html   **HTML_Grundlagen**

```
 1  <!DOCTYPE html>
 2  <html>
 3    <head>
 4      <title>Grafik</title>
 5    </head>
 6    <body>
 7      <figure>
 8        <figcaption>Das Boot auf der Ostsee</figcaption>
 9        <img src="Boot.jpg" alt="Boot" height="200" width="320">
10      </figure>
11    </body>
12  </html>
```

Anzeige im Browser – Ergebnis

10.8.3 Audio

Mediendateien können durch HTML5-Befehle wesentlich einfacher eingefügt werden. Mithilfe von Attributen kann die Wiedergabe beeinflusst werden, z. B. kann eine automatische oder eine Wiedergabe mithilfe von Schaltflächen eingestellt werden.

Format	Beschreibung
mp3	Die Audiodaten werden komprimiert. Dabei gehen Daten verloren, z. B. sehr hohe Töne. Das Verfahren ist teilweise patentrechtlich geschützt.
ogg	Das Verfahren ist ein sogenanntes Containerverfahren. In den Dateien können gleichzeitig Audio-, Video- und Textdateien gespeichert werden. Das Verfahren wurde absichtlich patentrechtlich nicht geschützt.

Audio			
HTML	**Bedeutung**		
`<audio>…</audio>`	Wiedergabe von Audiodateien		

Attribut	Wert	Syntax	Erklärung
autoplay	autoplay	autoplay	Die Mediendatei wird automatisch abgespielt.
controls	controls	controls	Über eine Anzeige wird die Wiedergabe gestartet oder gestoppt, die Lautstärke beeinflusst usw. Bei Audiodateien wird die Anzeige automatisch angezeigt, bei Videodateien muss der Bereich der Ausgabe mit der Maus angefahren werden, damit die Anzeige eingeblendet wird. Es bietet sich an, dieses Attribut zusammen mit anderen Attributen zu nutzen.
loop	loop	loop	Die Wiedergabe einer Mediendatei beginnt automatisch immer wieder von neuem.
preload	auto metadata none	preload="auto" preload="metadata" preload="none"	Es wird festgelegt, ob die Mediendatei automatisch geladen wird, zunächst nur Metadaten geladen werden oder die Datei erst dann geladen wird, wenn sie abgespielt werden soll.

Audiodatei			
HTML	**Bedeutung**		
`<source>`	Dateien, z. B. in unterschiedlichen Formaten abgelegte Audios, werden zur Nutzung für verschiedene Browser zur Verfügung gestellt.		

Attribut	Wert	Syntax	Erklärung
src	url	src="a.mp3" src="audio/a.mp4"	Die Mediendatei wird mit absoluter oder relativer Adressierung aufgerufen.
type	type	type="audio/mp3" type="audio/ogg"	Der Typ der Audio-Datei wird angegeben. Damit die Wiedergabe in verschiedenen Browsern gewährleistet ist, werden verschiedene Dateiformate angegeben.

audio.html	HTML_Grundlagen

```
1   <!DOCTYPE html>
2   <html>
3    <head>
4     <title>Audio</title>
5    </head>
6    <body>
7     <figure>
8      <figcaption>
9       <p>Alicia Keys</p>
10      <img src="Alicia_Keys.jpg" alt="K" border="5" width="177" height="222">
11      <p></p>
12     </figcaption>
13     <!--Kontrollschaltflächen, automatischer Start, Wiederholung-->
14     <audio controls autoplay loop>
15      <!—Einbinden unterschiedlicher Formate für verschiedene Browser-->
16      <source src="Girl_on_Fire.mp3" type="audio/mp3"/>
17      <source src="Girl_on_Fire.ogg" type="audio/ogg"/>
18      <!—Alternativer Text, wenn Browser die Wiedergabe nicht unterstützt-->
19      <p>Der Browser unterstützt die Ausgabe der Audiodateien nicht!</p>
20     </audio>
21     <figcaption>GIRL ON FIRE</figcaption>
22    </figure>
23   </body>
24  </html>
```

Anzeige im Browser – Ergebnis – verschiedene Browser

Alicia Keys

GIRL ON FIRE

10.8.4 Video

Das Einfügen von Videodateien wird wie bei Audiodateien durch HTML5 wesentlich vereinfacht. Ein Problem könnte sich aus der Tatsache ergeben, dass nicht jeder Browser jedes Videoformat darstellen kann. Im Internet können die Formate **MP4**, **WebM** und **Ogg** (**ogv**) genutzt werden. Beim Format **WebM** handelt es sich um ein freies Format, welches in Zukunft alle Browser unterstützen sollen. Folgende Formate werden zzt. unterstützt:

	Internet Explorer	Firefox	Google Chrome	Apple Safari	Apple Safari
MP4	Ja	Nein	Ja	Ja	Nein
WebM	Nein	Ja	Ja	Nein	Ja
Ogg	Nein	Ja	Ja	Nein	Ja

Video	
HTML	**Bedeutung**
`<video>…</video>`	Wiedergabe von Videodateien
`<source>`	In verschiedenen Dateiformaten abgelegte Videos werden eingefügt.

Die Attribute für die Ausgabe von Audiodateien sind auch für Videodateien anwendbar. Zusätzlich kommen noch weitere für den Einsatz von Videodateien bestimmte Attribute hinzu.

Attribut	Wert	Syntax	Erklärung
height	pixel	height="240"	Die Höhe und Breite des Videos wird in Pixeln angegeben.
width	pixel	width="320"	Das Video sollte zuvor in diese Größe konvertiert werden.
poster	url		Ein Bild mit einem Hinweis oder dem ersten Bild eines Videos wird während des Ladens des Videos eingeblendet.

Beispiel 1: Video mit Schaltflächen und Angabe der Größe

Die Darstellungsgröße des Videos wird bestimmt und Schaltflächen zur Wiedergabe, zum Anhalten, zur Lautstärkeneinstellung usw. werden zur Verfügung gestellt.

video_1.html	HTML_Grundlagen

```
 1   <!DOCTYPE html>
 2   <html>
 3     <head><title>Video</title></head>
 6     <body>
 7       <figure>
 8         <figcaption>Berlin</figcaption>
 9         <video controls width="320" height="240">
10           <source src="Berlin.mp4" type="video/mp4"/>
11           <source src="Berlin.ogv" type="video/ogv"/>
12           <source src="Berlin.webm" type="video/webm"/>
13           <p>Der Browser unterstützt keine Videos!</p>
14         </video>
15       </figure>
16     </body>
17   </html>
```

Anzeige im Browser (Internet Explorer, Mozilla FireFox) – Ergebnis

Beispiel 2: Video mit Schaltflächen und Bild während der Ladezeit des Videos

Handelt es sich um eine große Videodatei, kann mithilfe eines Bildes angezeigt werden, dass das Video geladen wird. Sobald alle Daten zur Verfügung stehen, werden in den Browsern die Schaltflächen eingeblendet, damit das Video abgespielt werden kann.

video_2.html	HTML_Grundlagen
4	`<video controls ="controls" width="320" height="240"poster="Berlin.gif">`
4	`<video controls ="controls"  width="320" height="240"poster="/images/Berlin.gif">`

Anzeige im Browser (Google Chrome, Opera) – Ergebnis

Beispiel 3: Video mit Schaltflächen, Bild während der Ladezeit und Endloswiedergabe

Das Video wird endlos abgespielt; über die Schaltflächen kann die Wiedergabe aber beispielsweise abgebrochen werden.

video_3.html	HTML_Grundlagen
4	`<video controls loop width="320" height="240" poster="Berlin.gif">`

Beispiel 4: Video mit Schaltflächen und automatischer Wiedergabe

Das Video wird automatisch wiedergegeben. Die Schaltflächen stehen zur Verfügung.

video_4.html	HTML_Grundlagen
4	`<video controls  autoplay width="320" height="240" poster="Berlin.gif">`

10.9 Hyperlinks

10.9.1 Vorbemerkungen

Hyperlinks, auch Links oder Verweise genannt, verbinden eine Webseite mit anderen Webseiten. In diesem Kapitel wird ausschließlich die Technik der Nutzung von Hyperlinks erklärt; die Nutzung von Hyperlinks innerhalb einer Seite wird im Zusammenhang mit Stylesheets beschrieben. Hyperlinks bilden die Grundlage für die Navigation im Netz.

Auf den nächsten Seiten wird die Verlinkung von Webseiten beschrieben. Diese Webseiten werden später genutzt, um zwischen den Seiten eine anspruchsvolle Navigation aufzubauen.

10.9.2 Hyperlinks auf Webseiten und E-Mail-Adressen

Die Verlinkung auf eine Seite im Internet bildet die Grundlage dafür, dass relativ schnell zwischen Seiten im Netz gewechselt werden kann. Nach Anklicken eines Links auf eine E-Mail-Adresse wird ein installiertes E-Mail-Programm automatisch aufgerufen.

Links, Hyperlinks	
HTML	Bedeutung
`<a>...</a>`	Einfügen eines Hyperlinks

Attribut	Wert	Syntax	Erklärung
href	URL	href="mailto: schueler@web.de"	Link auf eine E-Mail-Adresse
href	URL	href="http://www.spiegel.de"	Link auf eine Webseite im Internet
target	URL	target="_blank"	Anzeige in einem neuen Fenster

kontakte_1.html	HTML_Grundlagen

```
 1  <!DOCTYPE html>
 2  <html>
 3    <head>
 4      <title>Webseiten- und E-Mail-Links</title>
 5    </head>
 6    <body>
 7      <h1>Kontakte</h1>
 8      <h3>Webseite</h3>
 9      <a href="http://www.spiegel.de" target="_blank">Spiegel</a>
10      <h3>E-Mail</h3>
11      <a href="mailto:SchuelerA@web.de">E-Mail</a>
12    </body>
13  </html>
```

Anzeige im Browser – Ergebnis (nebeneinander dargestellt)

Kontakte   E-Mail

Webseite   E-Mail

Spiegel

10.9.3 Links im eigenen Web

Die einzelnen Seiten im eigenen Web werden durch Hyperlinks aufgerufen. Dabei kann man auch Seiten in einem Unterordner nutzen oder Seiten in einem übergeordneten Ordner auswählen. Außerdem kann man die aufgerufene Seite in einem neuen Fenster anzeigen lassen.

HTML	Bedeutung		
<a>...</a>	Einfügen eines Hyperlinks		
Attribut	**Wert**	**Syntax**	**Erklärung**
href	URL	href="anfahrt.html"	Link auf eine andere Seite derselben Website
target	URL	target="_blank"	Anzeige der aufgerufenen Seite in einem neuen Fenster

Beim Aufruf einer Webseite in einem eigenen Web mit einem größeren Umfang sollten Ordner und Unterordner eingerichtet werden, die thematisch aufeinander aufbauen. Um dann zwischen den einzelnen Seiten wechseln zu können, werden **Relative URL´s (Uniform Resource Locator)** genutzt. Dadurch wird angegeben, wo sich die Seite relativ zur aktuellen Seite befindet, also z. B. in einem Unterordner (Kindordner) oder in einem übergeordneten Ordner (Elternordner).

Die folgende Übersicht gibt an, wie innerhalb eines umfangreichen Webs von einem Ordner zu einem anderen Ordner Links gesetzt werden können.

Relative Links	
Ordner	**Link**
Derselbe Ordner	<a href="anfahrt.html">Anfahrt</a>
Kindordner	<a href="produkte/laptops.html">Laptops</a>
Enkelordner	<a href="produkte/computer/laptops.html">Laptops</a>
Elternordner	<a href="../index.html">HomePage</a>
Großelternordner	<a href="../../index.html">HomePage</a>

anfahrt.html **HTML_Grundlagen**

```
1  <!DOCTYPE html>
2  <html>
3    <head>
4      <title>Anfahrt</title>
5    </head>
6    <body>
7      <h1>Anfahrt</h1>
8      <h2>Anfahrt aus Richtung Norden</h2>
9      <p>Fahren Sie auf der Autobahn an der Abfahrt Papenburg in Richtung
10         Papenburg. An der ersten Kreuzung in Papenburg biegen Sie links in die
11         Friederikenstr. Danach ... </p>
12     <a href="index_1.html">HomePage</a>
13   </body>
14 </html>
```

Index_1.html	HTML_Grundlagen

```
1   <!DOCTYPE html>
2   <html>
3     <head>
4       <title>index</title>
5     </head>
6     <body>
7       <h1>Schüler GmbH</h1>
8       <h2>Bürobedarfsgroßhandlung</h2>
9       <h1>26871 Papenburg</h1>
10      <ul>
11        <li>führendes Bürofachgeschäft</li>
12        <li>günstige Preise</li>
13        <li>aktuelle Produktpalette</li>
14        <li>leistungsstarker Kundendienst</li>
15      </ul>
16      <a href="Anfahrt.html" target="_blank">Anfahrt</a>
17    </body>
18  </html>
```

produkte.html	HTML_Grundlagen

```
1   <!DOCTYPE html>
2   <html>
3     <head><title>Produkte</title></head>
4     <body>
5       <h1>Computer-System</h1>
6       <!--Liste-->
7       <ol start="1">
8         <!--Listeneinträge-->
9         <li>Computer</li>
10        <li>Drucker</li>
11      </ol>
12      <p><a href="index_1.html">HomePage</a></p>
13    </body>
14  </html>
```

Anzeige im Browser – Ergebnis

Anfahrt

Anfahrt aus Richtung Norden

Fahren Sie auf der Autobahn an der Abfahrt Papenburg in Richtung Papenburg. An der ersten Kreuzung in Papenburg biegen Sie links in die Friederikenstr. Danach ...

HomePage

Schüler GmbH

Bürobedarfsgroßhandlung

26871 Papenburg

- führendes Bürofachgeschäft
- günstige Preise
- aktuelle Produktpalette
- leistungsstarker Kundendienst

Anfahrt

Computer-System

1. Computer
2. Drucker

HomePage

Hyperlinks 263

10.9.4 Links auf Bilder und Grafiken

Durch einen Link auf ein Bild kann z. B. eine andere Seite im eigenen oder in fremden Webs aufgerufen werden.

HTML	Bedeutung
<a>...</a>	Link auf eine Datei, eine Grafik, eine Webseite usw.

Attribut	Wert	Syntax	Erklärung
href	href=""	href="Schiff.jpg"	Die Dateiquelle wird angegeben.

grafik_2.html (nur Bodybereich)   HTML_Grundlagen

```
5   <body>
6     <figure>
7       <figcaption>Schiff</figcaption>
8       <a href="grafik_1.html"><img src="Boot.jpg" alt="Boot"
          height="200" width="300"></a>
9     </figure>
10  </body>
```

Anzeige im Browser – Ergebnis (aufrufende und aufgerufene Seite)

10.9.5 Thumbnails (Vorschaugrafiken)

Vorschaugrafiken, auch als Thumbnails bezeichnet, werden genutzt, um mehrere Bilder in verkleinerter Form in eine Webseite zu integrieren. Damit kann sich der Nutzer einer Webseite einen Eindruck von den zur Verfügung stehenden Bildern verschaffen. Danach kann er sich durch Anklicken der Vorschaugrafik das entsprechende Bild in der Originalgröße anschauen.

thumbnails.html (nur Bodybereich)   HTML_Grundlagen

```
5   <body>
6     <h2>Bilder</h2>
7     <a href="Boot.jpg"><img src="Boot.jpg" width="120" height="90"></a>
8     <a href="Kanal.jpg"><img src="Kanal.jpg" width="120" height="90"></a>
9     <a href="Schiff.jpg"><img src="Schiff.jpg" width="120" height="90" ></a>
10  </body>
```

Anzeige im Browser – Ergebnis (aufrufende Seite und aufgerufenes Bild)

Übungen:

1. Aufgabe

Erstellen Sie ein Web für einen Sportverein mit den folgende Seiten:
- Vorstand,
- Abteilung *Fußball*,
- Abteilung *Tischtennis*,
- Abteilung *Leichtathletik*,
- Kontakt,
- Anfahrt

a) Nutzen Sie auf einzelnen Seiten die Elemente *Aufzählungen*, *Nummerierungen* und *Tabellen*.
b) Fügen Sie Onlinegrafiken und/oder Bilder in die einzelnen Seiten der Abteilungen ein.
c) Verlinken Sie die Seiten miteinander.
d) Fügen Sie auf der Seite *Kontakt* einen E-Mail-Link ein. Verlinken Sie die Seite mit anderen Webs, z. B. mit dem Web einer Gemeinde, anderer Sportvereine usw.
e) Integrieren Sie auf einer Seite Vorschaugrafiken, die dann mittels Links in der gewünschten Größe angezeigt werden.
f) Fügen Sie, falls vorhanden, Audio- und/oder Videodateien ein.

2. Aufgabe

Erstellen Sie eine Webseite, auf der Sie die folgenden HTML-Befehle erklären:
a) `<h1></h1>`
b) `<a href=""></a>`
c) `<a href="mailto:"></a>`
d) `<img src="" alt="">`
e) `<p></p>`
f) `<ol></ol>`
g) `<li></li>]`
h) `<table></table>`
i) `<tr></tr>`
j) `<td></td>`

3. Aufgabe

Erstellen Sie ein Web, welches sich mit Ihrem Heimatort beschäftigt. Verlinken Sie die einzelnen Seiten miteinander. Folgende Elemente müssen in einzelnen Seiten vorhanden sein:
a) Überschriften,
b) Bereiche,
c) Tabellen,
d) Aufzählungen und Nummerierungen,
e) Links,
f) Grafiken.

11 Stylesheets (CSS)
11.1 Grundlagen
11.1.1 Zweck der Stylesheets

Mit der HTML-Ergänzungssprache **Cascading Style Sheets (CSS)** wird die Möglichkeit zur Verfügung gestellt, Elemente oder gesamte HTML-Seiten nach eigenen Bedürfnissen und Erfordernissen zu formatieren. Bei der Erstellung neuer Webseiten und/oder neuer Webs sollte man zukünftig direkt die vernünftige Formatierung miteinbeziehen. Das Aussehen einer Webseite entscheidet nicht unwesentlich über die Akzeptanz der Seiten beim Nutzer.

11.1.2 Formatierungsmöglichkeiten durch Stylesheets

Die wichtigsten Möglichkeiten der Formatierung von HTML-Seiten durch Stylesheets werden in der folgenden Übersicht dargestellt:

- Gestaltung der Schrift und Einbindung von Schriften,
- Textgestaltung und Textausrichtung,
- Gestaltung von Hintergründen (Farben, Bilder usw.),
- Tabellen und Listen,
- Positionierung von beliebigen Objekten (relativ und absolut),
- Boxen,
- Hyperlinks (Farbgestaltung, Unterstreichung, Hover-Effekte).

11.1.3 Aufbau eines CSS-Befehls

Auf den nächsten Seiten wird beschrieben, wie ein CSS-Befehl in eine HTML-Datei eingebaut oder in einer eigenständigen Datei definiert werden kann, die dann in die HTML-Datei eingebunden wird. Ein CSS-Befehl ist grundsätzlich folgendermaßen aufgebaut:

selector {attribute: value;}
selector {eigenschaft: wert;}
body {background: #0000FF;}

Der Selektor bestimmt, was formatiert werden soll. In einer geschweiften Klammer werden die Eigenschaften (Attribute) festgelegt, z. B. die Hintergrundfarbe. Zwischen der Eigenschaft (attribute) und dem Wert (value) wird ein Doppelpunkt eingefügt. Außerdem sollte ein Leerzeichen eingebaut werden. Nach dem Wert (value) muss ein Semikolon eingegeben werden.

In einer Klammer können auch mehrere Formatierungen vorgenommen werden, also z. B. neben der Hintergrundfarbe die Schriftfarbe festgelegt werden. Der Befehl kann in mehreren oder auch in einer Zeile geschrieben werden. Aus Gründen der Übersichtlichkeit sollten die Befehle in mehreren Zeilen geschrieben werden. Außerdem sollten Eigenschaften und Werte in der Darstellung voneinander getrennt werden. Notwendig ist dies jedoch nicht.

format.css (mehrzeilig)

```
1  body {
2    color:         #FF0000;
3    background:    #0000FF;
4  }
```

format.css (einzeilig)

```
1  body {color: #FF0000; background: #0000FF;}
```

11.1.4 Arten von Stylesheets

Grundsätzlich sind HTML-Tags mit einer Formatierung ausgestattet, so stellt z. B. der Tag <h1> den Text größer als normal dar. Stylesheets überschreiben die ursprüngliche Formatierung. Sie können auf verschiedene Weise in eine HTML-Seite eingefügt werden. Besonders empfehlenswert ist es sicherlich, externe Stylesheets zu verwenden. Dies wird später in diesem Buch grundsätzlich gemacht. Ebenso werden die genutzten CSS-Befehle (Stylesheets) später intensiv erklärt. Sie sollten zunächst alle nachfolgenden Beispiele ausführen, auch wenn die Bedeutung einzelner Befehle erst später klar wird.

Befehl	Bedeutung	Beispiel/HTML/CSS
Inline-Style	Die Formatierung wird direkt in einem HTML-Tag über das Attribut *style* eingefügt. Die Formatierung sollte sparsam eingesetzt werden. Wird sie genutzt, hat die Formatierung Vorrang vor externen Formatierungen und Formatierungen im Seitenkopf.	`<p style="color: red; text-align: left; ">Schule </p>`

Internes Stylesheet	Die Stylesheets werden im Kopf des Dokuments definiert.
	Die Formatierungen sind dann in der Seite gültig, in der sie im Kopf des Dokuments definiert werden.
		`<head>`
		  `<style type="text/css">`
		   `h1 {color: blue;}`
		   `p {text-align: center;}`
		  `</style>`
		`</head>`

Externes Stylesheet	Das Stylesheet wird in eine externe Datei ausgelagert und über einen Link in die HTML-Datei eingefügt. Auf diese Weise kann ein Web einheitlich formatiert werden. Widersprechen sich Angaben, wird die jeweils letzte Anweisung befolgt. Im Beispiel wird die Überschrift schwarz ausgegeben. Neben der Formatierung von HTML-Tags können auch Klassen- und ID-Formatierungen in den externen Stylesheet-Dateien eingefügt werden. Der Name der Stylesheet-Datei kann frei gewählt werden.	`<link rel="stylesheet" href="styles.css" type="text/css">`
		`body {`
		  `background-color: red;`
		`}`
		`h1, h2, h3 {`
		  `color: yellow;`
		  `background-color: blue;`
		`}`
		`.c1 { text-align: center;}`
		`div#f1 { font-family: Arial; }`

11.1.5 Inline-Style

CSS-Befehle werden direkt im Quellcode einer HTML-Anweisung eingegeben.

inline-style.html   **CSS_Grundlagen**

```
1  <!DOCTYPE html>
2  <html>
3    <head><title>CSS-Quellcode</title></head>
4    <body>
5      <h1 style="color : blue">Überschrift 1</h1>
6      <p style="color : red">Text</p>
7    </body>
8  </html>
```

Anzeige im Browser – Ergebnis

Überschrift 1

Text

11.1.6 Interne Stylesheets

Interne Stylesheets (CSS) werden im Seitenkopf einer HTML-Datei definiert. Dabei kann es sich um ein oder mehrere Stylesheets handeln. Die Formatierungen gelten dann in der Seite, in der sie vorhanden sind.

stylesheets_intern.html　　　　　　　　　　　　　　　　**CSS_Grundlagen**

```
 1  <!DOCTYPE html>
 2  <html>
 3    <head>
 4      <title>Interne Stylesheets</title>
 5      <style type="text/css">
 6      <!--
 7      body {
 8        font-family:      @Arial Unicode MS;
 9        font-size:        large;
10        text-align:       left;
11        color:            #0000FF;
12      }
13      h1 {
14        font-family:      @Arial Unicode MS;
15        font-size:        xx-large;
16        text-align:       center;
17        color:            #FF0000;
18        background:       #0000FF;
19      }
20      -->
21      </style>
22    </head>
23    <body>
24      <h1>Überschrift 1</h1>
25      <p>Text</p>
26    </body>
27  </html>
```

Anzeige im Browser – Ergebnis

Überschrift 1

Text

11.1.7 Definition von Stylesheets in separaten Dateien – HTML-Befehle

Ein einheitliches Design für ein gesamtes Web ist eine Notwendigkeit. Nichts wirkt störender als unterschiedlich große Überschriften, verschiedenartige Schriftarten, unterschiedliche Textgrößen usw. Daher ist es ratsam, alle verwendeten Formate in eine eigenständige Formatierungsdatei abzulegen und diese Formate in alle Seiten eines Webs einzubinden.

Erstellen Sie daher zunächst eine Formatierungsdatei und danach die Seiten für die Computer und Drucker. Die Druckerseite ist bis auf die einzelnen Texte identisch mit der Computerseite.

HTML	Bedeutung
`<link>`	Ein Link zum Aufruf einer Stylesheet-Datei wird gelegt.
`<link rel="stylesheet" href ="stylesheets_separat.css" type="text/css">`	

Attribut	Wert	Syntax	Erklärung
rel	"stylesheet"	rel="stylesheet"	Eine Datei wird aufgerufen.
href	"stylesheet_s.css"	href="stylesheet_s.css"	Der Speicherort einer Datei wird angegeben.
type	"text/css"	type="text/css"	Der Typ einer Datei wird angegeben.

stylesheets_s.html CSS_Grundlagen

```
1   <!DOCTYPE html>
2   <html>
3     <head>
4       <link rel="stylesheet" href ="stylesheets_s.css" type="text/css">
5       <title>Computer</title>
6     </head>
7     <body>
8       <h1>Computer</h1>
9       <p>Rechner für die Zukunft</p>
10      <ol start="1" type="1">
11        <li>AGIB HS 100</li>
12        <li>Graso Modern</li>
13      </ol>
14    </body>
15  </html>
```

stylesheets_s.css CSS_Grundlagen

```
1   body {                                      11  h2 {
2     font-family:   @Arial Unicode MS;         12    font-size:      x-large;
3     color:         #FF0000;                   13    text-align:     center;
4     background:    #EFEFEF;                   14    background:     #0000FF;
5   }                                           15  }
6   h1 {                                        16  ol {
7     font-size:     xx-large;                  17    font-family:    Algerian;
8     text-align:    center;                    18    font-size:      large;
9     background:    #0000FF;                   19    text-align:     left;
10  }                                           20    color:          #0000FF;
                                                21  }
```

Grundlagen

Anzeige im Browser – Ergebnis	
Computer	**Drucker**
Rechner für die Zukunft	Technik für die Zukunft
1. AGIB HS 100 2. GRASO MODERN	1. HARUM 100 2. GRANUS II

11.1.8 Gruppierung von Stylesheets

Oftmals sollen bestimmte Formatierungen nicht nur einen HTML-Befehl, sondern für mehrere gelten. Im letzten Beispiel werden für die Tags *h1* und *h2* die Textausrichtung und der Hintergrund jeweils identisch formatiert. Es bietet sich daher an, die identischen Befehle zu gruppieren (Zeilen *6 – 8*) und die unterschiedlichen Befehle separat einem Tag (Zeilen *10 – 12* und *13 – 15*) zuzuordnen. In der Zeile *16* wird zusätzlich die Formatierung für einen Absatz festgelegt. Daher verändert sich entsprechend die Darstellung für einen Absatz.

Speichern Sie zunächst die Datei *stylesheets_s.html* unter dem Namen *gruppierung.html* nochmals ab und ändern Sie die Zeile 4 wie angegeben ab.

gruppierungs.html	CSS_Grundlagen
4 `<link rel="stylesheet" href ="gruppierung.css" type="text/css">`	

gruppierung.css		CSS_Grundlagen

```
 1   body {
 2     font-family:    @Arial Unicode MS;
 3     color:          #FF0000;
 4     background:     #EFEFEF;
 5   }
 6   h1,h2 {
 7     text-align:     center;
 8     background:     #0000FF;
 9   }
10   h1 {
11     font-size:      xx-large;
12   }
13   h2 {
14     font-size:      x-large;
15   }
16   ol, p {
17     font-family:    Algerian;
18     font-size:      large;
19     text-align:     left;
20     color:          #0000FF;
21   }
```

Anzeige im Browser – Ergebnis	
Computer	**Drucker**
RECHNER FÜR DIE ZUKUNFT	TECHNIK FÜR DIE ZUKUNFT
1. AGIB HS 100 2. GRASO MODERN	1. HARUM 100 2. GRANUS II

11.1.9 Vererbung von Stylesheets

Eigenschaften aus bestimmten Tags vererben sich auf andere Tags, z. B. sorgt die Festlegung der Schriftart im Tag <body> dafür, dass die Schriftart in Tags wie <h1>, <p> usw. identisch ist, es sei denn, die Schriftart wird in diesen Tags anders definiert. Auch bei Listen wird z. B. die Formatierung des Tags <ol> auf das Tag <li> übertragen. Wie oben zu sehen ist, ist die Schriftart entsprechend angepasst. Auch andere Formatierungsmerkmale werden übertragen. Grundsätzlich empfiehlt es sich, zu überprüfen, ob eine Vererbung stattgefunden hat. Ist dies nicht der Fall, muss die Formatierung in einzelnen Tags wiederholt werden.

11.1.10 Regeln für die Anwendung von Stylesheets

Unter Umständen widersprechen sich Angaben über die Anwendung von Styles. Daher gibt es Regeln, wie Stylesheets angewandt werden.
- Durch ein Stylesheet wird die vom Browser für einen HTML-Befehl vorgegebene Formatierung überschrieben.
- Werden in einer externen Stylesheets-Datei widersprüchliche Angaben gemacht, wird die jeweils letzte angewandt.
- Ein Inline-Style überschreibt Befehle interner Stylesheets und einer externen Stylesheets-Datei. Interne und externe Styles werden je nach Reihenfolge überschrieben.

Im Beispiel werden diese Regeln demonstriert. In der Zeile *9* wird der Hintergrund der externen Stylesheets-Datei überschrieben, in der Zeile *11* die Formatierung der externen Datei angewandt. Je nach Reihenfolge der Anweisungen wird der Hintergrund der Überschrift 2 <h2> gestaltet, das interne Stylesheets überschreibt die externe Anweisung oder umgekehrt.

regeln_1.html — CSS_Grundlagen

```
1   <!DOCTYPE html>
2   <html>
3     <head>
4       <title>Anweisungen</title>
5       <link rel = "stylesheet" href = "regeln.css" type = "text/css">
6       <style type= "text/css">h2 {background-color: yellow;}</style>
7     </head>
8     <body>
9       <h1 style ="background-color: green">Schüler GmbH</h1>
10      <h2>Bürobedarfsgroßhandlung</h2>
11      <h1>26871 Papenburg</h1>
12    </body>
13  </html>
```

regeln_2.html — CSS_Grundlagen

```
5       <style type= "text/css">h2 {background-color: yellow;}</style>
6       <link rel = "stylesheet" href = "regeln.css" type = "text/css">
```

regeln.css — CSS_Grundlagen

```
1   body {                              9   h1 {
2     background-color:    red;        10     color:                black;
3   }                                  11     background-color:     white;
4   h1, h2, h3 {                       12   }
5     text-align:          center;
6     color:               red;
7     background-color:    blue;
8   }
```

Anzeige im Browser – Ergebnis

11.2 Selektoren

11.2.1 Vorbemerkungen

Mithilfe verschiedener Selektoren lassen sich gesamte Webs, einzelne Webseiten oder Teile von Webseiten formatieren. Dazu eignen sich z. B. HTML-Befehle aber auch sogenannte Klassen oder IDs oder Attribute.

HTML-Befehle werden mit zusätzlichen oder umdefinierten Formatierungen versehen. Mit Klassen bzw. IDs werden HTML-Tags zusätzlich formatiert. Es ist z. B. möglich, dem HTML-Tag *<h1>* eine andere Größe als die ursprüngliche zu geben, Farben, Stile usw. hinzuzufügen. Damit stehen beliebig viele Möglichkeiten der Formatierung zur Verfügung.

In den Beispielen wird davon ausgegangen, dass die Stylesheets in separate Dateien ausgelagert werden. Andere Möglichkeiten wie die Definition von Stylesheets als internes Stylesheet oder als Inline-Style wurden bereits beschrieben.

Selektor	Befehl	Bedeutung	Beispiel/HTML/CSS

Universal	*	Alle HTML-Tags werden formatiert. Im gezeigten Beispiel wird der Hintergrund blau ausgefüllt.	* {
			  background-color: blue;
			}

Typ (HTML-Befehl)	<p>
	<h1>
	usw.
		Angegebene HTML-Tags werden formatiert. Im gezeigten Beispiel wird der Text eines Absatzes rechtsbündig rot angezeigt.	<p>Schule</p>
			p {
			  text-align: right;
			  color: red;
			}

Klasse	.c1
	.c2
	.format1
	usw.
		Auf einen HTML-Befehl wird eine definierte Klasse angewendet. Im Beispiel wird die Klasse auf den HTML-Tag <p> angewendet. Die Klasse kann dann z. B. auf den Tag <h1> angewendet werden oder auf denselben Tag im Listing mehrfach. Die Bezeichnung der Klasse ist nicht vorgegeben. Sie darf auf einer Seite mehrfach verwendet werden.	<p class="c1">Schule </p>
			<h1 class="c1">Schule </h1>
			<p class="c1">Haus</p>
			
			.c1 {
			  font-family: Arial;
			  text-align: center;
			  color: #FF0000;
			  background-color: #0000FF;
			}

ID	#f1
	#f2
	#format
	usw.
		Eine ID identifiziert ein HTML-Element in einem Dokument eindeutig. Die Bezeichnung der ID ist nicht vorgegeben. Eine bestimmte ID wird nur einmal pro Seite angewendet werden, z. B. im Rahmen einer Navigation.	<div id ="f1" >
			  <h1>Überschrift 1</h1>
			  <h2>Überschrift 2</h2>
			</div>
			div#f1 {
			  text-align: center;
			  color: #FF0000;
			}

Attribut	href usw.	In Abhängigkeit von einem Attribut und evtl. einem Attributwert werden Formatierungen vorgenommen. In den Beispielen wird eine Eigenschaft bzw. eine Eigenschaft mit einem Attributwert verwandt.	<a href ="BWL.pdf">BWL</a> a[href] {color: red}; a[href$="pdf"] {color: blue};

11.2.2 Klassen-Selektoren

Eine weitere Möglichkeit der Definition und Nutzung von Formatierungen bietet der Befehl *class*. Die Formatierungen gelten für den angegebenen Bereich. Der große Vorteil dieser Formatierung liegt auch hier darin, dass durch eine Änderung der Formatierungsdatei ganze Webs in ihrem Aussehen verändert werden können.

Klassen-Selektoren können auch nur auf einen bestimmten Tag angewendet werden. Im nachfolgenden Beispiel wird gezeigt, dass eine Formatierung trotz Aufrufs nur auf den bestimmten Tag *(<h2>)* angewandt wird, nicht jedoch auf den Tag *(<h3>)*.

class_1.html	CSS_Grundlagen

```html
1  <!DOCTYPE html>
2  <html>
3    <head>
4      <link rel="stylesheet" href="class_1.css" type="text/css">
5      <title>Computer-System</title>
6    </head>
7    <body>
8      <h1 class="format_1">Komponenten eines Computer-Systems</h1>
9      <h2 class="format_4">Hardware</h2>
10     <h3 class="format_4">Kernkomponenten</h3>
11     <p class="format_2">Computer<br>Drucker</p>
12   </body>
13 </html>
```

class_1.css			CSS_Grundlagen		
1	.format_1 {		13	.format_3 {	
2	font-family:	@Arial Unicode MS;	14	background:	#0000FF;
3	font-size:	xx-large;	15	}	
4	text-align:	center;	16	h2.format_4 {	
5	color:	#FF0000;	17	color:	#FFFFFF;
6	}		18	text-align:	center;
7	.format_2 {		19	background:	#FF0000;
8	font-family:	@Arial Unicode MS;	20	}	
9	font-size:	x-large;			
10	text-align:	center;			
11	color:	#0000FF;			
12	}				

Anzeige im Browser – Ergebnis

Komponenten eines Computer-Systems

Hardware

Kernkomponenten

Computer
Drucker

11.2.3 Einsatz von mehreren Klassen zur Modularisierung

Mehrere Klassen können gleichzeitig auf einen HTML-Befehl angewandt werden. Dies erspart unter Umständen viel Arbeit. Fügt man die Klasse *format_3* in der Zeile *8* der HTML-Datei hinzu, wird der in der Klasse hinterlegte Befehl angewandt. Es wird ein Hintergrund eingefügt.

class_2.html	CSS_Grundlagen
8	`<p class="format_1 format_3">Komponenten eines Computer-Systems</p>`

Anzeige im Browser – Ergebnis

Komponenten eines Computer-Systems

Hardware

Kernkomponenten

11.2.4 ID-Selektoren

Mithilfe des HTML-Befehls `<div>` lassen sich mehrere Elemente wie Texte, Grafiken usw. zu einem Bereich zusammenschließen. Daher spricht man auch von einem Container oder auch DIV-Container. Der Befehl bewirkt nichts, der Bereich kann jedoch mithilfe von Stylesheets einheitlich formatiert werden. Anhand von Beispielen sollen diese demonstriert werden. Durch die Möglichkeiten der Strukturierung in HTML5 wird die Nutzung dieser Möglichkeiten langfristig jedoch abnehmen.

Beispiel 1:   Nutzung des Tags <Div>

Die von einem DIV-Befehl umschlossenen Überschriften sollen einheitlich formatiert werden, beispielsweise sollen Farben oder Schriftarten identisch sein.

id_1.html	CSS_Grundlagen
1	`<!DOCTYPE html>`
2	`<html>`
3	`  <head>`
4	`    <link rel="stylesheet" href="id_1.css" type="text/css">`
5	`    <title>ID-Selektor</title>`
6	`  </head>`
7	`  <body>`
8	`    <div>`
9	`      <h1>Überschrift 1</h1>`
10	`      <h2>Überschrift 2</h2>`
11	`    </div>`
12	`  </body>`
13	`</html>`

id_1.css		CSS_Grundlagen
1	`div {`	
2	`  font-family:`	`Baskerville Old Face;`
3	`  text-align:`	`center;`
4	`  color:`	`#FF0000;`
5	`  background:`	`#C0C0C0;`
6	`}`	

Anzeige im Browser – Ergebnis

Überschrift 1

Überschrift 2

Beispiel 2: Nutzung mehrerer ID-Selektoren

Damit der Befehl <div> mehrere Male mit unterschiedlichen Formatierungen eingesetzt werden kann, kann er mit einem Identifizierungsnamen (id) versehen werden. Der Befehl <div> wird dann in der HTML-Datei mit diesem Identifizierungsnamen aufgerufen.

id_2.html — CSS_Grundlagen

```html
1   <!DOCTYPE html>
2   <html>
3     <head>
4       <title>ID-Selektoren</title>
5       <link rel="stylesheet" href="id_2.css" type="text/css">
6     </head>
7     <body>
8       <div id ="c1" >
9         <h1>Überschrift 1</h1>
10        <h2>Überschrift 2</h2>
11      </div>
12      <div id ="c2" >
13        <h1>Überschrift 1</h1>
14        <h2>Überschrift 2</h2>
15      </div>
16    </body>
17  </html>
```

id_2.css — CSS_Grundlagen

```css
1   div#c1 {                                  7   div#c2 {
2     font-family:   Baskerville Old Face;    8     font-family:   Arial;
3     text-align:    center;                  9     text-align:    left;
4     color:         #FF0000;                10     color:         #0040FF;
5     background:    #C0C0C0;                11     background:    #800000;
6   }                                        12   }
```

Anzeige im Browser – Ergebnis

Überschrift 1

Überschrift 2

Überschrift 1

Überschrift 2

Selektoren

11.2.5 Attribut-Selektoren

In Abhängigkeit von einem Attribut und evtl. einem Attributwert wird eine Formatierung vorgenommen. In der folgenden Tabelle werden zunächst einmal einige Beispiele vorgestellt. Die gegebenen Möglichkeiten werden nur ansatzweise gezeigt.

Attribut-Selektor	Bedeutung	Beispiel/HTML/CSS
a[href]	Alle a-Elemente mit dem Attribut *href* werden formatiert.	a[href] {color: red};
a[href$="doc"] a[href$="pdf"]	Alle a-Elemente mit dem Attribut *href* und dem angegebenen Dateityp werden formatiert.	a[href$="pdf"] {color: blue}; a[href$="doc"] {color: blue};
a[href^="http"]	Alle Verlinkungen, die mit den angegebenen Zeichen beginnen, werden gestaltet.	a[href^="http"] {color: red};
a[href="http://www.spiegel.de"]	Die angegebene Seite wird entsprechend den Vorgaben gestaltet.	a[href="http://www.spiegel.de"] {color: red};

attribute.html — CSS_Grundlagen

```
1  <!DOCTYPE html>
2  <html>
3    <head>
4      <title>Attribut-Selektoren</title>   >
5      <link rel="stylesheet" href="attribute.css" type="text/css">
6    </head>
7    <body>
8      <a href="id_1.html">ID-Selektoren</a><br>
9      <a href="http://www.spiegel.de">Der Spiegel</a><br>
10     <a href="http://www.focus.de">Focus</a><br>
11     <a href="BRW.pdf">BRW</a><br>
12   </body>
13 </html>
```

attribute.css — CSS_Grundlagen

```
1  a[href] {                              9  a[href="http://www.spiegel.de"] {
2    font-size:        20px;             10    font-size:        20px;
3    color:            blue;             11    color:            green;
4  }                                     12  }
5  a[href^="http://"] {                  13  a[href$="pdf"]{
6    font-size:        20px;             14    font-size:        20px;
7    background-color: aqua;             15    color:            red;
8  }                                     16  }
```

Anzeige im Browser – Ergebnis

ID-Selektoren
Der Spiegel
Focus
BRW

11.3 Nachfahren-, Kind- und Geschwisterelemente

11.3.1 Vorbemerkungen

Neben der Formatierung von Elementen, aufgrund von Attributen, Klassen oder IDs, ist eine Formatierung in Kombination mit anderen Elementen möglich. Daher wird auch von Kombinatoren gesprochen. Es ist also realisierbar, einen bestimmten Befehl in Abhängigkeit von anderen Elementen unterschiedlich zu formatieren.

Die beiden nachfolgenden Übersichten enthalten zum einen Erklärungen der einzelnen Begriffe, die in diesem Zusammenhang wichtig sind, zum anderen wird der konkrete Aufbau der Elemente anhand eines Beispiels gezeigt.

Element	Bedeutung
Elternelemente	In Elternelementen sind andere Elemente, sogenannte Kindelemente, enthalten. Die Kindelemente erben oftmals die Formatierungen von einem Elternelement. So enthält beispielsweise eine Klasse den Absatzbefehl <p>.
Nachfahrenelemente	Diese Elemente befinden sich innerhalb eines anderen Elements, also z. B. das Element <p> in einer Klasse.
Kindelemente	Kindelemente sind Nachfolgeelemente der ersten Generation, also direkt unter dem Elternelement angeordnet. Elemente der nächsten Generation, im nachfolgenden Beispiel <em> und <strong>, werden deswegen auch als Enkelelemente bezeichnet.
Geschwisterelemente	Geschwisterelemente befinden sich auf der gleichen Ebene. Es wird zwischen dem vorausgehenden und dem benachbarten Element unterschieden.

Element	Bedeutung
Elternelement	<article class = "format_1">
Kindelement	<p>
Geschwisterelement (vorausgehendes)	<em></em>
Geschwisterelement (benachbartes)	<strong></strong>
	</p>
	</article">

11.3.2 Nachfahrenelemente

Im folgenden Beispiel werden Nachfolgeelemente formatiert. Zusätzlich werden Erklärungen zu einzelnen Zeilen gegeben. Das Ergebnis soll folgendermaßen aussehen:

Anzeige im Browser – Ergebnis

Das Unternehmen *Schüler GmbH* entwickelt sich gut!

Das Unternehmen Schüler GmbH entwickelt sich gut!

Das Unternehmen *Schüler GmbH* entwickelt sich gut!

Das Unternehmen Schüler GmbH entwickelt sich gut!

Das Unternehmen Schüler GmbH entwickelt sich gut!

Nachfahren-, Kind- und Geschwisterelemente

nachfahren.html — CSS_Grundlagen

```html
1  <!DOCTYPE html>
2  <html>
3    <head>
4      <title>Attribut-Selektoren</title>
5      <link rel="stylesheet" href="nachfahren.css" type="text/css">
6    </head>
7    <body>
8      <h1>Das Unternehmen <em>Schüler GmbH</em> entwickelt sich gut!</h1>
9      <article class = "format_1">
10       <h1>Das Unternehmen <em>Schüler GmbH</em> entwickelt sich gut!</h1>
11       <p>Das Unternehmen <em>Schüler GmbH</em> entwickelt sich gut!</p>
12     </article>
13     <article class = "format_2">
14       <h1>Das Unternehmen <em>Schüler GmbH</em> entwickelt sich gut!</h1>
15       <p>Das Unternehmen <em>Schüler GmbH</em> entwickelt sich gut!</p>
16     </article>
17   </body>
18 </html>
```

nachfahren.css — CSS_Grundlagen

```css
1  em {
2    color:                blue;
3  }
4  article.format_1 h1 em {
5    color:                red;
6    background:           black;
7  }
8  article.format_2 * em {
9    color:                red;
10   background:           blue;
11 }
```

Erklärungen zu dem Listing

HTML	CSS	Erklärungen
Zeile 8	Zeile 1 – 3	Die Schriftfarbe wird durch die Formatierung des Tags <em> bewirkt.
Zeile 10	Zeile 4 – 7	Im Tag <h1> wird die Hervorhebung durch den Tag <em> in der Klasse *format_1* bewirkt.
Zeile 11	Zeile 1 – 3	Da in der Klasse *format_1* keine Formatierung für den Tag <p> vorgesehen ist, wird die Formatierung aufgrund der Formatierung des Tags <em> vorgenommen.
Zeile 14/ Zeile 15	Zeile 8 – 11	Die Klasse *format_2* sieht eine Formatierung aller Tags (*) in Verbindung mit dem Tag <em> vor. Daher werden sowohl die Überschrift <h1> als auch der Absatz <p> entsprechend formatiert.

11.3.3 Kindelemente

Bei einem Kindkombinator wird das Kindelement (z. B. <h1>) eines Elternelements (z. B. <article>) formatiert. Damit ist eine sehr genaue Formatierung möglich, mit der auch spezielle Effekte erzielt werden können.

Speichern Sie zunächst die Datei *nachfahren.html* nochmals unter dem Namen *kind.html* ab. Verändern Sie in der neuen Datei nur den Link zur CSS-Datei und den Titel der Seite.

kind.html	CSS_Grundlagen
5	`<link rel="stylesheet" href="kind.css" type="text/css">`

kind.css		CSS_Grundlagen	
1 h1{		16 article.format_2 > p {	
2 font-size:	12px;	17 font-size:	12px;
3 }		18 color:	purple;
4 article.format_1 > h1 {		19 }	
5 font-size:	12px;	20 h1 > em {	
6 color:	red;	21 font-size:	12px;
7 }		22 color:	blue;
8 article.format_1 > p {		23 }	
9 font-size:	12px;	24 p > em {	
10 color:	green;	25 font-size:	12px;
11 }		26 color:	darkgreen;
12 article.format_2 > h1 {		27 }	
13 font-size:	12px;		
14 color:	yellow;		
15 }			

Anzeige im Browser – Ergebnis

Das Unternehmen *Schüler GmbH* entwickelt sich gut!

Das Unternehmen *Schüler GmbH* entwickelt sich gut!

Das Unternehmen *Schüler GmbH* entwickelt sich gut!

Das Unternehmen *Schüler GmbH* entwickelt sich gut!

Das Unternehmen *Schüler GmbH* entwickelt sich gut!

11.3.4 Geschwisterkombinator und allgemeiner Geschwisterkombinator

Ein Geschwisterkombinator wählt ein Element (z. B. <p>) aus, welches direkt auf ein anderes Element (z. B. <h1>) folgt. Beide Elemente müssen dasselbe Elternelement haben. Die beiden Elemente werden durch ein Pluszeichen (+) im Stylesheet miteinander verbunden.

Um einen allgemeinen Geschwisterkombinator handelt es sich, wenn nicht nur das nächste, sondern alle folgenden Elemente (z. B. <p>) eines Elements ausgewählt werden und diese Elemente dasselbe Elternelement besitzen. Die Elemente werden durch eine Tilde (~) im Stylesheet miteinander verbunden. Das Beispiel stellt den Sachverhalt dar.

Nachfahren-, Kind- und Geschwisterelemente

geschwister.html   CSS_Grundlagen

```html
1  <!DOCTYPE html>
2  <html>
3    <head>
4      <title>Geschwister-Kombinator</title>
5      <link rel="stylesheet" href="geschwister.css" type="text/css">
6    </head>
7    <body>
8      <!--Anwendung des Geschwisterkombinators -->
9      <h1><em>Computer</em> und <strong>Drucker</strong></h1>
10     <p>Computer Agib HS</p>
11     <p>Computer Trup AK</p>
12     <h2>Drucker Hanso </h2>
13     <p>Computer Ambro Super</p>
14     <!--Anwendung eines allgemeinen Geschwisterkombinators -->
15     <h3><em>Computer</em> und <strong>Drucker</strong></h3>
16     <p>Computer Agib HS</p>
17     <p>Computer Trup AK</p>
18     <h4>Drucker Hanso </h4>
19     <p>Computer Ambro Super</p>
20   </body>
21 </html>
```

geschwister.css   CSS_Grundlagen

```css
1  h1, h3 {
2     font-size:    16px;
3     color:        red;
4  }
5  p, h2, h4 {
6     font-size:    12px;
7  }
8  em, h1 + p, h3 ~ p {
9     color:        blue;
10 }
11 strong, h1 + h2, h3 ~ h4 {
12    color:        green;
13 }
```

Anzeige im Browser – Ergebnis (Darstellung nebeneinander)

Computer und Drucker

Computer Agib HS

Computer Trup AK

Drucker Hanso

Computer Ambro Super

Computer und Drucker

Computer Agib HS

Computer Trup AK

Drucker Hanso

Computer Ambro Super

11.4 Gestaltung von Webseiten durch Stylesheets
11.4.1 Vorbemerkungen

Anhand der bisherigen Beispiele sind schon einige Beispiele für die Definition von Stylesheets gezeigt worden. Auf den nachfolgenden Seiten werden verschiedene Beispiele für die Gestaltung der Farben, der Schrift, des Textes usw. gezeigt. Dabei wird eine Formatvorlage in einer separaten Datei definiert. Die einzelnen Elemente werden nach und nach zur Gestaltung einer Webseite eingebaut. Zunächst wird eine Webseite erstellt. Später wird gezeigt, dass die erstellten Styles nicht nur auf HTML-Tags angewandt werden können. Auf spezielle Möglichkeiten von CSS3 wird später eingegangen.

11.4.2 Farben und Hintergründe

Farbwerte

Im Kapitel *Bildbearbeitung* werden einige grundsätzliche Bemerkungen zum Begriff Farbe gemacht. Über Stylesheets werden Webseiten farblich gestaltet, z. B. über die Schrift-, die Hintergrund- oder Rahmenfarbe. Grundsätzlich gibt es mehrere Möglichkeiten, den Farbwert zu bestimmen, wobei einige erst durch CSS3 (RGBA, HSL, HSLA) unterstützt werden. Die folgende Übersicht fasst diese kurz zusammen.

Farbe	Bedeutung	Beispiel
Name	Der Name der Farbe wird angegeben.	red, blue, green, yellow
Hex	Der hexadezimale Wert wird bestimmt.	#FF0000, #0000FF
RGB	Der Farbton wird aus den drei Grundfarben Rot, Grün und Blau zusammengestellt.	rgb(255,0,0), rgb(0,0,255), rgb(255,0,0), rgb(50,67,20)
RGBA	Der Farbton wird aus den drei Grundfarben zusammengestellt und um einen Deckkraftwert (Alphaton) ergänzt (zwischen 0 und 1).	rgba(255,0,0,0.5), rgba(0,0,255,0.7)
HSL	Die Farbe wird aus den verschiedenen Komponenten Farbton (0 - 360), Sättigung (in %) und Helligkeit (in %) (*Hue, Saturation, Luminance*) zusammengestellt.	hsl(130,100%,140%), hsl(90,180%,70%)
HSLA	Die Farbe wird aus den Komponenten Farbton, Sättigung (in %) und Helligkeit (in %) erstellt und um einen Alphawert (zwischen 0 und 1) ergänzt.	hsla(130,100%,140%,0.5), hsla(90,180%,70%,0.7)

Text- und Hintergrundfarbe

Die Text- und Hintergrundfarbe wird durch die zuvor angegebenen Farben bestimmt.

Farben			
Befehl	Bedeutung	Angaben	Beispiele
color:	Schriftfarbe	Hex, RGB, RGBA, HSL, HSLA	color: #0080C0; color: hsla(130, 100%, 140%, 0.5);
background-color:	Hintergrundfarbe	Hex, RGB, RGBA, HSL, HSLA	background-color: red; background-color: rgba(0,0,255,0.7);

farben.html — CSS_Grundlagen

```html
1  <!DOCTYPE html>
2  <html>
3    <head>
4      <title>Farben</title>
5      <link rel="stylesheet" href="farben.css" type="text/css">
6    </head>
7    <body>
8      <h1>Computer</h1>
9      <h2>Unsere Leistungen</h2>
10     <p>günstige Preise</p>
11     <p>aktuelle Produktpalette</p>
12     <p>hervorragende Qualität</p>
13     <p>vorbildlicher Kundendienst</p>
14   </body>
15 </html>
```

farben.css — CSS_Grundlagen

```css
1  body {                                  7  h2 {
2    background-color: #EFEFEF;            8    color: hsla(0, 80%, 60%, 0.8);
3  }                                       9  }
4  h1 {                                    10 p {
5    color: black;                         11   color: rgba(20,150,200,0.9);
6  }                                       12 }
```

Anzeige im Browser – Ergebnis

Computer

Unsere Leistungen:

günstige Preise

11.4.3 Hintergrundbilder

Vorbemerkungen

Hintergrundbilder werden eingefügt, um z. B.

- eine Webseite mithilfe eines kleinen Bildes, welches durch Wiederholung den gesamten Hintergrund oder Teile des Hintergrunds ausfüllt, individuell zu gestalten,
- mithilfe eines einzelnen Bildes, z. B. einer Blume, eine Webseite zu verschönern.

Wiederholtes Einfügen eines Hintergrundbildes

Der Hintergrund einer Webseite kann anstatt mit einer Farbe mit einem einzelnen Hintergrundbild oder kleinen Bildern (Kacheln), die neben- und untereinander angebracht werden und eine einheitlich gestaltete Fläche ergeben, ausgefüllt werden. Diese Art der Gestaltung ist in den meisten Fällen individueller als die Nutzung einer Hintergrundfarbe. Bilder werden in der Regel in eigene Unterordner, z. B. *images*, abgelegt, können sich jedoch auch im Verzeichnis der Dateien befinden.

Hintergrundbilder

Befehl	Bedeutung	Angaben	Beispiele
background-image:	Einfügen eines Hintergrundbilds aus einem Verzeichnis	none, URL	background-image: url("images/hintergrund_1.jpg");
background-repeat:	Das Hintergrundbild füllt den gesamten Hintergrund oder Teilbereiche des Hintergrundes aus.	repeat, repeat-x, repeat-y, no-repeat	background-repeat: repeat; background-repeat: repeat-x; background-repeat: repeat-y; background-repeat: no-repeat;
repeat	repeat-x	repeat-y	no-repeat

hintergrund_1.html (ansonsten wie farben.html) — CSS_Grundlagen

```
5    <link rel="stylesheet" href="hintergrund_1.css" type="text/css">
```

hintergrund_1.css (ansonsten wie farben.css) — CSS_Grundlagen

```
1  body {
2    background-image:        url("images/hintergrund.jpg");
3    background-repeat:       repeat-x;
4  }
```

Anzeige im Browser – Ergebnis

Computer
Unsere Leistungen

Computer
Unsere Leistungen

Computer
Unsere Leistungen

Computer
Unsere Leistungen

Einfügen und Positionierung eines Hintergrundbildes

Durch Hintergrundgrafiken können Teilbereiche einer Webseite individueller gestaltet werden. Einzelne Effekte sind erst dann zu beobachten, wenn Seiten vollständig gefüllt sind. Verkleinern Sie daher u. U. das Bildschirmfenster des Browsers z. B. bei Nutzung des Befehls *background-attachment* im nachfolgenden Beispiel.

Hintergrundbilder

Befehl	Bedeutung	Angaben	Beispiele
background-attachment:	Hintergrundbild behält seinen Platz (fixed) bzw. es bewegt (scroll) sich nach unten oder oben	fixed, scroll	background-attachment: fixed; background-attachment: scroll;
background-position:	Angabe der Position des Hintergrundbildes (Angabe mit zwei Werten, z. B. *left center, 100px, 40px*)	left, right, center, top, bottom, center, Prozent, Pixel	background-position: left center; background-position: center top; background-position: 50 % 40 %; background-position: 100px 40px;

left top	left center	left bottom	center top	center center

center bottom	right top	right center	right bottom	50 % 50 %

hintergrund_2.html (ansonsten wie farben.html)   **CSS_Grundlagen**

```
5    <link rel="stylesheet" href="hintergrund_2.css" type="text/css">
```

hintergrund_2.css (ansonsten wie farben.css)   **CSS_Grundlagen**

```
1  body {
2    background-image:         url("images/blume.jpg");
     background-image:         url(blume.jpg);
3    background-position:      10% 40%;
4    background-repeat:        no-repeat;
5    background-attachment:    fixed;
6  }
```

Anzeige im Browser – Ergebnis

Computer   Unsere Leistungen

Unsere Leistungen   günstige Preise

11.4.4 Schriften und Texte

Schriftarten

Die Darstellung einer Webseite ist abhängig davon, welche Schriftart oder Schriftfamilie verwandt wird. Da nicht alle Schriftarten auf einem Computer vorhanden sind, von dem aus die Seite aufgerufen wird, werden gleichartige Schriftarten (font-family: Arial, Helvetica, sans-serif;) in einer CSS-Datei angegeben. Ist die erste Schriftart nicht vorhanden, wird die nächste usw. vom Browser genutzt. Daneben besteht die Möglichkeit, Schriftarten einzubetten.

Grundsätzlich lassen sich Schriftarten unterscheiden. In der Regel wird wegen der guten Lesbarkeit eine der beiden zunächst vorgestellten Schriftarten gewählt, besonders gestylte Webseiten nutzen z. B. für Überschriften, Hervorhebungen usw. auch andere Schriftarten.

Schriftart	Bedeutung	Anzeige
sans-serif	Die Schriftarten enthalten keine Verzierungen.	Arial, Verdana, Helvetica
serif	Die Buchstaben sind verziert mit kleinen Häkchen.	Times, Times New Roman
cursive	Die Schrift wird einer Handschrift nachempfunden.	Harlow Solid Italic
fantasy	Die Schrift wird dekorativ gestaltet.	Algerian, Castellar
monospace	Alle Buchstaben nehmen, wie bei einer Schreibmaschine, gleich viel Platz in Anspruch.	Courier, Courier New

Schriftgröße

Die Schriftgröße wird in verschiedenen Einheiten angegeben, abhängig z. B. vom Ausgabemedium. So wird die Bildschirmausgabe z. B. in Pixeln (px) erfolgen, eine Ausgabe über den Drucker in Punkt (pt), einem Wert, der z. B. auch in der Textverarbeitung genutzt wird.

Neben den absoluten Werten können Werte relativ zu einer Ausgangsgröße definiert werden. Dies hat den Vorteil, dass die Ausgangsgröße geändert werden kann und alle anderen Werte sich automatisch anpassen. Die folgende Tabelle stellt häufig genutzte Werte dar:

	16-Pixel-Skala	Prozent	EM
body	16px	100%	100%
h1	32px	200%	2em
h2	24px	150%	1.5em
h3	18px	113%	1.125em
p			1em

Die Werte in der nachfolgenden Stylesheets-Datei werden absolut festgelegt. Eine Änderung eines Wertes hat keinen Einfluss auf die Größe anderer Werte.

Fügen Sie danach die anderen Stylesheets-Dateien in die HTML-Datei ein. Die Anzeige ist jeweils identisch. Wird jedoch die Schriftgröße im *body* verändert, werden die anderen Werte entsprechend angepasst.

Schriftgestaltung

Befehl	Bedeutung	Art	Angaben	Beispiel	
font-size:	Schriftgröße	absolut	px (Pixel)	font-size:	25px;
		absolut	pt (Punkte)	font-size:	25pt;
		relativ	%	font-size:	150%;
		relativ	em	font-size:	1,5em;

schrift_groesse_1.html CSS_Grundlagen

```
 1  <!DOCTYPE html>
 2  <html>
 3    <head>
 4      <title>Schriftgröße</title>
 5      <link rel="stylesheet" href="schrift_groesse_1.css" type="text/css">
 6    </head>
 7    <body>
 8      <p>Computer</p>
 9      <h1>Computer</h1>
10      <h2>Computer</h2>
11      <h3>Computer</h3>
12      <p class="fs_1">Computer</p>
13    </body>
14  </html>
```

Gestaltung von Webseiten durch Stylesheets

schrift_groesse_1.css

```
1  body {
2    font-family:   Arial, Verdana, sans-serif;
3    font-size:     16px;
4  }
5  h1 {
6    font-size:     32px;
7  }
```

CSS_Grundlagen

```
8  h2 {
9    font-size:     24px;
10 }
11 p {
12   font-size:     18px;
13 }
14 .fs {
15   font-size:     40px;
16 }
```

schrift_groesse_2.css

```
1  body {
2    font-family:   Arial, Verdana, sans-serif;
3    font-size:     16px;  (10px)
4  }
5  h1 {
6    font-size:     200%;
7  }
```

CSS_Grundlagen

```
8  h2 {
9    font-size:     150%;
10 }
11 p {
12   font-size:     113%;
13 }
14 .fs_1 {
15   font-size:     250%;
16 }
```

schrift_groesse_3.css

```
1  body {
2    font-family:   Arial, Verdana, sans-serif;
3    font-size:     16px;  (10px)
4  }
5  h1 {
6    font-size:     2em;
7  }
```

CSS_Grundlagen

```
8  h2 {
9    font-size:     1,5em;
10 }
11 p {
12   font-size:     1.125em;
13 }
14 .fs_1 {
15   font-size:     2.5em;
16 }
```

Anzeige im Browser – Ergebnis

Computer

Computer

Computer

Computer

Computer

Computer

Computer

Computer

Computer Computer

Schriftgröße und Zeilenabstand

Stylesheets (CSS)

In der Textverarbeitung ist es selbstverständlich, wegen der besseren Lesbarkeit die Schriftgröße (z. B. *9,5 pt*) und den Zeilenabstand (z. B. Genau *11 pt*) unterschiedlich festzulegen. Auch Bücher werden nach diesem Prinzip formatiert.

Bei der Gestaltung von Webseiten sollte ebenso vorgegangen werden. Dabei kann man selbstverständlich absolute Werte nutzen, es bietet sich jedoch an, den Zeilenabstand relativ zur Schriftgröße zu setzen. Eine vernünftige Größe ist dabei 1,4 bis 1,5 em. Bei einer Änderung der Schriftgröße wird damit automatisch der Zeilenabstand angepasst.

Zeilenabstand				
Befehl	**Bedeutung**	**Art**	**Angaben**	**Beispiel**
line-height:	Zeilenabstand	absolut	px (Pixel)	line-height: 25px;
		absolut	pt (Punkte)	line-height: 25pt;
		relativ	%	line-height: 150%;
		relativ	em	line-height: 1.5em;

schrift_zeile_1.html — CSS_Grundlagen

```html
1  <!DOCTYPE html>
2  <html>
3    <head>
4      <title>Schriftgröße</title>
5      <link rel="stylesheet" href="schrift_zeile_1.css" type="text/css">
6    </head>
7    <body>
8      <p>Computer</p>
9      <p>Der Computer ist in der heutigen Zeit im Betrieb, in der Schule
         und im Privatleben nicht mehr wegzudenken.</p>
10   </body>
11 </html>
```

schrift_zeile_1.css — CSS_Grundlagen

```css
1  body {
2    font-family:  Arial, Verdana, sans-serif;
3  }
4  h1 {
5    font-size:    32px;
6    line-height:  1.4em;
7  }
8  p {
9    font-size:    32px;
10   line-height:  1.4em;
11 }
```

Anzeige im Browser – Ergebnis (mit und ohne Zeilenabstand)

Computer

Der Computer ist in der heutigen Zeit im Betrieb, in der Schule und im Privatleben nicht mehr wegzudenken.

Computer

Der Computer ist in der heutigen Zeit im Betrieb, in der Schule und im Privatleben nicht mehr wegzudenken.

Schrift- und Textgestaltung

Die Gestaltung einer Webseite wird wesentlich durch die Wahl und Darstellung einer Schrift beeinflusst. Darüber hinaus wird der Text angeordnet, beispielsweise links- oder rechtsbündig. Insgesamt kann man davon sprechen, dass Formatierungen vorgenommen werden. Die einzelnen Elemente sollten so gestaltet werden, dass sie mit anderen Formatierungen eine Einheit bilden.

Aus der folgenden Tabelle können Sie die einzelnen Befehle zur Schrift- und Textgestaltung entnehmen. Außerdem werden Beispiele angegeben und mögliche Ergebnisse ausgegeben.

Schrift- und Textgestaltung				
Befehl	**Bedeutung**	**Angaben**	**Beispiel**	**Anzeige**
font-style:	Schriftstil	normal, oblique, italic	font-style: normal; font-style: italic; font-style: oblique;	Computer *Computer* *Computer*
font-variant:	Schriftvariante	normal, small-caps	font-variant: normal; font-variant: small-caps;	Computer Computer
font-weight:	Schriftgewicht	normal, bold	font-weight: normal; font-weight: bold;	Computer **Computer**
letter-spacing:	Zeichenabstand	em px pt	letter-spacing: 0.3em; letter-spacing: 10px; letter-spacing: 10pt;	C o m p u t e r C o m p u t e r C o m p u t e r
word-spacing:	Wortabstand	Em px pt	word-spacing: 1em; word -spacing: 2px; word -spacing: 2pt;	Der Computer ist in der heutigen Zeit im Betrieb, in der Schule und im Privatleben nicht mehr wegzudenken.
text-align:	Textausrichtung	left right center justify	text-align: left; text-align: right; text-align: center; text-align: justify;	Computer Computer Computer Computer sind heutzutage im Beruf, in der Schule und im Privatleben ...
text-transform:	Großbuchstaben Großschreibung Kleinschreibung normal	capitalize uppercase lowercase none	text-transform: capitalize; text-transform: uppercase; text-transform: lowercase; text-transform: none;	Wort Drucken WORT DRUCKEN wort drucken Wort drucken
text-decoration:	Unterstreichung Linie über Text Durchstreichung Blinken normal	underline overline line-through blink none	text-decoration: underline; text-decoration: overline; text-decoration: line-through; text-decoration: blink; text-decoration: none;	Computer Computer Computer Computer Computer Computer Computer Computer Computer
text-shadow:	Textschatten	Größe, Farbe	text-shadow: 5px 5px 5px #E06000;	**Textschatten**

Schrift- und Textgestaltung

Befehl	Bedeutung	Angaben	Beispiel		Anzeige
text-indent:	Texteinrückung	px (Pixel)	text-indent:	15px;	Computer sind heutzutage im Beruf, in der Schule und im Privatleben ...
		pt (Punkt)	text-indent:	15pt;	
		em	text-indent:	1em;	

Bestimmte CSS-Befehle erlauben eine Kurzschreibweise. So kann die Schrift durch Kurzschreibweisen formatiert werden. Dabei ist eine bestimmte Reihenfolge der Befehle einzuhalten. Wird ein Bereich normal formatiert, so ist die entsprechende Angabe einfach wegzulassen. Die nachfolgende Übersicht verdeutlicht den Zusammenhang.

Schriftgestaltung (Kurzform)
font: font-style font-variant font-weight font-size line-height font-family;
font: Schriftstil Schriftvariante Schriftgewicht Schriftgröße Zeilenabstand Schriftart;
font: italic small-caps bolder 25pt Verdana;

Die nachfolgende HTML-Datei und die nachfolgende CSS-Datei sollten Sie zunächst übernehmen. Anschließend sollten Sie verschiedene Varianten der Formatierung ausprobieren, unter anderem eine, die ein einheitliches Design für die Webseite erzeugt. Nehmen Sie bei Bedarf weitere Elemente in die CSS-Datei, z. B. eine Hintergrundgrafik oder ein Hintergrundbild.

schrift_text.html	CSS_Grundlagen

```
 1   <!DOCTYPE html>
 2   <html>
 3     <head>
 4       <title>Schriftgröße</title>
 5       <link rel="stylesheet" href="schrift_text.css" type="text/css">
 6     </head>
 7     <body>
 8       <h1>Computer</h1>
 9       <p>Der <span>Computer</span> ist in der heutigen Zeit im Betrieb, in der
           Schule und im Privatleben nicht mehr wegzudenken.</p>
10       <hr>
11       <blockquote>Der Computer bestimmt das heutige Leben!</blockquote>
12       <hr>
13       <p>Wesentliche Aufgaben in Betrieben werden mithilfe der
           <em>Textverarbeitung</em>, der <mark>Tabellenkalkulation</mark>,
           der <strong>Präsentationssoftware</strong> und der
           <span>Dateiverarbeitung</span> erledigt.</p>
14       <q>Ohne Bürosoftware ist die Arbeit im Betrieb nicht mehr ausführbar!</q>
15       <p><time>20.08.2016</time><p>
16     </body>
17   </html>
```

Gestaltung von Webseiten durch Stylesheets

schrift_text.css

```css
1  body {
2    font-family:          Arial, Verdana;
3    background-color:     rgba(0,0,255,0.05);
4  }
5  h1,p,blockquote,span {
6    line-height:   1.4em;
7  }
8  h1 {
9    text-align:       center;
10   color:            black;
11   text-shadow:      5px 5px 5px #FF0000;
12   letter-spacing:   0.3em;
13   text-transform:   uppercase;
14   font-size:        2em;
15 }
16 p {
17   font-size:     16px;
18   text-indent:   0,5em;
19   text-align:    justify;
20 }
21 blockquote {
22   color:              rgba(255,0,0,0.8);
23   text-decoration:    underline;
24 }
```

CSS_Grundlagen

```css
25 span {
26   color: rgba(125,0,255,0.8);
27   font-weight:       bold;
28   text-decoration:   underline;
29 }
30 em {
31   color: rgba(255,5,0,0.8);
32   background-color:
              hsl(90,180%,90%);
33 }
34 q {
35   color: rgba(255,5,0,0.8);  ;
36   background-color:
              hsla(90,180%,90%,0.7);
37   word-spacing:   0.5em;
38 }
39 time {
40   display:       block;
41   text-align:    right;
42   color:         #0000BF;
43   background-color:
              hsla(90,180%,90%,0.7);
44 }
```

Anzeige im Browser – Ergebnis

COMPUTER

Der <u>Computer</u> ist in der heutigen Zeit im Betrieb, in der Schule und im Privatleben nicht mehr wegzudenken.

<u>Der Computer bestimmt das heutige Leben!</u>

Wesentliche Aufgaben in Betrieben werden mithilfe der *Textverarbeitung*, der Tabellenkalkulation, der **Präsentationssoftware** und der <u>Dateiverarbeitung</u> erledigt.

"Ohne Bürosoftware ist die Arbeit im Betrieb nicht mehr ausführbar!"

20.08.2016

11.4.5 Rahmen und Abstände

Rahmen

Rahmen können um Texte, Grafiken, Tabellen usw. gelegt werden. Bei der Gestaltung werden Farben eingesetzt, verschiedene Rahmenarten genutzt und die Rahmenbreite bestimmt.

Rahmen				
Befehl	**Bedeutung**	**Angaben**	**Beispiel**	**Anzeige**

border-color:	Rahmenfarbe	Name
		Hex
		RGB
		RGBA
			border-color: red, blue, green, darkred;
			border-color: #000000;
			border-color: rgb(255,0,0);
			border-color: rgba(255,0,0,0.5);
			border-left-color: blue;
			border-right-color: rgb(255,0,255);
			border-top-color: #007F00;
			border-bottom-color:rgba(0,0,255,0.2);	

border-width	Rahmenbreite	px pt thin medium thick	border-widht: 25px; border-left-widht: 25px; border-right-widht: 50px; border-top-widht: 100px; border-bottom-widht: 200px;	

Rahmenart			
Befehl	**Bedeutung**	**Angaben**	**Beispiel**
border-style:	Rahmenart	none, dotted, dashed, solid, double, groove, ridge, inset, outset	border-type: groove; border-type: dashed;

Anzeige			
none		groove	
dotted		ridge	
dashed		inset	
solid		outset	
double			

Rahmenumrandung			
Befehl	**Bedeutung**	**Angaben**	**Beispiel**
border-collapse:	Rahmen um Zellen	collapse separate	border-collapse: collapse; border-collapse: separate;

Anzeige	
collapse	separate

Gestaltung von Webseiten durch Stylesheets

Rahmen (Kurzform)
border: border-width border-style border-color;
border: Rahmenbreite Rahmenart Rahmenfarbe;
border: 20px double red;

Anzeige im Browser – Ergebnis (Rahmen und Abstände)

rahmen_1.html — CSS_Grundlagen

```
1   <!DOCTYPE html>
2   <html>
3     <head>
4       <link rel="stylesheet" href="rahmen_1.css" type="text/css">
5       <title>Rahmen</title>
6     </head>
7     <body>
8       <div id="p1">Brandenburger Tor</div>
9       <p></p>
10      <div id="p2">Berlin</div>
11      <p></p>
12      <img src="Br_Tor_1.JPG" alt="Tor"  width="250" height="200">
13    </body>
14  </html>
```

rahmen_1.css — CSS_Grundlagen

```
1   div#p1 {                              14    border-bottom-left:     12px;
2     text-align:      center;            15    border-left-style:      dashed;
3     font-family:     Arial;             16    border-bottom-color:    #0000FF;
4     font-size:       20px;              17    border-bottom-width:    5px;
5     border:          10px;              18    border-bottom-style:    dashed;
6     border-style:    double;            19  }
7     border-color:    #FF0060;           20  img {
8   }                                     21    border:                 15pt;
9   div#p2 {                              22    border-style:           groove;
10    text-align:      center;            23    border-color:           #00E0FF;
11    font-family:     Arial;             24    border-width:           9px 50px 15px 50px;
12    font-size:       20px;              25  }
13    border-color:    #0000FF;
```

Innen und Außenabstände

Um Texte, Tabellen, Tabellenzellen usw. können Innen- und Außenabstände gelegt werden. Ein eventuell vorhandener Rahmen wird z. B. nicht direkt um einen Text gezwängt.

Abstände					
Befehl	**Bedeutung**	**Angaben**	**Beispiel**		**Anzeige**
padding:	Innenabstand	px pt em %	padding: padding-top: padding-right: padding-bottom: padding-left:	15px; 50px; 25px; 50px; 25px;	Brandenburger Tor Berlin
margin:	Innenabstand	px pt em %	margin: margin-top: margin-right: margin-bottom: margin-left:	20px; 100px; 50px; 100px; 50px;	Brandenburger Tor

Innenabstand (Kurzform)
padding: padding-top padding-right padding-bottom padding-left;
padding: Innenabstand oben Innenabstand rechts Innenabstand unten Innenabstand links;
padding: 5px 15px 9px 12px;

Außenbstand (Kurzform)
margin: margin-top margin-right margin-bottom margin-left;
margin: Außenabstand oben Außenabstand rechts Außenabstand unten Außenabst. links;
margin: 12px 20px 20px 12px;

abstaende_1.html	CSS_Grundlagen
1 `<!DOCTYPE html>`	
2 `<html>`	
3 `<head>`	
4 `<link rel="stylesheet" href="abstaende_1.css" type="text/css">`	
5 `<title>Abstaende</title>`	
6 `</head>`	
7 `<body>`	
8 `<p>Brandenburger Tor</p>`	
9 `<p>Berlin</p>`	
10 `</body>`	
11 `</html>`	

abstaende_1.css				CSS_Grundlagen	
1	p {		6	border-style:	double;
2	text-align:	center;	7	border-color:	#FF0060;
3	font-family:	Arial;	8	padding:	15px;
4	font-size:	20px;	9	margin:	20px;
5	border:	3px;	10	}	

11.5 Listen

Grundsätzlich kann es sich bei Listen um Listen mit verschiedenen Nummerierungen und Listen mit verschiedenen Aufzählungszeichen handeln.

Farben				
Befehl	**Bedeutung**	**Angaben**	**Beispiele**	**Ansicht**
list-style-type	Aufzählungszeichen <ul></ul>	none, circle square disc	list-style-type: none; list-style-type: circle; list-style-type: square; list-style-type: disc;	● ○ ■
	Nummerierungen <ol></ol>	decimal decimal-leading –zero lower-alpha upper-alpha lower-roman upper-roman	list-style-type: decimal; list-style-type: decimal-leading–zero; list-style-type: lower-alpha; list-style-type: upper-alpha; list-style-type: lower-roman; list-style-type: upper-roman;	1 2 3 01 02 03 a b c A B C i ii iii I II III
list-style-image	Aufzählungszeichen Grafik	url("b1.jpg") url("images/b1.jpg")	list-style-image: url("b1.jpg"); list-style-image: url("b2.jpg");	
list-style-position	Position	inside outside	list-style-position: inside; list-style-position: outside;	○ Computer sind besonders ○ Computer sind besonders

Beispiel 1: Liste mit Aufzählungszeichen
Bei Listen mit Aufzählungszeichen spielt die Reihenfolge der Begriffe keine große Bedeutung.

aufzaehlungen_1.html aufzaehlungen_2.html	CSS_Grundlagen
5	`<link rel="stylesheet" href="aufzaehlungen_1.css" type="text/css">`

aufzaehlungen_1.css			CSS_Grundlagen	
1	h1 {		color:	#009090;
2	font-family:	Arial;	margin-bottom:	5px;
3	font-weight:	bold;	}	
4	color:	#00009F;	ul li {	
5	background:	#FF7F7F;	list-style-type:	disc;
6	}		list-style-position:	outside;
7	li {		font-family:	Arial;
8	list-style-type:	circle;	font-size:	22px;
9	list-style-position:	outside;	color:	#E06000;
10	font-family:	Arial;	}	
11	font-size:	25px;		

Anzeige im Browser – Ergebnis (aufzaehlungen_1.html, nummerierung.html)

Computer-System
○ Computer
○ Drucker
○ Scanner

Computer-System
3. Computer
4. Drucker
5. Scanner

Beispiel 2: Liste mit Nummerierung

Die CSS-Dateien bei einer Nummerierung und bei einer Aufzählung sind praktisch identisch.

nummerierung.html				CSS_Grundlagen	
5	`<link rel="stylesheet" href="nummerierung.css" type="text/css">`				

nummerierung.css				CSS_Grundlagen	
1	h1 {		7	li {	
2	font-family:	Arial;	8	list-style-type:	decimal;
3	font-weight:	bold;	9	list-style-position:	outside;
4	color:	#00009F;	10	font-family:	Arial;
5	background:	#FF7F7F;	11	font-size:	25px;
6	}		12	color:	#009090;
			13	margin-bottom:	5px;
			14	}	

Beispiel 3: Liste mit eingerückter Ausgabe

Der Text nach Aufzählungspunkten kann korrekt untereinander dargestellt werden.

aufzaehlungen_3.html		CSS_Grundlagen
1	`<!DOCTYPE html>`	
2	`<html>`	
3	`  <head>`	
4	`    <title>Aufzählungen</title>`	
5	`    <link rel="stylesheet" href="aufzaehlungen_1.css" type="text/css">`	
6	`  </head>`	
7	`  <body>`	
8	`    <h1>Computer und Computerzubehör</h1>`	
9	`    <ul>`	
10	`      <li>In den letzten Jahren haben Laserdrucker andere Drucker weitestgehend abgelöst.</li>`	
11	`    </ul>`	
	`  </body>`	
12	`</html>`	

Anzeige im Browser – Ergebnis (Beispiel 3, Beispiel 4)

Computer und Computerzubehör
- In den letzten Jahren haben Laserdrucker andere Drucker weitestgehend abgelöst.
- Andere Drucker, wie beispielsweise Tintenstrahl- oder Nadeldrucker, werden nur noch für bestimmte Aufgaben

Computer-System
- Computer
- Drucker
- Scanner

Beispiel 4: Liste mit Grafik als Aufzählungszeichen

Sollen statt normaler Aufzählungszeichen Grafiken (Bullets) genutzt werden, müssen diese über einen Befehl eingelesen werden. Der normale Aufzählungsbefehl (*list-style-type*) entfällt.

aufzaehlungen_1.css		CSS_Grundlagen
8	list-style-image: url(Bild1.jpg);	
8	list-style-image: url(images/Bild1.jpg);	

11.6 Tabellen

Tabellen sollten in der Regel formatiert werden. Die bereits erstellte Datei *Tabellen_1.html* bildet im nachfolgenden Beispiel die Grundlage für die Formatierung. Sie muss um den Einbindungsbefehl ergänzt werden.

Die Formatierung umfasst im Wesentlichen Befehle zum Rahmen, zur Ausrichtung, zur Text- und Hintergrundfarbe und zu Abständen. Sie sollten einzelne Farben usw. nach Ihren Vorstellungen anpassen. Die Auswahl der Selektoren ermöglicht die Darstellung.

tabellen_1.html	tabellen_2.html		CSS_Grundlagen
3	`<link rel="stylesheet" href="tabellen_1.css" type="text/css">`		

tabellen_1.css			CSS_Grundlagen		
1	table {		23	border-style:	solid;
2	font-family:	Verdana;	24	padding:	12px;
3	text-align:	center;	25	}	
4	color:	#000000;	26	table thead td{	
5	background:	#0040FF;	27	font-family:	Verdana;
6	border-width:	10px;	28	text-align:	left;
7	border-color:	#FF0000;	29	background:	#00A0FF;
8	border-style:	double;	30	border-color:	#FF0000;
9	}		31	border-style:	solid;
10	td {		32	padding:	12px;
11	font-size:	15px;	33	}	
12	text-align:	left;	34	table tfoot th, table tfoot td {	
13	background:	#00FFDF;	35	font-size:	20px;
14	border-color:	#FF0000;	36	color:	white;
15	border-style:	solid;	37	background:	#FFBF00;
16	padding:	12px;	38	border-color:	#FF0000;
17	}		39	border-style:	solid;
18	table thead th{		40	padding:	12px;
19	font-size:	25px;	41	}	
20	color:	#000000;	42	.zahl {	
21	background:	#FFBF00;	43	text-align:	right;
22	border-color:	#FF0000;	44	}	

Anzeige im Browser – Ergebnis

Bestandsliste zum 31.12.2016				
Artikelnummer	Artikelart	Artikelbezeichnung	Bestand	Gesamtpreis
1000	Schreibtisch	Gabriele	5	4.000,00 €
1001	Schreibtisch	Modern	10	4.560,00 €
1002	Schreibtisch	Exus		
Gesamtsummen			15	8.560,00 €

Stundenplan			
	Montag	Dienstag	Mittwoch
08.10 - 08.55	Mathematik	Rechnungswesen	
08.55 - 09.40			Projekt
10.00 - 10.45	Englisch	Mathematik	
10.45 - 11.30	Volkswirtschaftslehre	Rechnungswesen	
Viel Spaß im Unterricht!			

11.7 Multimedia – Grafiken, Bilder, Audio und Video

Alle erstellten Multimediadateien sollen mithilfe der gleichen Stylesheets-Datei formatiert werden. Selbstverständlich sollten Sie auch andere und individuelle Formatierungen erstellen.

grafik_1.html			CSS_Grundlagen	
5	`<link rel="stylesheet" href="multimedia.css" type="text/css">`			
8	`<figure class="format_1">`			
9	`  <figcaption class="format_2">Das Boot auf der Ostsee</figcaption>`			

audio.html			CSS_Grundlagen	
5	`<link rel="stylesheet" href="multimedia.css" type="text/css">`			
8	`<figure class="format_1">`			
22	`  <figcaption class="format_2">GIRL ON FIRE</figcaption>`			

video_1.html			CSS_Grundlagen	
5	`<link rel="stylesheet" href="multimedia.css" type="text/css">`			
8	`<figure class="format_1">`			
9	`  <figcaption class="format_2">Berlin</figcaption>`			

multimedia.css				CSS_Grundlagen		
1	figure {		18	.format_1 {		
2	padding:	10px;	19	padding:	10px;	
3	width:	450px;	20	width:	320px;	
4	border:	12px;	21	border:	12px;	
5	border-color:	#00E0FF;	22	border-color:	#0060FF;	
6	border-style:	double;	23	border-style:	solid;	
7	}		24	}		
8	figcaption {		25	format_2 {		
9	width:	300px;	26	width:	320px;	
10	text-align:	center;	27	text-align:	center;	
11	font-size:	25px;	28	font-size:	25px;	
12	font-weight:	bold;	29	font-weight:	bold;	
13	color:	#FF0000;	30	color:	#0000FF;	
14	background:	#F0F0F0;	31	background:	#FF7F7F;	
15	padding:	10px;	32	padding:	10px;	
16	margin-bottom:	10px;	33	margin-bottom:	10px;	
17	}		34	}		

Anzeige im Browser – Ergebnis (grafik_1.html, audio.html, video_1.html)

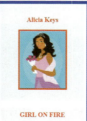

11.8 Pseudoelemente

Die Gestaltung von Tabellen, Aufzählungen usw. kann durch die Nutzung von sogenannten Pseudoelementen deutlich verbessert werden. Listenpunkte, Tabellenzeilen und -spalten können farblich unterschiedlich gestaltet werden, um beispielsweise besondere Werte hervorzuheben und die Lesbarkeit der Ausgabe zu erhöhen.

In der folgenden Tabelle werden wichtige Befehle zusammengefasst. Um ein einheitliches Design für ein Web zu erstellen, werden unterschiedliche Selektoren identisch formatiert. So kann man dieselben Formatierungen ohne Änderungen in unterschiedlichen Seiten einbauen. Anschließend wird gezeigt, wie diese Befehle in Webseiten genutzt werden.

Selektor	Element	Beispiel
:first-line	erste Zeile eines Elements	h1:first-line{font-size:20px; font-weight:bold;}
:first-letter	erstes Zeichen eines Elements	h2:first-letter{font-size:20px;}
:before	Text oder Bild vor einem Element	p:before{content: url(Bild1.jpg);} p.bild:before{content: url(Bild2.jpg);}
:after	Text oder Bild nach einem Element	p:after {content: url(Bild1.jpg);} p.bild:after {content: url(Bild2.jpg);}
:first-child	erstes	tr:first-child {background-color: #FF00FF;}
:last-child	letztes	tr:last-child { background-color: #FF00FF;}
:nth-child(even)	gerade	tr:nth-child(even) {background-color: #00E0FF;}
:nth-child(odd)	ungerade	tr:nth-child(odd) {background-color: #00E0FF;}
:nth-child(2)	ausgewählt	tr:nth-child(3) {background-color: #DF00FF;}
:nth-child(3n) :nth-child(3n+1)	drittes, sechstes, neuntes usw. viertes, siebtes, zehntes usw.	tr:nth-child(3n){background-color: #FF0000;} tr:nth-child(3n+1){background-color: #FF0000;}
:first-of-type	erstes innerhalb eines Elternelements	td:first-of-type {background-color: #00A0FF;}
:last-of-type	letztes innerhalb eines Elternelements	td:ast-of-type {background-color: #FF5F00;}
:nth-of-type(2)	ausgewähltes innerhalb eines Elternelements	td:nth-of-type(2) {background-color: #00C0FF;}
:empty	leer	td:empty {background: green;}

Beispiel 1:

Auf einer Webseite können erste Zeilen und Zeichen von Tags usw. anders als der Rest formatiert werden. Hervorgehobene Anfangsbuchstaben können unter Umständen die Aufmerksamkeit eines Webnutzers steigern.

Außerdem können vor und nach einem Tag usw. Texte, einzelne Buchstaben und/oder Bilder gesetzt werden. Auch mithilfe dieser Möglichkeiten kann eine Webseite interessanter und informativer gestaltet werden.

pseudo_1.html — CSS_Grundlagen

```html
1  <!DOCTYPE html>
2  <html>
3    <head>
4      <title>Selektoren - davor, dahinter, erste Zeile, erstes Zeichen</title>
5      <link rel="stylesheet" href="pseudo_1.css" type="text/css">
6    </head>
7    <body>
8      <h1>Vor und hinter einem Element können Texte, Bilder usw. platziert werden. Außerdem können einzelne Zeilen und der erste Buchstabe in einem Element anders formatiert werden.</h1>
9      <h2>Der erste Buchstabe wird formatiert.</h2>
10     <p>Selektoren - davor, dahinter, erste Zeile, erstes Zeichen </p>
11     <p class="bild">Selektoren - davor, dahinter, erste Zeile, erstes Zeichen </p>
12     <table>
13       <tr><td>Tisch</td><td>Gabriele</td><td class="preis">1.355</td></tr>
14     </table>
15   </body>
16 </html>
```

pseudo_1.css — CSS_Grundlagen

```css
1   h1 {
2     font-size:    14px;
3     font-style:   italic;
4   }
5   h2 {
6     font-size:    14px;
7     font-style:   italic;
8   }
9   h1:first-line {
10    font-size:    20px;
11    color:        green;
12  }
13  h2:first-letter {
14    font-size:    20px;
15    color:        red;
16  }
17  p {
18    font-size: 20px;
19  }
20  p:before {
21    content:  url(Bild1.jpg);
22  }
23  p:after {
24    content:  url(Bild1.jpg);
25  }
26  p.bild:before {
27    content:  url(Bild2.jpg);
28  }
29  p.bild:after {
30    content:  url(Bild2.jpg);
31  }
32  td {
33    font-size:      16px;
34    padding-right:  10px;
35  }
36  td.preis:before {
37    content: "Preis: ";
38  }
39  td.preis:after {
40    content: ".00 € ";
41  }
```

Anzeige im Browser – Ergebnis

Vor und hinter einem Element können Texte, Bilder usw. platziert werden. Außerdem können einzelne Zeilen und der erste Buchstabe in einem Element anders formatiert werden.

Der erste Buchstabe wird formatiert.

Selektoren - davor, dahinter, erste Zeile, erstes Zeichen

Selektoren - davor, dahinter, erste Zeile, erstes Zeichen

Tisch   Gabriele   zum Preis von 1.355.00 €
Tisch   Modern   zum Preis von 735.00 €

Pseudoelemente

Beispiel 2:
Erstellen Sie unter den Namen *tabellen_p1.html*, *absaetze_p1.html* und *listen_p1.html* die nachfolgend dargestellten Dateien. Nutzen Sie unter Umständen bereits erstellte Dateien und vervollständigen Sie diese Dateien.

Die erstellten Dateien werden dann jeweils kopiert und unter den angegebenen Namen (*tabellen_p2.html*, *absaetze_p2.html* usw.) gespeichert.

Anzeige im Browser – Ergebnis (tabellen_p1.html, absaetze_p1.html, listen_p1.html)

1000	Schreibtisch	Gabriele	5	4.000,00 €
1001	Schreibtisch	Modern	10	4.560,00 €
1002	Schreibtisch	Exklusiv		
1003	Schreibtisch	Elegant	12	28.800,00 €
1004	Büroschrank	Aktuell	17	15.249,00 €
1005	Drucker	Hanso	12	5.160,00 €
1006	Drucker	Stil	8	10.400,00 €

| Computer |
| Drucker |
| Scanner |
| Monitor |
| Festplatten |
| USB-Sticks |

- Computer
- Drucker
- Scanner
- Monitor
- Festplatten
- USB-Sticks

Bei den Selektoren wird eine Gruppierung (*tbody tr:nth-child(even), p:nth-child(even), li:nth-child(even)*) vorgenommen. Dadurch kann die dieselbe CSS-Datei in unterschiedlichen HTML-Dateien eingesetzt werden, z. B. in Dateien mit Absätzen (*absaetze_p2.html*) oder Listen (*listen_p2.html*). Die entsprechenden Ergebnisse werden teilweise mit angezeigt.

tabellen_p2.html — CSS_Grundlagen

```
3    <link rel="stylesheet" href="pseudo_2.css" type="text/css">
```

pseudo_2.css — CSS_Grundlagen

```
 1   p, li, tbody td {
 2      width:                100px;
 3   }
 4   tbody tr:nth-child(even),
 5   p:nth-child(even),
 6   li:nth-child(even) {
 7      background-color:     #00FFFF;
 8   }
 9   .zahl {
10      text-align:           right;
11   }
12   tbody tr:nth-child(odd),
13   p:nth-child(odd),
14   li:nth-child(odd) {
15      background-color:     #FF7F7F;
16   }
17   tbody > tr > td:empty ) {
18      background-color:     #00FF9F;
19      padding:              12px;
20   }
```

Anzeige im Browser – Ergebnis (tabellen_p2.html, absaetze_p2.html, listen_p2.html)

1000	Schreibtisch	Gabriele	5	4.000,00 €
1001	Schreibtisch	Modern	10	4.560,00 €
1002	Schreibtisch	Exklusiv		
1003	Schreibtisch	Elegant	12	28.800,00 €
1004	Büroschrank	Aktuell	17	15.249,00 €
1005	Drucker	Hanso	12	5.160,00 €
1006	Drucker	Stil	8	10.400,00 €

| Computer |
| Drucker |
| Scanner |
| Monitor |
| Festplatte |
| USB-Sticks |

- Computer
- Drucker
- Scanner
- Monitor
- Festplatten
- USB-Sticks

Beispiel 3:
Das erste, letzte und ein bestimmtes Element sollen in einer Tabelle usw. formatiert werden.

tabellen_p3.html — CSS_Grundlagen

```
3    <link rel="stylesheet" href="pseudo_3.css" type="text/css">
```

pseudo_3.css — CSS_Grundlagen

```css
1   p, li, tbody td {
2       width:                          100px;
3   }
4   tbody tr:first-child, p:first-child, li:first-child {
5       background-color:               #FF3F00;
6   }
7   tbody tr:last-child, p:last-child, li:last-child {
8       background-color:               #00E0FF;
9   }
10  tbody tr:nth-child(3), p:nth-child(3), li:nth-child(3){
11      background-color:               #FF3F00;
12  }
13  .zahl {
14      text-align:                     right;
15  }
```

Anzeige im Browser – Ergebnis (tabellen_p3.html, absaetze_p3.html, listen_p3.html)

Artikelnummer	Artikelart	Artikelbezeichnung	Bestand	Gesamtpreis
1000	Schreibtisch	Gabriele	5	4.000,00 €
1001	Schreibtisch	Modern	10	4.560,00 €
1002	Schreibtisch	Exklusiv		
1003	Schreibtisch	Elegant	12	28.800,00 €
1004	Büroschrank	Aktuell	17	15.249,00 €
1005	Drucker	Hanso	12	5.160,00 €
1006	Drucker	Stil	8	10.400,00 €

Computer
Drucker
Scanner
Monitor
Festplatte
USB-Sticks

- Computer
- Drucker
- Scanner
- Monitor
- Festplatte
- USB-Stick

Beispiel 4:

Ausgewählte Elemente werden formatiert. Die Angabe *3n* bedeutet, dass jedes dritte Element formatiert wird. *3n +1* bestimmt, dass das vierte, siebte, zehnte usw. Element ausgewählt wird. Unter Umständen muss, wie auch die vorherigen Beispiele zeigen, je nach Anwendung, eine andere Einstellung (*p:nth-child(3n+1)*) vorgenommen werden.

tabellen_p4.html — CSS_Grundlagen

```html
3   <link rel="stylesheet" href="pseudo_4.css" type="text/css">
```

pseudo_4.css — CSS_Grundlagen

```css
1   p, li, tbody tr {
2       width:                          100px;
3       background-color:               #00E0FF;
4   }
5   p:nth-child(3n),li:nth-child(3n),tbody tr:nth-child(3n) {
6       background-color:               #FF0000;
7   }
8   .zahl {
9       text-align:                     right;
10  }
```

Pseudoelemente 301

Anzeige im Browser – Ergebnis (tabellen_p4.html, absaetze_p4.html, listen_p4.html)

1000	Schreibtisch	Gabriele		5	4.000,00 €
1001	Schreibtisch	Modern		10	4.560,00 €
1002	Schreibtisch	Exklusiv			
1003	Schreibtisch	Elegant		12	28.800,00 €
1004	Büroschrank	Aktuell		17	15.249,00 €
1005	Drucker	Hanso		12	5.160,00 €
1006	Drucker	Stil		8	10.400,00 €

Computer
Drucker
Scanner
Monitor
Festplatte
USB-Sticks

- Computer
- Drucker
- Scanner
- Monitor
- Festplatte
- USB-Stick

Beispiel 5:
Die Spalten (erste, letzte und jeweils ausgewählte) können separat formatiert werden.

tabellen_p5.html — CSS_Grundlagen

```
3    <link rel="stylesheet" href="pseudo_5.css" type="text/css">
```

pseudo_5.css — CSS_Grundlagen

```
 1   tbody td {                         13   tbody td:nth-of-type(3) {
 2      width:             100px;       14      background-color:   #00E0FF;
 3   }                                  15   }
 4   tbody td:first-of-type {           16   tbody td:nth-of-type(4) {
 5      background-color:  #00A0FF;     17      background-color:   #FF7F7F;
 6   }                                  18   }
 7   tbody td:last-of-type {            19   .zahl {
 8      background-color:  #FF5F00;     20      text-align:         right;
 9   }                                  21   }
10   tbody td:nth-of-type(2) {
11      background-color:  #00C0FF;
12   }
```

Anzeige im Browser – Ergebnis (tabellen_p4.html)

| 1000 | Schreibtisch | Gabriele | 5 | 4.000,00 € |

Beispiel 6:
Einzelne Zellen einer Tabelle *(<td></td>)* sind leer und werden daher anders formatiert. Eine Zeilenhöhe wird definiert, damit leere Zeilen in der entsprechenden Höhe angezeigt werden.

tabellen_p6.html — CSS_Grundlagen

```
3    <link rel="stylesheet" href="pseudo_6.css" type="text/css">
```

pseudo_6.css — CSS_Grundlagen

```
1   tbody tr {                       6   td:empty {
2      width:            100px;      7      background:        green;
3      height:           20px;       8   }
4      background-color: #00E0FF;    9   .zahl {
5   }                               10      text-align:        right;
                                    11   }
```

Anzeige im Browser – Ergebnis (tabellen_p6.html)

1000	Schreibtisch	Gabriele		5	4.000,00 €
1001	Schreibtisch	Modern		10	4.560,00 €
1002	Schreibtisch	Exklusiv			
1003	Schreibtisch	Elegant		12	28.800,00 €

11.9 Kästen (Boxen) für Texte und Bilder

Grundsätzlich muss man sich vorstellen, dass jeder HTML-Befehl eine Art von Kasten auf den Bildschirm setzt. Die Werte können in Pixel oder als Prozente angegeben werden. Dieser Kasten wird durch CSS-Befehle gestaltet. In der nachfolgenden Übersicht und im nachfolgenden Beispiel soll beschrieben werden, welche Auswirkungen die Gestaltung der Höhe und Breite eines Kastens auf die Darstellung hat. Dabei sind sicherlich nachfolgend nicht alle denkbaren Alternativen umfassend beschrieben. Durch intensives Ausprobieren sind die einzelnen Möglichkeiten besser zu erkennen.

Wird keine Höhe (*height*) oder minimale Höhe (*min-height*) angegeben, wächst der Kasten mit dem Inhalt, ist immer so groß, dass der Inhalt in den Kasten passt. Dies ist bei der Gestaltung einer Seite jedoch nicht immer wünschenswert. Wenn der Inhalt nicht in einen Kasten passt, ist es darüber hinaus möglich, diesen mithilfe von Bildlaufleisten vollständig lesbar zu machen.

Breite und Höhe			
Befehl	**Bedeutung**	**Beispiel**	**Anzeige**
height	Die Höhe eines Kastens wird festgelegt. Der Inhalt geht über die Begrenzung (fließt über), wenn er nicht in den Kasten passt.	height: 60px; width: 200px;	Die Höhe und Breite eines Kastens kann beliebig festgelegt werden. Dabei können auch minimale und maximale Werte angegeben werden.
min-height	Die minimale Höhe eines Kastens wird festgelegt. Wird für den Inhalt mehr Platz benötigt, wird der Kasten vergrößert.	min-height: 60px; width: 200px;	Die Höhe und Breite eines Kastens kann beliebig festgelegt werden. Dabei können auch minimale und maximale Werte angegeben werden.
max-height	Die maximale Höhe eines Kastens wird festgelegt. Der Inhalt geht über die Begrenzung (fließt über), wenn er nicht in den Kasten passt.	height: 60px; width: 200px;	Die Höhe und Breite eines Kastens kann beliebig festgelegt werden. Dabei können auch minimale und maximale Werte angegeben werden.
width	Die Breite eines Kastens wird festgelegt. Der Inhalt geht über die Begrenzung (fließt über), wenn er nicht in den Kasten passt.	width: 200px; height: 60px;	Die Höhe und Breite eines Kastens kann beliebig festgelegt werden. Dabei können auch minimale und maximale Werte angegeben werden.
min-width	Die minimale Breite eines Kastens wird festgelegt. Der Kasten wird maximal so breit wie es der Bildschirm anzeigen kann.	min-width: 200px; height: 60px;	Die Höhe und Breite eines Kastens kann beliebig festgelegt werden. Dabei können auch minimale und maximale Werte angegeben werden.
max-width	Die minimale Breite eines Kastens wird festgelegt.	max-width: 100px; height: 60px;	Die Höhe und Breite eines Kastens kann beliebig festgelegt werden. Dabei können auch minimale und maximale Werte angegeben werden.

Kästen (Boxen) für Texte und Bilder

over-flow	Der Inhalt eines Kastens wird bei einem für den Kasten zu großen Inhalt abgeschnitten und nur teilweise lesbar.	height: 60px; width: 200px; overflow: hidden;	Die Höhe und Breite eines Kastens kann beliebig festgelegt werden. Dabei können auch
	Der Inhalt eines Kastens wird bei einem für den Kasten zu großen Inhalt durch Bildlaufleisten vollständig lesbar.	height: 60px; width: 200px; overflow-y: scroll;	Die Höhe und Breite eines Kastens kann beliebig festgelegt werden. Dabei

Kästen können angeordnet und positioniert werden. An dieser Stelle soll die Anordnung links und rechts von anderen Elementen und deren Aufhebung beschrieben werden. Es ist möglich, ein Element, z. B. einen Kasten oder ein Bild, links oder rechts neben einem anderen Element zu platzieren. Selbstverständlich kann man jedoch auch wieder dafür sorgen, dass z. B. das nächste Element in die nächste Zeile platziert wird.

Umfließen (Anordnung) von Elementen

Befehl	Bedeutung	Angaben	Beispiele
float	Umwandlung eines Block-Elements in ein Inline-Element. Das Element wird links neben einem anderen Element eingeordnet.	left	float: left;
	Umwandlung eines Inline-Elements in ein Block-Element. Das Element wird rechts auf dem Bildschirm angeordnet.	right	float: right;
	Das Element wird normal wie ein Blockelement angeordnet, es wird also aufgrund des Zeilenumbruchs unterhalb eines anderen Elements platziert.	none	float: none;

Beenden des Umfließens (Anordnen) von Elementen

Befehl	Bedeutung	Angaben	Beispiele
clear	Beenden des Umfließens eines mit float: left formatierten Elements.	left	clear: left;
	Beenden des Umfließens eines mit float: right formatierten Elements.	right	clear: right;
	Beenden des Umfließens eines mit float: both formatierten Elements (beide Seiten).	both	clear: both;
	Das Umfließen wird nicht beendet.	none	clear: none;

Anzeige im Browser – Ergebnis

Die Höhe und Breite eines Kastens kann beliebig festgelegt werden.

Die Höhe und Breite eines Kastens kann beliebig festgelegt werden. Dabei können auch minimale und

Die Höhe und Breite eines Kastens kann beliebig festgelegt werden. Dabei können auch minimale und

Die Höhe und Breite eines Kastens kann beliebig festgelegt werden. Dabei können auch minimale und maximale Werte

kaesten.html		CSS_Grundlagen
1	`<!DOCTYPE html>`	
2	`<html>`	
3	`  <head>`	
4	`    <title>index</title>`	
5	`    <link rel="stylesheet" href="kaesten.css" type="text/css">`	
6	`  </head>`	
7	`  <body>`	
8	`    <p class="kasten_1">Die Höhe und Breite eines Kastens kann beliebig festgelegt werden.</p>`	
9	`    <p class="kasten_2">Die Höhe und Breite eines Kastens kann beliebig festgelegt werden. Dabei können auch minimale und maximale Werte angegeben werden.</p>`	
10	`    <img src="Boot.JPG" alt="Boot">`	
11	`    <p class="kasten_4">Die Höhe und Breite eines Kastens kann beliebig festgelegt werden. Dabei können auch minimale und maximale Werte angegeben werden.</p>`	
12	`    <p class="kasten_2">Die Höhe und Breite eines Kastens kann beliebig festgelegt werden. Dabei können auch minimale und maximale Werte angegeben werden.</p>`	
13	`    <img src="Boot.JPG" alt="Boot">`	
14	`  </body>`	
15	`</html>`	

kaesten.css					CSS_Grundlagen
1	body{		19	img {	
2	background-color:	#00FFFF;	20	padding-top:	15px;
3	}		21	height:	80px;
4	.kasten_1 {		22	width:	115px;
5	background-color:	#FF8080;	23	float:	left;
6	height:	80px;	24	}	
7	width:	200px;	25	.kasten_4 {	
8	margin-right:	10px;	26	background-color:	#FF8080;
9	float:	left;	27	height:	80px;
10	}		28	width:	200px;
11	.kasten_2 {		29	overflow-y:	hidden;
12	background- color:	#FF8080;	30	margin-right:	10px;
13	height:	80px;	31	clear:	both;
14	width:	200px;	32	float:	right;
15	overflow-y:	scroll;	33	}	
16	margin-right:	10px;			
17	float:	left;			
18	}				

11.10 Links auf Teile von Inhalten von Seiten und anderen Seiten

Innerhalb von Seiten können bestimmte Bereiche angesprungen werden. Andere Inhalte sollen u. U. nicht sichtbar sein. Zu diesem Zweck wird ein Abstand definiert, der dafür sorgt, dass nur der gewünschte Bereich angezeigt wird. Handelt es sich um sehr lange Texte, ist dieser Effekt auch ohne Nutzung von Stylesheets sichtbar. Sind es jedoch nur kurze Texte, so muss gewährleistet werden, dass der entsprechende Inhalt am Anfang der Seite angezeigt wird.

Links, Hyperlinks			
HTML		Bedeutung	
<a>...<a/>		Einfügen eines Hyperlinks	
Attribut	Wert	Syntax	Erklärung
href	URL	href="#Anfang" href="produkte/#laptop" href="http://www.computer.de/#laptop"	Link auf einen Teil derselben Seite, einer Seite im selben Web oder auf einen Teil einer Seite im Web.

Anzeige im Browser – Ergebnis

Allgemeine Geschäftsbedingungen

Umfang der Lieferung Preise und Zahlungsbedingungen Eigentumsvorbehalt

Anzeige im Browser – Ergebnis

2. Preise und Zahlungsbedingungen

Die Preise gelten ab Papenburg einschließlich Verpackung. Die Rechnungen sind innerhalb von 8 Tagen nach Rechnungsdatum unter Abzug von 2 % Skonto oder nach 30 Tagen ohne Abzug zu begleichen.

Zurück

agb_1.css			CSS_Grundlagen		
1	h1 {		21	a:visited {	
2	color:	#A02020;	22	color:	#DFDFDF;
3	}		23	background:	#009F00;
4	li {		24	text-decoration:	none;
5	list-style-type:	decimal;	25	}	
6	list-style-position:	outside;	26	a:hover {	
7	font-family:	Arial;	27	color:	#DFDFDF;
8	font-size:	25px;	28	background:	#00009F;
9	color:	#009090;	29	text-decoration:	none;
10	margin-bottom:	5px;	30	}	
11	}		31	a:active {	
12	p {		32	color:	#DFDFDF;
13	font-weight:	bold;	33	background:	#009F00;
14	color:	#C04040;	34	text-decoration:	none;
15	}		35	}	
16	a:link {		36	.abstand {	
17	color:	#000000;	37	font-size:	800px;
18	background:	rgba(255,0,0,0.3);	38	}	
19	text-decoration:	none;			
20	}				

agb_1.html	CSS_Grundlagen

```
 1  <!DOCTYPE html>
 2  <html>
 3    <head>
 4      <title>Allgemeine Geschäftsbedingungen</title>
 5      <link rel="stylesheet" href="agb_1.css" type="text/css">
 6    </head>
 7    <body>
 8      <p id="oben"></p>
 9      <h1>Allgemeine Geschäftsbedingungen</h1>
10      <a href="#umfang">Umfang der Lieferung</a>
11      <a href="#preise">Preise und Zahlungsbedingungen</a>
12      <a href="#eigentumsvorbehalt">Eigentumsvorbehalt</a>
13      <p class="abstand"></p>
14      <p id="umfang"></p>
15      <ol start="1">
16        <li>Umfang der Lieferung</li>
17      </ol>
18      <p>Der Umfang der Lieferung ergibt sich aus dem schriftlichen Angebot
           und/oder der schriftlichen  Auftragsbestätigung des Lieferanten.
           Zusätzliche Vereinbarungen bedürfen der schriftlichen Bestätigung.</p>
21      <p><a href="#oben">Zurück</a></p>
22      <p class="abstand"></p>
23      <p id="preise"></a>
24      <ol start="2">
25        <li>Preise und Zahlungsbedingungen</font></li>
26      </ol>
27      <p>Die Preise gelten ab Papenburg einschließlich Verpackung. Die
           Rechnungen sind innerhalb von 8 Tagen nach Rechnungsdatum unter
           Abzug von 2 % Skonto oder nach 30 Tagen ohne Abzug  zu begleichen.</p>
30      <p><a href="#oben">Zurück</a></p>
31      <p class="abstand"></p>
32      <p id="eigentumsvorbehalt"></p>
33      <ol start="3">
34        <li>Eigentumsvorbehalt</li>
35      </ol>
36      <p>Alle Waren bleiben bis zur vollständigen Bezahlung unser Eigentum.</p>
37      <p><a href="#oben">Zurück</a></p>
38      <p class="abstand"></p>
39    </body>
40  </html>
```

11.11 Aufbau eines Webs mit verschiedenen Navigationsmöglichkeiten

11.11.1 Vorbemerkungen

Webs sind sehr unterschiedlich aufgebaut. Im Kapitel *HTML – Seitenstruktur* wurde der grundsätzliche Aufbau mit den Möglichkeiten, die HTML5 bietet, angegeben. Nachfolgend werden die einzelnen Bereiche einer Seite (eines Webs) nacheinander erklärt. Die Seiten werden jeweils ergänzt.

Grundsätzlich ist dabei zunächst einmal zu klären, ob eine horizontale oder vertikale Navigation aufgebaut werden soll.

Darüber hinaus können die Inhalte auf verschiedene Webseiten verteilt oder Inhalte auf einer Webseite angesprungen werden. Dies wurde im Prinzip schon im Kapitel *Links auf Teile von Seiten und anderen Seiten* erklärt und wird an dieser Stelle aufgenommen.

11.11.2 Kopf der Seite

Die Seite (*body*) wird mit einer festen Breite (width: *1000px*;) in der Mitte des Bildschirms (margin: *0* auto;) aufgebaut. Alle anderen Elemente orientieren sich anschließend daran.

index.html	Navigation_1

```
1   <!DOCTYPE html>
2   <html>
3     <head>
4       <title>index</title>
5       <link rel="stylesheet" href="index.css" type="text/css">
6     </head>
7     <body>
8       <header>
9         <h1>Schüler GmbH, Bürobedarfsgroßhandlung, 26871 Papenburg</h1>
10        <h2>Die Bürogroßhandlung im Emsland</h2>
11      </header>
12    </body>
13  </html>
```

index.css	Naviagation_1

```
1   body {
2     width:              1000px;
3     margin:             0 auto;
4     background-color:   #FFFFFF;
5     padding-top:        5px;
6     font-size:          100.1%;
7     color:              #000000;
8   }
9   header {
10    background-color:   #FF7F7F;
11    width:              1000px;
12  }
13  header {
14    text-align:         center;
15    padding:            10px;
16  }
17  header h1 {
18    font-size:          30px;
19  }
20  header h2 {
21    font-size:          22px;
22    color:              #FFFFFF;
23  }
```

Anzeige im Browser – Ergebnis
Schüler GmbH, Bürobedarfsgroßhandlung, 26871 Papenburg
Die Bürogroßhandlung im Emsland

11.11.3 Navigation 1 – mehrere Dateien horizontal

Vorbemerkungen

Zur Gestaltung der Navigation werden Links und Listen eingesetzt. Die jeweilige Bedeutung dieser beiden Elemente und ihre Ausgestaltung werden nachfolgend angesprochen.

Pseudoklassen zur Gestaltung der Links

Zur Gestaltung der Links einer Navigationsleiste werden sogenannte Pseudoklassen genutzt. Dadurch können unterschiedliche Farben, Hintergrundfarben oder auch Grafiken eingesetzt werden. Mit dem Anfahren des Links mit der Maus ändert sich beispielsweise die Farbe und/oder der Text wird unterstrichen. Zur Gestaltung werden Stylesheets eingesetzt.

Befehl	Bedeutung	Beispiel	Anzeige
a:link	Link	a:link {color: red; text-decoration: none;}	HomePage
a:hover	Link beim Überfahren mit der Maus	a:visited {color: green;}	HomePage
a:active	Angeklickter Link	a:active {color: darkred;}	HomePage
a:visited	Besuchter Link	a:hover {color: blue; text-decoration: underline;}	HomePage

Umwandlung von Block- und Inline-Elemente

Wie bereits beschrieben, führen sogenannte Block-Elemente dazu, dass ein Zeilenumbruch stattfindet. Bei Inline-Elementen ist dies nicht der Fall. Aus verschiedenen Gründen ist es denkbar, dass dies genau umgekehrt geschehen soll.

Für die Erstellung einer Navigation werden grundsätzlich Listen genutzt, bei einer horizontalen Navigation ist daher die Umwandlung des Block-Elements <li> in ein Inline-Element notwendig. Grundsätzliche Erörterungen dazu sind in der folgenden Tabelle zusammengestellt. In der CSS-Datei wird dann die Umwandlung vorgenommen.

Umwandlung von Elementen			
Befehl	Bedeutung	Angaben	Beispiele
display	Umwandlung eines Block-Elements in ein Inline-Element.	inline	display: inline;
	Umwandlung eines Inline-Elements in ein Block-Element.	block	display: block;
	Umwandlung eines Block-Elements in ein Inline-Element. Lediglich der Zeilenumbruch wird nicht durchgeführt, andere Eigenschaften eines Blockelements bleiben erhalten.	inline-block	display: inline-block;
	Das Element wird ausgeblendet.	none	display: none;

Aufbau eines Webs mit verschiedenen Navigationsmöglichkeiten 309

index.html (Fortsetzung)	Navigation_1
12 `<nav>`	
13 `<ul>`	
14 `<li><a href="index.html">HomePage</a></li>`	
15 `<li><a href="produkte.html">Produkte</a></li>`	
16 `<li><a href="anfahrt.html">Anfahrt</a></li>`	
17 `<li><a href="agb.html">AGB</a></li>`	
18 `<li><a href="kontakt.html">Kontakt</a></li>`	
19 `</ul>`	
20 `</nav>`	
21 `<article>`	
22 `<p>HomePage</p>`	
23 `</article>`	
24 `<aside><p>Erklärungen</p></aside>`	
27 `</body>`	
28 `</html>`	

Die anderen Seiten im Web sind jeweils identisch, bis auf die Zeilen *4* und *22*.

produkte.html (anfahrt.html, agb.html, kontakt.html)			Navigation_1	
4	`<title>produkte</title>`	22	`<p>Produkte</p>`	

index.css					Naviagation_1	
24	nav {			49	a:hover {	
25	background:	rgba(0,255,255,0.2);		50	color:	blue;
26	padding-top:		1px;	51	text-decoration:	underline;
27	padding-bottom:		1px;	52	}	
28	width:		1010px;	53	a:active {	
29	padding-left:		10px;	54	color:	darkred;
30	}			55	}	
31	nav ul {			56	article {	
32	margin-left:		-33px;	57	height:	1000px;
33	}			58	width:	750px;
34	nav ul li {			59	background:	rgba(255,0,0,0.1);
35	display:		inline;	60	overflow:	hidden;
36	list-style-type:		none;	61	padding:	10px;
37	font-size:		20px;	62	float:	left;
38	line-height:		20px;	63	}	
39	margin-right:		30px;	64	aside {	
40	}			65	height:	1000px;
41	a:link {			66	width:	210px;
42	color:		red;	67	overflow-y:	hidden;
43	width:		150px;	68	background:	#EFEFEF;
44	text-decoration:		none;	69	padding:	10px;
45	}			70	}	
46	a:visited {			71	aside p {	
47	color:		green;	72	color:	darkblue;
48	}			73	}	

11.11.4 Navigation 2 – mehrere Dateien vertikal

Geringfügige Änderungen in der Stylesheet-Datei sorgen dafür, dass eine vertikale Navigation genutzt werden kann. Daher sollten Sie zunächst alle für die Navigation erstellten Dateien in einen Ordner *Navigation_2* kopieren und danach die CSS-Datei ändern.

Im Prinzip müssen nur die Breiten und Höhen von <nav> und <article> angepasst und ein Umfließen der Elemente nach links vorgenommen werden.

index.css				Naviagation_2	
24	nav {		57	article {	
25	background:	rgba(0,255,255,0.2);	58	height:	1000px;
26	padding-top:	1px;	59	width:	600px;
27	padding-bottom:	1px;	60	background:	rgba(255,0,0,0.1);
28	width:	150px;	61	overflow:	hidden;
29	height:	1000px;	62	padding:	10px;
30	padding-left:	10px;	63	float:	left;
31	float:	left;	64	}	
32	}				

Anzeige im Browser – Ergebnis (Navigation_2, Navigation_4)

Aufbau eines Webs mit verschiedenen Navigationsmöglichkeiten 311

11.11.5 Navigation 3 – eine Datei horizontal

Moderne Webs zeichnen sich auch dadurch aus, dass alle Inhalte in einer einzigen HTML-Datei mit Sektionen untergebracht werden. In diesen Sektionen sind dann der Kopf der Seite (header), die Navigation (nav) und der Inhalt (article und eventuell aside) und eventuelle andere Inhalte untergebracht. Außerdem wird in der CSS-Datei ein Abstand nach unten eingebaut und die Bildschirmleiste des gesamten Webs (body) ausgeblendet. Auf diese Weise wird gewährleistet, dass immer nur Inhalte einer bestimmten Sektion auf dem Bildschirm zu sehen sind. Selbstverständlich können jedoch z. B. vertikale Bildlaufleisten in den Bereichen article und aside eingebaut werden, um zusätzlichen Inhalt anzuzeigen.

Die Ergebnisse entsprechen den vorherigen und sind auf den Vorseiten dargestellt.

index.html	Navigation_3

```
 1  <!DOCTYPE html>
 2  <html>
 3    <head>
 4      <title>index</title>
 5      <link rel="stylesheet" href="index.css" type="text/css">
 6    </head>
 7    <body>
 8      <section>
 9        <header>
10          <p id="index"></p>
11          <h1>Schüler GmbH, Bürobedarfgroßhandlung, 26871 Papenburg</h1>
12          <h2>Die Bürogroßhandlung im Emsland</h2>
13        </header>
14        <nav>
15          <ul>
16            <li><a href="#index">HomePage</a></li>
17            <li><a href="#produkte">Produkte</a></li>
18            <li><a href="#anfahrt">Anfahrt</a></li>
19            <li><a href="#agb">AGB</a></li>
20            <li><a href="#kontakt">Kontakt</a></li>
21          </ul>
22        </nav>
23        <article>
24          <p>HomePage</p>
25        </article>
26        <aside>
27          <p>Erklärung</p>
28        </aside>
29        <p class="abstand"></p>
30      </section>
31      <section>
32        <header>
```

```
33          <p id="produkte"></p>
34          <h1>Schüler GmbH, Bürobedarfsgroßhandlung, 26871 Papenburg</h1>
35          <h2>Die Bürogroßhandlung im Emsland</h2>
36        </header>
37        <nav>
38          <ul>
39            <li><a href="#index">HomePage</a></li>
40            <li><a href="#produkte">Produkte</a></li>
41            <li><a href="#anfahrt">Anfahrt</a></li>
42            <li><a href="#agb">AGB</a></li>
43            <li><a href="#kontakt">Kontakt</a></li>
44          </ul>
45        </nav>
46        <article>
47          <p>Produkte</p>
48        </article>
49        <aside>
50          <p>Erklärung</p>
51        </aside>
52        <p class="abstand"></p>
53      </section>
      ...
133   </body>
134 </html>
```

Die einzelnen Sektionen unterscheiden sich nur insoweit, dass unterschiedliche Bereiche (Zeilen 10 bzw. 35) aufgerufen werden und die Inhalte unterschiedlich (Zeilen 26 bzw. 51) sind. Das Listing muss selbstverständlich noch um die Sektionen für die anderen Inhalte (Anfahrt, AGB, Kontakt) ergänzt werden.

In der Stylesheet-Datei wird die Bildlaufleiste ausgeblendet und ein Abstand eingebaut.

index.css				Navigation_3	
1	body {		75	.abstand {	
	...		76	font-size:	1500px;
8	overflow-y:	hidden;	77	}	
9	}				

11.11.6 Navigation 4 – eine Datei vertikal

Für die vertikale Navigation können Sie die HTML-Datei index.html aus der Navigation 3 und die CSS-Datei index.css aus der Navigation 2 nutzen. Die CSS-Datei muss um die vorstehend angegebenen Komponenten im Bodybereich und im Bereich Abstand ergänzt werden.

11.12 CSS3-Elemente in Webseiten

11.12.1 Vorbemerkungen

Um das Jahr 1995 herum wurden die ersten CSS-Befehle (CSS, Level 1) kreiert. In den Jahren darauf (bis zum Jahr 2002) wurde das Level CSS 2.1 geschaffen, das noch heute die Grundlage für die Erstellung von Formaten für Webseiten darstellt. Seit einigen Jahren werden Anforderungen vom zuständigen World Wide Web Consortium (W3C) an die zukünftige Gestaltung von Webseiten gestellt. Diese Anforderungen entsprechen dem Standard CSS 3.

Browser unterstützen diese neuen Befehle weitestgehend. Damit die CSS3-Befehle genutzt werden können, müssen Kennungen vor die Befehle gesetzt werden, sodass die meisten Befehle schon genutzt werden können. Somit ist eine vorläufige Unterstützung in der Regel gewährleistet. Hat sich der Standard verfestigt, ist die Anbringung des sogenannten Browser-Präfixes dann nicht mehr notwendig. Die folgende Tabelle zeigt die wesentlichen Browser und den Zusatz (Präfix), der genutzt werden muss, um manche CSS3-Elemente anzuzeigen.

Browser	Microsoft Edge	Firefox	Google Chrome	Apple Safari	Opera
Icon					
Kennung	-ms-	-moz-	-webkit-	-webkit-	-o-
Präfix	-ms-transform	-moz-transform	-webkit-transform	-webkit-transform	-o-transform

Grundsätzlich kann es jedoch sein, dass eine Möglichkeit der Formatierung von einem Browser nicht unterstützt wird. Im Laufe der Zeit dürfte sich dieses Problem allerdings erledigen.

Das folgende Beispiel zeigt, wie ein entsprechender Befehl aussehen muss, damit alle Browser die Formatierung durchführen. Zunächst werden die einzelnen Browser angesprochen, danach wird für die zukünftige Arbeit die endgültige Form angegeben. Da jeweils die letzte mögliche Formatierung genommen wird, ist gewährleistet, dass die endgültige Formatierung genommen wird, sobald sie zur Verfügung steht.

rotate.css	CSS3_Grundlagen
1	p {
2	-ms-transform: rotate*(5deg)*;
3	-moz-transform: rotate*(5deg)*;
4	-webkit-transform: rotate*(5deg)*;
5	-o-transform: rotate*(5deg)*;
6	transform: rotate*(5deg)*;
7	}

Als Platzgründen wird in diesem Buch nicht immer die Formatierung für alle Browser angegeben. Die nachfolgende Anzeige zeigt den endgültigen Befehl, Sie sollten jeweils die Ergänzungen für die einzelnen Browser hinzufügen. In der Überschrift ist angegeben, welche Browser Sie ansprechen können. Ihre Eingabe muss also so aussehen wie oben angegeben.

rotate.css	CSS3_Grundlagen	-moz- -webkit- -o- -ms-
1	p {	
2	transform: rotate*(5deg)*;	
3	}	

11.12.2 Spalten

Wie bei einer Textverarbeitung kann ein Text in Spalten ausgegeben werden. Die Anzahl der Spalten und der Abstand zwischen den Spalten müssen angegeben werden. Darüber hinaus kann bei Bedarf auch ein Trennungsstrich zwischen den Spalten angebracht werden.

Spalten			
Befehl	Bedeutung	Angaben	Beispiele
column-count:	Anzahl der Spalten	Zahl	column-count: 3;
column-gap:	Spaltenabstand	px	column-gap: 30px;
column-rule:	Trennungslinie	px, Farbe	column-rule: 10px outset #000000;

spalten.html — CSS3_Grundlagen

```
1  <!DOCTYPE html>
2  <html>
3    <head>
4      <title>Spalten</title>
5      <link rel="stylesheet" href="spalten.css" type="text/css">
6    </head>
7    <body>
8      <header>
9        <h1>Das Angebot</h1>
10       <h2>Definition des Begriffs</h2>
11     </header>
12     <article>Das Angebot ... </article>
13   </body>
14 </html>
```

spalten.css	CSS3_Grundlagen	-moz-	-webkit-
1 header {	8 h2 {		
2 background: #C0C0C0;	9 color:		#FF5F00;
3 text-align: center;	10 }		
4 }	11 article {		
5 h1 {	12 column-count:		3;
6 color: #C04000;	13 column-gap:		30px;
7 }	14 column-rule:		5px outset #FF0000;
	15 }		

Anzeige im Browser – Ergebnis

Das Angebot
Definition des Begriffs

Das Angebot ist eine Willenserklärung, die an eine bestimmte Person gerichtet ist. Es ist verbindlich und an keine bestimmte Form gebunden. Zeitungsanzeigen, Kataloge oder andere an die Allgemeinheit gerichtete Angebote gelten rechtlich nicht als Angebot, sondern als Aufforderung zum Kauf. Sie sind rechtlich unverbindlich. In einem Angebot sollte die Art, die Beschaffenheit, die Güte, die Menge und der Preis der Ware sowie die Liefer- und Zahlungsbedingungen angegeben werden. Unter der Art der Ware versteht man die handelsübliche Bezeichnung eines Artikels. Die Beschaffenheit und Güte kann durch Abbildungen, durch Angabe von Güteklassen und Gütezeichen beschrieben und durch Muster und Proben festgelegt werden. Die Menge der Ware wird in Maßeinheiten wie beispielsweise Stück, Meter oder Kilogramm angegeben.

11.12.3 2D-Transformationen

Elemente können z. B. mit einem Text oder wie noch gezeigt wird, mit Text, Hintergrundgrafik und Rahmen versehen werden und dann z. B. gedreht, skaliert, versetzt usw. werden.

In den nachfolgenden Beispielen wird jeweils das Originalelement über den Befehl <div> mit ausgegeben. Dies ist auf Webseiten normalerweise nicht der Fall. Die einzelnen HTML-Dateien, die genutzt werden sollen, unterscheiden sich jeweils nur in einer Zeile bzw. zwei Zeilen. Erstellte Stylesheets werden in einer einzigen CSS-Datei abgelegt, diese muss um noch nicht erstellte ergänzt werden. Durch Änderungen können verschiedene Darstellungen erzielt werden. 3D-Transformationen werden von den Browsern noch nicht unterstützt.

2D-Transformation			
Befehl	**Bedeutung**	**Angaben**	**Beispiele**
rotate: ()	Drehung (Grad)	30deg	transform: rotate(30deg);
rotateX()	Stauchung (X-Richtung)	30deg	transform: rotateX(30deg);
rotateY()	Stauchung (Y-Richtung)	30deg	transform: rotateY(30deg);
rotateZ()	Stauchung (Z-Richtung)	30deg	transform: rotateZ(30deg);
scale ()	Skalierung (Faktor)	5px,10px	transform: scale(0.5,0.3);
scaleX()	Skalierung (X-Richtung)	100px	transform: scale(100);
scaleY()	Skalierung (Y-Richtung)	100px	transform: scale(3);
translate()	Bewegung (X- und Y-Richtung)	5px,10px	transform: translate(50px,10px);
translateX()	Bewegung (X-Richtung)	100px	transform: translate(50px);
translateY()	Bewegung (Y-Richtung)	100px	transform: translate(50px);
skew()	Drehung (Grad)	30deg	transform: skew(50deg, 70deg);
skewX()	Drehung (X-Richtung) (Grad)	30deg	transform: skewX(30deg);
skewY()	Drehung (Y-Richtung) (Grad)	30deg	transform: skewY(30deg);
matrix()	Definition mit 6 Werten		transform: matrix(0.6,0.2,-0.5, 0.6,0,0);

2D-rotate.html	CSS3_Grundlagen

```
 1  <!DOCTYPE html>
 2  <html>
 3    <head>
 4      <title>2D-Transformation</title>
 5      <link rel = "stylesheet" href = "2d.css" type = "text/css">
 6    </head>
 7    <body>
 8      <div>2D-Transformation</div>
 9      <div id ="rotate">2D-Rotation</div>
10    </body>
11  </html>
```

2D-rotateX.html — CSS3_Grundlagen

```
9    <div id ="rotateX">2D-Rotation-X</div>
```

2D-rotateY.html — CSS3_Grundlagen

```
9    <div id ="rotateY">2D-Rotation-Y</div>
```

2D-rotateZ.html — CSS3_Grundlagen

```
9    <div id ="rotateZ">2D-Rotation-Z</div>
```

Anzeige im Browser – Ergebnisse

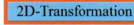
2D-Transformation
2D-Rotation-Y

2D.css — CSS3_Grundlagen   -moz- -webkit- -o- -ms-

```
 1  div {
 2      font-size:       30px;
 3      text-align:      center;
 4      width:           350px;
 5      height:          50px;
 6      background-color: #00C0FF;
 7      border: 10px solid #FF0000;
 8  }
 9  div#rotate {
10      transform:       rotate(30deg);
11  }
12  div#rotateX {
13      transform:       rotate(60deg);
14  }
15  div#rotateY {
16      transform:       rotate(30deg);
17  }
18  div#rotateZ {
19      transform:       rotate(150deg);
20  }
21  div#scale {
22      transform:       scale(0.6,0.4);
23  }
24  div#scaleX {
25      transform:       scaleX(0.6);
26  }
27  div#scaleY {
28      transform:       scaleY(0.4);
29  }
30  div#translate {
31      transform:       translate(30px,-20px);
32  }
33  div#translateX {
34      transform:       translateX(130px);
35  }
36  div#translateY {
37      transform:       translateX(30px);
38  }
39  div#skew {
40      transform:       skew(15deg,25deg);
41  }
42  div#skewX {
43      transform:       skew(15deg);
44  }
45  div#skewY {
46      transform:       skew(25deg);
47  }
48  div#matrix {
49      transform: matrix(0.6,0.2,-0.5,0.6,0,0);
50  }
```

2D-translate.html 2D-translateX.html 2D-translateY.html — CSS3_Grundlagen

```
9    <div id ="translate">2D-Verschiebung</div>

9    <div id ="translateX">2D-Verschiebung-X</div>

9    <div id ="translateY">2D-Verschiebung-Y</div>
```

CSS3-Elemente in Webseiten

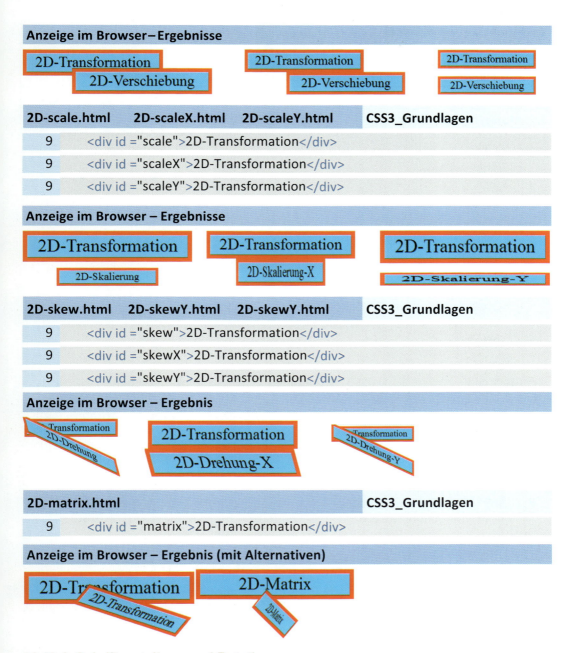

11.12.4 Schriftgestaltung und Rotation

Normalerweise werden nur Schriftarten angezeigt, die auf einem Computer vorhanden sind. Will man die Darstellung einer Schriftart garantieren, muss man die Schriftart in das Internet übertragen und dann über Stylesheets in Webseiten einbinden. Damit werden sie auf jedem Computer identisch angezeigt. Zusätzlich können Schriftarten mit einem Textschatten versehen werden und/oder rotieren. Im anschließenden Kapitel *Exkurs: Schriftarten* wird das Laden und Erstellen der benötigten Schriftarten genauer erklärt.

Schriftgestaltung

Befehl	Bedeutung	Angaben
@font-face	Schriftart	Schriftart (eingebunden in Webseiten)
text-shadow:	Textschatten	Farb- und Größenangaben 5px 5px 5px #FF0000;
transform: rotate:	Rotation	Rotation eines Objekts Grad (5deg);

schrift_1.html — CSS3_Grundlagen

```
1   <!DOCTYPE html>
2   <html>
3     <head>
4       <title>Schrift</title>
5       <link rel = "stylesheet" href = "schrift_1.css" type = "text/css">
6     </head>
7     <body>
8       <p class = "schrift_1">Schrift mit Textschatten und Rotation</p>
9       <p class = "schrift_2">Schrift</p>
10      <p class = "schrift_3">Schrift mit Textschatten</p>
11    </body>
12  </html>
```

schrift_1.css — CSS3_Grundlagen   -moz- -webkit- -o- -ms-

```
1   @font-face {                              18   margin-bottom:       -100px;
2     font-family:   Schrift1;                19   -ms-transform:       rotate(5deg);
3     src: url('Sue Ellen Francisco.ttf'),    20   -moz-transform:      rotate(5deg);
4     url('Sue_Ellen_Francisco.eot')          21   -webkit-transform:   rotate(5deg);
5   }                                         22   -o-transform:        rotate(5deg);
6   @font-face {                              23   transform:           rotate(5deg);
7     font-family:   Schrift2;                24   }
8     src: url('Berlin Email 2.ttf'),         25   .schrift_2 {
9     url('Berlin_Email_2.eot');              26     font-family:       schrift2;
10  }                                         27     font-size:         30px;
11  .schrift_1 {                              28     margin-bottom:     -40px;
12    font-family:   Schrift1;                29   }
13    font-size:     45px;                    30   .schrift_3 {
14    font-weight:   bold;                    31     font-family:       schrift2;
15    text-shadow:   5px 5px 5px #FF0000;     32     text-shadow: 5px 5px 5px #004080;
16    font-stretch:  ultra-expanded;          33     font-size:         40px;
17    margin-top:    100px;                   34   }
```

Anzeige im Browser – Ergebnis

Schrift mit Textschatten und Rotation
Schrift
Schrift mit Textschatten

CSS3-Elemente in Webseiten **319**

11.12.5 Exkurs: Schriftarten

Will man sicherstellen, dass die Schrift in Webseiten auf jedem Computer identisch angezeigt wird, muss man die Schriftarten ins Web übertragen und mithilfe von Stylesheets in Webseiten integrieren. Zunächst sollte man kostenlose oder für den Privatgebrauch kostenlose Schriftarten aus dem Web laden und dann eventuell in das richtige Format konvertieren. Die meisten Browser nutzen Schriftarten vom Dateityp *ttf,* diese sind im Internet zu finden. Der Microsoft Internet-Explorer benutzt Dateien vom Dateityp *eot,* diese Dateien können durch Konvertierung erzeugt werden.

Bearbeitungsschritte:

- Rufen Sie mithilfe eines Browsers z. B. die Seite *http://www.myfont.de/fonts/* auf. Gehen Sie mit der Maus nach unten. Es werden viele Schriftarten zur Verfügung gestellt. Mit dem Anfahren mit der Maus wird die Schriftart angezeigt:

- Suchen Sie eine Schriftart aus und klicken Sie auf den Begriff, z. B. *Handgeschrieben*. Fahren Sie mit der Maus nach unten und suchen Sie z. B. die folgende Schriftart aus.

- Klicken Sie den Link *Download Font für Windows und Mac OS X* an. Speichern Sie danach die gezippte Datei.
- Entzippen Sie danach die Datei. Wenn Sie die Schriftart in eine Webseite einbauen möchten, speichern Sie die Datei z. B. in das Verzeichnis mit den erstellten Webseiten.

- Um die Schriftart auch im Internet-Explorer nutzen zu können, müssen Sie sie konvertieren. Rufen Sie die Webseite *http://www.kirsle.net/wizards/ttf2eot.cgi* auf.

- Wird nach kurzer Zeit die Schriftart angezeigt, ist die Konvertierung gelungen.

  The quick brown fox jumps over the lazy dog.

  Don't see your font?

  ## Download Your Font

  To download your EOT font file, right-click the link below and choose "Save Link As..." or "Save Target As..." --
  or whatever vocabulary your web browser uses.

  Download Sue Ellen Francisco.eot

- Downloaden Sie die Schriftart und speichern Sie sie in das Verzeichnis mit Webseiten.
- Über den Suchbegriff *Google Schriftarten* können Sie auch viele Schriftarten finden.

11.12.6 Schatten

Um Texte, Tabellen, Boxen usw. kann ein Schatten gelegt werden; dabei können verschiedene Aspekte eingearbeitet werden. Außerdem kann beispielsweise ein abgerundeter Rahmen genutzt werden (wird anschließend erklärt).

Rahmen mit Schatten		
Befehl	**Bedeutung**	**Beispiele**
box-shadow:	Schatten mit Werten und Farben	box-shadow: 10px 10px #000000;
Schatten mit horizontalem und vertikalem Wert		
box-shadow: horizontaler Wert, vertikaler Wert, Farbe box-shadow: 10px 10px #FF0000;		Horizontaler und vertikaler Schatten rechts und unten
Schatten mit horizontalem und vertikalem Wert		
box-shadow: horizontaler Wert, vertikaler Wert, Farbe box-shadow: -10px -10px #FF0000;		Horizontaler und vertikaler Schatten links und oben
Schatten mit horizontalem und vertikalem Wert		
box-shadow: horizontaler Wert, vertikaler Wert, Farbe box-shadow: -10px -10px #000000;		Horizontaler und vertikaler Schatten links und unten
Schatten (weicher Schatten)		
box-shadow: hor. Wert, vert. Wert, Unschärfe, Farbe box-shadow: 10px 10px 5px #FF0000;		Weicher Schatten rechts und unten
Schatten (innerer Schatten)		
box-shadow: Schattenfestlegung, hor. Wert, vert. Wert, Farbe box-shadow: inset 0 0 10px 10px #FF0000 ;		Innerer Schatten
Schatten mit unterschiedlichen Werten		
box-shadow: hor. Wert, vert. Wert, Unschärfe, Farbe box-shadow: 12px 12px 12px #00AFFF, -6px 6px 8px #FF007F, 12px -12px 8px #00DF00, -6px -6px 8px #FFBF00;		Schatten mit unterschiedlichen Farben

schatten.html	CSS3_Grundlagen

```
1   <!DOCTYPE html>
2   <html>
3     <head>
4       <title>Schatten</title>
5       <link rel="stylesheet" href="schatten.css" type="text/css">
6     </head>
7     <body>
8       <h1>Schatten</h1>
9       <p class="schatten_1">Horizontaler und vertikaler Schatten ...</p>
10      <p class= "schatten_2">Horizontaler und vertikaler Schatten ...</p>
11    </body>
12  </html>
```

schatten.css		CSS3_Grundlagen	
1 .schatten_1 {		10 .schatten_2 {	
2 height:	50px;	11 weight:	50px;
3 width:	200px;	12 width:	200px;
4 text-align:	center;	13 text-align:	center;
5 background-color:	#00FFFF;	14 background-color:	#FF7F7F;
6 padding-top:	10px;	15 padding-top:	10px;
7 border-radius:	10px;	16 border-radius:	10px;
8 box-shadow: 10px 10px #FF0000;		17 box-shadow:	
9 }		12px 12px 12px #00AFFF,	
		-6px 6px 8px #FF007F,	
		12px -12px 8px #00DF00,	
		-6px -6px 8px #FFBF00;	
		}	

Anzeige im Browser – Ergebnis (nebeneinander dargestellt)

Horizontaler und vertikaler Schatten rechts und unten

Schatten mit unterschiedlichen Farben

11.12.7 Rahmen

Ein abgerundeter Rahmen um Texte, Bilder usw. kann individuell gestaltet werden.

Rahmen und Hintergründe			
Befehl	**Bedeutung**	**Angaben**	**Beispiele**
border-radius:	Alle Ecken eines Bereichs werden abgerundet. border: 10px solid red; border-radius: 100px;	30px 50%	
border-top-left-radius	Die linke obere Ecke wird abgerundet. border: 10px double blue; border-top-left-radius: 50px;	30px 50%	
border-top-right-radius	Die rechte obere Ecke wird abgerundet. border: 10px dotted green; border-top-right-radius: 70px;	30px 50%	
border-bottom-left-radius	Die linke untere Ecke wird abgerundet. border: 10px groove yellow; border-bottom-left-radius: 50px;	30px 50%	
border-bottom-right-radius	Die rechte untere Ecke wird abgerundet. border: 10px dashed #007F00; border-bottom-right-radius: 70px;	30px 50%	

rahmen.html	CSS3_Grundlagen

```
 1  <!DOCTYPE html>
 2  <html>
 3    <head>
 4      <title>Rahmen</title>
 5      <link rel="stylesheet" href="rahmen.css" type="text/css">
 6    </head>
 7    <body>
 8      <div id ="format_1">Rahmen</div>
 9      <div id ="format_2">Rahmen</div>
10      <div id ="format_3"></div>
11    </body>
12  </html>
```

rahmen.css	CSS3_Grundlagen

```
 1  div#format_1, div#format_2 {         13  div#format_2 {
 2    width:           200px;            14    border:          10px double blue;
 3    height:          170px;            15    border-top-left-radius:   100px;
 4    font-size:       30px;             16    border-top-right-radius:  100px;
 5    text-align:      center;           17  }
 6    padding-top:     50px;             18  div#format_3 {
 7  }                                    19    width:           172px;
 8  div#format_1 {                       20    height:          178px;
 9    border:          10px solid #FF0000; 21   border:          10px solid green;
10    border-radius:   100px;            22    background:      url(boot_klein.jpg);
11    color:           blue;             23    border-radius:   100px;
12  }                                    24  }
```

Anzeige im Browser – Ergebnis (nebeneinander dargestellt)

11.12.8 Hintergrundbild

Hintergrundbilder können verzerrt, verkleinert usw. eingesetzt werden. Dabei sollen sie möglichst transparent sein, also nicht einen eventuellen Text unlesbar machen.

Rahmen und Hintergründe			
Befehl	**Bedeutung**	**Angaben**	**Beispiel**
background-size:	Das Hintergrundbild wird insgesamt als Hintergrund genutzt, verzerrt, doppelt, dreifach usw. dargestellt. Die Ausgabe wird über Prozentangaben gesteuert.	100% 100% 50% 50% 20% 80%	

hintergrundbild.html — CSS3_Grundlagen

```html
1  <!DOCTYPE html>
2  <html>
3    <head>
4      <title>Hintergrundbild</title>
5      <link rel="stylesheet" href="hintergrundbild.css" type="text/css">
6    </head>
7    <body>
8      <div id ="format_1"></div>
9      <div id ="format_2"></div>
10     <div id ="format_3"></div>
11   </body>
12 </html>
```

hintergrundbild.css — CSS3_Grundlagen

```css
1  div#format_1, div#format_2, div#format_3 {
2    width:              200px;
3    height:             170px;
4    background:         url(Boot_klein.jpg);
5  }
6  div#format_1 {
7    background-size:    100% 100%;
8  }
9  div#format_2 {
10   background-size: 50% 100%;
11 }
12 div#format_3 {
13   background-size: 50% 50%;
14 }
```

Anzeige im Browser – Ergebnis

11.12.9 Rahmen- und Hintergrundgestaltung

Nachfolgend werden die behandelten Elemente anhand von Beispielen zusammengeführt.

rahmen_hintergrund.html — CSS3_Grundlagen

```html
1  <!DOCTYPE html>
2  <html>
3    <head>
4      <title>Rahmen und Hintergründe</title>
5      <link rel="stylesheet" href="rahmen_hintergrund.css" type="text/css">
6    </head>
7    <body>
8      <div id ="format_1">Berlin</div>
9      <div id ="format_2">Berlin</div>
10     <div id ="format_3">Berlin</div>
11   </body>
12 </html>
```

Anzeige im Browser – Ergebnis

rahmen_hintergrund.css	CSS_Grundlagen		-moz-	-webkit-	-o-	-ms-
1	div#format_1 {					
2	border:	10px solid #FF0000;				
3	padding:	10px 40px;				
4	width:	200px;				
5	height:	170px;				
6	color:	#FF0000;				
7	font-size:	40px;				
8	border-radius:	100px;				
9	-moz-border-radius:	100px;				
10	text-align:	center;				
11	line-height:	230px;				
12	text-shadow:	3px 3px 3px #00A0FF;				
13	margin-top:	0px;				
14	box-shadow:	12px 12px 20px #0000FF;				
15	background:	url(Berlin_1a.jpg);				
16	-moz-background-size:	100% 100%;				
17	background-size:	100% 100%;				
18	-ms-transform:	rotate(10deg);				
19	-moz-transform:	rotate(10deg);				
20	-webkit-transform:	rotate(10deg);				
21	-o-transform:	rotate(10deg);				
22	transform:	rotate(10deg);				
23	}					
24	div#format_2 {					
25	border:	30px groove #FF0000;				
26	padding:	10px 40px;				
27	width:	160px;				
28	height:	130px;				
29	color:	#000000;				
30	font-size:	40px;				
31	-moz-border-radius:	20px;				
32	border-radius:	20px;				
33	text-align:	center;				
34	line-height:	170px;				
35	margin-top:	-210px;				
36	margin-left:	350px;				
37	box-shadow:	12px 12px 20px #000000;				
38	background:	url(Berlin_1a.jpg);				
39	-moz-background-size:	50% 50%;				
40	background-size:	50% 50%;				
41	}					
42	div#format_3{					
43	border:	20px double #FF0000;				
44	padding:	10px 40px;				
45	width:	170px;				
46	height:	150px;				
47	color:	#FF0000;				
48	font-size:	40px;				
49	-moz-border-top-left-radius:	30px;				
50	border-top-left-radius:	30px;				
51	-moz-border-bottom-right-radius:	50px;				
52	border-bottom-right-radius:	50px;				
53	text-align:	center;				
54	line-height:	120px;				
55	text-shadow:	7px 7px 7px #000000;				
57	margin-top:	-210px;				
58	margin-left:	700px;				
59	box-shadow:	12px 12px 20px #0000FF;				
60	background:	url(Berlin_1a.jpg);				
61	-moz-background-size:	30% 80%;				
62	background-size:	30% 80%;				
63	}					

11.12.10 Animationen

Hintergründe und Farben lassen sich animieren. So kann von einer Ausgangsfarbe über Zwischenfarben die Endfarbe angezeigt werden. Im Beispiel wird der Hintergrund animiert. In der zweiten CSS-Datei wird in Ausschnitten gezeigt, wie die Schriftfarbe animiert wird.

animationen_1.html	CSS3_Grundlagen
1	`<!DOCTYPE html>`
2	`<html>`
3	`  <head>`
4	`    <title>Animationen</title>`
5	`    <link rel="stylesheet" href="animationen_1.css" type="text/css">`
6	`  </head>`
7	`  <body>`
8	`    <header>`
9	`      <p>Unschlagbare Sonderangebote!!!</p>`
10	`    </header>`
11	`  </body>`
12	`</html>`

animationen_1.css	CSS3_Grundlagen		-moz-	-webkit-	-o-	-ms-
1	`header p {`		13	`@-moz-keyframes Farben {`		
2	`  color:`	`#FFFFFF;`	14	`  from {background:`	`#00FFFF;}`	
3	`  text-align:`	`center;`	15	`  to {background:`	`#FF0000;}`	
4	`  font-size:`	`30px;`	16	`}`		
5	`  font-weight:`	`bold;`	17	`@-webkit-keyframes Farben {`		
6	`  width:`	`800px;`	18	`  from {background:`	`#00FFFF;}`	
7	`  height:`	`37px;`	19	`  to {background:`	`#FF0000;}`	
8	`  background:`	`#FF0000;`	20	`}`		
9	`  -moz-animation:`	`Farben 20s;`	21	`@keyframes Farben {`		
10	`  -webkit-animation:`	`Farben 10s;`	22	`  from {background:`	`#00FFFF;}`	
11	`  animation:`	`Farben 10s;`	23	`  to {background:`	`#FF0000;}`	
12	`}`		24	`}`		

animationen_2.css	CSS3_Grundlagen		-moz-	-webkit-	-o-	-ms-
13	`@-webkit-keyframes Farben{`		17	`@keyframes Farben{`		
14	`  from {color:`	`#00FFFF;}`	18	`  from {color:`	`#00FFFF;}`	
15	`  to {color:`	`#FF0000;}`	19	`  to {color:`	`#FF0000;}`	
16	`}`		20	`}`		

Anzeige im Browser – Ergebnis

Unschlagbare Sonderangebote!!!   Unschlagbare Sonderangebote!!!

Unschlagbare Sonderangebote!!!   Unschlagbare Sonderangebote!!!

Unschlagbare Sonderangebote!!!   Unschlagbare Sonderangebote!!!

11.12.11 Deckkraft

Die Deckkraft bestimmt, mit welcher Intensität das Element dargestellt wird. Im Prinzip wird der Kontrast des Elements ähnlich wie bei einer Bildbearbeitung eingestellt. Zum einen steht für diesen Zweck ein Befehl (*opacity*) zur Verfügung, zum anderen kann ein Farbwert (*RGBA*) festgelegt werden. In den folgenden Beispielen werden vernünftige Einsatzmöglichkeiten angesprochen, diese können in Webseiten z. B. im Seitenkopf (header) genutzt werden.

Deckkraft			
Befehl	**Bedeutung**	**Angaben**	**Beispiel**
opacity:	Die Deckkraft eines Elements wird festgelegt. Andere Bereiche können überdeckt werden.	0.1 bis 1.0	

Beispiel 1: Deckkraft eines Bildes und Hover-Effekt

Die Deckkraft einer Grafik (eines Bildes) wird verändert. Außerdem wird beim Überfahren einer Grafik mit der Maus die volle Deckkraft hergestellt.

deckkraft_1.html — CSS3_Grundlagen

```
1   <!DOCTYPE html>
2   <html>
3     <head>
4       <title>Deckkraft</title>
5       <link rel="stylesheet" href="deckkraft_1.css" type="text/css">
6     </head>
7     <body>
8       <img src="Boot_3.jpg">
9       <p class ="deckkraft_1"><img src="Boot_1.jpg"></p>
10      <p class ="deckkraft_2"><img src="Boot_1.jpg"></p>
11      <p class ="deckkraft_3"><img src="Boot_1.jpg"></p>
12    </body>
13  </html>
```

deckkraft_1.css — CSS3_Grundlagen

```
1   img {
2     width:    150px;
3     height:   150px;
4   }
5   p, img {
6     display:  inline-block;
7   }
8   .deckkraft_1 {
9     opacity:       0.2;
10  }
11  .deckkraft_1:hover {
12    opacity:       1.0;
13  }
14  .deckkraft_2 {
15    opacity:       0.5;
16  }
17  .deckkraft_3 {
18    opacity:       0.8;
19  }
```

Anzeige im Browser – Ergebnis

Beispiel 2: Farben und/oder Hintergrundbilder

Der Farbwert RGBA ermöglicht es, Bereiche mit Farben transparent zu überlappen. Außerdem können Bilder in unterschiedliche Bereiche (*header* usw.) gesetzt werden.

deckkraft_2.html — *CSS3_Grundlagen*

```html
1   <!DOCTYPE html>
2   <html>
3     <head>
4       <title>Deckkraft</title>
5       <link rel="stylesheet" href="deckkraft_2.css" type="text/css">
6     </head>
7     <body>
8       <header>
9         <div id ="deckkraft_1">
10          <div id ="deckkraft_2">
11            <div id ="text">
12              <h1>Schüler GmbH</h1>
13              <p>Bürobedarfsgroßhandlung</p>
14            </div>
15          </div>
16        </div>
17      </header>
18    </body>
19  </html>
```

deckkraft_2.css — *CSS3_Grundlagen*

```css
1   header {
2     width:                600px;
3     height:               150px;
4     background-color:     rgba(125,0,0,0.1);
5     border:               3px double #0000FF;
6   }
7   div#deckkraft_1 {
8     width:                450px;
9     height:               80px;
10    margin-left:          60px;
11    margin-top:           10px;
12    background-color:     #00FFFF;
13    padding-top:          10px;
14  }
15  div#deckkraft_2 {
16    width:                450px;
17    height:               90px;
18    margin-left:          40px;
19    background-color:     rgba(125,0,0,0.5);
20  }
21  div#text{
22    text-align:           center;
23    color:                white;
24  }
25  div#text h1{
26    font-weight:          bold;
27    font-size:            40px;
28  }
29  div#text p{
30    font-weight:          bold;
31    font-size:            25px;
32    line-height:          0.0em;
33  }
19    background-
            color:rgba(125,0,0);
4     background:
            url(Boot_3.jpg) repeat;
```

Anzeige im Browser – Ergebnis (mit und ohne Formatierung (header)

Anzeige im Browser – Ergebnis (ohne Deckkraft [19]) (mit Hintergrundbild [5])

Anzeige im Browser – Ergebnis (mit Hintergrundbildern in verschiedenen Bereichen)

11.12.12 Farbverläufe

Die Hintergründe von Webseiten können mit Farben, Hintergrundbildern und Farbverläufen gestaltet werden. Unterschiedliche Farbverläufe lassen sich realisieren. Probieren Sie die Beispiele mit unterschiedlichen Farbverläufen und Farbangaben aus.

Farbverlauf		
Farbverlauf	**Bedeutung**	**Beispiel**
linear-gradient	Die Farben werden linear hintereinander dargestellt. Der Farbverlauf kann z. B. von links oben beginnen. Prozentuale Angaben steuern den Farbübergang.	
radial-gradient	Der Farbverlauf wird in Form eines Kreises oder einer Ellipse realisiert. Farbanpassungen usw. sind möglich.	
repeating-linear-gradient	Die Farben werden linear hintereinander dargestellt. Sie wiederholen sich hintereinander in der angegebenen Reihenfolge und Breite.	
repeating-radial-gradient	Der Farbverlauf wird in Form eines Kreises oder einer Ellipse realisiert. Die Farben wiederholen sich in der angegebenen Reihenfolge und Breite.	

farbverlauf_1.html (Datei: Farben.html)	CSS3_Grundlagen	
5	`<link rel="stylesheet" href="farbverlauf_1.css" type="text/css">`	

farbverlauf_1.css	CSS3_Grundlagen	-moz- -webkit- -o- -ms-

1
2
3
	body {
	  background: linear-gradient(left, blue 25%, yellow 55%, green 100%);
	}	

1
2
3
	body {
	  background: linear-gradient(top left, #FF0000 30%, #0040FF 70%);
	}	

```
1  body {
2    background: linear-gradient(top, rgba(69,28,247,0.51) 30%,
     rgba(43,189,234,0.5) 60%, rgba(15,180,231,1) 100%);
3  }
```

```
1  body {
2    background: linear-gradient(right, hsla(330,28%,56%,0.5) 25%,
     hsla(270,89%,17%,0.2) 65%, hsla(15,75%,45%,1) 100%);
3  }
```

Wird statt eines linearen Farbverlaufs ein radialer gewählt, verändert sich das Ergebnis entsprechend. Führen Sie die Änderungen mit allen Farbangaben durch.

```
1  body {
2    background: radial-gradient(left, blue 25%, yellow 55%, green 100%);
3  }
```

Anzeige im Browser – Ergebnis

Außerdem können Farbverläufe in Abhängigkeit von Ecken und Seiten definiert werden. Die jeweiligen Darstellungen sind dabei außerordentlich von der Größe des Fensters bestimmt, sodass die Aussagekraft der nachfolgenden Abbildungen begrenzt ist.

Farbverlauf		
Farbverlauf	**Bedeutung**	**Beispiel**
closest-side (contain)	nächstgelegene Seite	
closest-corner	nächstgelegene Ecke	
farthest-side (contain)	am weitesten entfernte Seite	
farthest-corner	am weitesten entfernte Ecke	

```
1  body {
2    background-image: radial-gradient(300px 100px, circle closest-corner, blue,
     white, magenta, green, black, lightsalmon);
3  }
```

Anzeige im Browser – Ergebnis (bei verkleinertem Bildschirmfenster)

11.13 Boxmodell

11.13.1 Vorbemerkungen

Bei der Gestaltung von Webseiten können Boxen eingesetzt werden. Mithilfe dieser Boxen werden genau bestimmte Bereiche auf einer Webseite angesprochen. In die Boxen lassen sich Texte, Grafiken usw. platzieren. Der Aufbau einer Box lässt sich aus der folgenden Übersicht erkennen. Es werden die Breite und Höhe der Box, der Innenabstand (z. B. von Texten), ein Rahmen, Außenabstände von anderen Elementen der Webseite usw. festgelegt.

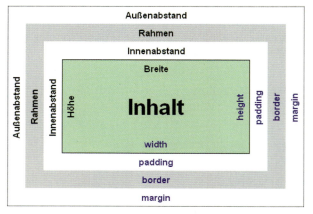

Sollen Boxen intensiv zum Layouten genutzt werden, müssen sie positioniert werden. Mithilfe von Stylesheets können sie absolut und relativ gesetzt werden. Bei der absoluten Positionierung werden Boxen auf eine bestimmte Position platziert. Bei der relativen Positionierung wird die Box entsprechend den Vorgaben in Abhängigkeit von anderen Elementen gesetzt.

11.13.2 Anwendungsbeispiele

Aus den folgenden Beispielen lässt sich die Funktionsweise von Boxen erkennen. Wichtig für ein vernünftiges Aussehen ist die Gestaltung von Innen- und Außenabständen.

Beispiel 1:   Erstellung einer Box

In einer Box soll ein formatierter Text geschrieben werden. Die Box wird farbig gestaltet und mit Rahmen und Hintergrund versehen.

boxen_1.html	CSS_Boxen
1 `<!DOCTYPE html>`	
2 `<html>`	
3 `  <head>`	
4 `    <title>Boxen</title>`	
5 `    <link rel="stylesheet" href="boxen_1.css" type="text/css">`	
6 `  </head>`	
7 `  <body>`	
8 `    <div id="box1">`	
9 `      <p>günstige Preise</p>`	
10 `    </div>`	
11 `  </body>`	
12 `</html>`	

Boxmodell

boxen_1.css			CSS_Boxen		
1	p {		8	div#box1 {	
2	font-family:	monospace;	9	width:	200px;
3	font-size:	15px;	10	height:	40px;
4	font-weight:	bold;	11	border-width:	3px;
5	text-align:	center;	12	border-color:	#000000;
6	color:	#FF0000;	13	border-style:	solid;
7	}		14	background:	#00AFFF;
			15	}	

Anzeige im Browser – Ergebnis

günstige Preise

Beispiel 2: Erstellung einer Box mit Innen- und Außenabstand

Durch die Ergänzung um einen Innenabstand (*padding*) und einen Außenabstand (*margin*) wird die Darstellung entsprechend den Erfordernissen verändert. Vor allem wird sie in der Regel übersichtlicher gemacht. Ein Außenabstand bietet sich auch an, wenn eine weitere Box eingefügt werden soll.

Aus der nachfolgenden Anzeige ist zu erkennen, dass die Box vom linken oberen Rand entsprechend den Vorgaben (Außenabstand) nach rechts unten verschoben worden ist.

boxen_1.css (Ergänzung)			CSS_Boxen
15	margin:	20px;	
16	padding:	20px;	

Anzeige im Browser – Ergebnis

günstige Preise

11.13.3 Positionierung von Boxen

Boxen können absolut und relativ positioniert werden. Außerdem können sie fixiert werden; das bedeutet, sie bewegen sich nicht, während andere Elemente sich verschieben. Um die einzelnen Möglichkeiten vernünftig erkennen zu können, sollten Sie bei der Anzeige des Ergebnisses das Fenster im Browser verkleinern, damit Bildlaufleisten eingeblendet und dann der Inhalt über diese Leisten bewegt werden kann.

absolute	Eine Box wird absolut an einer bestimmten Position auf dem Bildschirm angeordnet. Die Box oder die Boxen legen sich über eventuell vorhandene Inhalte. Die Boxen werden mit einem eventuellen Text verschoben.
fixed	Durch die Fixierung der Boxen wird ein darunterliegender Text verschoben. Die Boxen bewegen sich nicht. Auf dem Bildschirm werden sie immer an der gleichen Stelle angezeigt.
relative	Die Box wird in Abhängigkeit zu einer anderen Box oder einem anderen Element platziert. Es wird beispielsweise eine Box neben einer anderen Box angeordnet.

Beispiel 1: Absolute Positionierung einer Box

Durch das Hinzufügen einer absoluten Position (oben und links) wird die Box verschoben.

boxen_1.css (Ergänzung)   CSS_Boxen

```
17    position:      absolute;
18    top:           20px;
19    left:          50px;
```

Anzeige im Browser – Ergebnis

Beispiel 2: Absolute Positionierung einer Box

Durch leichte Änderungen kann die Box vollkommen anders aussehen und platziert werden. Eine Box kann beispielsweise auch relativ weit an den rechten Rand gelegt werden.

boxen_1.css (veränderte Werte)   CSS_Boxen

```
17    position:      absolute;
18    top:           10px;
19    right:         10px;
```

Anzeige im Browser – Ergebnis

Boxmodell

Beispiel 3: Absolute Positionierung mehrerer Boxen

Mehrere Boxen sollen erstellt und platziert werden. Die einzelnen Styles sollten Sie selbst erstellen. Versuchen Sie zunächst, das angezeigte Ergebnis nachzubilden.

boxen_2.html	CSS_Boxen

```html
1   <!DOCTYPE html>
2   <html>
3     <head>
4       <title>Boxen</title>
5       <link rel="stylesheet" href="boxen_2.css" type="text/css">
6     </head>
7     <body>
8       <div id="box1">
9         <div id="p1">Modern!</div>
10      </div>
11      <div id="box2">
12        <div id="p2">Aktuell!</div>
13      </div>
14      <div id="box3">
15        <div id="p3">Kreativ!</div>
16      </div>
17    </body>
18  </html>
```

Anzeige im Browser – Ergebnis

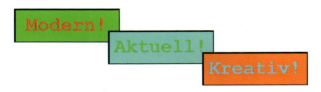

Beispiel 4: Boxen und Hintergrundtexte

Texte, die normal in eine Webseite eingefügt werden, werden hinter der Box oder hinter den Boxen angezeigt. Dies bedeutet, dass Teile des Textes nicht sichtbar sind. Das kann durchaus bewusst geschehen. Ergänzen Sie daher den Code. Erstellen Sie außerdem Formatierungen für die genutzten div-Container.

boxen_2.html (Ergänzung)	CSS_Boxen

```html
17      <div id="p4">Schüler GmbH, Bürogroßhandel, 26871 Papenburg</div>
18      <div id="p5">Computer, Drucker, Monitore, Scanner, Tastaturen</div
19      <div id="p4">Schüler GmbH, Bürogroßhandel, 26871 Papenburg</div>
20      <div id="p5">Computer, Drucker, Monitore, Scanner, Tastaturen</div
21      <div id="p4">Schüler GmbH, Bürogroßhandel, 26871 Papenburg</div>
22      <div id="p5">Computer, Drucker, Monitore, Scanner, Tastaturen</div>
```

Anzeige im Browser – Ergebnis

Schüler GmbH, Bürogroßhandel, 26871 Papenburg
Computer, Drucker, Monitore, Scanner, Tastaturen
Schüler GmbH, **Modern!** ndel, 26871 Papenburg
Computer, Drucker, Monit **Aktuell!** er Tastaturen
Schüler GmbH, Bürogroßhandel, 2 **Kreativ!** burg
Computer, Drucker, Monitore, Scanner, Tastaturen

Beispiel 5: Fixierung einer Box

Durch die Fixierung einer Box bleibt die Box immer an der gleichen Stelle auf dem Bildschirm, während sich der Text verschiebt. Dies hat zur Folge, dass man unabhängig von anderen Faktoren eine Box an einer bestimmten Stelle platzieren kann.

Ergänzen Sie zunächst die HTML-Datei *boxen_1.html* um den Text und die CSS-Datei *boxen_1.css* um die entsprechenden Formatierungen. Beides können Sie auch aus den Dateien *boxen_2.html* und *boxen_2.css* übernehmen.

boxen_1.css (veränderte Werte)			CSS_Boxen
17	position:	fixed;	
18	top:	100px;	
19	left:	100px;	

Anzeige im Browser – Ergebnis

Schüler GmbH, Bürogroßhandel, 26871 Papenburg
Computer, Drucker, Monitore, *günstige Preise*
Schüler GmbH, Bürogroßhande
Computer, Drucker, Monitore, Scanner, Tastaturen
Computer, Drucker, Monitore, Scanner, Tastaturen
Schüler GmbH, Bürogroßhande *günstige Preise*
Computer, Drucker, Monitore,
Schüler GmbH, Bürogroßhandel, 26871 Papenburg

Beispiel 6: Fixierung mehrerer Boxen

Zwischen der Fixierung einer oder mehrerer Boxen bestehen keinerlei Unterschiede. Daher sollten Sie den Effekt einmal anhand eines anderen Beispiels (*Boxen_2*) ausprobieren.

Außerdem sollten Sie versuchen, die beiden Möglichkeiten (*absolute* und *fixed*) zu mischen. Achten Sie dabei jedoch darauf, dass auch ein sinnvoller Effekt erreicht wird.

Boxmodell

Beispiel 7: Relative Positionierung einer Box

Texte usw., die im Quellcode einer HTML-Datei hinter einer Box eingefügt werden, werden unter dieser Box auf der Webseite angezeigt. Mit einem speziellen Befehl (*float*) wird erreicht, dass der Text usw. links oder auch rechts neben der Box dargestellt wird. Reicht dies platzmäßig nicht aus, wird der restliche Text unter der Box weitergeschrieben. Eine Box auf der rechten Seite bewirkt, dass zunächst der Text und danach die Box dargestellt werden.

boxen_3.html — CSS_Boxen

```
1   <!DOCTYPE html>
2   <html>
3     <head>
4       <title>Boxen</title>
5       <link rel="stylesheet" href="boxen_3.css" type="text/css">
6     </head>
7     <body>
8       <div id="box1">
9         <div id="p1">Modern!</div>
10      </div>
11      <p>Computer</p>
12      <p>Drucker</p>
13      <p>Scanner</p>
14    </body>
15  </html>
```

boxen_3.css — CSS_Boxen

```
1   div#p1 {                              8   div#box1 {
2     font-family:   monospace;           9     float:        left;
3     font-size:     15px;                10    width:        100px;
4     font-weight:   bold;                11    height:       15px;
5     text-align:    center;              12    margin:       10px;
6     color:         #FF0000;             13    padding:      5px;
7   }                                     14    background:   #000000;
                                          15  }
```

Anzeige im Browser – Ergebnis

Computer
Drucker
Scanner

Beispiel 8: Relative Positionierung mehrerer Boxen

Mehrere Boxen hintereinander gesetzt ermöglichen die Aufteilung des Fensters nach den eigenen Vorstellungen. Das mittlere Fenster ist als solches kaum erkennbar.

Anzeige im Browser – Ergebnis

Das Unternehmen gehört seit Jahrzehnten zu den führenden Bürofachgeschäften in Deutschland und Europa. In den letzten Jahren konnte die Marktstellung noch ausgebaut werden.

Aktuell!

boxen_4.html — CSS_Boxen

```html
 1  <!DOCTYPE html>
 2  <html>
 3    <head>
 4      <title>Boxen</title>
 5      <link rel="stylesheet" href="boxen_4.css" type="text/css">
 6    </head>
 7    <body>
 8      <div id="box1">
 9        <div id="p1">Modern!</div>
10      </div>
11      <div id="box2">
12        <p>Das Unternehmen gehört seit Jahrzehnten zu den führenden Büro-
           fachgeschäften in Deutschland und Europa. In den letzten Jahren
           konnte die Marktstellung noch ausgebaut werden.</p>
13      </div>
14      <div id="box3">
15        <div id="p2">Aktuell!</div>
16      </div>
17    </body>
18  </html>
```

boxen_4.css — CSS_Boxen

```css
 1  p {
 2    text-align:     center;
 3    color:          #FF0000;
 4    font-family:    monospace;
 5    font-size:      16px;
 6  }
 7  div#p1 {
 8    font-family:    monospace;
 9    font-size:      20px;
10    font-weight:    bold;
11    text-align:     center;
12    color:          #FF0000;
13  }
14  div#p2 {
15    font-family:    monospace;
16    font-size:      20px;
17    font-weight:    bold;
18    text-align:     center;
19    color:          #000000;
20  }
21  div#box1 {
22    float:          left;
23    width:          100px;
24    height:         25px;
25    padding:        20px;
26    background:     #000000;
27  }div#box2 {
28    float:          left;
29    width:          300px;
30    padding-left:   20px;
31    padding-right:  20px;
32  }
33  div#box3 {
34    float:          left;
35    width:          100px;
36    height:         25px;
37    padding:        20px;
38    background:     #FF7F7F;
39  }
```

11.13.4 Navigation mithilfe von Boxen

Vorbemerkungen

Die Navigation zwischen Seiten in einem Web kann auf unterschiedliche Weise erfolgen. Dies wurde bereits zum Teil beschrieben. Seiten, die in Boxen aufgeteilt werden, eignen sich besonders gut, um Navigationsleisten einzufügen. Die Navigationsleiste befindet sich immer an der gleichen Stelle, ein einheitliches Design wird gewährleistet.

Beispiel 1:   Web mit drei Boxen

Alle Seiten in einem Web sollen drei Boxen beinhalten. Die obere Box enthält grundsätzlich den gleichen Inhalt (Text und/oder Bilder). Die linke untere Box beinhaltet die Navigation zu anderen Seiten. Die rechte untere Seite beinhaltet Texte, Bilder usw.

Während die ersten beiden Boxen auf jeder der zu erstellenden Webseiten einen identischen Inhalt haben, wird der Inhalt der rechten unteren Box jeweils ausgetauscht. Die einzelnen Seiten im Web haben viele gemeinsame Elemente. Erstellen Sie zunächst die Seite *index.html* und *format.css*.

index.html	CSS_Boxen
1	`<!DOCTYPE html>`
2	`<html>`
3	`  <head>`
4	`    <title>Betrieb</title>`
5	`    <link href="format.css" rel="stylesheet" type="text/css" />`
6	`  </head>`
7	`  <body>`
8	`    <div id="wrapper">`
9	`      <div id="box1">`
10	`        <h1>Schüler GmbH</h1>`
11	`        <h2>26871 Papenburg</h2>`
12	`        <h3>Das Bürofachgeschäft im Emsland!</h3>`
13	`      </div>`
14	`      <div id="box2">`
15	`        <ul>`
16	`          <li><a href="index.html">HomePage</a></li>`
17	`          <li><a href="Produkte.html">Produkte</a></li>`
18	`          <li><a href="Anfahrt.html">Anfahrt</a></li>`
19	`          <li><a href="AGB.html">AGB</a></li>`
20	`          <li><a href="Kontakte.html">Kontakt</a></li>`
21	`        </ul>`
22	`      </div>`
23	`      <div id="box3">`
24	`        <p>Das Bürofachgeschäft im Emsland!</p>`
25	`      </div>`
26	`    </div>`
27	`  </body>`
28	`</html>`

format.css						CSS_Boxen		
1	html {		21	h3 {		42	div#box1 {	
2	height:	100.1%;	22	font-size:	14px;	43	font-size:	11px;
3	font-size:	62.5%;	23	}		44	background:	#BFBFBF;
4	}		24	p {		45	padding:	5px;
5	body {		25	font-size:	11px;	46	}	
6	font-family:	Verdana;	26	}		47	div#box2 {	
7	font-size:	12px;	27	a:link {		48	font-size:	14px;
8	color:	#333333;	28	color:	black;	49	line-height:	20px;
9	background:	#DFDFDF;	29	}		50	float:	left;
10	}		30	a:visited {		51	width:	150px;
11	h1, h2,h3, p {		31	color:	black;	52	height:	300px;
12	font-family:	Verdana;	32	}		53	background:	#BFBFBF;
13	color:	#000000;	33	a:hover {		54	margin-right:	20px;
14	}		34	color:	red;	55	}	
15	h1 {		35	}		56	div#box3 p {	
16	font-size:	22px;	36	a:active {		57	font-size:	15px;
17	}		37	color:	green;	58	background:	#DFDFDF;
18	h2 {		38	}		59	}	
19	font-size:	20px;	39	div#wrapper {				
20	}		40	margin:	20px;			
			41	}				

Erklärungen zu den Dateien *index.html* und *format.css*:

- Die Angabe der Höhe (*height: 100.1%*) im Bereich des Befehls *html* bewirkt, dass ein vertikaler Scroll-Balken grundsätzlich eingeblendet wird, da die Seite über 100 % des Bildschirms ausfüllt. Unterschiedliche große Seiten werden dadurch nicht an unterschiedlichen Stellen auf dem Bildschirm angezeigt, es kommt zu keinem *Verspringen* der Seiten, wenn die nächste Seite aufgerufen wird.

- Die Farbangaben erfolgen sowohl als Wert als auch als Name. Ein Mischen dieser beiden Formen ist jederzeit möglich.

- Mit der Anweisung *div#wrapper* wird bewirkt, dass ein Außenabstand um die gesamte Seite gelegt wird. Die entsprechende div-Anweisung in der HTML-Datei umhüllt (*wrap*) alle Boxen. Daher wird dieser div-Container allgemein als *divwrapper* bezeichnet. Eine andere Bezeichnung ist zulässig. Es kommt lediglich auf den erwünschten Effekt an.

Erstellen Sie anschließend die restlichen Seiten *produkte.html*, *anfahrt.html*, *agb.html* und *kontakte.html*. Sie unterscheiden sich lediglich im Inhalt der Box3.

produkte.html		CSS_Boxen
23	<div id="box3">	
24	<p>Produkte</p>	
25	</div>	

anfahrt.html		CSS_Boxen
23	<div id="box3">	
24	<p>Anfahrt</p>	
25	</div>	

Boxmodell 339

Anzeige im Browser – Ergebnis

Schüler GmbH
26871 Papenburg
Das Bürofachgeschäft im Emsland!

- HomePage
- Produkte
- Anfahrt
- AGB
- Kontakt

Das Bürofachgeschäft im Emsland!

Beispiel 2: Web mit drei Boxen und veränderter Navigation

Erstellen Sie eine Navigation, die der angezeigten nahekommt. Formatieren Sie zu diesem Zweck die einzelnen Komponenten der Navigation mit Farben, Hintergründen, Rahmen usw. Experimentieren Sie mit verschiedenen Lösungen.

Anzeige im Browser – Ergebnis

Schüler GmbH
26871 Papenburg
Das Bürofachgeschäft im Emsland!

Das Bürofachgeschäft im Emsland!

Beispiel 3: Web mit drei Boxen und veränderter Farbgebung

Relativ einfach wird ein Web durch eine veränderte Farbgebung erstellt. Alternative Möglichkeiten ergeben sich auch aus einer unterschiedlichen Farbgebung der einzelnen Boxen.

Anzeige im Browser – Ergebnis

Schüler GmbH
26871 Papenburg
Das Bürofachgeschäft im Emsland!

- HomePage
- Produkte
- Anfahrt
- AGB
- Kontakt

Das Bürofachgeschäft im Emsland!

Beispiel 4:   Web mit zwei Boxen und Navigation

Mithilfe der bereits erstellten Navigationsleiste und zweier Boxen lässt sich eine gelungene Darstellung realisieren.

Index_1.html   **CSS_Boxen**

```
 1  <!DOCTYPE html>
 2  <html>
 3    <head>
 4      <title>Betrieb</title>
 5      <link href="format_4.css" rel="stylesheet" type="text/css"/>
 6    </head>
 7    <body>
 8      <div id="wrapper">
 9        <div id="box1">
10          <ul id="navi">
11            <li><a href="index.html" id="akt">Home</a></li>
12            <li><a href="Produkte.html">Produkte</a></li>
13            <li><a href="AGB.html">AGB</a></li>
14            <li><a href="Anfahrt.html">Anfahrt</a></li>
15            <li><a href="Kontakte.html">Kontakte</a></li>
16          </ul>
17        </div>
18        <div id="box3"><p>Das Bürofachgeschäft im Emsland!</p></div>
19      </div>
20    </body>
21  </html>
```

format_4.css   **CSS_Boxen**

```
39  div#wrapper {                       48  div#box1 {
40    margin:            20px;          49    font-size:          11px;
41  }                                   50    background:         #AFAFAF;
42  div#box {                           51    padding-top:        10px;
43    font-size:         11px;          51    padding-left:       35px;
44    background:        #BFBFBF;       52    padding-bottom:     35px;
45    padding-top:       15px;          53    padding-right:      35px;
46    padding-left:      35px;          54  }
47  }
```

Anzeigen im Browser – Ergebnis

Übungen:

1. Aufgabe

Die folgende Webseite soll in mehrfacher Ausfertigung unter Nutzung verschiedener Möglichkeiten der Einbindung von Stylesheets erstellt werden:

Borussia Kehl

Der Sportverein im Norden!!!

Fußball, Handball, Volleyball

Leichtathletik, Turnen, Basketball

a) Definieren Sie die Style-Anweisungen im Quellcode.
b) Definieren Sie die Style-Anweisungen für Bereiche einer HTML-Seite.
c) Definieren Sie die Style-Anweisungen im Seitenkopf.
d) Definieren Sie die Stylesheets in separaten Dateien.
e) Definieren Sie die Stylesheets in separaten Dateien mit dem Befehl „Class".
f) Definieren Sie die Stylesheets in separaten Dateien mit div-Containern.

2. Aufgabe

In Ihrem Heimatort bzw. in Ihrer Heimatstadt soll eine Ausstellung stattfinden, auf der Unternehmen umweltfreundliche Technologien wie Windkraft, Sonnenenergie usw. präsentieren möchten. Außerdem sollen Konzepte dargestellt werden, wie Energie eingespart werden kann, beispielsweise durch Wärmedämmung.

a) Informieren Sie sich im Internet über die einzelnen Bereiche.
b) Verlinken Sie die einzelnen Seiten miteinander.
c) Nutzen Sie Stylesheets, die in separaten Dateien definiert wurden, um ein einheitliches Design für das gesamte Web zu erstellen.
d) Kopieren Sie alle Seiten in ein neues Web. Entfernen Sie die Verlinkungen. Nutzen Sie Boxen. Verlinken Sie die einzelnen Seiten. Gestalten Sie ein einheitliches Erscheinungsbild des Webs.

3. Aufgabe

Erstellen Sie ein Web, in dem Sie Ihren persönlichen Musikgeschmack beschreiben, Verlinkungen auf entsprechende Seiten (Menü) vornehmen usw. Nutzen Sie auch die Möglichkeiten von CSS3.

4. Aufgabe

Stellen Sie in einem Web die von Ihnen besuchte Schulform bzw. den von Ihnen erlernten Beruf vor. Gestalten und verlinken Sie die Seiten nach Ihren Vorstellungen, nutzen Sie beispielsweise Boxen. Nutzen Sie Tabellen, Nummerierungen und Aufzählungen, um die Sachverhalte zu verdeutlichen. Bauen Sie eventuell Audio- und/oder Videodateien in die Seiten ein.

Übungen:

5. Aufgabe

Erstellen Sie für Ihre privaten Zwecke eine HomePage. Nutzen Sie die Möglichkeit des Navigierens mit Hyperlinks und Boxen. Erstellen Sie zur Gestaltung der Seiten Stylesheets.

6. Aufgabe

Gestalten Sie die eigene private HomePage folgendermaßen um:

7. Aufgabe

Ihre Schule möchte die von Ihnen besuchte Schulform im Internet präsentieren. Zu diesem Zweck sollen Sie ein Web entwickeln, welches die folgenden Elemente beinhalten soll:

- Eingangsvoraussetzungen,
- Ausbildungs- bzw. Schuldauer,
- Inhalte,
- Abschlüsse.

Bei Bedarf sind weitere Punkte in diese Aufzählung aufzunehmen. Gestalten Sie die Seiten mithilfe von Stylesheets.

8. Aufgabe

Erstellen Sie eine HomePage, auf der Sie einige Komponenten eines Computers erklären. Bauen Sie in den Seiten Stylesheets ein. Nutzen Sie auch die Möglichkeiten von CSS3.

12 Dynamische Webseiten mit PHP

12.1 Vorbemerkungen

Die bisher erstellten Webseiten enthalten keinerlei dynamische Elemente, es gibt also z. B. keine Berechnungen, Auswertungen von Datenbanken mithilfe der Skriptsprache PHP (Hypertext Preprocessor) usw. Um die Skriptsprache nutzen zu können, wird ein entsprechender Server benötigt. Dies wird an anderer Stelle des Buches beschrieben.

12.2 Möglichkeiten des Einbaus von PHP-Skripten in HTML-Dokumente

Die Skriptsprache PHP lässt sich auf unterschiedliche Weise in HTML-Seiten einbauen bzw. als eigenständige Datei erstellen. Alle Möglichkeiten führen zum selben Ergebnis. Die erste Möglichkeit führt jedoch bei Verwendung bestimmter Tools nicht zum gewünschten Ergebnis. Daher wird in diesem Buch die zweite angegebene Möglichkeit benutzt. Die vierte Möglichkeit ist noch nicht verbreitet und führt u. U. bei der Ausgabe über den Browser zu Problemen.

PHP/Beispiel	Bedeutung
<? echo " " ; ?> <? echo "Hallo"; ?>	php-Grundgerüst • mit Text *Hallo*
<?php echo " " ; ?> <?php echo "Hallo"; ?>	php-Grundgerüst • mit Text *Hallo*
<Skript language="php"> echo " " ; </Skript> <Skript language="php"> echo " Hallo" ; </Skript>	php-Grundgerüst • mit Text *Hallo*
<![CDATA[<Skript language="php"> echo " " ; </Skript>]]> <![CDATA[<Skript language="php"> echo "Hallo" ; </Skript>]]>	php-Grundgerüst • mit Text *Hallo*

12.3 Skript zur Überprüfung der Serververbindung

Das erste PHP-Skript soll zum einen den Aufbau von PHP-Befehlen erklären, zum anderen prüfen, ob der Text korrekt ausgegeben wird, also die Serververbindung gegeben ist. Die Ausgabe des Textes erfolgt über den Befehl *echo*. Dieser Befehl wird später erklärt.

test.php   htdocs/PHP_Grundlagen

```
1  <!DOCTYPE html>
2  <html>
3    <head>
4      <title>Test</title>
5    </head>
6    <body>
7      <!--Ausgabe eines Textes durch einen HTML-Befehl-->
8      <p>Dies ist ein HTML-Text!</p>
9      <?php
10       // Ausgabe eines Textes durch PHP-Code
11       echo "Dies ist ein PHP-Text!<br>";
12     ?>
13   </body>
14 </html>
```

Bearbeitungsschritte:

- Speichern Sie die Datei im Ordner *C:/XAMPP/htdocs/PHP_Grundlagen* als PHP-Datei unter dem Namen *Test.php*.
- Das richtige Ergebnis sollte im Browser **Google Chrome** in etwa wie nachfolgend dargestellt aussehen:

- Bei Benutzung des Browsers **Mozilla Firefox** müsste das Ergebnis folgendermaßen aussehen:

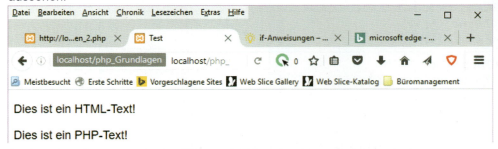

- Auch andere Browser, wie der **Microsoft Edge**, können genutzt werden.
- Sollte das Ergebnis nicht Ihren Vorstellungen entsprechen, beispielsweise nur den HTML-Text zeigen oder gar eine Mitteilung erfolgen, dass das Objekt nicht gefunden wurde, sollten Sie folgende mögliche Fehlerquellen ausschließen:
  - Ist der Webserver (XAMPP - APACHE) gestartet? Ein typischer Hinweis, dass dies nicht der Fall ist, ist die Tatsache, dass zwar der HTML-Text, nicht jedoch der PHP-Text ausgegeben wird.
  - Haben Sie die Seite abgespeichert?
  - Haben Sie das richtige Verzeichnis eingestellt?

  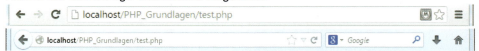

  - Sind der Dateiname und die Dateiendung richtig?
  - Haben Sie, falls zwar eine Ausgabe erfolgt, diese jedoch nicht aktuell ist, die Seite abgespeichert und im Browser aktualisiert?
  - Müssen eventuell zunächst Passwörter usw. eingegeben werden, um PHP-Skripte nutzen zu können?
  - Ist bei einem unerwarteten Ergebnis zunächst eine andere Datei zu starten, etwa ein HTML-Formular, welches Daten in eine PHP-Datei übergibt?

12.4 Ausgabe von Daten

12.4.1 Vorbemerkungen

Daten können in PHP-Dateien unterschiedlich ausgegeben werden. In den PHP-Befehl *echo* können HTML-Befehle eingebaut werden. Wichtig ist, dass alle Dateien, die PHP-Teile enthalten, unter dem Dateityp *php* abgespeichert werden müssen.

12.4.2 Ausgabe von Daten durch HTML- und PHP-Code und Stylesheets

Ausgaben erfolgen über HTML und PHP. Die Datei muss als PHP-Datei abgespeichert werden. Stylesheets können die Ausgabe im HTML- und im PHP-Teil beeinflussen.

Befehl	Beispiel	Beschreibung
echo""	echo "Bildung"	Ausgabe eines Textes mit PHP
echo""	echo "\<h1\>Bildung\</h1\>"	Ausgabe eines Textes mit PHP und HTML

ausgabe_1.php — htdocs/PHP_Grundlagen

```
 1  <!DOCTYPE html>
 2  <html>
 3    <head>
 4      <title>Ausgabe von Daten</title>
 5      <link rel="stylesheet" href="ausgabe.css" type="text/css">
 6    </head>
 7    <body>
 8      <h1>Ausgabe von Daten</h1>
 9      <?php
10        echo "<p>Berufliche Bildung</p>";
11        echo "<em>ist notwendig</em><strong> und zahlt sich aus!</strong>";
12      ?>
13    </body>
14  </html>
```

ausgabe.css — htdocs/PHP_Grundlagen

```
 1  body {                                  12  em {
 2    background:   rgba(0,0,255,0.05);     13    font-size:      20px;
 3  }                                       14    color:          #008000;
 4  p {                                     15  }
 5    font-size:    20px;                   16  h1 {
 6    color:        #0000FF;                17    font-size:      26px;
 7  }                                       18    font-weight:    bold;
 8  strong {                                19    text-align:     center;
 9    font-size:    20px;                   20    color:          #FF0000;
10    color:        #004040;                21  }
11  }
```

Anzeige im Browser – Ergebnis (ohne und mit Formatierung)

Ausgabe von Daten

Berufliche Bildung

ist notwendig **und zahlt sich aus!**

Ausgabe von Daten

Berufliche Bildung

ist notwendig **und zahlt sich aus!**

12.4.3 Ausgabe von Daten durch PHP-Code

Die Ausgabe der Daten kann über ein reines PHP-Skript erfolgen. Die Nutzung von Stylesheets ist jedoch nicht möglich. Daher ist zu überlegen, ob eine HTML/PHP-Datei unter Umständen besser geeignet ist, die Daten vernünftig darzustellen.

ausgabe_2.php — htdocs/PHP_Grundlagen

```php
<?php
  //Ausgabe der Texte durch PHP-Code
  echo "<h1>Ausgabe von Daten</h1>";
  echo "<p>Berufliche Bildung</p>";
?>
```

Anzeige im Browser – Ergebnis

Ausgabe von Daten

Berufliche Bildung

12.4.4 Ausgabe von Daten mit abwechselndem Code

Grundsätzlich ist es möglich, in einer Datei zwischen HTML-Code und PHP-Code hin- und herzuwechseln. Dies kann aufgrund der jeweiligen Erfordernisse notwendig erscheinen.

ausgabe_3.php — htdocs/PHP_Grundlagen

```
<!DOCTYPE html>
<html>
  <head>
    <title>Ausgabe von Daten</title>
    <link rel="stylesheet" href="ausgabe.css" type="text/css">
  </head>
  <body>
    <!--Ausgabe der Überschrift durch einen HTML-Befehl-->
    <h1>Ausgabe von Daten</h1>
    <?php
      //Ausgabe des Textes durch PHP-Code
      echo "<p>Berufliche Bildung</p>";
    ?>
    <!--Ausgabe des Textes durch einen HTML-Befehl-->
    <em>Berufliche Bildung ist ...</em>
  </body>
</html>
```

Anzeige im Browser – Ergebnis (ohne und mit Formatierung)

Ausgabe von Daten

Berufliche Bildung

Berufliche Bildung ist ...

Ausgabe von Daten

Berufliche Bildung

Berufliche Bildung ist ...

12.5 Fehler und Fehlersuche

Vorbemerkungen

Bei der Arbeit mit der Skriptsprache PHP werden Sie feststellen, dass oftmals Fehlermeldungen vom sogenannten PHP-Parser, auch als PHP-Interpreter bezeichnet, ausgegeben werden. Der Parser überprüft das PHP-Skript und bricht die Ausführung der Befehle bei fehlerhaften Befehlen, fehlenden Zeichen usw. ab. Anhand von Beispielen sollen einige typische Fehler angesprochen werden:

Beispiel 1: Keine Ausführung des PHP-Skripts

Wenn der PHP-Teil einer Datei nicht ausgeführt wird, hängt es in der Regel mit der nicht korrekten Definition des PHP-Bereichs zusammen. Im folgenden Skript wird in der Zeile 7 der Beginn des PHP-Bereichs falsch deklariert. Daher werden falsche Daten ausgegeben. Korrigieren Sie anschließend den Syntaxfehler in der Zeile 7.

fehler_1.php   **htdocs/PHP_Grundlagen**

```
1   <!DOCTYPE html>
2   <html>
3     <head>
4       <title>Fehler</title>
5     </head>
6     <body>
7       <h1>Fehler</h1>
8       <php?
9         $str = "Berufliche Bildung";
10        echo "String: <strong>$str</strong><br> ";
11      ?>
12    </body>
13  </html>
```

Anzeige im Browser – Ergebnis

Fehler

$str
"; ?>

fehler_1.php (Korrektur)   **htdocs/PHP_Grundlagen**

```
8       <?php
9         $str = "Berufliche Bildung";
10        echo "String: <strong>$str</strong><br> ";
11      ?>
```

Anzeige im Browser – Ergebnis

Fehler

String: **Berufliche Bildung**

Beispiel 2: Syntaxfehler

Einzelne Zeilen eines PHP-Skripts, außer der ersten und letzten, werden grundsätzlich mit dem Semikolon abgeschlossen. Wird dies vergessen, kommt es zu einer Fehlermeldung.

In der Zeile *9* fehlt das Semikolon. Daher wird ein Fehler in der Zeile *10* ausgegeben. Setzen Sie daher anschließend das fehlende Semikolon. Danach wird das korrekte Ergebnis ausgegeben.

fehler_2.php	htdocs/PHP_Grundlagen

```
1   <!DOCTYPE html>
2   <html>
3     <head>
4       <title>Fehler</title>
5     </head>
6     <body>
7       <h1>Fehler</h1>
8       <?php
9         $str = "Berufliche Bildung"
10        echo "String: <p>$str</p><br> ";
11      ?>
12    </body>
13  </html>
```

Anzeige im Browser – Ergebnis

Parse error: parse error, unexpected T_ECHO in

Parse error: syntax error, unexpected 'echo' (T_ECHO) in J:\xam\htdocs\PHP_Grundlagen\fehler_2.php on line 10

Beispiel 3: Falsche Ausgaben

Entspricht eine Ausgabe nicht den Erwartungen, ist u. U. die Schreibweise einer Variablen nicht richtig. Zum Beispiel könnte das führende $-Zeichen einer Variablen fehlen. Dadurch wird der Befehlsbestandteil nicht als Variable, sondern als Ausgabebestandteil interpretiert.

fehler_3.php	htdocs/PHP_Grundlagen

```
8    <?php
9      $str = "Berufliche Bildung";
10     echo "String: str";
11   ?>
```

Anzeige im Browser – Ergebnis

Fehler

String: str

12.6 Kommentare

PHP-Skripte können ähnlich wie HTML-Codes mit Kommentaren versehen werden. Allerdings werden die Kommentare anders gekennzeichnet als in einem HTML-Code. Dies muss unbedingt beachtet werden.

Kommentare erhöhen die Verständlichkeit des Skripts. Vor allem bei längeren Skripten ist es von Vorteil, dass einzelne Passagen kommentiert werden. Dadurch wird der Zweck der Anweisung auch später deutlich. Kommentare können wie nachfolgend dargestellt in ein Skript eingefügt werden:

```
// Hier wird ein Befehl kommentiert
```

```
# Auch dies ist ein Kommentar
```

```
/*  Ein Kommentar kann sich über mehrere Zeilen
erstrecken, wenn er richtig abgegrenzt wird */
```

kommentar.php — htdocs/PHP_Grundlagen

```
1   <!DOCTYPE html>
2   <html>
3     <head>
4       <title>Kommentar</title>
5       <link rel="stylesheet" href="ausgabe.css" type="text/css">
6     </head>
7     <body>
8       <!--Einfügen einer Überschrift-->
9       <h1>Kommentar</h1>
10      <?php
11        //Ausgabe eines Textes
12        echo "<p>1. Text</p>";
13        # Ausgabe eines Textes in Fettschrift
14        echo "<strong>2. Text</strong><br>";
15        /* Ausgabe eines Textes in kursiver Schrift(Kommentar
16        in zwei Zeilen) */
17        echo "<em>3. Text</em>";
18      ?>
19    </body>
20  </html>
```

Anzeige im Browser – Ergebnis (ohne und mit Formatierung)

Kommentar

1. Text

2. Text

3. Text

Kommentar

1. Text

2. Text

3. Text

12.7 Sonderzeichen

Einige Zeichen sind in PHP definiert, z. B. werden Anführungszeichen zur Ausgabe mit dem Befehl *echo* eingesetzt. Die Ausgabe von Daten und die Darstellung des Listings einer PHP-Datei können mit einem vorangestellten *Backslash* [**AltGr**] + [**ß**] beeinflusst werden.

Sonderzeichen	Bedeutung
\n	Neue Zeile
\t	horizontaler Tabulator
\r	Zeilenumbruch
\\	Backslash
\"	doppelte Anführungszeichen
\$	Dollar-Symbol
\o	Oktal-Schreibweise
\x	Hexadezimal-Schreibweise

Beispiel 1: Darstellung von Sonderzeichen und Variablen

Im folgenden Skript wird der Unterschied zwischen einem Sonderzeichen und einer Variablen demonstriert. Mithilfe des Sonderzeichens wird die Bezeichnung der Variablen, ansonsten wird der Wert der Variablen angegeben.

sonderzeichen_1.php — htdocs/PHP_Grundlagen

```
1  <!DOCTYPE html>
2  <html>
3    <head>
4      <title>Sonderzeichen</title>
5      <link rel="stylesheet" href="ausgabe.css" type="text/css">
6    </head>
7    <body>
8      <h1>Sonderzeichen</h1>
9      <?php
10       $zahl =10;
11       // Ausgabe mithilfe von Sonderzeichen
12       echo "<p>\$zahl ist eine Variable</p><br>";
13       echo "<strong>$zahl ist eine Variable</strong>";
14     ?>
15   </body>
16 </html>
```

Anzeige im Browser – Ergebnis (ohne und mit Formatierung)

Sonderzeichen

$zahl ist eine Variable

10 ist eine Variable

Sonderzeichen

$zahl ist eine Variable

10 ist eine Variable

Beispiel 2: Kennzeichnung von Sonderzeichen

Im zweiten Beispiel wird gezeigt, dass bestimmte Sonderzeichen nur eingesetzt werden können, wenn sie auch als Sonderzeichen gekennzeichnet werden. Ansonsten würde das erwartete Ergebnis nicht ausgegeben und es würde zu einer Fehlermeldung kommen.

sonderzeichen_2.php	htdocs/PHP_Grundlagen
1 `<?php`	
2 `echo "<h1>Sonderzeichen</h1>";`	
3 `// Ausgabe mithilfe von Sonderzeichen`	
4 `echo "Berufliche Bildung ist \"notwendig\"! ";`	
5 `?>`	

Anzeige im Browser – Ergebnis

Sonderzeichen

Berufliche Bildung ist "notwendig"!

Beispiel 3: Darstellung eines Listings

Im dritten Beispiel wird gezeigt, dass bestimmte Befehle nur auf die Darstellung des Listings wirken. Dies kann man sich dann im Quelltext mithilfe des benutzten Browsers ansehen.

sonderzeichen_3.php	htdocs/PHP_Grundlagen
1 `<?php`	
2 `echo "<h1>Sonderzeichen</h1>";`	
3 `// Ausgabe mithilfe von Sonderzeichen`	
4 `echo "Berufliche Bildung\n ist\n notwendig!";`	
5 `?>`	

Anzeige im Browser – Ergebnis

Sonderzeichen

Berufliche Bildung ist notwendig!

Die Auswirkungen zeigen sich bei der Darstellung des Listings. Wählen Sie z. B. im **Microsoft Internet Explorer** den Menüpunkt **Ansicht/Quelltext** oder im **Mozilla Firefox** den Menüpunkt **Ansicht/Seitenquelltext anzeigen**.

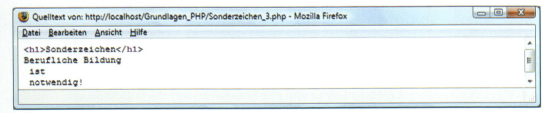

12.8 Variable und Konstante

Vorbemerkungen

In PHP kann mit Variablen und Konstanten gearbeitet werden. Variablen werden Werte zugeordnet oder es werden Werte z. B. durch Berechnungen bestimmten Variablen zugeordnet. Der Wert einer Variablen kann sich also ändern, Werte für Variable können auch neu bestimmt werden. Konstanten werden mit einem Wert belegt, der sich nicht ändert.

Variable

Durch Variable können in der Skriptsprache PHP Werte zugewiesen werden. Damit werden z. B. Berechnungen ermöglicht. Die Variablen bestehen aus einem Dollarzeichen und einem Namen (z. B. *$Kosten*). Dabei ist zu beachten, dass zwischen Klein- und Großschreibung zu unterscheiden ist. Die beiden Variablen *$Kosten* und *$kosten* sind also unterschiedlich. Eine Variable muss mit einem Buchstaben oder einem Unterstrich beginnen. Ansonsten ist die Variable ungültig. Einige Beispiele sollen den Sachverhalt erläutern:

Beispiel	Bedeutung
$Käufer	Die Variable ist korrekt definiert, da sie mit einem Buchstaben beginnt.
$_Kosten	Die Variable ist korrekt definiert, da sie mit einem Unterstrich beginnt.
$Überschrift	Die Variable ist nicht erlaubt, da sie mit einem deutschen Umlaut beginnt.
$1Kosten	Die Variable ist ungültig, da sie mit einer Zahl beginnt.

variable.php	htdocs/PHP_Grundlagen

```
1  <!DOCTYPE html>
2  <html>
3    <head>
4      <title>Variable</title>
5      <link rel="stylesheet" href="ausgabe.css" type="text/css">
6    </head>
7    <body>
8      <?php
9        //Definition der Variablen
10       $zahl =10;
11       $bezeichnung="PHP";
12       $_rabatt = 12;
13       //Ausgabe der Variablen
14       echo "Zahl: <strong>$zahl</strong><br>";
15       echo "Bezeichnung: <strong>$bezeichnung</strong><br>";
16       echo "Rabatt: <strong>$_rabatt</strong><br>";
17      ?>
18    </body>
19  </html>
```

Anzeige im Browser – Ergebnis (ohne und mit Formatierung)

Zahl: 10
Bezeichnung: **PHP**
Rabatt: 12

Zahl: **10**
Bezeichnung: **PHP**
Rabatt: **12**

Variable und Konstante

Konstante

Der Unterschied zwischen einer Variablen und einer Konstanten besteht darin, dass eine Konstante nur einmal gesetzt wird. Aus Gründen der Lesbarkeit werden Konstanten immer groß geschrieben.

Es gibt Konstanten, die von PHP definiert sind. Dadurch wird z. B. die Möglichkeit eröffnet, zu erfahren, welche PHP-Version auf einem Rechner vorhanden ist. Daneben kann z. B. das Betriebssystem ausgegeben werden. Außerdem kann man eigene Konstanten definieren. Auch dabei sollte man unbedingt Großbuchstaben verwenden.

Konstante	Beispiel	Beschreibung
N	define ("N","neu")	Die Konstante *N* wird definiert.
PHP_OS	PHP_OS	Das Betriebssystem des Computers wird angegeben.
PHP_VERSION	PHP_VERSION	Die benutzte PHP-Version wird angezeigt.

konstante.php   **htdocs/PHP_Grundlagen**

```
 1  <!DOCTYPE html>
 2  <html>
 3    <head>
 4      <title>Konstante</title>
 5    </head>
 6    <body>
 7      <?php
 8      //Definition einer Konstanten
 9      define("UNTERNEHMEN","Schueler GmbH");
10      //Ausgabe einer selbstdefinierten Konstanten
11      echo (UNTERNEHMEN);
12      echo "<p>";
13      echo ("Unternehmen: ".UNTERNEHMEN);
14      echo "<p>";
15      //Ausgabe von vordefinierten Konstanten
16      echo ("PHP-Version: ".PHP_VERSION);
17      echo "<p>";
18      echo ("Betriebssystem: ".PHP_OS);
19      ?>
20    </body>
21  </html>
```

Anzeige im Browser – Ergebnis

Schueler GmbH

Unternehmen: Schueler GmbH

PHP-Version: 5.6.24

Betriebssystem: WINNT

Schüler GmbH

Unternehmen: Schüler GmbH

PHP-Version: 5.6.24

Betriebssystem: WINNT

12.9 Datentypen

Begriff und Arten

Durch den Datentyp wird der Inhalt einer Variablen (Zeichen, Ziffern, Buchstaben usw.) festgelegt. Im Gegensatz zu anderen Programmiersprachen werden die Datentypen in PHP nicht am Anfang eines Skripts definiert (z. B. $Zahl: INTEGER). Lediglich aus dem Inhalt einer Variablen ist der Datentyp zu erkennen. Die folgenden Datentypen werden in PHP unterstützt:

Datentyp	Bedeutung	Beispiele
Integer	Ganze Zahlen	24, -176
Double	Gleitkommazahlen	76.0, 76.8976
String	Zeichenketten	Schule, 25$, HTML_toll, ,*'][
Arrays	Listen	$Programm[] = "Tabellenkalkulation"
Objects	Objekte	Class Geschlecht {}
Boolean	Wahrheitswerte	TRUE, FALSE

Datentypen Integer und Double

Die Datentypen *Integer* und *Double* werden für Berechnungen benötigt und eingesetzt.

Datentyp	Beispiel	Beschreibung
Integer	$Zahl1 = 10;	Eine ganze Zahl wird in der Variablen gespeichert.
Double	$Zahl2 = 23.564	Eine Gleitkommazahl wird in der Variablen gespeichert.

integer_double.php   htdocs/PHP_Grundlagen

```php
1  <!DOCTYPE html>
2  <html>
3    <head>
4      <title>Integer und Double</title>
5      <link rel="stylesheet" href="ausgabe.css" type="text/css">
6    </head>
7    <body>
8    <?php
9      //Variable mit Integer-Wert und Double-Wert
10     $zahl1 = 10;
11     $zahl2 = 10.456423;
12     //Ausgabe der Werte der Variablen
13     echo "Integerwert: <strong>$zahl1</strong><br><br>";
14     echo "Doublewert: <strong>$zahl2</strong><br>";
15   ?>
16   </body>
17 </html>
```

Anzeige im Browser – Ergebnis (ohne und mit Formatierung)

Integerwert: 10

Doublewert: 10.456423

Integerwert: **10**

Doublewert: **10.456423**

Datentyp String

Ein String ist eine Zeichenkette, die Buchstaben, Zahlen und Sonderzeichen in beliebiger Reihenfolge und gemischt enthalten kann. Strings werden in Anführungszeichen geschrieben.

Beispiel 1:   Ausgabe eines Strings

Der Inhalt eines Strings wird über einen Befehl ausgegeben.

string_1.php	htdocs/PHP_Grundlagen

```php
1  <?php
2    echo "<h1>Strings</h1>";
3    $str = "Berufliche Bildung";
4    echo "Original-String: <strong>$str</strong><br>";
5  ?>
```

Anzeige im Browser – Ergebnis

Strings

Original-String: **Berufliche Bildung**

Beispiel 2:   Verkettung und Ausgabe mehrerer Strings

Zwei Strings werden verkettet und danach ausgegeben.

string_2.php	htdocs/PHP_Grundlagen

```php
1  <?php
2    echo "<h1>Strings</h1>";
3    $str1 = "Berufliche Bildung";
4    $str2 = " ist super!";
5    echo "<strong>$str1" . "$str2</strong><br>";
6  ?>
```

Anzeige im Browser – Ergebnis

Strings

Berufliche Bildung ist super!

Datentyp Boolean

Daten des Datentyps *Boolean* nehmen entweder den Wert *TRUE (Richtig)* oder den Wert *FALSE (Falsch)* an. Im Kapitel *Kontrollstrukturen* wird der Wahrheitswert einer Variablen überprüft.

Datentyp Array

Der Datentyp *Array* wird vor allem im Zusammenhang mit der Erstellung von umfangreichen Listen und der Ausgabe von Daten aus Datenbanken benötigt. Die in diesem Zusammenhang notwendigen Erklärungen werden in dem Kapitel *Arrays* behandelt.

Datentyp Objects

Der Datentyp Objects wird im Kapitel *Objektorientierte Programmierung mit PHP* behandelt.

12.10 Operatoren

Vorbemerkungen

Mithilfe von arithmetischen Operatoren, Logik-Operatoren, Vergleichsoperatoren usw. lassen sich Berechnungen, Vergleiche, Berechnungen in Abhängigkeit von bestimmten Werten usw. durchführen. Letzteres wird vor allem im Kapitel *Kontrollstrukturen* deutlich.

Arithmetische Operatoren

Mithilfe arithmetischer Operatoren lassen sich häufig benötigte Berechnungen, wie z. B. die Addition und die Subtraktion von Werten, durchführen.

Operator	Beispiel	Ergebnis
+	$erg=$kvar1 + $kvar2	Die Summe der beiden Variablen wird ermittelt.
-	$erg=$kvar1 - $kvar2	Die Differenz der beiden Variablen wird berechnet.
*	$erg=$kvar1 * $kvar2	Das Produkt der beiden Variablen wird ermittelt.
/	$erg=$kvar1 / $kvar2	Der Dividend der beiden Variablen wird berechnet.
%	$erg=$kvar1 % $kvar2	Der Rest der Division der Variablen wird ermittelt.

arithmetische_operatoren.php   **htdocs/PHP_Grundlagen**

```
 1  <!DOCTYPE html>
 2  <html>
 3    <head>
 4      <title>Arithmetische Operatoren</title>
 5      <link rel="stylesheet" href="ausgabe.css" type="text/css">
 6    </head>
 7    <body>
 8      <h1>Arithmetische Operatoren</h1>
 9      <?php
10        $zahl1 = 11;
11        $zahl2 = 5;
12        $addition = $zahl1 + $zahl2;
13        $subtraktion = $zahl1 - $zahl2;
14        $multiplikation = $zahl1 * $zahl2;
15        $division = $zahl1 / $zahl2;
16        $modula = $zahl1 % $zahl2;
17        echo "Zahl 1: <em>$zahl1</em><br>";
18        echo "Zahl 2: <em>$zahl2</em><br>";
19        echo "Addition: <em>$addition</em><br>";
20        echo "Subtraktion: <em>$subtraktion</em><br>";
21        echo "Multiplikation: <em>$multiplikation</em><br>";
22        echo "Division: <em>$division</em><br>";
23        echo "Modula: <em>$modula</em><br>";
24      ?>
25    </body>
26  </html>
```

Anzeige im Browser – Ergebnis

Arithmetische Operatoren

Zahl 1: *11*
Zahl 2: *5*
Addition: *16*
Subtraktion: *6*
Multiplikation: *55*
Division: *2.2*
Modula: *1*

Arithmetische Operatoren

Zahl 1: *11*
Zahl 2: *5*
Addition: *16*
Subtraktion: *6*
Multiplikation: *55*
Division: *2.2*
Modula: *1*

Im Kapitel *Formulare* wird die Eingabe von Werten über ein Formular vorgenommen. Die Eingabe der Werte ($Zahl1, $Zahl2) im Skript ist auf Dauer sicherlich nicht ideal. Über ein Formular hingegen können die Werte den jeweiligen Erfordernissen angepasst werden. Das Skript wird dabei nicht verändert.

Vergleichsoperatoren

Vergleichsoperatoren ermöglichen beispielsweise die Ausführung von Befehlen in Abhängigkeit von dem Ergebnis eines Vergleichs.

So kann beispielsweise bestimmt werden, dass in Abhängigkeit von einer Verkaufssumme ein bestimmter Rabatt gewährt wird oder auch nicht. Anweisungen können z. B. so lange durchgeführt werden, bis ein vorher festgelegter Wert erreicht wird.

Im Kapitel *Kontrollstrukturen* wird der Sachverhalt verdeutlicht. Erst z. B. bei Nutzung einer *if-Anweisung* wird der Vorteil dieses Operators deutlich.

Operator	Beispiel	Ergebnis
==	$kvar1 == $kvar2	Gleich
!=	$kvar1 != $kvar2	Ungleich
>	$kvar1 > $kvar2	Größer
<	$kvar1 < $kvar2	Kleiner
>=	$kvar1 >= $kvar2	Größer gleich
<=	$kvar1 <= $kvar2	Kleiner gleich

In der folgenden Tabelle sind einige Beispiele zusammengestellt, die die Verwendung von Vergleichsoperatoren verdeutlichen:

Operator	Beispiel	Ergebnis
Gleich	5 == 8	False, da die Zahlen nicht gleich sind.
Größer	11 > 10	True, da die erste Zahl größer als die zweite Zahl ist.
Kleiner gleich	9 <= 8	False, da die erste Zahl größer als die zweite Zahl ist.
Ungleich	"a" != "b"	True, da die Werte unterschiedlich sind.

Logik-Operatoren

Logik-Operatoren geben einen Wahrheitswert aus, dessen Ergebnis *true (wahr)* oder *false (falsch)* ist. In Abhängigkeit von dem Ergebnis werden dann PHP-Befehle ausgeführt. Im Kapitel *Kontrollstrukturen* wird der Sachverhalt anhand von Beispielen verdeutlicht.

Operator	Beispiel	Ergebnis
UND	$kvar1 AND $kvar2	True, wenn beide Operatoren true (richtig) sind.
UND	$kvar1 && $kvar2	True, wenn beide Operatoren true (richtig) sind.
ODER	$kvar1 OR $kvar2	True, wenn mindestens ein Operator true (richtig) ist.
ODER	$kvar1 II $kvar2	True, wenn mindestens ein Operator true (richtig) ist.
Exklusiv-Oder	$kvar1 XOR $kvar2	True, wenn genau ein Operator true (richtig) ist.
NICHT	!$kvar1	True, wenn $kvar1 false (unrichtig) ist.

Einige Hinweise auf den praktischen Einsatz werden in der nachfolgenden Tabelle aufgeführt:

Operator	Beispiel	Ergebnis
UND	($kvar1>10) AND ($kvar1<20)	True, wenn der Wert von $kvar1 größer als 10 und kleiner als 20 ist.
UND	($kvar1>10) AND ($kvar2>=10)	True, wenn der Wert von $kvar1 größer als 10 und der Wert von $var2 größer gleich 10 ist.
UND	($kvar1>10) OR ($kvar2<10)	True, wenn der Wert von $kvar1 größer als 10 oder der Wert von $var2 kleiner als 10 ist.
NICHT	(!$kvar1>10)	True, wenn der Wert von $kvar1 kleiner gleich 10 ist.

Zuweisungsoperatoren

Zuweisungsoperatoren stellen eine Art Schnellschreibweise dar, dadurch können in Skripten Abkürzungen genutzt werden. Fraglich ist jedoch, ob der Gelegenheitsprogrammierer diese Operatoren nutzen sollte. Zumindest muss er jedoch die wichtigsten kennen, damit er fremde Skripte verstehen kann. Anhand von Beispielen werden Zuweisungsoperatoren erklärt:

Operator	Beispiel	Operation
=	$kvar1 = $kvar2	Der Wert der Variablen auf der rechten Seite wird der Variablen auf der linken Seite zugewiesen.
+=	$kvar1 += $kvar2	Der Wert der Variablen auf der rechten Seite wird zum Wert der Variablen auf der linken Seite addiert.
-=	$kvar1 -= $kvar2	Der Wert der Variablen auf der rechten Seite wird vom Wert der Variablen auf der linken Seite subtrahiert.
*=	$kvar1 *= $kvar2	Der Wert der Variablen auf der rechten Seite wird mit dem Wert der Variablen auf der linken Seite multipliziert.
/=	$kvar1 /= $kvar2	Der Wert der Variablen auf der linken Seite wird durch den Wert der Variablen auf der rechten Seite dividiert.
%=	$kvar1 %= $kvar2	Der Modulo-Wert (Rest der Division) der Division des Wertes der linken Variablen durch den Wert der Variablen auf der rechten Seite wird ausgegeben.

Operatoren

Beispiel 1: Zuweisung eines Werts

Ein Wert, der in einer Variablen gespeichert wurde, soll in eine andere Variable übertragen werden, sodass beide Variablen den gleichen Wert haben.

Das Ergebnis der Berechnung können Sie im Browser sehen. Die beiden Variablen haben nun den gleichen Wert. Man könnte nun z. B. den Wert der Variablen *$kvar1* durch Berechnungen ändern. Der ursprüngliche Wert ist weiterhin in der Variablen *$kvar2* gespeichert.

zuweisungsoperator_1.php	htdocs/PHP_Operatoren

```php
1  <?php
2    echo "<h1>Zuweisungsoperator</h1>";
3    $kvar1 = 0;
4    $kvar2 = 14;
5    $kvar1 += $kvar2;
6    echo "Der Wert der Variablen \$kvar1 ist <mark>$kvar1</mark><br>";
7    echo "Der Wert der Variablen \$kvar2 ist <mark>$kvar2</mark><br>";
  ?>
```

Anzeige im Browser – Ergebnis

Zuweisungsoperator

Der Wert der Variablen $kvar1 ist 14
Der Wert der Variablen $kvar2 ist 14

Beispiel 2: Ausgabe eines Strings

Im zweiten Beispiel werden Werte addiert. Die traditionelle Art der Berechnung wird als Kommentar eingefügt. Sie sollte ebenfalls ausprobiert werden.

zuweisungsoperator_2.php	htdocs/PHP_Operatoren

```php
1  <?php
2    echo "<h1>Zuweisungsoperator-Addition</h1>";
3    $kvar1 = 14;
4    echo "Der Wert der Variablen \$kvar1 ist <mark>$kvar1</mark><br>";
5    $kvar2 = 10;
6    $kvar1 += $kvar2;
7    //$kvar1 = $kvar1 + $kvar2;
8    echo "Der Wert der Variablen \$kvar1 ist <mark>$kvar1</mark>";
9  ?>
```

Anzeige im Browser – Ergebnis

Zuweisungsoperator-Addition

Der Wert der Variablen $kvar1 ist 14
Der Wert der Variablen $kvar1 ist 24

Verkettungsoperatoren PHP

Durch einen Verkettungsoperator werden Strings miteinander, Strings und Variablen oder Variablen mit Variablen miteinander verbunden. Damit können z. B. Texte bei Bedarf miteinander verbunden werden.

Operator	Beispiel	Ergebnis
.	"$string1" . "$string2"	Die Strings (Zeichenketten) links und rechts des Operators werden miteinander verknüpft.
.	"$string1" . $Variable	Der String und die Variable links und rechts des Operators werden miteinander verknüpft.

Beispiel 1: Ausgabe von Strings

Zwei Strings werden verkettet und gleichzeitig durch einen Befehl ausgegeben.

verkettungsoperator_1.php   **htdocs/PHP_Operatoren**

```
1  <?php
2    echo "<h1>Verkettungsoperator</h1>";
3    $string1 = "Programmieren ";
4    $string2 = "macht Spaß!!!";
5    $verbindung = "$string1" . "$string2";
6    echo "$verbindung";
7  ?>
```

Anzeige im Browser – Ergebnis

Verkettungsoperator

Programmieren macht Spaß!!!

Beispiel 2: Ausgabe von Strings und Variablen

Ein String und eine Variable werden verkettet und durch einen Befehl ausgegeben.

verkettungsoperator_2.php   **htdocs/PHP_Operatoren**

```
1  <?php
2    echo "<h1>Verkettungsoperator</h1>";
3    $string1 = "Wert: ";
4    $kvar = 10;
5    $verbindung = "$string1" . $kvar;
6    echo "$verbindung";
7  ?>
```

Anzeige im Browser – Ergebnis

Verkettungsoperator

Wert: 10

Fehler-Kontroll-Operator

Normalerweise werden Fehler in PHP-Skripten angezeigt, unter Umständen die Ausführung des Skripts beendet. Es ist jedoch auch möglich, Fehlermeldungen zu unterdrücken. Eine weitere Möglichkeit besteht darin, den Fehler mithilfe einer Kontrollstruktur abzufangen. Kontrollstrukturen werden später in einem eigenen Kapitel erklärt.

Im nachfolgenden Beispiel kommt es zu einer Division durch Null. Dies führt automatisch zu einer Fehlermeldung. Diese kann jedoch unterdrückt werden. Das Ergebnis lautet im nachfolgenden Beispiel dann ebenfalls Null.

Operator	Beispiel	Beschreibung
@	@$kvar3 = @$kvar2/@$kvar1;	Der Wert der Variablen @$kvar2 wird durch den Wert der Variablen @$kvar1 dividiert. Sollte nun @$kvar1 den Wert 0 angenommen haben, führt eine Division durch 0 normalerweise zu einer Fehlermeldung. Diese wird jedoch unterdrückt.

fehler_kontroll_operator_1.php   htdocs/PHP_Operatoren

```php
1  <?php
2    echo "<h1>Fehler-Kontroll-Operator</h1>";
3    $kvar1 = 0;
4    $kvar2 = 10;
5    $kvar3 = $kvar2/$kvar1;
6    echo "Der Wert der Variablen \$kvar3 ist <strong>$kvar1</strong><br>";
7  ?>
```

Anzeige im Browser – Ergebnis

Fehler-Kontroll-Operator

Warning: Division by zero in C:\xampp\htdocs\Grundlagen_PHP\Fehler_Kontroll_Operator_1.php on line 5
Der Wert der Variablen $kvar3 ist **0**

fehler_kontroll_operator_2.php   htdocs/PHP_Operatoren

```php
1  <?php
2    echo "<h1>Fehler-Kontroll-Operator</h1>";
3    $kvar1 = 0;
4    $kvar2 = 10;
5    @$kvar3 = $kvar2/$kvar1;
6    echo "Der Wert der Variablen \$kvar3 ist <mark>$kvar1</mark><br>";
7  ?>
```

Anzeige im Browser – Ergebnis

Fehler-Kontroll-Operator

Der Wert der Variablen $kvar3 ist 0

Übungen:

1. Aufgabe

Der Flächeninhalt eines Kreises beträgt 42 m². Ermitteln Sie
a) den Durchmesser,
b) den Umfang des Kreises.

2. Aufgabe

Der Preis einer Ware beträgt 420,00 €. Bei Abnahme von 20 Stück wird ein Mengenrabatt von 12 % gewährt. Außerdem kann bei Bezahlung innerhalb von 10 Tagen 2 % Skonto abgezogen werden. Ermitteln Sie den Betrag, der bei einer Abnahmemenge von 24 Stück zu zahlen ist.

3. Aufgabe

Ein Unternehmen gewährt einem Kunden beim Kauf einer Ware im Wert von 4.300,00 € 165,00 € Rabatt. Ermitteln Sie den gewährten Rabattsatz (Prozentsatz)!

4. Aufgabe

Ein Arbeitnehmer möchte zur Alterssicherung 10 Jahre lang am Anfang eines jeden Jahres 1.600,00 € anlegen.
a) Wie hoch ist das angelegte Kapital am Ende der Laufzeit? Die entsprechende Formel finden Sie auf der Seite *661*.
a) Wie hoch ist das Kapital bei einer Zahlung der Rente am Ende eines jeden Jahres?

5. Aufgabe

Ein Kapital von 3.487,89 € wird für 234 Tage zu einem Zinssatz von 6 % angelegt. Berechnen Sie die Zinsen und das neue Kapital.

6. Aufgabe

Die Transportkosten für den Versand vom 450 kg Papier betragen bisher 675,00 €. Der Fuhrunternehmer erhöht den Preis aufgrund von Kostensteigerungen um 3,6 %.
a) Berechnen Sie die Preiserhöhung und die neuen Transportkosten.
b) Berechnen Sie, wie viel der Transport von 33 % der Papiermenge ursprünglich kostete.

7. Aufgabe

Der Preis einer Ware beträgt einschließlich 19 % MwSt. 1.876,76 €.
a) Berechnen Sie die Mehrwertsteuer. Kontrollieren Sie das Ergebnis mithilfe einer separaten Berechnung.
b) Ermitteln Sie den Warenwert. Kontrollieren Sie das Ergebnis.

8. Aufgabe

Aufgrund einer großen Bestellsumme können Sie 2 % Skonto abziehen. Dies entspricht einem Betrag von 376,23 €. Wie hoch ist die Rechnungssumme? Kontrollieren Sie Ihre Rechnung mithilfe der normalen Prozentrechnung.

12.11 Formulare
12.11.1 Vorbemerkungen

Mit **PHP** können beispielsweise Berechnungen durchgeführt werden. Nicht besonders praktikabel ist es jedoch, wenn die für die Berechnung genutzten Werte im Programmcode bei jeder neuen Berechnung geändert werden müssen. Über Formulare für die Eingabe von Daten lässt sich das Problem lösen. Grundsätzlich sollten nur Formulare für die Eingabe von Werten genutzt werden. Um bestimmte Probleme zu lösen, mag es in dem einen oder anderen Fall auch vernünftig sein, den Code zunächst ohne die Nutzung von Formularen zu erstellen und danach das Skript bzw. die Skripte für die Nutzung von Formularen umzuschreiben.

Anhand eines einfachen Beispiels soll zunächst eine Berechnung durchgeführt werden. Soll nun eine neue Berechnung durchgeführt werden, müssen die Werte in den Zeilen *10* und *11* geändert werden. Dies ist sicherlich nicht vernünftig und praktikabel.

addition_1.php — htdocs/PHP_Formulare

```
1  <!DOCTYPE html>
2  <html>
3    <head>
4      <title>Addition</title>
5      <link rel="stylesheet" href="ausgabe.css" type="text/css">
6    </head>
7    <body>
8      <h1>Addition</h1>
9      <?php
10       $zahl1 = 1;
11       $zahl2 = 5;
12       $zahl3 = $zahl1 + $zahl2;
13       echo "Das Ergebnis lautet: <strong>$zahl3</strong><br>";
14     ?>
15   </body>
16 </html>
```

Anzeige im Browser – Ergebnis (ohne und mit Formatierung)

Addition
Das Ergebnis lautet: **6**

Addition
Das Ergebnis lautet: **6**

addition_1a.php — htdocs/PHP_Formulare

```
1  <?php
2    echo "<h1>Addition</h1><br>";
3    $zahl1 = 1;
4    $zahl2 = 5;
5    $zahl3 = $zahl1 + $zahl2;
6    echo "Das Ergebnis lautet: <strong>$zahl3</strong><br>";
7  ?>
```

12.11.2 Textfelder und weitere Felder

Erstellung des Formulars

Durch eine HTML-Datei wird zunächst ein Formular zur Eingabe von Daten erstellt und danach eine PHP-Datei zum Berechnen der Werte. Nachfolgend werden die grundlegenden HTML-Tags und ihre Attribute, die zur Erstellung eines Formulars notwendig sind, angegeben. Die Gestaltung des Formulars wird mithilfe einer externen CSS-Datei vorgenommen. Dabei werden auch Attribute formatiert. Aufgrund der vorherigen Ausführungen zu dem Thema müssen die erstellten Stylesheets nicht mehr gesondert erklärt werden.

HTML	Bedeutung
<form>…</form>	Definiert und umfasst alle Elemente des Formulars.
<form action="addition_2.php" method="post"> </form>	
<form action="addition_2.php" method="get"> </form>	

Attribut	Wert	Syntax	Erklärung
action	"datei.php"	action="datei.php"	Die angegebene Datei wird zur Verarbeitung der Daten aufgerufen.
method	"post"	method="post"	Bei der Methode *post* werden die Daten direkt an die bei *action* angegebene Adresse geleitet.
	"get"	method="get"	Bei der Methode *get* werden die Daten zunächst an eine Serversoftware übertragen und danach mithilfe eines Scripts verarbeitet.

HTML	Bedeutung
<fieldset>…</fieldset>	Gruppierung von Elementen in einem Formular (Umrandung einer Gruppe von Elementen).
<legend>…</legend>	Beschriftung in der Umrandung einer Gruppierung in einem Formular.
<legend class="f1">Geben Sie die Daten ein:</legend>	

HTML	Bedeutung
<label>…</label>	Etikett (Beschriftung) für einen Eingabewert. Auch bei einem Anklicken der Beschriftung wird das Eingabefeld ausgewählt, da es der Eingabe eindeutig zugeordnet wird.
<label for="Name_1">Name</label> <input name="Name" type="text" size="30" maxlength="30" id="Name_1">	

Attribut	Wert	Syntax	Erklärung
for	"Name"	for="name_1"	Die angegebene Datei wird zur Verarbeitung der Daten aufgerufen.

HTML	Bedeutung
<input>…</input>	Eingabe eines Wertes
<input name="Zahl1" type="text" size="30" maxlength="30" required="required" placeholder ="5" id="Name_1" >	

Formulare

Attribut	Wert	Syntax	Erklärung
name	"Zahl1"	name="Zahl1"	Der Name des zu übergebenden Werts wird festgelegt. Unter diesem Namen wird der Wert mithilfe einer Skriptsprache ausgelesen.
type	"text"	type="text"	Die Daten werden als Text deklariert.
size	"30"	size="30"	Die Größe des Eingabebereichs wird festgelegt.
maxlength	"30"	maxlength="30"	Die maximale Anzahl von Zeichen, die eingegeben werden können, wird festgelegt. Die Eingabe wird in der Regel mit der Größe des Eingabebereichs übereinstimmen.
required	"required"	required="required" required	Der Browser überprüft, ob eine Eingabe erfolgt. Ist dies nicht der Fall, erfolgt eine entsprechende Meldung.
placeholder	"5"	placeholder ="5"	Ein Platzhalter wird eingefügt. Oftmals wird z. B. die erwartete Eingabeform angegeben.
id	"Name_1"	id="Name"	Die Felder werden eindeutig identifiziert. Ein Anklicken der Bezeichnung sorgt dafür, dass der Cursor in das Eingabefeld gestellt wird.

HTML	Bedeutung
<input>...</input>	Eingabe eines Wertes, in diesem Fall das Auslösen einer Berechnung, das Abschicken der Daten eines Formulars oder das Löschen der Daten in einem Formular.
<input type="SUBMIT" value="Berechnen">	
<input type="SUBMIT" value="Daten in Datei schreiben">	
<input type="RESET" value="Zurücksetzen">	
<input type="RESET" value="Daten im Formular löschen">	

Attribut	Syntax	Erklärung
type	type="SUBMIT"	Eine Schaltfläche wird zur Verfügung gestellt, mit deren Hilfe die Daten zur Verarbeitung an ein anderes Programm, z. B. ein PHP-Skript, gesandt werden.
type	type="RESET"	Eine Schaltfläche, mit deren Hilfe die Bearbeitung z. B. abgebrochen und/oder die Daten z. B. in einem Formular gelöscht werden können, wird zur Verfügung gestellt.
value	value="Berechnen" value="Abbrechen"	Die Schaltflächen werden mit einem Text versehen, sodass der Nutzer über den jeweiligen Zweck informiert ist.

Im anschließenden Beispiel wird für das Attribut **type** der Datentyp **number** (type="number") statt des Datentyps **text** (type="text") genutzt. Moderne Browser unterstutzen den Datentyp, der durch HTML5 definiert wird, teilweise (in Zukunft sicherlich alle) und überprüfen damit, ob es sich bei der Eingabe um eine Zahl handelt. Unterstützt der Browser den Datentyp nicht, wird er automatisch als Datentyp **text** angesehen und verarbeitet (siehe nächste Seiten).

addition_2.html	htdocs/PHP_Formulare

```html
1   <!DOCTYPE html>
2   <html>
3     <head>
4       <title>Addition</title>
5       <link rel="stylesheet" href="formulare.css" type="text/css">
6     </head>
7     <body>
8       <h1>Addition</h1>
9       <form action="addition_2.php" method="post">
10        <fieldset>
11          <legend class="f1">Geben Sie die Daten ein:</legend>
12          <p>
13            <label for ="Zahl_1">Zahl 1</label>
14            <input name="Zahl1" type="number" size="30" maxlength="30"
                required="required" id="Zahl_1">
15          </p>
16          <p>
17            <label for ="Zahl_2">Zahl 2</label>
              <input name="Zahl2" type="number" size="30" maxlength="30"
18              required="required" id="Zahl_2">
19          </p>
20        </fieldset>
21        <p></p>
22        <fieldset>
23          <legend class="f2" >Schaltflächen</legend>
24          <input type="SUBMIT" value="Berechnen">
25          <input type="RESET" value="Zurücksetzen">
26        </fieldset>
17      </form>
28    </body>
29  </html>
```

Anzeige im Browser – Ergebnis (mit fehlender bzw. falscher Eingabe)

Formulare

PHP-Datei mit Berechnung

Die im Formular eingegebenen Werte werden anschließend an eine PHP-Datei weiterverarbeitet. Ein entsprechender Befehl zum Aufruf der PHP-Datei wurde in die HTML-Datei eingefügt. In der PHP-Datei werden danach die in dem Formular eingegebenen Werte ausgelesen. Anschließend werden die Daten dann für eine Berechnung genutzt.

PHP/Beispiel	Bedeutung
$Zahl1 = $_POST["Zahl1"]	Der Eingabewert *Zahl1* aus der Datei *Addition.html* wird der Variablen $Zahl1 zugewiesen.

addition_2.php — htdocs/Formulare

```php
1  <?php
2     echo "<h1>Addition</h1>";
3     $zahl1 = $_POST["Zahl1"];
4     $zahl2 = $_POST["Zahl2"];
5     $zahl3 = $zahl1 + $zahl2;
6     echo "Das Ergebnis lautet: <strong>$zahl3</strong><br> ";
7  ?>
```

Anzeige im Browser – Ergebnis (nebeneinander dargestellt)

Addition   Das Ergebnis lautet: 10

formulare.css — htdocs/Formulare

```css
1   h1 {
2     width:           380px;
3     text-align:      center;
4     text-weight:     bold;
5     color:           #C04000;
6     background:      #EFEFEF;
7   }
8   fieldset {
9     width:           350px;
10    border-color:    red;
11    background:      #EFEFEF;
12  }
13  legend {
14    text-align:      center;
15    text-color:      #FF0000;
16    background:      #000000;
17    width:           180px;
18  }
19  .f1 {
20    color:           #FFFFFF;
21    background:      #C04000;
22  }
23  .f2 {
24    color:           #000000;
25    background:      #FF7F00;
26  }
27  .f3 {
28    color:           #FFFFFF;
29    background:      #FF0000;
30  }
31  input[type]{
32    color:           #FFFFFF;
33    background:      #FF0060;
34  }
35  input[name] {
36    color:           red;
37    background:      #00FFFF;
38    display:         inline;
39    float:           right;
40    width:           196px;
41  }
42  select, select name, option {
43    color:           red;
44    background:      #00FFFF;
45    float:           right;
46    width:           196px;
47  }
```

Eingabefelder (Input-Types)

Unter HTML5 werden verschiedene neue Attribute für Eingabefelder zur Verfügung gestellt. Diese Eingabefelder mit den Attributen werden von den **Browsern teilweise schon unterstützt**. Werden sie jedoch nicht unterstützt, verhalten sie sich in der Regel so, als handele es sich um Texte. Daher wird dieses Eingabefeld in der folgenden Aufstellung mit aufgenommen.

Der große Vorteil der neuen Eingabefelder besteht darin, dass überprüft wird, ob es sich bei den eingegebenen Daten um Daten handelt, die den Erfordernissen entsprechen. Es findet also eine sogenannte Validierung der Eingabe statt.

In der folgenden Tabelle finden Sie mögliche Type-Attribute für Eingabefelder. Auch schon jetzt mögliche Fehlermeldungen oder Anzeigemöglichkeiten werden eingeblendet. Sie sind allerdings noch nicht in allen Browsern integriert.

Später wird u. a. ein Beispiel für ein Formular für das Versenden einer E-Mail dargestellt. Das PHP-Script lässt sich allerdings nur dann ausführen, wenn die Seiten in das Web gestellt werden. Ein lokaler Server wie Apache (XAMPP) ist dazu nicht in der Lage.

Syntax	Erklärung	Anzeige im Browser
type="text"	Die Daten werden als Text deklariert. Texte, Zahlen usw. können eingegeben werden.	
type="email"	Überprüfung, ob die Eingabe die richtigen Elemente einer E-Mail-Adresse enthält. Ansonsten wird eine Meldung ausgegeben.	
type="http://www.spiegel.de"	Überprüfung, ob es sich um eine gültige Internetadresse handeln kann. Eine Überprüfung, ob es die Adresse gibt, erfolgt nicht. Die vorgeschriebene Form sollte daher als Platzhalter eingetragen werden, damit sich der Nutzer daran orientieren kann.	
type="tel"	Überprüfung, ob die Eingabe einer Schreibweise von Telefonnummern entspricht. Vor allem bei Tabletts und Smartphones werden auf dem Display nur Zahlen angezeigt.	
type="number"	Zahlen können über Schaltflächen ausgewählt werden. Begrenzungen und Schrittweiten sind definierbar. (type="number" min ="0" max ="10" step ="5")	
type="range"	Über einen Regler werden Werte ausgewählt. Begrenzungen usw. sind ebenfalls wählbar.	
type="date" type="time" type="datetime" type="datetime-local" type="month" type="week"	Abhängig vom gewählten Eingabetyp können das Datum, die Uhrzeit, die Woche oder der Monat ausgewählt werden. Die Eigenschaft „datetime" zeigt das Datum und die Zeit mit einer Zeitzone, die Alternative „datetime-local" ohne Zeitzone.	

Formulare 369

12.11.3 Auswahlliste

Auswahllisten vereinfachen die Eingabe von Werten usw. und begrenzen die Möglichkeiten der Auswahl. Damit werden nicht gewünschte Eingaben ausgeschlossen. In Abhängigkeit von der Auswahl können jedoch z. B. auch unterschiedliche Berechnungen vorgenommen werden, wie z. B. im Kapitel *Kontrollstrukturen* beschrieben wird.

HTML	Bedeutung
<select>...</select>	Die Elemente werden in einem Formular gruppiert.
<option>...</option>	Optionen werden in einer Liste zur Verfügung gestellt.
<optgroup> ... </optgroup>	Untergruppen zur Auswahl von Begriffen werden erstellt.

auswahlliste_1.html   **htdocs/PHP_Formulare**

```
 1  <!DOCTYPE html>
 2  <html>
 3    <head>
 4      <title>Auswahlliste</title>
 5      <link rel="stylesheet" href="formulare.css" type="text/css">
 6    </head>
 7    <body>
 8      <h1>Auswahlliste</h1>
 9      <form action="auswahlliste_1.php" method="post" >
10        <fieldset>
11          <legend class="f1">Wählen Sie einen Artikel aus:</legend>
12          <p>
13          <label for ="Artikel">Artikel</label>
14          <select name="Artikel">
15            <option>Personal Computer</option>
16            <option>Laptop</option>
17            <option>Tablet</option>
18            <option>Monitor</option>
19            <option>DVD-Laufwerk</option>
20            <option>Festplatte</option>
21          </select>
22          <p></p>
23        </fieldset>
24        <p></p>
25        <fieldset>
26          <legend class="f2">Schaltflächen</legend>
27          <input type="SUBMIT" Value="Auswahl">
28          <input type="RESET" Value="Zurücksetzen">
29        </fieldset>
30      </form>
31    </body>
32  </html>
```

Anzeige im Browser – Ergebnis (einfache und verschachtelte Auswahlliste)

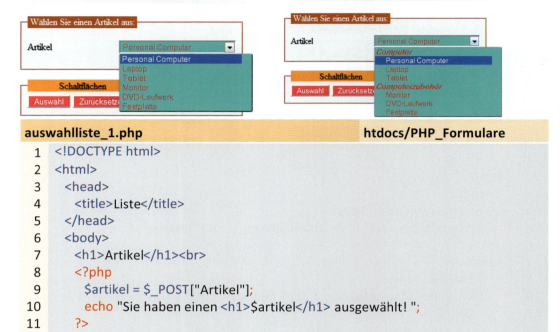

auswahlliste_1.php	htdocs/PHP_Formulare

```
1   <!DOCTYPE html>
2   <html>
3     <head>
4       <title>Liste</title>
5     </head>
6     <body>
7       <h1>Artikel</h1><br>
8       <?php
9         $artikel = $_POST["Artikel"];
10        echo "Sie haben einen <h1>$artikel</h1> ausgewählt! ";
11      ?>
12    </body>
13  </html>
```

Anzeige im Browser – Ergebnis

Sie haben einen

Artikel **Personal Computer** ausgewählt!

Eine verschachtelte Auswahlliste mit Oberbegriffen erhöht teilweise die Übersichtlichkeit bei der Auswahl von Begriffen. Die aufzurufende PHP-Datei und das Ergebnis sind identisch.

auswahlliste_2.html (Ausschnitt)	htdocs/Formulare

```
14      <select name="Artikel">
15        <optgroup label="Computer">
16          <option>Personal Computer</option>
17          <option>Laptop</option>
18          <option>Tablet</option>
19        </optgroup>
20        <optgroup label="Computerzubehör">
21          <option>Monitor</option>
22          <option>DVD-Laufwerk</option>
23          <option>Festplatte</option>
24        </optgroup>
25      </select>
```

12.11.4 Datenliste

Eine Datenliste enthält Daten, die ausgewählt werden können. Durch die Eingabe eines Buchstabens werden alle Begriffe angegeben, die diesen Buchstaben enthalten. Durch die Eingabe weiterer Buchstaben wird die Auswahl verfeinert. Die PHP-Datei *auswahlliste_1.php* kann für die Ausgabe der Werte genutzt werden.

HTML	Bedeutung
<input>…</input>	Eingabe eines Wertes
<input list="Artikel" name="Zahl1">	

Attribut	Wert	Syntax	Erklärung
list	"Artikel"	list="Artikel"	Die Liste der Eingabewerte wird festgelegt.

datensliste.html   htdocs/Formulare

```
1   <!DOCTYPE html>
2   <html>
3     <head>
4       <title>Datenliste</title>
5       <link rel="stylesheet" href="formulare.css" type="text/css">
6     </head>
7     <body>
8       <h1>Datenliste</h1>
9       <form action="auswahlliste_1.php" method="post">
10        <fieldset>
11          <legend class="f1">Wählen Sie einen Artikel aus:</legend>
12          <input list="Artikel" name="Artikel">
13          <datalist id="Artikel">
14            <option value="Personal Computer">
15            <option value="Laptop">
16          </datalist><p></p>
17        </fieldset><p></p>
18        <fieldset>
19          <legend class="f2">Schaltflächen</legend>
20          <input type="SUBMIT" Value="Auswahl">
21          <input type="RESET" Value="Zurücksetzen">
22        </fieldset>
23      </form>
24    </body>
25  </html>
```

Anzeige im Browser – Ergebnis

12.11.5 Radio-Button

Radio-Buttons bieten die Möglichkeit, eine Alternative auszuwählen.

HTML	Bedeutung
<input>…</input>	Auswahl eines Wertes aus einer Liste.
<input name="Laptop" type="radio" value="Laptop">Laptop 	

Attribut	Syntax	Erklärung
type	type="name"	Der Name des Objekts wird bestimmt.
type	type="radio"	Ein Radio-Button wird angezeigt.
value	value="Laptop"	Die Bezeichnung des Buttons wird angegeben.
checked	checked	Ein Radio-Button wird standardmäßig aktiviert. Durch Anklicken eines anderen Buttons wird eine andere Auswahl vorgenommen.

radio-buttons_1.html   htdocs/PHP_Formulare

```
 1  <!DOCTYPE html>
 2  <html>
 3    <head>
 4      <title>Radio-Buttons</title>
 5      <link rel="stylesheet" href="formulare.css" type="text/css">
 6    </head>
 7    <body>
 8      <h1>Radio-Buttons</h1>
 9      <form action="radio-buttons_1.php" method="post" >
10        <fieldset>
11          <legend class="f1">Auswahl:</legend>
12          <input name="Artikel" type="radio" value ="Laptop">Laptop<br>
13          <input name="Artikel" type="radio"  value ="Drucker">Drucker<br>
14          <input name="Artikel" type="radio"  value ="Scanner">Scanner<br>
15        </fieldset>
16        <p></p>
17        <fieldset>
18          <input type="SUBMIT" Value="Auswählen">
19          <input type="RESET" Value="Zurücksetzen">
20        </fieldset>
21      </form>
22    </body>
23  </html>
```

Ein Radio-Button wird vorbestimmt, die Auswahl kann jedoch beliebig geändert werden.

radio-buttons_2.html   htdocs/PHP_Formulare

```
11          <input name="Artikel" type="radio" value ="Laptop" checked >Laptop<br>
12          <input name="Artikel" type="radio"  value ="Drucker">Drucker<br>
13          <input name="Artikel" type="radio"  value ="Scanner">Scanner<br>
```

Formulare 373

radio-buttons_1.php	htdocs/PHP_Formulare
1 `<?php`	
2 `  echo "<h1>Radio-Buttons</h1> ";`	
3 `  $artikel = $_POST["Artikel"];`	
4 `  echo "Sie haben folgenden Artikel ausgewählt:  ";`	
5 `  echo "$artikel ";`	
6 `?>`	

Anzeige im Browser – Formular (Buttons/Checkboxen)	PHP-Ergebnis

12.11.6 Checkboxen

Checkboxen ähneln Radio-Buttons. Sie sind Kontrollkästchen mit der Möglichkeit des Abhakens, also der Möglichkeit, sie ein- oder auszuschalten. Es ist kein Fehler, dass die PHP-Datei *Radio-Buttons_1.php* aufgerufen wird. Diese Datei ist in der Lage, die Daten weiterzuverarbeiten. Bei der angegebenen Möglichkeit sollten Sie nur eine Option aktivieren.

checkboxen.html	htdocs/PHP_Formulare
1 `<!DOCTYPE html>`	
2 `<html>`	
3 `  <head>`	
4 `    <title>Checkboxen</title>`	
5 `    <link rel="stylesheet" href="formulare.css" type="text/css">`	
6 `  </head>`	
7 `  <body>`	
8 `    <h1>Checkboxen</h1>`	
9 `    <form action="radio-buttons_1.php" method="post" >`	
10 `      <fieldset>`	
11 `        <legend class="f1">Auswahl:</legend>`	
12 `        <p>Wählen Sie bitte aus:  `	
13 `        <input name="Artikel" type="checkbox" value ="Laptop">Laptop `	
14 `        <input name="Artikel" type="checkbox" value ="Drucker">Drucker `	
15 `        <input name="Artikel" type="checkbox" value ="Scanner">Scanner `	
16 `      </fieldset><p></p><fieldset>`	
19 `        <legend class="f2">Auswahl:</legend>`	
20 `        <input type="SUBMIT" Value="Auswählen">`	
21 `        <input type="RESET" Value="Zurücksetzen">`	
22 `      </fieldset>`	
23 `    </form>`	
24 `  </body>`	
25 `</html>`	

12.11.7 Mehrzeilige Texte

Oftmals sollen neben Auswahllisten, Checkboxen usw. auch freie Texte übermittelt werden, beispielsweise wenn eine Meinung zu einem Sachverhalt auch noch begründet werden soll oder kann. Daher sind Formulare notwendig, die mehrzeilige Texte aufnehmen können. Normalerweise stehen Texteingabefelder nicht allein in einem Formular.

HTML/Attribut			Bedeutung
<textarea>…</textarea>			Eingabe eines Textes in ein Formular
Attribut	Wert	Syntax	Erklärung
rows	"5"	rows="5"	Ein fünfzeiliges Textfeld wird eingerichtet.
cols	"40"	rows="40"	Die Zeilenlänge im Textfeld wird festgelegt.
wrap	"off"	wrap="off"	Der Parameter *off* ist standardmäßig eingestellt. Im Eingabefeld wird kein Zeilenumbruch vorgenommen.
	"soft"	wrap="soft"	Durch den Parameter *soft* wird im Eingabefeld ein Zeilenumbruch vorgenommen. Die Daten werden aber ohne Zeilenumbruch versandt. Dies hat den Vorteil, dass nachträglich keine Zeilenumbrüche entfernt werden müssen.
	"hard"	wrap="hard"	Durch den Parameter *hard* wird der Text im Eingabefeld umbrochen und auch mit diesen Zeilenumbrüchen versandt. Soll der Text nicht genau in dieser Form weiterverarbeitet werden, sind z. B. Zeilenumbrüche zu entfernen.

texteingabefeld.html   **htdocs/PHP_Formulare**

```html
 1  <!DOCTYPE html>
 2  <html>
 3    <head>
 4      <title>Texteingabefeld</title>
 5      <link rel="stylesheet" href="formulare.css" type="text/css">
 6    </head>
 7    <body>
 8      <h1>Texteingabefeld</h1>
 9      <form action="texteingabefeld.php" method="post" >
10        <fieldset>
11          <legend class="f1">Geben Sie einen Kommentar:</legend>
12          <textarea name="Kommentar" rows="5" cols="40" wrap="soft">
13          </textarea>
14        </fieldset><p></p>
16        <fieldset>
17          <legend class="f2">Schaltflächen:</legend>
18          <input type="SUBMIT" Value="Absenden">
19          <input type="RESET" Value="Zurücksetzen">
20      </form>
21    </body>
22  </html>
```

Texteingabefeld.php	htdocs/PHP_Formulare

```
1  <?php
2    echo "<h1>Texteingabefeld</h1><br>";
3    $kommentar = $_POST["Kommentar"];
4    echo "Folgender Kommentar wurde abgegeben: <br><br>";
5    echo "$kommentar <br>";
6  ?>
```

Anzeige im Browser – Formular	PHP-Ergebnis

12.11.8 Formulare mit mehreren Elementen

Normalerweise besteht ein Formular nicht aus einzelnen Elementen, sondern aus mehreren. So ist es beispielsweise bei Nutzung von *Radio-Buttons*, die die Kundenzufriedenheit abfragen, üblich und vernünftig, zusätzlich die Möglichkeit eines Kommentars einzuräumen. Ergänzen Sie das Listing *texteingabefeld.html* um eine Überschrift. Ergänzen Sie das PHP-Skript *texteingabefeld.php* entsprechend um die Eingabe- und Ausgabewerte.

texteingabefeld.html	htdocs/PHP_Formulare

```
10      <fieldset>
11        <legend class="f1">Geben Sie eine Überschrift ein:</legend>
12        <label for ="ueberschrift">Überschrift</label>
13        <input name="ueberschrift" type="text" size="30" maxlength="30"
             required="required" id="ueberschrift">
14      </fieldset>
```

texteingabefeld.php	htdocs/Formulare

```
3    $ueberschrift = $_POST["ueberschrift"];
5    echo "<h1>$ueberschrift</h1> <br>";
```

12.11.9 Formular zum Versenden von E-Mails

Mithilfe eines Formulars und eines PHP-Skripts können E-Mails versandt werden. Das PHP-Skript wird allerdings nur ausgeführt, wenn die beiden Seiten ins Web gestellt werden und die Skriptsprache **PHP** vom Provider unterstützt wird.

Anzeige im Browser – Formular	PHP-Ergebnis

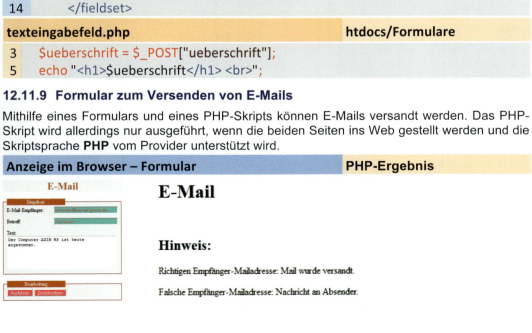

email.html — htdocs/PHP_Formulare

```html
1   <!DOCTYPE html>
2   <html>
3     <head><title>E-Mail</title>
5       <link rel="stylesheet" href="formulare.css" type="text/css">
6     </head>
7     <body>
8       <h1>E-Mail</h1>
9       <form action="email.php" method="post" >
10        <fieldset>
11          <legend class="f1">Eingaben:</legend>
12            <label for ="empfaenger">E-Mail-Empfänger:</label>
13            <input name="empfaenger" type="email" size="30" maxlength="30"
14              required id="empfaenger"><p></p>
15            <label for ="betreff">Betreff: </label>
16            <input name="betreff" type="text" size="30" maxlength="30" required
17              id="betreff"><p></p>
18            <label for ="text">Text: </label>
19            <textarea name="text" rows="5" cols="40" wrap="soft" required
              id="text"></textarea>
20        </fieldset><br>
21        <fieldset>
22          <legend class="f1">Bearbeitung:</legend>
23          <input type="SUBMIT" Value="Senden">
24          <input type="RESET" Value="Zurücksetzen">
25        </fieldset>
26      </form>
27    </body>
28  </html>
```

email.php — htdocs/PHP_Formulare

```php
1   <?php
2     echo "<h1>E-Mail</h1><br>";
3     echo "<h2>Hinweis:</h2>";
4     echo "<p>Richtige Empfänger-Mailadresse: Mail wurde versandt.</p>";
5     echo "<p>Falsche Empfänger-Mailadresse: Nachricht an Absender.</p><br>";
6     $absendername = "Ludwig Meyer";
7     $absendermail = "meyer@web.de";
8     $empfaenger = $_POST["empfaenger"];
9     $betreff = $_POST["betreff"];
10    $text = $_POST["text"];
11    mail($empfaenger, $betreff, $text, "From: $absendername $absendermail");
12  ?>
```

Formatierte Ausgaben 377

12.12 Formatierte Ausgaben

Vorbemerkungen

Die Ausgabe der Ergebnisse von umfangreichen Berechnungen sollte nicht durch eine unzureichende Formatierung beeinträchtigt werden. Zunächst bietet es sich an, Ergebnisse korrekt zu runden und danach richtig zu formatieren. Gerundete Ergebnisse werden jedoch nicht immer formschön ausgegeben. Mithilfe von Formatvorlagen (CSS) und der Skriptsprache PHP lassen sich Ergebnisse optimieren. Die Rundung von Werten mit PHP wird auf der übernächsten Seite beschrieben und zuvor im PHP-Listing durchgeführt.

Eingabe von Werten mithilfe eines Formulars

Zunächst sollten die Ausgangswerte über ein Formular eingegeben werden. Dabei bietet es sich an, die bereits für Formulare entwickelten Formatierungen (*formulare.css*) zu nutzen.

zinsen_1.html	htdocs/PHP_Formulare

```
 1  <!DOCTYPE html>
 2  <html>
 3    <head>
 4      <title>Zinsen</title>
 5      <link rel="stylesheet" href="formulare.css" type="text/css">
 6    </head>
 7    <body>
 8      <h1>Zinsen</h1>
 9      <form action="zinsen_1.php" method="post" >
10        <fieldset>
11          <legend class="f1">Geben Sie die Daten ein:</legend><p></p>
13          <label for ="kapital">Kapital</label>
14          <input name="kapital" type="number" size="30" maxlength="30"
15            required="required" id="kapital"></p><p>
18          <label for ="zinssatz">Zinssatz</label>
19          <input name="zinssatz" type="number" size="30" maxlength="30"
20            required="required" id="zinssatz"></p><p>
23          <label for ="tage">Tage</label>
24          <input name="tage" type="number" size="30" maxlength="30"
25            required="required" id="tage">
26        </p>
27        </fieldset>
28        <p></p>
29        <fieldset>
30          <legend class="f2" >Schaltflächen</legend>
31          <input type="SUBMIT" value="Berechnen">
32          <input type="RESET" value="Zurücksetzen">
33        </fieldset>
34      </form>
35    </body>
36  </html>
```

zinsen_1.php   **htdocs/PHP_Formulare**

```
1   <html>
2    <head>
3     <title>Zinsen</title>
4     <link rel = "stylesheet" href = "format_td_1.css" type = "text/css">
5    </head>
6    <body>
7     <table class="f1">
8      <tr>
9       <td>Zinsen</td>
10      </tr>
11     </table>
12     <?php
13      $kapital = $_POST["kapital"];
14      $zinssatz = $_POST["zinssatz"];
15      $tage = $_POST["tage"];
16      $zinsen = $kapital * $zinssatz * $tage /(100*360);
17      $zinsen1 = round($zinsen,2);
18      $kapital1 = number_format($kapital,2,".","");
19      $zinsen2 = number_format($zinsen1,2,".","");
20      echo "<table>";
21       echo "<tr>";
22        echo "<td><div>Kapital (in Euro): </div></td>";
23        echo "<td>$kapital1</td>";
24       echo "</tr>";
25       echo "<tr>";
26        echo "<td><div>Zinssatz(in %):</div></td>";
27        echo "<td>$zinssatz</td>";
28       echo "</tr>";
29       echo "<tr>";
30        echo "<td><div>Tage: </div></td>";
31        echo "<td>$tage</td>";
32       echo "</tr>";
33       echo "<tr>";
34        echo "<td><div>Zinsen (in Euro): </div></td>";
35        echo "<td>$zinsen2</td>";
36       echo "</tr>";
37      echo "</table>";
38     ?>
39    </body>
40   </html>
```

Formatierte Ausgaben

Für die Formatierung von numerischen Werten stellt die Skriptsprache PHP einen speziellen Befehl zur Verfügung. Die Funktion *round()* dient jedoch vor allem dazu, ein mathematisch korrekt gerundetes Ergebnis darzustellen. Die Formatierung wird jedoch ebenfalls durch einen Formatierungsbefehl in der Skriptsprache **PHP** und die Definitionen spezieller Formatierungen in einer Stylesheet-Datei positiv beeinflusst.

PHP/Beispiel	Bedeutung
=number_format( ) $Kapital4 = number_format($Kapital,2,".", ""); $Kapital4 = number_format($Kapital,2,",", "");	Das Ergebnis wird in der angegebenen Form ausgegeben. Auch die Ausgabe des Ergebnisses mit Komma ist möglich.

Damit bei der Ausgabe die Bezeichnung linksbündig und die Werte rechtsbündig ausgegeben werden können, wird bei den Ausgabewerten ein ID-Selektor (*div*) genutzt, der in den Tabellenspalten (*td*) eingefügt wird.

	format_td_1.css				htdocs/PHP_Ausgabe		
1	.f1 {			13	width:	150px;	
2	font-family:	Verdana;		14	border:	solid 1px #C04000;	
3	text-align:	center;		15	padding:	5px;	
4	color:	#C04000;		16	}		
5	width:	300px;		17	div {		
6	font-size:	30px;		18	font-family:	Verdana;	
7	border:	solid 1px #C04000;		19	text-align:	left;	
8	}			20	color:	#C04000;	
9	td {			21	width:	150px;	
10	font-family:	Verdana;		22	float:	left;	
11	text-align:	right;		23	}		
12	color:	#C04000;					

Anzeige im Browser – Formular   **PHP-Ergebnis**

Mithilfe weniger Änderungen im PHP-Skript und weniger Anpassungen in der Stylesheet-Datei (Breite der Spalten und der Überschrift) können die Daten auch nebeneinander ausgegeben werden. Dabei besteht die Möglichkeit, die Überschriften der Spalten im HTML-Teil der Datei zu belassen oder ähnlich, wie im ersten Beispiel, in den PHP-Teil zu integrieren.

Zinsen			
Kapital (in Euro):	Zinssatz (in %):	Tage:	Zinsen:
2000.00	8	180	80.00

Übungen:

Aufgabe

Erstellen Sie die Dateien *feedback.html* und *feedback.php*. Integrieren Sie in die Seite die Elemente *Textfelder*, *Auswahllisten*, *Radio-Buttons*, *Checklisten* und *Texteingabefelder*. Formatieren Sie das Formular und die Ausgabe der Daten nach Ihren Vorstellungen, orientieren Sie sich jedoch im Wesentlichen an den nachfolgenden Darstellungen. Das Formular und die Ausgaben werden aus Platzgründen nachfolgend jeweils nebeneinander dargestellt:

12.13 Funktionen

12.13.1 String-Funktionen

Mithilfe von String-Funktionen werden u. a. folgende Bearbeitungen ermöglicht:

- Sammlung von Informationen über Strings, z. B. die Ermittlung der Länge eines Strings,
- Informationssuche, z. B. Suche nach bestimmten Informationen im String,
- Manipulation des Strings, z. B. Umwandlung des Strings in Großbuchstaben.

Die folgende Übersicht stellt die wesentlichen Möglichkeiten der Bearbeitung von Strings dar:

Funktion	Beispiel/Beschreibung
int **strlen** (string str)	$laenge = strlen($string);
Die Länge einer Zeichenkette wird ermittelt.	
string **strrev** (string string)	$drehen = strrev($string);
Die Reihenfolge der Zeichen in einem String wird umgedreht.	
string **strstr** (string haystack, string needle)	$su = strstr($string, $suchstring);
Das erste Auftreten eines Strings oder eines einzelnen Zeichens (needle) in einer Zeichenkette (haystack) wird gesucht. Als Ergebnis werden alle Zeichen in der Zeichenkette ab dem Vorkommen des Strings ausgegeben.	
string **stristr** (string haystack, string needle)	$su1 = stristr($string, $suchstring1);
Das erste Auftreten des Strings oder eines einzelnen Zeichens ohne Beachtung der Groß- und Kleinschreibung wird gesucht. Als Ergebnis werden alle Zeichen in der Zeichenkette ab dem Vorkommen des Strings ausgegeben.	
int **strpos** (string haystack,string needle [,int offset])	$po = strpos($string, $suchstring);
Das erste Vorkommen eines Suchstrings in einer Zeichenkette wird ermittelt.	
string **sub str** (string string, into start [, int length])	$teil = sub str($string, "1", "10");
Ein Teil einer Zeichenkette wird ausgegeben.	
string **starch** (string haystack, string needle)	$su3= starch($string, $suchstring);
Innerhalb einer Zeichenkette wird ein Zeichen oder ein String gesucht. Die Zeichenkette ab dem ersten Auftreten des Strings wird ausgegeben.	
string **strrev** (string string)	$drehen = strrev($string);
Eine Zeichenkette wird umgedreht.	
string **str_shuffle** (string str)	$mischen = str_shuffle($string);
Die Zeichen eines Strings werden gemischt (gewürfelt).	
string **strtolower** (string str)	$klein = strtolower($string);
Die Zeichenkette wird in Kleinbuchstaben umgewandelt.	
string **strtoupper** (string string)	$gross = strtoupper($string);
Die Zeichenkette wird in Großbuchstaben umgewandelt.	

Beispiel 1: Ausgabe des Originalstrings

Die Ausgabe von Originalstrings erfolgt wie bereits beschrieben mit dem Ausgabebefehl *echo*. Außerdem kann die Ausgabe über HTML-Befehle und/oder Stylesheets entscheidend beeinflusst werden.

string_1.php	htdocs/PHP_Funktionen

```php
1  <?php
2    echo "<h1>Strings</h1>";
3    //Variable mit String-Wert
4    $str1 = "Berufliche Bildung";
5    $str2 = "ist super!";
6    echo "<strong>$str1 $str2</strong><br>";
7  ?>
```

Anzeige im Browser – Ergebnis

Strings

Berufliche Bildung ist super!

Beispiel 2: Ausgabe des Originalstrings

string_2.php	htdocs/PHP_Funktionen

```php
1  <!DOCTYPE html>
2  <html>
3    <head>
4      <title>Strings</title>
5    </head>
6    <body>
7      <h1>Strings</h1>
8      <?php
9        //Variable mit String-Wert
10       $string = "Berufliche Bildung ist gut!";
11       $grossbuchstaben = strtoupper($string);
12       $drehen = strrev($grossbuchstaben);
13       echo "Ergebnis: <strong>$drehen</strong><br>";
14     ?>
15   </body>
16 </html>
```

Anzeige im Browser – Ergebnis

Strings

Ergebnis: **!TUG TSI GNUDLIB EHCILFUREB**

Funktionen

Beispiel 3: Nutzung verschiedener Möglichkeiten der Bearbeitung von Strings

Im nachfolgenden Skript werden verschiedene Möglichkeiten der Bearbeitung von Strings dargestellt. Das Skript dient vor allem der Demonstration der gegebenen Möglichkeiten.

string_3.php   **htdocs/PHP_Funktionen**

```php
<?php
echo"<h1>Strings</h1>";
$str = "Berufliche Bildung ist gut";
$suchstring = "Bildung";
$suchstring1 = "bildung";
$kleinbuchstaben = strtolower($str);
$grossbuchstaben = strtoupper($str);
$laenge = strlen($str);
$drehen = strrev($str);
$suche = strstr($str, $suchstring);
$suche1 = stristr($str, $suchstring1);
$position = strpos($str, $suchstring);
$teil = substr($str, "1", "10");
$mischen = str_shuffle($str);
echo "Original-String: <strong>$str</strong><br> ";
echo "Suchstring: <strong>$suchstring</strong><br> ";
echo "Suchstring: <strong >$suchstring1</strong><br> ";
echo "Kleinbuchstaben: <strong>$kleinbuchstaben</strong><br> ";
echo "Großbuchstaben: <strong>$grossbuchstaben</strong><br> ";
echo "Länge des Strings: <strong>$laenge</strong><br> ";
echo "Umgekehrter String: < strong>$drehen</strong><br> ";
echo "Suchstring im String: <strong>$suche</strong><br> ";
echo "Suchstring1 im String: <strong>$suche1</strong><br> ";
echo "Position des Suchstrings: <strong>$position</strong><br> ";
echo "Teil eines Strings: <strong>$teil</strong><br> ";
echo "Mischen eines Strings: <strong>$mischen</strong><br> ";
?>
```

Anzeige im Browser – Ergebnis (Ausschnitt)

Strings

Original-String: **Berufliche Bildung**
Suchstring: **Bildung**
Suchstring: **bildung**
Kleinbuchstaben: **berufliche bildung**
Großbuchstaben: **BERUFLICHE BILDUNG**
Länge des Strings: **18**
Umgekehrter String: **gnudliB ehcilfureB**
Suchstring im String: **Bildung**
Suchstring1 im String: **Bildung**

12.13.2 Variablen-Funktionen

Mithilfe dieser Funktionen kann z. B. festgestellt werden, ob eine Variable existiert, welchen Typ eine Variable hat usw. Außerdem können Variable gelöscht werden usw.

Alle diese Informationen können bei größeren Programmieraufgaben von Wichtigkeit sein. Es kann jedoch auch möglich sein, dass man diese Informationen in Skripte einbaut und später wieder herausnimmt, wenn das mit dem Skript zu erreichende Ergebnis zustande kommt.

PHP	Beispiel	Bedeutung
bool **isset** (mixed $var [, mixed $var [, $...]])	isset($Menge); ! isset($Menge);	Es wird festgestellt, ob eine Variable existiert oder nicht.
bool **empty** (mixed $var)	!empty($Menge); empty($Menge);	Es wird überprüft, ob die Variable einen Wert enthält.
bool **is_integer** (mixed $var)	is_integer ($Menge);	Es wird festgestellt, ob die Variable vom Typ *Integer* ist.

Beispiel 1: Inhalt der Variablen

Es soll überprüft werden, ob die Variablen einen Wert enthalten.

variablen_funktion_1.php   htdocs/PHP_Funktionen

```php
1  <?php
2     $menge = 24;   $preis = 0;  $umsatz = "";
3     if (!empty($menge)) {
4        echo "Die Variable \$menge enthält einen Wert.<br />";
5     }
6     if (empty($menge)) {
7        echo "Die Variable \$menge enthält keinen Wert.<br />";
8     }
9     if (!empty($preis)) {
10       echo "Die Variable \$preis enthält einen Wert.<br />";
11    }
12    if (empty($preis)) {
13       echo "Die Variable \$preis enthält keinen Wert.<br />";
14    }
15    if (!empty($umsatz)) {
16       echo "Die Variable \$umsatz enthält einen Wert.<br />";
17    }
18    if (empty($umsatz)) {
19       echo "Die Variable \$umsatz enthält keinen Wert.<br />";
20    }
21 ?>
```

Anzeige im Browser – Ergebnis

Die Variable $Menge enthält einen Wert.
Die Variable $Preis enthält keinen Wert.
Die Variable $Umsatz enthält keinen Wert.

Funktionen

Beispiel 2: Existenz und Löschung einer Variablen

Im nachfolgenden Beispiel soll festgestellt werden, ob bestimmte Variablen vorhanden sind. Danach wird eine Variable gelöscht und wiederum nachgefragt, ob die Variable vorhanden ist. Außerdem wird der Typ einer Variablen überprüft. Danach wird die Variable gelöscht und wiederum überprüft:

variablen_funktion_2.php	htdocs/PHP_Funktionen

```php
1  <?php
2  $menge = 24.5;
3  echo "$menge<br>";
4  if (isset($menge)) {
5    echo "Die Variable \$menge ist vorhanden.<br>";
6  }
7  if (! isset($menge)) {
8    echo "Die Variable \$menge ist nicht vorhanden.<br>";
9  }
10 if (isset($preis)) {
11   echo "Die Variable \$preis ist vorhanden.<br>";
12 }
13 if (! isset($preis)) {
14   echo "Die Variable \$preis ist nicht vorhanden.<br>";
15 }
16 if (is_integer($menge)) {
17   echo " Die Variable \$menge ist eine Integer-Zahl ($menge).<br>";
18 }
19   else {
20     echo "Die Variable \$menge ist keine Integer-Zahl ($menge).<br>";
21   }
22 unset ($Menge);
23 if (isset($Menge)) {
24   echo "Die Variable \$Menge ist vorhanden.";
25 }
26 if (!isset($menge)) {
27   echo "Die Variable \$menge ist nicht vorhanden.";
28 }
29 echo "$menge";
30 ?>
```

Anzeige im Browser – Ergebnis

24.5
Die Variable $menge ist vorhanden.
Die Variable $preis ist nicht vorhanden.
Die Variable$menge ist keine Integer-Zahl (24.5).
24.5

12.13.3 Mathematische Funktionen

Vorbemerkungen

Mithilfe von mathematischen Funktionen werden Rechenoperationen ausgeführt. Ansonsten müssten diese Berechnungen recht arbeitsaufwendig programmiert werden.

Auf den folgenden Seiten werden mathematische Funktionen anhand von Beispielen vorgestellt. Dabei wird auf die Darstellung der Ergebnisse nicht besonders geachtet. Im nächsten Kapitel steht die Ausgabe von errechneten Ergebnissen im Mittelpunkt des Interesses.

Quadratwurzel und Potenzfunktion

Das Bestimmen einer Quadratwurzel eines Wertes ist mithilfe eines speziellen Befehls in PHP problemlos möglich. Im Kapitel *Kontrollstrukturen* wird später gezeigt, dass eine Wurzelberechnung auch mithilfe der sogenannten *Intervallmethode* durchgeführt werden kann. Grundsätzlich lassen sich mithilfe von Berechnungen Funktionen in PHP ersetzen, nicht vorhandene Funktionen programmieren. Auch eine Potenzfunktion lässt sich nutzen.

Funktion	Bedeutung
float **sqrt** (float arg)	Die Quadratwurzel einer Zahl wird ermittelt.
float **pow** (float base, float exp)	Eine Basiszahl wird mit einem Exponenten potenziert.

wurzel_potenz.php — htdocs/PHP_Funktionen

```php
 1  <?php
 2    echo "<h1>Mathematische Funktionen - Wurzel - Potenz</h1>";
 3    $zahl1 = 64;
 4    $zahl2 = 3;
 5    // Quadratwurzel einer Zahl
 6    $quadratwurzel = sqrt($zahl1);
 7    // Potenzierung eines Wertes
 8    $potenz = pow($zahl1,$zahl2);
 9    echo "Zahl1: <strong>$zahl1</strong ><br><br>";
10    echo "Zahl2: <strong>$zahl2</strong ><br><br>";
11    echo "Quadratwurzel: <strong >$quadratwurzel</strong ><br><br>";
12    echo "Potenzierung: <strong >$potenz</strong ><br><br>";
13  ?>
```

Anzeige im Browser – Ergebnis

Mathematische Funktionen - Wurzel - Potenz

Zahl1: **64**

Zahl2: **3**

Quadratwurzel: **8**

Potenzierung: **262144**

Runden von Werten

Mathematische Werte können auf verschiedene Art und Weise gerundet werden.

Funktion	Bedeutung
double **round** (double val [, int precision])	Eine Zahl wird auf- bzw. abgerundet. Dabei ist es möglich, auch auf eine angegebene Nachkommazahl zu runden.
float **ceil** (float number)	Eine Zahl wird auf die nächsthöhere ganze Zahl aufgerundet.
float **floor** (float number)	Eine Zahl wird auf die nächsttiefere ganze Zahl abgerundet.

runden.php   htdocs/PHP_Funktionen

```php
1   <?php
2   echo "<h1>Mathematische Funktionen - Runden</h1>";
3   $zahl1 = 11.435;
4   // Rundung der Zahl auf eine ganze Zahl
5   $zahl1a = round($zahl1);
6   // Rundung der Zahl auf 2 Nachkommastellen
7   $zahl1b = round($zahl1,2);
8   // Aufrundung auf die nächsthöhere ganze Zahl
9   $zahl1c = ceil($zahl1);
10  // Abrundung auf die nächsttiefere ganze Zahl
11  $zahl1d = floor($zahl1);
12  echo "Ursprüngliche Zahl: <strong>$zahl1</strong><br><br>";
13  echo "Runden (ganze Zahl): <strong>$zahl1a</strong><br><br>";
14  echo "Runden (zwei Nachkommastellen): <strong>$zahl1b</strong><br><br>";
15  echo "Aufrunden (nächsthöhere ganze Zahl): <strong>$zahl1c</strong><br>";
16  echo "Abrunden (nächsttiefere ganze Zahl): <strong>$zahl1d</strong><br>";
17  ?>
```

Anzeige im Browser – Ergebnis

Mathematische Funktionen - Runden

Ursprüngliche Zahl: **11.435**

Runden (ganze Zahl): **11**

Runden (zwei Nachkommastellen): **11.44**

Aufrunden (nächsthöhere ganze Zahl): **12**

Abrunden (nächsttiefere ganze Zahl): **11**

Berechnungen unter Nutzung von Funktionen

Mithilfe der Potenzfunktion und anderer Funktionen können verschiedene Berechnungen durchgeführt werden. Anhand verschiedener Möglichkeiten der Zinseszinsrechnung soll die Anwendung von Funktionen gezeigt werden. Damit werden die Grundlagen für verschiedene Wachstumsprozesse demonstriert.

Beispiel 1: Zinseszinsrechnung: Berechnung des Endkapitals

Bei der Zinseszinsrechnung wird das Endkapital mithilfe eines Anfangskapitals, eines Zinssatzes und der Zeit (Jahre, Zinsperioden) berechnet. Dabei wächst das Kapital durch exponentielle Verzinsung an.

$$E = A(1+i)^n$$

Begriffserklärung	
E = Endkapital	A = Anfangskapital
i = Zinssatz/100	N = Zeit (Jahre, Zinsperioden)

zinseszins_endkapital.php	htdocs/PHP_Funktionen

```php
1   <?php
2     echo "<h1>Zinsen - Endkapital</h1>";
3     // Eingabe der Werte
4     $kapital = 10000;
5     $zinssatz = 5;
6     $jahre = 4;
7     // Berechnung der Werte
8     $endkapital = (1 + ($zinssatz / 100));
9     $endkapital1 = pow($endkapital, $jahre);
10    $endkapital2 = round($endkapital1 * $kapital,2);
11    // Ausgabe der Werte
12    echo "Kapital: <strong>$kapital</strong><br>";
13    echo "Zinssatz: <strong>$zinssatz</strong><br>";
14    echo "Jahre: <strong>$jahre</strong><br><br>";
15    echo "Endkapital: <strong>$endkapital2</strong><br><br>";
16  ?>
```

Anzeige im Browser – Ergebnis

Zinsen - Endkapital

Kapital: **10000**
Zinssatz: **5**
Jahre: **4**

Endkapital: **12155.06**

Beispiel 2: Zinseszinsrechnung: Berechnung des Anfangskapitals

Wenn das Endkapital, die Zeit und der Zinssatz bekannt sind, kann mithilfe der Potenzfunktion *pow()* das Anfangskapital ermittelt werden. Damit ist es möglich, z. B. ein ursprünglich eingesetztes Kapital zu ermitteln.

$$A = E \frac{1}{(1+i)^n}$$

Die Begriffserklärungen finden Sie auf der vorherigen Seite.

zinseszins_anfangskapital.php	htdocs/PHP_Funktionen

```php
1   <?php
2     echo "<h1>Zinseszins - Anfangskapital</h1>";
3     // Eingabe der Werte
4     $kapital = 12155.06;
5     $zinssatz = 5;
6     $jahre = 4;
7     // Berechnung der Werte
8     $anfangskapital = (1 + ($zinssatz / 100));
9     $anfangskapital1 = pow($anfangskapital, $jahre);
10    $anfangskapital2 = 1/$anfangskapital1;
11    $anfangskapital3 = $kapital * $anfangskapital2;
12    $anfangskapital4 = round($anfangskapital3,2);
13    // Ausgabe der Werte
14    echo "Endkapital: <strong>$kapital</strong><br>";
15    echo "Zinssatz: <strong>$zinssatz</strong><br>";
16    echo "Jahre: <strong>$jahre</strong><br><br>";
17    echo "Anfangskapital: <strong>$anfangskapital4</strong>";
18  ?>
```

Alternativ können einige Anweisungen zusammengefasst werden:

```php
7   // Berechnung der Werte
8   $anfangskapital = $kapital * (1/(pow((1 + ($zinssatz / 100)),$jahre)));
9   $anfangskapital4 = round($anfangskapital,2);
```

Anzeige im Browser – Ergebnis

Zinseszins - Anfangskapital

Endkapital: **12155.06**
Zinssatz: **5**
Jahre: **4**

Anfangskapital: **10000**

Beispiel 3: Zinseszinsrechnung: Berechnung des Zinssatzes

Die Berechnung des Zinssatzes bei der Zinseszinsrechnung wird ebenfalls mithilfe der Potenzfunktion *pow()* berechnet.

Die nachfolgenden Darstellungen zeigen die Ursprungsformel und die umgeformte Formel, die für die Berechnung genutzt werden kann:

$$i = \sqrt[n]{\frac{E}{A}} - 1 \qquad 1 + i = \left(\frac{E}{A}\right)^{\frac{1}{n}}$$

Die Begriffserklärungen finden Sie auf einer der Vorseiten.

zinseszins_zinssatz.php	htdocs/PHP_Funktionen

```
1   <?php
2     echo "<h1>Zinseszins - Zinssatz</h1>";
3     // Eingabe der Werte
4     $anfangskapital = 10000;
5     $endkapital = 12155.06;
6     $jahre = 4;
7     // Berechnung des Zinssatzes
8     $division = ($endkapital / $anfangskapital);
9     $jahre1 = 1 / $jahre;
10    $zinssatz = pow($division, $jahre1);
11    $zinssatz1 = $zinssatz - 1;
12    $zinssatz2 = ($zinssatz1 * 100);
13    $zinssatz3 = round ($zinssatz2, 2);
14    // Ausgabe der Werte
15    echo "Anfangskapital: <strong>$anfangskapital</strong><br><br>";
16    echo "Endkapital: <strong>$endkapital</strong><br><br>";
17    echo "Jahre: <strong>$jahre</strong><br><br>";
18    echo "Zinssatz: <strong>$zinssatz3</strong><br><br>";
19  ?>
```

Anzeige im Browser – Ergebnis

Zinseszins - Zinssatz

Anfangskapital: **10000**

Endkapital: **12155.06**

Jahre: **4**

Zinssatz: **5**

Funktionen

Beispiel 4: Zinseszinsrechnung: Berechnung der Zeit – Logarithmus

Zeitperioden, wie etwa Jahre, Monate usw., können ermittelt werden, wenn der Anfangs- und der Endwert sowie der Prozentsatz einer Verzinsung usw. bekannt sind. Diese Berechnungen können mithilfe von Logarithmen durchgeführt werden.

Funktion	Bedeutung
float **log** (float arg)	Mithilfe dieser Funktion wird der natürliche Logarithmus (zur Basis e = 2,7183 – Eulersche Zahl) des Parameters (*arg*) zurückgegeben.
float **log10** (float arg)	Mithilfe dieser Funktion wird der Logarithmus (Logarithmus zur Basis 10) des Parameters (arg) zurückgegeben.

Die Berechnung der Zeit bei der Zinseszinsrechnung beruht auf der folgenden Formel:

$$n = \frac{\log E - \log A}{\log(1+i)}$$

zinseszins_zeit.php htdocs/PHP_Funktionen

```php
1  <?php
2    echo "<h1>Zinseszins - Zeit</h1>";
3    // Eingabe der Werte
4    $anfangskapital = 10000;
5    $endkapital = 12155.06;
6    $zinssatz = 5;
7    // Berechnung der Zeit
8    $zinssatz1 = $zinssatz / 100;
9    $jahre = (log($endkapital)-log($anfangskapital))/log((1 + $zinssatz1));
10   $jahre1 = round ($jahre);
11   // Ausgabe der Werte
12   echo "Anfangskapital: <strong>$anfangskapital</strong><br><br>";
13   echo "Endkapital: <strong>$endkapital</strong><br><br>";
14   echo "Zinssatz: <strong>$zinssatz</ strong><br><br>";
15   echo "Jahre: <strong>$jahre1</strong><br><br>";
16 ?>
```

Anzeige im Browser – Ergebnis

Zinseszins - Zeit

Anfangskapital: **10000**

Endkapital: **12155.06**

Zinssatz: **5**

Jahre: **4**

Kreisberechnungen mithilfe der Funktion Pi()

Da die entsprechende Funktion zur Verfügung steht, können Kreisberechnungen (Flächeninhalt, Umfang) vorgenommen werden.

Funktion	Bedeutung
double **pi** (void)	Mithilfe der Kreiszahl Pi werden Kreisberechnungen vorgenommen.

pi.php   htdocs/PHP_Funktionen

```php
1  <?php
2    echo "<h1>Mathematische Funktionen - Pi</h1>";
3    $pi = pi();
4    $radius = 100;
5    // Berechnung des Flächeninhalts
6    $flaecheninhalt = ($radius * $radius) * $pi;
7    // Berechnung des Umfangs des Kreises
8    $umfang = ($radius + $radius) * $pi;
9    echo "Radius: <strong>$radius</strong><br><br>";
10   echo "Flächeninhalt: <strong>$flaecheninhalt</strong><br><br>";
11   echo "Umfang: <strong>$umfang</strong><br><br>";
12 ?>
```

Anzeige im Browser – Ergebnis

Mathematische Funktionen - Pi

Radius: **100**

Flächeninhalt: **31415.9265359**

Umfang: **628.318530718**

Berechnung des Absolutwerts

Der Absolutwert einer Zahl gibt den positiven Wert einer Zahl an.

Funktion	Bedeutung
abs ()	Der Absolutwert einer Zahl wird ermittelt.

absolut.php   htdocs/PHP_Funktionen

```php
1  <?php
2    echo "<h1>Mathematische Funktionen - Abs</h1>";
3    $zahl1 = -11.7;
4    $zahl2 = abs($zahl1);
5    echo "Zahl 1: <strong>$zahl1</strong ><br><br>";
6    echo "Zahl 2: <strong >$zahl2</strong ><br><br>";
7  ?>
```

Funktionen

Zahlensysteme

Ein Computer ist nicht in der Lage, mit dem normalen Dezimalsystem zu arbeiten. Daher müssen andere Zahlensysteme (binär) zur Verfügung stehen, um notwendige Rechenoperationen durchzuführen und sonstige Aufgaben zu erledigen.

Dezimalzahlen beruhen auf dem Zehnersystem, binäre Zahlen (Dualzahlen) kennen nur die beiden Werte 0 und 1, hexadezimale Zahlen sind ein in Computersystemen übliches Zahlensystem auf Basis dezimal 16, oktale Zahlen basieren auf der Basis 8, stellen also ein sogenanntes 8er-System dar.

Funktion	Bedeutung
string **decbin** (int number)	Umwandlung einer Dezimalzahl in eine binäre Zahl.
string **dechex** (int number)	Umwandlung einer Dezimalzahl in eine hexadezimale Zahl.
string **decoct** (int number)	Umwandlung einer Dezimalzahl in eine oktale Zahl.
int **bindec** (string binary_string)	Umwandlung einer binären Zahl in eine Dezimalzahl.
int **octdec** (string octal_string)	Umwandlung einer oktalen Zahl in eine Dezimalzahl.
int **hexdec** (string hex_string)	Umwandlung einer hexadezimalen Zahl in eine Dezimalzahl.

zahlensysteme.php   htdocs/PHP_Funktionen

```php
1  <?php
2  echo "<h1>Zahlenumwandlung</h1>";
3  $dezimalzahl = 210;
4  $binaerzahl = decbin($dezimalzahl);
5  $hexadezimalzahl = dechex($dezimalzahl);
6  $oktalzahl = decoct($dezimalzahl);
7  echo "Dezimalzahl: <strong>$dezimalzahl</strong><br><br>";
8  echo "Binärzahl: <strong>$binaerzahl</strong><br><br>";
9  echo "Hexadezimalzahl: <strong>$hexadezimalzahl</strong><br><br>";
10 echo "Oktalzahl: <strong>$oktalzahl</strong><br><br>";
11 ?>
```

Anzeige im Browser – Ergebnis

Zahlenumwandlung

Dezimalzahl: **210**

Binärzahl: **11010010**

Hexadezimalzahl: **d2**

Oktalzahl: **322**

Übungen:

1. Aufgabe

Berechnen Sie das Zinseszins-Endkapital (siehe Seite *388*) unter Nutzung eines Formulars und einer formatierten Ausgabe der Werte und des Ergebnisses.

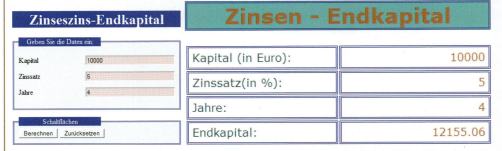

2. Aufgabe

Erstellen Sie entsprechende Formulare und Auswertungen für die Berechnung
a) des Anfangskapitals,
b) des Zinssatzes,
c) der Jahre.

3. Aufgabe

Der Bezugspreis ist der Preis, den ein Abnehmer für eine Ware bezahlen muss, wenn er vom Einkaufspreis einen Rabatt, vom ermittelten Wert (Zieleinkaufspreis) Skonto abziehen kann und Bezugskosten wie Kosten für den Transport der Ware zahlen muss. Da im nachfolgenden Beispiel nur Skontoabzüge von 1 %, 2 % oder 3 % möglich sein sollen, sollen diese Werte per Auswahlliste bestimmt werden.

Die Ergebnisse werden nachfolgend angezeigt. Außerdem sollte ein Struktogramm und/oder ein PAP über den Sachverhalt erstellt werden.

Listeneinkaufspreis	250.00
- Rabatt 10 %	25.00
Zieleinkaufspreis	225.00
- Skonto 2 %	4.50
Bareinkaufspreis	220.50
+ Bezugskosten	22.56
Bezugspreis	243.06

Übungen

Übungen:

4. Aufgabe

Ein Arbeitnehmer möchte zur Alterssicherung 5 Jahre lang am Anfang eines jeden Jahres 1.600,00 € zu 4 % Zinsen anlegen.

a) Wie hoch ist das angelegte Kapital am Ende der Laufzeit? Die entsprechende Formel finden Sie auf der Seite *661*. Erstellen Sie ein Formular (*alterssicherung_1.html*) und die entsprechende PHP-Datei (*alterssicherung_1.php*). Formatieren Sie die Dateien nach Ihren Vorstellungen.

b) Berechnen Sie die einzelnen Werte für die Jahre. Nutzen Sie zur Eingabe der Werte das vorhandene Formular, welches Sie unter dem Namen *alterssicherung_2.html* nochmals abspeichern sollten. Formatieren Sie die Ausgabe der Werte (*alterssicherung_2.php*) in Tabellenform oder als reine Ausgabe von Werten.

c) Wie hoch ist das Kapital bei einer Zahlung der Rente am Ende eines jeden Jahres?

5. Aufgabe

Ein Kapital von 3.487,89 € wird für 234 Tage zu einem Zinssatz von 6 % angelegt. Berechnen Sie die Zinsen und das neue Kapital. Nutzen Sie auch Formulare.

6. Aufgabe

Die Transportkosten für den Versand vom 450 kg Papier betragen bisher 675,00 €. Der Fuhrunternehmer erhöht den Preis aufgrund von Kostensteigerungen um 3,6 %.

a) Berechnen Sie die Preiserhöhung und die neuen Transportkosten.

b) Berechnen Sie, wie viel der Transport von 33 % der Papiermenge ursprünglich kostete.

7. Aufgabe

Der Preis einer Ware beträgt einschließlich 19 % MwSt. 1.915,90 €.

a) Berechnen Sie die Mehrwertsteuer. Kontrollieren Sie das Ergebnis mithilfe einer separaten Berechnung.

b) Ermitteln Sie den Warenwert. Kontrollieren Sie das Ergebnis.

12.14 Kontrollstrukturen

12.14.1 Vorbemerkungen

Ein wesentliches Unterscheidungsmerkmal zwischen einer statischen und einer dynamischen Webseite liegt darin, dass in einer dynamischen Webseite Alternativen in Abhängigkeit von bestimmten Eingaben oder Ergebnissen eingebaut werden können.

Die Befehle in den bisher erstellten PHP-Skripts wurden nacheinander abgearbeitet. Man spricht in diesem Zusammenhang auch von einer sequenziellen Verarbeitung. Dies ist jedoch nicht immer vorteilhaft. Durch Kontrollstrukturen sollen nun Alternativen mithilfe von Vergleichs- und/oder Logik-Operatoren in Webseiten eingebaut werden. Da diese Operatoren eine große Rolle spielen, sollten Sie sich diese auf Seiten *358* und *359* nochmals ansehen.

12.14.2 Arten

Die Skriptsprache PHP bietet verschiedene Möglichkeiten, Anweisungen in sequenzieller Form, in Form von Auswahlentscheidungen oder in Form von Schleifen durchzuführen. Mithilfe dieser Instrumente ist es möglich, viele Probleme aus dem Wirtschaftsleben, der Technik usw. zu lösen. Die folgende Übersicht zeigt die vorhandenen Möglichkeiten:

Kontrollstruktur/PHP-Befehl	Bedeutung
Sequenz	Mehrere Anweisungen werden nacheinander abgearbeitet.
Einseitige Auswahl *if*	Eine Anweisung wird nur dann ausgeführt, wenn eine Bedingung erfüllt ist. Ansonsten wird keine Anweisung ausgeführt.
Zweiseitige Auswahl PHP *if - else*	Eine Anweisung wird ausgeführt, wenn eine Bedingung erfüllt ist, ansonsten wird eine andere Anweisung erledigt.
Mehrseitige Auswahl *if - elseif*	Eine Anweisung wird ausgeführt, wenn eine Bedingung erfüllt ist. Ansonsten werden weitere Bedingungen überprüft und eventuell ausgeführt.
Mehrseitige Auswahl *if – elseif - else*	Eine Anweisung wird ausgeführt, wenn eine Bedingung erfüllt ist. Ansonsten wird eine weitere Bedingung überprüft und gegebenenfalls eine Anweisung ausgeführt. Ist auch die zweite Bedingung nicht erfüllt, wird eine dritte Anweisung ausgeführt.
Abweisende Schleife *while*	Durch den Befehl *while* wird eine Anweisung so lange wiederholt, bis eine festgelegte Bedingung erfüllt ist. Vor der Ausführung eines Befehls wird die Bedingung überprüft.
Nichtabweisende Schleife *do - while*	Durch den Befehl *do - while* wird eine Anweisung so lange wiederholt, bis eine festgelegte Bedingung erfüllt ist. Die Bedingung wird nach Ausführung eines Befehls überprüft.
Zählschleife *for*	Eine Zählschleife wird vom Anfangs- bis zum Endwert abgearbeitet. Die Anweisungen werden so oft wie angegeben ausgeführt.
Zählschleife *foreach*	Die Werte eines Arrays werden mithilfe dieser Zählschleife ausgelesen. Besondere Bedeutung kommt dem Befehl im Hinblick auf die Nutzung der Datenbank MySQL zu.
Fallunterscheidung *switch*	In Anhängigkeit von einer Bedingung werden verschiedene Anweisungen ausgeführt, z. B. unterschiedliche Berechnungen durchgeführt oder bestimmte Webseiten aufgerufen.

12.14.3 Sequenz

In den bisherigen Skripten wurden die Befehle nacheinander, also sequenziell, abgearbeitet. Daher ist der dargestellte Sachverhalt nicht neu, er soll aber den grundsätzlichen Aufbau eines Skripts mit nacheinander abzuarbeitenden Befehlen noch einmal verdeutlichen.

PHP/Beispiel/PAP (Programmablaufplan)/Struktogramm/Erklärung	
Anweisung;	$Umsatz = $Menge * $Preis;
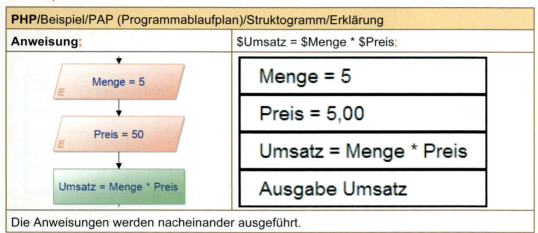	
Die Anweisungen werden nacheinander ausgeführt.	

Beispiel: Umsatzberechnung

Im Einführungsbeispiel wird der *Umsatz*, der sich aus *Menge * Preis* ergibt, berechnet.

sequenz.php	htdocs/PHP_Kontrollstrukturen

```
1   <?php
2     echo "<h1>Sequenz</h1>";
3     // Variable
4     $menge = 5;
5     $preis = 50;
6     // Berechnung
7     $umsatz = $menge * $preis;
8     echo "Menge: " . $menge;
9     echo "<br><br>";
10    echo "Preis: " . $preis;
11    echo "<br><br>";
12    echo "Umsatz: " . $umsatz;
13  ?>
```

Anzeige im Browser – Ergebnis

Sequenz

Menge: 5

Preis: 50

Umsatz: 250

12.14.4 Einseitige Auswahl: if

Bei einer einseitigen Auswahl wird eine Anweisung nur durchgeführt, wenn die angegebene Bedingung erfüllt wurde. Ansonsten wird kein Befehl ausgeführt.

PHP/Beispiel/PAP (Programmablaufplan)/Struktogramm/Erklärung	

if (logischer Ausdruck) {
   Anweisungsblock;
}
	if ($Betrag > $Rabattgewährung) {
	   $Rabatt = $Betrag*$Rabattsatz/100;
	}

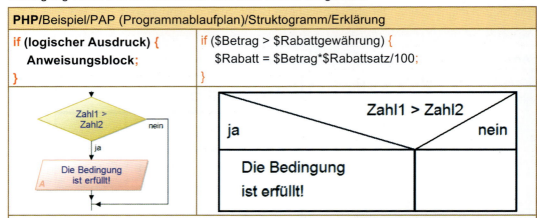	

Die Anweisungen in der geschweiften Klammer { } werden nur dann ausgeführt, wenn die Bedingung erfüllt ist. Mehrere auszuführende Anweisungen in Abhängigkeit von einer Bedingung werden in einer geschweiften Klammer zusammengefasst.

Beispiel 1: Einführungsbeispiel

Im Einführungsbeispiel wird gezeigt, dass eine Ausgabe erfolgt, wenn eine Bedingung erfüllt ist. Ist die Bedingung nicht erfüllt, erfolgt keine Ausgabe.

if_1.php htdocs/PHP_Kontrollstrukturen

```php
1   <?php
2   echo "<h1>if-Bedingung</h1>";
3   $zahl1 = 30;
4   $zahl2 = 20;
5   echo "Bedingung: Zahl 1 ist größer als Zahl 2 <br>";
6   echo "Zahl 1 : ".$zahl1;
7   echo "<br>";
8   echo "Zahl 2 : ".$zahl2;
9   echo "<br>";
10    if ($zahl1 > $zahl2)  {
11      echo "Die Bedingung ist erfüllt!";
12    }
13  ?>
```

Anzeige im Browser – Ergebnis

IF-Bedingung

Bedingung: Zahl 1 ist größer als Zahl 2
Zahl 1 : 30
Zahl 2 : 20
Die Bedingung ist erfüllt!

IF-Bedingung

Bedingung: Zahl 1 ist größer als Zahl 2
Zahl 1 : 10
Zahl 2 : 20

Beispiel 2: Rabattberechnung

Zu Übungszwecken soll in diesem Beispiel auf die Nutzung eines Formulars verzichtet werden. Dadurch wird die Übersichtlichkeit des Beispiels erhöht.

Der Nachteil des erstellten Skripts liegt auf der Hand. Beträge für den Rabatt usw. müssen jeweils im Skript verändert werden. Damit ist eine vernünftige Arbeit mit dem Skript nicht möglich; der mit dem Listing nicht vertraute Nutzer kann nicht oder nur im beschränkten Maße das Programm nutzen. Wichtige einzelne Elemente werden im Skript kommentiert.

Bei der alternativen Eingabe eines anderen Betrags (z. B. *900*) wird kein Rabatt gewährt.

if_2.php	htdocs/PHP_Kontrollstrukturen

```
 1  <!DOCTYPE html>
 2  <html>
 3    <head>
 4      <title>Rabatt</title>
 5    </head>
 6  <body>
 7    <h1>Rabattberechnung</h1> <br>
 8    <?php
 9      // Bestimmung der Variablen
10      $betrag = 1100;
11      $rabattgewaehrung = 1000;
12      $rabattsatz = 10;
13      // Ausgabe der Werte der Variablen
14      echo "Betrag : ".$betrag."<br>";
15      echo "Rabattgewährung ab Euro : ".$rabattgewaehrung."<br>";
16      echo "Rabattsatz in % : ".$rabattsatz."<br>";
17      /* Ausführung der Anweisung in Abhängigkeit
18      vom Wert der Variablen */
19      if ($betrag > $rabattgewaehrung) {
20        $rabatt = $betrag * $rabattsatz / 100;
21        echo "Der Rabatt beträgt ".$rabatt." Euro ";
22      }
23    ?>
24  </body>
25  </html>
```

Anzeige im Browser – Ergebnis

Rabattberechnung

Betrag : 1100
Rabattgewährung ab Euro : 1000
Rabattsatz in % : 10
Der Rabatt beträgt 110 Euro

Rabattberechnung

Betrag : 900
Rabattgewährung ab Euro : 1000
Rabattsatz in % : 10

Beispiel 3:   Berechnung eines Rabatts mit Nutzung eines Formulars

Im nachfolgenden Beispiel erfolgen die Eingaben mithilfe eines Formulars:

if_3.html	htdocs/PHP_Kontrollstrukturen

```html
1   <!DOCTYPE html>
2   <html>
3     <head>
4       <title>Rabatt</title>
5       <link rel="stylesheet" href="formulare.css" type="text/css">
6     </head>
7     <body>
8       <h1>Rabattberechnung</h1>
9       <form action="if_3.php" method="post">
10       <fieldset>
11         <legend class="f1">Geben Sie die Daten ein:</legend> <p>
13         <label for ="Betrag">Betrag</label>
14         <input name="Betrag" type="number" size="30" maxlength="30"
15           required="required" id="Betrag"> </p> <p>
18         <label for ="Rabatt_ab_B">Rabatt ab Betrag</label>
19         <input name="Rabatt_ab_B" type="number" size="30" maxlength="30"
20           required="required" id="Rabatt_ab_B">  </p> <p>
23         <label for ="Rabattsatz">Rabattsatz</label>
24         <input name="Rabattsatz" type="number" size="30" maxlength="30"
25           required="required" id="Rabattsatz"> </p>
27       </fieldset> <p></p>
28       <fieldset>
39         <legend class="f2" >Schaltflächen</legend>
31         <input type="SUBMIT" value="Berechnen">
32         <input type="RESET" value="Zurücksetzen">
33       </fieldset>
34     </form>
35     </body>
36   </html>
```

if_3.php	htdocs/PHP_Kontrollstrukturen

```php
1   <?php
2   echo "<h1>Rabattberechnung</h1>";
4   $betrag = $_POST["Betrag"];
5   $rabattsatz = $_POST["Rabattsatz"];  $rabatt_ab_b = $_POST["Rabatt_ab_B"];
6   if ($betrag >= $rabatt_ab_b )  {
7     $rabatt = $betrag * $rabattsatz / 100;
8     echo "Der Rabatt beträgt ".$rabatt." Euro";
9   }
10  ?>
```

12.14.5 Zweiseitige Auswahl: if-else

Bei einer zweiseitigen Auswahl werden die Anweisungen in Abhängigkeit von einer angegebenen Bedingung erledigt. Ist die Bedingung erfüllt, werden entsprechende Anweisungen ausgeführt; ist die Bedingung nicht erfüllt, werden andere Anweisungen ausgeführt.

PHP/Beispiel/PAP (Programmablaufplan)/Struktogramm

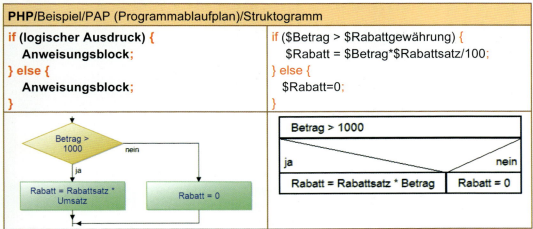

Beispiel 1: Einführungsbeispiel

Im Einführungsbeispiel wird gezeigt, dass wenn sowohl eine Bedingung erfüllt ist als auch eine Bedingung nicht erfüllt ist, eine Ausgabe erfolgen kann.

if_else_1.php	htdocs/PHP_Kontrollstrukturen

```php
1   <?php
2     echo "<h1>if-else-Bedingung</h1>";
3     $zahl1 = 10;
4     $zahl2 = 20;
5     echo "Bedingung: Zahl 1 ist kleiner als Zahl 2 <br>";
6     echo "Zahl 1: $zahl1<br>";
7     echo "Zahl 2: $zahl2<br>";
8     if ($zahl1 < $zahl2) {
9       echo "Die Bedingung ist erfüllt!<br>";
10    } else {
11      echo "Die Bedingung ist nicht erfüllt!";
12    }
13  ?>
```

Anzeige im Browser – Ergebnis

IF-ELSE-Bedingung

Bedingung: Zahl 1 ist kleiner als Zahl 2
Zahl 1: 10
Zahl 2: 20
Die Bedingung ist erfüllt!

IF-ELSE-Bedingung

Bedingung: Zahl 1 ist kleiner als Zahl 2
Zahl 1: 30
Zahl 2: 20
Die Bedingung ist nicht erfüllt!

Beispiel 2: Rabattberechnung

Im zweiten Beispiel wird ein Vergleichsoperator (siehe Kapitel *Operatoren*) verwandt:

if_else_2.html (ohne head)	htdocs/PHP_Kontrollstrukturen

```html
1   <!DOCTYPE html>
2   <html>
7    <body>
8     <h1>Rabattberechnung</h1>
9     <form action="if_else_2.php" method="post">
10     <fieldset>
11      <legend class="f1">Geben Sie die Daten ein:</legend>
12      <p><label for ="Betrag">Betrag</label>
14      <input name="Betrag" type="number" size="30"
15       maxlength="30" required="required" id="Betrag"></p>
17      <p> <label for ="Rabattgewaehrung">Rabatt ab Betrag</label>
19      <input name="Rabattgewaehrung" type="number" size="30"
20       maxlength="30" required="required" id="Rabattgewaehrung"></p>
22      <p><label for ="Rabatt_Prozent">Rabattsatz</label>
24      <input name="Rabatt_Prozent" type="number" size="30"
25       maxlength="30" required="required" id="Rabatt_Prozent"></p>
27     </fieldset>
28     <p></p>
29     <fieldset>
30      <legend class="f2" >Schaltflächen</legend>
31      <input type="SUBMIT" value="Berechnen">
32      <input type="RESET" value="Zurücksetzen">
35     </fieldset>
36    </form>
37   </body>
38  </html>
```

if_else_2.php	htdocs/PHP_Kontrollstrukturen

```php
1   <?php
2    echo "<h1>Rabattberechnung</h1> <br>";
3    $betrag = $_POST["Betrag"];
4    $rabattgewaehrung = $_POST["Rabattgewaehrung"];
5    $rabatt_prozent = $_POST["Rabatt_Prozent"];
6    if ($betrag >= $rabattgewaehrung ) {
7     $rabatt = $betrag * $rabatt_prozent / 100;
8     echo "Der Rabatt beträgt ".$rabatt." Euro";
9    } else {
10    echo "Es wird kein Rabatt gewährt.";
11   }
12  ?>
```

Kontrollstrukturen

Anzeige im Browser – Formular **PHP-Ergebnis**

Rabattberechnung

Der Rabatt beträgt 30 Euro

Rabattberechnung

Es wird kein Rabatt gewährt.

Beispiel 3: Rabattberechnung unter Verwendung mehrerer Operatoren

Im nächsten Beispiel werden ein Logik-Operator und zwei Vergleichsoperatoren verwandt. Probieren Sie anschließend Alternativen aus.

if_else_3.php   htdocs/PHP_Kontrollstrukturen

```php
<?php
  echo "<h1>Rabattberechnung</h1>";
  $menge = 100;
  $preis = 900;
  $rabattsatz1 = 20;
  $rabattsatz2 = 15;
  if (($menge >= 20) and ($preis >= 800)) {
    $rabatt = $preis * $rabattsatz1 / 100;
    echo "Rabatt (in %) : <strong b>$rabattsatz1</strong ><br>";
    $umsatz = $menge * $preis;
    $rabattbetrag = $umsatz * $rabattsatz1/100;
  }
  else {
    $rabatt = $preis * $rabattsatz2 / 100;
    echo "Rabatt (in %) : <strong >$rabattsatz2</strong ><br>";
    $umsatz = $menge * $preis;
    $rabattbetrag = $umsatz * $rabattsatz2/100;
  }
  echo "Menge: <strong >$menge</strong ><br>";
  echo "Preis: <strong >$preis</strong ><br>";
  echo "Umsatz: <strong >$umsatz</strong ><br>";
  echo "Rabatt: <strong >$rabattbetrag</strong >";
?>
```

Anzeige im Browser – Ergebnis

Rabattberechnung

Rabatt (in %) : 20
Menge: 100
Preis: 900
Umsatz: 90000
Rabatt: 18000

Rabattberechnung

Rabatt (in %) : 15
Menge: 10
Preis: 900
Umsatz: 9000
Rabatt: 1350

if_else_3.php   htdocs/PHP_Kontrollstrukturen

| 7 | `if (($menge >= 20) or ($preis >= 800)) {` |
| 7 | `if (($menge >= 20) xor ($preis >= 800)) {` |

Beispiel 4: Berechnung unter Verwendung mehrerer Operatoren

Im nachfolgenden Beispiel werden weitere Bedingungen für die Berechnung des Rabatts hinzugefügt. Die Berechnung des Umsatzes und des Rabattbetrages erfolgt im vorherigen Beispiel doppelt (Zeilen *10* und *11*, *16* und *17*), weil sie jeweils für die einzelnen Alternativen stattfindet. Alternativ können Sie diese Werte auch außerhalb berechnen. Der Berechnungs- und der Ausgabenteil werden konsequenter geteilt.

if_else_4.php	htdocs/PHP_Kontrollstrukturen

```php
1   <?php
2     echo "<h1>Rabattberechnung</h1>";
3     $name = 'H';
4     $menge = 100;
5     $preis = 900;
6     $rabattsatz1 = 20;
7     $rabattsatz2 = 15;
8     if (($name == 'H' or $name =='V') and ($menge >= 20) and ($preis >= 800)) {
9        $rabatt = $preis * $rabattsatz1 / 100;
10       $rabattsatz = $rabattsatz1;
11    }
12    else {
13       $rabatt = $preis * $rabattsatz2 / 100;
14       $rabattsatz = $rabattsatz2;
15    }
16    $umsatz = $menge * $preis;
17    $rabattbetrag = $umsatz * $rabattsatz/100;
18    echo "Rabatt (in %) : <strong>$rabattsatz</strong><br>";
19    echo "Menge: <strong>$menge</strong><br>";
20    echo "Preis: <strong>$preis</strong><br>";
21    echo "Umsatz: <strong>$umsatz</strong><br>";
22    echo "Rabatt: <strong>$rabattbetrag</strong>";
23  ?>
```

Beispiel 5: Bestimmungen mit dem Datentyp *Boolean*

Der Datentyp *Boolean* bestimmt Wahrheitswerte (siehe Kapitel *Datentypen*). Die Überprüfung, ob eine Aussage wahr oder falsch ist, erfolgt in der Regel mithilfe eines Vergleichs.

if_else_5.php	htdocs/PHP_Kontrollstrukturen

```php
1   <?php
2     echo "<h1>Boolean</h1>";
3     $programmiersprache = FALSE;
4     if ($programmiersprache == TRUE) {
5        echo "Programmiersprache!";
6     }
7     else { echo "Keine Programmiersprache!";     }
8   ?>
```

12.14.6 Mehrseitige Auswahl: if-elseif

Der Befehl *if-elseif* ermöglicht noch genauere Anweisungen der Auswertung. Vom Prinzip her ist er eine Verfeinerung des Befehls *if-else*. Grundsätzlich könnte der Befehl daher durch mehrere *if-else-Befehle* ersetzt werden.

PHP/Beispiel/PAP (Programmablaufplan)/Struktogramm	

if (logischer Ausdruck) {
  Anweisungsblock;
} elseif (logischer Ausdruck) {
  Anweisungsblock;
}
	if ($Betrag > $Rabattgewährung1) {
	  $Rabatt = $Betrag*$Rabattsatz1/100;
	} ifelse (($Betrag > $Rabattgewährung2) {
	  $Rabatt=$Betrag*$Rabattsatz2/100;
	}

Beispiel: Rabattberechnung

Ab einem Betrag von *10000* wird der *Rabattsatz1*, ansonsten ab einem Betrag von *5000* der *Rabattsatz2* gewährt. Unter einem Betrag von *5000* wird kein Rabatt gewährt.

if_elseif_1.php   htdocs/PHP_Kontrollstrukturen

```php
1   <?php
2     echo "<h1>if-elseif-Bedingung</h1>";
3     $betrag = 9000;
4     $rabattsatz1 = 10;
5     $rabattsatz2 = 5;
6     echo "Betrag: ".$betrag;
7     echo "<br><br>";
8     if ($betrag >= 10000) {
9       echo "Rabattsatz 1: ".$rabattsatz1;
10      echo "<br><br>";
11      $rabatt = $rabattsatz1 * $betrag/100;
12      echo "Der Rabatt beträgt ".$rabatt." Euro!";
13    } elseif ($betrag > 5000){
14      echo "Rabattsatz 2: ".$rabattsatz2;
15      echo "<br><br>";
16      $rabatt = $rabattsatz2 * $betrag/100;
17      echo "Der Rabatt beträgt ".$rabatt." Euro!";
18    }
19  ?>
```

Anzeige im Browser – Ergebnis

If-ELSEIF-Bedingung

Betrag: 9000

Rabattsatz 2: 5

Der Rabatt beträgt 450 Euro!

IF-ELSEIF-Bedingung

Betrag: 11000

Rabattsatz 1: 10

Der Rabatt beträgt 1100 Euro!

IF-ELSEIF-Bedingung

Betrag: 4000

Kontrollstrukturen

12.14.7 Mehrseitige Auswahl: if-elseif-else

Der Befehl *if-elseif-else* ermöglicht noch genauere Auswertungen. Vom Prinzip her ist er eine Verfeinerung des Befehls *if-else*. Grundsätzlich könnte der Befehl daher durch mehrere *if-else-Befehle* ersetzt werden.

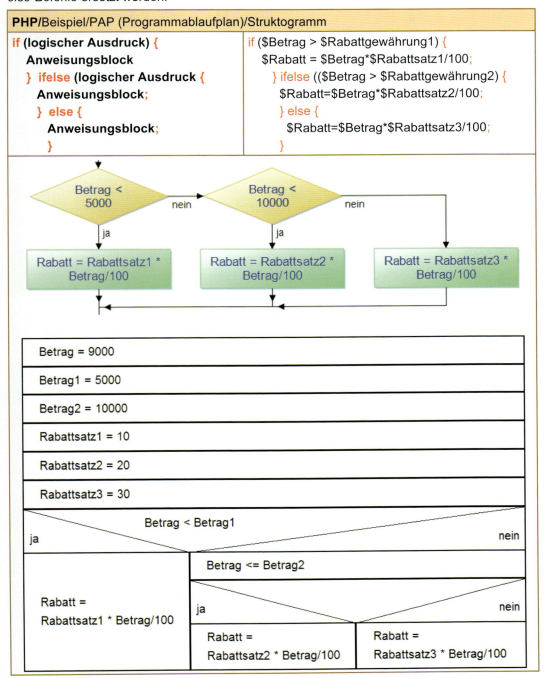

Beispiel 1: Berechnung eines Rabatts

Unterschiedliche Anweisungen werden in Abhängigkeit vom Ergebnis ausgeführt. Bei einem Betrag von weniger als 5000 wird der *Rabattsatz1*, bei einem Betrag von weniger als 10000 der *Rabattsatz2*, ansonsten der *Rabattsatz3* gewährt.

if_elseif_else_1.php — htdocs/PHP_Kontrollstrukturen

```php
 1  <?php
 2    echo "<h1>if_elseif_else</h1>";
 3    $betrag = 9000;
 4    $betrag1 = 5000;
 5    $betrag2 = 10000;
 6    $rabattsatz1 = 10;
 7    $rabattsatz2 = 20;
 8    $rabattsatz3 = 30;
 9    if ($betrag < $betrag1)  {
10      $rabattsatz = $rabattsatz1;
11      $rabatt = $betrag * $rabattsatz1 / 100;
12    } elseif ($betrag < $betrag2) {
13      $rabattsatz = $rabattsatz2;
14      $rabatt = $betrag * $rabattsatz2 / 100;
15    } else {
16      $rabattsatz = $rabattsatz3;
17      $rabatt = $betrag * $rabattsatz3 / 100;
18    }
19    echo "Betrag: <strong>$betrag</strong><br>";
20    echo "Rabattsatz: <strong>$rabattsatz</strong><br>";
21    echo "Rabatt: <strong>$rabatt</strong>";
22  ?>
```

Anzeige im Browser – Ergebnis

IF_ELSEIF_ELSE

Betrag: **9000**
Rabattsatz: **20**
Rabatt: **1800**

Beispiel 2: Berechnung mit Eingabeformular

Die vorherige Berechnung soll unter Nutzung eines Eingabeformulars erstellt werden.

Anzeige im Browser – Ergebnis (Formular – aufgeteilt)

Rabattberechnung

Betrag:

Rabatt bei einem Betrag unter:
Rabattsatz 1:
Rabatt bei einem Betrag unter:

Rabattsatz 2:
Rabattsatz 3 (ansonsten):

[Berechnen] [Zurücksetzen]

12.14.8 Fallunterscheidung: switch

Die Fallunterscheidung *switch* ermöglicht es, unterschiedliche Anweisungen in Abhängigkeit von einer bestimmten Auswahl auszuführen. Daher bietet sich dieser Befehl als Alternative zu den Befehlen *if-else*, *if-elseif* usw. an.

Im Programmablaufplan lässt sich der Tatbestand nur mithilfe mehrerer Verzweigungen darstellen.

PHP/*Beispiel*/ PAP (Programmablaufplan)/Struktogramm *Erklärung*	

switch (zu prüfender Ausdruck) {
 case (möglicher Inhalt des Ausdrucks);
 default;
 }
	switch ($Rechenart) {
	   case ($Ergebnis = $Zahl1 + $Zahl2);
	   case ($Ergebnis = $Zahl1 - $Zahl2);
	 default;
	 }

Aus Platzgründen werden beim **PAP** nicht alle Alternativen dargestellt.

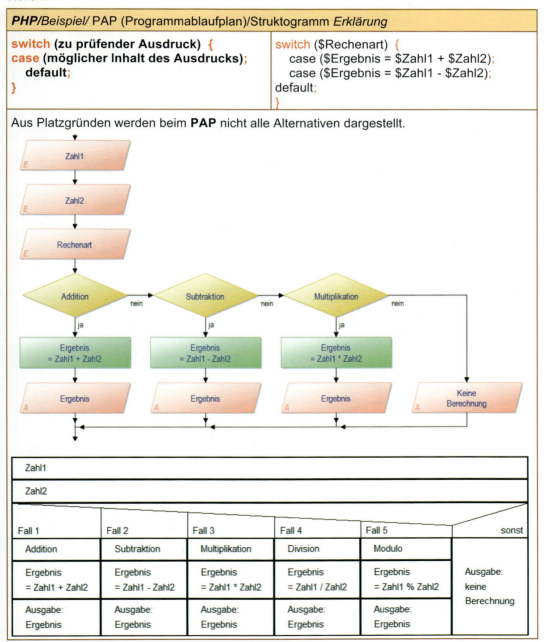

switch.html — htdocs/PHP_Kontrollstrukturen

```html
1   <!DOCTYPE html>
2   <html>
3     <head>
4       <title>Berechnungen</title>
5       <link rel="stylesheet" href="formulare.css" type="text/css">
6     </head>
7     <body>
8       <h1>Berechnungen</h1>
9       <form action="switch.php" method="post" >
10        <fieldset>
11          <legend class="f1">Geben Sie die Daten ein:</legend>
12          <p>
13          <label for ="Zahl1">Zahl 1</label>
14          <input name="Zahl1" type="number" size="30" maxlength="30"
15           required="required" id="Zahl1">
16          </p>
17          <label for ="Zahl2">Zahl 2</label>
18          <input name="Zahl2" type="number" size="30" maxlength="30"
19           required="required" id="Zahl2">
20        </fieldset>
21        <p></p>
22        <fieldset>
23          <legend class="f1">Geben Sie eine Berechnungsart ein:</legend>
24          <label for ="Rechenart">Rechenart</label>
25          <select name="Rechenart">
26            <option>Addition</option>
27            <option>Subtraktion</option>
28            <option>Multiplikation</option>
29            <option>Division</option>
30            <option>Modulo</option>
31          </select>
32          <p></p>
33        </fieldset>
34        <p></p>
35        <fieldset>
36          <legend class="f2">Schaltflächen</legend>
37          <input type="SUBMIT" Value="Auswahl">
38          <input type="RESET" Value="Zurücksetzen">
39        </fieldset>
40      </form>
41    </body>
42  </html>
```

Kontrollstrukturen

Anzeige im Browser – Formular (nebeneinander dargestellt)	PHP-Ergebnis

switch.php	htdocs/PHP_Kontrollstrukturen

```php
1  <?php
2    echo "<h1>Berechnungen</h1></b><br>";
3    $zahl1 = $_POST["Zahl1"];
4    $zahl2 = $_POST["Zahl2"];
5    $rechenart = $_POST["Rechenart"];
6    echo "Die erste Zahl lautet: <strong>$zahl1</strong><br>";
7    echo "Die zweite Zahl lautet: <strong >$zahl2</strong><br>";
8    echo "Es wird eine <strong>$rechenart</strong> durchgeführt.<br>";
9    switch ($rechenart) {
10     case "Addition":
11       $ergebnis = $zahl1 + $zahl2;
12       echo "Das Ergebnis lautet: <strong>$ergebnis</strong><br>";
13       break;
14     case "Subtraktion":
15       $ergebnis = $zahl1 - $zahl2;
16       echo "Das Ergebnis lautet: <strong>$ergebnis</strong><br>";
17       break;
18     case "Multiplikation":
19       $ergebnis = $zahl1 * $zahl2;
20       echo "Das Ergebnis lautet: <strong>$ergebnis</strong><br>";
21       break;
22     case "Division":
23       $ergebnis = $zahl1 / $zahl2;
24       echo "Das Ergebnis lautet: <strong>$ergebnis</strong><br>";
25       break;
26     case "Modulo":
27       $ergebnis = $zahl1 % $zahl2;
28       echo "Das Ergebnis lautet: <strong>$ergebnis</strong><br>";
29       break;
30     default:
31       echo "Es wurde keine Berechnung durchgeführt!";
32   }
33  ?>
```

12.14.9 For-Schleife

Mithilfe des Befehls *for* werden Anweisungen wie Berechnungen solange wie angegeben ausgeführt. Beispielsweise kann bestimmt werden, dass eine Berechnung von Kosten und Erlösen für eine bestimmte Anzahl von Produkten durchgeführt werden muss.

PHP/Beispiel/PAP (Programmablaufplan)/Struktogramm/Erklärung

for (Zähler initialisieren; Zählerbedingung; Zähler modifizieren) {
   Anweisungsblock;
 }

for ($Menge = 1; $Menge < 4; $Menge = $Zahl + 1;) {
   $Zahl1 = $Laufvariable * $Multiplikator;
 }

Eine Anweisung wird solange wie festgelegt wiederholt.

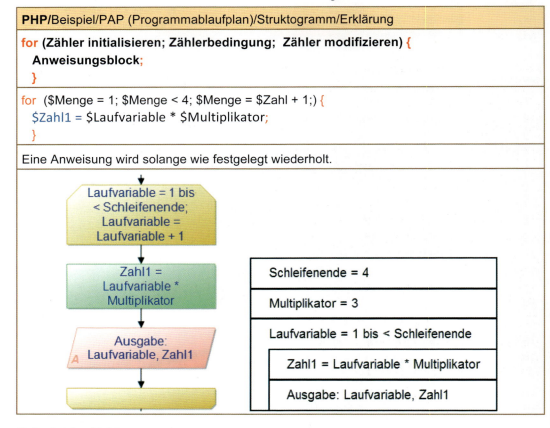

Beispiel 1: Zahlenausgabe

Im ersten Beispiel soll die Funktionsweise der Schleife erklärt werden. Eine Berechnung im Anweisungsblock ergänzt die Ausgabe der Zahl, die durch die *for-schleife* ermittelt wird.

for_1.php   **htdocs/PHP_Kontrollstrukturen**

```php
1  <?php
2    $schleifenende = 4;
3    $multiplikator = 3;
4    echo "<h1>for-Schleife</h1>";
5    for ($laufvariable = 1; $laufvariable < $schleifenende; $laufvariable++) {
6      $zahl1 = $laufvariable * $multiplikator;
7      echo "Zahl ".$laufvariable.": ";
8      echo "<strong>$zahl1</strong><br>";
9    }
10 ?>
```

Anzeige im Browser – Ergebnis

For-Schleife

Zahl 1: 3
Zahl 2: 6
Zahl 3: 9

Beispiel 2:   Wurzelberechnung mit einer Funktion – Zwischen- und Endergebnis

Im Kapitel *Mathematische Funktionen* wurde eine Wurzelberechnung mit einer Funktion vorgenommen. Diese Berechnung soll nun mithilfe einer *For-Schleife* durchgeführt werden.

for_2.php	htdocs/PHP_Kontrollstrukturen

```php
 1  <?php
 2    echo "<h1>Wurzelberechnung</h1>";
 3    $zahl1 = 81;
 4    $n_wurzel = 3;
 5    echo "Zahl: <strong>$zahl1</strong><br><br>";
 6    for ($zahl = 1; $zahl <= $n_wurzel; $zahl++) {
 7      $quadratwurzel = sqrt($zahl1);
 8      echo "Wurzel <strong>$zahl</strong>: <em>$quadratwurzel</em><br>";
 9      $zahl1 = $quadratwurzel;
10    }
11  ?>
```

Anzeige im Browser – Ergebnis

Wurzelberechnung

Zahl: 81

Wurzel 1: *9*
Wurzel 2: *3*
Wurzel 3: *1.7320508075689*

Beispiel 3:   Wurzelberechnung mit einer Funktion – Endergebnis

Soll nur das letzte Ergebnis ausgegeben werden, muss die Ausgabeanweisung außerhalb der Schleife gegeben werden und die Zahl um 1 nach unten gesetzt werden.

for_3.php	htdocs/PHP_Kontrollstrukturen

```php
 6    for ($zahl = 1; $zahl <= $n_wurzel; $zahl++) {
 7      $quadratwurzel = sqrt($zahl1);
 8      $zahl1 = $quadratwurzel;
 9    }
10    $zahl = $zahl - 1;
11    echo "Wurzel <strong>$zahl</strong>: <em>$quadratwurzel</em><br><br>";
12  ?>
```

Beispiel 4: Wurzelberechnung mithilfe der Intervallmethode – Zwischenergebnisse

Einige mathematische Funktionen sind in der Skriptsprache **PHP** wie bereits beschrieben vordefiniert, wie beispielsweise die Berechnung der Wurzel einer Zahl. Funktionen lassen sich jedoch auch programmieren, wie nachfolgend gezeigt werden wird. Da viele Funktionen nicht zur Verfügung stehen, wird dies oftmals notwendig sein.

Mithilfe der Intervallmethode lässt sich beispielsweise eine Wurzelberechnung durchführen. Zur Verdeutlichung sollen die einzelnen Schritte dieses Verfahrens angegeben werden:

- Die Intervalluntergrenze ist immer die Zahl *0*, da die Wurzel einer Zahl immer größer oder gleich *0* ist.
- Die Intervallobergrenze ist die Zahl, aus der die Wurzel gezogen werden soll.
- Zunächst wird die Mitte des Intervalls berechnet (Intervalluntergrenze + Intervallobergrenze/2).
- Danach muss überprüft werden, ob der gesuchte Wurzelwert kleiner oder größer als die Intervallmitte ist. Dazu wird der Wert der Intervallmitte quadriert. Ist das Ergebnis kleiner als die Intervallobergrenze, also der Wert, aus dem die Wurzel zu ziehen ist, wird die Intervallmitte zur neuen Intervalluntergrenze. Ansonsten wird die Intervallmitte zur neuen Intervallobergrenze.
- Dieses Verfahren wird so oft wie vorher festgelegt wiederholt. Aufgrund der Schnelligkeit der Berechnungen sollte die Anzahl der Wiederholungen nicht zu gering gewählt werden, da ansonsten das Ergebnis noch zu ungenau sein könnte. Eventuell sollten Sie anhand von nachvollziehbaren Aufgabenstellungen Berechnungen durchführen und dann die Anzahl der Wiederholungen anpassen.

Das Struktogramm der Berechnung sieht wie nachfolgend angegeben aus. Wichtig ist, dass zunächst die Intervallobergrenze im Wert Intervallobergrenze1 nochmals gesichert wird, damit bei der Fallunterscheidung der Ursprungswert der Intervallobergrenze weiterhin zur Verfügung steht:

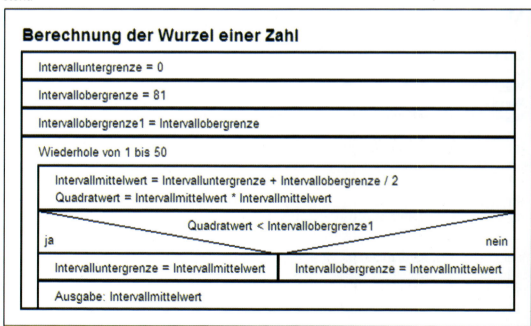

Kontrollstrukturen

for_4.php	htdocs/PHP_Kontrollstrukturen

```php
 1  <?php
 2    echo "<h1>Wurzel - Intervallmethode</h1><br>";
 3    $intervalluntergrenze = 0;
 4    $intervallobergrenze = 81;
 5    $intervallobergrenze1 = $intervallobergrenze;
 6    for ($zahl = 1; $zahl <= 50;  $zahl++) {
 7      $intervallmittelwert=($intervalluntergrenze + $intervallobergrenze)/2;
 8      $quadratwert = $intervallmittelwert * $intervallmittelwert;
 9      if ($quadratwert < $intervallobergrenze1) {
10        $intervalluntergrenze = $intervallmittelwert;
11      } ELSE {
12        $intervallobergrenze = $intervallmittelwert;
13      }
14      echo "Ergebnis: <strong>$intervallmittelwert</strong><br><br>";
15    }
16  ?>
```

Anzeige im Browser – Ergebnis

Wurzel - Intervallmethode

Ergebnis: 40.5

Ergebnis: 20.25

Ergebnis: 10.125

Ergebnis: 5.0625

Ergebnis: 7.59375

Ergebnis: 9.00000000001

Ergebnis: 9

Ergebnis: 9

Ergebnis: 9

Ergebnis: 9

Ergebnis: 9

Beispiel 5: Wurzelberechnung mithilfe der Intervallmethode – Endergebnis

Normalerweise interessieren die einzelnen Zwischenschritte nicht. Nimmt man die Ausgabe aus der Zählschleife und setzt sie dahinter, wird nur das Endergebnis ausgegeben.

for_5.php	htdocs/PHP_Kontrollstrukturen

```php
14    }
15    echo "Ergebnis: <strong>$intervallmittelwert</strong><br><br>";
16  ?>
```

Anzeige im Browser – Ergebnis

Wurzel - Intervallmethode

Ergebnis: 9

12.14.10 Abweisende Schleife: while

Durch den Befehl *while* wird eine Anweisung so lange wiederholt, bis die vorher festgelegte Bedingung erfüllt ist. Es wird also jedes Mal vor der Ausführung einer Anweisung überprüft, ob eine Bedingung erfüllt ist. Ist dies der Fall, wird die Anweisung nicht mehr ausgeführt.

PHP/Beispiel/PAP (Programmablaufplan)/Struktogramm/Erklärung	

while (logischer Ausdruck) {
　　Anweisungsblock;
}
	while ($Zahl < 16) {
	　　$Zahl = $Zahl + 5;
	}

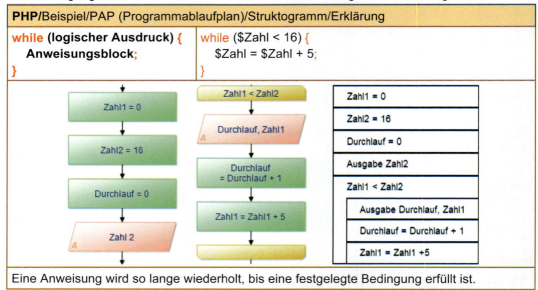	
Eine Anweisung wird so lange wiederholt, bis eine festgelegte Bedingung erfüllt ist.	

Beispiel 1:　Einführungsbeispiel

Innerhalb der Schleife erfolgt zunächst die Ausgabe und danach die Berechnung der Werte. Ansonsten würde eine Ausgabe über den Endwert hinaus erfolgen. Allerdings führt diese Art der Ausgabe auch dazu, dass eine eventuell nicht beabsichtigte Ausgabe am Anfang erfolgt.

while_1.php	htdocs/PHP_Kontrollstrukturen

```php
 1  <?php
 2    echo "<h1>while-Bedingung</h1>";
 3    $zahl1 = 0;
 4    $zahl2 = 16;
 5    $durchlauf = 0;
 6    echo "Zahl 2: <strong>$zahl2</strong><br>";
 7    while ($zahl1 < $zahl2)  {
 8      echo "<table>";
 9        echo "<tr>";
10          echo "<td>$durchlauf</td>";
11          echo "<td>$zahl1</td>";
12        echo "</tr>";
13      echo "</table>";
14      $durchlauf = $durchlauf + 1;
15      $zahl1 = $zahl1 + 5;
16    }
17  ?>
```

Anzeige im Browser – Ergebnis

While-Bedingung

Zahl 2: 16

0 0

1 5

2 10

3 15

Beispiel 2:   While-Schleife mit If-Bedingung

Durch den Einbau einer *If-Bedingung* in den Code ist es möglich, die nicht erwünschte Ausgabe von Nullwerten auszuschließen. Das Ergebnis sollte also wie nachfolgend dargestellt aussehen und die erste Ausgabe unterdrücken:

while_2.php   htdocs/PHP_Kontrollstrukturen

```php
1   <?php
2   echo "<h1>while-Bedingung</h1>";
3   $zahl1 = 0;
4   $zahl2 = 16;
5   $durchlauf = 0;
6   echo "Zahl 2: <strong>$zahl2</strong><br>";
7   while ($zahl1 < $zahl2)  {
8      if ($durchlauf > 0){
9         echo "<table>";
10           echo "<tr>";
11              echo "<td>$durchlauf</td>";
12              echo "<td>$zahl1</td>";
13           echo "</tr>";
14         echo "</table>";
15      }
16      $durchlauf = $durchlauf + 1;
17      $zahl1 = $zahl1 + 5;
18   }
19   ?>
```

Anzeige im Browser – Ergebnis

While-Bedingung

Zahl 2: 16

1 5

2 10

3 15

12.14.11 Nichtabweisende Schleife: do while

Die Anweisung *do while* weist starke Ähnlichkeiten mit der Anweisung *while* auf. Allerdings wird die Bedingung erst am Ende der Schleife überprüft. Dies bedeutet, dass die Anweisung oder die Anweisungen zunächst ausgeführt werden.

PHP/Beispiel/PAP (Programmablaufplan)/Erklärung	

do {
  Anweisungsblock;
}
while (logischer Ausdruck);
	do {
	  $Rabatt = $Betrag*$Rabattsatz1/100;
	}
	while ($Betrag > $Rabattgewährung1);

Eine Anweisung wird so lange wiederholt, bis nach der jeweiligen Ausführung der Befehle eine festgelegte Bedingung erfüllt ist.	

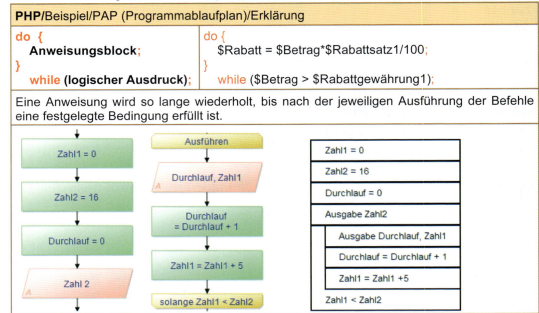

Beispiel 1: Einführungsbeispiel

Im ersten Beispiel soll die Funktionsweise der Schleife erklärt werden. Eine Zahl soll so lange berechnet werden, wie sie unter einer zweiten Zahl liegt. Die Schwächen in der Darstellung sollten Sie danach durch eine entsprechende Formatierung beheben.

do_while_1.php	htdocs/PHP_Kontrollstrukturen

```php
1   <?php
2   echo "<h1>do-while-Bedingung</h1>";
3   $zahl1 = 0;
4   $zahl2 = 16;
5   $durchlauf = 0;
6   echo "Endzahl: <strong>$zahl2</strong><br>";
7   do {
8     echo $durchlauf . " ";
9     echo $zahl1;
10    echo "<br>";
11    $durchlauf = $durchlauf + 1;
12    $zahl1 = $zahl1 + 5;
13  }
14  while ($zahl1 < $zahl2);
15  ?>
```

Kontrollstrukturen

Anzeige im Browser – Ergebnis

Do-while-Bedingung

Endzahl: 16
0 0
1 5
2 10
3 15

Beispiel 2: Kapitalberechnung

Ein Kapital von 10.000.00 € soll zu einem Zinssatz von 5 % angelegt werden. Ermittelt werden soll, in welcher Zeit sich das Kapital in etwa verdoppelt. Daher soll nach dem letzten Durchgang auch angegeben werden, wie hoch das Kapital nach Ablauf dieser Zeit ist.

do_while_2.php htdocs/PHP_Kontrollstrukturen

```php
<?php
  echo "<h1>Zinsberechnung</h1>";
  $kapital = 10000; $zinssatz = 5; $jahre = 0;
  do {
    $zinsen = $kapital * $zinssatz /100;
    $kapital = $kapital + $zinsen;
    $jahre = $jahre + 1;
  }
  while ($kapital < 20000);
  echo "Jahre   : <strong>$jahre</strong><br><br>";
  echo "Kapital : <strong>$kapital</strong><br><br>";
?>
```

Beispiel 3: Rente

Ein Rentner möchte zusätzlich zu seiner Rente im Laufe der Jahre von seinem Ersparten in Höhe von 75.000,00 € am Ende eines jeden Jahres 8.000,00 € abheben. Er rechnet mit einem Zinssatz von 5 %. Wie viele Jahre steht ihm der Betrag in etwa zur Verfügung?

do_while_3.php htdocs/PHP_Kontrollstrukturen

```php
<?php
  echo "<h1>Rente</h1>";
  $kapital = 75000; $zinssatz = 5; $jahre = 0;
  $auszahlung = 8000;
  do {
    $zinsen = $kapital * $zinssatz / 100;
    $kapital = $kapital + $zinsen - $auszahlung;
    $jahre = $jahre + 1;
  }
  while ($kapital > 0);
  echo "Jahre   : <strong>$jahre</strong><br><br>";
  echo "Kapital : <strong>$kapital</strong><br><br>";
?>
```

Übungen:

1. Aufgabe

Der Eintritt bei einer Sportveranstaltung kostet normalerweise 15,00 €. Für Jugendliche unter 18 Jahren gilt ein ermäßigter Preis von 8,00 €, für Rentner und Personen über 65 Jahre ein Eintrittspreis von 10,00 €.

a) Erstellen Sie ein Skript, mit dessen Hilfe der zu zahlende Preis ausgegeben wird.
b) Erstellen Sie das Programm unter Nutzung eines Formulars. Nutzen Sie Auswahllisten oder Radio-Bottons.

2. Aufgabe

Ein Unternehmen macht zzt. einen Umsatz von 98.000.000 €. Angestrebt wird ein Umsatz von 130.000.000 €. Es wird davon ausgegangen, dass ein jährliches Wachstum von 4 %, jeweils bezogen auf das Vorjahr, erreicht werden wird.

a) Ermitteln Sie die Anzahl der Jahre, nach denen der gewünschte Umsatz erreicht worden ist. Runden Sie das Ergebnis auf 3 Stellen.
b) Rechnen Sie den Nachkommawert in Tage um, wobei davon ausgegangen wird, dass das Jahr mit 360 Tagen berechnet wird.
c) Rechnen Sie den Nachkommawert in Monate und verbleibende Tage um, wobei davon ausgegangen wird, dass das Jahr mit 360 Tagen berechnet wird.

3. Aufgabe

Ein Unternehmen geht davon aus, dass der Preis einer Ware im Laufe der nächsten 10 Jahre jeweils bezogen auf das Vorjahr um 3 % steigt. Der aktuelle Preis liegt bei 45,00 €.

a) Erstellen Sie eine Tabelle, in der die Entwicklung des Preises in den nächsten 10 Jahren dargestellt wird. Die Tabelle soll den jeweiligen Wert am Jahresanfang, die jeweilige Preissteigerung und den jeweiligen Preis am Jahresende korrekt auf 2 Stellen gerundet enthalten.
b) Erstellen Sie die Berechnung unter Nutzung eines Formulars.

4. Aufgabe

Für viele Menschen stellt der Body-Mass-Index (BMI) ein Richtmaß für die Ermittlung des gewünschten Gewichts dar, oftmals stellt das Ergebnis jedoch ein gewisses Ärgernis dar. Die Formel für die Ermittlung des Werts lautet:

BMI = Körpergewicht: (Körpergröße in Metern) zum Quadrat

Außerdem ist festgelegt worden, welche Bedeutung das ermittelte Ergebnis hat:

BMI unter 18,5	Untergewicht
BMI 19 – 25	Normalgewicht
BMI 25 – 30	Übergewicht Grad I
BMI 30 – 40	Adipositas (Fettsucht) Grad II und III
BMI über 40	Schwere Adipositas

a) Erstellen Sie den Wert mithilfe eines Formulars.
b) Ergänzen Sie die Ausgabe um eine Mitteilung, ob es sich beim Gewicht um *Untergewicht*, *Normalgewicht* usw. handelt.

Übungen:

5. Aufgabe

Die Berechnung von Prozentwerten, Prozentsätzen usw. soll mithilfe eines Formulars und unter Nutzung einer Fallunterscheidung vereinfacht werden. Es sollen alle notwendigen Ergebnisse erzielt werden können.
a) Erstellen Sie ein Formular, mit dessen Hilfe Daten eingegeben werden können. Dieses Formular soll so aufgebaut sein, dass alle Werte, mit Ausnahme des jeweils zu ermittelnden Wertes, eingegeben werden können. Außerdem soll im Formular, z. B. durch ein Radio-Botton, ausgewählt werden können, welche Berechnung erfolgen soll.
b) Erstellen Sie ein PHP-Skript, mit dessen Hilfe die Daten sachgerecht verarbeitet werden. Nutzen Sie den PHP-Befehl *switch*.
c) Erstellen Sie ein PHP-Skript, mit dessen Hilfe die Daten sachgerecht verarbeitet werden. Nutzen Sie nicht den PHP-Befehl *switch*.

6. Aufgabe

Die Daten einer Prüfung sollen in Abhängigkeit von dem erreichten Prozentsatz aufbereitet und ausgegeben werden. Die folgende Übersicht zeigt, bei welchen Prozentsätzen welche Noten gegeben werden:

92 – 100	1	sehr gut
81 – 91	2	gut
67 – 80	3	befriedigend
50 – 66	4	ausreichend
30 – 49	5	mangelhaft
0 – 29	6	ungenügend

a) Erstellen Sie ein Formular zur Eingabe des erreichten Prozentsatzes.
b) Geben Sie mithilfe eines Skripts die erreichte Note aus.

7. Aufgabe

Ein Auto, welches für 24.000,00 € angeschafft wird, soll innerhalb von 6 Jahren linear abgeschrieben werden.
a) Erstellen Sie ein entsprechendes Programm, welches den Abschreibungsbetrag ausgibt und in Form einer Tabelle die einzelnen benötigten Werte.
b) Erstellen Sie ein Programm, welches die Eingabe eines beliebigen Wertes und die Eingabe einer beliebigen Nutzungsdauer ermöglicht.

8. Aufgabe

Der Umsatz eines Unternehmens beträgt 2016 117 Mill. €. Es wird in den nächsten 6 Jahren mit einer jeweiligen Steigerung um 2,5 % gerechnet.
a) Berechnen Sie mithilfe der Zinseszinsformel den Umsatz am Ende des sechsten Jahres.
b) Alternativ soll ermittelt werden, in wie vielen Jahren ein Umsatz von 145 Mill. € erreicht werden kann, wenn von einem jährlichen Wachstum von 3,3 %, bezogen auf den Umsatz des Vorjahres, ausgegangen wird. Berechnen Sie mithilfe einer Schleife die Anzahl der Jahre und damit das Jahr, in dem der Wert erreicht wurde.

12.15 Arrays

Vorbemerkungen

Eine aneinanderhängende Reihe von Objekten von gleicher Größe und vom gleichen Typ wird als Array bezeichnet. Jedes Objekt ist ein Element des Arrays. Der Vorteil eines Arrays liegt vor allem darin, dass Daten, die in einem Array abgelegt worden sind, problemlos ausgegeben, durchsucht und sortiert werden können. Besonders wichtig werden Arrays durch die Tatsache, dass Inhalte von Datenbanken unter Zuhilfenahme von Arrays ausgegeben werden. Unterschieden wird zwischen ein- und mehrdimensionalen Arrays. Ein eindimensionales Array enthält Zahlen und Zeichenketten, ein mehrdimensionales Array wiederum Arrays.

Eindimensionale Arrays

> **Erstellung eines eindimensionalen Arrays**

In einem eindimensionalen Array werden gleichartige Objekte abgelegt. Beachten Sie bitte, dass das erste Element mit der Zahl *0* ausgewählt wird. Daher muss z. B. das Programm *Betriebssystem* mit der Zahl *0* ausgewählt werden (siehe Zeile *14*). Weitere Komponenten können das Array jederzeit ergänzen.

Array	Beispiel/Beschreibung
array **array** ([mixed ...])	$Programm [] =" Datenbank";
Die einzelnen Elemente des Arrays werden eingegeben.	

array_eindimensional_1.php	htdocs/PHP_Array

```
1   <!DOCTYPE html>
2   <html>
3     <head>
4       <title>Eindimensionales Array</title>
5     </head>
6     <body>
7       <h1>Eindimensionales Array</h1>
8       <?php
9       $programm [] = "Betriebssystem";
10      $programm [] = "Tabellenkalkulation";
11      $programm [] = "Datenbank";
12      $programm [] = "Textverarbeitung";
13      $programm [] = "Präsentationssoftware";
14      echo "Ausgewähltes Programm: <em>$programm[0]</em><br><br>";
15      ?>
16    </body>
17  </html>
```

Anzeige im Browser – Ergebnis

Eindimensionales Array

Ausgewähltes Programm: *Betriebssystem*

Arrays

> **Auswählen eines Objekts aus einem Array mithilfe eines Formulars**

Im folgenden Beispiel wird gezeigt, dass es sinnvoll ist, im Zusammenhang mit Arrays Formulare einzusetzen. Die Skripte müssten mit dem bisherigen Wissen nachvollziehbar sein:

array_eindimensional_2.html   **htdocs/PHP_Array**

```html
1  <!DOCTYPE html>
2  <html>
3    <head>
4      <title>Eindimensionales Array</title>
5      <link rel="stylesheet" href="formulare.css" type="text/css">
6    </head>
7    <h1>Eindimensionales Array</h1>
8    <form action="array_eindimensional_2.php" method="post">
9      <fieldset>
10       <legend class="f1">Element (Eingabe einer Zahl):</legend>
11       <p>
12       <label for ="Element">Element (Zahl)</label>
13       <input name="Element" type="number" size="5" maxlength="5"
14        required="required" id="Element">
15       </p>
16     </fieldset><p></p>
18     <fieldset>
19       <legend class="f2">Schaltflächen</legend>
20       <input type="SUBMIT" Value="Abschicken">
21       <input type="RESET" Value="Zurücksetzen">
22     </fieldset>
23   </form>
24   </body>
25 </html>
```

array_eindimensional_2.php   **htdocs/Array**

```php
1  <?php
2  echo "<h1>Eindimensionales Array</h1>";
3  $element1 = $_POST["Element"];
4  $programm [] = "Betriebssystem";
5  $programm [] = "Tabellenkalkulation";
6  $programm [] = "Datenbank";
7  echo "Ausgewähltes Programm: <em>$programm[$element1]</em><br>";
8  ?>
```

Anzeige im Browser – Formular   **PHP-Ergebnis**

Geben Sie die Daten ein:
Element 2

Schaltflächen
Abschicken Zurücksetzen

Eindimensionales Array

Ausgewähltes Programm: *Datenbank*

> **Zählen und Ausgeben der Elemente eines Arrays**

Das Zählen und Ausgeben der Elemente eines Arrays ist relativ einfach zu realisieren. Auf den angesprochenen Befehl *for* wird im Rahmen des Kapitels *Kontrollstrukturen* eingegangen.

Array	Beispiel/Beschreibung
int **count** (mixed var [, int mode])	$Zahl =count($Programm);
Die Elemente des Arrays werden gezählt.	

array_eindimensional_3.php	htdocs/Array

```
1   <?php
2     echo "<h1>Eindimensionales Array</h1>";
3     $programm [] = "Betriebssystem";
4     $programm [] = "Tabellenkalkulation";
5     $programm [] = "Datenbank";
6     $zahl = count($programm);
7     echo "Anzahl der Programme: <strong>$zahl</strong><br><br>";
8     for ($zaehler = 0; $zaehler < $zahl; $zaehler = $zaehler +1){
9       echo "Programm $zaehler : <em>$programm[$zaehler]</em><br><br>";
10    }
11  ?>
```

Anzeige im Browser – Ergebnis (nebeneinander dargestellt)

Eindimensionales Array

Anzahl der Programme: 3

Programm 0 : *Betriebssystem*
Programm 1 : *Tabellenkalkulation*
Programm 2 : *Datenbank*

Array mit festgelegtem Index

Ein Array mit einem selbst festgelegten Index kann z. B. Gruppen kennzeichnen (100 usw.).

array_index.php	htdocs/PHP_Array

```
1   <?php
2     echo "<h1>Array - Index</h1>";
3     $programm [200] = "Textverarbeitung";
4     $programm [201] = "Tabellenkalkulation";
5     $programm [202] = "Datenbank";
6     $programm [203] = "Textverarbeitung";
7     $programm [204] = "Präsentationssoftware";
8     $programm [205] = "Grafik";
9     $programm [206] = "Audio";
10    echo "Ausgewähltes Programm: <em>$programm[201]</em><br><br>";
11    $Zahl = count($programm);
12  ?>
```

Anzeige im Browser – Ergebnis

Array - Index

Ausgewähltes Programm: *Tabellenkalkulation*

Assoziatives Array

In einem assoziativen Array werden die Arrays nicht wie sonst mit Zahlen (Integer), sondern mit Zeichenketten referenziert.

Dies bedeutet, dass die Auswahl eines Elements aus dem Array ebenfalls über eine Zeichenkette erfolgt. Auch auf die später angesprochene Sortierung von Arrays hat dies selbstverständlich Auswirkungen.

array_assoziativ.php   **htdocs/PHP_Array**

```
 1  <!DOCTYPE html>
 2  <html>
 3    <head>
 4      <title>Array - Assoziativ</title>
 5    </head>
 6    <body>
 7      <h1>Array - Assoziativ</h1>
 8      <?php
 9        $programm ['Co'] = "Computer";
10        $programm ['Mo'] = "Monitor";
11        $programm ['Dr'] = "Drucker";
12        $programm ['TV'] = "Textverarbeitung";
13        $programm ['TK'] = "Tabellenkalkulation";
14        $programm ['DB'] = "Datenbank";
15        echo "Ausgewähltes Programm: <em>$programm[TK]</em><br><br> ";
16        $zahl = count($programm);
17        echo "Anzahl der Programme: <strong>$zahl</strong><br><br> ";
18      ?>
19    </body>
20  </html>
```

Anzeige im Browser – Ergebnis

Array - Assoziativ

Ausgewähltes Programm: *Tabellenkalkulation*

Anzahl der Programme: **6**

Mehrdimensionale Arrays

In einem mehrdimensionalen Array sind weitere Arrays vorhanden. Dabei sind sehr unterschiedliche Varianten möglich.

Im nachfolgenden Beispiel wird gezeigt, dass in einem Array verschiedene Programme mit einzelnen Unterpunkten gespeichert werden können. Diese einzelnen Elemente und die Anzahl von Elementen können dann ausgegeben werden.

array_mehrdimensional.php	htdocs/PHP_Array

```php
1   <?php
2     echo "<h1>Mehrdimensionales Array</h1>";
3     $programm = array(
         "Betriebssystem" => array(
           "Programme",
           "Ordner",
           "Daten",
           "Dateien"
         ),
         "Tabellenkalkulation" => array(
           "Texte",
           "Werte",
           "Formeln"),
         "Datenbank" => array( "Tabellen", "Abfragen", "Formulare", "Berichte")
       );
4     echo "Programm: " .$programm['Betriebssystem'][1]."<br>";
5     echo "Programm: " .$programm['Betriebssystem'][3]."<br>";
6     echo "Programm: " .$programm['Datenbank'][2]."<br>";
7     echo "Programm: " .$programm['Tabellenkalkulation'][0]."<br><br>";
8     $zahl = count($programm);
9     echo "Anzahl der Programme: <strong>$zahl</strong><br><br> ";
10    $zahl1 = count($programm["Betriebssystem"]);
11    echo " Elemente im Bereich Betriebssystem : <em>$zahl1</em><br>";
12    $zahl2 = count($programm["Tabellenkalkulation"]);
13    echo "Elemente im Bereich Tabellenkalkulation: <em>$zahl2</em><br>";
14    $zahl3 = count($programm["Datenbank"]);
15    echo "Elemente im Bereich Datenbank: <em>$zahl3</em><br>";
16  ?>
```

Anzeige im Browser – Ergebnis

Mehrdimensionales Array

Programm: Ordner
Programm: Dateien
Programm: Formulare
Programm: Texte

Anzahl der Programme: *3*

Elemente im Bereich Betriebssystem : *4*
Elemente im Bereich Tabellenkalkulation: *3*
Elemente im Bereich Datenbank: *4*

Sortieren von Arrays

Arrays können nach verschiedenen Kriterien sortiert werden, beispielsweise nach Werten und Schlüsseln, aufsteigend und absteigend usw. Der Index (Schlüssel) eines Arrays gibt an, um welches Element des Arrays es sich handelt. Beispielsweise hat das Element *Betriebssystem* den Index *0*, das Element *Tabellenkalkulation* den Wert *1* usw.

Außerordentlich wichtig ist bei der Sortierung, ob die Indexverbindungen beibehalten werden oder nicht. Werden die Indexverbindungen nicht beibehalten, wird nach der Sortierung ein anderer Zugriff auf die einzelnen Werte notwendig. Will man den bisherigen Zugriff beibehalten, muss mit Schlüsseln sortiert werden.

Beispiel 1: Aufsteigende Sortierung

Die aufsteigende Sortierung ist sicherlich die am häufigsten genutzte Form der Sortierung.

Array	Beispiel/Beschreibung
void **sort** (array array [, int sort_flags])	sort($Programm);
Ein Array wird aufsteigend sortiert. Die Zuordnung von Schlüssel und Wert bleibt nicht erhalten. Folgende Sortierreihenfolge wird eingehalten: ! » # $ % & ' ( ) * + , – . / : ; < = > ? @ A B C D E F G H I J K L M N O P Q R S T U V W X Y Z [\ ] ^ _ ` a b c d e f g h i j k l m n o p q r s t u v w x y z { | } ~ € § ´ Ä Ö Ü ä ö ü	

array_sortieren.php	htdocs/PHP_Array

```php
1   <?php
2     echo "<h1>Sortieren von Arrays</h1>";
3     $programm [] = "Betriebssystem";
4     $programm [] = "Tabellenkalkulation";
5     $programm [] = "Datenbank";
6     $programm [] = "Textverarbeitung";
7     $programm [] = "Präsentationssoftware";
8     $programm [] = "Grafik";
9     $programm [] = "Audio";
10    sort($programm);
11    $zahl = count($programm);
12    for ($zaehler = 0; $zaehler < $zahl; $zaehler = $zaehler +1)  {
13      echo "Programm $zaehler : <em>$programm[$zaehler]</em><br><br>";
14    }
15  ?>
```

Anzeige im Browser – Ergebnis (nebeneinander dargestellt)

Sortieren von Arrays

Programm 0 : *Audio*

Programm 1 : *Betriebssystem*

Programm 2 : *Datenbank*

Programm 3 : *Grafik*

Programm 4 : *Präsentationssoftware*

Programm 5 : *Tabellenkalkulation*

Programm 6 : *Textverarbeitung*

Maximal- und Minimalwerte in einem Array

Die Maximal- und Minimalwerte eines Arrays können mithilfe spezieller Funktionen ausgelesen werden. Dies ist nicht nur mit Zahlenwerten möglich, sondern auch mit Buchstaben und Wörtern. Dabei werden die Buchstaben nach ihrer Wertigkeit in dem zugrunde liegenden Code bewertet. Im folgenden Skript werden zwei verschiedene Möglichkeiten der Ausgabe von Ergebnissen angegeben:

Funktion	Bedeutung
mixed **max** (mixed arg1, mixed arg2, mixed argn)	Der maximale Wert in einem Array wird zurückgegeben.
mixed **min** (mixed arg1, mixed arg2, mixed argn)	Der minimale Wert in einem Array wird zurückgegeben.

array_minimum_maximum.php   htdocs/PHP_Array

```php
1   <?php
2     echo "<h3>Mathematische Operatoren - Max - Min</h3>";
3     // Werte im Array;
4     $zahlen = array(23, 25, 67, 32, 91, 34, 43);
5     // Ausgabe des maximalen Wertes - 1. Möglichkeit
6     echo max($zahlen);
7     echo "<br>";
8     // Ausgabe des maximalen Wertes - 2. Möglichkeit
9     $maximum = max($zahlen);
10    echo "Größte Zahl: <strong>$maximum</strong><br>";
11    echo min($zahlen);
12    echo "<br>";
13    $minimum = min($zahlen);
14    echo "Kleinste Zahl: <strong>$minimum</strong><br>";
15    $bezeichnung = array("A", "C", "B");
16    // Ausgabe von Buchstaben nach der Wertigkeit
17    echo max($bezeichnung);
18    echo "<br>";
19    echo min($bezeichnung);
20  ?>
```

Anzeige im Browser – Ergebnis

Mathematische Operatoren - Max - Min

91
Größte Zahl: **91**
23
Kleinste Zahl: **23**
C
A

Auslesen der Datensätze mit der Funktion Foreach

Eine besonders einfache Möglichkeit des Auslesens eines Arrays wird durch die Funktion *Foreach* zur Verfügung gestellt. Die einzelnen Elemente eines Arrays werden in eine Variable übertragen und können dann ausgegeben werden.

array_foreach.php	htdocs/PHP_Array

```php
1  <?php
2    echo "<h3>Array_Auslesen_Foreach</h3>";
3    $programme = array("Betriebssystem" ,"Tabellenkalkulation", "Datenbank");
4    foreach ($programme as $value)
5    {
6      echo "Programm: ".$value ."<br>"."\n";
7    }
8  ?>
```

Suchen eines Elements in einem Array

Ob ein Element in einem Array vorhanden ist oder nicht, lässt sich je nach Anzahl der Daten nicht immer schnell überblicken. Daher kann nach einem bestimmten Begriff gesucht werden.

array_suchen.php	htdocs/PHP_Array

```php
1  <?php
2    echo "<h3>Array_Suchen</h3>";
3    $programme = array("Betriebssystem","Tabellenkalkulation","Datenbank");
4    if ($Suche = array_search ("Tabellenkalkulation", $programme ) )
5    {
6      echo $programme[$Suche] . " wurde gefunden!";
7    }
8  ?>
```

Löschen des Inhalts eines Arrays

Eine normale Variable wird mithilfe des Befehls *unset* gelöscht. Dies kann selbstverständlich auch mit einer Variablen geschehen, die Werte eines Arrays enthält.

array_loeschen.php	htdocs/PHP_Array

```php
1   <?php
2     echo "<h3>Array_Loeschen</h3>";
3     $programme = array("Betriebssystem" ,"Tabellenkalkulation", "Datenbank");
4     foreach ($programme as $value)
5     {
6       echo"Programm: ". $value."<br>"."\n";
7     }
8     unset ($programme);
9     if ( ! isset ($programme) )
10    {
11      echo "Array gelöscht";
12    }
13  ?>
```

12.16 Verschlüsselung von Daten mit PHP

Vorbemerkungen

Die Verschlüsselung von Daten stellt einen wirkungsvollen Schutz zur Sicherung von Daten dar. Beispielsweise lassen sich Texte verschlüsseln und entschlüsseln, Passwörter für die Eingabe über ein Formular verschlüsseln usw. PHP stellt Möglichkeiten der Einwegverschlüsselung und der Mehrwegverschlüsselung zur Verfügung. Bei der Einwegverschlüsselung ist eine Verschlüsselung, nicht jedoch eine Entschlüsselung möglich. Daher ist diese Methode vor allem für die Erstellung von Passwörtern zu empfehlen. Durch die Mehrwegverschlüsselung wird ein Text ver- und anschließend wieder entschlüsselt.

Einwegverschlüsselung

Für die Einwegverschlüsselung bieten sich die nachfolgenden PHP-Möglichkeiten an. Der zweite Befehl kommt aus dem Bereich des Betriebssystems *Unix*, er wird auch nicht in jeder PHP-Version unterstützt.

PHP	Beispiel	Bedeutung
string **md5** (string str)	$Passw = md5($Schluessel);	Der String *$Schluessel* wird verschlüsselt.
string **crypt** (string str [, string salt])	$Passw = crypt($Schluessel);	Der String *$Schluessel* wird verschlüsselt.

schluessel_1.php — htdocs/PHP_Verschluesselung

```php
1  <?php
2    echo "<h1>Schlüssel</h1>";
3    $schluessel = "ha4ns";
4    $passwort = md5($schluessel);
5    echo "$passwort";
6  ?>
```

Anzeige im Browser – Ergebnis

Schlüssel

5f99b8112b1cdbae2afcabede089983a

schluessel_2.php — htdocs/PHP_Verschluesselung

```php
1  <?php
2    echo "<h1>Schlüssel</h1>";
3    $schluessel = "ha4ns";
4    $passwort = crypt($schluessel);
5    echo "$passwort";
6  ?>
```

Anzeige im Browser – Ergebnis

Schlüssel

$1$6J0.Vz5.$ewfC54amPmlydeV7NBYC2.

Mehrwegverschlüsselung

Bei der Mehrwegverschlüsselung kann ein Text verschlüsselt und später wieder entschlüsselt werden. Wenn eine Nachricht beispielsweise per Mail versandt wird, muss der Empfänger über den entsprechenden Code verfügen, um die Nachricht entschlüsseln zu können. Die von PHP angebotene Lösung ist sicherlich nicht ideal und bietet keinen wirksamen Schutz, da dieser Code von jedem sofort decodiert werden kann, der erkennt, dass es sich um den PHP-Code handelt.

PHP	Beispiel/Beschreibung
string **base64_encode** (string data)	$Sch = "Dies ist eine Nachricht!";
Der Inhalt eines Strings wird codiert.	
string **base64_decode** (string encoded_data)	$Sch = "RGllcyBpc3QgZWluZSBOYWNocmljaHQh";
Der Inhalt eines Strings wird decodiert.	

schluessel_3.php — htdocs/PHP_Verschluesselung

```php
1  <?php
2    echo "<h1>Nachricht - codiert</h1></h1>";
3    $schluessel = "Dies ist eine Nachricht!";
4    $nachricht = base64_encode($schluessel);
5    echo "$nachricht";
6  ?>
```

Anzeige im Browser – Ergebnis

Nachricht - codiert

RGllcyBpc3QgZWluZSBOYWNocmljaHQh

schluessel_4.php — htdocs/PHP_Verschluesselung

```php
1  <?php
2    echo "<h1>Nachricht - decodiert</h1></h1>";
3    $schluessel = "RGllcyBpc3QgZWluZSBOYWNocmljaHQh";
4    $nachricht = base64_decode($schluessel);
5    echo "$nachricht";
6  ?>
```

Anzeige im Browser – Ergebnis

Nachricht - decodiert

Dies ist eine Nachricht!

12.17 Passwortschutz – Verschlüsselung
Überprüfung eines Passworts

Auf Webseiten sollen nicht alle Nutzer in der Lage sein, alle Informationen zu erhalten. Daher werden Inhalte durch ein Passwort gesichert. Im ersten Beispiel soll ohne eine Verschlüsselung in Abhängigkeit von der Richtigkeit eines Passworts ein Text ausgegeben werden.

passwort_1.html — htdocs/PHP_Verschluesselung

```html
1  <!DOCTYPE html>
2  <html>
3    <head>
4      <title>Passwort</title>
5      <link rel="stylesheet" href="formulare.css" type="text/css">
6    </head>
7    <body>
8      <h1>Passwort</h1>
9        <form action="passwort_1.php" method="post">
10       <fieldset>
11         <legend class="f1">Passwort</legend>
12         <p>
13         <label for ="Passwort">Passwort</label>
14         <input name="Passwort" type="text" size="30" maxlength="30"
15          required="required" id="Passwort">
17         </p>
18       </fieldset><p></p>
19       <fieldset>
20         <legend class="f2">Schaltflächen</legend>
21         <input type="SUBMIT" Value="Eingabe">
22         <input type="RESET" Value="Zurücksetzen">
23       </fieldset>
24     </form>
25    </body>
26  </html>
```

passwort_1.php — htdocs/PHP_Verschluesselung

```php
1  <?php
2    echo "<h1>Passwort</h1>";
3    $passwort = $_POST["Passwort"];
4    if ($passwort == 20) {
5      echo "Richtiges Passwort!";
6    }
7    else {
8      echo "Falsches Passwort!";
9    }
10 ?>
```

12.18 Funktionen

12.18.1 Vorbemerkungen

Eine Funktion ist ein abgegrenzter Bereich in einem Skript. Mithilfe von Eingabewerten werden in der Funktion Berechnungen und Aktionen durchgeführt. Funktionen sollten dann genutzt werden, wenn Abschnitte eines Codes immer wieder benötigt werden. Der entsprechende Bereich muss nur einmal erstellt und kann dann immer wieder aufgerufen werden. Wichtig ist auch, dass der Aufruf einer Funktion in einem Skript sowohl vor als auch nach der Definition der Funktion im Skript erfolgen kann.

12.18.2 Funktion mit internen Variablen

Funktionsinterne Variablen werden in der Funktion definiert. Daher sind sie auch nur in der Funktion gültig. Dies erhöht nicht unbedingt die Effektivität der Funktion, da Werte nur innerhalb der Funktion gültig sind. Dies wird nachfolgend demonstriert:

funktion_funktionsintern.php htdocs/PHP_Funktionen

```php
1   <?php
2     echo "<h1>Funktion - funktionsinterne Variable</h1>";
3     // Definition der Funktion
4     function addition(){
5       // Definition der funktionsinternen Variablen
6       $zahl1 = 10;
7       $zahl2 = 20;
8       $ergebnis = 0;
9       $ergebnis = $zahl1 + $zahl2;
10      //Ausgabe der funktionsinternen Variablen und Berechnungen
11      echo "Zahl 1 : <strong>$zahl1</strong><br>";
12      echo "Zahl 2 : <strong>$zahl2</strong><br>";
13      echo "Ergebnis : <strong>$ergebnis</strong><br>";
14    }
15    // Aufruf der Funktion
16    Addition();
17    /* Ausgabe der Zahl 1 außerhalb der Funktion führt zu keinem Ergebnis und
         einer Fehlermeldung */
18    echo "Zahl 1 (außerhalb der Funktion): <em>$zahl1</em><br><br> ";
19  ?>
```

Anzeige im Browser – Ergebnis

Funktion - funktionsinterne Variable

Zahl 1 : 10
Zahl 2 : 20
Ergebnis : 30

Notice: Undefined variable: zahl1 in J:\xam\htdocs\PHP_Funktionen\funktion_funktionsintern.php on line 18
Zahl 1 (außerhalb der Funktion):

12.18.3 Funktion mit externen Variablen

Die Definition funktionsexterner Variablen lässt die Möglichkeit zu, unterschiedliche Funktionen auf Grundlage derselben Eingabewerte aufzurufen. Die externen Variablen sind im gesamten Skript gültig, interne Variablen nur in den entsprechenden Funktionen. Daher können verschiedene Funktionen definiert werden. Allerdings können auch in diesem Fall die Werte nicht außerhalb der Funktion genutzt werden, da sie nur innerhalb der Funktionen gültig sind.

funktion_funktionsextern.php   htdocs/PHP_Funktionen

```php
1   <?php
2     echo "<h1>Funktion - funktionsexterne Variable</h1>";
3     // Definition der funktionsexternen Variablen
4     $zahl1 = 10;
5     $zahl2 = 20;
6     // Aufruf der Funktionen
7     addition($zahl1, $zahl2);
8     multiplikation($zahl1, $zahl2);
9     // Definition der Funktionen
10    function addition($zahl1, $zahl2){
11      $ergebnis = $zahl1 + $zahl2;
12      echo "<strong>Addition</strong><br><br>";
13      echo "Zahl 1 : <strong>$zahl1</strong><br><br>";
14      echo "Zahl 2 : <strong>$zahl2</strong><br><br>";
15      echo "Ergebnis : <strong>$ergebnis</strong><br><br>";
16    }
17    function multiplikation($Zahl1, $Zahl2){
18      echo "<strong>Multiplikation</strong><br><br>";
19      $ergebnis = $zahl1 * $zahl2;
20      echo "Zahl 1 : <strong>$zahl1</strong><br><br>";
21      echo "Zahl 2 : <strong>$zahl2</strong><br><br>";
22      echo "Ergebnis : <strong>$ergebnis</strong><br><br>";
23    }
24    // Ausgabe außerhalb der Funktionen
25    echo "Zahl 1 : <strong>$zahl1</strong><br><br>";
26    echo "Ergebnis : <strong>$ergebnis</strong><br><br>";
27  ?>
```

Anzeige im Browser – Ergebnis

Addition

Zahl 1 : 10

Zahl 2 : 20

Ergebnis : 30

Multiplikation

Zahl 1 : 10

Zahl 2 : 20

Ergebnis : 200

Zahl 1 : 10

Ergebnis :

12.18.4 Funktion mit Rückgabewerten

Funktionsexterne Variablen können zwar innerhalb einer Funktion angesprochen und es können innerhalb der Funktion Berechnungen vorgenommen werden, allerdings ist es bisher nicht möglich, Ergebnisse weiterzuverarbeiten. Dies ist jedoch in der Regel unbedingt notwendig, da oftmals das Ergebnis der Berechnungen für weitere Berechnungen genutzt werden soll. Anhand verschiedener Beispiele soll dies gezeigt werden.

Im Beispiel werden Eingabewerte in die Funktion eingelesen und dann in der Funktion berechnet. Danach wird das Ergebnis außerhalb der Funktion ausgegeben und weiterverarbeitet:

funktion_rueckgabe.php   htdocs/PHP_Funktionen

```php
 1  <?php
 2     echo "<h1>Funktion - Rueckgabe</h1>";
 3     // Eingabewerte
 4     $eingabe1 = 10;
 5     $eingabe2 = 20;
 6     $eingabe3 = 30;
 7     // Funktionen mit Return-Anweisung
 8     function addition($zahl1, $zahl2, $zahl3){
 9        return  $zahl1 + $zahl2 + $zahl3;
10     }
11     function multiplikation($zahl1, $zahl2){
12        return  $zahl1 * $zahl2;
13     }
14     //Aufruf der Funktion
15     $addition = addition($eingabe1, $eingabe2, $eingabe3);
16     $multiplikation = multiplikation($eingabe1, $eingabe2);
17     // Alternative :$Addition = summe(10,20,30);
18     // Alternative :$Multiplikation = multiplikation(10,20);
19     echo "Eingabe 1 : <strong>$eingabe1</strong><br><br>";
20     echo "Eingabe 2 : <strong>$eingabe2</strong><br><br>";
21     echo "Eingabe 3 : <strong>$eingabe3</strong><br><br>";
22     echo "Addition: <strong>$addition</strong><br><br>";
23     echo "Multiplikation: <strong>$multiplikation</strong><br><br>";
24     $division = $multiplikation/$addition;
25     echo "Division: <strong>$division</strong><br><br>";
26  ?>
```

Anzeige im Browser – Ergebnis

Funktion - Rueckgabe

Eingabe 1 : 10

Eingabe 2 : 20

Eingabe 3 : 30

Addition: 60

Multiplikation: 200

Division: 3.33333333333

12.18.5 Rekursive Funktion

Vorbemerkungen

Eine rekursive Funktion ist eine Funktion, die sich selbst aufruft. Diese Funktion wird vor allem angewandt, wenn immer die gleichen Schritte bzw. Rechenoperationen durchgeführt werden sollen. Oftmals gibt es zum Einsatz einer rekursiven Funktion Alternativen. Dies soll auch in den nachfolgenden Ausführungen gezeigt werden.

Nachfolgend sollen alle Zahlen bis zu einer festgelegten Zahl addiert werden. Ist die festgelegte Zahl beispielsweise *4*, sollen die Zahlen *1*, *2*, *3* und *4* addiert werden.

Wie anschließend gezeigt wird, lässt sich das Problem auf unterschiedliche Weise lösen. Zum einen wird mithilfe einer Schleife die Berechnung durchgeführt, zum anderen wird eine selbst definierte Funktion genutzt. Beide Berechnungen führen zum gleichen Ergebnis.

Beispiel 1:   Iterative Berechnungsmethode

Mithilfe einer iterativen Methode soll die Berechnung zunächst vorgenommen werden. Dabei wird die *while-Schleife*, die bereits bekannt ist, genutzt.

funktion_iterativ.php   htdocs/PHP_Funktionen

```php
<?php
  echo "<h1>Funktion - Iteration</h1>";
  // Definition der Variablen
  $zahl = 9;
  $zahl1 = $zahl;
  $ergebnis = 0;
  // Berechnung der Summe
  while ($zahl > 0){
    $ergebnis = $ergebnis + $zahl;
    $zahl = $zahl - 1;
  }
  // Ausgabe der Ergebnisse
  echo "Zahl: :<strong>$zahl1</strong><br><br> ";
  echo "Ergebnis der Addition :<strong>$ergebnis</strong><br><br> ";
?>
```

Anzeige im Browser – Ergebnis

Funktion - Iteration

Zahl: : **9**

Ergebnis der Addition : **45**

Funktionen

Beispiel 2: Rekursive Berechnungsmethode

Bei der rekursiven Berechnungsmethode ruft sich die Funktion solange selbst auf, bis eine festgelegte Bedingung erfüllt ist. Ist die Bedingung erfüllt, kann das Ergebnis ausgelesen und ausgegeben werden.

Im Beispiel wird durch die Funktion die Addition von Werten solange vorgenommen, bis die Bedingung erfüllt ist. Zunächst wird die Zahl *9* addiert, dann wird die Zahl um 1 herabgesetzt, dadurch die Zahl *8* berechnet und zu der Zahl *9* addiert usw. Danach wird das Ergebnis ausgelesen und ausgegeben.

In einem zweiten Beispiel sollten Sie eine andere Zahl in der Zeile *4* eintragen. Sie werden sehen, dass die Berechnung problemlos durchgeführt wird.

funktion_rekursiv.php   htdocs/PHP_Funktionen

```php
1  <?php
2    echo "<h1>Funktion - Rekursiv</h1>";
3    // Definition der Variablen
4    $zahl = 9;
5    // Definition der Funktion
6    function addition($zahl){
7      if ($zahl == 0) {
8        return ;
9      } else {
10       return addition($zahl-1)+ $zahl;
11     }
12   }
13   //Aufruf der Funktion
14   $endergebnis=addition($zahl);
15   echo "Zahl:  :<strong>$zahl</strong><br><br>";
16   echo "Ergebnis der Addition:<strong>$endergebnis</ /strong><br><br>";
17 ?>
```

Anzeige im Browser – Ergebnis

Funktion - Rekursiv

Zahl : 9

Ergebnis der Addition: 45

Funktion - Rekursiv

Zahl : 100

Ergebnis der Addition: 5050

13 Theoretische Grundlagen einer relationalen Datenbank

13.1 Funktionen einer Datenbank – Datenbankkonzept

Datenbanken werden genutzt, um Daten über Produkte, Lieferanten, Kunden usw. zu erfassen und sinnvoll auszuwerten. Es muss genau geplant werden, welche Daten zu welchen Zwecken benötigt werden und damit für bestimmte Zwecke ausgewertet werden können.

Kennzeichen eines guten Datenbankprogramms ist jedoch auch, dass durch betrieblich bedingte Notwendigkeiten später Änderungen vorgenommen werden können, die es erlauben, zusätzliche Daten zu erfassen und zu verarbeiten. Trotzdem besteht die unbedingte Notwendigkeit, eine Datenbank genau zu planen, damit sie auch späteren Anforderungen gerecht wird. Die Modellierung einer Datenbank wird in der Regel nach dem **Entity-Relationship-Modell (ERM)** vorgenommen. Außerdem werden Daten normalisiert, d. h., komplexe Datenbeziehungen (Tabellen mit vielen Datenfeldern, z. B. Daten über Artikel und Lieferanten in einer Tabelle) werden in einfache Beziehungen in mehreren Tabellen überführt.

Hinweis: Grundsätzlich ist es durchaus möglich, bei der Arbeit mit dem Kapitel *Aufbau einer Datenbank mit Access* zu beginnen und die theoretischen Grundlagen nach Bedarf oder danach zu behandeln.

13.2 Datenmodelle

Mithilfe von Datenbanken sollen Ausschnitte aus der realen Welt abgebildet werden. Dies bedeutet, dass anfallende Daten sachgerecht abgebildet werden müssen, um danach optimal verarbeitet werden zu können.

Der Ablauf der Modellierung und die Erstellung einer Datenbank erfolgt normalerweise in der nachfolgend dargestellten Reihenfolge. Die einzelnen Schritte werden kurz angegeben und im Buch intensiv beschrieben. Die theoretischen Grundlagen werden später anhand des Aufbaus einer Datenbank mit dem Programm **Access** in praktische Ergebnisse umgesetzt.

Begriff	Bedeutung
Semantisches Modell	Objekte und Beziehungen der realen Welt werden im semantischen Datenmodell abstrakt beschrieben. Zur visuellen Unterstützung werden semantische Datenmodelle z. B. mithilfe von Entity-Relationship-Modellen beschrieben. **Beispiel:** Autoren schreiben Bücher. Diese Bücher werden von einem Verlag herausgebracht. **Darstellung im Entity-Relationship-Modell:** Autor — schreibt — Buch — wird verlegt durch — Verlag

Relationale Datenbank 439

Logisches Modell	Das logische Datenmodell entspricht der konzeptionellen Erstellung einer Datenbank in Abhängigkeit von dem Datenbanksystem, welches später eingesetzt werden soll. In der Regel wird das relationale Datenbankmodell in der Praxis angewandt. Die im Entity-Relationship-Modell beschriebenen Objekte und Beziehungen werden in Form von Tabellen umgesetzt. Das Modell wird im nächsten Kapitel genauer beschrieben. Andere denkbare Modelle spielen in der Praxis keine Rolle und werden daher hier nicht beschrieben. Zur Verhinderung von Redundanzen (mehrfach vorhandene gleiche Daten) und Anomalien (Inkonsistenzen, nicht miteinander vereinbaren Daten, widersprüchliche Daten) wird die Technik der Normalisierung eingesetzt. Sie wird später genau beschrieben.
Physisches Modell	Die Umsetzung des logischen Modells mithilfe der Datenbeschreibungssprache des Zielsystems (Data Description Language) wird als physisches Modell bezeichnet. Das Modell wird z. B. im Datenbankprogramm **Access** oder im Datenbankverwaltungssystem **MySQL** umgesetzt.

13.3 Relationale Datenbank

Von einer **relationalen Datenbank** spricht man, wenn Daten aus verschiedenen Tabellen miteinander verknüpft werden können, also beispielsweise bestimmte Artikel einem Lieferanten zugeordnet werden können.

Dabei muss eine relationale Datenbank bestimmte Mindestanforderungen erfüllen:
- Alle Informationen werden in Tabellen dargestellt. Grundlage der relationalen Datenbank ist die Tabelle oder „Relation". Der Aufbau aller Datensätze in einer Tabelle muss gleich sein, die Datensätze müssen also aus denselben Datenfeldern (z. B. *Artikel_Nr*, *Artikelart*, *Artikel_Bez*, *Bestand* usw.) bestehen.
- Eine Tabelle besteht aus Zeilen und Spalten. Jede Zeile enthält einen Datensatz (z. B. *1001*, *Schreibtisch*, *Gabriele*, *5*, usw.). Die Spalten der Tabelle enthalten ein einzelnes Datenfeld (z. B. *1001*).

In der Datenbanksprache werden die folgenden Begriffe benutzt:

Begriff	Bedeutung
Relation	Zweidimensionale Tabelle mit bestimmter Anzahl von Zeilen und Spalten.
Attribut	Eigenschaften einer Spalte einer Tabelle, z. B. *Artikel_Nr*.
Attributwert	Ein Inhalt eines Datenfeldes, z. B. die Artikel_Nr *1000*.
Tupel	Eine Zeile einer Tabelle und damit ein Datensatz in einer Tabelle, z. B. *1000*, *Schreibtisch*, *Gabriele*, *5*, *102*.

Attribut (Datenfeld)   **Attributwert**

Artikel_Nr	Artikelart	Artikel_Bez	Lieferer_Nr	
1000	Schreibtisch	Gabriele	102	
1001	Schreibtisch	Modern	101	← **Tupel** (Datensatz)
1002	Schreibtisch	Elegant	102	
1003	Büroschrank	Aktuell	100	

Relation (gesamter Inhalt der Tabelle)

- Die Daten müssen bearbeitet werden können:
  - Tabellen müssen über mindestens einem gemeinsamen Attribut (Feldnamen) verknüpft (in Beziehung gestellt) werden können. So muss beispielsweise über ein Datenfeld in einer Lagertabelle auf eine Lieferantentabelle zurückgegriffen werden können.

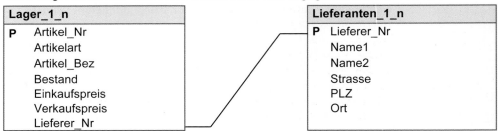

Bei der hier abgebildeten Beziehung ist es möglich, über eine Abfrage einem Artikel einen Lieferanten zuzuordnen. Andere Beziehungen erlauben es z. B., einem Artikel mehrere Lieferanten oder einem Lieferanten mehrere Artikel zuzuordnen.

  - Alle Daten müssen durch Selektion (Auswahl) in bestimmte Ergebnistabellen kopiert werden können. Dies wird in **Access** über Abfragen realisiert.

Artikel_Nr	Artikelart	Artikel_Bez	Lieferer_Nr	Name1	Ort
1000	Schreibtisch	Gabriele	102	Tranel GmbH	Duisburg
1001	Schreibtisch	Modern	101	Büromöbel AG	Berlin
1002	Schreibtisch	Elegant	102	Tranel GmbH	Duisburg
1003	Büroschrank	Aktuell	100	Wagner & Co.	Bielefeld

Im abgebildeten Beispiel werden Daten aus zwei Tabellen, die miteinander verknüpft wurden, durch eine Abfrage zusammengeführt, sodass man sehen kann, welcher Artikel von welchem Lieferanten geliefert werden kann.

Wird die Datenbank vernünftig aufgebaut, werden Datenredundanzen und Dateninkonsistenzen vermieden und die Datenintegrität gewahrt:

Datenredundanz und Dateninkonsistenz	Mehrfache Einträge desselben Sachverhaltes in einer Datenbank nennt man Datenredundanzen. Beispielsweise ist es unlogisch, in einer Tabelle zu jedem Artikel den Lieferanten einzugeben. Liefert der Lieferant mehrere Artikel, müssten jedes Mal die Daten in allen Datensätzen geändert werden, wenn sich beispielsweise der Name (Firmenbezeichnung) des Lieferanten ändert. Bei der Datenänderung muss gewährleistet sein, dass alle betroffenen Eintragungen erfasst werden, ansonsten kommt es zur Dateninkonsistenz, also zu nicht mehr aktuellen Daten. Ein besonderes Problem ist gegeben, wenn in Tabellen unterschiedliche Daten desselben Sachverhalts entstehen. Dies muss unbedingt bei der Planung und der Arbeit mit einer Datenbank verhindert werden. Durch mehrfache Einträge werden außerdem Platzressourcen verschwendet. Die mehrfache Erfassung führt daneben zur Zeitverschwendung, etwa bei der Dateneingabe, da Lieferanten- und Artikeldaten nicht nur einmal erfasst würden.
Datenintegrität	Unter Datenintegrität versteht man die Genauigkeit von Daten und ihre Übereinstimmung mit der erwarteten Bedeutung, insbesondere nachdem sie übertragen oder verarbeitet wurden.

13.4 Entity-Relationship-Modell (ERM) – semantisches Modell

13.4.1 Begriff

Das Entity-Relationship-Modell (ERM), in seltenen Fällen auch als Gegenstands-Beziehungsmodell bezeichnet, bildet in der Regel die Grundlage für die Modellierung einer Datenbank. In dem Modell werden Objekte einer Datenbank in sinnvolle Beziehungen zueinander gesetzt.

Das Modell beschreibt einen Auszug aus einer realen Welt. Beispielsweise werden die Beziehungen zwischen einem Autor und einem oder mehreren Büchern beschrieben oder die Beziehung zwischen einem oder mehreren Lieferanten zu einem oder mehreren Artikeln im Lager eines Unternehmens. Die Beziehungen zwischen den einzelnen Objekten werden durch *Entity-Relationship-Diagramme* (ERD) oder *ER-Diagramme* grafisch dargestellt. Nachfolgend wird die sogenannte Chen-Notation benutzt, benannt nach dem Informatiker Peter Chen. Andere Notationen sind sehr ähnlich aufgebaut.

13.4.2 Entität

Begriff:
Eine Entität ist ein eindeutig identifizierbares Objekt oder ein eindeutig identifizierbarer Sachverhalt der realen Welt oder der Vorstellungswelt.

Beispiele:
Entitäten können beispielsweise Artikel, Lieferanten, Kunden, Autoren, Bücher usw. sein.

Darstellung einer Entität:
Entitäten werden in einem Rechteck dargestellt.

Beispiel:

13.4.3 Attribute

Begriff:
Durch Attribute werden die Eigenschaften einer Entität spezifiziert, also genauer beschrieben. Die einzelnen Eigenschaften einer Entität werden für den benötigten Zweck erfasst.

Beispiel:
Für den Autor eines Buches lassen sich z. B. eine Autor_Nr, ein Name, ein Vorname, ein Ort usw. bestimmen.

Darstellung einer Entität mit Attributen (bzw. Entitätstypen):
Attribute werden als Ellipse dargestellt. Sie werden einer Entität zugeordnet. Schlüsselfelder werden unterstrichen. Die Bedeutung wird auf den nächsten Seiten erklärt.

Beispiel:

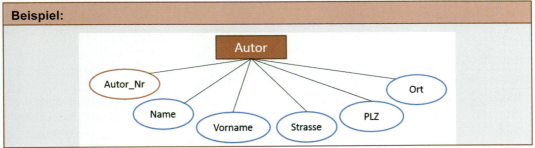

13.4.4 Entitätstyp

Begriff:
Eine Menge von **Entitäten** mit gleichen Attributen wird als **Entitätstyp** bezeichnet. Zu einem Entitätstyp kann es beliebig viele Entitäten geben. Dies bedeutet, dass alle Datensätze in einer Tabelle einer Datenbank identisch aufgebaut sind und sein müssen. Durch Entitätstypen wird der Datenbestand beschrieben. Der Datenbestand wird durch die Entitäten dargestellt.

Beispiel 1:
In einer Tabelle einer Datenbank werden die Autoren von Büchern erfasst. Für jeden Autor werden dieselben Daten, wie etwa der Name und der Vorname, erfasst.

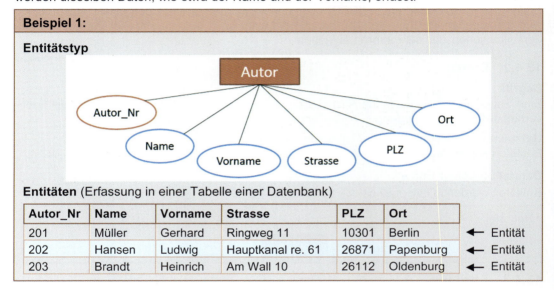

Beispiel 2:
In einer Tabelle einer Datenbank werden die Artikel erfasst. Für jeden Artikel werden dieselben Daten, wie etwa die Artikelart und die Artikelbezeichnung, erfasst.

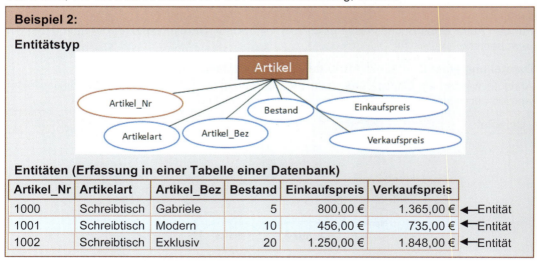

13.4.5 Schlüsselfelder

Zu den Schlüsselfeldern gehören der Primär- und der Fremdschlüssel. In der folgenden Tabelle werden die beiden Begriffe erklärt. Außerdem werden verschiedene Arten von Primärschlüsseln angegeben und beschrieben. Schlüssel können sich von Natur aus anbieten, sie können jedoch auch nach den jeweiligen Erfordernissen künstlich hinzugefügt werden. Außerdem können die Schlüssel aus mehreren Attributen bestehen.

Primärschlüssel	
Definition	Als Primärschlüssel wird in einer relationalen Datenbank ein Datenfeld in einer Tabelle bezeichnet, die jeden in dieser Tabelle gespeicherten Datensatz eindeutig beschreibt. Auch mehrere Datenfelder können als Primärschlüssel definiert werden.
	Ein Schlüssel darf in einer Tabelle nicht mehrmals vorkommen, da dieser dafür genutzt wird, um einen bestimmten Datensatz auszuwählen und Beziehungen zu Datenfeldern anderer Tabellen herzustellen.
	Im Normalfall wird als Primärschlüssel nur ein Datenfeld verwendet, z. B. eine Artikelnummer oder der Name einer Person. Reicht ein Datenfeld zur Klassifizierung nicht aus, können weitere Felder dazu genommen werden (z. B. Vorname, Geburtsdatum usw.). Man spricht dann von einem kombinierten zusammengesetzten Primärschlüssel oder auch Verbundschlüssel.
Natürlicher Schlüssel	Als natürlichen Schlüssel bezeichnet man ein Attribut, welches durch den Entitätstyp vorgegeben ist. Ein natürliches Attribut könnte beispielsweise die Personalausweisnummer oder die ISBN-Nummer eines Buches sein.

	Kurznotation:
	Person (Personalausweisnummer, Name, Vorname, Geburtsdatum, ...)
	Diese Daten sind möglich, da sich die Daten im Datenfeld mit dem Primärschlüssel unterscheiden:
	<table><tr><th>Personalausweis_Nr</th><th>Name</th><th>Vorname</th><th>Geburtsdatum</th></tr><tr><td>178665456</td><td>Müller</td><td>Heinrich</td><td>15.11.1981</td></tr><tr><td>145654789</td><td>Müller</td><td>Heinrich</td><td>23.11.1987</td></tr><tr><td>167876543</td><td>Volkmann</td><td>Hans</td><td>23.12.1983</td></tr></table>
	Die Eingabe des zweiten Datensatzes ist nicht möglich, da versucht wird, im Datenfeld mit dem Primärschlüssel einen gleichen Wert einzugeben:
	<table><tr><th>Personalausweis_Nr</th><th>Name</th><th>Vorname</th><th>Geburtsdatum</th></tr><tr><td>178665456</td><td>Müller</td><td>Heinrich</td><td>15.11.1981</td></tr><tr><td>178665456</td><td>Müller</td><td>Heinrich</td><td>23.11.1987</td></tr></table>

Künstlicher Schlüssel Entität	Zusätzlich zu den vorhandenen Attributen wird ein weiteres Attribut hinzugefügt. Dabei handelt es sich z. B. um eine Artikelnummer usw.  *Artikel (Artikel_Nr, Artikelart, Artikel_Bez, Einkaufspreis, …)*
Verbundschlüssel (zusammengesetzter, kombinierter) Entität	Mehrere Attribute bilden zusammen den Schlüssel. Dabei kann es sich z. B. um die folgende Kombination handeln: 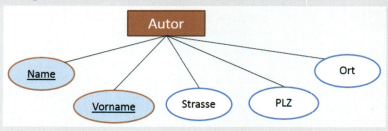 *Autor (Name, Vorname, Strasse, PLZ, Ort)* Grundsätzlich erscheint ein solcher Schlüssel in der dargestellten Form jedoch nicht besonders geeignet, da es auch Personen geben kann, die den gleichen Namen und Vornamen haben. Ein Verbundschlüssel in einer Tabelle *Abteilung_Mitarbeiter* ergibt hingegen einen Sinn. Ein Mitarbeiter kann selbstverständlich nicht zweimal in derselben Abteilung beschäftigt sein. Wird dieselbe Kombination aus Abteilungsnummer und Mitarbeiternummer ein zweites Mal eingegeben, ist dies falsch und muss verhindert werden. Hingegen muss es möglich sein, dass der Mitarbeiter mehreren Abteilungen zugeordnet wird.  *Abteilung_Mitarbeiter (Abteilung_Nr, Mitarbeiter_Nr)* Die Eingabe der folgenden Daten ist möglich: | Abteilung_Nr	Mitarbeiter_Nr
3	1000
3	1001 | Die Eingabe der folgenden Daten ist nicht möglich: | Abteilung_Nr	Mitarbeiter_Nr
3	1000
3	1000	

Entity-Relationship-Modell (ERM) – semantisches Modell

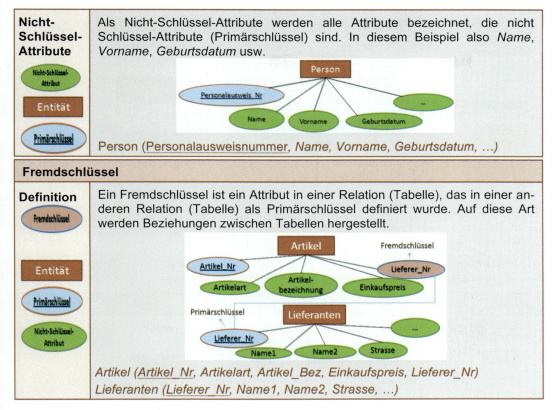

Nicht-Schlüssel-Attribute	Als Nicht-Schlüssel-Attribute werden alle Attribute bezeichnet, die nicht Schlüssel-Attribute (Primärschlüssel) sind. In diesem Beispiel also *Name*, *Vorname*, *Geburtsdatum* usw.

Person (<u>Personalausweisnummer</u>, *Name, Vorname, Geburtsdatum, ...*)

Fremdschlüssel	
Definition	Ein Fremdschlüssel ist ein Attribut in einer Relation (Tabelle), das in einer anderen Relation (Tabelle) als Primärschlüssel definiert wurde. Auf diese Art werden Beziehungen zwischen Tabellen hergestellt.

Artikel (<u>Artikel_Nr</u>, Artikelart, Artikel_Bez, Einkaufspreis, Lieferer_Nr)
Lieferanten (<u>Lieferer_Nr</u>, Name1, Name2, Strasse, ...)

13.4.6 Relationship (Beziehungen)

Begriff:
Ein Relationship (Beziehung) beschreibt die semantische Beziehung zwischen zwei Objekten. Um einen Sachverhalt darstellen zu können, sind oftmals mehrere Beziehungen zwischen den gegebenen Objekten notwendig. Nachfolgend wird ein einfaches Beispiel dargestellt. Dabei werden unterschiedlich mögliche Darstellungsformen gezeigt.

Beispiel 1:
Ein Autor schreibt ein Buch.

Darstellung:
Beziehungen werden durch eine Raute dargestellt.

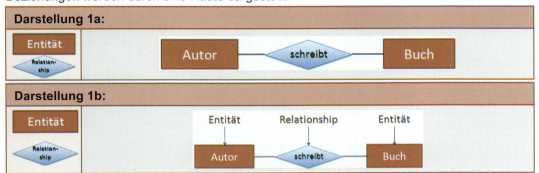

Darstellung 1c:

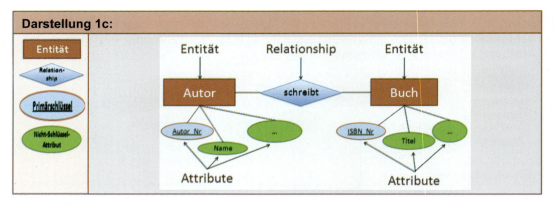

Beispiel 2:

Ein Autor schreibt ein Buch. Dieses Buch wird bei einem Verlag herausgebracht. Daher bestehen zwei Beziehungen:

- Beziehung 1: Beziehung zwischen dem Autor und dem Buch,
- Beziehung 2: Beziehung zwischen dem Buch und dem Verlag.

Darstellung 2:

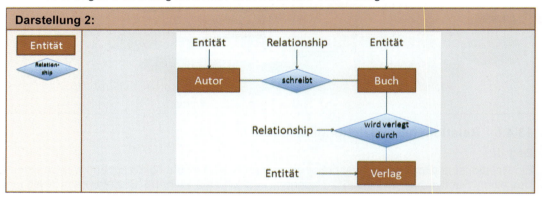

13.4.7 Kardinalität

Bei der Kardinalität geht es um die Frage, ob eine Entität der Typs A (ein Objekt) mit einer oder mehreren Entitäten des Typs B (ein oder mehrere Objekte) in Beziehung steht. Die Beziehungen werden anschließend erklärt.

Fragestellung	Antwort	Kardinalität
Kann es in einem Ort mehrere Krankenhäuser geben?	Ja	n
Kann ein Auto mehrere unterschiedliche Kennzeichen haben?	Nein	1

13.4.8 Optionalität

Bei der Optionalität geht es darum, ob eine Entität der Typs A (ein Objekt) mit mindestens einer Entität des Typs B (einem Objekt) in Beziehung stehen muss.

Fragestellung/Bedeutung	Optionalität
Muss eine Klinik in mindestens einem Ort liegen?	Ja, Muss-Beziehung, nicht optional
Muss ein Ort mindestens eine Klinik haben?	Nein, Kann-Beziehung, optional

13.4.9 Beziehungstypen

Inhalte von Tabellen können über Beziehungen zusammengeführt werden. Danach sind Auswertungen möglich. Im Wesentlichen wird zwischen folgenden Beziehungen unterschieden:

1:1-Beziehung (1 zu 1)	
Begriff	Eine Entität wird jeweils einer anderen Entität zugeordnet.
Beispiel	Ein Auto wird von einem Hersteller u. a. mit einer Fahrzeugnummer ausgestattet. Jedes Auto hat ein Kennzeichen. Dieses Kennzeichen wird nur einmal vergeben.
Grundlagen	
ERM	
	Das Beispiel lässt sich selbstverständlich weiter ausbauen, beispielsweise auch dadurch, dass die Zulassungsstelle, die das Kennzeichen vergeben hat, in die Modellierung des Sachverhalts einbezogen wird. Das Kennzeichen wird in nur einer Zulassungsstelle vergeben. Daher handelt es sich auch hierbei um eine 1:1-Beziehung.
	Die Beziehungen zwischen dem Kennzeichen und der Zulassungsstelle können auch einen anderen Grad der Beziehung annehmen.
Attribute	

Tabellen	Auto
	P Fahrzeug_Nr
	    Hersteller
	    Typ
	    Baujahr Kennzeichen
	P Kennzeichen
	    Zulassungsstelle
	    PLZ
	    Ort

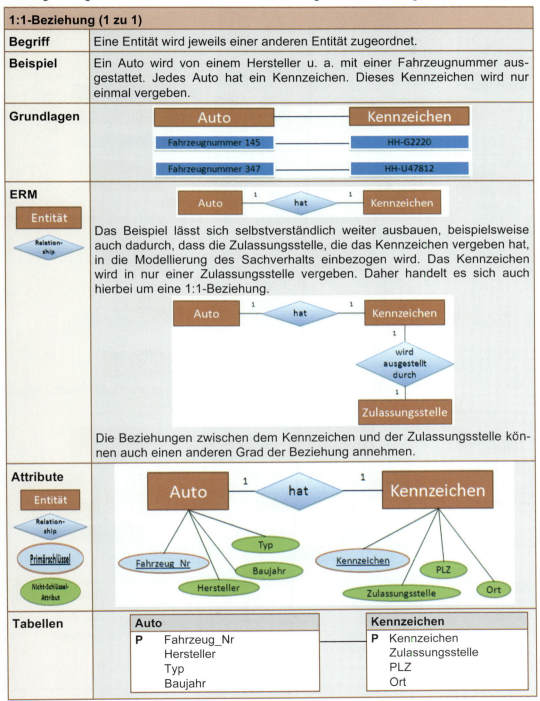

1:n-Beziehung (1 zu beliebig vielen)	
Begriff	Jede Entität aus der ersten Entitätsmenge kann mit beliebig vielen Entitäten aus der zweiten Entitätsmenge in Beziehung stehen. Jede Entität aus der zweiten Entitätsmenge kann mit höchstens einer Entität aus der ersten Entitätsmenge in Beziehung stehen.
Beispiel	Ein Autor schreibt beliebig viele Bücher. Umgekehrt ist jedoch ein Buch aus der zweiten Entitätsmenge eindeutig einem Autor zuzuordnen.
Grundlagen	
ERM	
Attribute	
Tabellen	

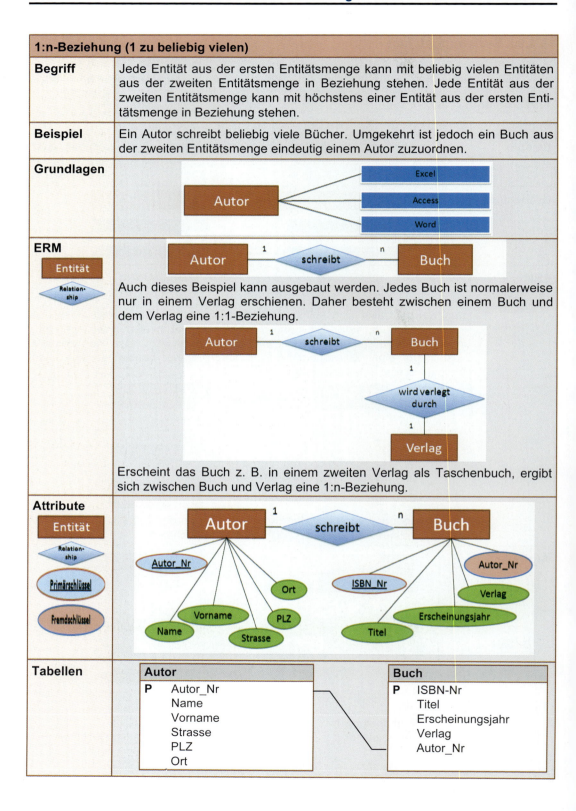

Entity-Relationship-Modell (ERM) – semantisches Modell

m:n-Beziehung (beliebig viele zu beliebig vielen)	
Begriff	Jede Entität aus der ersten Entitätsmenge kann mit beliebig vielen Entitäten aus der zweiten Entitätsmenge in Beziehung stehen. Jede Entität aus der zweiten Entitätsmenge kann mit beliebig vielen Entitäten aus der ersten Entitätsmenge in Beziehung stehen.
Beispiel	Ein Lieferant kann mehrere Produkte liefern. Außerdem kann jedes Produkt auch von mehreren Lieferanten geliefert werden. Selbstverständlich braucht nicht jedes Produkt von allen Lieferanten geliefert werden können, es kann jedoch so sein.
Grundlagen	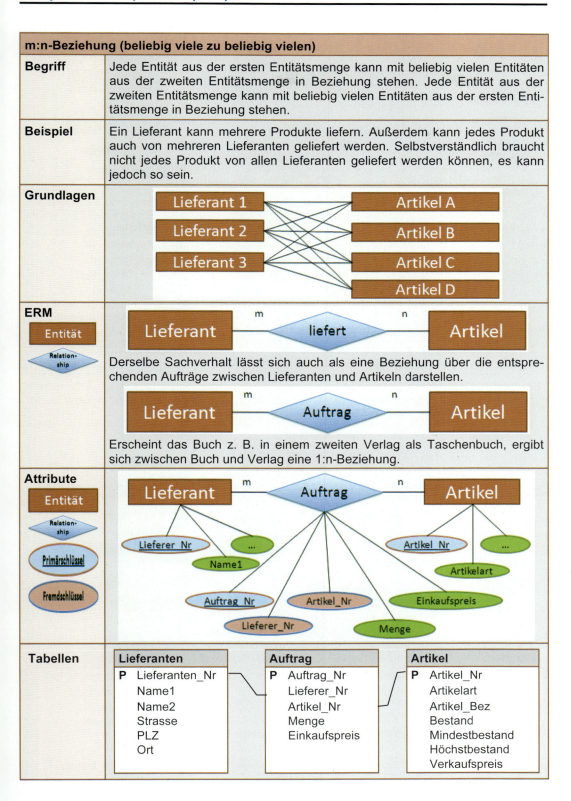
ERM	
Attribute	
Tabellen	

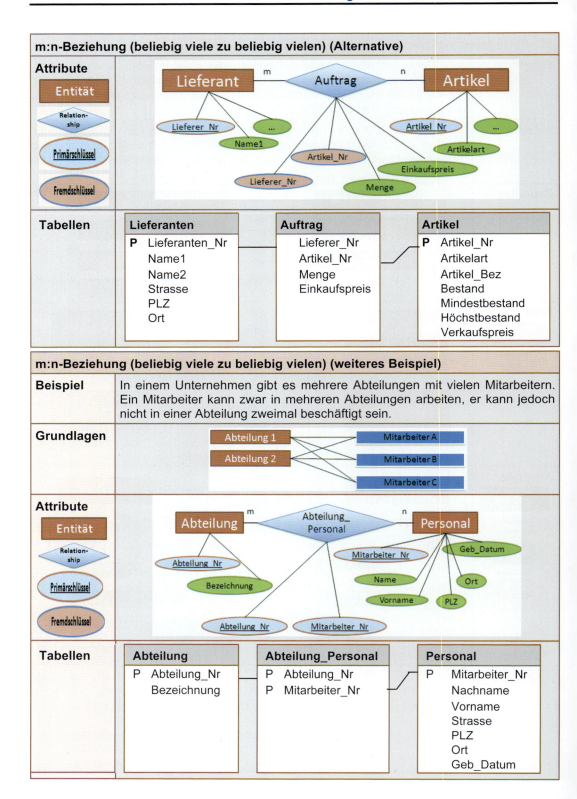

13.4.10 Beispiel für ein Entity-Relationship-Modell

Komplexere Sachverhalte werden in einem ER-Modell dargestellt. Dieses logische Modell wird danach in ein physisches Modell umgesetzt, d. h. der Sachverhalt wird konkret auf die Möglichkeiten einer Datenbank umgesetzt.

Hinweise: Grundsätzlich ist denkbar, dass für einen Sachverhalt unterschiedliche Lösungswege zur Verfügung stehen. Eine konkrete Umsetzung des Sachverhalts erfolgt später in einer Übungsaufgabe.

Beispiel:

In einer Schule werden Schüler bestimmter Bildungsgänge von Lehrern in Klassen unterrichtet. Jeder Lehrer kann die Inhalte von einem oder mehreren Unterrichtsfächern anbieten und in einer oder mehreren Klassen unterrichten. Umgekehrt kann auch jedes Unterrichtsfach von einem oder mehreren Lehrern unterrichtet werden. Verschiedene Unterrichtsfächer werden in einer Klasse angeboten. In den einzelnen Klassen können unterschiedliche Unterrichtsfächer erteilt werden. Jede Klasse ist einem Bildungsgang zuzuordnen. In einer Klasse befinden sich keine Schüler unterschiedlicher Bildungsgänge.

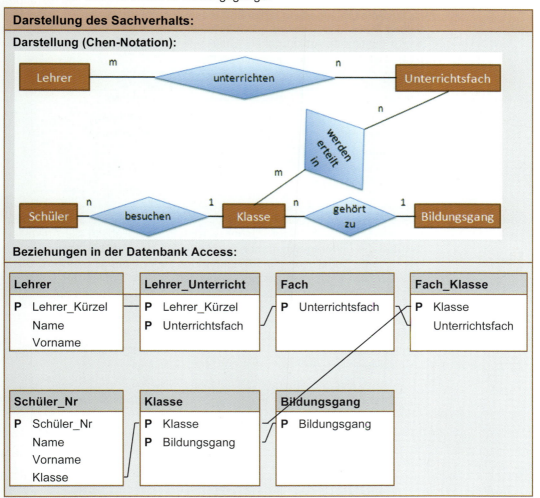

13.5 Theoretische Grundlagen der Beziehungen zwischen Tabellen

Daten werden, wie bereits beschrieben, in einer Datenbank sinnvollerweise in verschiedene Tabellen gespeichert. In der Datenbank müssen zur Auswertung der Daten Beziehungen (Verknüpfungen) zwischen den Inhalten der einzelnen Tabellen hergestellt werden. Die Beziehungen werden über Schlüsselfelder (Primärschlüssel und Fremdschlüssel) realisiert.

In der folgenden Übersicht werden die wichtigsten Begriffe im Zusammenhang mit den nachfolgenden Übungen erklärt. Die Beziehungen werden in der Datenbank *Betrieb* und in den anderen Datenbanken aufgebaut.

Begriff	Erklärungen und Bildschirmdarstellungen (Access)
Relationen	Die Verknüpfung zwischen Tabellen über gemeinsame Datenfelder (Primär- und Fremdschlüssel) ist eine Relation. Die Schlüssel werden in dieser Tabelle später erklärt.
1:1-Beziehung	Bei einer 1:1-Beziehung könnten die Daten auch in einer einzigen Tabelle gespeichert werden. Die Daten werden z. B. geteilt, damit gewisse Informationen nicht allgemein bekannt werden. Ein Mitarbeiter in der Lagerabteilung muss nicht darüber informiert sein, welche Ein- und Verkaufspreise für bestimmte Artikel gelten. Über eine Abfrage können die Daten jederzeit wieder zusammengeführt werden. **Lager_1_1**: P Artikel_Nr, Artikelart, Artikel_Bez, Bestand, Mindestbestand, Höchstbestand **Lager_1_1_1**: P Artikel_Nr, Einkaufspreis, Verkaufspreis
1:n-Beziehung	Diese Beziehung kommt in der Praxis häufig vor. Ein Lieferant kann z. B. mehrere Produkte anbieten. Daher werden in einer Tabelle alle Artikeldaten und die Lieferantennummer des Anbieters des Artikels erfasst. In einer weiteren Tabelle werden alle Daten des Lieferanten gespeichert. Über eine Abfrage kann man danach feststellen, welche Artikel der Lieferant anbietet. Wird ein Artikel allerdings von mehreren Lieferanten angeboten, führt diese Beziehung nicht mehr zum Ergebnis. **Lager_1_n**: P Artikel_Nr, Artikelart, Artikel_Bez, Bestand, Mindestbestand, Höchstbestand, Einkaufspreis, Verkaufspreis, Lieferer_Nr **Lieferanten_1_n**: P Lieferer_Nr, Name1, Name2, Strasse, PLZ, Ort

Theoretische Grundlagen der Beziehungen zwischen Tabellen 453

m:n-Beziehung	Will man z. B. nicht nur feststellen, welcher Artikel von welchen Lieferanten geliefert wird, sondern außerdem noch wissen, welche Artikel ein Lieferant insgesamt liefern kann, so kann dies nur durch eine m:n-Beziehung realisiert werden. Eine solche Beziehung kann mit dem Programm **Access** nur durch den Aufbau einer dritten Tabelle aufgebaut werden. Sie besteht aus zwei 1:n-Beziehungen.

Lager_m_n	Lieferanten_Lager_m_n	Lieferanten_m_n
P Artikel_Nr	Lieferer_Nr	P Lieferer_Nr
Artikelart	Artikel_Nr	Name1
Artikel_Bez	Einkaufspreis	Name2
Bestand		Strasse
Mindestbestand		PLZ
Höchstbestand		Ort

Primärschlüssel (Begriff)	Die eindeutige Identifizierung eines Datensatzes wird durch einen Primärschlüssel gewährleistet. Der Primärschlüssel hat in jedem Datensatz einen anderen Eintrag. Anhand des Primärschlüssels kann daher jeder Datensatz in einer Tabelle von einem anderen Datensatz unterschieden werden. Aufgrund dieser Tatsache eignet sich ein Datenfeld mit einem Primärschlüssel ausgezeichnet zur Herstellung von Beziehungen (Verknüpfungen) mit einem Datenfeld einer anderen Tabelle. **Access** kennt zwei grundsätzliche Möglichkeiten, einen Primärschlüssel zu vergeben. Im Regelfall wird man den Primärschlüssel selbst bestimmen. Wie später gezeigt wird, ist es vernünftig, beispielsweise Datenfelder wie *Artikel_Nr* und *Lieferer_Nr* mit einem Primärschlüssel zu versehen.
Primärschlüssel (Datenfeld)	Der Primärschlüssel wird in einem selbst definierten Datenfeld gesetzt. Dieses Datenfeld kann wegen der eindeutigen Unterscheidung des Inhalts besonders gut für Beziehungen zwischen Tabellen genutzt werden.

Lager		
Feldname	Felddatentyp	Beschreibung
P Artikel_Nr	Zahl	
Artikelart	Kurzer Text	
Artikel_Bez	Kurzer Text	

In dem Datenfeld mit dem Primärschlüssel können Daten eingegeben werden. Wird jedoch ein Wert (z. B. die Artikelnummer 1001) nochmals eingegeben, führt dies zu einer Fehlermeldung. Die Eindeutigkeit des Inhalts des Datenfelds wird verletzt.

Artikel_Nr	Artikelart	Artikel_Bez
1000	Schreibtisch	Gabriele
1001	Schreibtisch	Modern

In der Praxis wird man in der Regel mit einem Primärschlüssel in einem selbst definierten Datenfeld arbeiten.

Primärschlüssel (AutoWert)	Der Primärschlüssel wird in einem selbst definierten Datenfeld gesetzt. Dieses Datenfeld kann wegen der eindeutigen Unterscheidung des Inhalts besonders gut für Beziehungen zwischen Tabellen genutzt werden. **Lager_Lieferanten_Auftrag** 		Feldname	Felddatentyp	Beschreibung
---	---	---	---
P	Auftrag_Nr	AutoWert	
	Artikel_Nr	Zahl	
	Lieferer_Nr	Zahl	| Im Datenfeld *Auftrag_Nr* können keine Werte eingegeben werden. Das Programm vergibt automatisch fortlaufende Nummern, die nicht geändert werden können. | Auftrag_Nr	Artikel_Nr	Lieferer_Nr	Menge	Preis
---	---	---	---	---
1	1000	102	5	800,00 €
2	1001	101	7	456,00 €
3	1002	102	23	1.250,00 €	
Primärschlüssel (zusammengesetzter)	Ein zusammengesetzter Primärschlüssel wird für den Aufbau einer m:n-Beziehung benötigt. Zwei Datenfelder in einer Tabelle werden mit einem Primärschlüssel ausgestattet. Danach kann eine bestimmte Lieferanten_Nr/Artikel_Nr-Kombination nur einmal eingegeben werden. Logischer ist da schon, dass ein Mitarbeiter nur einmal als Mitarbeiter in einer Abteilung geführt wird, er jedoch durchaus in mehreren Abteilungen arbeiten kann. **Abteilung_Personal** 		Feldname	Felddatentyp	Beschreibung
---	---	---	---
P	Abteilung_Nr	Zahl	
P	Mitarbeiter_Nr	Zahl		 Aufgrund der Eingaben kann dann auf Lieferanten- und Artikeldaten zugegriffen werden. 	Abteilung_Nr	Mitarbeiter_Nr
1	1000
2	1002
3	1000	
Fremdschlüssel	Ein Datenfeld in einer Tabelle ist ein Fremdschlüssel, wenn es mit dem Primärschlüssel in einer anderen Tabelle verbunden ist. Im Beispiel ist das Datenfeld *Lieferer_Nr* in der Tabelle *Lager_1_n* ein Fremdschlüssel. Über diesen Fremdschlüssel lassen sich genauere Informationen über den Lieferanten aus der Tabelle *Lieferanten_1_n* aufrufen. **Lager_1_n** P Artikel_Nr Artikelart Artikel_Bez Bestand Lieferer_Nr **Lieferanten_1_n** P Lieferer_Nr Name1 Strasse PLZ Ort

13.6 Normalisierung von Tabellen

13.6.1 Ziel der Normalisierung

Die Normalisierung ist die Überführung komplexer Datenbeziehungen (Tabellen mit vielen Datenfeldern, z. B. Daten über Artikel und Lieferanten in einer Tabelle) in einfache Beziehungen in mehreren Tabellen. Einheiten, die zusammengehören, werden in verschiedenen Tabellen gespeichert, wie z. B. die Daten über die Lieferanten und die Daten über die Artikel jeweils in unterschiedlichen Tabellen.

Jeder Datensatz einer Tabelle bildet eine Einheit, beispielsweise einen Lieferanten. Die einzelnen Datenfelder (*Lieferer_Nr, Name1, Name2* usw.) entsprechen den verschiedenen Eigenschaften (Attribute) dieser Dateneinheit.

Durch die Normalisierung sollen stabile und flexible Datenstrukturen entstehen, die bei Erweiterungen möglichst wenig geändert werden müssen. Es wird die doppelte Speicherung von Daten vermieden und für nicht weiter zerlegbare Daten gesorgt.

Zusammenfassend können vier Ziele der Normalisierung hervorgehoben werden:
- Vermeidung von Redundanzen (mehrfach gespeicherte Werte),
- einfacher und klarer Aufbau von Tabellen,
- Vereinfachung der Datenpflege,
- Vermeidung von Dateninkonsistenzen (nicht aktuelle Daten).

Die einzelnen Regeln, die Daten in einen sinnvollen Zustand zu bringen, werden als Normalformen bezeichnet. Die ersten drei Normalformen, die als die wichtigsten gelten, sollen hier besprochen werden. Unnormalisierte Daten, die also noch nicht sinnvoll bearbeitet wurden, befinden sich in der sogenannten **Nullten Normalform**.

13.6.2 Probleme der Datenerfassung (Nullte Normalform)

Die Daten sind früher normalerweise auf Karteikarten erfasst worden. Der erste Datensatz umfasst beispielsweise die folgenden Inhalte:

Artikelbezeichnung:		**Gabriele**			
Artikelart:		**Schreibtisch**	Artikelnummer:	**1000**	
Bestand:	**8**		Mindestbestand:	**5**	Höchstbestand: **10**
Einkaufspreis:		**800,00 €**	Verkaufspreis:	**1.345,00 €**	
Lieferant:		**Tranel GmbH**	Name2:	**Büromöbel**	
Lieferer_Nr:		**102**	Anschrift:	**Bechemstr. 67, 47058 Duisburg**	

Aufgrund der vorhandenen Daten wurde die folgende Tabelle angelegt. Die Darstellung zeigt ausschnittsweise die ersten Datensätze:

Artikel_Nr	Artikelart	Artikel_Bez	Name1	Anschrift
1000	Schreibtisch	Gabriele	Tranel GmbH	Bechemstr. 67, 47058 Duisburg
1001	Schreibtisch	Modern	Büromöbel AG	Gutachtstr. 342, 13469 Berlin
1002	Schreibtisch	Exklusiv	Tranel GmbH	Bechemstr. 67, 47058 Duisburg
1003	Büroschrank	Elegant	Wagner GmbH	Vogtweg 23, 33607 Bielefeld
1004	Büroschrank	Aktuell	Büromöbel AG	Gutachtstr. 342, 13469 Berlin

Die Erfassung der Daten erfolgt nicht nach bestimmten Kriterien. Alle verfügbaren Daten werden in einer Tabelle abgelegt. Eine solche Erfassung nennt man unnormalisiert, die Tabelle befindet sich in der **Nullten Normalform**. Einige entstehende Probleme der Datenerfassung lassen sich sofort erkennen:

- Einzelne Daten werden offensichtlich doppelt erfasst. So müssen die Daten verschiedener Lieferanten mehrmals eingegeben werden. Neben der Mehrarbeit bei der Dateneingabe ist zu befürchten, dass es auf Dauer unterschiedliche Daten über denselben Sachverhalt (z. B. bei Lieferantendaten) in der Datenbank gibt.
- Eine Sortierung der Daten nach dem Ort ist nicht möglich, da die gesamte Anschrift in einem Datenfeld gespeichert wird.
- Ein Problem kann dadurch entstehen, dass verschiedene Lieferanten denselben Artikel anbieten. Denselben Artikel unter einer anderen Artikelnummer mit einem anderen Lieferanten zu erfassen, dürfte wenig sinnvoll sein. Ebenso ist es problematisch, in einem Datensatz mit derselben Artikelnummer mehrere Lieferanten zu erfassen.

Um die angesprochenen Probleme zu vermeiden, sollen die Daten durch die Normalisierung sinnvoll verteilt und erfasst werden.

13.6.3 Normalformen

Durch die Normalisierung sollen die Daten sinnvoll geordnet werden. Beispiele verdeutlichen jeweils den Sinn der Definitionen und der Erklärungen. Die beiden ersten Normalformen sollten beim Aufbau von Tabellen unbedingt beachtet werden. Durch die Anwendung der Dritten Normalform werden Datensätze oftmals auseinandergezogen und auf mehrere unterschiedliche Tabellen verteilt. Bei kleineren Projekten wird daher häufig auf die Anwendung dieser Normalisierung verzichtet.

1. Normalform	
Definition	Eine Tabelle (Relation) ist in der Ersten Normalform, wenn jeder Attributwert atomar ist.
Erklärung	Der Attributwert ist dann atomar, wenn er sich nicht aus mehreren Werten zusammensetzt.
Beispiel (Lösung)	Wird in einer Tabelle die Anschrift mit *Strasse*, *PLZ* und *Ort* in einem Datenfeld gespeichert, so ist dieser Attributwert nicht atomar. | Anschrift
---
Bechemstr. 67, 47058 Duisburg
Gutachtstr. 342, 13469 Berlin
Bechemstr. 67, 47058 Duisburg
Vogtweg 23, 33607 Bielefeld
Gutachtstr. 342, 13469 Berlin | Wird in einer Tabelle die Anschrift mit *Strasse*, *PLZ* und *Ort* in einem Datenfeld gespeichert, so ist dieser Attributwert nicht atomar. | Strasse	PLZ	Ort
---	---	---
Bechemstr. 67	47058	Duisburg
Gutachtstr. 342	13469	Berlin
Bechemstr. 67	47058	Duisburg
Vogtweg 23	33607	Bielefeld
Gutachtstr. 342	13469	Berlin	

2. Normalform

Definition	Eine Tabelle (Relation) ist in der Zweiten Normalform, wenn sie in der Ersten Normalform ist und jedes Nicht-Schlüsselattribut von jedem Schlüsselkandidaten (Datenfeld, welches als Primärschlüsselfeld definiert wurde) vollständig funktional abhängig ist.
Erklärung	Funktional abhängig sind Werte voneinander, wenn es jeweils zu jedem X-Wert genau einen Y-Wert gibt, also z. B. zu einer Lieferantennummer einen Lieferantennamen1 gibt.
Beispiel (Lösung)	Datenfelder, die von dem Schlüsseldatenfeld nicht vollständig funktional abhängig sind, werden in anderen Tabellen untergebracht. Der Name eines Lieferanten ist nicht von einer bestimmten Artikelnummer abhängig, daher sind diese beiden Werte in unterschiedlichen Tabellen zu speichern. Durch die **2. Normalisierung** werden die Inhalte in sinnvolle Tabellen verteilt, in diesem Fall in die Tabellen *Lager* und *Lieferanten*. Damit die Datenintegrität gewahrt bleibt, müssen die Tabellen später untereinander in Beziehungen gesetzt werden können. Jede Tabelle erhält ein Schlüsselfeld (Primärschlüssel). Das Schlüsselfeld ermöglicht eine eindeutige Kennung eines Datensatzes. Die Datenfelder *Name1*, *Name2*, *Strasse*, *PLZ* und *Ort* sind von dem Datenfeld *Lieferer_Nr* funktional abhängig, da zu der Lieferantennummer jeweils ein bestimmter Name usw. gehört.

Lieferanten

	Feldname	Felddatentyp	Beschreibung
P	Lieferer_Nr	Zahl	
	Name1	Kurzer Text	
	Strasse	Kurzer Text	
	PLZ	Zahl	
	Ort	Kurzer Text	

In der Tabelle *Lieferanten* werden alle Lieferantendaten gespeichert:

Lieferer_Nr	Name1	Strasse	PLZ	Ort
100	Wagner GmbH	Vogtweg 23	33607	Bielefeld
101	Büromöbel AG	Gutachtstr. 342	13469	Berlin

In der Tabelle *Lager* werden alle Artikeldaten erfasst. Als Primärschlüssel wird das Datenfeld *Artikel_Nr* bestimmt. Alle anderen Datenfelder sind funktional abhängig von diesem Datenfeld.

Lager

	Feldname	Felddatentyp	Beschreibung
P	Artikel_Nr	Zahl	
	Artikelart	Kurzer Text	
	Artikel_Bez	Kurzer Text	
	Bestand	Zahl	
	Einkaufspreis	Währung	

In der Tabelle *Lieferanten* werden alle Lieferantendaten gespeichert:

Artikel_Nr	Artikelart	Artikel_Bez	Bestand	Einkaufspreis
1000	Schreibtisch	Gabriele	5	800,00 €
1001	Schreibtisch	Modern	10	456,00 €

3. Normalform

Definition   Eine Tabelle (Relation) ist in der Dritten Normalform, wenn sie in der Zweiten Normalform ist und jedes Nicht-Schlüsselattribut von keinem Schlüsselkandidaten (Datenfeld, welches als Primärschlüsselfeld definiert wurde) transitiv (indirekt) abhängig ist.

Erklärung   Eine transitive (indirekte) Abhängigkeit ist gegeben, wenn X (*Liefer_Nr*), Y (*PLZ*) und Z (*Ort*) Attribute sind. Ist Y (*PLZ*) abhängig von X (*Liefer_Nr*) und Z (*Ort*) abhängig von Y (*PLZ*), so ist Z (*Ort*) von X (*Liefer_Nr*) funktional abhängig.

Der Sachzusammenhang kann folgendermaßen beschrieben werden:

Zu jedem Lieferanten gehört eine Postleitzahl und zu jeder Postleitzahl ein Ort, also gehört zu jedem Lieferanten ein Ort.

Beispiel (Lösung)   Um die transitive (indirekte) Abhängigkeit auszulösen, werden Datenfelder in eine weitere Tabelle ausgelagert. In der Tabelle *Lieferanten* wird das Datenfeld *Ort* gelöscht.

Lieferanten

	Feldname	Felddatentyp	Beschreibung
P	Lieferer_Nr	Zahl	
	Name1	Kurzer Text	
	Strasse	Kurzer Text	
	PLZ	Zahl	

Außerdem wird eine Tabelle *Ort* mit den Datenfeldern *PLZ* und *Ort* erstellt.

PLZ

	Feldname	Felddatentyp	Beschreibung
P	PLZ	Zahl	
	Ort	Kurzer Text	

Die Daten werden in die Tabelle *Ort* eingegeben.

PLZ	Ort
33607	Bielefeld
13469	Berlin

Es wird eine Beziehung zwischen den beiden Tabellen aufgebaut. Eine direkte Abhängigkeit des Datenfeldes *Ort* von dem Datenfeld *Liefer_Nr* ist nicht mehr gegeben. In Zukunft kann über die Beziehung ein Ort durch Eingabe der Postleitzahl in der Tabelle *Lieferanten* ausgewählt werden.

Lieferanten		PLZ	
P	Lieferer_Nr	P	PLZ
	Name1		Ort
	Strasse		
	PLZ		

Der Aufbau von Beziehungen wird später genau erklärt. Daher sollen hier keine weiteren Erklärungen folgen.

Übungen:

1. Aufgabe

In einem Unternehmen wird die Abteilung *Verkauf* durch einen Angestellten geleitet.
a) Stellen Sie die einzelnen Entitäten mit möglichen Attributen dar.
b) Vervollständigen Sie das folgende Entity-Relationship-Diagramm (ERD).

c) Stellen Sie das Diagramm mit Attributen dar.
d) In einem Zeitungsverlag arbeiten Redakteure. Einige Redakteure sind nicht nur für einen Bereich (z. B. Politik, Wirtschaft usw.) tätig, sondern in mehreren Bereichen. Stellen Sie den Sachverhalt in einem Entity-Relationship-Diagramm (ERD) dar.

2. Aufgabe

In einem Unternehmen wird an verschiedenen Projekten (Projekt A, Projekt B, ...) gearbeitet. Dabei ist es durchaus üblich, dass Mitarbeiter (Mitarbeiter A, Mitarbeiter B, ...) nicht nur an einem, sondern an mehreren Projekten beteiligt sind.
a) Stellen Sie den Sachverhalt in einem Entity-Relationship-Diagramm (ERD) dar.
b) Erarbeiten Sie das entsprechende Diagramm mit Attributen.

3. Aufgabe

Der Sportverein SV München bietet verschiedene Sportarten an. Die einzelnen Mitglieder können eine oder auch mehrere Sportarten betreiben. Für einzelne Sportarten stehen Trainer zur Verfügung, die jedoch nur in jeweils einer Sportart ihre Dienste anbieten können. Mitglieder können auch in einzelnen Mannschaften Sport treiben, dies ist jedoch nicht immer der Fall, da z. B. ältere Vereinsmitglieder nicht mehr aktiv sind. Die Umsetzung des Sachverhalts mit dem Programm **Access** könnte wie folgt erfolgen:

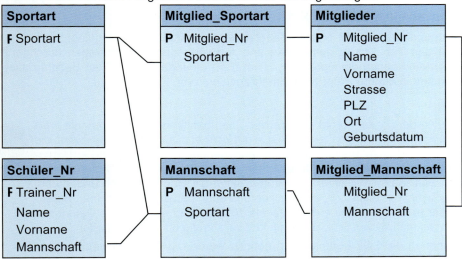

a) Erstellen Sie aus den Angaben ein Entity-Relationship-Diagramm (ERD). Geben Sie auch den jeweiligen Beziehungstyp an.
b) Erklären Sie, aus welchen Gründen Sie bestimmte Beziehungstypen, beispielsweise eine m:n-Beziehung, für Teilbereiche der Problemlösung nutzen.

14 Datenbank mit Access

14.1 Grundlagen

Aufbau des Bildschirms

Der Access-Bildschirm wird nach dem Erstellen einer Datenbank in etwa wie unten abgebildet aussehen. Dabei wird in der Darstellung das Datenbankfenster mit einbezogen, da dieses Fenster bei der Arbeit mit dem Programm **Access** von entscheidender Bedeutung ist.

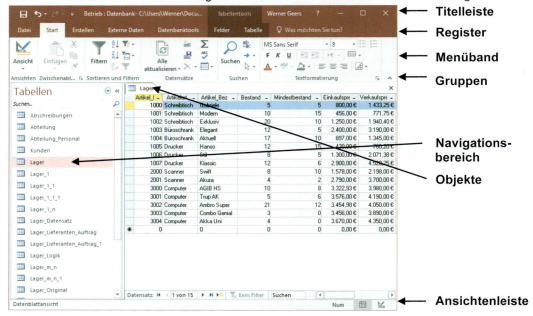

Arbeitsablauf mit einer Datenbank

Datenbanken müssen zunächst erstellt, Tabellen und deren Struktur festgelegt, Verknüpfungen zwischen den Tabellen vorgenommen und Auswertungen über Abfragen durchgeführt werden. Außerdem können die Daten über Formulare eingegeben und über Berichte ausgegeben werden und in andere Programme übertragen werden.

SQL-Befehle

Datenbanken werden in der Regel mithilfe der Datenbanksprache **SQL** erstellt, verwaltet und ausgewertet. Im Kapitel *16 SQL – Structured Query Language* wird die Datenbanksprache intensiv erklärt. Die zuvor angegebenen Arbeitsabläufe in Datenbanken können auch mithilfe von SQL-Befehlen durchgeführt werden. Daher werden die jeweiligen SQL-Befehle in einem separaten Skript als **BuchPlusWeb** angeboten. Sie können sich dieses Skript z. B. ausdrucken und dann parallel die einzelnen Befehle erlernen oder nach Bearbeitung des Kapitels *16* z. B. die nachfolgende Datenbank *Betrieb* nochmals mithilfe von SQL-Befehlen fast vollständig er- und bearbeiten.

Im Übrigen können die SQL-Befehle auch genutzt werden, um die Auswertungen in der im Kapitel *15 MySQL-Datenbanken mit phpMyAdmin* beschriebenen Datenbank vorzunehmen. Die Daten in der Access- und in der MySQL-Datenbank sind identisch.

Im Buch wird auf die SQL-Befehle hingewiesen (**SQL (1)**), im Skript werden die Seiten des Buchs (Access **483**, MySQL **564**) angegeben, deren Bearbeitungsschritte den SQL-Befehlen entsprechen.

Grundlagen

Backstage-Bereich

Aufbau des Backstage-Bereichs

Der Backstage-Bereich stellt neben traditionellen Elementen, wie Fenster zum Abspeichern und Öffnen von Dateien, Bereiche zur Verfügung, die Informationen und spezielle Nutzungsmöglichkeiten beinhalten.

Bearbeitungsschritte:

- Wählen Sie den Menüpunkt **Datei**. Der Backstage-Bereich des Programms wird angezeigt. Über die Menüpunkte können Sie benötigte Optionen anwählen.

Die Menüpunkte stellen folgende Möglichkeiten zur Verfügung:

- Informationen über die Datenbank,
- Erstellung einer neuen Datenbank aufgrund einer Standardvorlage, einer zur Verfügung gestellten oder selbsterstellten Vorlage,
- Abspeichern von Datenbanken und anderen Objekten,
- Abspeichern von Datenbanken unter einem anderen Namen,
- Öffnen und Schließen von Datenbanken,
- Bearbeitungsmöglichkeiten wie das Komprimieren, Reparieren und Analysieren von Datenbanken,
- zuletzt genutzte Datenbanken werden angezeigt und können geladen werden,
- Einstellungen für das Drucken von Tabellen usw. können vorgenommen werden,
- Einstellungen in Bezug auf die Darstellung des Programms,
- Einstellungen im Hinblick auf die Möglichkeiten zur Speicherung und Nutzung von Daten im Internet (Cloud),
- Bereitstellung von Produkt- und Benutzerinformationen im Hinblick auf den Support oder die Nutzungsmöglichkeiten,
- Festlegung der Einstellung für die Nutzung des Programms über Optionen.

Aufteilung des Backstage-Bereichs

Bei Aufruf der Menüpunkte, bei denen kein Fenster aufgerufen wird, wird ein dreigeteilter Ausgabenbereich dargestellt. Die einzelnen Elemente sind unterschiedlich. Am Beispiel des Druckens sollen grundsätzliche Möglichkeiten verdeutlicht werden. Einzelne Bereiche werden später intensiv beschrieben.

Menüpunkt	Einstellungen	Darstellung
Drucken	Drucken – Schnelldruck: Sendet das Objekt direkt an den Standarddrucker, ohne Änderungen vorzunehmen. Drucken: Wählt vor dem Drucken einen Drucker, die Anzahl der Kopien und weitere Druckoptionen aus. Seitenansicht: Zeigt eine Vorschau an und ermöglicht Änderungen an den Seiten vor dem Drucken.	(Tabellenansicht Lager 15.11.2016)

Navigationsbereich

Wenn eine neue Datenbank erstellt oder eine bestehende Datenbank geöffnet wird, erscheint auf der linken Bildschirmseite der Navigationsbereich. Der Navigationsbereich kann durch das Anklicken der Schaltfläche ⊙ unterschiedlich gestaltet oder durch das Anklicken der **Schaltfläche zum Öffnen/Schließen der Verkleinerungsleiste** « » aus- und eingeblendet werden. Interessant ist z. B. die Möglichkeit, alle Objekte nach ihrer Art (Tabellen, Abfragen usw.) zu gruppieren. Eine andere beliebte Möglichkeit besteht darin, alle Objekte, die mit einer bestimmten Tabelle zusammenhängen, anzeigen zu lassen. Damit wird beispielsweise die Tabelle *Lager* mit Abfragen, Berichten und Formularen zusammen angezeigt, die aufgrund der Tabelle erstellt wurden. Man kann erkennen, welche Auswertungen beispielsweise bereits erstellt wurden.

Durch Anklicken werden Tabellen, Abfragen, Formulare usw. ausgewählt und geöffnet.

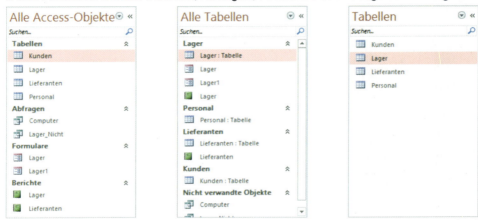

Die wichtigsten Wahlmöglichkeiten und damit die wichtigsten Bearbeitungsmöglichkeiten des Programms für den normalen Benutzer werden kurz dargestellt:

Tabellen	Die einzelnen Tabellen, wie *Lager* oder *Lieferanten*, müssen zunächst entworfen werden. Danach können Daten eingegeben werden. Die Dateneingabe erfolgt in eine Tabelle, die im Aufbau der Tabelle einer Tabellenkalkulation gleicht.
Abfragen	Daten können nach verschiedenen Kriterien sortiert (z. B. aufsteigend oder absteigend) oder ausgewählt (z. B. alle Artikel mit der *Artikelnummer* zwischen *1000* und *2000*) werden. Dies wird durch Abfragen realisiert. Abfragen können so gestaltet werden, dass verschiedene Bedingungen gleichzeitig erfüllt sein müssen bzw. verschiedene Bedingungen entweder/oder erfüllt sein müssen.
Formulare	Die Dateneingabe lässt sich wesentlich komfortabler durch die Erstellung eines für den jeweiligen Zweck besonders gut geeigneten Formulars erledigen. Dabei können die Formulare vom Programm automatisch oder mithilfe eines Assistenten sehr schnell erstellt werden.
Berichte	Daten können nach verschiedenen Kriterien ausgewählt und dann in der Datenbank abgespeichert und über einen Drucker ausgegeben werden. Dabei können z. B. Endsummen und andere mathematische Werte in einem Bericht ermittelt und ausgegeben werden.

Anlegen der Datenbank Betrieb 463

14.2 Anlegen der Datenbank Betrieb

Der Start des Programms **Access** und das Anlegen der ersten Datenbank soll als Grundlage für die weitere Arbeit mit dem Programm zunächst erklärt werden. Die Datenbank soll betriebliche Daten enthalten.

Bearbeitungsschritte:

- Starten Sie das Programm **Access**. Neben einer Reihe von Vorlagen zur Erstellung von Datenbanken wird auch die Möglichkeit angeboten, eine **Leere Desktopdatenbank** zu erstellen. Diese Möglichkeit soll genutzt werden.

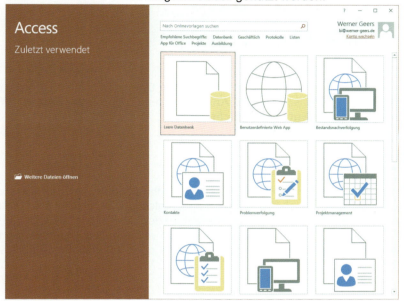

- Nach dem Anklicken der Option **Leere Desktopdatenbank** wird ein Fenster eingeblendet. Geben Sie zunächst im Bereich **Dateiname** den Dateinamen *Betrieb* ein. Da in der Datenbank betriebliche Daten wie Lager-, Kunden- und Lieferantendaten gespeichert werden sollen, sollte der Name so gewählt werden. Außerdem sollen diese Daten miteinander verknüpft werden.
- Klicken Sie danach im Bereich **Dateiname** die Schaltfläche **Nach einem Speicherort für die Datenbank suchen** an. Wählen Sie einen Ordner aus, in dem die Datenbank gespeichert werden soll.

Bearbeitungsschritte (Fortsetzung):

- Nach dem Anklicken der Schaltfläche **Erstellen** wird die erste Tabelle auf der rechten Seite eingeblendet. In der Titelleiste werden der Name der Datenbank und das Dateiformat (aktuelles Format: *2007 – 2016*) angegeben. Auf der linken Seite werden im **Navigationsbereich** die Objekte der Datenbank angezeigt, in diesen Fall nur die eine vorhandene Tabelle.

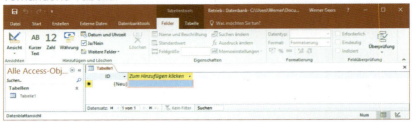

- Das Anlegen der Tabelle in der zunächst angezeigten Datenblattansicht ist nicht vernünftig. Klicken Sie daher die Schaltfläche **Ansicht** in der Gruppe **Ansichten** an. Wählen Sie dann die Möglichkeit **Entwurfsansicht** aus.

- Danach könnten Sie in der Entwurfsansicht eine Datenbanktabelle anlegen. Dies wird auf den Folgeseiten erklärt. Zunächst soll die angezeigte Tabelle mithilfe des Kontextmenüs gelöscht werden. Schließen Sie zu diesem Zweck die Tabelle. Klicken Sie mit der rechten Maustaste auf die Bezeichnung *Lager* im rechten Bildschirmbereich und wählen Sie den Menüpunkt **Schließen**. Da die Tabelle noch keine Daten enthält, wird sie gelöscht.

- Alternativ klicken Sie die Bezeichnung *Tabelle1* im Navigationsbereich mit der rechten Maustaste an und wählen Sie den Menüpunkt **Löschen**. Die Tabelle wird gelöscht.

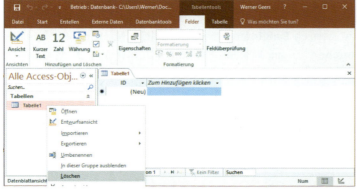

- Schließen Sie die Datenbank *Betrieb* über den Menüpunkt **Datei/Schließen**. Damit wird die Datenbank geschlossen. Über die Schaltfläche **Schließen** in der oberen rechten Ecke des Access-Bildschirms wird das Programm **Access** geschlossen. Schließen Sie das Programm.

14.3 Tabellen

14.3.1 Vorbemerkungen

Vorbemerkungen

Der wesentliche Bestandteil der nachfolgend dargestellten Datenbank ist eine Tabelle mit dem Namen Lager. Die grundsätzliche Überlegung beim Entwerfen der Tabelle ist, festzulegen, welche Daten erfasst werden sollen und daher als Datenfeld (Attribut) in einen Datensatz (Tupel) aufgenommen werden müssen. Neben der Tabelle Lager werden später die Tabellen Lieferanten und Kunden aufgebaut. Die Tabellen sollen miteinander verknüpft werden.

Datenfelder und Felddatentypen

In einem Datenfeld sollen Daten aufgenommen werden, so z. B. in einem Datenfeld die Artikelart *Computer*. Für jedes Datenfeld muss ein Felddatentyp festgelegt werden. Der Typ des Feldes entscheidet z. B. darüber, ob mit dem Feldinhalt gerechnet werden kann oder ob in einem Datenfeld alle Zeichen, also Buchstaben, Zahlen und Sonderzeichen eingegeben werden können oder nicht. **Access** stellt u. a. folgende Felddatentypen zur Verfügung:

Kurzer Text	In einem kurzen Textfeld können bis zu 255 Zeichen eingegeben werden. Der Datentyp *Kurzer Text* wird vom Programm als Standardtyp vorgesehen.
Langer Text	Umfangreiche *Texte* mit einer Gesamtlänge von ca. 32 000 Zeichen können in einem langen Text eingegeben werden.
Zahl	Bei geplanten Berechnungen sollte der Datentyp *Zahl* gewählt werden. Einstellungsmöglichkeiten werden nachfolgend beschrieben.
Datum/Zeit	Unterschiedliche Möglichkeiten der Eingabeform (z. B. 2016-06-16, 16. Juni 2016, 16.06.2016) werden verarbeitet und können eingestellt werden.
Währung	Dieser Datentyp gleicht dem Datentyp *Zahl*. Es können beispielsweise Berechnungen vorgenommen und Währungsformate festgelegt werden.
AutoWert	Eine eindeutige, fortlaufende Zahl (die jeweils um 1 hochgezählt wird) oder eine Zufallszahl, die von Access zugewiesen wird, wenn ein neuer Datensatz in eine Tabelle eingetragen wird. AutoWerte können nicht geändert werden.
Ja/Nein	Es können Wahrheitswerte eingegeben werden.

Der Felddatentyp *Zahl* bietet viele Einstellungsmöglichkeiten. Bei größeren Datenbanken kann durch eine richtige Einstellung viel Speicherplatz gespart werden. Außerdem kann festgelegt werden, welche Zahlen zulässig eingegeben werden können und welche nicht.

Byte	Wertebereich	Dezimalstellen	Speicherbedarf
Byte	0 bis 255	Keine	1 Byte
Integer	-32768 bis 32768	Keine	2 Byte
Long Integer	-2.147.483.648 bis 2.147.483.648	Keine	4 Byte
Single	-3,402823 E38 bis 3,402823 E38	7	4 Byte
Double	-1,79769313486231 E308 bis 1,79769313486231 E308	15	8 Byte
Dezimal	-10 E28 -1 bis 10 E28 -1	28	12 Byte

Voreingestellt ist der Datentyp *Long Integer*. Die Feldgröße kann bei der Erstellung von Tabellen eingestellt und später geändert werden. Dies wird später beschrieben.

Anlegen der Tabelle Lager

Bevor Daten in eine Datenbank eingegeben werden können, muss zunächst eine Tabelle eingerichtet werden. Der erste Schritt ist die Festlegung der Struktur der Tabelle. Es wird bestimmt, welche Datenfelder in die Tabelle aufgenommen werden sollen und welche Daten, also z. B. Texte oder Zahlen, die jeweiligen Datenfelder aufnehmen sollen. Eine Bestimmung der Feldeigenschaften wird erst später vorgenommen.

Bearbeitungsschritte:	SQL (1)

- Laden Sie die Datenbank *Betrieb*. Dies erfolgt nach dem Starten des Programms **Access** über das direkte Auswählen der Datei oder über den Menüpunkt **Weitere Dateien öffnen** und Auswählen der Datei in dem entsprechenden Laufwerk, Ordner oder im Internet (Cloud).

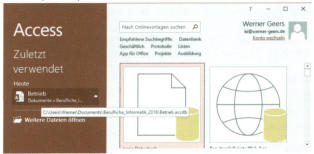

- Möglicherweise wird eine Sicherheitswarnung eingeblendet. Nach Anklicken der Schaltfläche **Inhalt aktivieren** können Sie die blockierten Inhalte aktivieren. Dies sollte geschehen, da sich keine problematischen Daten in der Datei befinden.

- Über den Menüpunkt **Datei/Optionen** kann der erfahrene Nutzer Einstellungen vornehmen, damit die Sicherheitsabfrage nicht erfolgt. Oftmals hat der Nutzer jedoch auch keine Berechtigungen, diese speziellen Optionen zu nutzen, beispielsweise in Betrieben und Schulen.
- Klicken Sie das Register **Erstellen** an. Klicken Sie in der Gruppe **Tabellen** die Schaltfläche **Tabellenentwurf** an.

- Danach können Sie mit dem Aufbau der Tabelle, wie er auf der nächsten Seite beschrieben wird, beginnen. Behilflich dabei sind die eingeblendeten Tabellentools.

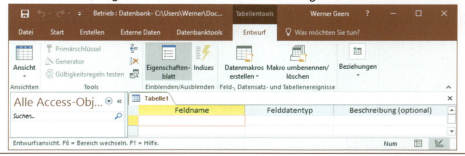

Bearbeitungsschritte:

- Die Bereiche **Feldname** und **Felddatentyp** müssen ausgefüllt werden. Geben Sie daher die Bezeichnung *Artikel_Nr* ein. Die Wahl des **Felddatentyps** wird durch das Anklicken des entsprechenden Feldes eingeleitet. Es erscheint an der rechten Seite des Feldes ein Pfeil nach unten. Wird dieser Pfeil angeklickt, werden die zur Verfügung stehenden **Felddatentypen** ausgegeben. Durch das Anklicken der Bezeichnungen wird der Datentyp ausgewählt. Wenn kein **Felddatentyp** eingegeben wird, legt das Programm standardmäßig den Datentyp *Kurzer Text* fest. Dieser Typ muss also nicht bestimmt werden. Der Bereich **Beschreibung** muss nicht ausgefüllt werden, kann aber Erläuterungen zum **Feldnamen** oder zum **Datentyp** enthalten.

- Klicken Sie danach im Register **Tabellentools/Entwurf** die Schaltfläche **Primärschlüssel** an. Dadurch kann eine Artikelnummer nur einmal vergeben werden. Auf die Bedeutung des Primärschlüssels wird an anderer Stelle genau eingegangen.

- Der Primärschlüssel wird angezeigt:

Tabelle1		
Feldname	**Felddatentyp**	**Beschreibung**
P Artikel_Nr	Zahl	

- Geben Sie die Struktur der Tabelle wie nachfolgend dargestellt ein:

Tabelle1		
Feldname	**Felddatentyp**	**Beschreibung**
P Artikel_Nr	Zahl	
Artikelart	Kurzer Text	
Artikel_Bez	Kurzer Text	
Bestand	Zahl	
Einkaufspreis	Währung	
Verkaufspreis	Währung	

- Speichern Sie danach die Tabelle unter dem Namen *Lager*. Klicken Sie dazu in der Symbolleiste für den Schnellzugriff die Schaltfläche **Speichern** an.

- Durch das Anklicken der Schaltfläche **Lager schließen** rechts oben im Tabellenentwurf oder über das Kontextmenü können Sie die Tabelle schließen. Zuvor müssen Sie allerdings unbedingt im unteren Bereich des Fensters die Feldgröße festlegen.

Feldgröße

Die Feldgröße hat Einfluss auf die Größe einer Datenbank. Grundsätzlich sollte man nur die Feldgröße wählen, die aufgrund der einzugebenden Daten erforderlich ist. Es erscheint in der Regel nicht notwendig, ein Textfeld über 30 Zeichen auszudehnen.

Besonders wichtig ist die Feldgröße bei einer Zahl. Sollen später Beziehungen zwischen Tabellen aufgebaut werden, so ist eine einheitliche Feldgröße erforderlich. Es ist daher notwendig, dass Sie sich von vornherein bei *Artikel-*, *Kunden-*, *Personalnummern* usw. für eine Feldgröße entscheiden.

Hinweis: Um später problemlos Beziehungen zwischen Tabellen herstellen zu können, sollten Sie unbedingt für Artikelnummern, Lieferantennummern usw. den Datentyp *Long Integer* festlegen. Dies gilt für alle Tabellen.

Bearbeitungsschritte:

- Öffnen Sie den Entwurf der Tabelle *Lager*.
- Bei den Textfeldern (z. B. *Artikelart*) legen Sie die Feldgröße mit *30* fest. Sie müssen mit der Maus auf den entsprechenden Feldnamen klicken, dann stehen die benötigten Einstellungsmöglichkeiten im unteren Bereich des Fensters zur Verfügung.

Allgemein	Nachschlagen
Feldgröße	30
Format	
Eingabeformat	
Beschriftung	
Standardwert	
Gültigkeitsregel	
Gültigkeitsmeldung	
Eingabe erforderlich	Ja
Leere Zeichenfolge	Nein
Indiziert	Nein
Unicode-Kompression	Ja

- Bei der *Artikelnummer* wählen Sie den Felddatentyp *Long Integer* (siehe oben).

Allgemein	Nachschlagen
Feldgröße	Long Integer
Format	
Dezimalstellenanzeige	Automatisch
Eingabeformat	
Beschriftung	
Standardwert	0
Gültigkeitsregel	
Gültigkeitsmeldung	
Eingabe erforderlich	Nein
Indiziert	Ja (Ohne Dupl
Smarttags	
Textausrichtung	Standard

- Bei Datenfeldern mit Währungsfeldern ist in der Regel keine Änderung notwendig.

Allgemein	Nachschlagen
Format	Euro
Dezimalstellenanzeige	Automatisch

Tabellen

Eingabe von Daten in eine Tabelle

Der nächste Schritt beim Aufbau einer Lagertabelle ist das Eingeben von Daten. Einfach und unproblematisch können dabei Daten über das sogenannte Datenblatt eingegeben werden, welches einer Tabelle einer Tabellenkalkulation gleicht. Beim Eingeben der Werte muss beachtet werden, dass in ein Datenfeld nur die zum Felddatentyp passenden Werte eingegeben werden. So ist die Eingabe eines Buchstabens in ein Datenfeld mit dem Felddatentyp *Zahl* oder *Währung* nicht zulässig und führt zu einer Fehlermeldung des Programms.

Bearbeitungsschritte: **SQL(2)**

- Nachdem Sie die Eingabe der **Tabellenstruktur** beendet haben, wird die Tabelle im linken Bereich des Bildschirms angezeigt:

- Öffnen Sie die Tabelle *Lager* durch einen Doppelklick auf die Bezeichnung *Lager* oder über das Kontextmenü, um Daten einzugeben. Der folgende (hier unvollständig abgebildete) Bildschirm wird eingeblendet:

Lager

Artikel_Nr	Artikelart	Artikel_Bez	Bestand	Einkaufspreis	Verkaufspreis
0			0	0,00 €	0,00 €

- Geben Sie die folgenden Artikel in die Tabelle ein:

Lager

Artikel_Nr	Artikelart	Artikel_Bez	Bestand	Einkaufspreis	Verkaufspreis
1000	Schreibtisch	Gabriele	5	800,00 €	1.365,00 €
1001	Schreibtisch	Modern	10	456,00 €	735,00 €
1002	Schreibtisch	Exklusiv	20	1.250,00 €	1.848,00 €
1003	Büroschrank	Elegant	12	2.400,00 €	3.190,00 €
1004	Büroschrank	Aktuell	17	897,00 €	1.345,00 €
1005	Drucker	Hanso	12	430,00 €	724,00 €
1006	Drucker	Stil	8	1.300,00 €	1.972,75 €
1007	Drucker	Klassic	12	2.900,00 €	4.305,00 €
2000	Scanner	Swift	8	1.578,00 €	2.198,00 €
2001	Scanner	Akura	4	2.790,00 €	3.700,00 €
3000	Computer	AGIB HS	10	3.322,93 €	3.980,00 €
3001	Computer	Trup AK	5	3.576,00 €	4.190,00 €
3002	Computer	Ambro Super	21	3.454,98 €	4.050,00 €
3003	Computer	Combo Genial	3	3.456,00 €	3.890,00 €
3004	Computer	Akka Uni	4	3.670,00 €	4.350,00 €

- Die Breite der Spalten lässt sich mit der Maus verändern. Gehen Sie mit der Maus auf die Zeile mit den Bezeichnungen *Artikel_Nr*, *Artikelart* usw. Der Mauszeiger verändert sich, wenn er zwischen zwei Spalten gesetzt wird, in einen senkrechten Balken mit Pfeilen nach links und rechts. Bei gedrückter linker Maustaste können Sie nun die einzelne Spalte vergrößern oder verkleinern. Dies geschieht durch das Bewegen der Maus nach links oder rechts. Mit einem Doppelklick zwischen die beiden Spalten wird die optimale Breite vom Programm eingestellt.

- Das Speichern, Drucken usw. der Daten ist identisch mit der Vorgehensweise bei anderen Programmen. Eine einzelne Tabelle wird automatisch abgespeichert.

Löschen einzelner und aller Datensätze

Nicht mehr in einer Tabelle benötigte Datensätze sollten gelöscht werden, damit sie nicht mehr die Bearbeitung von Daten beeinflussen.

Bearbeitungsschritte:	SQL (3) (4)

- Öffnen Sie die Tabelle *Lager*. Gehen Sie mit der Maus auf den linken Rand der Tabellendaten und danach auf den ersten zu löschenden Datensatz. Der Mauspfeil verändert sich in einen Pfeil nach rechts. Bei gedrückter linker Maustaste können Sie dann nach unten oder oben weitere Datensätze markieren.

- Klicken Sie im Register **Start** in der Gruppe **Zwischenablage** die Schaltfläche **Ausschneiden** an. Außerdem können Sie auch die Taste **[Entf]** betätigen. Als Alternative klicken Sie im Register **Start** in der Gruppe **Datensätze** die Schaltfläche **Löschen** an. Sie können auch den Pfeil nach unten in der Schaltfläche anklicken. Danach stehen noch weitere Möglichkeiten zur Verfügung.

- Es wird ein Fenster eingeblendet, in dem darauf hingewiesen wird, dass Sie beabsichtigen, zwei Datensätze zu löschen. Durch das Anklicken der Schaltfläche **Ja** werden die **Datensätze** endgültig gelöscht. Soll dies nicht geschehen, muss die Schaltfläche **Nein** angeklickt werden. Löschen Sie die Datensätze endgültig.

- Sollen alle Datensätze gelöscht werden, muss die gesamte Tabelle durch Anklicken des Kästchens links oben markiert werden. Danach kann die Löschung wie beschrieben erfolgen.

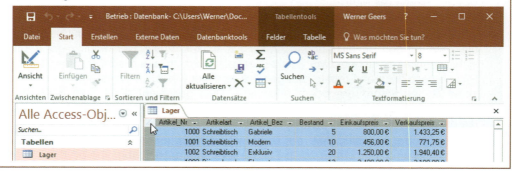

Tabellen

Löschen einer Tabelle   SQL (5)

Soll die gesamte Tabelle *Lager* gelöscht werden und dabei auch die Struktur (der Entwurf) der Tabelle, so ist die Tabelle im linken Bereich zu markieren. Danach kann die Tabelle durch das Anklicken der Schaltfläche **Ausschneiden** ✂ Ausschneiden ✂ im Register **Start** oder über das Kontextmenü gelöscht werden. Die Löschung kann nicht mehr rückgängig gemacht werden.

Löschen eines Datenfelds bzw. aller Daten eines bestimmten Datenfelds

Sollen alle Inhalte in der Spalte *Artikelart* gelöscht werden, so kann man die einzelnen Datenfelder, wie zuvor beschrieben, einzeln löschen. Dies dürfte jedoch bei umfangreichen Tabellen zu umständlich sein. Es bietet sich daher an, in der Tabellenstruktur das gesamte Datenfeld zu löschen und u. U. danach das Datenfeld, falls es ohne Inhalte benötigt wird, wieder neu hinzuzufügen. Dies wird im Abschnitt *Tabellengestaltung* genau beschrieben.

Sortieren nach Datenfeldern

Alle Datensätze können innerhalb kürzester Zeit nach verschiedenen Kriterien, z. B. *Artikelart*, *Bestand*, *Artikel_Nr* usw. aufsteigend bzw. absteigend sortiert werden.

Bearbeitungsschritte:	SQL (6) (7)
<ul><li>Öffnen Sie die Tabelle *Lager*. Klicken Sie danach auf den Pfeil nach unten in der Spalte *Artikelart*. Sie wird gekennzeichnet. Außerdem wird eine Menüleiste eingeblendet. Wählen Sie die Alternative **Von A bis Z sortieren**.  </li><li>Das Ergebnis sieht (hier verkürzt dargestellt) folgendermaßen aus: | Lager						
---	---	---	---	---	---
Artikel_Nr ▼	Artikelart ▼↑	Artikel_Bez ▼	Bestand ▼	Einkaufspreis ▼	Verkaufspreis ▼
1004	Büroschrank	Aktuell	17	897,00 €	1.345,00 €
1003	Büroschrank	Elegant	12	2.400,00 €	3.190,00 €
3004	Computer	Akka Uni	4	3.670,00 €	4.350,00 € | </li><li>Klicken Sie im Register **Start** in der Gruppe **Sortieren und Filtern** die Schaltfläche **Sortierung entfernen** an.  </li><li>Klicken Sie mit der Maus auf eine beliebige Zelle. Gehen Sie dann mit der Maus auf die Bezeichnung *Artikelart*. Der Mauszeiger verwandelt sich in einen Pfeil nach unten ↓. Markieren Sie mit gedrückter linker Maustaste die angezeigten Datenfelder. 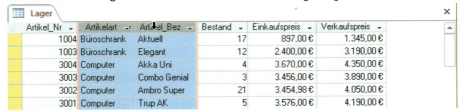 </li><li>Als Ergebnis werden die Daten nach beiden Datenfeldern sortiert ausgegeben.</li></ul>	

Suchen und Ersetzen von Daten

In umfangreichen Tabellen kann es von Zeit zu Zeit vorkommen, dass Bezeichnungen, beispielsweise bei der *Artikelart*, geändert werden müssen. Außerdem soll beispielsweise nach einer bestimmten Artikelbezeichnung usw. gesucht werden.

Bearbeitungsschritte:

- Öffnen Sie die Tabelle *Lager*. Klicken Sie danach auf den Pfeil nach unten in der Spalte *Artikelart*. Sie wird markiert. Klicken Sie dann im Register **Start** in der Gruppe **Suchen** die Schaltfläche **Suchen** an.

- Im Fenster **Suchen und Ersetzen** können Sie nun einen Begriff eingeben und durch Anklicken der Schaltfläche **Weitersuchen** nach diesem Begriff suchen. Außerdem können Sie diverse Einstellungen vornehmen.

- Der erste gefundene Begriff wird angezeigt. Danach können Sie durch Anklicken der Schaltfläche **Weitersuchen** zum nächsten Begriff springen.

Lager					
Artikel_Nr	Artikelart	Artikel_Bez	Bestand	Einkaufspeis	Verkaufspreis
2001	Scanner	Akura	4	2.790,00 €	3.700,00 €
3000	Computer	AGIB HS	10	3.322,93 €	3.980,00 €
3001	Computer	Trup AK	5	3.576,00 €	4.190,00 €

- Klicken Sie die Schaltfläche **Ersetzen** im Register **Start** in der Gruppe **Suchen** an, um einen Begriff zu ersetzen.

- Führen Sie die angegebene Ersetzung durch. Machen Sie sie danach rückgängig.

- Mithilfe der Schaltflächen dieser Gruppe können Sie auch bestimmte Datensätze anwählen und die gesamte Tabelle markieren.

14.3.2 Tabellengestaltung
Einfügen von Datenfeldern

Ein Merkmal eines Datenbankprogramms ist die Möglichkeit, nachträglich die Struktur einer Tabelle ändern zu können. Die notwendigen Datenfelder *Mindestbestand*, *Höchstbestand* und *Lieferdatum* sollen in die Tabelle *Lager* eingefügt werden.

Bearbeitungsschritte:		SQL (8)

- Rufen Sie den Entwurf der Tabelle *Lager* auf. Markieren Sie mit der Maus das Datenfeld *Einkaufspreis*.

Lager

	Feldname	Felddatentyp	Beschreibung
P	Artikel_Nr	Zahl	
	Artikelart	Kurzer Text	
	Artikel_Bez	Kurzer Text	
	Bestand	Zahl	
	Einkaufspreis	Währung	
	Verkaufspreis	Währung	

- Klicken Sie im Register **Tabellentools/Entwurf** in der Gruppe **Tools** die Schaltfläche **Zeilen einfügen** an.

- Vor der markierten Zeile wird eine Leerzeile eingefügt:

Lager

	Feldname	Felddatentyp	Beschreibung
P	Artikel_Nr	Zahl	
	Artikelart	Kurzer Text	
	Artikel_Bez	Kurzer Text	
	Bestand	Zahl	
	Einkaufspreis	Währung	

- Tragen Sie in die leere Zeile den Feldnamen *Mindestbestand* ein und wählen Sie den Felddatentyp *Zahl* aus.

Lager

	Feldname	Felddatentyp	Beschreibung
P	Artikel_Nr	Zahl	
	Artikelart	Kurzer Text	
	Artikel_Bez	Kurzer Text	
	Bestand	Zahl	
	Mindestbestand	Zahl	
	Einkaufspreis	Währung	

- Fügen Sie außerdem ein Datenfeld *Höchstbestand* und den Felddatentyp *Zahl* nach dem Datenfeld *Mindestbestand* ein, außerdem ein Datenfeld *Lieferdatum* und den Datentyp *Datum/Uhrzeit* (Format: *Datum, kurz*) und ein Datenfeld *Verkaufspreis2* und den Felddatentyp *Währung* am Ende der Tabelle.

Bearbeitungsschritte (Fortsetzung):

- Eventuell erstellte Formulare werden durch die Änderung der Tabellenstruktur nicht automatisch angepasst. Die Formulare müssen daher u. U. neu erstellt werden.
- Tragen Sie die entsprechenden Daten wie dargestellt ein. Die Darstellung wurde durch das Ausblenden der Datenfelder *Einkaufspreis* und *Verkaufspreis* realisiert.

Lager

Artik	Artikelart	Artikel_Bez	Bestand	Mindestbestand	Höchstbestand
1000	Schreibtisch	Gabriele	5	5	10
1001	Schreibtisch	Modern	10	15	30
1002	Schreibtisch	Exklusiv	20	10	30
1003	Büroschrank	Elegant	12	5	10
1004	Büroschrank	Aktuell	17	10	40
1005	Drucker	Hanso	12	15	25
1006	Drucker	Stil	8	5	15
1007	Drucker	Klassic	12	6	10
2000	Scanner	Swift	8	10	20
2001	Scanner	Akura	4	2	5
3000	Computer	AGIB HS	10	8	16
3001	Computer	Trup AK	5	6	10
3002	Computer	Ambro Super	21	12	18

Löschen von Datenfeldern

Nicht mehr benötigte Datenfelder sollten gelöscht werden.

Bearbeitungsschritte: SQL (9)

- Öffnen Sie die Tabelle *Lager*. Geben Sie einige frei gewählte Preise in das Datenfeld *Verkaufspreis2* ein. Rufen Sie danach den Entwurf der Tabelle *Lager* auf und markieren Sie mit der Maus das Datenfeld *Verkaufspreis2*.

Lager

	Feldname	Felddatentyp	Beschreibung
P	Artikel_Nr	Zahl	
	Artikelart	Text	
	Artikel_Bez	Text	
	Bestand	Text	
	Mindestbestand	Zahl	
	Höchstbestand	Zahl	
	Einkaufspreis	Währung	
	Verkaufspreis	Währung	
	Verkaufspreis2	Währung	

- Klicken Sie im Register **Start** in der Gruppe **Zwischenablage** die Schaltfläche **Ausschneiden** an.

- Das Programm reagiert mit einer Sicherheitsabfrage, ob die markierten Felder sowie die in diesen Feldern befindlichen Daten tatsächlich gelöscht werden sollen. Mit dem Anklicken der Schaltfläche **Ja** wird das Datenfeld mit allen Daten gelöscht.

Tabellen 475

Ändern von Datenfeldname und/oder Felddatentyp

Das Ändern von Datenfeldname und Felddatentyp kann jederzeit im Entwurfsbereich der Tabelle vorgenommen werden. Vollkommen unproblematisch ist dabei die Änderung des Datenfeldnamens. Problematischer ist jedoch die Änderung des Felddatentyps.

Bearbeitungsschritte:

- Öffnen Sie den Entwurf der Tabelle *Lager*. Verändern Sie die Bezeichnung *Artikel_Nr* in *Artikelnummer*.

Lager			
	Feldname	**Felddatentyp**	**Beschreibung**
P	Artikelnummer	Zahl	
	Artikelart	Kurzer Text	
	Artikel_Bez	Kurzer Text	

- In der Tabelle wird die neue Bezeichnung des Datenfeldes angegeben. Auswirkungen hat dies im Prinzip keine.

Lager						
Artik	**Artikelart**	**Artikel_Bez**	**Bestand**	**Mindestbestand**	**Höchstbestand**	
1000	Schreibtisch	Gabriele	5	5	10	
1001	Schreibtisch	Modern	10	15	30	
1002	Schreibtisch	Exklusiv	20	10	30	
1003	Büroschrank	Elegant	12	5	10	
1004	Büroschrank	Aktuell	17	10	40	
1005	Drucker	Hanso	12	15	25	

- Verändern Sie die Bezeichnung wieder in *Artikel_Nr*.
- Verändern Sie zu Übungszwecken den Felddatentyp im Bereich *Artikel_Bez* in *Zahl*.

Lager			
	Feldname	**Felddatentyp**	**Beschreibung**
P	Artikel_Nr	Zahl	
	Artikelart	Kurzer Text	
	Artikel_Bez	Zahl	
	Bestand	Zahl	
	Mindestbestand	Zahl	

- Beim Abspeichern der neuen Tabellenstruktur wird darauf aufmerksam gemacht, dass Daten verloren gehen, wenn der Felddatentyp tatsächlich in *Zahl* geändert wird. Dies ist vollkommen logisch, da der Datentyp *Zahl* nur Zahlen aufnehmen kann.

- Klicken Sie die Schaltfläche **Nein** an. Brechen Sie damit diese unsinnige Änderung ab. Ändern Sie den Felddatentyp wieder in *Kurzer Text*.

Kopieren einer Tabelle

Damit die Tabelle *Lager* in ihrem ursprünglichen Zustand erhalten bleibt, soll zunächst eine zusätzliche Tabelle *Lager1* erzeugt werden.

Bearbeitungsschritte:

- Markieren Sie in der Navigationsleiste die Tabelle *Lager*.
- Klicken Sie im Register **Start** in der Gruppe **Zwischenablage** die Schaltfläche **Kopieren** an. Klicken Sie dann in derselben Gruppe die Schaltfläche **Einfügen** an.

- Geben Sie im Fenster **Tabelle einfügen als** den Namen *Lager_1* der neuen Tabelle ein. Im Datenbankfenster werden danach beide Tabellen angezeigt:

- Beide Tabellen können nun in der Datenbank genutzt werden.

Standardwerte

Als Standardwert bezeichnet man die Vorgabe eines bestimmten Wertes bei der Dateneingabe. So ist es möglich, dass der Mindestbestand bei einem Artikel in der Regel 5 Produkte beträgt. Dieser Bestand wird automatisch vorgegeben, kann jedoch überschrieben werden.

Bearbeitungsschritte:

- Öffnen Sie den Entwurf der Tabelle *Lager_1*. Klicken Sie das Datenfeld *Mindestbestand* an. Tragen Sie im unteren Bereich des Bildschirms als Standardwert *5* ein.

Allgemein	Nachschlagen
Feldgröße	Long Integer
Format	
Dezimalstellenanzeige	Automatisch
Eingabeformat	
Beschriftung	
Standardwert	5
Gültigkeitsregel	
Gültigkeitsmeldung	
Eingabe erforderlich	Nein
Indiziert	Nein
Smarttags	
Textausrichtung	Standard

- Bei der Eingabe neuer Datensätze wird ein Mindestbestand von 5 vorgegeben. Er kann jedoch überschrieben werden.

Lager_1

Artik	Artikelart	Artikel_Bez	Bestand	Mindestbestand	Höchstbestand
3002	Computer	Ambro Super	21	12	18
0			0	5	0

Tabellen 477

Eingabeformate

Die Eingabe der Daten kann dadurch erleichtert werden, dass ein bestimmtes Eingabeformat bestimmt wird. Beispielsweise kann der Benutzer bei der Eingabe eines Datums erkennen, in welcher Form er das Datum einzugeben hat. Neben Datumsfeldern können auch Textfelder mit Eingabeformaten versehen werden.

Bearbeitungsschritte:

- Öffnen Sie den Entwurf der Tabelle *Lager_1*.
- Ergänzen Sie die Datenstruktur um das nachfolgend dargestellte Datenfeld:

Lager_1

Feldname	Felddatentyp	Beschreibung
Einkaufspreis	Währung	
Verkaufspreis	Währung	
Lieferdatum	Datum/Uhrzeit	

- Stellen Sie den Cursor in den Bereich **Eingabeformat**.

Allgemein	Nachschlagen
Format	
Eingabeformat	
Beschriftung	

- Klicken Sie auf die Schaltfläche am rechten Rand des Bereichs. Das folgende Fenster wird eingeblendet. Wählen Sie die erste Möglichkeit aus und klicken Sie mit der Maus in den Bereich **Testen**.

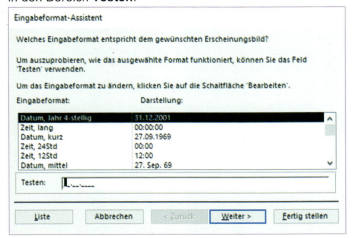

- Im nächsten Fenster könnten Sie das Eingabeformat ändern. Klicken Sie danach die Schaltfläche **Fertig stellen** an. Das Format wird in der Entwurfsansicht dargestellt.
- Wechseln Sie zur **Datenblattansicht**. Die Eingabe wird durch die Vorgabe der entsprechenden Stellen deutlich erleichtert.

Beschriftung

Die Bezeichnung eines Datenfelds soll bei der Anzeige u. U. aussagekräftiger, verständlicher usw. gemacht werden. Dies kann durch die Feldeigenschaften bestimmt werden.

Bearbeitungsschritte:

- Öffnen Sie den Entwurf der Tabelle *Lager_1*. Klicken Sie danach das Datenfeld *Artikel_Nr* an. Geben Sie die angegebene Beschriftung ein.

Allgemein	Nachschlagen
Feldgröße	Integer
Format	
Dezimalstellenanzeige	Automatisch
Eingabeformat	
Beschriftung	Artikelnummer
Standardwert	

- Die Darstellung des Datenfelds in der Datenblattansicht verändert sich entsprechend.

Lager_1

Artik	Artikelart	Artikel_Bez	Bestand	Mindestbestand	Höchstbestand
1000	Schreibtisch	Gabriele	5	5	10

Erforderlichkeit einer Eingabe

Grundsätzlich erscheint es notwendig, dass in jeder Zelle auch ein Wert eingegeben werden soll. Dies ist besonders dann notwendig, wenn es sich um Daten handelt, die die Grundlage für Dateien bilden, wie beispielsweise Artikelarten oder Artikelbezeichnungen.

Bearbeitungsschritte:

- Öffnen Sie den Entwurf der Tabelle *Lager_1*. Klicken Sie das Datenfeld *Artikelart* an. Legen Sie fest, dass eine Eingabe erforderlich ist.

Allgemein	Nachschlagen
Feldgröße	30
Format	
Eingabeformat	
Beschriftung	
Standardwert	
Gültigkeitsregel	
Gültigkeitsmeldung	
Eingabe erforderlich	Ja

- Geben Sie in der Datenblattansicht einen neuen Datensatz ohne die Artikelart ein. Wenn Sie danach die Tabelle abspeichern oder einen nächsten Datensatz eingeben wollen, erscheint die folgende Fehlermeldung:

- Geben Sie daher einen Text in das Feld ein oder verändern Sie die Feldeigenschaft in der Hinsicht, dass keine Eingabe erforderlich ist.

Tabellen 479

Text-, Kombinations- und Listenfelder

In der Tabelle *Lager* sind nur 5 Artikelarten vorhanden. Eigentlich bietet es sich an, die Artikel aus einer Liste auszuwählen und nicht jedes Mal einzugeben. Grundsätzlich sind beim Felddatentyp *Kurzer Text* drei Einstellungsmöglichkeiten gegeben. Ein Textfeld lässt die freie Eingabe von Werten zu. Bei einem Listenfeld kann aus einer vorgegebenen Liste ein Eintrag gewählt werden. Das Kombinationsfeld lässt beide Möglichkeiten zu.

Bearbeitungsschritte:

- Öffnen Sie den Entwurf der Tabelle *Lager_1*.
- Klicken Sie den Felddatentyp des Datenfelds *Artikelart* an. Wählen Sie dann die Registerkarte **Nachschlagen** in der Entwurfsansicht aus. Es wird angezeigt, dass das Datenfeld ein Textfeld ist. Klicken Sie danach den Pfeil nach unten im dargestellten Datenfeld an und wählen Sie den Bereich **Nachschlage-Assistent** aus.

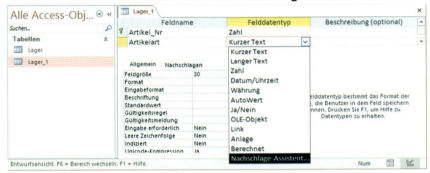

- Im ersten Fenster bestimmen Sie, dass Sie selbst Werte eingeben wollen.

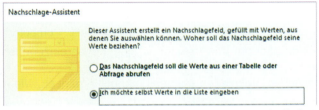

- Geben Sie im nächsten Fenster die möglichen Artikelarten ein.

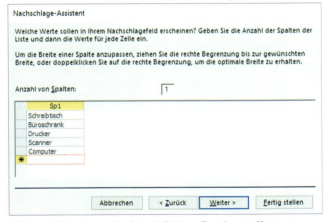

- Klicken Sie dann die Schaltfläche **Fertig stellen** an.

Bearbeitungsschritte (Fortsetzung):

- Im Bereich **Nachschlagen** wird nun angegeben, dass ein Kombinationsfeld eingerichtet wurde und aus einer Wertliste, die in der nächsten Zeile angegeben ist, Werte ausgewählt werden können.

Allgemein	Nachschlagen
Steuerelement anz	Kombinationsfeld
Herkunftstyp	Wertliste
Datensatzherkunft	"Schreibtisch"; "Büroschrank"; "Drucker"; "Scanner"; "Computer"

- In der Tabelle können Sie nun einen eigenen Wert eingeben oder einen vorgegebenen Wert auswählen.

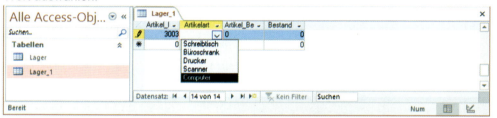

- Sollen nur Werte aus der Liste als Eingabe möglich sein, ist die folgende Veränderung vorzunehmen. In der Tabelle können zwar weiterhin eigene Werte eingegeben werden, erfolgt die Eingabe aber über ein Formular, können nur Werte aus der Liste gewählt werden.

Allgemein	Nachschlagen
Steuerelement anz	Listenfeld
Herkunftstyp	Wertliste
Datensatzherkunft	"Schreibtisch"; "Büroschrank"; "Drucker"; "Scanner"; "Computer"

- Wenn Sie nun versuchen, einen anderen Wert als den vorgegebenen einzugeben, erscheint eine Fehlermeldung.
- Sie können die Liste der möglichen Artikelarten übrigens manuell ergänzen, wie nachfolgend dargestellt wird:

Allgemein	Nachschlagen
Steuerelement anz	Listenfeld
Herkunftstyp	Wertliste
Datensatzherkunft	tisch"; "Büroschrank"; "Drucker"; "Scanner"; "Computer"; "Monitor"

- Auch das Eintragen aller Artikelarten im Bereich **Datensatzherkunft** ist möglich. Die einzelnen Artikelarten müssen jedoch in der dargestellten Form eingetragen werden.

Gültigkeit und Gültigkeitsmeldungen

Eine weitere Möglichkeit, die Struktur einer Tabelle zu verändern, ist das Bearbeiten der Feldeigenschaften. So ist beispielsweise die Möglichkeit gegeben, in einem Textfeld die Feldgröße vom Standardwert *50* je nach Bedarf in einen anderen Wert zu ändern.

Weitere Einstellungsmöglichkeiten sind z. B. dadurch gegeben, dass bei Zahlen die Anzahl der Dezimalstellen bestimmt oder angegeben werden kann. Interessant ist auch die Möglichkeit, nur bestimmte Eingaben zuzulassen. So soll z. B. das Datenfeld *Höchstbestand* keinen Wert von 50 Produkten und mehr aufnehmen können.

Bearbeitungsschritte:

- Öffnen Sie den Entwurf der Tabelle *Lager_1*. Tragen Sie die folgende Gültigkeitsregelung und Gültigkeitsmeldung ein:

Lager_1

Feldname	Felddatentyp	Beschreibung
Bestand	Zahl	
Mindestbestand	Zahl	

Allgemein	Nachschlagen	
Feldgröße	Long Integer	
Format		Die Fehlermeldung die angezeigt wird, wenn Sie einen Wert eingeben, der aufgrund der Gültigkeitsregel nicht eingegeben werden darf. Drücken Sie F1, um Hilfe zur Gültigkeitsmeldung zu erhalten.
Dezimalstellenanzeige	Automatisch	
Eingabeformat		
Beschriftung		
Standardwert	0	
Gültigkeitsregel	< 50	
Gültigkeitsmeldung	Eingabe abgelehnt (Bestand < 50)	
Eingabe erforderlich	Nein	
Indiziert	Nein	
Smarttags		
Textausrichtung	Standard	

- Das Programm ist nun bei der Abspeicherung der Änderung in der Lage, zu überprüfen, ob alle Daten den veränderten Anforderungen entsprechen.

- Klicken Sie die Schaltfläche **Ja** an. Die Überprüfung wird keinen Fehler feststellen. Die Tabelle mit den Daten wird eingeblendet.
- Geben Sie nun im Datenfeld *Bestand* im ersten Datensatz die Zahl 55 ein.

Lager_1

Artik	Artikelart	Artikel_Bez	Bestand	Mindestbestand	Höchstbestand
1000	Schreibtisch	Gabriele	5	5	10

- Wollen Sie die Zeile verlassen bzw. die Tabelle schließen, wird die folgende Fehlermeldung ausgegeben:

- Versucht man übrigens, in einem Datenfeld mit dem Felddatentyp *Zahl* einen Buchstaben einzugeben, werden Hinweise zur Lösung des Problems gegeben.

14.3.3 Indizes in Tabellen

Durch Indizes werden Suchvorgänge, beispielsweise bei Abfragen, beschleunigt. **Access** durchsucht bei der Verwendung von Indizes nicht mehr die Gesamttabelle, sondern eine Indextabelle, die der Benutzer allerdings nicht sieht. Bei den bisherigen sehr kleinen Tabellen ist die Verwendung von Indizes sicherlich nicht notwendig. Bei der Verwendung eines Primärschlüssels wird automatisch ein Index verwendet. Schlüssel werden später intensiv erklärt.

Bearbeitungsschritte:

- Öffnen Sie den Entwurf der Tabelle *Lager_1*.
- Stellen Sie den Cursor in das Datenfeld *Artikelart*. Stellen Sie den Index, da bei Artikelarten Duplikate möglich sein müssen, folgendermaßen ein:

- Klicken Sie danach im Register **Tabellentools/Entwurf** in der Gruppe **Einblenden/Ausblenden** die Schaltfläche **Indizes** an.

- Die einzelnen Indizes werden angezeigt. Es wird aufsteigend sortiert; bei dem Datenfeld handelt es sich nicht um ein Primärschlüsselfeld und die Werte müssen nicht eindeutig sein. Die einzelnen Einstellungen können an dieser Stelle geändert werden.

- Klicken Sie in den Bereich **PrimaryKey**. Die getroffenen Einstellungen werden angezeigt. Auch sie könnten geändert werden.

14.3.4 Aufbau weiterer Tabellen

Daten der Tabelle *Lager* sollen mit Lieferanten- und Kundendaten verknüpft und ausgewertet werden. Außerdem werden eine Personal- und eine Abteilungstabelle zur Herstellung weiterer Beziehungen benötigt. Denken Sie daran, dass Sie für die Lieferantennummer, Personalnummer usw. den Datenfeldtyp *Long Integer* festlegen.

Bearbeitungsschritte:

- Erstellen Sie die Tabelle *Lieferanten* mit der folgenden Dateistruktur:

Lieferanten

	Feldname	Felddatentyp	Beschreibung
P	Lieferer_Nr	Zahl	
	Name1	Kurzer Text	
	Name2	Kurzer Text	
	Strasse	Kurzer Text	
	PLZ	Zahl	
	Ort	Kurzer Text	

- Geben Sie die folgenden Daten in die Tabelle ein:

Lieferanten

Lie	Name1	Name2	Strasse	PLZ	Ort
100	Wagner & Co.	Büromöbel	Vogtweg 23	33607	Bielefeld
101	Büromöbel AG	Büroeinrichtungen	Gutachtstr. 342	13469	Berlin
102	Tranel GmbH	Büromöbel	Bechemstr. 67	47058	Duisburg
103	Computerland GmbH	Computer	Fischstieg 65	22119	Hamburg
104	Computer 2000	EDV-Herstellung	Koloniestr. 128	28777	Bremen
105	Micro Hansen	Computerlösungen	Am Stau 47	26112	Oldenburg
106	Microcomputer Voges	EDV-Bedarf	Schloßstr.45	30159	Hannover

- Erstellen Sie ebenfalls die Tabelle *Kunden* mit der folgenden Dateistruktur:

Kunden

	Feldname	Felddatentyp	Beschreibung
P	Kunden_Nr	Zahl	
	Name1	Kurzer Text	
	Strasse	Kurzer Text	
	PLZ	Zahl	
	Ort	Kurzer Text	

- Geben Sie die folgenden Daten in die Tabelle ein:

Kunden

Kunden_Nr	Name1	Strasse	PLZ	Ort
200	Otto Artig e. Kfm.	Mühlenstr. 45	26789	Leer
201	Hans Kassens	Am Forst 45	49809	Lingen
202	Bürohandlung GmbH	Markt 21	49716	Meppen
203	Bürobedarf Hinze KG	Siemensstr. 1	12459	Berlin
204	Rohr & Co. KG	Gallotweg 67	26273	Emden
205	Willi Garstig OHG	Alsenstr. 52	47139	Duisburg
206	Hans Truppe	Adlerstr. 45	48429	Rheine
207	Hans Terfehr KG	Sachsenstr. 12	49809	Lingen

Bearbeitungsschritte (Fortsetzung):

- Erstellen Sie die Tabelle *Abteilung*:

Abteilung

	Feldname	Felddatentyp	Beschreibung
P	Abteilung_Nr	Zahl	
	Bezeichnung	Kurzer Text	

- Geben Sie die folgenden Daten in die Tabelle ein:

Abteilung

Abteilung_Nr	Bezeichnung
1	Direktion
2	Rechnungswesen
3	Einkauf
4	Verkauf
5	Lager

- Erstellen Sie ebenfalls die Tabelle *Personal* mit der folgenden Dateistruktur:

Personal

	Feldname	Felddatentyp	Beschreibung
P	Mitarbeiter_Nr	Zahl	
	Nachname	Kurzer Text	
	Vorname	Kurzer Text	
	Strasse	Zahl	
	PLZ	Zahl	
	Ort	Kurzer Text	
	Geb_Datum	Datum/Uhrzeit	
	Geschlecht	Kurzer Text	
	Ort	Kurzer Text	
	Abteilung	Kurzer Text	
	Stellung	Kurzer Text	
	Eintrittsdatum	Datum/Uhrzeit	
	Gehalt	Währung	

- Geben Sie die folgenden Daten in die Tabelle ein:

Personal

Mitar	Nachna	Vorname	Strasse	PLZ	Ort	Stellung
1000	Meier	Hans	Hauptkanal re. 61	26871	Papenburg	Sachbearbeiter
1001	Regeleit	Irmgard	Spahner Str. 12	26789	Leer	Abteilungsleiter
1002	Hermes	Maria	Osterstr. 12	28826	Weener	Sachbearbeiter
1003	Müller	Irene	Belheimer Str. 17	26871	Papenburg	Abteilungsleiter
1004	Groos	Heiner	Feldweg 45	26904	Börger	Sachbearbeiter
1005	Meimel	Harald	Kapellenweg 4	26871	Papenburg	Sachbearbeiter

14.3.5 Formatieren von Daten

Das Gestalten von Tabellen mit Schriftarten, Schriftgrößen usw. wird als Formatierung bezeichnet. Die Formatierung hat Einfluss sowohl auf die Bildschirm- als auch auf die Druckausgabe. Daher ist für eine sinnvolle Ausgabe von Daten über den Drucker eine Überprüfung, ob die Daten in der gewünschten Form ausgegeben werden, unbedingt notwendig.

Bearbeitungsschritte:

- Öffnen Sie die Tabelle *Lager_1*.
- Markieren Sie die gesamte Tabelle. Klicken Sie danach gegebenenfalls das Register **Start** an. In der Gruppe **Textformatierung** befinden sich verschiedene Schaltflächen zur Gestaltung der Tabelle, z. B. die Schaltfläche **Alternative Zeilenfarbe**.

- Formatieren Sie mithilfe der Schaltflächen die Tabelle folgendermaßen. Dabei können Schrifteffekte, Hintergrundfarben usw. genutzt werden.

- Nach Anklicken der Schaltfläche **Datenblatt formatieren** im unteren rechten Bereich der Gruppe **Schriftart** können Zelleffekte wie die erhöhte Darstellung von Zellen eingestellt werden.

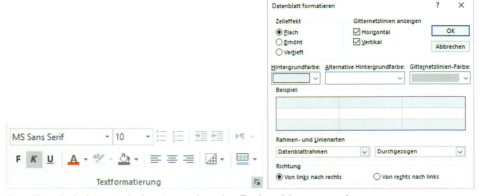

- Das Ergebnis könnte bei entsprechender Farbwahl so aussehen:

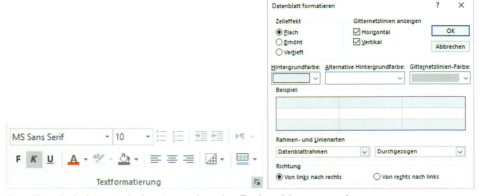

Bearbeitungsschritte (Fortsetzung):

- Öffnen Sie die Tabelle *Lager*.
- Um eine optimale Darstellung des Sachverhalts zu erreichen, bietet es sich an, Spalten aus- oder einzublenden bzw. zu fixieren. Klicken Sie im Register **Start** in der Gruppe **Datensätze** die Schaltfläche **Weitere Optionen** an. Es werden einzelne Menüpunkte angezeigt.

- Markieren Sie die Spalte *Bestand* durch Anklicken der Überschrift mit der Maus.

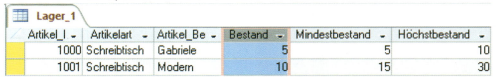

- Wählen Sie auf die beschriebene Art den Menüpunkt **Felder ausblenden**. Die Spalte wird ausgeblendet.

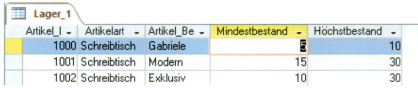

- Um Spalten einzublenden, muss der Menüpunkt **Felder wieder einblenden** gewählt werden. Im folgenden Fenster können Sie dann Spalten beliebig ein- und ausblenden. Blenden Sie alle Datenfelder ein.

- Markieren Sie die ersten drei Spalten. Klicken Sie danach im Register **Start** in der Gruppe **Datensätze** die Schaltfläche **Weitere Optionen** an. Wählen Sie den Menüpunkt **Felder fixieren**.

- Diese ersten drei Spalten bleiben danach immer eingeblendet. Die anderen Datenfelder können mithilfe der Pfeile am unteren Fensterrand verschoben werden. Eventuell müssen Sie, um den Effekt zu sehen, dass Access-Fenster verkleinern. Heben Sie die Fixierung danach wieder auf.

14.4 Formulare

Vorbemerkungen

Formulare dienen der Dateneingabe, der Datenausgabe und der Filterung (dem Auswählen) von Daten. In einer professionellen Datenbank mit einer Benutzeroberfläche wird in der Regel mit Formularen gearbeitet. Tabellen werden vor allem für die Konzeption der Datenbank benötigt. Zunächst sollen einfache Formulare erstellt werden. In einem späteren Kapitel werden Formulare mit Schaltflächen, Formulare als Benutzeroberflächen usw. angesprochen.

Erstellung eines Formulars

Ein normales, in der Regel vollkommen ausreichendes, Formular lässt sich relativ einfach erstellen. Dieses Formular kann dann später den eigenen Erfordernissen entsprechend angepasst werden.

Bearbeitungsschritte:

- Gehen Sie in die **Navigationsleiste**. Öffnen Sie die Tabelle *Lager*.
- Blenden Sie die folgenden Spalten ein. Alle anderen Spalten sollen zunächst ausgeblendet werden. Schließen Sie danach die Tabelle *Lager*. Die eingeblendeten Spalten werden in das zu erstellende Formular aufgenommen.

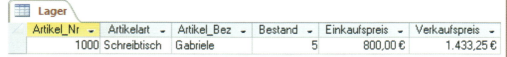

- Klicken Sie im Register **Erstellen** in der Gruppe **Formulare** die Schaltfläche **Formular** an.

- Das automatisch erstellte Formular wird eingeblendet:

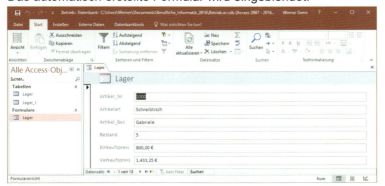

- Speichern Sie das Formular unter dem Namen *Lager*. Klicken Sie danach im Register **Formularlayouttools/Entwurf** in der Gruppe **Ansichten** den unteren Bereich der Schaltfläche **Ansicht** an. Die Alternativen werden angegeben.

Bearbeitungsschritte (Fortsetzung):

- In der **Entwurfsansicht** ist eine intensive Bearbeitung des Formulars möglich. Es können beispielsweise Schaltflächen eingefügt werden. Die **Layoutansicht** eignet sich für die einfache Gestaltung des Formulars. In der **Formularansicht** sollten die Daten eingegeben, gesucht usw. werden. Zwischen den einzelnen Ansichten können Sie auch durch Anklicken der Schaltflächen am unteren rechten Rand des Formulars wechseln.

- Wählen Sie die **Formularansicht** aus.

- Das Formular enthält als Überschrift den Namen der Datei, in diesem Fall *Lager*. Alle ausgewählten Datenfelder werden angegeben. Am unteren Rand wird angegeben, dass der erste von 13 Datensätzen angezeigt wird. Über die einzelnen Schaltflächen können Sie die Datensätze anwählen oder einen neuen Datensatz anwählen und dann Daten eingeben.

- Stellen Sie den Cursor in den Bereich **Artikelart**. Im Bereich **Suchen** können Sie eine Artikelart angeben, oftmals reichen wenige Buchstaben zur Auswahl und der erste Begriff (*Co – Computer*) mit den entsprechenden Artikelarten wird ausgegeben.

- Schließen Sie das Formular. In der Navigationsleiste wird das Formular angezeigt.

- Erstellen Sie auf die gleiche Weise die Formulare *Lieferanten* und *Kunden*.

Formularerstellung mit dem Formular-Assistenten

Die Erstellung eines Formulars mit einem Assistenten erlaubt es beispielsweise, unterschiedliche Formen der Gestaltung zu nutzen. Mithilfe des Formular-Assistenten können verschiedene Formulare erstellt werden.

Bearbeitungsschritte:

- Markieren Sie die Tabelle *Lager* in der **Navigationsleiste**. Klicken Sie im Register **Erstellen** in der Gruppe **Formulare** die Schaltfläche **Weitere Formulare** an. Wählen Sie danach den **Formular-Assistenten** aus.

Formulare

Bearbeitungsschritte (Fortsetzung):

- Im nächsten Fenster muss die **Tabelle/Abfrage**, die die Grundlage für das Formular bildet, ausgewählt werden. Danach werden die verfügbaren Felder angegeben. Man kann durch Anklicken eines Feldes und dem nachfolgenden Anklicken des Pfeils nach rechts ein Feld in das Formular einfügen. Dabei kann man die Reihenfolge der Felder beliebig wählen. Sollen alle Felder in der Reihenfolge der verfügbaren Felder in das Formular übernommen werden, so muss der Doppelpfeil nach rechts angeklickt werden. Wollen Sie ein Feld aus dem Formular entfernen, müssen Sie das Feld durch Anklicken markieren und danach den Pfeil nach links anklicken. Alle Felder werden durch das Anklicken des Doppelpfeils nach links aus dem Formular entfernt. Übernehmen Sie die angegebenen Felder in das Formular:

- Nach Anklicken der Schaltfläche **Weiter** können Sie im nächsten Fenster die Darstellung (das Layout) der Tabelle wählen. Bestimmen Sie die Darstellung *Blocksatz*. Danach klicken Sie in den nächsten Fenstern die Schaltflächen **Weiter** und **Fertig stellen** an. Das Ergebnis könnte so aussehen:

- Selbstverständlich kann und sollte das Formular entsprechend nachbearbeitet werden.

Eingabe von Daten mithilfe eines erstellten Formulars

Mithilfe der Formulare können nun Daten eingegeben werden. Dies ist unter Umständen einfacher und schneller als in einer Tabelle möglich.

Bearbeitungsschritte:

- Öffnen Sie das Formular *Lager*. Der erste Datensatz wird angezeigt. Klicken Sie die Schaltfläche **Neuer (leerer) Datensatz** (Datensatz: 1 von 13) an. Geben Sie danach einen neuen Datensatz ein.

Bearbeitungsschritte (Fortsetzung):

- Der Datensatz wird automatisch in die dazugehörende Tabelle *Lager* geschrieben.
- Die Navigation zwischen den Datensätzen ist besonders einfach über die Schaltflächen am unteren Rand des Formulars zu bewerkstelligen. Innerhalb eines **Datensatzes** kann man mit der Maus ein **Datenfeld** markieren und danach die Daten eingeben.

- Innerhalb der einzelnen Datensätze können Sie mit den Cursortasten und der Return-Taste (Enter-Taste) zwischen den Datenfeldern wechseln. Vom letzten Datenfeld eines Datensatzes kommen Sie auf diese Weise auch in den nächsten Datensatz und wieder zurück.

Löschen von Daten im Formular

Daten können über ein Formular aus der dazugehörigen Tabelle gelöscht werden. Dies können gesamte Datensätze oder auch die Inhalte einzelner Datenfelder sein.

Bearbeitungsschritte:

- Gehen Sie im Formular *Lager* auf den letzten Datensatz (*14*). Klicken Sie im Register **Start** in der Gruppe **Datensätze** den Pfeil in der Schaltfläche **Löschen** an. Wählen Sie danach den Menüpunkt **Datensatz löschen**.

- Eine Sicherheitsabfrage wird eingeblendet. Klicken Sie die Schaltfläche **Ja** an. Der Datensatz ist gelöscht.

Suchen von Daten im Formular

Wird eine Information aus einer Tabelle benötigt, so bietet es sich an, danach vom Programm suchen zu lassen.

Bearbeitungsschritte:

- Öffnen Sie das Formular *Lager*. Stellen Sie den Cursor in das Datenfeld *Artikelart*.
- Klicken Sie im Register **Start** in der Gruppe **Suchen** die Schaltfläche **Suchen** an.

- Geben Sie das Wort *Drucker* ein. Achten Sie darauf, dass die sonstigen Einstellungen mit der Abbildung übereinstimmen. Klicken Sie die Schaltfläche **Weitersuchen** an. Der erste Drucker wird im Formular angezeigt.

14.5 Berichte

Vorbemerkungen

Mit Berichten werden die Daten einer Tabelle usw. ansprechend präsentiert. Ohne viel Mühe lassen sich beispielsweise Preislisten, Kundenlisten usw. erstellen. Daher sind Berichte in der betrieblichen Arbeit eine oftmals willkommene Erleichterung, um anfallende Aufgaben zu erledigen.

Erstellung eines Berichts

Ein Bericht lässt sich relativ einfach erstellen. Der Bericht kann später den eigenen Erfordernissen entsprechend angepasst werden.

> **Bearbeitungsschritte:**
>
> - Gehen Sie in die **Navigationsleiste**. Öffnen Sie die Tabelle *Lager*. Blenden Sie die folgenden Spalten ein. Alle anderen Spalten sollen zunächst ausgeblendet werden. Die eingeblendeten Spalten werden in den zu erstellenden Bericht aufgenommen.
>
>
>
> - Schließen Sie die Tabelle *Lager*. Klicken Sie danach im Register **Erstellen** in der Gruppe **Berichte** die Schaltfläche **Bericht** an.
>
>
>
> - Der automatisch erstellte Bericht wird eingeblendet:
>
>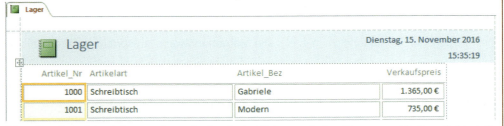
>
> - Einzelne Bereiche können danach durch Anklicken mit der Maus markiert und danach gelöscht, verändert usw. werden.
>
>
>
> - Speichern Sie den Bericht unter dem Namen *Lager*.

Bearbeitungsschritte (Fortsetzung):

- Klicken Sie entweder im Register **Start** in der Gruppe **Ansichten** oder im Register **Berichtslayouttools/Entwurf** in der Gruppe **Ansichten** den unteren Bereich der Schaltfläche **Ansicht** an. Die Alternativen werden angegeben.

- In der **Entwurfsansicht** ist eine intensive Bearbeitung des Formulars möglich. Es können beispielsweise Schaltflächen eingefügt werden. Die **Layoutansicht** eignet sich für die einfache Gestaltung des Formulars. In der **Berichtsansicht** wird der Bericht angezeigt, er kann dabei nicht bearbeitet werden. In der **Seitenansicht** wird der Bericht so angezeigt, wie er gedruckt werden würde.
- Zwischen den einzelnen Ansichten können Sie auch durch Anklicken der Schaltflächen am unteren rechten Rand des Formulars wechseln.

- Wenn Sie später einen Bericht aufrufen, wird die Schaltfläche **Ansicht** in der Gruppe **Ansichten** im Register **Start** angezeigt. Sie können dann die gewünschte Ansicht wählen und eventuelle Änderungen vornehmen.
- Erstellen Sie weitere Berichte nach Ihren Vorstellungen und Bedürfnissen.

Berichtserstellung mit dem Berichts-Assistenten

Die Erstellung eines Berichts mit einem Assistenten erlaubt es beispielsweise, unterschiedliche Formen der Gestaltung zu nutzen. Die Vorgehensweise entspricht im Wesentlichen der Erstellung eines Formulars. Daher sollen die einzelnen Schritte nur angedeutet, nicht jedoch noch einmal erklärt werden.

Bearbeitungsschritte:

- Klicken Sie im Register **Erstellen** in der Gruppe **Berichte** die Schaltfläche **Berichts-Assistent** an.

- Erstellen Sie mithilfe der einzelnen Schritte des Assistenten den folgenden Bericht:

Name1	Name2	Strasse	PLZ Ort
Büromöbel AG	Büroeinrichtungen	Gutachtstr. 342	13469 Berlin
Computer 2000	EDV-Herstellung	Koloniestr. 128	28777 Bremen
Computerland GmbH	Computer	Fischadlerstieg 65	22119 Hamburg

Lieferanten

- Speichern Sie den Bericht unter dem Namen *Lieferanten*.

14.6 Abfragen

14.6.1 Vorbemerkungen

Das Auswählen von einmal erfassten Daten nach Kriterien wird als Selektion von Daten bezeichnet. Diese Möglichkeit, Daten nach verschiedenen Gesichtspunkten auszugeben, gehört zu den großen Vorteilen der elektronischen Datenverarbeitung. Verschiedene Arten der Abfrage erhöhen die Chance, die erwünschten Ergebnisse zu erzielen.

14.6.2 Arten von Abfragen

In der folgenden Tabelle werden die einzelnen Arten der Abfragen kurz erklärt. Anschließend werden die Abfragen anhand von Beispielen dargestellt. In Abfragen können auch Daten mehrerer Tabellen genutzt werden. Die Tabellen müssen dann miteinander in Beziehung stehen bzw. in einer Abfrage miteinander verknüpft werden. Die Verknüpfung von Tabellen und die Auswertung der Daten über Abfragen wird später erklärt. Die *Inkonsistenzsuche* wird auch erst dann erklärt, wenn Verknüpfungen zwischen Tabellen vorgenommen wurden.

Abfragen	Erklärungen zu den Abfragen
Auswahlabfrage	Eine oder mehrere Tabellen werden ausgewertet, z. B. werden in einer Tabelle alle *Computer* ausgewählt und angezeigt. Durch Abfragen lassen sich auch Beziehungen zwischen Tabellen auswerten.
Parameterabfrage	Die Parameterabfrage ist eine Auswahlabfrage, bei der die Auswahlkriterien je nach Bedarf eingegeben werden. Durch die Abfrage können je nach Bedarf z. B. alle *Drucker* usw. ausgegeben werden.
Aktionsabfragen	Durch Aktionsabfragen werden Berechnungen, Löschungen, das Erstellen neuer Tabellen usw. durchgeführt. Bestehende Tabellen werden verändert.
• *Anfügeabfrage*	Die Anfügeabfrage ermöglicht es, Daten einer Tabelle an Daten einer anderen Tabelle anzufügen. Dadurch können z. B. mehrere Personen Daten eingeben, die dann zusammengeführt werden.
• *Tabellenerstellungsabfrage*	Eine neue Tabelle wird durch eine Abfrage erstellt. Dabei werden normalerweise Daten verschiedener Tabellen in einer neuen Tabelle ausgegeben. Die bisherigen Tabellen bleiben bestehen. Sie müssen in einer Beziehung zueinanderstehen.
• *Löschabfrage*	Durch die Löschabfrage werden Daten aus einer Tabelle gelöscht, z. B. werden alle *Computer* aus einer Tabelle entfernt.
• *Kreuztabellenabfrage*	Daten werden im Zeilen-Spalten-Format dargestellt. So können beispielsweise Artikelarten in einer Spalte angezeigt werden.
• *Aktualisierungsabfrage*	Aktualisierungsabfragen eignen sich hervorragend für Berechnungen. So kann beispielsweise eine Preiserhöhung für Produkte durch diese Abfrage vorgenommen werden.
• *Duplikatsuche*	In einer Tabelle werden Datensätze mit vollständiger bzw. teilweiser Übereinstimmung gesucht. Damit soll vermieden werden, dass doppelte oder teilweise doppelte Daten in einer Tabelle vorhanden sind.
• *Inkonsistenzsuche*	Die Inkonsistenzsuche ermöglicht es, in verknüpften Tabellen in einer Tabelle alle Datensätze zu finden, zu denen es keine korrespondierenden Datensätze in der anderen Tabelle gibt. Logischerweise müsste es zwischen den Daten der Tabellen Verbindungen geben.

14.6.3 Auswahlabfrage

Vorbemerkungen

Die Auswahlabfrage bietet eine Reihe von Möglichkeiten, den Datenbestand einer Datenbank nach verschiedenen Kriterien auszuwerten. Dabei können Daten aus einer Tabelle aber auch Daten aus verschiedenen miteinander verknüpften Tabellen selektiert werden.

Syntax der Abfrage

Einige Abfragemöglichkeiten werden zunächst im Überblick dargestellt. Zu einem bestimmten Felddatentyp ist eine bestimmte Syntax notwendig. So wird in einem Datenfeld mit dem Felddatentyp *Kurzer Text* die Angabe des Abfragekriteriums mit Anführungszeichen dargestellt. In der Regel gibt der Anwender nur das Abfragekriterium, z. B. *Computer*, ein und das Programm ändert die Darstellung automatisch in "Computer". Sollte dies im Einzelfall nicht zu dem gewünschten Ergebnis führen, sollten Sie die Anführungsstriche usw. selber setzen.

In der nachfolgenden Übersicht werden die drei wichtigsten Datenfeldtypen mit dem Eingabekriterium, der Darstellung in der Abfrage und der Bedeutung dargestellt:

Felddatentyp	Kriterium	Darstellung	Bedeutung
Kurzer Text	Computer	"Computer"	Alle *Computer* werden ausgegeben.
Zahl	< 10	<10	Alle Artikel, deren Bestand unter 10 Stück liegt, werden ausgegeben.
Datum	15.12.2010	#15.12.2010#	Alle Datensätze, die das angegebene Datum enthalten, werden ausgegeben.

Ausdrücke

Durch die nachfolgend dargestellte Abfrage, deren Erstellung später genau erklärt wird, soll der Preis für alle Computer und Drucker, die über 3.000,00 Euro kosten, um 5 % erhöht werden. Wie zu sehen ist, werden Logische Operatoren (Oder), Arithmetische Operatoren (*) und Vergleichsoperatoren (>) angewandt.

Feld:	Artikelart	Verkaufspreis	
Tabelle:	Lager	Lager	
Aktualisieren:		[Verkaufspreis]*1,05	
Kriterium:	"Computer" Oder "Drucker"		

Wichtige Operatoren, die in Abfragen genutzt werden, werden nachfolgend angegeben:

Operatoren						
Logik		**Arithmetisch**		**Vergleich**		
Und	Logisches Und	+	Addition	=	Gleich	
Nicht	Logisches Nicht	-	Subtraktion	<>	Ungleich	
Oder	Inklusives Oder	*	Multiplikation	<	Kleiner als	
ExOder	Exklusives Oder	/	Division	<=	Kleiner oder gleich	
		^	Potenz	>	Größer als	
				>=	Größer oder gleich	

Erstellen einer Abfrage

Bei einer Abfrage soll zunächst nur eine Bedingung in einem Datenfeld angegeben werden. Es soll z. B. festgestellt werden, ob Artikel der Artikelart *Computer* vorhanden sind.

Bearbeitungsschritte:	SQL (10)

- Klicken Sie das Register **Erstellen** an. Klicken Sie in der Gruppe **Abfragen** die Schaltfläche **Abfrageentwurf** an.

- Das Fenster **Tabelle anzeigen** wird eingeblendet:

- Markieren Sie die Tabelle bzw. Abfrage, in der eine Abfrage durchgeführt werden soll. Durch Anklicken der Registerkarten können Sie festlegen, ob Tabellen oder Abfragen oder beides in dem Fenster dargestellt werden soll. Klicken Sie anschließend die Schaltfläche **Hinzufügen** an. Wenn Sie eine Abfrage in mehreren Tabellen vornehmen wollen, klicken Sie die nächste Tabelle und danach die Schaltfläche **Hinzufügen** an. Als Letztes klicken Sie die Schaltfläche **Schließen** an.

- Das Fenster **Abfrage1** wird eingeblendet. Der Cursor steht in der Zelle hinter dem Wort „Feld". Wenn Sie auf den Pfeil nach unten klicken, werden die Bezeichnungen der einzelnen **Datenfelder** angezeigt. Klicken Sie die Feldbezeichnung *Artikelart* an. Die Feldbezeichnung wird in der Zelle nach dem Wort „Feld" angezeigt. Alternativ können Sie auch im Fenster *Lager* das Wort *Artikelart* anklicken und bei gedrückter linker Maustaste in die Zelle hinter das Wort „Feld" ziehen. Auch ein Doppelklick auf einen Feldnamen fügt das Datenfeld ein.

- Füllen Sie die anderen Felder wie beschrieben und nachfolgend dargestellt aus und geben Sie als Kriterium bei der Artikelart *Computer* ein.

Abfrage1

Lager
- P Artikel_Nr
-    Artikelart
-    Artikel_Bez
-    Bestand
-    Einkaufspreis
-    Verkaufspreis

Feld:	Artikel_Nr	Artikelart	Artikel_Bez	Bestand	Einkaufspreis	Verkaufspreis
Tabelle:	Lager	Lager	Lager	Lager		
Sortierung:						
Anzeigen:	☑	☑	☑	☑	☑	☑
Kriterium:		"Computer"				

- Felder, die durch die Abfrage angezeigt werden sollen, müssen durch das Häkchen in der Schaltfläche **Anzeigen** gekennzeichnet werden. Sollen die Felder nicht angezeigt werden, so werden sie durch das Anklicken des Häkchens deaktiviert.

Bearbeitungsschritte (Fortsetzung):

- Das Register **Abfragetools/Entwurf** ist eingeblendet. Klicken Sie in der Gruppe **Ergebnisse** die Schaltfläche **Ausführen** an.

- Das Ergebnis sieht folgendermaßen aus:

Abfrage1

Artikel_Nr	Artikelart	Artikel_Bez	Bestand	Einkaufspreis	Verkaufspreis
3000	Computer	AGIB HS	10	3.322,93 €	3.980,00 €
3001	Computer	Trup AK	5	3.576,00 €	4.190,00 €
3002	Computer	Ambro Super	21	3.454,98 €	4.050,00 €

- Speichern Sie die Abfrage unter dem Namen *Computer*. Klicken Sie dazu in der Symbolleiste für den Schnellzugriff die Schaltfläche **Speichern** an.

- Danach steht die Abfrage unter dem Namen *Computer* zur Verfügung.

Computer

Artikel_Nr	Artikelart	Artikel_Bez	Bestand	Einkaufspreis	Verkaufspreis
3000	Computer	AGIB HS	10	3.322,93 €	3.980,00 €

- Über das Kontextmenü kann die Abfrage geschlossen, bearbeitet usw. werden.

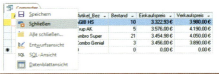

Aufrufen von Abfragen

Das Aufrufen von Abfragen und das Wechseln zwischen dem Abfrageentwurf und dem Datenblatt soll als Nächstes genauer dargestellt werden.

Bearbeitungsschritte:

- Führen Sie im **Navigationsbereich** einen Doppelklick auf die Abfrage *Computer* aus. Der Navigationsbereich kann je nach Einstellung unterschiedlich aussehen:

- Das Ergebnis der Abfrage wird wie oben auf dieser Seite dargestellt angezeigt. Um es zu verändern, klicken Sie im Register **Start** in der Gruppe **Ansichten** die Schaltfläche **Ansicht** an. Wählen Sie die **Entwurfsansicht** aus.

Möglichkeiten der Auswahlabfrage

Vorbemerkungen

Das Erstellen von Abfragen und Bearbeiten von Abfragen wird grundsätzlich immer identisch vorgenommen. Im Weiteren werden daher verschiedene Abfragemöglichkeiten und das erwartete Ergebnis kurz angegeben. Es bietet sich an, die einzelnen Abfragen nachzuvollziehen und zusätzlich Abfragen mit ähnlichen Kriterien zu erstellen. Für die Abfragen sollten aussagekräftige Namen vergeben werden, die den Sachverhalt beschreiben. Ansonsten werden vielleicht Abfragen aufgerufen, die nicht gewünscht wurden.

Ausgabe aller Datensätze ohne oder mit Sortierung

Alle Datensätze werden ausgegeben, u. U. nur bestimmte Datenfelder, und/oder sortiert.

Ausgabe aller Daten (Lager_Daten)						SQL (11)
Entwurf	Feld:	Lager.*				
	Tabelle:	Lager	Lager	Lager	Lager	
	Sortierung:					
	Anzeigen:	☑	☑	☑	☑	
	Kriterium:					
Ergebnis	Alle Daten der Tabelle *Lager* werden mit allen Datenfeldern ausgegeben.					

Ausgabe aller Daten bestimmter Datenfelder (Lager_Datenfelder)						SQL (12)
Entwurf	Feld:	Artikelart	Artikel_Bez	Bestand	Verkaufspreis	
	Tabelle:	Lager	Lager	Lager	Lager	
	Sortierung:					
	Anzeigen:	☑	☑	☑	☑	
	Kriterium:					
Ergebnis	Inhalte bestimmter Datenfelder werden mit allen Daten ausgegeben.					

Sortierte Ausgabe aller Daten bestimmter Datenfelder (Lager_sortiert)						SQL (13)
Entwurf	Feld:	Artikelart	Artikel_Bez	Bestand	Verkaufspreis	
	Tabelle:	Lager	Lager	Lager	Lager	
	Sortierung:	Aufsteigend		Absteigend		
	Anzeigen:	☑	☑	☑	☑	
	Kriterium:					
Ergebnis	Bestimmte Datenfelder der Tabelle werden mit allen Daten nach bestimmten Sortierkriterien (auf- bzw. absteigend) ausgegeben.					

Ausgabe von Daten mithilfe von Platzhaltern (Lager_Platzhalter)						SQL (14)
Entwurf	Feld:	Artikelart	Artikel_Bez	Bestand	Verkaufspreis	
	Tabelle:	Lager	Lager	Lager	Lager	
	Sortierung:					
	Anzeigen:	☑	☑	☑	☑	
	Kriterium:	Wie „C*"	Wie "A?br*"			
Ergebnis	Daten bestimmter Datenfelder werden mithilfe von Platzhaltern (*: restlicher Inhalt beliebig; ?: beliebiges Zeichen) ausgegeben.					

Ausgabe von Daten mithilfe von Vergleichsoperatoren

Mithilfe von Vergleichsoperatoren können vielfältige Auswertungen von Tabellen erfolgen. So kann beispielsweise festgestellt werden, welche Produkte zu einem Verkaufspreis von *1.000,00 €* oder mehr verkauft werden. Die angesprochenen Beispiele geben einige Möglichkeiten wieder; eigene Anwendungen sollten erstellt werden.

Ausgabe von Daten mithilfe des Vergleichsoperators >= (Lager_>=)					SQL (15)
Entwurf	Feld:	Artikel_Nr	Artikelart	Artikel_Bez	Verkaufspreis
	Tabelle:	Lager	Lager	Lager	Lager
	Sortierung:				
	Anzeigen:	☑	☑	☑	☑
	Kriterium:				>= 1000
Ergebnis	Alle Daten der Tabelle *Lager* werden mit den ausgesuchten Datenfeldern ausgegeben, wenn der Verkaufspreis *1.000,00 €* oder größer ist.				

Ausgabe von Daten mithilfe des Vergleichsoperators <> (Lager_<>)					SQL (16)
Entwurf	Feld:	Artikel_Nr	Artikelart	Artikel_Bez	Verkaufspreis
	Tabelle:	Lager	Lager	Lager	Lager
	Sortierung:				
	Anzeigen:	☑	☑	☑	☑
	Kriterium:		<> "Computer"		
Ergebnis	Alle Artikelarten außer der Artikelart *Computer* der Tabelle *Lager* werden mit den ausgesuchten Datenfeldern ausgegeben.				

Ausgabe von Daten mithilfe von Logik-Operatoren

Logik-Operatoren ermöglichen es, Daten in Abhängigkeit von Bedingungen auszugeben. So können z. B. Computer **oder** Drucker, Daten, die **nicht** einem Kriterium entsprechen und Daten, die einem **und** einem zweiten Kriterium entsprechen, ausgegeben werden.

Auswertungen mit dem Befehl **Oder** werden vorgenommen, wenn Kriterien im Bereich eines Datenfelds bestimmt werden. Die Kriterien werden untereinander oder verbunden durch das Wort **Oder** (Drucker *Oder* Computer) in einem Datenfeld eingegeben. Auswertungen mit dem Befehl **Und** ergeben sich, wenn in verschiedenen Datenfeldern Kriterien (Datenfeld Artikelart: *Computer*, Datenfeld Verkaufspreis: >= *1000*) eingegeben werden. Befehle ermöglichen es außerdem, Daten **zwischen** einem **und** einem anderen Wert zu ermitteln. Mit einem weiteren Befehl kann festgestellt werden, welche Daten **in** einem bestimmten Bereich liegen.

Ausgabe von Daten mithilfe des Logik-Operators Oder (Lager_OR_1)					SQL (17)
Entwurf	Feld:	Artikel_Nr	Artikelart	Artikel_Bez	Verkaufspreis
	Tabelle:	Lager	Lager	Lager	Lager
	Sortierung:				
	Anzeigen:	☑	☑	☑	☑
	Kriterium:		"Computer"		
	oder:		"Drucker"		
Ergebnis	Alle *Computer* und *Drucker* der Tabelle *Lager* werden mit den ausgesuchten Datenfeldern ausgegeben.				

Abfragen

Ausgabe von Daten mithilfe des Logik-Operators Oder (Lager_OR_2)					SQL (18)
Entwurf	Feld:	Artikel_Nr	Artikelart		Artikel_Bez
	Tabelle:	Lager	Lager		Lager
	Sortierung:				
	Anzeigen:	☑	☑		☑
	Kriterium:		"Computer" Oder "Drucker" Oder „Scanner"		
Ergebnis	Alle *Computer*, *Drucker* und *Scanner* der Tabelle *Lager* werden ausgegeben.				

Ausgabe von Daten mithilfe des Logik-Operators Und (Lager_AND_1)					SQL (19)
Entwurf	Feld:	Artikel_Nr	Artikelart	Artikel_Bez	Verkaufspreis
	Tabelle:	Lager	Lager	Lager	Lager
	Sortierung:				
	Anzeigen:	☑	☑	☑	☑
	Kriterium:		"Computer"		> 1000
Ergebnis	Alle *Computer* der Tabelle *Lager* mit einem Verkaufspreis höher als *1.000,00 €* werden mit den ausgesuchten Datenfeldern ausgegeben.				

Ausgabe von Daten mithilfe der Logik-Operatoren Oder und Und (Lager_OU_1)					SQL (20)
Entwurf	Feld:	Artikel_Nr	Artikelart	Artikel_Bez	Bestand
	Tabelle:	Lager	Lager	Lager	Lager
	Sortierung:				
	Anzeigen:	☑	☑	☑	☑
	Kriterium:		"Computer" Oder "Drucker"		< 15
Ergebnis	Alle *Computer* und *Drucker* der Tabelle *Lager* mit einem Bestand kleiner als *15* werden mit den ausgesuchten Datenfeldern ausgegeben.				

Ausgabe von Daten mithilfe der Logik-Operatoren Oder und Und (Lager_OU_2)					SQL (21)
Entwurf	Feld:	Artikel_Nr	Artikelart	Artikel_Bez	Verkaufspreis
	Tabelle:	Lager	Lager	Lager	Lager
	Sortierung:				
	Anzeigen:	☑	☑	☑	☑
	Kriterium:		"Computer" Oder "Drucker"		> 1000
	oder:		Scanner		
Ergebnis	Alle *Computer* und *Drucker* der Tabelle *Lager* mit einem Verkaufspreis höher als *1.000,00 €* und alle *Scanner*, unabhängig vom Verkaufspreis, werden mit den ausgesuchten Datenfeldern ausgegeben.				

Ausgabe von Daten mithilfe des Logik-Operators Nicht (Lager_Nicht)					SQL (22)
Entwurf	Feld:	Artikel_Nr	Artikelart	Artikel_Bez	Verkaufspreis
	Tabelle:	Lager	Lager	Lager	Lager
	Sortierung:				
	Anzeigen:	☑	☑	☑	☑
	Kriterium:		Nicht "Computer"		
Ergebnis	Alle Artikelarten außer *Computer* der Tabelle *Lager* werden ausgegeben.				

Ausgabe von Daten mithilfe des Operators In (Lager_In)				SQL (23)
Entwurf	Feld:	Artikelart	Artikel_Bez	Bestand
	Tabelle:	Lager	Lager	Lager
	Sortierung:			
	Anzeigen:	☑	☑	☑
	Kriterium:	In ("Computer";"Drucker";"Scanner")		
Ergebnis	Alle *Computer*, *Drucker* und *Scanner* der Tabelle *Lager* werden mit den ausgesuchten Datenfeldern ausgegeben.			

Ausgabe von Daten mithilfe des Operators Zwischen (Lager_Zwischen_1)				SQL (24)
Entwurf	Feld:	Artikelart	Artikel_Bez	Bestand
	Tabelle:	Lager	Lager	Lager
	Sortierung:			
	Anzeigen:	☑	☑	☑
	Kriterium:			Zwischen 10 Und 20
Ergebnis	Alle Daten der Tabelle *Lager* werden mit den ausgesuchten Datenfeldern ausgegeben.			

Ausgabe von Daten mithilfe des Operators Zwischen (Lager_Zwischen_2)				SQL (25)
Entwurf	Feld:	Artikelart	Artik	Bestand
	Tabelle:	Lager	Lage	Lager
	Sortierung:			
	Anzeigen:	☑	☑	☑
	Kriterium:	"Drucker"		Zwischen 10 Und 20
	oder:	"Computer"		Zwischen 10 Und 30 Und Nicht 21
	oder:	"Scanner"		Zwischen 10 Und 20 Oder > 40
	oder:	"Schreibtisch"		Zwischen 10 Und 20 Oder Zwischen 30 Und 40
Ergebnis	Alle Daten der Tabelle *Lager*, die den angegebenen Kriterien entsprechen, werden mit den ausgesuchten Datenfeldern ausgegeben.			

14.6.4 Parameterabfrage

Durch eine Parameterabfrage können je nach Bedarf Daten aus einer Tabelle gelesen werden. Beispielsweise kann eine beliebig ausgewählte Artikelart eingegeben und das Ergebnis dann angezeigt werden. Die Parameterabfrage ähnelt der Auswahlabfrage, es werden jedoch durch diese Abfrage vorher nicht festgelegte Kriterien ausgewählt.

Bearbeitungsschritte:

- Erstellen Sie in der Entwurfsansicht die folgende Abfrage in der Tabelle *Lager*. Das Kriterium wird in eckigen Klammern eingegeben:

Feld:	Artikel_Nr	Artikelart	Artikel_Bez	Bestand
Tabelle:	Lager	Lager	Lager	Lager
Sortierung:				
Anzeigen:	☑	☑	☑	☑
Kriterium:		[Geben Sie eine Artikelart ein:]		

Abfragen

Bearbeitungsschritte (Fortsetzung):

- Speichern Sie die Abfrage unter dem Namen *Parameterabfrage_1* ab.
- Klicken Sie in der Gruppe **Ergebnisse** die Schaltfläche **Ausführen** an.

- Geben Sie den gewünschten Begriff ein:

- Als Ergebnis werden die Drucker ausgegeben:

Parameterabfrage			
Artikel_Nr	Artikelart	Artikel_Bez	Bestand
1005	Drucker	Hanso	12
1006	Drucker	Stil	8
1007	Drucker	Klassic	12
0			0

- Durch die Eingabe weiterer Parameter kann die Abfrage verfeinert werden.

Feld:	Artikel_Nr	Artikelart	Artikel	Bestand
Tabelle:	Lager	Lager	Lager	Lager
Sortierung:				
Anzeigen:	☑	☑	☑	☑
Kriterium:		[Artikelart:]		Zwischen [Minimum] Und [Maximum]
oder:				

- Beim Ausführen der Abfrage müssen die einzelnen Werte eingegeben werden.

- Als Ergebnis werden die Drucker ausgegeben, deren Bestand zwischen *5* und *10* liegt:

Parameterabfrage_2			
Artikel_Nr	Artikelart	Artikel_Bez	Bestand
1006	Drucker	Stil	8
0			0

- Speichern Sie die Abfrage nun unter dem angegebenen Namen ab.

14.6.5 Auswahlabfragen mit Nicht-Null- und Nullwerten

In umfangreichen Tabellen ist es nicht ohne weiteres erkennbar, ob auch alle Datenfelder Daten enthalten. Durch eine Abfrage lässt sich dies leicht erkennen. Außerdem kann es sein, dass nur in Ausnahmefällen eine Eingabe in einem Datenfeld erfolgt. Auch diese Datenfelder mit Inhalten können durch eine Abfrage ermittelt werden.

Bearbeitungsschritte:	SQL (26) (27)

- Öffnen Sie die Tabelle *Lager*. Löschen Sie den angezeigten Bestand. Schließen Sie die Tabelle wieder.

Lager

Artikel_Nr	Artikelart	Artikel_Bez	Bestand	Mindestbestand
1000	Schreibtisch	Gabriele	5	5
1001	Schreibtisch	Modern		15
1002	Schreibtisch	Exklusiv	20	10

- Erstellen Sie eine neue Abfrage:

Feld:	Artikel_Nr	Artikelart	Artikel_Bez	Bestand
Tabelle:	Lager	Lager	Lager	Lager
Sortierung:				
Anzeigen:	☑	☑	☑	☑
Kriterium:				Ist Null

- Das Ergebnis zeigt nur den Datensatz, in dem kein Bestand eingetragen wurde.

Bestand gleich Null

Artikel_Nr	Artikelart	Artikel_Bez	Bestand
1001	Schreibtisch	Modern	

- Erstellen Sie eine weitere Abfrage:

Feld:	Artikel_Nr	Artikelart	Artikel_Bez	Bestand
Tabelle:	Lager	Lager	Lager	Lager
Sortierung:				
Anzeigen:	☑	☑	☑	☑
Kriterium:				Ist Nicht Null

- Das Ergebnis zeigt alle Datensätze mit Inhalt, jedoch nicht den Datensatz, in dem kein Bestand eingegeben wurde. Aus Platzgründen werden hier nicht alle angezeigt.

Bestand gleich Nicht-Null

Artikel_Nr	Artikelart	Artikel_Bez	Bestand
1000	Schreibtisch	Gabriele	5
1002	Schreibtisch	Exklusiv	20
1003	Büroschrank	Elegant	12
1004	Büroschrank	Aktuell	17

- Tragen Sie den ursprünglichen Bestand des Schreibtisches *Modern* wieder in die Tabelle *Lager* ein.

Abfragen

14.6.6 Kreuztabellenabfrage

Wenn Daten in einem Zeilen-Spalten-Format zusammengefasst werden, spricht man von einer Kreuztabelle. Die Kreuztabelle wird durch eine Kreuztabellenabfrage realisiert.

Bearbeitungsschritte:

- Erstellen Sie zunächst die folgende Abfrage in der Tabelle *Lager*:

Feld:	Artikelart	Artikel_Bez	Bestand	
Tabelle:	Lager	Lager	Lager	
Sortierung:				
Anzeigen:	☑	☑	☑	☑
Kriterium:	"Drucker"			

- Klicken Sie im Register **Abfragetools/Entwurf** in der Gruppe **Abfragetyp** die Schaltfläche **Kreuztabelle** an.

- Zusätzlich werden die Felder *Funktion* und *Kreuztabelle* eingeblendet. Sie müssen nun für die Kreuztabelle eine Zeilenüberschrift (z. B. *Artikelart* Drucker), eine Spaltenüberschrift (z. B. *Artikel_Bez*) und einen Wert (z. B. *Bestand*) festlegen. Dies können Sie durch Anklicken der Felder hinter der Bezeichnung *Kreuztabelle* einleiten. Die einzelnen Möglichkeiten (Zeilenüberschrift usw.) werden eingeblendet.

Feld:	Artikelart	Artikel_Bez	Bestand	
Tabelle:	Lager	Lager	Lager	
Funktion:	Gruppierung	Gruppierung	Gruppierung	
Kreuztabelle:	Zeilenüberschrift	Spaltenüberschrift	Wert	
Sortierung:				
Kriterium:	Drucker			

- In den Feldern hinter dem Namen „Funktion" können Sie anzeigen lassen, welche Möglichkeiten der Ausgabe von Werten gegeben sind, z. B. Minimum, Maximum, Summe usw. Wählen Sie für das Datenfeld *Bestand* den Begriff „ErsterWert" aus.

Feld:	Artikelart	Artikel_Bez	Bestand	
Tabelle:	Lager	Lager	Lager	
Funktion:	Gruppierung	Gruppierung	Erster Wert	
Kreuztabelle:	Zeilenüberschrift	Spaltenüberschrift	Wert	
Kriterium:	Drucker			

- Klicken Sie in der Gruppe **Ergebnisse** die Schaltfläche **Ausführen** an.

- Das Ergebnis zeigt eine Übersicht der Bestände der Drucker:

Artikel_1				
Artikelart	Hanso	Classic	Stil	
Drucker	12	12		8

14.6.7 Aktualisierungsabfragen

Vergleich zwischen Datenfeldern

Der Vergleich von Daten ermöglicht eine Vielzahl von nützlichen Anwendungen. Anhand der Daten der Tabelle *Lager* kann man z. B. feststellen, ob der Mindestbestand bei bestimmten Artikeln unterschritten wurde. Diesen Minderbestand kann man dann berechnen und ausgeben.

Bearbeitungsschritte:				SQL (28)

- Gehen Sie in das **Datenbankfenster**, um eine neue Abfrage zu erstellen.
- Führen Sie die folgende Abfrage durch:

Feld:	Artikelart	Artikel_Bez	Bestand	Mindestbestand
Tabelle:	Lager	Lager	Lager	Lager
Sortierung:				
Anzeigen:	☑	☑	☑	☑
Kriterium:			<[Mindestbestand]	

Hinweis: Das Wort *Mindestbestand* muss in eckige Klammern gesetzt werden.
Tastenkombination: **[Alt Gr] [8]** und **[Alt Gr] [9]**

- Nach Ausführen der Abfrage werden folgende Artikel ausgegeben:

Bestand < Mindestbestand

Artikelart	Artikel_Bez	Bestand	Mindestbestand
Schreibtisch	Modern	10	15
Drucker	Hanso	12	15
Scanner	Swift	8	10
Computer	Trup AK	5	6

Berechnung von Differenzen

Ein Ergebnis, das lediglich ausgibt, welche Artikel im Lager nicht ausreichend vorhanden sind, jedoch den genauen Fehlbestand nicht berechnet, überzeugt noch nicht vollständig. Es wird daher die Berechnung des Fehlbestandes durch eine Abfrage vorgenommen.

Bearbeitungsschritte:	SQL (29) (30)

- Tragen Sie in der Struktur der Tabelle *Lager* ein Datenfeld mit der Bezeichnung *Fehlbestand* und dem Felddatentyp *Zahl* ein. Klicken Sie danach im Register **Abfragetools/Entwurf** in der Gruppe **Abfragetyp** die Schaltfläche **Aktualisieren** an.

- Berechnen Sie die Differenz zwischen den Datenfeldern *Mindestbestand* und *Bestand*. Das Datenfeld *Artikelart* wird nachfolgend aus Platzgründen nicht angezeigt.

Feld:	Artikel_B	Bestand	Mindest	Fehlbestand
Tabelle:	Lager	Lager	Lager	Lager
Aktualisieren:				[Mindestbestand]-[Bestand]
Kriterium:		<[Mindestbestand]		

Abfragen 505

| **Bearbeitungsschritte (Fortsetzung):** | **SQL (31) (32)** |

- Klicken Sie in der Gruppe **Ergebnisse** die Schaltfläche **Ausführen** an.

- Die folgende Meldung wird eingeblendet:

- Klicken Sie die Schaltfläche **Ja** an, damit die Fehlbestände berechnet werden. Speichern Sie danach die Abfrage als Aktualisierungsabfrage unter dem Namen *Fehlbestand* ab.
- Klicken Sie im Register **Abfragetools/Entwurf** in der Gruppe **Abfragetyp** die Schaltfläche **Auswählen** an.

- Die Wahl der Auswahlabfrage ist notwendig, damit das Ergebnis vernünftig ausgegeben wird. Der Bildschirm verändert sich folgendermaßen:

Feld:	Artikelart	Artikel_	Bestand	Mindestbestand	Fehlbestand
Tabelle:	Lager	Lager	Lager	Lager	Lager
Sortierung:					
Anzeigen:	☑	☑	☑	☑	☑
Kriterium:			<[Mindestbestand]		

- Klicken Sie in der Gruppe **Ergebnisse** die Schaltfläche **Ausführen** an.

- Das Ergebnis sieht folgendermaßen aus:

Fehlbestand				
Artikelart	Artikel_Bez	Bestand	Mindestbestand	Fehlbestand
Schreibtisch	Modern	10	15	5
Drucker	Hanso	12	15	3
Scanner	Swift	8	10	2
Computer	Trup AK	5	6	1

- Alternativ können Sie sich die Änderung der Daten in der Tabelle ansehen:

Fehlbestand				
Artikelart	Artikel_Bez	Bestand	Mindestbestand	Fehlbestand
Schreibtisch	Modern	10	15	5
Drucker	Hanso	12	15	3

Berechnungen in einem Datenfeld

Die Anpassung von Zahlenmaterial an neue Gegebenheiten kann mit dem Datenbankprogramm **Access** einfach vorgenommen werden, da in Zahlenfeldern und in Währungsfeldern gerechnet werden kann. Berechnungen in Textfeldern sind selbstverständlich nicht möglich. Am Beispiel der Anpassung der Verkaufspreise für Schreibtische und Drucker soll die Berechnung innerhalb eines Datenfeldes demonstriert werden. Dabei wird die bereits bekannte Möglichkeit genutzt, durch das Festlegen von Kriterien nur bestimmte Produkte auszuwählen.

Bearbeitungsschritte: SQL (33)

- Klicken Sie im Register **Abfragetools/Entwurf** in der Gruppe **Abfragetyp** die Schaltfläche **Aktualisieren** an.

- Erstellen Sie folgende Abfrage. Speichern Sie sie unter dem Namen *Preiserhöhung*.

Feld:	Artikelart	Artikel_Bez	Verkaufspreis	
Tabelle:	Lager	Lager	Lager	
Aktualisieren:			[Verkaufspreis]*1,04	
Kriterium:	"Schreibtisch"			
oder:	"Drucker"			

- Klicken Sie in der Gruppe **Ergebnisse** die Schaltfläche **Ausführen** an.

- Bestätigen Sie im folgenden Fenster, dass 6 Datensätze aktualisiert werden sollen.
- Klicken Sie im Register **Abfragetools/Entwurf** in der Gruppe **Abfragetyp** die Schaltfläche **Auswählen** an.

- In der Tabellenansicht der Tabelle *Lager* können Sie sehen, dass die Preise für die Schreibtische und Drucker erhöht und die anderen Preise nicht verändert wurden.

Lager					
Artikel_Nr	Artikelart	Artikel_Bez	Bestand	Einkaufspreis	Verkaufspreis
1000	Schreibtisch	Gabriele	5	800,00 €	1.409,20 €
1001	Schreibtisch	Modern	10	456,00 €	764,40 €
1002	Schreibtisch	Exklusiv	20	1.250,00 €	1.921,20 €
1003	Büroschrank	Elegant	12	2.400,00 €	3.190,00 €
1004	Büroschrank	Aktuell	17	897,00 €	1.345,00 €
1005	Drucker	Hanso	12	430,00 €	724,00 €
1006	Drucker	Stil	8	1.300,00 €	2.051,66 €

- Bedenken Sie, dass Sie jedes Mal, wenn Sie diese Abfrage ausführen, eine Preiserhöhung vornehmen. Daher sollten Sie überprüfen, ob die Werte in der Tabelle noch stimmen. Sie können die Werte durch eine Abfrage *Preissenkung* korrigieren.

Abfragen 507

Berechnungen mithilfe mehrerer Datenfelder

Mithilfe mehrerer Datenfelder können ebenfalls Berechnungen durchgeführt werden. So können, wie bereits gezeigt wurde, Differenzen zwischen einzelnen Inhalten von Datenfeldern ermittelt werden. Für die praktische Arbeit mit einer Datenbank ist es auch besonders wichtig, neue Daten zu ermitteln, beispielsweise Lagerwerte usw.

Will man z. B. ermitteln, wie hoch die Gesamteinkaufspreise für die einzelnen Produkte sind, die sich im Lager befinden, multipliziert man den Bestand mit dem Einkaufspreis.

Bearbeitungsschritte:	SQL (34) (35)

- Tragen Sie in der Struktur der Tabelle *Lager* ein zusätzliches Datenfeld mit der Bezeichnung *Gesamteinkaufspreis* und dem Felddatentyp *Währung* ein. In dem Datenfeld sollen keine Werte eingegeben werden, sondern es soll eine Berechnung erfolgen.
- Klicken Sie im Register **Abfragetools/Entwurf** in der Gruppe **Abfragetyp** die Schaltfläche **Aktualisieren** an.

- Erstellen Sie eine Abfrage. Speichern Sie sie unter dem Namen *Gesamteinkaufspreis*.

Feld:	Artikelart	Artikel_Bez	Einkaufspreis	Gesamteinkaufspreis
Tabelle:	Lager	Lager	Lager	Lager
Aktualisieren:				[Bestand]*[Einkaufspreis]
Kriterium:				
oder:				

- Klicken Sie in der Gruppe **Ergebnisse** die Schaltfläche **Ausführen** an.

- Im folgenden Fenster bestätigen Sie, dass 13 Datensätze aktualisiert werden sollen. In der Tabellenansicht der Tabelle *Lager* können Sie die Gesamteinkaufspreise sehen.

Lager						
	Artike	Artikelart	Artikel_Bez	Best	Einkaufspreis	Gesamteinkaufspreis
	1000	Schreibtisch	Gabriele	5	800,00 €	4.000,00 €
	1001	Schreibtisch	Modern	10	456,00 €	4.560,00 €
	1002	Schreibtisch	Exklusiv	20	1.250,00 €	25.000,00 €
	1003	Büroschrank	Elegant	12	2.400,00 €	28.800,00 €
	1004	Büroschrank	Aktuell	17	897,00 €	15.249,00 €
	1005	Drucker	Hanso	12	430,00 €	5.160,00 €
	1006	Drucker	Stil	8	1.300,00 €	10.400,00 €
	1007	Drucker	Klassic	12	2.900,00 €	34.800,00 €
	2000	Scanner	Swift	8	1.578,00 €	12.624,00 €
	2001	Scanner	Akura	4	2.790,00 €	11.160,00 €
	3000	Computer	AGIB HS	10	3.322,93 €	33.229,30 €
	3001	Computer	Trup AK	5	3.576,00 €	17.880,00 €
	3002	Computer	Ambro Super	21	3.454,98 €	72.554,58 €

Berechnungen durch Abfragen ohne neue Datenfelder

Die Berechnung eines neuen Gesamteinkaufspreises kann auch ohne Definition eines neuen Datenfeldes erfolgen. Das Programm errechnet einen Wert durch die Abfrage; die ermittelten Werte werden jedoch nicht dauerhaft in einer Tabelle gespeichert.

Bearbeitungsschritte:				SQL (36)

- Erstellen Sie die nachfolgende Abfrage unter dem Namen *Gesamteinkaufspreis_2*. Im Bereich **Feld** geben Sie die Formel in der angegebenen Form ein.

Feld:	Artikel_Bez	Bestand	Einkaufspreis	GP: [Bestand]*[Einkaufspreis]
Tabelle:	Lager	Lager	Lager	Lager
Sortierung:				
Anzeigen:	☑	☑	☑	☑
Kriterium:				
oder:				

- Klicken Sie in der Gruppe **Ergebnisse** die Schaltfläche **Ausführen** an.

- In der Abfrageansicht können Sie sich die Gesamteinkaufspreise ansehen.

Gesamteinkaufspreis_2			
Artikel_Bez	Bestand	Einkaufspreis	Gesamteinkaufspreis
Gabriele	5	800,00 €	4.000
Modern	10	456,00 €	4.560

- Da die Formatierung des Gesamtpreises noch nicht den Erwartungen entspricht, gehen Sie in die Entwurfsansicht der Abfrage zurück. Stellen Sie den Cursor in das Feld mit der Berechnung. Klicken Sie im Register **Abfragetools/Entwurf** in der Gruppe **Einblenden/Ausblenden** die Schaltfläche **Eigenschaftenblatt** an.

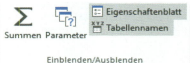

- Wählen Sie das Format *Währung* und geben Sie eine Beschriftung ein.

Eigenschaftenblatt	
Auswahltyp: Feldeigenschaften	
Allgemein	**Nachschlagen**
Beschreibung	
Format	Währung
Dezimalstellenanzeige	
Eingabeformat	
Beschriftung	Gesamteinkaufspreis

- Das Ergebnis zeigt den gewünschten Erfolg:

Gesamteinkaufspreis_2			
Artikel_Bez	Bestand	Einkaufspreis	Gesamteinkaufspreis
Gabriele	5	800,00 €	4.000,00 €

Abfragen 509

14.6.8 Gruppierung und Summenbildung usw. – Aggregatsfunktionen

Eine weitere Berechnungsmöglichkeit ist u. a. ist die Summenbildung. Es können z. B. die Gesamtsummen einzelner Datenfelder festgestellt werden oder die Gesamtsummen einzelner Artikelarten, wie etwa die Summe der Einkaufspreise aller Computer. Zunächst soll die Gesamtsumme der Einkaufspreise aller gekauften Artikel ermittelt werden. Danach sollen die Gesamtsummen der Einkaufspreise einzelner Artikelarten berechnet werden.

Bearbeitungsschritte:	SQL (37) (38)

- Erstellen Sie eine Abfrage. Wählen Sie das Datenfeld *Gesamteinkaufspreis* aus.
- Klicken Sie danach im Register **Abfragetools/Entwurf** in der Gruppe **Einblenden/Ausblenden** die Schaltfläche **Summen** an.

- Zusätzlich wird eine Zeile mit dem Namen „Funktion" eingeblendet. Nach dem Markieren dieser Zeile erscheint an der rechten Seite des Feldes ein Pfeil nach unten. Durch das Anklicken dieses Pfeils werden Funktionen zur Verfügung gestellt. Wählen Sie die Funktion **Summe** aus, um den Gesamteinkaufspreis zu ermitteln.

Feld:	Gesamteinkaufspreis			
Tabelle:	Lager			
Funktion:	Summe			
Sortierung:				
Anzeigen:	☑	☐	☐	☐

- Klicken Sie in der Gruppe **Ergebnisse** die Schaltfläche **Ausführen** an.

- Das Ergebnis sieht nach einer entsprechenden Formatierung folgendermaßen aus:

Gesamteinkaufspreis_Summe_1		
	Gesamteinkaufspreis_Summe	
	275.416,88 €	

- Durch Einfügen des Datenfelds *Artikelart* werden die Gesamteinkaufspreise der einzelnen Artikelarten berechnet. Außerdem können andere Werte berechnet werden:

Feld:	Artikelart	Gesamtein	Gesamtein	Gesamtein	Gesamtein
Tabelle:	Lager	Lager	Lager	Lager	Lager
Funktion:	Gruppierung	Summe	Min	Max	Mittelwert
Sortierung:					
Anzeigen:	☑	☑	☑	☑	☑

- Das Ergebnis sieht (hier ausschnittsweise dargestellt) folgendermaßen aus:

Gesamteinkaufspreis_Summe_2				
Artikelart	Summe	Minimum	Maximum	Mittelwert
Büroschrank	44.049,00 €	15.249,00 €	28.800,00 €	22.024,50 €
Computer	123.663,88 €	17.880,00 €	72.554,58 €	41.221,29 €

14.6.9 Suche nach Duplikaten

Große Datenbestände sollten in regelmäßigen Abständen auf Duplikate durchsucht werden. Dadurch wird verhindert, dass z. B. ein Artikel unter zwei verschiedenen Artikelnummern in einer Tabelle vorhanden ist. Bei einer überschaubaren Anzahl von Datensätzen ist es kein Problem, identische Datensätze auch ohne Suche durch das Programm sofort zu finden. Dies ist jedoch anders, wenn beispielsweise viele Datensätze in einer Tabelle vorhanden sind.

Zu Übungszwecken wird in die Tabelle *Lager* ein teilweise identischer Datensatz eingefügt.

Bearbeitungsschritte:					SQL (39) (40) (41)

- Fügen Sie den folgenden Datensatz in die Tabelle *Lager* ein:

Lager					
Artikel_Nr	Artikelart	Artikel_B	Bestand	Mindestbestand	Höchstbestand
1008	Büroschrank	Elegant	8	5	10

- Klicken Sie das Register **Erstellen** an. Klicken Sie in der Gruppe **Abfragen** die Schaltfläche **Abfrage-Assistent** an.

- Wählen Sie im nächsten Fenster den **Abfrage-Assistent zur Duplikatsuche**. Bestimmen Sie danach, dass die Suche in der Tabelle *Lager* durchgeführt werden soll.
- Wählen Sie die Datenfelder aus, in denen nach Duplikaten gesucht werden soll.

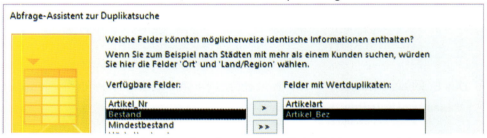

- Bestimmen Sie im nächsten Fenster, dass weitere Datenfelder angezeigt werden.
- Geben Sie danach der Abfrage den folgenden Namen. Bestimmen Sie, dass das Ergebnis angezeigt wird.

- Als Ergebnis wird angegeben, dass der Büroschrank *Elegant* zweimal im Datenbestand vorhanden ist. Daraus sind entsprechende Konsequenzen zu ziehen.

Lager					
Artikelart	Artikel_B	Artikel_Nr	Bestand	Mindestbestand	Höchstbestand
Büroschrank	Elegant	1003	12	5	10
Büroschrank	Elegant	1008	8	5	10

- Löschen Sie den Datensatz 1008 wieder.

14.7 Funktionen

14.7.1 Arten von Funktionen

Wie bei einer Tabellenkalkulation lassen sich auch mit **Access** Funktionen nutzen. Die Funktionen können für Berechnungen usw. eingesetzt werden. Grundsätzlich stehen alle Funktionen zur Verfügung, die in **Excel** genutzt werden können. Dabei werden Möglichkeiten genutzt, die im Abschnitt *Berechnungen durch Abfragen ohne neue Datenfelder* dargestellt wurden.

14.7.2 Finanzmathematische Funktionen

Am Beispiel der linearen also gleichmäßigen Abschreibung von Produkten soll der Einsatz einer finanzmathematischen Funktion in der Datenbank **Access** demonstriert werden.

Bearbeitungsschritte:

- Erstellen Sie die Tabelle *Abschreibungen*:

  Abschreibungen

Feldname	Felddatentyp	Beschreibung
Anschaffungswert	Währung	
Restwert	Währung	
Nutzungsdauer	Zahl	

- Geben Sie die nachfolgenden Werte ein:

  Abschreibungen

Anschaffungswert	Restwert	Nutzungsdauer
30.000,00 €	0,00 €	5
2.390.000,00 €	19.000,00 €	10
67.000,00 €	13.000,00 €	5

- Erstellen Sie eine Abfrage mit den Tabellenfeldern und dem zusätzlichen Feld *Abschreibungsbetrag*:

Feld:	Abschreibungsbetrag: LIA([Anschaffungswert];[Restwert];[Nutzungsdauer])
Tabelle:	

- Als Ergebnis werden die jeweiligen Abschreibungsbeträge ausgegeben:

  Abschreibungen

Anschaffungswert	Restwert	Nutzungsdauer	Abschreibungsbetrag
30.000,00 €	0,00 €	5	6000
2.390.000,00 €	19.000,00 €	10	237100
67.000,00 €	13.000,00 €	5	10800

- Das Ergebnis wird korrekt formatiert dargestellt. Die Formatierung wird auf der nächsten Seite noch einmal kurz beschrieben.

  Abschreibungen

Anschaffungswert	Restwert	Nutzungsdauer	Abschreibungsbetrag
30.000,00 €	0,00 €	5	6000,00 €
2.390.000,00 €	19.000,00 €	10	237100,00 €
67.000,00 €	13.000,00 €	5	10800,00 €

14.7.3 Logik-Funktionen am Beispiel der WENN-Funktion

Aus der Tabellenkalkulation **Excel** sind u. U. die Logikfunktionen bekannt. Sie können auch in der Datenbank **Access** genutzt werden. So kann durch die **WENN-Funktion** eine Preiserhöhung in Abhängigkeit vom bisherigen Verkaufspreis vorgenommen werden. Im gezeigten Beispiel wird diese Preiserhöhung nicht im Datenfeld *Verkaufspreis* berechnet, sondern lediglich als Ergebnis einer Abfrage angezeigt.

Bearbeitungsschritte:	SQL (42)

- Erstellen Sie eine neue Abfrage. Geben Sie in einem Feld die Funktion wie nachfolgend abgebildet ein:

    Wenn(Ausdruck; True-Teil; False-Teil)

- Die Berechnung des neuen Verkaufspreises erfolgt nicht in einem Datenfeld der Tabelle. Auch wird der ursprüngliche Verkaufspreis nicht geändert.

Feld:	Neuer_VP: Wenn ([Verkaufspreis] < 1000;[Verkaufspreis]*1,2;[Verkaufspreis]*1,1)
Tabelle:	
Sortierung:	
Anzeigen:	☑

- Das Ergebnis sieht folgendermaßen aus:

Verkaufspreis (Wenn-Bedingung)				
Artikel_Nr	Artikelart	Artikel_Bez	Verkaufspreis	Neuer_VP
1000	Schreibtisch	Gabriele	1.365,00 €	1.501,50 €
1001	Schreibtisch	Modern	735,00 €	882,00 €
1002	Schreibtisch	Exklusiv	1.848,00 €	2.032,80 €
1003	Büroschrank	Elegant	3.190,00 €	3.509,00 €
1004	Büroschrank	Aktuell	1.345,00 €	1.479,50 €
1005	Drucker	Hanso	724,00 €	868,80 €
1006	Drucker	Stil	1.972,75 €	2.170,03 €
1007	Drucker	Klassic	4.305,00 €	4.735,50 €
2000	Scanner	Swift	2.198,00 €	2.417,80 €

- Wahrscheinlich ist der Abschreibungsbetrag nicht richtig formatiert. Markieren Sie daher in der Entwurfsansicht das Feld *Neuer Verkaufspreis*. Klicken Sie danach im Register **Abfragetools/Entwurf** in der Gruppe **Einblenden/Ausblenden** die Schaltfläche **Eigenschaftenblatt** an.

- Formatieren Sie die Zelle folgendermaßen:

Eigenschaftenblatt	
Auswahltyp: Feldeigenschaften	
Allgemein	Nachschlagen
Beschreibung	
Format	Währung

14.8 Beziehungen zwischen Tabellen

14.8.1 Vorbemerkungen

Die theoretischen Grundlagen der Beziehungen zwischen Tabellen in einer Datenbank wurden bereits im Kapitel *Theoretische Grundlagen einer relationalen Datenbank* beschrieben. An dieser Stelle wird die praktische Umsetzung vorgenommen.

14.8.2 1:1-Beziehung zwischen zwei Tabellen

Erstellen einer Beziehung zwischen den Tabellen

Die einfachste Form einer Beziehung wird an einem kleinen Beispiel verdeutlicht. Die Daten könnten eigentlich auch in einer Tabelle gespeichert werden.

Bearbeitungsschritte:

- Erstellen Sie zunächst die Tabelle *Lager_1_1*. Nutzen Sie unter Umständen bereits vorhandene Tabellen und Daten, z. B. durch Tabellenerstellungsabfragen.

Lager_1_1			
	Feldname	Felddatentyp	Beschreibung
P	Artikel_Nr	Zahl	
	Artikelart	Kurzer Text	
	Artikel_Bez	Kurzer Text	
	Bestand	Zahl	
	Mindestbestand	Zahl	
	Höchstbestand	Zahl	

- Der Primärschlüssel wird durch das Markieren des Datenfeldes *Artikel_Nr* und dem Anklicken der Schaltfläche **Primärschlüssel** in der Gruppe **Tools** des Registers **Tabellentools/Entwurf** definiert. Der Schlüssel wird angezeigt.

- Die Tabelle *Lager_1_1_1* muss ebenfalls erstellt werden.

Lager_1_1_1			
	Feldname	Felddatentyp	Beschreibung
P	Artikel_Nr	Zahl	
	Einkaufspreis	Währung	
	Verkaufspreis	Währung	

- Geben Sie, falls notwendig, die entsprechenden Daten ein.
- Klicken Sie im Register **Datenbanktools** in der Gruppe **Beziehungen** die Schaltfläche **Beziehungen** an. Klicken Sie danach im Register **Beziehungstools/Entwurf** in der Gruppe **Beziehungen** die Schaltfläche **Tabelle anzeigen** an.

- Das nachfolgende Fenster wird eingeblendet:

Bearbeitungsschritte:

- Markieren Sie die Tabellen *Lager_1_1* und *Lager_1_1_1*. Klicken Sie danach die Schaltfläche **Hinzufügen** an.
- Klicken Sie die Schaltfläche **Schließen** an. Die Tabellen werden eingeblendet:

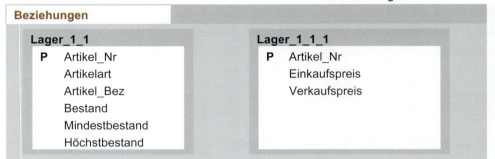

- Ziehen Sie mit der Maus das Datenfeld *Artikelnummer* aus der Tabelle *Lager_1_1* auf das Datenfeld *Artikelnummer* aus der Tabelle *Lager_1_1_1*. Das folgende Fenster wird eingeblendet:

- Der Beziehungstyp *1:1* wird angegeben. Auf die Bedeutung der Aktivierung oder Nichtaktivierung des Kontrollkästchens **Mit referentieller Integrität** wird später eingegangen. Es soll vorerst nicht aktiviert werden. Auch der **Verknüpfungstyp** soll nicht bearbeitet werden.
- Durch Anklicken der Schaltfläche **Erstellen** wird die Beziehung geschaffen. Folgende Anzeige erscheint im Fenster **Beziehungen**:

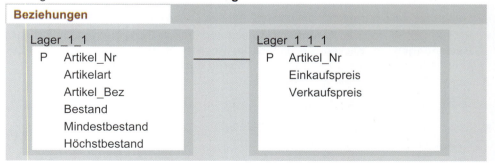

- Zwischen den beiden Tabellen wurde eine Beziehung über die Datenfelder *Artikel_Nr* in der Tabelle *Lager_1_1* und *Artikel_Nr* in der Tabelle *Lager_1_1_1* hergestellt.

Auswertung der Beziehung zwischen den Tabellen durch Abfragen

Die Daten können aufgrund der festgelegten Beziehungen durch Abfragen ausgewertet werden. So lassen sich die Daten beispielsweise wieder zusammenführen. Aber auch die Ausgabe bestimmter Artikel wäre problemlos möglich.

Bearbeitungsschritte: SQL (43) (44)

- Schließen Sie das Fenster **Beziehungen**. Erstellen Sie die folgende neue Abfrage und speichern Sie sie unter dem Namen *Lager_Abfrage_1:1* ab.

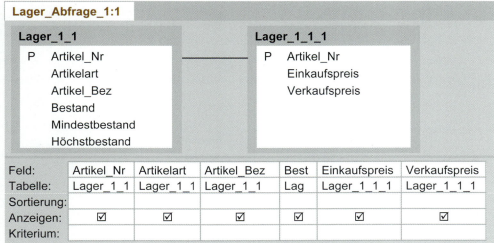

- Das Ergebnis zeigt die zusammengeführten Daten beider Tabellen:

Lager_Abfrage_1:1					
Artikel_Nr	Artikelart	Artikel_Bez	Bestand	Einkaufspreis	Verkaufspreis
1000	Schreibtisch	Gabriele	5	800,00 €	1.365,00

Bearbeiten der Beziehung zwischen den Tabellen

Falls die hergestellte Beziehung nicht den Erwartungen entspricht, kann sie jederzeit gelöscht oder bearbeitet werden.

Bearbeitungsschritte:

- Klicken Sie im Register **Datenbanktools** in der Gruppe **Einblenden/Ausblenden** die Schaltfläche **Beziehungen** an.

- Die Beziehungen werden angezeigt. Gehen Sie mit der Maus auf die Linie zwischen den Tabellen und drücken Sie die rechte Maustaste. Sie können die Beziehung im Fenster **Beziehung bearbeiten** bearbeiten oder die Beziehung löschen.

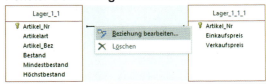

14.8.3 1:n-Beziehung zwischen zwei Tabellen

Erstellen einer Beziehung zwischen den Tabellen

Durch den Aufbau der folgenden Beziehung soll festgestellt werden, welcher Artikel von welchem Lieferanten geliefert wird:

Bearbeitungsschritte:

- Erstellen Sie die Tabellen *Lager_1_n* und *Lieferanten_1_n*. Die Daten der Lieferanten entsprechen denen der Tabelle *Lieferanten*. Das Datenfeld *Lieferer_Nr* in der Tabelle *Lieferanten* muss mit einem Primärschlüssel versehen werden. Die Tabelle *Lager_1_n* entspricht im Wesentlichen der Tabelle *Lager*. Lediglich das Datenfeld *Lieferer_Nr (Zahl)* mit den folgenden Daten muss eingefügt werden:

Lager_1_n

Artikel_Nr	Artikelart	Artikel_Bez	Lieferer_Nr
1000	Schreibtisch	Gabriele	102
1001	Schreibtisch	Modern	101
1002	Schreibtisch	Exklusiv	102
1003	Büroschrank	Elegant	100
1004	Büroschrank	Aktuell	101
1005	Drucker	Hanso	105
1006	Drucker	Stil	106
1007	Drucker	Klassic	104
2000	Scanner	Swift	104

- Erstellen Sie wie beschrieben die folgende Beziehung zwischen den Tabellen. Als Beziehungstyp wird vom Programm *1:n* angegeben.

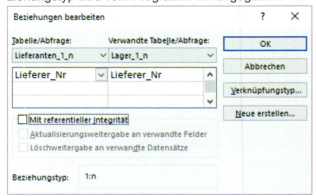

- Dies bedeutet, dass in der Tabelle *Lieferanten_1_n* Datensätze vorhanden sind, die sich aufgrund des Primärschlüssels im Datenfeld *Lieferer_Nr* unterscheiden. Das Datenfeld *Lieferer_Nr* in der Tabelle *Lager_1_n* ist kein Primärschlüsselfeld, kann daher gleiche Daten (*Lieferantennummern*) in unterschiedlichen Datensätzen enthalten. Dies ist auch richtig, da ein Lieferant verschiedene Artikel liefern kann.

Auswertung der Beziehungen zwischen den Tabellen durch Abfragen

Die Auswertung der Daten erfolgt wiederum durch eine Abfrage. Die Lieferanten der einzelnen Produkte werden ausgegeben.

Bearbeitungsschritte:	SQL (45) (46) (47) (48)

- Verlassen Sie das Fenster **Beziehungen**. Erstellen Sie die folgende neue Abfrage und speichern Sie sie unter dem Namen *LagerAbfrage_1:n* ab:

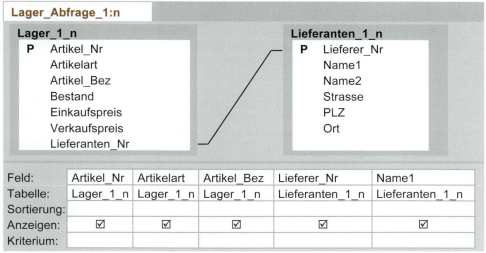

- Das Ergebnis zeigt die zusammengeführten Daten beider Tabellen:

Lager_Abfrage_1:n

Artikel_Nr	Artikelart	Artikel_Bez	Lieferer_Nr	Name1
1000	Schreibtisch	Gabriele	102	Tranel GmbH
1001	Schreibtisch	Modern	101	Büromöbel AG

- Sollen die Daten nach dem Lieferanten sortiert werden, muss im Datenfeld *Lieferer_Nr* die aufsteigende Sortierung gewählt werden.

Feld:	Artikel_Nr	Artikelart	Artikel_Bez	Lieferer_Nr	Name1
Tabelle:	Lager_1_n	Lager_1_n	Lager_1_n	Lieferanten_1_n	Lieferanten_1_n
Sortierung:				Aufsteigend	
Anzeigen:	☑	☑	☑	☑	☑
Kriterium:					

- Das Ergebnis sieht folgendermaßen aus:

Lager_Abfrage_1:n_2

Artikel_Nr	Artikelart	Artikel_Bez	Lieferer_Nr	Name1
1003	Büroschrank	Elegant	100	Wagner & Co.
1004	Büroschrank	Aktuell	101	Büromöbel AG
1001	Schreibtisch	Modern	101	Büromöbel AG

- Selbstverständlich können noch andere Datenfelder, Sortierungen usw. zur Auswertung der beiden Tabellen vorgenommen werden. Eine Sortierung beispielsweise nach den Artikelnummern bietet sich an.

14.8.4 m:n-Beziehung zwischen Tabellen

Grundlegende Vorbemerkungen

Durch den Aufbau der folgenden Beziehung soll festgestellt werden, welcher Artikel von welchen Lieferanten geliefert wird. Außerdem soll ermittelt werden, welcher Lieferant welche Artikel im Angebot hat. Alles das wird zusätzlich damit verbunden, dass die Daten für Aufträge bei einem Lieferanten erfasst werden.

Die bisher unterstellte unrealistische Annahme, dass ein Lieferant genau ein Produkt liefern kann, wird damit aufgehoben. Um das Problem zu lösen, ist der Aufbau einer m:n-Beziehung notwendig. Grundsätzlich kann eine sogenannte m:n-Beziehung nur durch den Aufbau von zwei 1:n-Beziehungen realisiert werden. Daher muss eine dritte Tabelle aufgebaut werden, die die Verbindung zwischen den Lager- und Lieferantendaten herstellt.

Aufbau einer dritten Tabelle

In einer dritten Tabelle, die die beiden Tabellen mit den Grunddaten verbindet, sollen die *Lieferanten_Nr* und die *Artikel_Nr* zusammengeführt werden. Außerdem werden weitere Datenfelder für einen Auftrag bei einem Lieferanten in die Tabelle aufgenommen.

Bearbeitungsschritte:

- Erstellen Sie die folgende Tabelle unter dem Namen *Lieferanten_Lager_Auftrag*:

Lager_Lieferanten_Auftrag

	Feldname	Felddatentyp	Beschreibung
P	Auftrag_Nr	AutoWert	
	Artikel_Nr	Zahl	
	Lieferer_Nr	Zahl	
	Menge	Zahl	
	Preis	Währung	
	Lieferdatum	Datum/Uhrzeit	

- Bestimmen Sie, dass die Auftragsnummer ein *AutoWert* ist. Damit wird automatisch eine Auftragsnummer vergeben.
- Geben Sie danach die folgenden Werte in die Tabelle ein. Die Datensätze sollten der Reihe nach eingegeben werden; dies entspricht der Logik des Datenanfalls:

Lager_Lieferanten_Auftrag

Auftrag_Nr	Artikel_Nr	Lieferer_Nr	Menge	Preis	Lieferdatum
1	1000	102	5	800,00 €	12.11.2016
2	1001	101	7	456,00 €	14.11.2016
3	1002	102	23	1.250,00 €	16.11.2016
4	1003	104	12	2.400,00 €	16.11.2016
5	1003	100	11	2.360,00 €	22.11.2016
6	1004	101	6	897,00 €	23.11.2016
7	1004	100	9	912,00 €	25.11.2016
8	1005	105	11	430,00 €	27.11.2016

- Die Eingabe des Datums wird durch das Anklicken einer Schaltfläche vereinfacht:

Aufbau der Tabellen Lieferanten_m_n und Lager_m_n

Die Daten über die Artikel und die Lieferanten müssen in Tabellen erfasst werden.

Bearbeitungsschritte:

- Erstellen Sie die folgende Tabelle unter dem Namen *Lieferanten_m_n*:

Lieferanten_m_n

	Feldname	Felddatentyp	Beschreibung
P	Lieferer_Nr	Zahl	
	Name1	Kurzer Text	
	Name2	Kurzer Text	
	Strasse	Zahl	
	PLZ	Zahl	
	Ort	Kurzer Text	

- Geben Sie die folgenden Daten in die Tabelle ein:

Lieferanten_m_n

Lief	Name1	Name2	Strasse	PLZ	Ort
100	Wagner & Co.	Büromöbel	Vogtweg 23	33607	Bielefeld
101	Büromöbel AG	Büroeinrichtungen	Gutachtstr. 342	13469	Berlin
102	Tranel GmbH	Büromöbel	Bechemstr. 67	47058	Duisburg
103	Computerland GmbH	Computer	Fischstieg 65	22119	Hamburg
104	Computer 2000	EDV-Herstellung	Koloniestr. 128	28777	Bremen
105	Micro Hansen	Computerlösungen	Am Stau 47	26112	Oldenburg
106	Microcomputer Voges	EDV-Bedarf	Schlossstr.45	30159	Hannover

- Erstellen Sie die Tabelle *Lager_m_n*.

Lager_m_n

	Feldname	Felddatentyp	Beschreibung
P	Artikel_Nr	Zahl	
	Artikelart	Kurzer Text	
	Artikel_Bez	Kurzer Text	
	Bestand	Zahl	
	Mindestbestand	Zahl	
	Höchstbestand	Zahl	

- Geben Sie die bekannten Daten der Tabelle *Lager_m_n* ein. Alle Daten können hier aus Platzgründen nicht angezeigt werden. Ergänzen Sie die Daten aus den bekannten Quellen.

Lager_m_n

Artikel_N	Artikelart	Artikel_Bez	Bestand	Mindestbestand	Höchstbestand
1000	Schreibtisch	Gabriele	5	5	10
1001	Schreibtisch	Modern	10	15	30
1002	Schreibtisch	Exklusiv	20	10	30
1003	Büroschrank	Elegant	12	5	10
1004	Büroschrank	Aktuell	17	10	40
1005	Drucker	Hanso	12	15	25

Erstellen einer Beziehung zwischen den Tabellen

Durch die Beziehungen werden die Daten der drei Tabellen *Lager_m_n*, *Lieferanten_m_n* und *Lieferanten_Lager_Auftrag* miteinander verbunden.

Bearbeitungsschritte:

- Erstellen Sie **Beziehungen** zwischen den Tabellen.

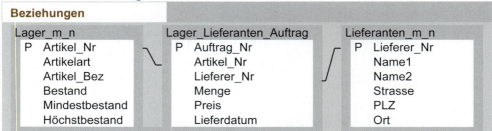

- In der Tabelle *Lieferanten_m_n* sind Datensätze vorhanden, die sich aufgrund des Primärschlüssels im Datenfeld *Lieferanten_Nr* unterscheiden. Das Datenfeld *Lieferanten_Nr* in der Tabelle *Lieferanten_Lager_Auftrag* bestimmt, welcher Lieferant in der Tabelle *Lieferanten_m_n* mit den jeweiligen Eingaben aufgerufen wird.
- In der Tabelle *Lager_m_n* sind Datensätze vorhanden, die sich aufgrund des Primärschlüssels im Datenfeld *Artikel_Nr* unterscheiden. Das Datenfeld *Artikel_Nr* in der Tabelle *Lieferanten_Lager_m_n* bestimmt, welcher Artikel in der Tabelle *Lager_m_n* aufgerufen wird.

Auswertung der Beziehungen zwischen den Tabellen durch Abfragen

Aufgrund der hergestellten Beziehungen können nun Auswertungen vorgenommen werden. Damit kann die betriebliche Wirklichkeit in Ansätzen dargestellt werden.

Bearbeitungsschritte: **SQL (49) (50)**

- Verlassen Sie das Fenster **Beziehungen**. Erstellen Sie die folgende Abfrage. Speichern Sie sie unter dem Namen *Lager_Abfrage_m:n*. Fügen Sie in der Entwurfsansicht der Abfrage zunächst die drei Tabellen ein und wählen Sie folgende Datenfelder aus:

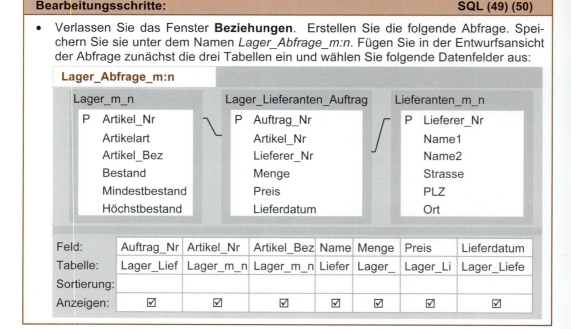

Beziehungen zwischen Tabellen 521

Bearbeitungsschritte (Fortsetzung): SQL (51) (52) (53) (54)

- Das Ergebnis zeigt die Artikel und die jeweiligen Lieferanten.

Lager_Abfrage_m:n

Auft	Artikel_Nr	Artikel_B	Name1	Menge	Preis	Lieferdatum
1	1000	Gabriele	Tranel GmbH	5	800,00 €	12.11.2016
2	1001	Modern	Büromöbel AG	7	456,00 €	14.11.2016
3	1002	Exklusiv	Tranel GmbH	23	1.250,00 €	16.11.2016
4	1003	Elegant	Computer 2000	12	2.400,00 €	16.11.2016
5	1003	Elegant	Wagner & Co.	11	2.360,00 €	22.11.2016
6	1004	Aktuell	Büromöbel AG	6	897,00 €	23.11.2016
7	1004	Aktuell	Wagner & Co.	9	912,00 €	25.11.2016
8	1005	Hanso	Micro Hansen	11	430,00 €	27.11.2016

- Sollen beispielsweise die Artikel ausgegeben werden, die ein bestimmter Lieferant geliefert hat, ist ein entsprechendes Kriterium einzugeben:

Feld:	Auftrag_Nr	Lieferer_N	Name1	Artikel_Nr	Artikel_Bez	Menge	Preis
Tabelle:	Lager_Lief	Lieferante	Liefere	Lager_m_n	Lager_m_n	Lager_	Lager_
Sortierung:							
Anzeigen:	☑	☑	☑	☑	☑	☑	☑
Kriterium:		100					

- Der Lieferant und die beiden Aufträge, die er ausgeführt hat, werden angezeigt:

Lager_Abfrage_2_m:n

Auft	Lieferer_Nr	Name1	Artikel_Nr	Artikel_Bez	Menge	Preis
5	100	Wagner & Co.	1003	Elegant	11	2.360,00 €
7	100	Wagner & Co.	1004	Aktuell	9	912,00 €

- Sollen ein einzelner oder mehrere Artikel und die entsprechenden Lieferanten angezeigt werden, muss die Abfrage entsprechend verändert werden.

Feld:	Auftrag_Nr	Lieferer_Nr	Name1	Artikel_Nr	Artikel_Bez	Menge	Preis
Tabelle:	Lager_Lief	Lieferanten_	Liefere	Lager_m:n	Lager_m:n	Lager_	Lager_
Sortierung:							
Anzeigen:	☑	☑	☑	☑	☑	☑	☑
Kriterium:				1003			
oder:				1005			

- Das Ergebnis zeigt in diesem Fall die Lieferanten, die Artikel mit bestimmten Artikelnummern geliefert haben.

Lager_Abfrage_3_m:n

Auf_Nr	Lieferer_Nr	Name1	Artikel_Nr	Artikel_Bez	Menge	Preis
4	104	Computer 2000	1003	Elegant	12	2.400,00 €
5	100	Wagner & Co.	1003	Elegant	11	2.360,00 €
8	105	Micro Hansen	1005	Hanso	11	430,00 €

- Selbstverständlich können auch Abfragen mit Größer-, Kleiner-Bedingungen usw. erstellt werden. Auch Parameterabfragen bieten sich an. Werten Sie die Tabellen aus.

Bearbeitungsschritte (Fortsetzung): SQL (55) (56) (57) (58) (59) (60)

- Sollen Aufträge, die bis zu einem bestimmten Datum ausgeführt worden sind, angezeigt werden, ist ein entsprechendes Kriterium zu definieren:

Feld:	Auftrag_Nr	Artike	Artikel_B	Nam	Menge	Preis	Lieferdatum
Tabelle:	Lager_Lief	Lage	Lager_m	Liefe	Lager_	Lager	Lager_Lieferant
Sortierung:							
Anzeigen:	☑	☑	☑	☑	☑	☑	☑
Kriterium:							<#17.11.2016#

- Das Ergebnis sieht folgendermaßen aus:

Lager_Abfrage_4_m:n

Auftrag_Nr	Artik	Artikel_B	Name1	Menge	Preis	Lieferdatum
1	1000	Gabriele	Tranel GmbH	5	800,00 €	12.11.2016
2	1001	Modern	Büromöbel AG	7	456,00 €	14.11.2016
3	1002	Exklusiv	Tranel GmbH	23	1.250,00 €	16.11.2016
4	1003	Elegant	Computer 2000	12	2.400,00 €	16.11.2016

- Sollen die Lieferanten und die jeweils gelieferten Produkte ausgegeben werden, sieht die Abfrage folgendermaßen aus:

Feld:	Lieferer_Nr	Artikel_Nr	Artikelart	Artikel_Bez	Menge
Tabelle:	Lieferanten_	Lager_m_n	Lager_m_n	Lager_m_n	Lager_Li
Funktion:	Gruppierung	Gruppierung	Gruppierung	Gruppierung	Summe
Sortierung:		Aufsteigend			
Anzeigen:	☑	☑	☑	☑	☑

- Als Ergebnis wird die Einkaufsmenge der entsprechenden Produkte im Zusammenhang mit den jeweiligen Lieferanten angezeigt. Die Einkaufsmenge wurde summiert. Es zeigt sich jedoch, dass kein Produkt zweimal bei einem Lieferanten gekauft wurde.

Lager_Abfrage_5_m:n

Lieferer_Nr	Artikel_Nr	Artikelart	Artikel_Bez	Einkaufsmenge
102	1000	Schreibtisch	Gabriele	5
101	1001	Schreibtisch	Modern	7
102	1002	Schreibtisch	Exklusiv	23
100	1003	Büroschrank	Elegant	11
104	1003	Büroschrank	Elegant	12
100	1004	Büroschrank	Aktuell	9
101	1004	Büroschrank	Aktuell	6
105	1005	Drucker	Hanso	11

- Ohne die Tabelle *Lieferanten_m_n* werden die summierten Einkaufsmengen ausgegeben:

Lager_Abfrage_6_m:n

Artikel_Nr	Artikelart	Artikel_Bez	Einkaufsmenge
1000	Schreibtisch	Gabriele	5
1001	Schreibtisch	Modern	7
1002	Schreibtisch	Exklusiv	23
1003	Büroschrank	Elegant	23
1004	Büroschrank	Aktuell	15
1005	Drucker	Hanso	11

14.8.5 m:n-Beziehung zwischen Tabellen (Nachschlage-Assistent)

Vorbemerkungen

Die zuvor erstellte m:n-Beziehung lässt sich auch mithilfe des Nachschlage-Assistenten erstellen. Zusätzlich kann durch die Nutzung des Assistenten gewährleistet werden, dass nur Daten eingegeben werden können, die in einem Datenfeld auch logisch und sinnvoll sind. Bei der Erfassung eines Auftrags sollen also z. B. nur Artikel zur Verfügung stehen, die auch in der Artikeltabelle vorhanden sind. Die Daten der zuvor erstellten Tabellen sollen genutzt werden. Daher werden die Tabellen zuvor unter einem veränderten Namen nochmals in der Datenbank *Betrieb* abgespeichert.

Bearbeitungsschritte:

- Kopieren Sie in der Datenbank *Betrieb* die Tabellen *Lager_m_n*, *Lieferanten_m_n* und *Lager_Lieferanten_Auftrag*. Fügen Sie sie unter den Namen *Lager_m_n_1*, *Lieferanten_m_n_1* und *Lager_Lieferanten_Auftrag_1* in die Datenbank ein.

- Löschen Sie die Daten aus der Tabelle *Lager_Lieferanten_Auftrag_1*. Die Struktur der Tabelle soll erhalten werden, die Datenfelder *Artikel_Nr* und *Lieferer_Nr* sollen bearbeitet werden. Grundsätzlich könnte die Tabelle *Lager_Lieferanten_Auftrag_1* auch vollständig neu aufgebaut werden.

Auswahl von Daten mithilfe des Nachschlage-Assistenten

Die *Artikel_Nr* in der Tabelle *Lager* und die *Lieferer_Nr* in der Tabelle *Lieferanten* sollen nicht mehr eingegeben, sondern ausgewählt werden können.

Bearbeitungsschritte:

- Rufen Sie die Entwurfsansicht der Tabelle *Lager_Lieferanten_Auftrag_1* auf. Gehen Sie in das Datenfeld *Artikel_Nr* und rufen Sie den Nachfrage-Assistenten auf.

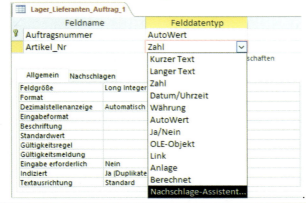

Bearbeitungsschritte (Fortsetzung):

- Bestimmen Sie im nächsten Fenster, dass die Werte aus einer Tabelle oder Abfrage abgerufen werden sollen.

- Bestimmen Sie im nächsten Fenster die Tabelle *Lager_m_n_1*, aus der das Nachfragefeld seine Daten beziehen soll.

- Im nächsten Fenster bestimmen Sie die Felder der Tabelle, die im Nachfragefeld angezeigt werden können. Das Datenfeld *Artikel_Nr* muss unbedingt dabei sein, da das Datenfeld mit einem Inhalt gefüllt werden soll.

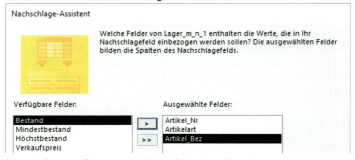

- Im nächsten Fenster sollten Sie eine Sortierung nach dem Datenfeld *Artikel_Nr* vornehmen. Auch andere Sortierungen sind grundsätzlich denkbar.
- Im folgenden Fenster können Sie die Breite der Spalten der Datenfelder nach den Erfordernissen mithilfe der Maus festlegen. Blenden Sie zusätzlich die Schlüsselspalte (*Artikel_Nr*) ein.

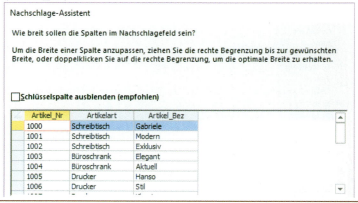

Bearbeitungsschritte (Fortsetzung):

- Im nächsten Fenster bestimmen Sie, dass der Wert des Datenfelds *Artikel_Nr* in das Datenfeld eingetragen wird.

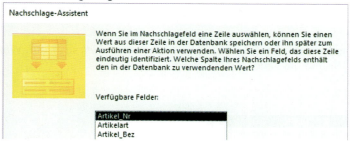

- Der Name des Datenfelds kann im nächsten Fenster bestimmt bzw. geändert werden. Außerdem kann die Datenintegrität aktiviert werden. Auf diesen Tatbestand wird im Abschnitt *Beziehungen mit referentieller Integrität* näher eingegangen.

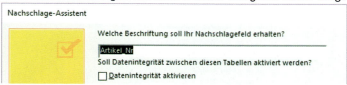

- Klicken Sie zum Abschluss auf die Schaltfläche **Fertig stellen**.
- Klicken Sie im anschließenden Fenster auf die Schaltfläche **Ja**, damit die Tabellen automatisch miteinander in Beziehung gesetzt werden.

- Nutzen Sie auf die gleiche Weise den Nachfrage-Assistenten im Hinblick auf das Datenfeld *Lieferer_Nr* in der Tabelle *Lager_Lieferanten_Auftrag_1*. Beziehen Sie die Werte aus der Tabelle *Lieferanten_m_n_1*.
- Klicken Sie im Register **Datenbanktools** in der Gruppe **Beziehungen** die Schaltfläche **Beziehungen** an. Klicken Sie anschließend, falls die neuen Beziehungen nicht angezeigt werden, im Register **Beziehungstools/Entwurf** die Schaltfläche **Alle Beziehungen** in der Gruppe **Beziehungen** an.

- Die erstellten Beziehungen werden angezeigt.

Dateneingabe über eine Tabelle

Die Dateneingabe in die Tabelle *Lager_Lieferanten_Auftrag_1* wird durch die erstellten Beziehungen sowohl in der Tabelle als auch in einem Formular wesentlich komfortabler und sicherer, da der Arbeitsaufwand geringer ist und Fehleingaben vermieden werden.

Bearbeitungsschritte:

- Rufen Sie die Datenblattansicht der Tabelle *Lager_Lieferanten_Auftrag_1* auf. Wählen Sie jeweils die *Artikel_Nr* und die *Lieferer_Nr* aus.

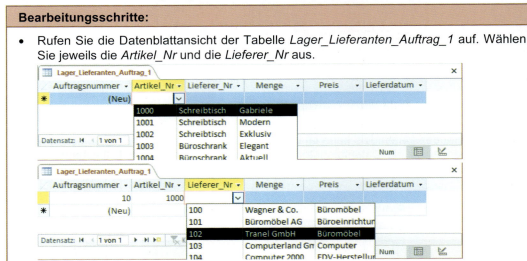

- Geben Sie danach die restlichen Daten des ersten Datensatzes und der folgenden Datensätze ein.
- Wenn zuvor in der Tabelle bereits Daten vorhanden gewesen sind, ist die Auftragsnummer nicht 1, sondern z. B. 10.

Dateneingabe über ein Formular

Die Dateneingabe über eine Tabelle ist in der Regel sinnvoller. Auch hierbei können die Artikel und Lieferanten ausgewählt werden.

Bearbeitungsschritte:

- Markieren Sie im Navigationsbereich die Tabelle *Lager_Lieferanten_Auftrag_1*. Klicken Sie im Register **Erstellen** in der Gruppe **Formulare** die Schaltfläche **Formular** an. Über die Schaltfläche wird ein automatisch erstelltes Formular erstellt.
- Rufen Sie das Formular in der Formularansicht auf. Gehen Sie zu einem neuen leeren Datensatz ( ) und geben Sie die Werte ein.

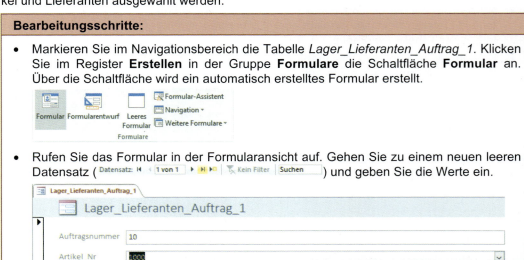

14.8.6 m:n-Beziehung mit zusammengesetztem Primärschlüssel

Vorbemerkungen

Während beispielsweise verschiedene Aufträge an einen Lieferanten vergeben werden können, gibt es andere Daten, die nur einmal erfasst werden dürfen. So kann ein Mitarbeiter nicht zweimal in der gleichen Abteilung beschäftigt sein.

Allerdings ist es durchaus möglich, dass er zwei verschiedenen Abteilungen zugeordnet wird, also beispielsweise sowohl in der Einkaufs- als auch in der Verkaufsabteilung beschäftigt ist. Um zu verhindern, dass doppelte und nicht vernünftige Datensätze erfasst werden, kann mit einem zusammengesetzten Primärschlüssel gearbeitet werden.

Erstellung einer Tabelle zur Verknüpfung und Auswertung von Daten

Zunächst muss eine Tabelle erstellt werden, die die Verbindung zwischen den Tabellen *Abteilung* und *Personal* herstellt.

Diese Tabelle enthält nur die beiden Datenfelder *Abteilung_Nr* und *Mitarbeiter_Nr*. Beide Datenfelder werden mit einem Primärschlüssel versehen. Damit wird sichergestellt, dass in Datensätzen, die eingegeben werden, niemals ein zweites Mal dieselbe Kombination abgespeichert werden kann. Eine entsprechende Fehlermeldung weist darauf hin, dass dies nicht möglich ist und der Datensatz wieder gelöscht werden muss.

Bearbeitungsschritte:

- Erstellen Sie die Tabelle *Abteilung_Personal* mit den Datenfeldern *Abteilung_Nr* und *Mitarbeiter_Nr*. Markieren Sie beide Datenfelder. Gehen Sie zu diesem Zweck auf den linken Rand vor dem ersten Datenfeld. Der Mauszeiger verwandelt sich in einen Pfeil nach rechts. Bei gedrückter linker Maustaste können Sie danach die beiden Datenfelder markieren.

Abteilung_Personal		
Feldname	Felddatentyp	Beschreibung
Abteilung_Nr	Zahl	
Mitarbeiter_Nr	Zahl	

- Speichern Sie die Tabelle unter dem Namen *Abteilung_Personal* ab. Bestimmen Sie, dass die Tabelle ohne einen Primärschlüssel abgespeichert werden soll. Erst in einem nachfolgend erklärten zweiten Schritt wird die Tabelle mit einem zusammengesetzten Primärschlüssel versehen.
- Klicken Sie im Register **Tabellentools/Entwurf** in der Gruppe **Tools** die Schaltfläche **Primärschlüssel** an.
- Die Datenstruktur der Tabelle sollte danach wie nachfolgend dargestellt aussehen. Beide Datenfelder sind mit einem Primärschlüssel ausgestattet:

Abteilung_Personal			
	Feldname	Felddatentyp	Beschreibung
P	Abteilung_Nr	Zahl	
P	Mitarbeiter_Nr	Zahl	

Bearbeitungsschritte (Fortsetzung):   SQL (61) (62)

- Geben Sie die folgenden Datensätze ein:

Abteilung_Personal

Abteilung_Nr	Mitarbeiter_Nr
1	1000
2	1002
3	1000
3	1001
3	1005
4	1004
5	1003

- Klicken Sie im Register **Datenbanktools** in der Gruppe **Einblenden/Ausblenden** die Schaltfläche **Beziehungen** an.

- Erstellen Sie die folgende Beziehung:

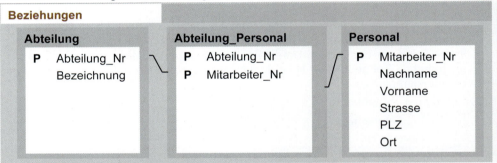

- Erstellen Sie die folgende Abfrage:

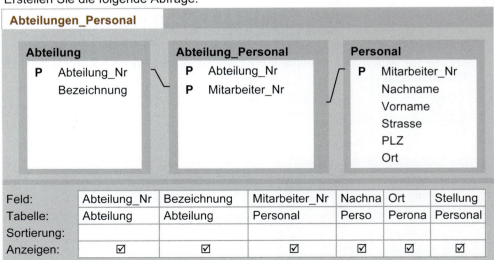

Feld:	Abteilung_Nr	Bezeichnung	Mitarbeiter_Nr	Nachna	Ort	Stellung
Tabelle:	Abteilung	Abteilung	Personal	Perso	Perona	Personal
Sortierung:						
Anzeigen:	☑	☑	☑	☑	☑	☑

Bearbeitungsschritte (Fortsetzung):

- Das Ergebnis sieht folgendermaßen aus:

Abteilungen_Personal

Abteilung_Nr	Bezeichnung	Mitar	Nachnam	Ort	Stellung
1	Direktion	1000	Meier	Papenburg	Sachbearbeiter
2	Rechnungswesen	1002	Hermes	Weener	Sachbearbeiter
3	Einkauf	1000	Meier	Papenburg	Sachbearbeiter
3	Einkauf	1001	Regeleit	Leer	Abteilungsleiter
3	Einkauf	1005	Meimel	Papenburg	Sachbearbeiter
4	Verkauf	1004	Groos	Börger	Sachbearbeiter
5	Lager	1003	Müller	Papenburg	Abteilungsleiter

Eingabe und Löschung eines Datensatzes

Als Nächstes soll überprüft werden, ob die Eingabe eines doppelten Datensatzes gelingt. Ist dies nicht der Fall, muss der Datensatz gelöscht werden.

Bearbeitungsschritte:

- Geben Sie einen Datensatz ein. Die Inhalte sind mit dem ersten Datensatz identisch.

Abteilung_Personal

Abteilung_Nr	Mitarbeiter_Nr
5	1003
1	1000

- Wollen Sie den Datensatz verlassen und einen neuen Datensatz eingeben oder die Tabelle speichern, wird die folgende Fehlermeldung ausgegeben:

- Klicken Sie die Schaltfläche **OK** an. Schließen Sie danach die Tabelle. Es wird wieder die vorherige Meldung ausgegeben und dann das folgende Fenster angezeigt:

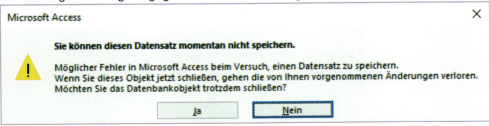

- Klicken Sie die Schaltfläche **Ja** an. Die Eingabe wird nicht gespeichert, die bisherigen Datensätze bleiben erhalten. Sollten Sie sich jedoch lediglich bei einer Eingabe versehen haben, kann diese sofort korrigiert werden.

14.8.7 Suche nach Inkonsistenzen

Die Suche nach Inkonsistenzen ermöglicht es, in zwei miteinander verbundenen Tabellen in einer Tabelle *Lieferanten_m_n* alle Datensätze zu finden, zu denen es keine korrespondierenden Datensätze in der anderen ausgewählten Tabelle *Lieferanten_Lager_m_n* gibt. Konkret bedeutet dies, dass überprüft werden kann, ob bei einem Lieferanten bisher noch nicht bestellt worden ist. Aus den Ergebnissen lassen sich verschiedene Schlüsse ziehen. So kann es beispielsweise ratsam sein, bei dem entsprechenden Lieferanten Preislisten usw. anzufordern, um den Geschäftsverkehr wieder zu beleben. Auf der anderen Seite ist, wenn nicht mehr beabsichtigt wird, bei dem Lieferanten zu kaufen, auch eine Löschung des Datensatzes zu erwägen.

Bearbeitungsschritte:	SQL (63) (64)

- Klicken Sie im Register **Erstellen** in der Gruppe **Abfragen** die Schaltfläche **Abfrage-Assistent** an.

- Bestimmen Sie im Fenster **Neue Abfrage**, dass die Abfrage mithilfe des **Abfrage-Assistenten zur Inkonsistenzsuche** durchgeführt werden soll.

- Wählen Sie im nächsten Fenster die Tabelle *Lieferanten_m_n* aus.

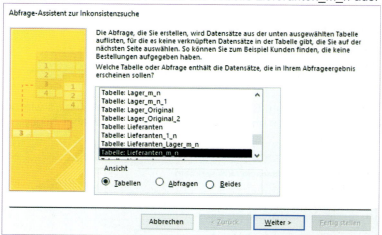

- Danach bestimmen Sie die Tabelle, zu der eine Beziehung besteht.

Bearbeitungsschritte (Fortsetzung):

- Im nächsten Fenster werden übereinstimmende Datenfelder der Tabellen bestimmt.

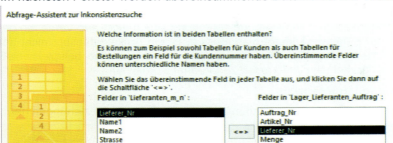

- Legen Sie fest, dass alle Felder als Abfrageergebnis angezeigt werden sollen.

- Legen Sie den Namen für die Abfrage fest. Bestimmen Sie außerdem, dass das Ergebnis angezeigt werden soll.

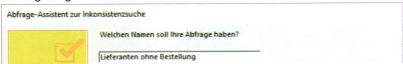

- Als Ergebnis werden die Lieferanten mit den Liefernummern *103* und *106* ausgegeben. Dies bedeutet, dass bisher keine Bestellung bei diesen Lieferanten erfolgte.

Lieferanten_ohne_Bestellung

Liefere	Name1	Name2	Strasse	PLZ	Ort
103	Computerland GmbH	Computer	Fischstieg 65	22119	Hamburg
106	Microcomputer Voges	EDV-Bedarf	Schlossstr.45	30159	Hannover

- Führen Sie eine weitere Inkonsistenzsuche mit den Tabellen *Lager_m_n* und *Lager_Lieferanten_Auftrag* durch. Als Ergebnis werden die folgenden Artikel (hier ausschnittsweise dargestellt) ausgegeben:

Lager_m_n ohne übereinstimmende Daten in Lager_Lieferanten_Auftrag

Artikel_Nr	Artikelart	Artikel_Bez	Bestand	Mindestbestand	Höchstbestand
1006	Drucker	Stil	8	5	15
1007	Drucker	Klassic	12	6	10
2000	Scanner	Swift	8	10	20

- Aus der Tatsache, dass keine Bestellungen für diesen Artikel in der letzten Zeit notwendig waren, kann u. U. geschlossen werden, dass es sich um ein Auslaufprodukt handelt. Es ist daher vielleicht notwendig, die Produkte zu günstigen Konditionen zu verkaufen.

14.8.8 Beziehungen mit referentieller Integrität

Begriff

Referentielle Integrität besagt, dass das Programm sicherstellt, dass hergestellte Beziehungen zwischen den Datensätzen gültig sind und verknüpfte Daten nicht aus Versehen gelöscht oder geändert werden. Konkret bedeutet dies, dass z. B. ein Artikeldatensatz nicht gelöscht werden kann, wenn zu anderen Tabellen Beziehungen bestehen, also beispielsweise dem Artikeldatensatz ein oder mehrere Lieferanten zugeordnet worden sind.

Aufbau der referentiellen Integrität

Zum Aufbau der referentiellen Integrität werden vorhandene Tabellen/Beziehungen genutzt.

Bearbeitungsschritte:

- Klicken Sie im Register **Datenbanktools** in der Gruppe **Beziehungen** die Schaltfläche **Beziehungen** an. Klicken Sie gegebenenfalls im dann eingeblendeten Register **Beziehungstools/Entwurf** in der Gruppe **Beziehungen** die Schaltfläche **Tabelle anzeigen** an.

- Bestehende Beziehungen werden angezeigt:

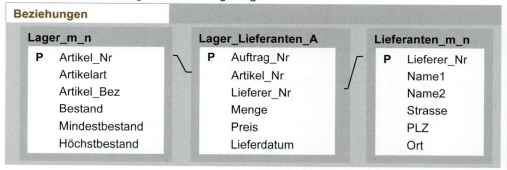

- Klicken Sie die Verbindungslinie zwischen den beiden ersten Tabellen an. Klicken Sie danach im Register **Beziehungstools/Entwurf** in der Gruppe **Tools** die Schaltfläche **Beziehungen bearbeiten** an. Auch über das Kontextmenü lässt sich die Beziehung bearbeiten.

- Aktivieren Sie danach das Kontrollkästchen **Mit referentieller Integrität**.

Bearbeitungsschritte (Fortsetzung):

- Mit Anklicken der Schaltfläche **OK** wird die Änderung vorgenommen. Stellen Sie danach die gleiche Verbindung zwischen den Tabellen *Lieferanten_m_n* und *Lager_Lieferanten_Auftrag* her. Die Darstellung sieht jetzt folgendermaßen aus:

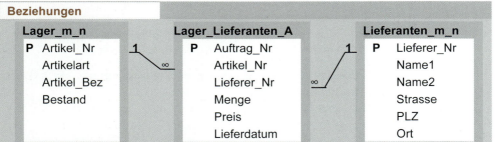

Auswirkungen der referentiellen Integrität – Eingabe von Daten

Die Auswirkungen zeigen sich, wenn man in der Tabelle *Lager_Lieferanten_Auftrag* Datensätze eingeben möchte. Da eine referentielle Integrität aufgebaut wurde, wird bei der Eingabe überprüft, ob die Lager- bzw. Lieferantendaten überhaupt vorhanden sind.

Bearbeitungsschritte:

- Geben Sie in der Tabelle *Lager_Lieferanten_Auftrag* den folgenden Datensatz ein:

- Das Programm reagiert, da es keinen Lieferanten *109* gibt, mit einer Meldung:

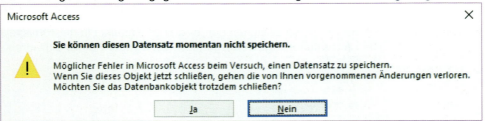

- Klicken Sie die Schaltfläche **OK** an. Schließen Sie danach die Tabelle. Es wird wieder die vorherige Meldung ausgegeben und dann das folgende Fenster angezeigt:

- Klicken Sie die Schaltfläche **Ja** an. Die Eingabe wird nicht gespeichert, die bisherigen Datensätze bleiben erhalten. Sollten Sie sich jedoch lediglich bei einer Eingabe versehen haben, kann diese sofort korrigiert werden.
- Soll der angegebene Datensatz tatsächlich in die Tabelle *Lager_Lieferanten_Auftrag* eingegeben werden, muss zunächst in der Tabelle *Lieferanten_m_n* ein Datensatz mit der Lieferantennummer *109* eingetragen werden. Erst danach kann logischerweise der gewünschte Datensatz in die Tabelle *Lager_Lieferanten_Auftrag* eingegeben werden.

Auswirkungen der referentiellen Integrität – Löschung von Daten

Die Löschung von Daten in den Tabellen *Lager_m_n* und *Lieferanten_m_n* kann nicht mehr ohne Probleme erfolgen. Sollen die Daten gelöscht werden, muss die referentielle Integrität zunächst aufgelöst werden.

Bearbeitungsschritte:

- Rufen Sie die Tabelle *Lager_m_n* auf und markieren Sie den dritten Datensatz.

Lager_m_n						
	Artikel_	Artikelart	Artikel_B	Bestand	Mindestbestand	Höchstbestand
+	1000	Schreibtisch	Gabriele	5	5	10
+	1001	Schreibtisch	Modern	10	15	30
+	1002	Schreibtisch	Exklusiv	20	10	30
+	1003	Büroschrank	Elegant	12	5	10

- Klicken Sie im Register **Start** in der Gruppe **Zwischenablage** die Schaltfläche **Ausschneiden** an.

- Das Programm reagiert mit einer Fehlermeldung:

- Eine Löschung des Datenfeldes ist nicht möglich. Analog ist eine Löschung in der Tabelle *Lieferanten_m_n* nicht möglich, es sei denn, die referentielle Integrität wird aufgelöst.

Referentielle Integrität und Aktualisierungsweitergabe

Durch die Aktivierung dieser Option werden Daten, die in einer Tabelle geändert werden, automatisch auch in einer anderen Tabelle geändert.

Bearbeitungsschritte:

- Verändern Sie die Beziehungen zwischen den einzelnen Tabellen in der Hinsicht, dass Sie das Kontrollfeld **Aktualisierungsweitergabe an verwandte Felder** aktivieren.

Beziehungen zwischen Tabellen

Bearbeitungsschritte (Fortsetzung):

- Verändern Sie in der Tabelle *Lieferanten_m_n* die Lieferantennummer *102* in *110*. Schließen Sie danach die Tabelle.

Lieferanten_m_n

Liefe	Name1	Name2	Strasse	PLZ	Ort
100	Wagner & Co.	Büromöbel	Vogtweg 23	33607	Bielefeld
101	Büromöbel AG	Büroeinrichtungen	Gutachtstr. 342	13469	Berlin
110	Tranel GmbH	Büromöbel	Bechemstr. 67	47058	Duisburg

- In der Tabelle *Lager_Lieferanten_Auftrag* wird automatisch die Lieferantennummer *102* durch *110* ersetzt.

Lager_Lieferanten_Auftrag

Auftrag_Nr	Artikel_Nr	Lieferer_Nr	Menge	Preis	Lieferdatum
1	1000	110	5	800,00 €	12.11.2016
2	1001	101	7	456,00 €	14.11.2016
3	1002	110	23	1.250,00 €	16.11.2016

- Machen Sie die Änderung in der Tabelle *Lieferanten_m_:n* wieder rückgängig.

Referentielle Integrität und Löschweitergabe

Die Aktivierung dieser Option sollte außerordentlich gut überlegt werden, da die Löschung von Daten automatisch zur Löschung weiterer Daten in einer anderen Tabelle führt. Unter Umständen gehen damit später benötigte Daten unwiderruflich verloren.

Damit keine Daten in den Originaltabellen gelöscht werden, sollen daher die einzelnen Tabellen kopiert werden und dann die Daten der neuen Tabellen miteinander verknüpft werden.

Bearbeitungsschritte:

- Kopieren Sie die Tabellen *Lager_m_n*, *Lieferanten_m_n* und *Lager_Lieferanten_Auftrag* und fügen Sie die Tabellen unter den Namen Tabellen *Lager_m_n_2*, *Lieferanten_m_n_2* und *Lager_Lieferanten_Auftrag_2* in die Datenbank *Betrieb* ein.
- Damit bleiben die Originaltabellen erhalten, in den neuen Tabellen können Löschungen vorgenommen werden.
- Bauen Sie zwischen den angezeigten Tabellen jeweils eine Beziehung mit referentieller Integrität und **Löschweitergabe an verwandte Datensätze** auf. Die zweite aufzubauende Beziehung muss zwischen den Tabellen *Lieferanten_m_n_2* und *Lager_Lieferanten_Auftrag_2* aufgebaut werden.

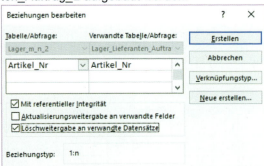

Bearbeitungsschritte (Fortsetzung):

- Bauen Sie dieselbe Beziehung zwischen den Tabellen *Lieferanten_m_n 2* und *Lager_Lieferanten_Auftrag_2* auf. Folgende Beziehungen werden angezeigt:

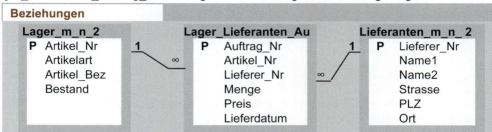

- Öffnen Sie die Tabelle *Lager_Lieferanten_Auftrag 2*. Es werden u. a. zwei Artikel angezeigt, die der Lieferant mit der Lieferantennummer *102* liefern kann.

Lager_Lieferanten_Auftrag_2

Auftrag_Nr	Artikel_Nr	Lieferer_Nr	Menge	Preis	Lieferdatum
1	1000	102	5	800,00 €	12.11.2016
2	1001	101	7	456,00 €	14.11.2016
3	1002	102	23	1.250,00 €	16.11.2016

- Schließen Sie die Tabelle wieder. Rufen Sie die Tabelle *Lieferanten_m_n 2* auf. Markieren Sie den Datensatz mit der Lieferantennummer *102*.

Lieferanten_m_n_2

Liefe	Name1	Name2	Strasse	PLZ	Ort
100	Wagner & Co.	Büromöbel	Vogtweg 23	33607	Bielefeld
101	Büromöbel AG	Büroeinrichtungen	Gutachtstr. 342	13469	Berlin
102	Tranel GmbH	Büromöbel	Bechemstr. 67	47058	Duisburg

- Klicken Sie im Register **Start** in der Gruppe **Zwischenablage** die Schaltfläche **Ausschneiden** an.

- Folgende Meldung wird auf dem Bildschirm ausgegeben:

- Klicken Sie die Schaltfläche **Ja** an. Der Datensatz wird aus der Tabelle *Lieferanten_m_n_2* entfernt. Ebenfalls werden die entsprechenden Daten aus der Tabelle *Lager_Lieferanten_Auftrag_2* gelöscht.

Lager_Lieferanten_Auftrag

Auftrag_Nr	Artikel_Nr	Lieferer_Nr	Menge	Preis	Lieferdatum
2	1001	101	7	456,00 €	14.11.2016
4	1003	104	12	2.400,00 €	16.11.2016

14.8.9 Gleichheits- und Inklusionsverknüpfung

Gleichheitsverknüpfung (Inner-Join)

Über die Datenfelder *Ort* in der Tabelle *Kunden* und *Ort* in der Tabelle *Lieferanten* sollen über die genannten Verknüpfungsarten Auswertungen vorgenommen werden. Ein ähnliches Ergebnis können Sie, wie bereits dargestellt, auch mit der *Union-Abfrage* erreichen. Mithilfe der Gleichheitsverknüpfung sollen durch eine Abfrage alle Orte ausgegeben werden, in denen sowohl Kunden als auch Lieferanten ansässig sind.

Bearbeitungsschritte:	SQL (65) (66)

- Bauen Sie die folgende Beziehung auf. Sie wird als *undefiniert* bezeichnet. Die Verknüpfung erfolgt nicht über einen Primärschlüssel.

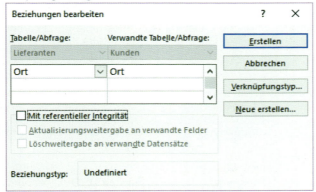

- Klicken Sie die Schaltfläche **Verknüpfungstyp** an. Es werden die einzelnen Möglichkeiten der Verknüpfung dargestellt. Wählen Sie die erste Option:

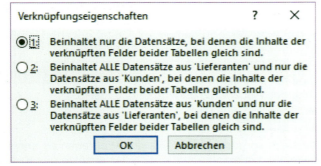

- Die Verknüpfung wird im Fenster **Beziehungen** folgendermaßen dargestellt:

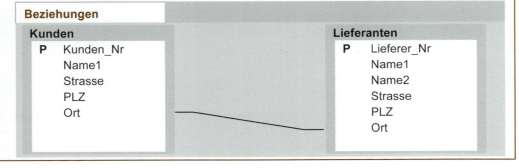

Bearbeitungsschritte (Fortsetzung):

- Erstellen Sie die folgende Abfrage unter dem Namen *Gleichheitsverknüpfung*:

Gleichheitsverknüpfung

Kunden
- P Kunden_Nr
-    Name1
-    Strasse
-    PLZ
-    Ort

Lieferanten
- P Lieferanten_Nr
-    Name1
-    Name2
-    Strasse
-    PLZ
-    Ort

Feld:	Kunden_Nr	Name1	Ort	Lieferer_Nr	Name1	Ort
Tabelle:	Kunden	Kunden	Kunden	Lieferanten	Lieferanten	Lieferante
Sortierung:						
Anzeigen:	☑	☑	☑	☑	☑	☑
Kriterium:						

- Das Ergebnis zeigt Orte, in denen Kunden und Lieferanten ansässig sind:

Gleichheitsverknüpfung

Kun	Kunden.Name1	Kunden.O	Lief	Lieferanten.Name1	Lieferanten.O
203	Bürobedarf Hinze KG	Berlin	101	Büromöbel AG	Berlin
205	Willi Garstig OHG	Duisburg	102	Tranel GmbH	Duisburg
210	Büroartikel Wessel GmbH	Oldenburg	105	Micro Hansen OHG	Oldenburg

Links- und Rechts-Inklusionsverknüpfung (Outer-Join)

Über diese Verknüpfungen werden Teile von Tabellen ausgegeben. Dabei werden unterschiedliche Ergebnisse aufgrund des Verknüpfungstyps erzielt. In dem Fenster, in dem die Verknüpfungen festgelegt werden, wird eine kurze Erklärung zu den zu erwartenden Ergebnissen gegeben.

Bearbeitungsschritte: SQL (67) (68)

- Bauen Sie dieselbe Verknüpfung auf. Ändern Sie den Verknüpfungstyp:

  ◉ 2: Beinhaltet ALLE Datensätze aus 'Lieferanten' und nur die Datensätze aus 'Kunden', bei denen die Inhalte der verknüpften Felder beider Tabellen gleich sind.

- Als Ergebnis werden die Datensätze so ausgegeben, wie das Programm es angekündigt hat, nämlich alle Datensätze aus Lieferanten und nur die Datensätze aus Kunden, bei denen die Inhalte der verknüpften Felder beider Tabellen gleich sind.

Links-Inklusionsverknüpfung

Kun	Kunden.Name1	Kunden.O	Lief	Lieferanten.Name1	Lieferante
			100	Wagner AG	Bielefeld
203	Bürobedarf Hinze KG	Berlin	101	Büromöbel AG	Berlin
205	Willi Garstig OHG	Duisburg	102	Tranel GmbH	Duisburg
			103	Computerland GmbH	
			104	Computer 2000 GmbH	
210	Büroartikel Wessel GmbH	Oldenburg	105	Micro Hansen OHG	Oldenburg
			106	Computer Voges AG	Hannover

- Probieren Sie danach eine Rechts-Inklusionsverknüpfung aus.

14.8.10 Verknüpfung aufgrund einer Abfrage

Eine Alternative zu den festen Beziehungen, die bisher realisiert wurden, ist das Herstellen einer Beziehung in einer Abfrage. Die Beziehung wird nur in dieser Abfrage wirksam. Die drei Verknüpfungsmöglichkeiten, wie sie beschrieben wurden, können angewandt werden.

Bearbeitungsschritte:	SQL (69)
<ul><li>Löschen Sie zunächst die Beziehungen zwischen dem Datenfeld *Ort* in der Tabelle *Kunden* und dem Datenfeld *Ort* in der Tabelle *Lieferanten*.</li><li>Erstellen Sie die folgende Abfrage:</li></ul>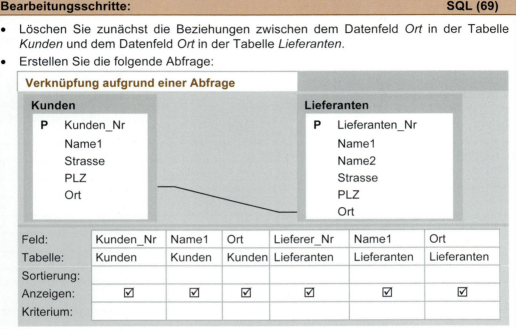<ul><li>Wenn Sie nun die Abfrage ausführen, würden fehlerhaft alle Verbindungen zwischen allen Datensätzen angezeigt. Verknüpfen Sie daher in der Abfrage die angezeigten Datenfelder (*Ort*). Klicken Sie dann mit der rechten Maustaste auf die Verbindungslinie und wählen Sie den Menüpunkt **Verknüpfungseigenschaften**.</li></ul>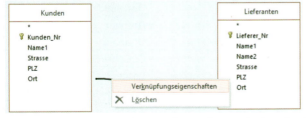<ul><li>Sie können nun die Verknüpfungseigenschaften bestimmen und das gewünschte Ergebnis ausgeben lassen.</li></ul>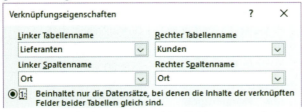<ul><li>Probieren Sie die einzelnen Möglichkeiten nacheinander aus.</li></ul>	

Übungen:

Hinweis: Die nachfolgenden Aufgaben können sowohl mit **Access**, **MySQL** als auch unter Nutzung der Datenbanksprache **SQL** gelöst werden. Eventuell ist beispielsweise bei den Felddatentypen eine Anpassung notwendig.

1. Aufgabe

Die Daten der Arbeitnehmerinnen und Arbeitnehmer des Unternehmens *Arbeitsvermittlung GmbH* sollen erfasst werden, damit sie später nach verschiedenen Kriterien ausgewertet werden können.

a) Erstellen Sie eine Datenbank mit dem Namen *Arbeitsvermittlung*.

b) Legen Sie in der Datenbank *Arbeitsvermittlung* eine Tabelle mit dem Namen *Arbeitnehmer* an, die die nachfolgende Dateistruktur aufweisen soll. Versehen Sie das Datenfeld *ANr* in der Tabelle *Arbeitnehmer* mit einem Primärschlüssel.

Feldname	Felddatentyp
Name	Text
Vorname	Text
Straße	Text
PLZ	Zahl
Ort	Text
Geburtsdatum	Datum/Zeit

c) Geben Sie die folgenden Daten in die Tabelle *Arbeitnehmer* ein. Speichern Sie danach die Tabelle ab.

ANr	Name	Vorname	Straße	PLZ	Ort	Geburtsdatum
1000	Beckmann	Stefan	Laaker 45	47137	Duisburg	19.06.79
1001	Raun	Petra	Zeisigstr. 98	41540	Dormagen	12.03.77
1002	Högemann	Katharina	Hagenstr. 43	59075	Hamm	21.08.75
1003	Röring	Katharina	Am Ostheck 51	44309	Dortmund	01.01.78
1004	Zinklage	Ramon	Bachstr. 33	44787	Bochum	15.12.76
1005	Bengelke	Florentina	Märchenweg 17	47279	Duisburg	16.05.78
1006	Waake	Tobias	Jahnstr. 54	45883	Gelsenkirchen	12.11.79
1007	Regemann	Maria	Kämpenstr. 34	45147	Essen	08.09.75
1008	Meyers	Jasmin	Teuschstr. 23	41549	Dormagen	23.05.77
1009	Hansen	Thekla	Lautstr. 55	45359	Essen	12.08.72
1010	Maiser	Thekla	Nadlerweg 11	44329	Dortmund	15.03.77
1011	Wonen	Wilfried	Oberdelle 62	44388	Dortmund	31.01.79
1012	Kammes	Jennifer	Koksstr. 17	45326	Essen	22.07.73
1013	Kuckli	Karsten	Händelstr. 73	45884	Gelsenkirchen	15.11.76
1014	Knie	Manuel	Christstr. 98	44789	Bochum	07.07.70
1015	Rennemann	Katja	Ackerstr. 1	46282	Dorsten	18.06.77

d) Sortieren Sie die Tabelle nach dem Ort.

e) Suchen Sie in der Tabelle den Namen Rennemann.

f) Sortieren Sie die Datensätze nach dem Ort und außerdem nach dem Namen.

Übungen:

2. Aufgabe

Die Daten der Arbeitnehmerinnen und Arbeitnehmer des Unternehmens *Arbeitsvermittlung GmbH* in Dortmund sollen durch Abfragen nach verschiedenen Kriterien ausgewertet werden. Speichern Sie die einzelnen Abfragen unter einem aussagekräftigen Namen.

a) Laden Sie die Datenbank *Arbeitsvermittlung*.
b) Geben Sie alle Arbeitnehmerinnen und Arbeitnehmer aus, die in Dortmund wohnen.
c) Geben Sie alle Beschäftigten aus, die nicht in Dortmund wohnen.
d) Erstellen Sie eine Parameterabfrage, die es Ihnen ermöglicht, über die Eingabe eines Ortes festzustellen, wer in dem entsprechenden Ort wohnt.
e) Geben Sie alle Arbeitnehmerinnen und Arbeitnehmer aus, die nicht in Dortmund wohnen und sortieren Sie die Datensätze nach dem Ort aufsteigend.
f) Stellen Sie fest, welche Arbeitnehmerinnen und Arbeitnehmer aus einem Ort kommen, der mit dem Buchstaben D anfängt.
g) Stellen Sie fest, welche Beschäftigten aus einem Ort kommen, dessen Postleitzahl mit der Zahl 44 beginnt. Benutzen Sie dazu die *Und-Bedingung*.
h) Stellen Sie fest, welche Beschäftigten aus einem Ort kommen, dessen Postleitzahl mit der Zahl 44 beginnt. Benutzen Sie dazu die *Zwischen-Bedingung*.
i) Geben Sie alle Arbeitnehmerinnen und Arbeitnehmer aus, die in den Jahren 1977 und 1978 geboren sind.
j) Geben Sie alle Arbeitnehmerinnen und Arbeitnehmer aus, die in den Jahren 1977 und 1978 geboren sind und in Dortmund wohnen.
k) Geben Sie alle Arbeitnehmerinnen und Arbeitnehmer aus, die in den Jahren 1977 und 1978 geboren sind und in Duisburg, Dormagen oder Dorsten wohnen. Realisieren Sie diese Abfrage unter Nutzung der *Oder-Bedingung*.
l) Geben Sie alle Arbeitnehmerinnen und Arbeitnehmer aus, die in den Jahren 1977 und 1978 geboren sind und in Duisburg, Dormagen oder Dorsten wohnen. Realisieren Sie diese Abfrage unter Nutzung der *In-Bedingung*.
m) Geben Sie alle Arbeitnehmerinnen und Arbeitnehmer aus, die am 01.01.1996 das 18. Lebensjahr noch nicht vollendet hatten.
n) Geben Sie alle Arbeitnehmerinnen und Arbeitnehmer aus, die am 01.01.1996 das 18. Lebensjahr noch nicht vollendet hatten und im Jahre 1996 18 Jahre alt wurden.
o) Geben Sie in einer Kreuztabelle alle Arbeitnehmerinnen und Arbeitnehmer mit Geburtsdatum aus, die in Dortmund wohnen.
p) Kopieren Sie die Tabelle *Arbeitnehmer* und fügen Sie sie unter dem Namen *Arbeitnehmer1* nochmals ein.
q) Erstellen Sie eine Tabelle *Arbeitnehmer2* mit der gleichen Datenstruktur wie bei der Tabelle *Arbeitnehmer1*. Geben Sie einige Datensätze ein. Davon sollte ein Datensatz mit einem Datensatz in der Tabelle *Arbeitnehmer1* übereinstimmen. Fügen Sie die Datensätze über eine Anfügeabfrage in die Tabelle *Arbeitnehmer1* ein.
r) Suchen Sie in der Tabelle *Arbeitnehmer1* nach Duplikaten.
s) Löschen Sie mit einer Löschabfrage in der Tabelle *Arbeitnehmer1* alle Datensätze mit dem Ort *Dortmund*.
t) Erstellen Sie mit einer Tabellenerstellungsabfrage eine Tabelle mit allen Arbeitnehmerinnen und Arbeitnehmern aus Duisburg.

Übungen:

3. Aufgabe

Neben den Daten der Arbeitnehmerinnen und Arbeitnehmer sollen auch die Daten der Betriebe erfasst werden, in denen die Beschäftigten arbeiten. Da es sich bei der *Arbeitsvermittlung GmbH* um ein Unternehmen handelt, das anderen Unternehmen bei Bedarf Arbeitnehmerinnen und Arbeitnehmer zur Verfügung stellt, ist die Möglichkeit gegeben, dass die Beschäftigten bei verschiedenen Unternehmen arbeiten.

a) Legen Sie in der Datenbank *Arbeitsvermittlung* eine Tabelle mit dem Namen *Betriebe* an, die die nachfolgende Dateistruktur aufweisen soll. Versehen Sie das Datenfeld *BNr* mit einem Primärschlüssel.

Feldname	Felddatentyp
BNr	Zahl
Name_1	Text
Name_2	Text
Strasse	Text
PLZ	Zahl
Ort	Text

b) Geben Sie die folgenden Daten in die Tabelle *Betriebe* ein. Speichern Sie danach die Tabelle ohne Primärschlüssel ab.

BNr	Name_1	Name_2	Strasse	PLZ	Ort
1	Büro Schmitz	Bürobedarf	Salzstr. 765	44894	Bochum
2	Hoffmann AG	Stahlhandel	Güterstr. 23	44145	Dortmund
3	Santel GmbH	Schuhhandel	Sydowstr. 56	44369	Dortmund
4	Donike OHG	Textilwaren	Stembergstr.	44807	Bochum
5	Geiger KG	Malerbetrieb	Gögestr. 78	44225	Dortmund

c) Für die Beschäftigten zahlen die einzelnen Betriebe unterschiedliche Entgelte pro Stunde. Erstellen Sie eine dritte Tabelle *Arbeitnehmer_Betriebe* mit den Datenfeldern *ANr*, *BNr* und *Entgelt*. Versehen Sie die beiden ersten Datenfelder mit einem zusammengesetzten Primärschlüssel.

d) Geben Sie die folgenden Daten in die Tabelle *Arbeitnehmer_Betriebe* ein:

ANr	BNr	Entgelt	ANr	BNr	Entgelt	ANr	BNr	Entgelt	ANr	BNr	Entgelt
1003	1	25,00	100	5	26,70	1002	4	24,30	1007	3	25,90
1014	3	25,00	101	4	28,70	1009	1	32,80	1007	4	25,90
1012	3	26,00	101	4	28,70	1010	3	31.80	1009	3	26,00

e) Stellen Sie eine M:N-Beziehung zwischen den Tabellen her.
f) Werten Sie die Tabellen durch entsprechende Abfragen aus.
g) Führen Sie die beiden möglichen Inkonsistenzsuchen durch.
h) Bauen Sie Beziehungen mit referentieller Integrität auf.
i) Führen Sie Gleichheits- und Inklusionsverknüpfungen durch.

Vorbemerkungen **543**

15 MySQL-Datenbank mit phpMyAdmin
15.1 Vorbemerkungen

MySQL-Datenbanken lassen sich komfortabel mit dem Tool **phpMyAdmin** aufbauen, bearbeiten usw. Das kostenlose Tool bildet fast schon einen Standard für die Bearbeitung von MySQL-Datenbanken und wird beispielsweise von vielen Internetprovidern als Standardumgebung für die Nutzung der Datenbanken im Internet zur Verfügung gestellt.

Hinweis: In den Versionen von **phpMyAdmin** ändern sich Fenster von Version zu Version minimal. Auf die praktische Arbeit hat dies keinen Einfluss. In diesem Buch wird die folgende **XAMPP**-Version mit der **phpMyAdmin**-Version 4.5.1 verwandt.

    🐞 xampp-win32-5.6.24-1-VC11-installer

    🐞 xampp-portable-win32-5.6.24-1-VC11-installer

Sie können, wenn Sie mit diesem Buch arbeiten, jederzeit diese Version aus dem Internet laden, da alle, auch ältere, Versionen, unter der folgenden Adresse zur Verfügung stehen: *http://sourceforge.net/projects/xampp/files/XAMPP Windows/*

Bei einer mit **XAMPP** installierten MySQL-Datenbank werden die Daten z. B. im Unterverzeichnis *xampp/mysql/data* abgelegt. Dabei ist das angegebene Verzeichnis *xam* das Installationsverzeichnis des Tools **XAMPP**. Aus diesem Verzeichnis können Sie bei Bedarf einzelne Dateien, z. B. wie angezeigt, die beiden Dateien der Tabelle *abteilung*, löschen. Die Tabellen werden dann in der entsprechenden Datenbank nicht mehr angezeigt. Bei Problemen mit einzelnen Tabellen bietet sich dies durchaus an.

15.2 Arbeitsschritte

Die Erstellung und Bearbeitung einer MySQL-Datenbank sollte normalerweise in der nachfolgenden Reihenfolge erfolgen:

- Vergabe, Löschen und Änderung von Rechten,
- Anlegen einer Datenbank,
- Anlegen von Tabellen und Bearbeiten der Tabellenstruktur,
- Abfragen – Auslesen und Sortieren von Daten aus einer Tabelle,
- Aufbau von Beziehungen zwischen Tabellen.

Nachfolgend werden neben den einzelnen Arbeitsschritten auch die jeweiligen Befehle der Datenbanksprache **SQL**, die vom Tool **phpMyAdmin** bei der Ausführung von Befehlen teilweise automatisch mit angezeigt werden, ausgegeben. Damit können Sie sich mit den grundlegenden Befehlen der Datenbanksprache vertraut machen. Im Kapitel *SQL* wird auf die Verwendung von SQL-Befehlen noch gesondert und intensiv eingegangen.

15.3 Informationen und Einstellungen

Bevor mit dem Datenbanksystem **MySQL** gearbeitet wird, sollten zunächst Einstellungen vorgenommen werden, z. B. in Bezug auf den genutzten Zeichensatz.

> **Bearbeitungsschritte (Fortsetzung):**
>
> - Rufen Sie das Tool **phpMyAdmin** im Browser über die folgende Adresse auf:
>   *http://localhost/phpmyadmin/*
> - Alternativ können Sie auch die Adresse *http://localhost* im Browser wählen und dann den Menüpunkt **phpMyAdmin** anklicken.
>
>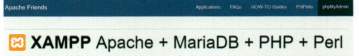
>
> - Bei richtiger Installation des Webservers und der Datenbank **MySQL** (z. B. mithilfe des Tools **XAMPP**) wird das folgende Fenster eingeblendet. Wählen Sie den Zeichensatz und die Sprache aus. Der Zeichensatz *utf8_german2_ci* garantiert, dass z. B. deutsche Umlaute korrekt dargestellt werden.
>
>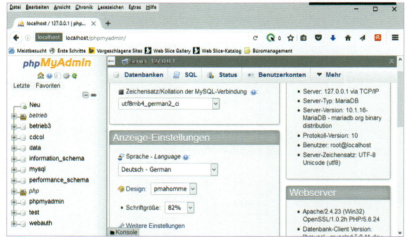
>
> - Die Schriftgröße kann individuell eingestellt werden. Die Benutzeroberfläche *pmahomme* wirkt optisch moderner als die ebenfalls vorhandene traditionelle Oberfläche.

15.4 Rechte und Passwort für MySQL-Datenbanken

Bevor mit dem Datenbanksystem **MySQL** gearbeitet wird, sollten erfahrene Nutzer zunächst Rechte, z. B. für Anwender, und ein Passwort vergeben. Ohne die Vergabe eines Passworts können alle Nutzer des Computers auf alle Daten der angelegten Datenbanken zugreifen.

Durch die Vergabe von Rechten wird z. B. festgelegt, ob die Struktur einer Datenbank geändert werden darf, ob Daten eingegeben und/oder verändert werden dürfen usw. Normalerweise sind beim Start des Programms **phpMyAdmin** alle Rechte an Datenbanken gegeben, die Rechte können für bestimmte Anwender jedoch beschnitten werden.

Hinweis: Die Vergabe eines Passwortes kann je nach Einrichtung eines Computers zu Problemen beim Aufruf von phpMyAdmin führen, sodass nur der erfahrene Nutzer ein Passwort vergeben sollte. Daher wird nachfolgend die Möglichkeit beschrieben, jedoch nicht unbedingt empfohlen, ein Passwort zu vergeben.

Rechte und Passwort für MySQL-Datenbanken 545

Bearbeitungsschritte:

- Die folgende Meldung wird normalerweise unten im Fenster angezeigt:

  > Sie sind als „root" ohne Passwort verbunden, was dem MySQL-Standardbenutzer entspricht. Wird Ihr MySQL-Server mit diesen Einstellungen betrieben, so können Unbefugte leicht von außen auf ihn zugreifen. Sie sollten diese Sicherheitslücke unbedingt durch das Setze eines Passworts für den Benutzer 'root' schließen.

- Klicken Sie daher die Schaltfläche **Benutzerkonten** an. Eine Benutzerübersicht wird daraufhin angezeigt. Es wird darauf hingewiesen, dass für den standardmäßig eingerichteten Nutzer *root* kein Passwort eingerichtet wurde.

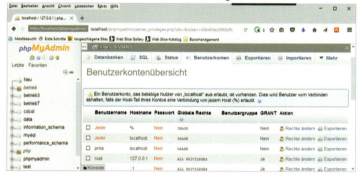

- Klicken Sie den Link **Rechte ändern** im Bereich *root* an. Es werden die Rechte angezeigt. Es stehen alle Rechte zur Verfügung. Dies sollte für den Nutzer *root* unbedingt gegeben sein.

- Klicken Sie die Schaltfläche **Passwort ändern** an. Geben Sie im unteren Bereich des Fensters ein Passwort, z. B. *Schule*, ein.

- Nach dem Anklicken der Schaltfläche **OK** wird angegeben, dass das Passwort geändert wurde.

  > Das Passwort für 'root'@'localhost' wurde geändert.

- Schließen Sie den Browser.

15.5 Anlegen einer Datenbank

Über den lokalen Webserver wird das Tool **phpMyAdmin** in einem Browser aufgerufen.

> **Bearbeitungsschritte:**

- Starten Sie den Browser. Wählen Sie die Adresse *http://localhost* im Browser und klicken Sie dann den Menüpunkt **phpMyAdmin** an.

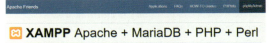

- Bei richtiger Installation des Webservers und der Datenbank **MySQL** (z. B. mithilfe des Tools **XAMPP**) wird nach Anklicken der Schaltfläche **Datenbanken** das folgende Fenster eingeblendet. Wählen Sie den Zeichensatz und die Sprache wie angezeigt aus:

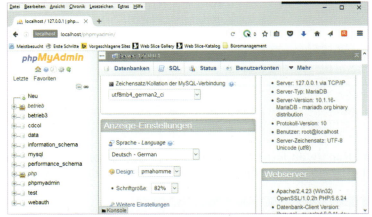

- Unter anderem wird angegeben, mit welcher Version der Datenbank **MySQL (Maria DB)** gearbeitet wird. Für die Arbeit spielt die Version zumindest für den Bereich, der in diesem Buch behandelt wird, keine Rolle. Die Grundlagen sind versionsunabhängig. Sie können problemlos mit früheren und neueren Versionen arbeiten.

- Klicken Sie den Link *Neu* auf der linken Seite des Fensters an. Geben Sie den Namen der Datenbank (*betrieb*) ein und wählen Sie den richtigen Zeichensatz aus.

- Klicken Sie die Schaltfläche **Anlegen** an. Es wird im nächsten Fenster **Server: localhost, Datenbank: Betrieb** bzw. die Adresse im Netzwerk **Server: 127.0.0.1, Datenbank: Betrieb** angegeben, dass die Datenbank *betrieb* erzeugt wurde.

15.6 Tabellen

15.6.1 Anlegen und Anzeigen der Tabelle Lager

Nachdem eine Datenbank erstellt wurde, kann und sollte noch im selben Fenster die erste Tabelle der Datenbank erstellt werden.

Bearbeitungsschritte:	SQL (1)

- Klicken Sie den Link **betrieb** (die Datenbank) im linken Bereich des Fensters an.

  ⊟-🗋 betrieb

- Legen Sie im unteren Bereich des eingeblendeten Fensters (**localhost betrieb**) (**127.0.0.1 betrieb**) die erste Tabelle unter dem Namen *Lager* an.

- Klicken Sie die Schaltfläche **OK** an. Im nächsten Fenster können Sie die Struktur der Tabelle anlegen. Wählen Sie das angegebene Tabellenformat und den angegebenen Zeichensatz. **phpMyAdmin** (**MySQL**) unterstützt verschiedene Tabellenformate, sodass das Tabellenformat ausgewählt werden kann. In Fenster, in dem Sie Einstellungen zum Primärschlüssel vornehmen können, klicken Sie nur die Schaltfläche **OK** an.

  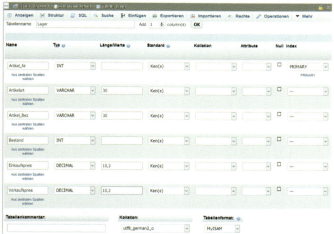

- Achten Sie unbedingt darauf, dass Sie beim Anlegen einer Tabelle immer den richtigen Zeichensatz und immer das gleiche Tabellenformat (**MyISAM**) auswählen.

- Klicken Sie danach die Schaltfläche **Speichern** an. Die Tabelle wird angezeigt. Klicken Sie auf die Schaltfläche **Struktur**. Die Tabellenstruktur wird dargestellt:

15.6.2 Eingeben und Anzeigen von Daten in die Tabelle Lager

In eine erstellte Tabelle werden über ein Formular Daten eingegeben.

Bearbeitungsschritte: SQL (2)

- Rufen Sie die Tabelle *Lager* auf. Wählen Sie den Menüpunkt **Einfügen**.

- Geben Sie die nachfolgend dargestellten Datensätze ein:

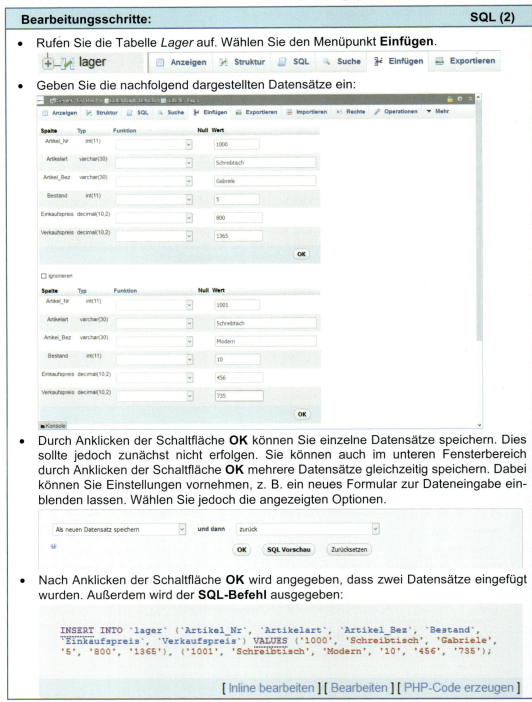

- Durch Anklicken der Schaltfläche **OK** können Sie einzelne Datensätze speichern. Dies sollte jedoch zunächst nicht erfolgen. Sie können auch im unteren Fensterbereich durch Anklicken der Schaltfläche **OK** mehrere Datensätze gleichzeitig speichern. Dabei können Sie Einstellungen vornehmen, z. B. ein neues Formular zur Dateneingabe einblenden lassen. Wählen Sie jedoch die angezeigten Optionen.

- Nach Anklicken der Schaltfläche **OK** wird angegeben, dass zwei Datensätze eingefügt wurden. Außerdem wird der **SQL-Befehl** ausgegeben:

```
INSERT INTO `lager` (`Artikel_Nr`, `Artikelart`, `Artikel_Bez`, `Bestand`,
`Einkaufspreis`, `Verkaufspreis`) VALUES ('1000', 'Schreibtisch', 'Gabriele',
'5', '800', '1365'), ('1001', 'Schreibtisch', 'Modern', '10', '456', '735');
```

Tabellen 549

Bearbeitungsschritte (Fortsetzung):

- Fügen Sie noch weitere Datensätze über den Menüpunkt **Einfügen** ein. Die Datensätze können Sie weiter unten auf dieser Seite sehen.
- Klicken Sie danach den Menüpunkt **Anzeigen** an. Es werden der SQL-Befehl und die Datensätze ausgegeben:

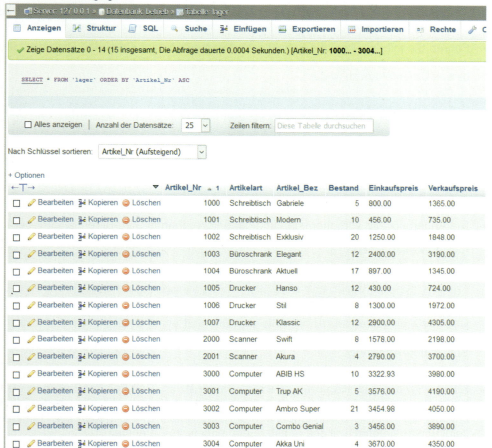

- Sie können nun die Ausgabe bei Bedarf ändern, z. B. Sortierungen vornehmen.

- Sehr interessant ist auch die Möglichkeit der Verarbeitung des Ergebnisses. Das Ergebnis kann über den Drucker ausgegeben, in verschiedene Formate (z. B. Excel oder SQL) exportiert oder als Diagramm ausgegeben werden. Das Diagramm kann unterschiedlich gestaltet werden, etwa durch verschiedene Diagrammarten und/oder Auswahl unterschiedlicher Daten.

15.6.3 Bearbeiten, Kopieren und Löschen von Daten

Erfasste Daten können jederzeit bearbeitet, kopiert oder geändert werden.

Bearbeitungsschritte:

- Klicken Sie den Menüpunkt **Anzeigen** an.

- Fahren Sie mit der Maus die Schaltfläche **Bearbeiten** vor dem ersten Datensatz an. Es wird darauf hingewiesen, dass ein Doppelklick auf ein Datenfeld genügt, um den Inhalt dieses Datenfeldes zu ändern.

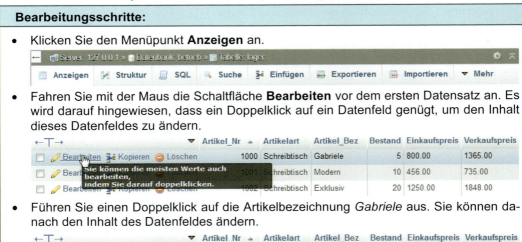

- Führen Sie einen Doppelklick auf die Artikelbezeichnung *Gabriele* aus. Sie können danach den Inhalt des Datenfeldes ändern.

- Die Änderung wird vorgenommen und der entsprechende SQL-Befehl angegeben.

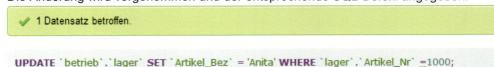

- Klicken Sie den Link **Bearbeiten** an. Das Fenster **Einfügen** wird mit dem zu ändernden Datensatz eingeblendet. Ändern Sie den Bestand eines Datensatzes und klicken Sie danach die Schaltfläche **OK** an. Auch hierbei wird die Änderung vorgenommen und der SQL-Befehl angezeigt.
- Machen Sie danach alle Änderungen wie zuvor dargestellt rückgängig.
- Klicken Sie den Link **Kopieren** im ersten Datensatz an. Das Fenster **Einfügen** wird zur Verfügung gestellt. Ändern Sie die Artikelnummer in *1008* und klicken Sie die Schaltfläche **OK** an. Im Fenster **Anzeigen** wird der SQL-Befehl zum Einfügen von Daten angezeigt und im unteren Teil des Fensters der eingefügte Datensatz.
- Klicken Sie den Link **Löschen** im neu eingefügten Datensatz an. Ein Fenster mit dem SQL-Befehl zur Löschung des Datensatzes und der Frage, ob die Löschabfrage durchgeführt werden soll, wird eingeblendet. Klicken Sie zur Löschung des Datensatzes die Schaltfläche **OK** an.

- Nach der Löschung sind nur die ursprünglichen Daten in der Tabelle vorhanden.

Kopieren und Einfügen einer Tabelle

Oftmals wird eine Tabelle dadurch gesichert, dass sie mit der Tabellenstruktur und dem gesamten Inhalt unter einem anderen Namen in der Datenbank nochmals abgespeichert wird.

Bearbeitungsschritte:

- Markieren Sie im linken Bereich des Bildschirms die Tabelle *Lager*. Klicken Sie danach den Menüpunkt **Operationen** an.

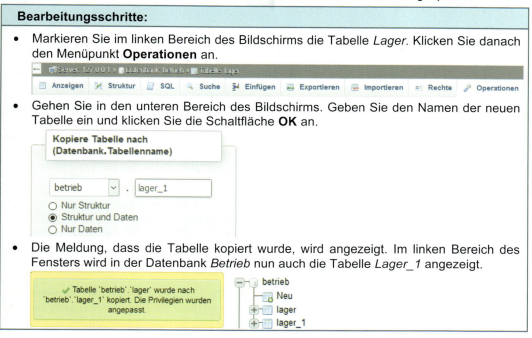

- Gehen Sie in den unteren Bereich des Bildschirms. Geben Sie den Namen der neuen Tabelle ein und klicken Sie die Schaltfläche **OK** an.

- Die Meldung, dass die Tabelle kopiert wurde, wird angezeigt. Im linken Bereich des Fensters wird in der Datenbank *Betrieb* nun auch die Tabelle *Lager_1* angezeigt.

Löschen aller Daten einer Tabelle und Löschen einer Tabelle

Nicht mehr benötigte Daten sollten gelöscht werden. Je nach dem beabsichtigten Zweck kann die gesamte Tabelle oder können nur die in der Tabelle enthaltenen Daten gelöscht werden.

Bearbeitungsschritte: **SQL (4) (5)**

- Markieren Sie im linken Bereich des Bildschirms die Tabelle *Lager_1*. Klicken Sie danach den Menüpunkt **Operationen** an. Im unteren Bereich werden Optionen zur Löschung von Daten und Tabellen angezeigt:

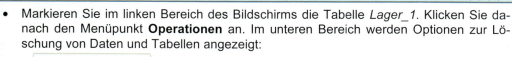

- Führen Sie nacheinander die Löschung der Daten und Löschung der Tabelle durch.

15.7 Erstellung und Bearbeitung einer Tabelle mit Eigenschaften

15.7.1 Vorbemerkungen

Bei der Anlage einer Tabelle in einer Datenbank sollte genau überlegt werden, welche Eigenschaften einzelnen Datenfeldern der Tabelle zugeordnet werden sollten.

In der folgenden Übersicht werden die wichtigsten Einstellungsmöglichkeiten, die bei der Erstellung einer MySQL-Datenbank möglich sind, zusammengefasst. Bei der Festlegung dieser Eigenschaften ist das Tool **phpMyAdmin** außerordentlich hilfreich.

KEY – Index	Ein KEY ist ein Synonym für einen Index.
Index	Durch einen Index werden die Suche und die Sortierung in einer Datenbank beschleunigt. Die Indexstruktur wird in der Regel getrennt von der Datenstruktur einer Tabelle aufgebaut. Eine Sortierung oder Suche erfolgt daher zunächst im Indexbereich und wird dann auf die Tabelle übertragen.
PRIMARY KEY	Ein PRIMARY KEY bezieht sich in der Regel auf ein Datenfeld und stellt einen eindeutigen Index dar. Jede Tabelle einer Datenbank kann maximal einen PRIMARY KEY besitzen. Doppelte Werte werden nicht zugelassen. Also ist es beispielsweise nicht möglich, zweimal dieselbe Artikelnummer in ein bestimmtes Datenfeld einzugeben. Ein PRIMARY KEY kann sich auf mehrere Datenfelder beziehen. Es kann z. B. definiert werden, dass eine Artikelart zusammen mit einer Artikelbezeichnung nur einmal vorkommen darf.
UNIQUE KEY	Ein Datenfeld mit UNIQUE KEY kann nur eindeutige Werte besitzen. Soll ein Wert ein zweites Mal eingegeben werden, wird dies durch eine Fehlermeldung verhindert.
NULL – NOT NULL	Ein Datenfeld kann mit der Eigenschaft NULL eingerichtet werden. Erfolgt keine Eingabe in dem Datenfeld, wird das Datenfeld bei der Eingabe mit NULL gekennzeichnet. Durch Abfragen (SQL-Befehle) kann man danach beispielsweise feststellen, welche Datenfelder keinen Wert enthalten. In Datenfeldern, die mit NOT NULL eingerichtet werden, wird das Datenfeld je nach Datenfeldtyp beispielsweise freigelassen bzw. es wird z. B. mit 0,00 ausgewiesen.
AUTO_INCREMENT	Der Wert des Inhalts des Datenfelds wird in jedem neuen Datensatz um *1* erhöht. Damit kann eine automatische Nummerierung erfolgen, beispielsweise bei der Erfassung von Aufträgen. Selbstverständlich muss der Datentyp so gewählt werden, dass eine Nummerierung erfolgen kann. Wird ein Wert in das Datenfeld eingegeben, beispielsweise der Wert *2514*, wird im nächsten Datensatz automatisch der Wert *2515* eingetragen, wenn keine sonstige zulässige Eingabe in das Datenfeld erfolgt. Daher ist es also möglich, Einfluss auf die Nummerierung zu nehmen, beispielsweise um durch eine Nummerierung Gruppen, Artikelarten usw. voneinander zu unterscheiden.

15.7.2 Erstellung einer Tabelle und Einfügen von Daten

Eine Tabelle soll mit besonderen Eigenschaften erstellt werden. Es sollen u. a. doppelte Eingaben und das automatische Hochzählen eines Wertes realisiert werden.

Bearbeitungsschritte:

- Klicken Sie den Link **betrieb** (die Datenbank) im linken Bereich des Fensters an. Legen Sie im unteren Bereich des eingeblendeten Fensters (**localhost Datenbank betrieb**) (**127.0.0.1 Datenbank: betrieb**) eine Tabelle unter dem Namen *Personal* an.

- Bestimmen Sie im nächsten Fenster die Struktur der Tabelle mit Feldnamen, Datentyp und Länge des Datenfelds und NULL- oder NOT NULL-Eigenschaft. Legen Sie für das Datenfeld *Mitarbeiter_Nr* einen Primärschlüssel fest und bestimmen Sie die Null-Bedingung im Datenfeld *Abteilung_Nr*.

- Überprüfen Sie genau, ob die Angaben den auf der Seite dargestellten Einstellungen entsprechen. Ist dies nicht der Fall, sind die Einstellungen entsprechend den Vorgaben zu ändern. Klicken Sie danach die Schaltfläche **Speichern** an.
- Geben Sie über die Schaltfläche **Einfügen** die folgenden Datensätze ein:

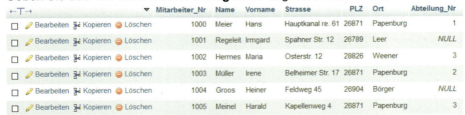

- Ist kein Eintrag im Datenfeld *Abteilung_Nr* erfolgt, wird dies mit *Null* gekennzeichnet. Über eine SQL-Abfrage lassen sich Datensätze auslesen, die keinen Inhalt (*Null*) enthalten oder einen Inhalt (*Not Null*) enthalten. Im Kapitel *15.10.5 SQL-Abfragen* wird auf die Erstellung von SQL-Abfragen eingegangen.
- Geben Sie anschließend nochmals einen Datensatz mit der Mitarbeiter_Nr *1000* ein. Das System meldet, dass ein doppelter Eintrag in einem Feld mit Primärschlüssel gegeben ist. Daher kann der Datensatz nicht eingefügt werden.

15.8 Bearbeiten der Tabellenstruktur

15.8.1 Hinzufügen von Datenfeldern und Einfügen von Daten

Eine Tabelle in einer Datenbank sollte gegebenenfalls leicht ergänzt werden können, um den Anforderungen eines Betriebs usw. gewachsen zu sein. Beispielsweise könnte ein Datenfeld zur Aufnahme eines Mindestbestands eingerichtet werden.

Bearbeitungsschritte:	SQL (8)

- Markieren Sie im linken Bereich des Bildschirms die Tabelle *Lager*. Klicken Sie danach den Menüpunkt **Struktur** an.

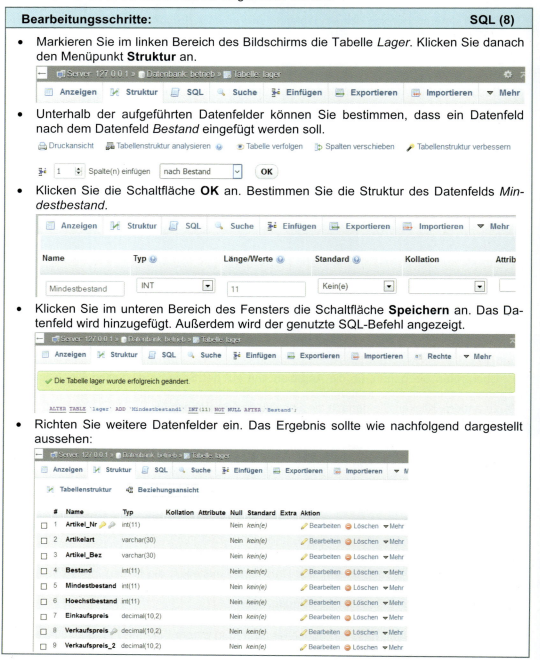

- Unterhalb der aufgeführten Datenfelder können Sie bestimmen, dass ein Datenfeld nach dem Datenfeld *Bestand* eingefügt werden soll.

- Klicken Sie die Schaltfläche **OK** an. Bestimmen Sie die Struktur des Datenfelds *Mindestbestand*.

- Klicken Sie im unteren Bereich des Fensters die Schaltfläche **Speichern** an. Das Datenfeld wird hinzugefügt. Außerdem wird der genutzte SQL-Befehl angezeigt.

- Richten Sie weitere Datenfelder ein. Das Ergebnis sollte wie nachfolgend dargestellt aussehen:

Bearbeitungsschritte (Fortsetzung):

- Klicken Sie danach den Menüpunkt **Anzeigen** an.

- Klicken Sie unter den angezeigten Datensätzen die Schaltfläche **Alle auswählen** und danach die Schaltfläche **Bearbeiten** rechts daneben an.

- Ergänzen Sie im Fenster **Bearbeiten** die Datensätze um die unten in der Druckansicht angegebenen Daten. Speichern Sie alle Daten durch das Anklicken der Schaltfläche **OK** unten im Fenster.

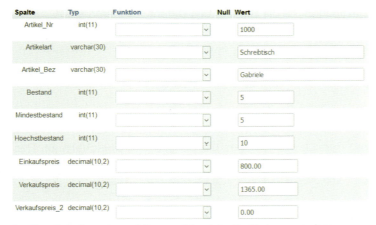

- Im Bereich **Anzeigen** können Sie sich die Daten ansehen.
- Als Ausdruck (Druckansicht) werden die Daten folgendermaßen dargestellt:

Artikel_Nr	Artikelart	Artikel_Bez	Bestand	Mindestbestand	Hoechstbestand	Einkaufspreis	Verkaufspreis	Verkaufspreis_2
1000	Schreibtisch	Gabriele	5	5	10	800.00	1365.00	0.00
1001	Schreibtisch	Modern	10	15	30	456.00	735.00	0.00
1002	Schreibtisch	Exklusiv	20	10	30	1250.00	1848.00	0.00
1003	Büroschrank	Elegant	12	5	10	2400.00	3190.00	0.00
1004	Büroschrank	Aktuell	17	10	40	897.00	1345.00	0.00
1005	Drucker	Hanso	12	15	25	430.00	724.00	0.00
1006	Drucker	Stil	8	5	15	1300.00	1972.00	0.00
1007	Drucker	Klassic	12	6	10	2900.00	4305.00	0.00
2000	Scanner	Swift	8	10	20	1578.00	2198.00	0.00
2001	Scanner	Akura	4	2	5	2790.00	3700.00	0.00
3000	Computer	ABIB HS	10	8	16	3322.93	3980.00	0.00
3001	Computer	Trup AK	5	6	10	3576.00	4190.00	0.00
3002	Computer	Ambro Super	21	12	18	3454.98	4050.00	0.00
3003	Computer	Combo Genial	3	2	4	3456.00	3890.00	0.00
3004	Computer	Akka Uni	4	3	8	3670.00	4350.00	0.00

15.8.2 Hinzufügen eines Datums

Ein Datumsfeld kann direkt bei der Anlage einer Tabelle eingefügt werden. Selbstverständlich ist es jedoch auch möglich, ein entsprechendes Datenfeld nachträglich hinzuzufügen. Dies soll nun geschehen. Auf Besonderheiten wird eingegangen.

Bearbeitungsschritte:

- Markieren Sie im linken Bereich des Bildschirms die Tabelle *Lager*. Klicken Sie danach den Menüpunkt **Struktur** an.

- Unterhalb der aufgeführten Datenfelder können Sie bestimmen, dass ein Datenfeld nach dem Datenfeld *Verkaufspreis_2* eingefügt werden soll.

- Klicken Sie **OK** an. Bestimmen Sie die Struktur des Datenfelds *Lieferdatum*.

- Klicken Sie im unteren Bereich des Fensters die Schaltfläche **Speichern** an. Das Datenfeld wird hinzugefügt. Außerdem wird der genutzte SQL-Befehl angezeigt.

  ```
  ALTER TABLE `lager` ADD `Lieferdatum` DATE NOT NULL AFTER `Verkaufspreis_2`;
  ```

- Klicken Sie danach den Menüpunkt **Anzeigen** an.

- Führen Sie einen Doppelklick auf das Lieferdatum im ersten Datensatz aus. Sie können nun ein Datum eingeben. Nutzen Sie u. U. die Möglichkeit, das Datum auszuwählen.

- Das Ergebnis für die ersten Datensätze sollte so aussehen:

15.8.3 Löschen von Datenfeldern

Datenfelder, die nicht mehr benötigt werden, sollten aus einer Tabelle gelöscht werden. Sie werden nebst Inhalt aus der Tabelle entfernt.

Bearbeitungsschritte:	SQL (9)

- Kopieren Sie die Tabelle *Lager* und fügen Sie sie als Tabelle *Lager_1* wieder ein. Die Vorgehensweise wurde bereits beschrieben. Klicken Sie den Menüpunkt **Struktur** an.
- Klicken Sie die Schaltfläche **Löschen** im Bereich *Verkaufspreis_2* an.
- Das folgende Fenster wird eingeblendet:

- Löschen Sie das Datenfeld *Verkaufspreis_2* durch Anklicken der Schaltfläche **OK**. In der Strukturansicht ist das Datenfeld nicht mehr vorhanden.

15.8.4 Ändern des Feldnamens eines Datenfelds

Das Ändern des Feldnamens eines Datenfelds ist vollkommen unproblematisch. Auswirkungen auf erfasste Daten hat diese Änderung nicht.

Bearbeitungsschritte:

- Klicken Sie den Menüpunkt **Struktur** an.
- Klicken Sie die Schaltfläche **Bearbeiten** im Bereich *Artikel_Bez* an.
- Geben Sie anschließend die neue Datenfeldbezeichnung *Artikelbezeichnung* ein.

- Klicken Sie danach die Schaltfläche **Speichern** an. Der SQL-Befehl zur Änderung des Datenfeldnamens wird ausgegeben:

- Die neue Datenfeldbezeichnung wird angezeigt. Machen Sie die Änderung rückgängig.

15.8.5 Ändern der Feldeigenschaften eines Datenfelds

Durch das Ändern der Feldeigenschaft einer Datenfelds können nicht gewünschte Effekte ausgelöst werden, beispielsweise kann der Inhalt eines Datenfelds gelöscht werden. Anhand eines Beispiels sollen Möglichkeiten und eventuelle Folgen dargestellt werden. Dabei wird bewusst ein Beispiel gewählt, das sicherlich als unlogisch gelten muss.

Bearbeitungsschritte:

- Markieren Sie im linken Bereich des Bildschirms die Tabelle *Lager_1*. Klicken Sie danach den Menüpunkt **Struktur** an.
- Klicken Sie die Schaltfläche **Bearbeiten** im Bereich **Artikelart** an. Ändern Sie im folgenden Fenster den Datentyp und die Datenlänge wie dargestellt:

- Klicken Sie die Schaltfläche **Speichern** an. Im eingeblendeten Fenster **Struktur** wird der SQL-Befehl angezeigt. Außerdem wird die veränderte Datenstruktur dargestellt.

  `ALTER TABLE ˋlager_1ˋ CHANGE ˋArtikelartˋ ˋArtikelartˋ INT(30) NOT NULL;`

- Klicken Sie den Menüpunkt **Anzeigen** an. Da die bisherigen Inhalte mit dem neuen Datentyp nicht vereinbar sind, wurden sie gelöscht. Da dies ohne vorherige Warnmeldung erfolgte, ist bei der Anwendung des Befehls außerordentliche Vorsicht angebracht.

- Probieren Sie in der Tabelle *Lager_1* weitere Änderungen aus, ändern Sie z. B. den Datentyp *decimal* in *int* und umgekehrt. Damit werden Nachkommastellen entfernt.

15.8.6 Löschen und Hinzufügen eines Primärschlüssels

Die Funktion eines Primärschlüssels wird an anderer Stelle dieses Buchs erklärt. Die anschließenden Erklärungen können Sie nur dann nachvollziehen, wenn kein Primärschlüssel vorhanden ist oder der Primärschlüssel zuvor mithilfe eines SQL-Befehls entfernt wurde.

Bearbeitungsschritte:

- Klicken Sie die Tabelle *Lager_1* und danach den Menüpunkt **Struktur** an. Ein vorhandener Primärschlüssel wird angezeigt und farblich gekennzeichnet.

- Der Primärschlüssel kann durch den SQL-Befehl (Struktur SQL) entfernt werden.
  `ALTER TABLE lager_1 DROP PRIMARY KEY;`

- Zum Hinzufügen eines Primärschlüssels müssen Sie die Schaltfläche **Primärschlüssel** anklicken und dann die folgende Frage mit **OK** beantworten.

15.9 Aufbau weiterer Tabellen

Für die weitere Arbeit mit der Datenbank *Betrieb* sollen die zwei zusätzlichen Tabellen *Lieferanten* und *Lager_Lieferanten* erstellt werden. Mit deren Hilfe sollen danach Beziehungen zwischen den Tabellen aufgebaut werden.

Dabei wird darauf geachtet, dass nur logische Eingaben in Bezug auf den Artikel und den Lieferanten gemacht werden können. Es soll also verhindert werden, dass in der Tabelle *Lager_Lieferanten* beispielsweise *Lieferantennummern* von nicht existierenden Lieferanten vorhanden sind.

Bearbeitungsschritte:

- Erstellen Sie die Tabelle *Lieferanten* mit den folgenden Datenfeldern und einem Primärschlüssel auf dem Datenfeld *Lieferer_Nr*.

- Geben Sie die Daten der Lieferanten (siehe Seite *483*) ein.
- Erstellen Sie die Tabelle *Kunden* mit den folgenden Datenfeldern und einem Primärschlüssel auf der Datenfeld *Kunden_Nr*.

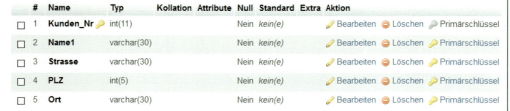

- Geben Sie die Daten der Kunden (siehe Seite *483*) ein.
- Erstellen Sie die Tabellen *Lager_Lieferanten* und *Lager_Kunden* mit den folgenden Datenfeldern:

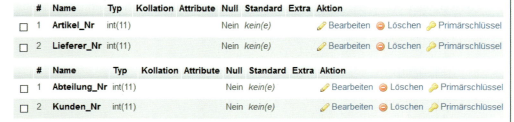

- Daten sollen in die neuen Tabellen erst dann eingegeben werden, wenn die gesamte Datenbank über Beziehungen miteinander verknüpft worden ist.

15.10 Abfragen – Auslesen von Daten aus einer Tabelle

15.10.1 Grundsätzliche Bemerkungen

Bei der Auswertung von Tabellen werden Vergleichsoperatoren eingesetzt. Die meisten dieser Operatoren sind identisch, einige unterscheiden sich in Abhängigkeit vom genutzten Datenfeldtyp. Folgende Operatoren stehen je nach Datentyp zur Verfügung:

Datentyp	Erklärung
INT, DECIMAL 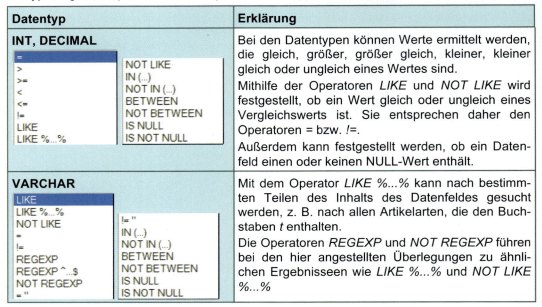	Bei den Datentypen können Werte ermittelt werden, die gleich, größer, größer gleich, kleiner, kleiner gleich oder ungleich eines Wertes sind. Mithilfe der Operatoren *LIKE* und *NOT LIKE* wird festgestellt, ob ein Wert gleich oder ungleich eines Vergleichswerts ist. Sie entsprechen daher den Operatoren = bzw. *!=*. Außerdem kann festgestellt werden, ob ein Datenfeld einen oder keinen NULL-Wert enthält.
VARCHAR	Mit dem Operator *LIKE %...%* kann nach bestimmten Teilen des Inhalts des Datenfeldes gesucht werden, z. B. nach allen Artikelarten, die den Buchstaben *t* enthalten. Die Operatoren *REGEXP* und *NOT REGEXP* führen bei den hier angestellten Überlegungen zu ähnlichen Ergebnisseen wie *LIKE %...%* und *NOT LIKE %...%*

15.10.2 Abfragen durch Suche von Daten (Auswahlabfragen)

Durch einfache Abfragen sollen zunächst Daten ausgegeben werden.

Bearbeitungsschritte:

- Wählen Sie die Tabelle *Lager*. Klicken Sie den Menüpunkt **Suche** an.

- Klicken Sie den Link **Optionen** an. Markieren Sie mit der Maus und mithilfe der Taste [**STRG**] die Datenfelder, die für die Abfrage ausgewählt werden sollen.

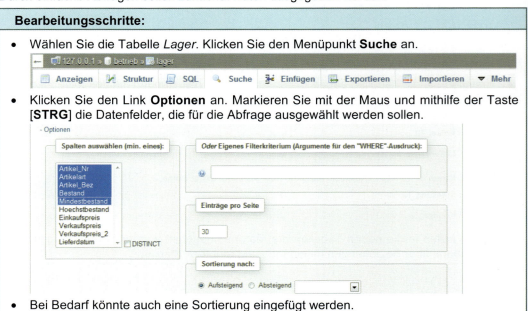

- Bei Bedarf könnte auch eine Sortierung eingefügt werden.

Abfragen – Auslesen von Daten aus einer Tabelle 561

Bearbeitungsschritte (Fortsetzung):

- Legen Sie im oberen Teil des Bildschirms fest, dass im Datenfeld *Artikelart* nach einem *Scanner* gesucht werden soll.

Spalte	Typ	Kollation	Operator	Wert
Artikel_Nr	int(11)		=	
Artikelart	varchar(30)	utf8_german2_ci	LIKE	Scanner

- Das Ergebnis sieht nach Anklicken der Schaltfläche **OK** folgendermaßen aus:

←T→			▼	Artikel_Nr	Artikelart	Artikel_Bez	Bestand	Mindestbestand
☐ ✎ Bearbeiten	⁂ Kopieren	⊖ Löschen		2000	Scanner	Swift	8	10
☐ ✎ Bearbeiten	⁂ Kopieren	⊖ Löschen		2001	Scanner	Akura	4	2

- Außerdem wird der genutzte SQL-Befehl ausgegeben:

```
SELECT `Artikel_Nr`, `Artikelart`, `Artikel_Bez`, `Bestand`, `Mindestbestand`,
`Hoechstbestand` FROM `lager` WHERE `Artikelart` LIKE 'Scanner'
```

- Das Suchen mit dem Operator = würde zum gleichen Ergebnis führen.
- Führen Sie eine weitere Suche durch, diesmal nach der Artikelart *Schrank*.

Spalte	Typ	Kollation	Operator	Wert
Artikel_Nr	int(11)		=	
Artikelart	varchar(30)	utf8_german2_ci	LIKE	Schrank

- Das Ergebnis wird angezeigt:

✓ MySQL lieferte ein leeres Resultat zurück (d.h. null Datensätze). (Die Abfrage dauerte 0.0010 Sekunden)

- Führen Sie die folgende Abfrage durch:

Spalte	Typ	Kollation	Operator	Wert
Artikel_Nr	int(11)		=	
Artikelart	varchar(30)	utf8_german2_ci	LIKE	Computer
Artikel_Bez	varchar(30)	utf8_german2_ci	LIKE	
Bestand	int(11)		>=	20

- Das Ergebnis wird angezeigt. Die Datenfelder mit Kriterien werden farblich umrandet.

←T→			▼	Artikel_Nr	Artikelart	Artikel_Bez	Bestand	Mindestbestand
☐ ✎ Bearbeiten	⁂ Kopieren	⊖ Löschen		3002	Computer	Ambro Super	21	12

- Der entsprechende SQL-Befehl lautet folgendermaßen:

```
SELECT `Artikel_Nr`, `Artikelart`, `Artikel_Bez`,
`Bestand`, `Mindestbestand` FROM `lager` WHERE
`Artikelart` LIKE 'Computer' AND `Bestand` >= 20
```

15.10.3 Abspeichern, Aufrufen und Löschen einer Abfrage mit einem SQL-Befehl

Erstellte Abfragen können als SQL-Befehl abgespeichert werden. Damit stehen sie bei Bedarf zur Verfügung.

Bearbeitungsschritte:

- Führen Sie die erste Abfrage, die Suche nach der Artikelart *Scanner*, nochmals durch.
- Nach der Ausgabe des Ergebnisses können Sie die Abfrage im unteren Teil des Fensters abspeichern. Bestimmen Sie, dass die Abfrage verfügbar ist.

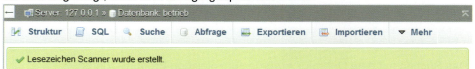

- Es wird angezeigt, dass die Abfrage gespeichert wurde.

- Geben Sie einen Titel (Abfrage-Namen) ein und klicken Sie die Schaltfläche **SQL-Abfrage speichern** an. Klicken Sie danach den Menüpunkt **SQL** an.

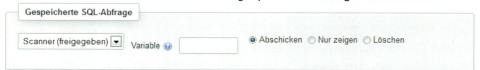

- Im unteren Teil des Fensters können Sie gespeicherte Abfragen auswählen.

- Wählen Sie die SQL-Abfrage *Schrank*, markieren Sie die Option **Abschicken** und klicken Sie die Schaltfläche **OK** an.
- Die Abfrage wird ausgeführt. Das Ergebnis und der genutzte SQL-Befehl werden ausgegeben. Beides wurde bereits auf den Vorseiten dargestellt.
- Klicken Sie nochmals den Menüpunkt **SQL** an. Wählen Sie die Option *Nur zeigen*.

- Der SQL-Befehl wird angezeigt. Außerdem wird in dem Fenster ein Bereich zur Verfügung gestellt, in dem der SQL-Befehl geändert und danach z. B. unter einem anderen Namen abgespeichert werden kann. Dies soll zunächst nicht geschehen.
  ```
  SELECT `Artikel_Nr`, `Artikelart`, `Artikel_Bez`, `Bestand`, `Mindestbestand` FROM `lager`
  WHERE `Artikelart` LIKE 'Scanner'
  ```
- Klicken Sie nochmals den Menüpunkt **SQL** an. Wählen Sie die Option *Löschen*. Eine Anzeige im nächsten Fenster gibt an, dass die SQL-Abfrage gelöscht wurde. Damit steht sie zur weiteren Nutzung nicht mehr zur Verfügung.

15.10.4 Abfragen über das Abfrage-Fenster

Abfragen über den Link **Abfrage** lassen sich im Tool **phpMyAdmin** nur nutzen, wenn zunächst die gesamte Datenbank ausgewählt wird. Diese Möglichkeit muss später dann angewandt werden, wenn Abfragen unter Nutzung mehrerer Tabellen durchgeführt werden sollen.

Bearbeitungsschritte:

- Wählen Sie die Datenbank *Betrieb*. Klicken Sie den Menüpunkt **Abfrage** an.

- Wählen Sie im unteren Bereich des Fensters die Tabelle *Lager* aus. Klicken Sie die Schaltfläche **Aktualisieren** an. Damit wird erreicht, dass Sie im oberen Bereich des Fensters nur Datenfelder aus der ausgewählten Tabelle nutzen können. Wählen Sie danach die drei Datenfelder aus. Aktivieren Sie jeweils die Kontrollkästchen hinter dem Wort *Zeige:*, damit die Inhalte der einzelnen Datenfelder angezeigt werden.

- Geben Sie die Kriterien ein. Nutzen Sie dabei das Zeichen ' über dem Zeichen # oder Anführungszeichen. Klicken Sie danach die Schaltfläche **Aktualisieren** an. Damit wird der SQL-Befehl in einen unteren Bereich des Fensters übertragen.

```
1  SELECT `lager`.`Artikel_Nr`, `lager`.`Artikelart`, `lager`.`Artikel_Bez`
2  FROM `lager`
3  WHERE (`lager`.`Artikelart` ="Computer")
4  ORDER BY `lager`.`Artikel_Bez` ASC
```

- Klicken Sie die Schaltfläche **SQL-Befehl ausführen** an. Der SQL-Befehl wird angezeigt. Außerdem wird das Ergebnis (hier ausschnittsweise angezeigt) ausgegeben:

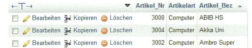

- Reichen die standardmäßig angezeigten Spalten und Zeilen nicht aus, können weitere im Fenster **Abfrage** hinzugefügt werden.

- Bei der Eingabe mehrerer Kriterien kommt es in einigen Versionen von **phpMyAdmin** dazu, dass das zweite Kriterium und dass weitere Kriterien nicht berücksichtigt werden. Über die zuvor beschriebene Suche nach Daten (Auswahlabfragen) und über SQL-Befehle, die anschließend besprochen werden, lässt sich das Problem lösen.

15.10.5 SQL-Abfragen

Grundsätzlich lassen sich einige Abfragen mithilfe des Abfrageeditors durchführen. Eine andere, in vielen Fällen deutlich bessere Möglichkeit, besteht darin, über einen SQL-Befehl Auswertungen usw. vorzunehmen.

In dem Kapitel *16 SQL – Structured Query Language* wird eine grundsätzliche Einführung in die Datenbanksprache **SQL** gegeben.

Die Tabellen *Lager*, *Lieferanten* und *Kunden* in den Kapiteln *14 Datenbank mit Access* und *15 MySQL-Datenbank mit phpMyAdmin* enthalten die gleiche Datenstruktur und die gleichen Daten. Daher können die Daten der Tabellen in beiden Datenbanksystemen identisch mithilfe von SQL-Befehlen ausgewertet werden. Kleine Unterschiede in den Befehlen gibt es nur dann, wenn ein Datum oder eine Zahl ausgewertet oder Platzhalter verwandt werden.

Als **BuchPlusWeb** finden Sie im Internet die Datei *SQL-Befehle in Access und MySQL*, in der über 60 SQL-Befehle zur Auswertung der erstellten Datenbanken angegeben werden. Statt beschriebener Abfragen usw. können die SQL-Befehle genutzt werden. Die Auswertungen im Zusammenhang mit Verknüpfungen (*1:1*, *1:n*, *m:n*) werden im Kapitel *15.11 Aufbau von Beziehungen* separat beschrieben.

Die Seitenzahlen nach der Bezeichnung **Access** geben an, auf welcher Seite im Access-Teil sich die Abfragen befinden, die auch mit einem SQL-Befehl durchgeführt werden können. Die Angabe **MySQL** bedeutet, dass der SQL-Befehl mithilfe von **phpMyAdmin** im SQL-Fenster, welches nachfolgend beschrieben wird, durchgeführt werden kann und zum gleichen Ergebnis wie in **Access** führt.

Ausgabe der Artikelart *Computer* (Computer)		(10)
Access 512 MySQL	**SELECT** Artikel_Nr, Artikel_Bez, Bestand, Einkaufspreis, Verkaufspreis **FROM** Lager **WHERE** Artikelart = "Computer";	
Access 512 MySQL	**SELECT** Lager.Artikel_Nr, Lager.Artikel_Bez, Lager.Bestand, Lager.Einkaufspreis, Lager.Verkaufspreis **FROM** Lager **WHERE** Lager.Artikelart = "Computer";	

Ausgabe von Daten mithilfe von Platzhaltern (Lager_Platzhalter)		(14)
Access 514	**SELECT** Artikelart, Artikel_Bez, Bestand, Verkaufspreis **FROM** Lager **WHERE** Artikelart **Like** "C*" **AND** Artikel_Bez **Like** "A?br*";	
MySQL	**SELECT** Artikelart, Artikel_Bez, Bestand, Verkaufspreis **FROM** Lager **WHERE** Artikelart **Like** "C%" **AND** Artikel_Bez **Like** "A_br%";	

Bearbeitungsschritte:

- Wählen Sie die Tabelle *Betrieb*. Klicken Sie den Link **SQL** an.

  ← ▫ Server: 127.0.0.1 » ▫ Datenbank: betrieb

  ⚙ Struktur   SQL   🔍 Suche   📋 Abfrage   📤 Exportieren   📥 Importieren

Bearbeitungsschritte (Fortsetzung):

- Geben Sie den folgenden SQL-Befehl (siehe auch vorherige Seite) ein. Speichern Sie die Abfrage unter der Bezeichnung *10_Ausgabe der Artikelart Computer (Computer)*.

- Klicken Sie die Schaltfläche **OK** an. Als Ergebnis werden u. a. die Anzahl der ausgegebenen Datensätze, der SQL-Befehl und die durch den Befehl ausgewählten Datensätze ausgegeben. Bei einem falschen SQL-Befehl wird die Art des Fehlers angegeben, u. U. lassen sich daraus Schlüsse für die Neugestaltung des Befehls ziehen.

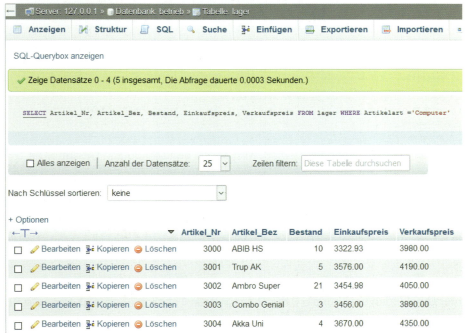

- Grundsätzlich ist es danach möglich, dass Sie die im Skript *SQL-Befehle in Access und MySQL* angegebenen Befehle *11* bis *42* ausführen. Dabei handelt es sich um Befehle zur Datenauswahl (Auswahlabfragen *10 – 27*), zur Aktualisierung (Berechnung) von Daten (Aktualisierungsabfragen *28 – 36*) und zur Gruppierung von Daten (Gruppierung und Summenbildung *37 – 38)*. Außerdem werden noch einige andere Auswertungen angegeben (*39 – 42*). Wenn Sie Informationen zu den jeweiligen Inhalten benötigen, können Sie diese im Access-Teil des Buches auf den angegebenen Seiten finden.
- Die restlichen SQL-Befehle sollten Sie erst anwenden, wenn Sie das Kapitel *15.11 Aufbau von Beziehungen zwischen Tabellen einer Datenbank* durchgearbeitet haben.

15.11 Aufbau von Beziehungen zwischen Tabellen einer Datenbank
15.11.1 Aufbau einer 1:1-Beziehung
Erstellen der Beziehung

Der grundsätzliche Aufbau von Beziehungen zwischen Tabellen einer Datenbank wurde bereits ausführlich beschrieben. Zunächst soll die praktische Umsetzung anhand einer 1:1-Beziehung innerhalb der Datenbank *Betrieb* beschrieben werden.

> **Bearbeitungsschritte:**
>
> - Erstellen Sie durch Kopieren und Einfügen und Löschen von Datenfeldern die folgenden Tabellen. Die Inhalte der Tabellen entsprechen den Inhalten der Tabelle *Lager*.
>
>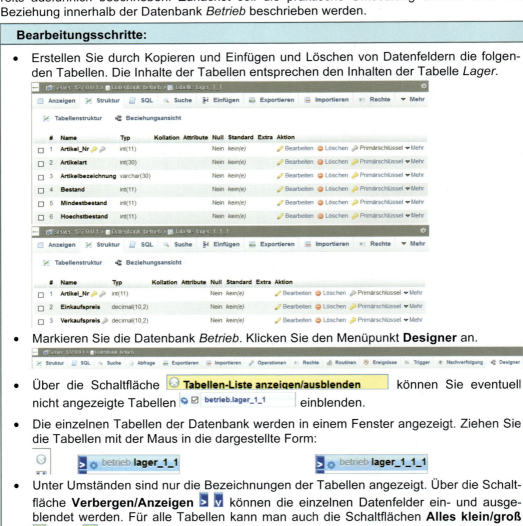
>
> - Markieren Sie die Datenbank *Betrieb*. Klicken Sie den Menüpunkt **Designer** an.
>
> - Über die Schaltfläche **Tabellen-Liste anzeigen/ausblenden** können Sie eventuell nicht angezeigte Tabellen betrieb.lager_1_1 einblenden.
>
> - Die einzelnen Tabellen der Datenbank werden in einem Fenster angezeigt. Ziehen Sie die Tabellen mit der Maus in die dargestellte Form:
>
>   betrieb **lager_1_1**   betrieb **lager_1_1_1**
>
> - Unter Umständen sind nur die Bezeichnungen der Tabellen angezeigt. Über die Schaltfläche **Verbergen/Anzeigen** können die einzelnen Datenfelder ein- und ausgeblendet werden. Für alle Tabellen kann man auch die Schaltflächen **Alles klein/groß** nutzen, die sich in einer Schaltflächenleiste am linken Rand befinden.
>
>

Aufbau von Beziehungen zwischen Tabellen einer Datenbank

Bearbeitungsschritte (Fortsetzung):

- Achten Sie darauf, dass die Datenfelder *Artikel_Nr* in der Tabelle *Lager_1_1* und *Artikel_Nr* in der Tabelle *Lager1_1_1* mit einem Primärschlüssel versehen sind. Ansonsten müssen Sie diesen Primärschlüssel wie bereits beschrieben hinzufügen.
- Klicken Sie die Schaltfläche **Erzeuge Verknüpfung** an. Der Mauszeiger verändert sich:

  Erzeuge Verknüpfung

- Fahren Sie mit der Maus auf das Datenfeld *Artikel_Nr* in der Tabelle *Lager_1_1*. Klicken Sie das Datenfeld danach an.

- Die Anzeige des Mauszeigers ändert sich. Klicken Sie mit der Maus auf das Datenfeld *Artikel_Nr* in der Tabelle *Lager1_1_1*.

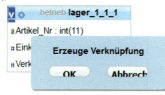

- Ein kleines Fenster wird eingeblendet:

- Klicken Sie auf die Schaltfläche **OK**. Die Verknüpfung wird hergestellt. Sollte dies nicht angezeigt werden, müssen Sie die Schaltfläche *Beziehungen anzeigen an/aus* anklicken. Danach wird die Beziehung angezeigt.

Bearbeitungsschritte (Fortsetzung):

- Soll eine Verknüpfung gelöscht werden, ist die Verbindungslinie vor dem Fremdschlüsselfeld (wie dargestellt) und dann die Schaltfläche **Löschen** anzuklicken. Das Löschen sollten Sie jedoch durch das Anklicken der Schaltfläche **Abbrechen** unterlassen.

- Damit die erstellten Beziehungen relativ einfach wieder aufgerufen werden können, sollten Sie danach die Schaltfläche **Seite speichern** anklicken und die Seite unter dem Namen *Beziehungen* speichern. Nach jeder Änderung sollte dies ebenfalls erfolgen. Über die Schaltfläche **Öffne Seite** können Sie bei Bedarf die Seite *Beziehungen* wieder anzeigen lassen.

Auswerten der Beziehung

Die Daten können aufgrund der festgelegten Beziehungen durch Abfragen ausgewertet werden. So lassen sich die Daten beispielsweise wieder zusammenführen. Aber auch die Ausgabe bestimmter Artikel wäre problemlos möglich.

Bearbeitungsschritte:

- Wählen Sie die Datenbank *Betrieb*. Klicken Sie den Link **Abfrage** an.

- Wählen Sie im unteren Bereich des Fensters die Auswertungstabellen aus.

- Klicken Sie die Schaltfläche **Aktualisieren** an. Damit wird erreicht, dass Sie im oberen Bereich des Fensters nur Datenfelder aus der ausgewählten Tabelle nutzen können.
- Damit mehr als drei Felder bei der Ausgabe angezeigt werden können, muss zunächst die Anzahl der Spalten erhöht werden. Geben Sie daher in der Mitte des Fensters die Zahl *2* ein. Klicken Sie danach die Schaltfläche **Aktualisieren** an.

- Wählen Sie die fünf Datenfelder aus. Aktivieren Sie jeweils die Kontrollkästchen hinter dem Wort *Anzeige:*, damit die Inhalte der einzelnen Datenfelder angezeigt werden.

Bearbeitungsschritte (Fortsetzung):

- Klicken Sie dann die Schaltfläche **Aktualisieren** im Bereich **Verwendete Tabellen** an.

- Damit wird der SQL-Befehl in einen unteren Bereich des Fensters übertragen und angezeigt. Klicken Sie die Schaltfläche **SQL-Befehl ausführen** an.

- Das Ergebnis zeigt die zusammengeführten Daten aus den beiden Tabellen an. Der zugrunde liegende SQL-Befehl wird ebenfalls ausgegeben.

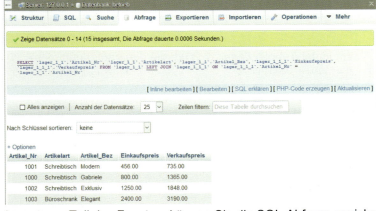

- Im unteren Teil des Fensters können Sie die SQL-Abfrage speichern.

Auswerten der Beziehung mit Kriterien

Selbstverständlich lassen sich die Ausgabedaten sowohl sortieren als auch selektieren.

Bearbeitungsschritte:

- Erstellen Sie die vorherige SQL-Abfrage. Ergänzen Sie die Abfrage durch die angezeigte Sortierung und das Abfragekriterium. Denken Sie daran, dass bei einem Datenfeld vom Typ *varchar* die dargestellten Anführungszeichen gesetzt werden müssen. Ansonsten wird eine Fehlermeldung ausgegeben.

- Die selektierten Produkte und der SQL-Befehl werden ausgegeben.

```
1 SELECT `lager_1_1`.`Artikel_Nr`, `lager_1_1`.`Artikelart`, `lager_1_1`.`Artikel_Bez`,
    `lager_1_1`.`Einkaufspreis`, `lager_1_1`.`Verkaufspreis`
2 FROM `lager_1_1`
3     LEFT JOIN `lager_1_1` ON `lager_1_1`.`Artikel_Nr` = `lager_1_1`.`Artikel_Nr`
4 WHERE (`lager_1_1`.`Artikelart` like 'Scanner')
5 ORDER BY `lager_1_1`.`Artikel_Bez` ASC
```

15.11.2 Aufbau einer 1:n-Beziehung

Erstellen der Beziehung

Durch den Aufbau einer Beziehung sollen Daten aus verschiedenen Tabellen ausgegeben werden.

> **Bearbeitungsschritte:**
>
> - Erstellen Sie durch das Kopieren und Einfügen aus den Tabellen *Lager* und *Lieferanten* die Tabellen *Lager_1_n* und *Lieferanten_1_n*. Die Inhalte der Tabellen entsprechen den Inhalten der Tabellen *Lager* und *Lieferanten*.
> - Ergänzen Sie die Tabelle *Lager_1_n* um das folgende Datenfeld:
>
> | Lieferer_Nr | INT | 11 | Kein(e) | |
>
> - Ergänzen Sie die Daten in der Tabelle *Lager_1_n* um die Lieferantennummern.

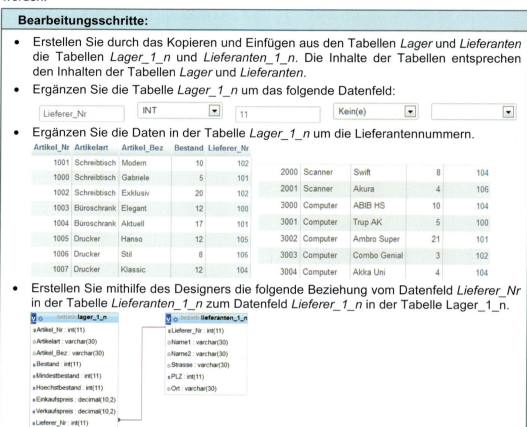

- Erstellen Sie mithilfe des Designers die folgende Beziehung vom Datenfeld *Lieferer_Nr* in der Tabelle *Lieferanten_1_n* zum Datenfeld *Lieferer_1_n* in der Tabelle Lager_1_n.

Auswerten der Beziehung

Durch die Auswertung sollen alle Daten ausgegeben werden. Aber auch die Ausgabe bestimmter Artikel wäre durch das Eingeben von Kriterien problemlos möglich.

> **Bearbeitungsschritte:**
>
> - Wählen Sie die Datenbank *Betrieb*. Klicken Sie den Link **Abfrage** an. Wählen Sie die in der Tabelle angegebenen Datenfelder aus. Führen Sie die Abfrage durch. Das Ergebnis zeigt, wer welche Produkte lieferte und welcher Lieferant nichts lieferte.

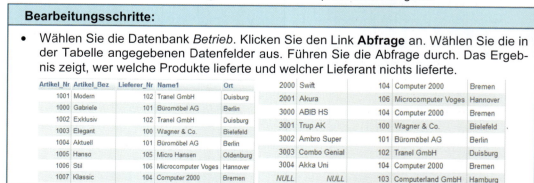

Aufbau von Beziehungen zwischen Tabellen einer Datenbank

15.11.3 Aufbau einer m:n-Beziehung

Erstellen der Beziehung

Die Erstellung einer m:n-Beziehung in der Datenbank *Betrieb* wird nachfolgend beschrieben:

Bearbeitungsschritte:

- Erstellen Sie durch das Kopieren und Einfügen aus den Tabellen *Lager* und *Lieferanten* die Tabellen *Lager_m_n* und *Lieferanten_m_n*. Die Inhalte der Tabellen entsprechen den Inhalten der Tabellen *Lager* und *Lieferanten*.
- Markieren Sie im linken Bereich des Bildschirms die Datenbank *Betrieb*. Klicken Sie den Menüpunkt **Designer** an.

- Die einzelnen Tabellen der Datenbank werden in einem Fenster angezeigt. Ziehen Sie die Tabellen mit der Maus in die dargestellte Form:

- Unter Umständen sind nur die Bezeichnungen der Tabellen angezeigt. Über die Schaltfläche **Alles klein/groß** können Sie die einzelnen Datenfelder einblenden.

- Achten Sie darauf, dass die Datenfelder *Artikel_Nr* in der Tabelle *Lager_m_n* und *Lieferanten_Nr* in der Tabelle *Lieferanten_m_n* mit einem Primärschlüssel versehen sind. Ansonsten müssen Sie diesen Primärschlüssel wie bereits beschrieben hinzufügen.
- Klicken Sie die Schaltfläche **Erzeuge Verknüpfung** an.

- Fahren Sie mit der Maus auf das Datenfeld *Artikel_Nr* in der Tabelle *Lager_m_n*. Klicken Sie das Datenfeld danach an.

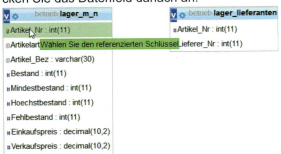

Bearbeitungsschritte (Fortsetzung):

- Klicken Sie danach mit der Maus auf das Datenfeld *Artikel_Nr* in der Tabelle *Lager_Lieferanten*.

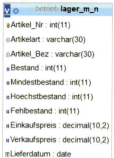

- Ein kleines Fenster wird eingeblendet:

- Klicken Sie auf die Schaltfläche **OK**. Die Verknüpfung wird hergestellt.

- Erstellen Sie danach eine Verknüpfung zwischen den Tabellen *Lieferanten_m_n* und *Lager_Lieferanten*. Außerdem sollten Sie auch die benötigten Verknüpfungen zwischen den Tabellen *Lager* und *Kunden* herstellen, um Auswertungen vornehmen können.

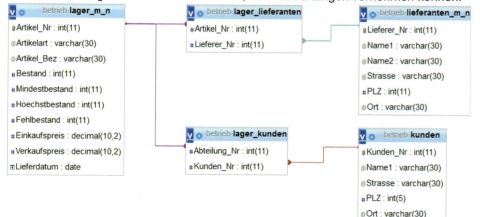

Aufbau von Beziehungen zwischen Tabellen einer Datenbank 573

Bearbeitungsschritte (Fortsetzung):

- Solle eine Verknüpfung gelöscht werden, ist die Verbindungslinie vor dem Fremdschlüsselfeld (wie dargestellt) und dann die Schaltfläche **Löschen** anzuklicken.

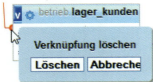

Einfügen von Daten in die Tabelle Lager_Lieferanten

Aufgrund der erstellten Beziehungen wird die Dateneingabe in der Verbindungstabelle *Lager_Lieferanten_m_n* wesentlich vereinfacht. Außerdem können nur Werte ausgewählt werden, die auch in den Tabellen *Lager_m_n* und *Lieferanten_m_n* vorhanden sind. Die theoretisch mögliche leere Eingabe von Werten ergibt keinen Sinn.

Bearbeitungsschritte:

- Rufen Sie die Tabelle *Lager_Lieferanten* auf. Wählen Sie den Menüpunkt **Einfügen**. Geben Sie den ersten Wert ein. Sie müssen und können aufgrund der Beziehungen einen Wert auswählen. Dieser entspricht der *Artikel_Nr* aus der Tabelle *Lager*.

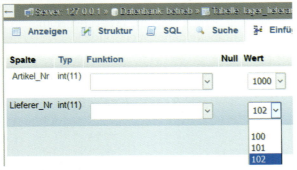

- Der entsprechende SQL-Befehl sieht folgendermaßen aus:

```sql
INSERT INTO `lager_lieferanten` (`Artikel_Nr`, `Lieferer_Nr`) VALUES
('1000', '102'), ('1001', '101'), ('1002', '102'), ('1003', '104'),
('1003', '100'), ('1004', '101'), ('1004', '100'), ('1005', '105'),
('1003', '106'), ('2001', '106'), ('1006', '104'), ('1002', '105'),
('3002', '101');
```

- Geben Sie folgende Datensätze ein. Diese werden im Fenster **Anzeigen** dargestellt:

Artikel_Nr	Lieferer_Nr
1000	102
1001	101
1002	102
1003	104
1003	100
1004	101
1004	100
1005	105
1003	106
2001	106
1006	104
1002	105
3002	101

Auswerten der Beziehungen zwischen den Tabellen durch Abfragen

Durch die gewählte Beziehung können die Tabellen in der Datenbank außerordentlich flexibel ausgewertet werden. Ein Beispiel dafür wird nachfolgend dargestellt. Es bietet sich an, weitere Auswertungen vorzunehmen.

Bearbeitungsschritte:

- Wählen Sie die Datenbank *Betrieb*. Klicken Sie den Link **Abfrage** an.

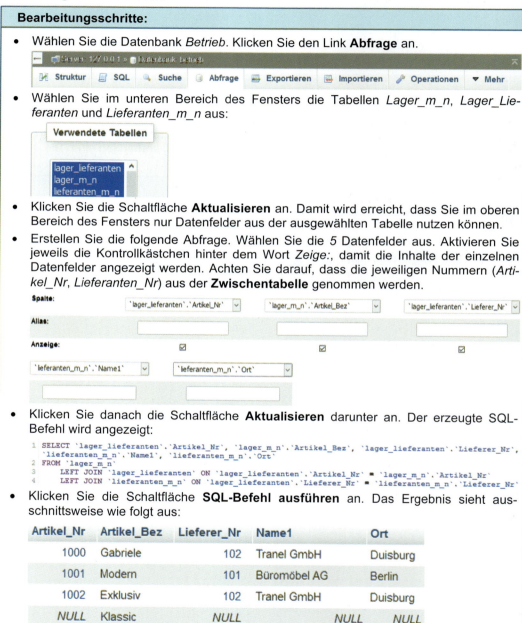

- Wählen Sie im unteren Bereich des Fensters die Tabellen *Lager_m_n*, *Lager_Lieferanten* und *Lieferanten_m_n* aus:

- Klicken Sie die Schaltfläche **Aktualisieren** an. Damit wird erreicht, dass Sie im oberen Bereich des Fensters nur Datenfelder aus der ausgewählten Tabelle nutzen können.

- Erstellen Sie die folgende Abfrage. Wählen Sie die 5 Datenfelder aus. Aktivieren Sie jeweils die Kontrollkästchen hinter dem Wort *Zeige:*, damit die Inhalte der einzelnen Datenfelder angezeigt werden. Achten Sie darauf, dass die jeweiligen Nummern (*Artikel_Nr*, *Lieferanten_Nr*) aus der **Zwischentabelle** genommen werden.

- Klicken Sie danach die Schaltfläche **Aktualisieren** darunter an. Der erzeugte SQL-Befehl wird angezeigt:

```
1 SELECT `lager_lieferanten`.`Artikel_Nr`, `lager_m_n`.`Artikel_Bez`, `lager_lieferanten`.`Lieferer_Nr`,
  `lieferanten_m_n`.`Name1`, `lieferanten_m_n`.`Ort`
2 FROM `lager_m_n`
3   LEFT JOIN `lager_lieferanten` ON `lager_lieferanten`.`Artikel_Nr` = `lager_m_n`.`Artikel_Nr`
4   LEFT JOIN `lieferanten_m_n` ON `lager_lieferanten`.`Lieferer_Nr` = `lieferanten_m_n`.`Lieferer_Nr`
```

- Klicken Sie die Schaltfläche **SQL-Befehl ausführen** an. Das Ergebnis sieht ausschnittsweise wie folgt aus:

Artikel_Nr	Artikel_Bez	Lieferer_Nr	Name1	Ort
1000	Gabriele	102	Tranel GmbH	Duisburg
1001	Modern	101	Büromöbel AG	Berlin
1002	Exklusiv	102	Tranel GmbH	Duisburg
NULL	Klassic	NULL	NULL	NULL
NULL	Swift	NULL	NULL	NULL

- Probieren Sie weitere Abfragen unter Nutzung von Kriterien aus. Nutzen Sie auch Kundendaten. Stellen Sie Verbindungen zwischen Lager, Lieferanten und Kunden her.

Aufbau von Beziehungen zwischen Tabellen einer Datenbank 575

15.11.4 Aufbau einer m:n-Beziehung mit zusammengesetztem Primärschlüssel

Vorbemerkungen

Während beispielsweise verschiedene Aufträge an einen Lieferanten vergeben werden können, gibt es andere Daten, die nur einmal erfasst werden dürfen. So kann ein Mitarbeiter nicht zweimal in der gleichen Abteilung beschäftigt sein. Allerdings ist es möglich, dass er zwei verschiedenen Abteilungen zugeordnet wird, also z. B. sowohl in der Einkaufs- als auch in der Verkaufsabteilung beschäftigt ist. Um zu verhindern, dass doppelte und nicht vernünftige Datensätze erfasst werden, wird mit einem zusammengesetzten Primärschlüssel gearbeitet.

Erstellung von Tabellen zur Verknüpfung und Auswertung von Daten

Zunächst müssen die Tabellen *Personal* und *Abteilung* erstellt werden. Eine weitere Tabelle wird erstellt, um die Verbindung zwischen den Tabellen *Abteilung* und *Personal* herzustellen.

Diese Tabelle enthält nur die beiden Datenfelder *Abteilung_Nr* und *Mitarbeiter_Nr*. Beide Datenfelder werden mit einem Primärschlüssel versehen. Damit wird sichergestellt, dass in Datensätzen, die eingegeben werden, niemals ein zweites Mal dieselbe Kombination abgespeichert werden kann. Eine entsprechende Fehlermeldung weist darauf hin, dass dies nicht möglich ist und der Datensatz wieder gelöscht werden muss.

Bearbeitungsschritte:

- Wählen Sie die Datenbank *Betrieb*. Erstellen Sie die Tabelle *Personal* mit einem Primärschlüssel auf das Datenfeld *Personal_Nr*.

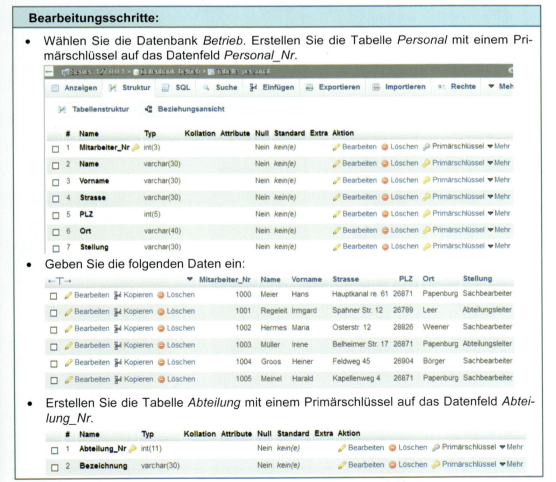

- Geben Sie die folgenden Daten ein:

- Erstellen Sie die Tabelle *Abteilung* mit einem Primärschlüssel auf das Datenfeld *Abteilung_Nr*.

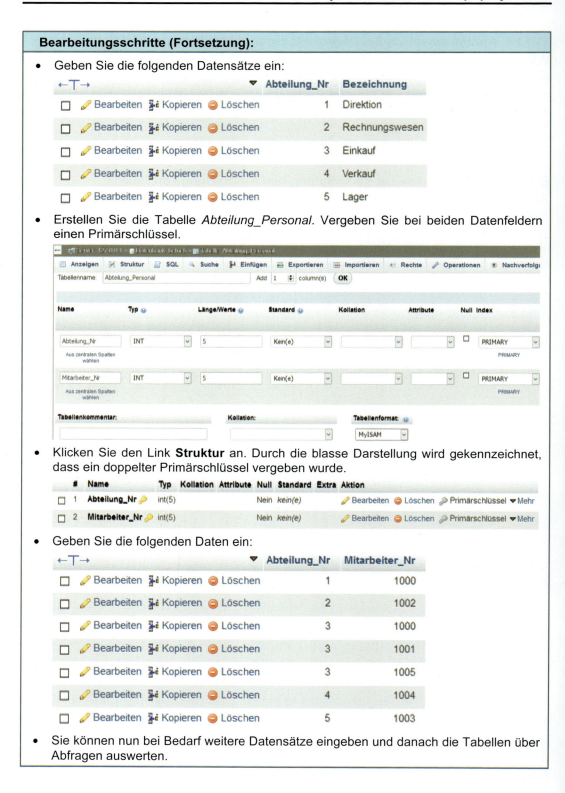

Aufbau von Beziehungen zwischen Tabellen einer Datenbank

Eingabe von doppelten Datensätzen

Die Eingabe doppelter Datensätze ist in der Regel nicht sinnvoll. Im angesprochenen Beispiel kann ein Mitarbeiter nicht doppelt in einer Abteilung arbeiten. Daher muss die Eingabe eines entsprechenden doppelten Datensatzes abgelehnt werden.

Bearbeitungsschritte:

- Wählen Sie in der Datenbank *Betrieb* die Tabelle *Abteilung_Personal* aus. Klicken Sie danach den Link **Einfügen** an. Geben Sie den folgenden Datensatz ein:

- Klicken Sie danach die Schaltfläche **OK** an.

- Das Datenbanksystem **MySQL** meldet einen Fehler. Die eingegebene Kombination kann aufgrund der gesetzten Primärschlüssel nicht in die Tabelle eingefügt werden, da ein entsprechender Datensatz schon eingegeben wurde.
- Durch Anfahren der Fehlermeldung und dem anschließenden Anklicken der Fehlermeldung mit der Maus wird die Fehlermeldung wieder ausgeblendet.

- Danach müssen Sie die Eingabe korrigieren oder den Datensatz durch Anklicken der Schaltfläche **Zurücksetzen** wieder entfernen.

Auswerten der Beziehungen zwischen den Tabellen durch Abfragen

Die Auswertung der Beziehung ist im Prinzip mit den zuvor vorgenommenen Auswertungen identisch. Es ist jedoch notwendig, beim Setzen der Beziehungen und bei der Auswahl der einzelnen Datenfelder für die Abfrage gewisse Vorgaben zu beachten.

Bearbeitungsschritte:

- Klicken Sie den Link **Designer** an. Erstellen Sie die folgende Beziehung. Achten Sie unbedingt darauf, dass Sie die Datenfelder *Abteilung_Nr* in der Tabelle *Abteilung_Personal* und *Mitarbeiter_Nr* in der Tabelle *Personal* als Fremdschlüssel definieren.

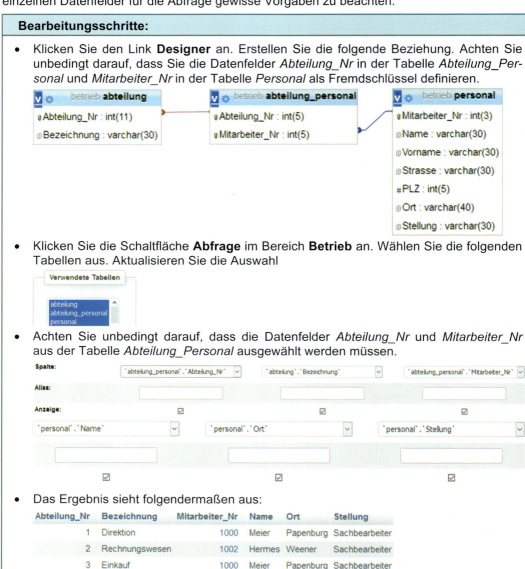

- Klicken Sie die Schaltfläche **Abfrage** im Bereich **Betrieb** an. Wählen Sie die folgenden Tabellen aus. Aktualisieren Sie die Auswahl

- Achten Sie unbedingt darauf, dass die Datenfelder *Abteilung_Nr* und *Mitarbeiter_Nr* aus der Tabelle *Abteilung_Personal* ausgewählt werden müssen.

- Das Ergebnis sieht folgendermaßen aus:

Abteilung_Nr	Bezeichnung	Mitarbeiter_Nr	Name	Ort	Stellung
1	Direktion	1000	Meier	Papenburg	Sachbearbeiter
2	Rechnungswesen	1002	Hermes	Weener	Sachbearbeiter
3	Einkauf	1000	Meier	Papenburg	Sachbearbeiter
3	Einkauf	1001	Regeleit	Leer	Abteilungsleiter
3	Einkauf	1005	Meinel	Papenburg	Sachbearbeiter
4	Verkauf	1004	Groos	Börger	Sachbearbeiter
5	Lager	1003	Müller	Papenburg	Abteilungsleiter

- Außerdem wird der SQL-Befehl ausgegeben. Erstellen Sie danach gegebenenfalls Auswertungen unter Nutzung von Kriterien, beispielsweise in Bezug auf bestimmte Abteilungen oder auf die Stellung der Mitarbeiter, also ob sie z. B. Abteilungsleiter sind.

Datenbanksprache 579

16 SQL – Structured Query Language

16.1 Datenbanksprache

Datenbanksprachen wurden für den Einsatz in Datenbanksystemen entwickelt. Mit ihrer Hilfe kommuniziert ein Nutzer mit dem Datenbanksystem, er kann also beispielsweise Abfragen formulieren, die zum Sprachumfang einer Datenbanksprache gehören.

Die wichtigste Datenbanksprache ist SQL (Structured Query Language) für relationale Datenbanksysteme. Mithilfe dieser Datenbanksprache kann man auf verschiedene Datenbanken wie **Access**, **MySQL**, **Oracle** usw. zugreifen. Grundwissen in der Datenbanksprache SQL ist daher für die Nutzung verschiedener Datenbanksysteme nützlich.

16.2 SQL-Befehle

Vorbemerkungen

In den folgenden Übersichten werden wichtige Sprachelemente der Datenbanksprache SQL zusammengefasst. Anschließend werden auf den folgenden Seiten wichtige Befehle anhand von Beispielen erklärt. Grundsätzlich können in Datenbanksystemen alle Ergebnisse über SQL-Befehle erreicht werden. In **Access** kann eine Datenbank allerdings nicht über einen SQL-Befehl erstellt werden.

Datenbanksprache – Arten von Datenbankbefehlen

Vorbemerkungen

Mithilfe von SQL-Befehlen lassen sich Datenbanken und Tabellen erstellen, Daten eingeben, verändern, auswählen, Zugriffsberechtigungen vergeben usw. Normalerweise werden die Befehle einer Datenbanksprache wie nachfolgend beschrieben unterteilt. Auch geringfügig andere Einteilungen sind in der Literatur anzutreffen. Die Bedeutung der Befehle wird zunächst nur sehr kurz beschrieben und später anhand von Beispielen erklärt.

In den folgenden Übersichten sind einige Befehle mit einer Zahl, z. B. (1) gekennzeichnet. Bei der ersten Erarbeitung sollten Sie in der Reihenfolge der so gekennzeichneten Befehle vorgehen, um zunächst einen Eindruck von der Arbeit mit SQL-Befehlen zu bekommen. Eventuell können Sie auch zunächst mit Access die benötigte Tabelle erstellen, die Daten eingeben und danach die Auswertung mit den Datenabfragebefehlen (**DQL - Data Query Language**) vornehmen.

DDL (Data Definition Language) – Datenbeschreibungssprache

Die zur Verfügung stehenden Befehle dienen dem Anlegen, Löschen oder Ändern von Datenstrukturen, also beispielsweise dem Anlegen einer Tabelle in einer Datenbank. Außerdem können beispielsweise Änderungen an Tabellen vorgenommen werden oder ein Index bestimmt werden.

DDL - Data Definition Language		
Befehl	**Bedeutung**	
CREATE TABLE	Erzeugung einer Tabelle	(1)
ALTER TABLE	Änderung einer bestehenden Tabelle, z. B. werden neue Datenfelder eingefügt oder Datenfelder gelöscht.	(9)
DROP TABLE	Löschen einer Tabelle	(10)
CREATE INDEX	Erstellen einer Tabelle mit einem Index	
DROP INDEX	Löschen eines Index in einer Tabelle	

DML (Data Manipulation Language) – Datenverarbeitungssprache

Die Datenbankbefehle werden genutzt, um Daten in Tabellen einzufügen, zu ändern und zu löschen. Außerdem werden mit ihrer Hilfe Daten ausgewählt, also Abfragen gestaltet. Diese letzte Funktion wird in der Literatur auch manchmal einem eigenständigen Bereich (DQL – Data Query Language) zugeordnet. Dies soll auch an dieser Stelle so gehandhabt werden.

DML – Data Manipulation Language		
Befehl	Bedeutung	
INSERT INTO	Einfügen von Daten in eine Tabelle	(2)
UPDATE	Ändern und Aktualisieren von Daten	(7)
DELETE	Löschen von Datensätzen	(8)

DQL (Data Query Language) – Datenabfragesprache

Mithilfe dieser SQL-Befehle werden Daten ausgelesen, also Abfragen gestaltet. Die Möglichkeiten sind sehr vielfältig, daher werden nur die wichtigsten Möglichkeiten in der Übersicht angezeigt. Die Ausgabe der ausgewählten Daten kann sich auf Daten einer Tabelle beschränken, es können auch Daten mehrerer Tabellen miteinander ausgegeben werden.

DQL – Data Query Language		
Befehl	Bedeutung	
SELECT	Auswählen von Datensätzen, bestimmter Datenfelder usw.	(3)
WHERE	Auswählen von Datensätzen unter Nutzung von Kriterien	(4)
ORDER BY	Sortieren von Datensätzen in auf- oder absteigender Form	(5)
HAVING BY	Gruppieren von Daten mit Nutzung von Bedingungen	(6)
INNER JOIN	Ausgabe von Daten beider Tabellen, wenn bestimmte Kriterien in beiden Tabellen erfüllt sind.	(12)
LEFT JOIN	Ausgabe von Daten beider Tabellen, wenn bestimmte Kriterien in beiden Tabellen erfüllt sind. Außerdem werden alle Daten der in der Anweisung zunächst angegebenen Tabelle ausgegeben.	(13)
RIGHT JOIN	Ausgabe von Daten beider Tabellen, wenn bestimmte Kriterien in beiden Tabellen erfüllt sind. Es werden alle Daten der in der Anweisung als zweites angegebenen Tabelle ausgegeben.	(14)
UNION	Auswertung mehrerer Tabellen, die einheitlich aufgebaut sind.	(11)

DCL (Data Control Language) – Datenaufsichtssprache

Die Zugriffskontrolle, also die Vergabe von Nutzungsrechten auf eine Datenbank, wird mit Befehlen geregelt. Es kann bestimmt werden, dass Nutzer nur lesenden, aber keinen schreibenden Zugriff auf eine Datenbank erhalten. In diesem Bereich des Buchs wird die Datenaufsichtssprache nicht behandelt, da **Access** Zugriffsberechtigungen über Menüs regelt. Im vorherigen Kapitel können Sie sich die Zugriffsberechtigung bei Nutzung von **MySQL** ansehen.

DCL – Data Control Language	
Befehl	Bedeutung
GRANT	Vergabe von Rechten
REVOKE	Löschung von Rechten

16.3 SQL-Befehle in verschiedenen Datenbanksystemen

Die allgemeine Syntax eines SQL-Befehls wird in den jeweiligen Einführungen zu den SQL-Befehlen mit einer grauen Farbe gekennzeichnet.

> Allgemeiner Syntax des Befehls

Einzelne SQL-Befehle unterscheiden sich in der Syntax zwischen den beiden Datenbanksystemen. In diesem Fall werden die Befehle farblich gekennzeichnet.

> Befehl in beiden Datenbanksystemen identisch

> Befehl im Datenbanksystem MySQL

> Befehl im Datenbanksystem Access

Bei einigen Befehlen werden Alternativen gezeigt. Aus diesen Beispielen lässt sich dann erkennen, wie diese Alternativen auch bei anderen Befehlen genutzt werden können.

Bei der Nutzung des Datenbanksystems **Access** wird Ihnen auffallen, dass das Programm automatisch die Befehle ergänzt. Für die grundsätzliche Arbeit mit SQL-Befehlen sollten Sie diese Ergänzungen, die beispielsweise aus Klammern bestehen, nicht beachten. Das Programm wird die normale Eingabe von SQL-Befehlen akzeptieren, die Ergänzungen sind lediglich programmspezifisch.

Beim Datenbanksystem **MySQL** sollte bei der Ausführung eines Befehls die Datenbank in der Regel mit angegeben werden, da ansonsten nicht klar ist, auf welche Datenbank sich der Befehl bezieht. Das Datenbanksystem kann im Gegensatz zu anderen Datenbanksystemen mehrere Datenbanken verwalten. Daher können Tabellen in verschiedenen Datenbanken gleich benannt sein. Dies erfordert dann, dass die entsprechende Datenbank entweder geöffnet oder mit angegeben werden muss.

Ein normaler SQL-Befehl zum Auslesen aller Daten aus einer Tabelle *Lager* lautet beispielsweise:

> SELECT *
> FROM *Lager*;

Bei einer Datenbank mit dem Namen *B_MySQL* kann z. B. die Datenbank der Tabelle vorangestellt werden. Der Befehl lautet dann:

> SELECT *
> FROM *B_MySQL.Lager*;

16.4 Bearbeitung der dargestellten Befehle

Auf den nächsten Seiten werden die einzelnen SQL-Befehle sachlogisch dargestellt, also werden beispielsweise bei der Erstellung einer Tabelle alle Möglichkeiten angegeben. Damit kann man später relativ einfach nachschlagen, wie ein bestimmter Befehl eingegeben werden muss und welches Ergebnis dadurch erzielt wird.

Für die Erarbeitung bietet es sich jedoch an, zunächst nur grundlegende Operationen auszuführen und dann später Verfeinerungen vorzunehmen.

16.5 SQL-Befehle in Access

Vorbemerkungen

Im Datenbanksystem **Access** werden SQL-Anweisungen über einen Abfrageentwurf erstellt. Anhand der Erstellung einer Tabelle soll dies demonstriert werden.

Zuvor muss jedoch eine benötigte Datenbank erstellt werden. Dies ist in **Access** nur über die im Buch beschriebene Art möglich. Eventuell sollten Sie sich daher die Erstellung einer Datenbank mit **Access** auf der Seite *463* ansehen. Ein SQL-Befehl zur Erstellung einer Datenbank steht in **Access** nicht zur Verfügung.

Erstellung einer Datenbank

Die Erstellung einer Datenbank soll in der beschriebenen Weise mithilfe des Programms **Access** erfolgen.

> **Bearbeitungsschritte:**
>
> - Starten Sie das Programm **Access**. Erstellen Sie eine Datenbank unter dem Namen *Betrieb_SQL*.

Erstellung einer Abfrage zur Eingabe von SQL-Befehlen

SQL-Befehle werden über Abfrage-Entwürfe in **Access** eingegeben. Eine einfache Tabelle bildet die Grundlage für die Erklärung der Vorgehensweise.

> **Bearbeitungsschritte:**
>
> - Klicken Sie das Register **Erstellen** an. Klicken Sie in der Gruppe **Abfragen** die Schaltfläche **Abfrageentwurf** an.
>
>
>
> - Das Fenster **Tabelle anzeigen** wird eingeblendet. Es werden keine Tabellen angezeigt, weil noch keine Objekte vorhanden sind.
>
>
>
> - Klicken Sie die Schaltfläche **Schließen** an.
> - Klicken Sie im Register **Abfragetools/Entwurf** in der Gruppe **Ergebnisse** die Schaltfläche **SQL Ansicht** an.
>
>
>
> - Ein Fenster zur Eingabe von SQL-Befehlen wird zur Verfügung gestellt.
>
>

SQL-Befehle in Access

CREATE TABLE – Erstellung einer Tabelle

Mithilfe des SQL-Befehls CREATE soll zunächst eine einfache Tabelle erstellt werden. Genauere Erklärungen zum benutzten Befehl werden später gegeben.

Bearbeitungsschritte:

- Geben Sie den folgenden SQL-Befehl ein. Achten Sie auf die Schreibweise:

- Speichern Sie die Abfrage unter dem Namen *CREATE TABLE Mitarbeiter*.
- Klicken Sie im Register **Abfragetools/Entwurf** in der Gruppe **Ergebnisse** die Schaltfläche **Ausführen** an.

- Die Tabelle wird erstellt. Im Navigationsbereich werden bei entsprechender Einstellung (*Tabellen und damit verbundene Sichten*) die erstellte Tabelle und die zur Erstellung benötigte Abfrage angezeigt.

- Öffnen Sie die Tabelle *Mitarbeiter*. In die Tabelle können Daten eingegeben werden.

- In der Entwurfsansicht sieht die Tabelle folgendermaßen aus:

- Zur Erstellung der auf den nächsten Seiten beschriebenen SQL-Befehle müssen Sie jeweils eine neue Abfrage wie beschrieben erstellen.

16.6 SQL-Befehle in MySQL

Vorbemerkungen

Im Datenbanksystem **MySQL** unter Nutzung des Programms **phpMyAdmin** werden SQL-Anweisungen über ein Abfragefenster erstellt. Im Gegensatz zum Programm **Access** ist es auch möglich, mit SQL-Befehlen eine gesamte Datenbank zu erstellen und zu löschen.

Es wird also bei der Bearbeitung davon ausgegangen, dass das Tool **XAMPP** installiert wurde und damit das Programm **phpMyAdmin** zur Verfügung steht. Anhand der Erstellung einer Datenbank und einer Tabelle soll die Arbeit mit dem Abfragefenster demonstriert werden.

CREATE DATABASE – Erstellung einer Datenbank

Die Erstellung einer Datenbank soll mithilfe des Programms **phpMyAdmin** erfolgen.

Bearbeitungsschritte:

- Starten Sie das Programm **phpMyAdmin** bzw. das Tool **XAMPP** und wählen Sie das Programm **phpMyAdmin** aus.
- Klicken Sie im linken Bereich des Fensters die Schaltfläche **Neu** an. Erstellen Sie die folgende Datenbank.

- Danach besteht die Möglichkeit, die erste Tabelle zu erstellen. Dies soll jedoch zunächst nicht erfolgen. Vielmehr soll gezeigt werden, dass aus einer bestehenden Datenbank mithilfe eines SQL-Befehls eine neue Datenbank erstellt werden kann.
- Klicken Sie die Schaltfläche **SQL** an. Geben Sie den Befehl zur Erstellung einer Datenbank ein.

- Das System meldet die erfolgreiche Erstellung der Datenbank. Sie können dann sehen, dass eine neue Datenbank erstellt wurde. Eventuell wird die Datenbank erst durch Aufklappen eines Links angezeigt:

CREATE TABLE – Erstellung einer Tabelle

Mithilfe des SQL-Befehls CREATE soll eine einfache Tabelle erstellt werden. Dazu muss zuvor die Datenbank geöffnet werden bzw. die Datenbank in **phpMaAdmin** ausgewählt werden.

Bearbeitungsschritte:

- Wählen Sie in **phpMyAdmin** die Datenbank *Betrieb_MySQL* aus. Unter Umständen befindet sich die Datenbank im Bereich **Betrieb**.

  ```
  ⊞ mysql
    ⊞ betrieb_mysql
    ⊞ betrieb_mysql_2
  ```

- Sie können die Datenbank auch mit dem Befehl *USE Betrieb_MySQL* öffnen.
- Rufen Sie das Abfragefenster auf. Erstellen Sie mit dem CREATE-Befehl eine Tabelle.

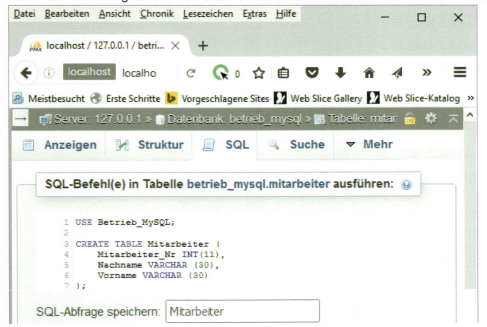

- Klicken Sie die Schaltfläche **OK** an. Es wird unter normalen Umständen angegeben, dass die Tabelle erstellt worden ist. Ansonsten wird darauf hingewiesen, dass z. B. ein Syntaxfehler aufgetreten ist. Dann müssen Sie die korrekte Schreibweise des Befehls überprüfen. Die Struktur der Tabelle wird normalerweise angezeigt. Ist dies nicht der Fall, rufen Sie danach die Struktur über die Schaltfläche **Struktur** der Tabelle im Programm **phpMyAdmin** auf.
- Sie können sich das Ergebnis auch nach dem Aufrufen der Datenbank ansehen. Die Strukturansicht der Tabelle *Mitarbeiter* sieht folgendermaßen aus:

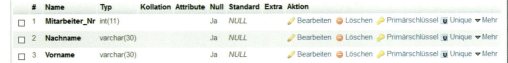

- Andere Befehle werden auf die gleiche Weise eingegeben. In der Regel sollten Sie mit dem Befehl *USE Betrieb_MySQL* zunächst jeweils die Datenbank öffnen.

16.7 Data Definition Language (DDL)

16.7.1 CREATE DATABASE – Erstellung einer Datenbank

Um Daten eingeben, verwalten usw. zu können, muss eine Datenbank erstellt werden. In vielen Datenbanksystemen steht zu diesem Zweck ein entsprechender Befehl zur Verfügung.

Im Programm **Access** muss jedoch mithilfe des Programms eine Datenbank erstellt werden. Dies wurde bereits beschrieben. Die Nutzung des nachfolgenden Befehls ist nicht möglich.

CREATE DATABASE *Datenbank*;

Aufgabenstellung – Erstellung einer Datenbank

Eine Datenbank soll verschiedene Daten in mehreren Tabellen aufnehmen. Diese Daten sollen später nach den Erfordernissen miteinander in Beziehung gesetzt und ausgewertet werden.

CREATE DATABASE *Betrieb_MySQL*;

Ergebnis: Datenbank *Betrieb*

Die Datenbank *Betrieb_MySQL* wird erstellt.

16.7.2 DROP DATABASE – Löschung einer Datenbank

Eine Datenbank, deren gesamte Daten nicht mehr benötigt werden, soll gelöscht werden. Der Befehl lässt sich in der Regel nicht mehr rückgängig machen. Daher ist zum einen sehr vorsichtig mit dem Befehl umzugehen, zum anderen empfiehlt es sich unbedingt, zuvor zumindest Sicherungskopien zu erstellen.

DROP DATABASE *Datenbank*;

Aufgabenstellung – Löschung einer Datenbank

Eine nicht mehr benötigte Datenbank soll gelöscht werden.

DROP DATABASE *Betrieb_MySQL*;

Ergebnis: Datenbank *Betrieb*

Die Datenbank *Betrieb_MySQL* wird gelöscht.

16.7.3 CREATE TABLE – Erstellung einer Tabelle

Der Befehl CREATE TABLE steht für die Erstellung von Tabellen zur Verfügung. Datenfelder mit gewählten Datenfeldtypen werden eingerichtet. Die erste erstellte Tabelle enthält noch keine Besonderheiten, wie etwa das Setzen eines Primärschlüssels auf ein Datenfeld.

Hinter dem letzten Datenfeld mit Datentyp wird kein Komma gesetzt.

CREATE TABLE *Tabelle*
(
Datenfeld1 *Datentyp*,
Datenfeld2 *Datentyp*,
Datenfeld3 *Datentyp*,
...
);

Data Definition Language (DDL)

Datenfeldtypen

In der folgenden Übersicht sind die wichtigsten Datentypen angegeben, die auch auf den nachfolgenden Seiten genutzt werden. Es stehen noch weitere Datentypen zur Verfügung.

In Datenbanken werden unterschiedliche Datentypen häufig unter unterschiedlichen Bezeichnungen angeboten, sodass einheitliche Datenformate oftmals zwar gegeben sind, nicht jedoch sofort zu erkennen sind. Daher sollten Sie sich in den verschiedenen zur Verfügung stehenden Hilfen bzw. im Internet jeweils mit einem Datentyp genauer vertraut machen.

INTEGER INT LONG INTEGER BIGINT	Das Datenfeld nimmt ganze Zahlen auf und kann in Abhängigkeit von der gewählten Option unterschiedlich große Werte aufnehmen. Auch ist die Bezeichnung oftmals unterschiedlich. Bei Eingabe von Buchstaben und Sonderzeichen wird eine Fehlermeldung ausgegeben bzw. der Datensatz wird nicht in eine Tabelle eingefügt.
CHAR VARCHAR Text	In dem Datenfeld können bis zu einer bestimmten Anzahl Zeichen eingegeben werden. Dabei kann es sich um Buchstaben, Zahlen usw. handeln. Außerdem stehen oftmals Datenfelder zur Verfügung, die sich für die Aufnahme größerer Texte wie Beschreibungen usw. eignen.
REAL DOUBLE DECIMAL DEZIMAL WÄHRUNG	Zahlen mit Nachkommastellen werden verarbeitet. Eine genauere Eingrenzung der Nachkommastellen ist nicht vorgesehen. Daher wird beispielsweise der Betrag *890,90* als *890,9* ausgegeben. Die Bezeichnungen sind stark vom genutzten Datenbankprogramm abhängig, da in einigen Datenbanken deutsche Bezeichnungen genutzt werden, in anderen nur englische.
Date/Time	Das Datenfeld eignet sich zur Aufnahme eines Datums bzw. einer Zeit. Es stehen in Datenbanken verschiedene Möglichkeiten zur Verfügung, beispielsweise nur zur Aufnahme eines Datums oder einer Zeit. Oftmals kann auch ein bestimmtes Format gewählt werden.

Aufgabenstellung – Erstellung einer Tabelle

In einer Datenbank werden die Daten in verschiedene Tabellen eingegeben, die zunächst erstellt werden müssen. Dabei werden unterschiedliche Datenfelder mit unterschiedlichen Datentypen benötigt, z. B. um Texte oder Zahlen aufzunehmen. Die nachfolgende Tabelle soll Artikeldaten aufnehmen. Die Datenfeldtypen werden nach den Erfordernissen ausgewählt:

CREATE TABLE *Lager*
(
Artikel_Nr *INTEGER*,
Artikelart *CHAR (20)*,
Artikel_Bez *CHAR (20)*,
Bestand *INTEGER*,
Einkaufspreis *REAL*,
Verkaufspreis *REAL*
);

Ergebnis: (Tabelle *Lager*)

Artikel_Nr	Artikelart	Artikel_Bez	Bestand	Einkaufspreis	Verkaufspreis

16.7.4 CREATE TABLE – PRIMARY KEY – Tabelle mit Primärschlüssel

Vorbemerkungen

Wenn Tabellen miteinander in Beziehung gesetzt werden sollen, ist das Setzen von Primärschlüsseln usw. unbedingt notwendig. Dies sollte in der Regel bei der Erstellung einer Tabelle bereits erfolgen. Folgende Datendefinitionen können für die Gestaltung von Tabellen vorgenommen werden:

- Definition eines Primärschlüssels,
- Definition einer NOT NULL-Bedingung,
- Definition eines zusammengesetzten Primärschlüssels,
- Definition eines Fremdschlüssels,
- Definition eines Index.

Tabelle mit Primärschlüssel und NOT NULL-Bedingung

Ein Datenfeld mit einem Primärschlüssel erlaubt nur die Eingabe unterschiedlicher Werte. Damit ist es möglich, über das Datenfeld Beziehungen aufzubauen. Wird eine NOT NULL-Bedingung gesetzt, muss in dem Datenfeld eine Eingabe erfolgen.

Aufgabenstellung – Tabelle mit Primärschlüssel und NOT-NULL-Bedingung

Eine Tabelle mit dem Namen *Kunden* soll aufgebaut werden. Das Datenfeld *Kunden_Nr* wird mit einem Primärschlüssel versehen. In Datenfeld *Name1* muss eine Eingabe erfolgen. Durch das Setzen einer NOT NULL-Bedingung ist dies unbedingt erforderlich.

Geben Sie nach der Erstellung der Daten die Kunden ein. Nutzen Sie entweder die Möglichkeiten des Befehls INSERT INTO oder geben Sie die Daten über die Tabelle ein.

CREATE TABLE *Kunden*
(
Kunden_Nr *INTEGER* **PRIMARY KEY,**
Name1 *CHAR (20)* **NOT NULL,**
Strasse *CHAR (30),*
PLZ *INTEGER,*
Ort *CHAR (20)*
);

Ergebnis: Tabelle *Kunden* (nach Einfügen eines Datensatzes)

Kunden_Nr	Name1	Strasse	PLZ	Ort
200	Otto Artig e. Kfm.	Mühlenstr. 45	26789	Leer

Tabelle mit zusammengesetztem Primärschlüssel

Bei einem zusammengesetzten Primärschlüssel werden zwei oder mehrere Datenfelder mit einem Primärschlüssel versehen. Eine Eingabe von gleichen Werten in beiden Datenfeldern ist danach nicht mehr möglich.

Die Nutzung eines solchen Primärschlüssels erscheint nicht immer ideal. So können beispielsweise Personen mit gleichem Vor- und Nachnamen nicht in der Tabelle in der richtigen Art und Weise erfasst werden, da nur einmal diese Kombination eingegeben werden kann. Es ist daher durchaus nach Alternativen Ausschau zu halten.

Aufgabenstellung – Tabelle mit zusammengesetztem Primärschlüssel

Zwei Datenfelder sollen mit einem Primärschlüssel versehen werden.

```
CREATE TABLE Vertreter_1
(
Nachname CHAR (30),
Vorname CHAR (30),
Ort CHAR (30),
PRIMARY KEY (Nachname, Vorname)
);
```

16.7.5 Tabellen zur Herstellung von Beziehungen (Verbindungen)

Die Auswertung von Daten wird erst durch die Verbindung von Daten aus verschiedenen Tabellen sinnvoll und interessant. Daher sollen neben den bisher schon vorhandenen Tabellen weitere aufgebaut werden, die für die Auswertung der Daten benötigt werden. Unter Umständen müssen Sie in Abhängigkeit von der Datenbank einen Felddatentyp ändern.

```
CREATE TABLE Lieferanten
(
Lieferanten_Nr INTEGER PRIMARY KEY,
Name1 CHAR (20) NOT NULL,
Name2 CHAR (20),
Strasse CHAR (30),
PLZ INTEGER,
Ort CHAR (20)
);
```

```
CREATE TABLE Auftrag_Lieferanten
(
Auftrag_Nr INTEGER PRIMARY KEY,
Lieferanten_Nr INTEGER,
Artikel_Nr INTEGER,
Menge INTEGER,
Einkaufspreis REAL,                    (MySQL: Einkaufspreis DECIMAL(10,2),)
Lieferung DATE,
Zahlung DATE
);
```

Aufgaben

1. Erstellen Sie eine Tabelle *Auftrag_Kunden* mit einem identischen Ausbau wie bei der Tabelle *Auftrag_Lieferanten*. Diese Tabelle kann später zusammen mit anderen Tabellen ausgewertet werden.

2. Erstellen Sie eine Tabelle *Vertreter*. Die Tabelle soll zunächst nur die standardmäßig erforderlichen Daten (siehe z. B. Tabelle *Lieferanten* oder Tabelle *Kunden*) enthalten, später jedoch ausgebaut werden können, z. B. um Verbindungen zu Artikelgruppen, Abteilungen usw. zu schaffen.

16.7.6 DROP TABLE – Löschen einer Tabelle

Eine nicht mehr benötigte Tabelle sollte gelöscht werden. Allerdings ist die Gefahr gegeben, dass Daten, die später doch noch benötigt werden, unwiderruflich gelöscht werden. Daher ist bei der Anwendung des Befehls Vorsicht geboten.

> DROP TABLE *Tabelle*;

Hinweis: Die Daten der Originaltabelle *Lager* sollen erhalten bleiben. Daher sollen zum Löschen, Aktualisieren usw. von Tabellen und zum Löschen von Datensätzen usw. aus Tabellen zuvor durch Kopieren und Einfügen die neuen Tabellen *Lager_1*, *Lager_2* und *Lager_3* erstellt werden. Sie müssen Daten enthalten (siehe Kapitel 16.8.1 *INSERT INTO – Einfügen von Datensätzen*). Daher ist zu überlegen, ob zunächst die Dateneingabe über SQL-Befehle durchgeführt wird.

Aufgabenstellung – Löschen einer Tabelle

Da die Daten einer Tabelle nicht mehr benötigt werden, sollen diese gelöscht werden.

> DROP TABLE *Lager_3*;

Ergebnis: DROP_TABLE

Die Tabelle *Lager_3* wird ohne Warnmeldung aus der Datenbank entfernt. Erstellen Sie danach die Tabelle wieder, z. B. durch Kopieren und Einfügen.

16.7.7 ALTER TABLE – Änderung der Struktur einer Tabelle

Vorbemerkungen

Mithilfe des Befehls wird die Struktur einer Tabelle bearbeitet, so wird z. B. ein Tabellenfeld umbenannt, ein Datenfeld gelöscht, ein Primärschlüssel hinzugefügt usw.

ALTER TABLE – Hinzufügen von Datenfeldern

In einer Tabelle sollen Daten in einem zusätzlichen Datenfeld erfasst werden.

> ALTER TABLE *Tabelle* ADD *Datenfeld Datentyp*;

Aufgabenstellung – Hinzufügen eines Datenfelds

Einzelne Waren sollen durch das Bestimmen einer Artikelgruppe gekennzeichnet werden. Anschließend können Daten eingefügt werden. Es kann sich dabei um Buchstaben oder Zahlen handeln. Es ist nicht möglich, mehr als ein Zeichen einzugeben.

> ALTER TABLE *Lager_2* ADD Artikelgruppe *CHAR (1)*;

Ergebnis: ALTER_TABLE_ADD (Tabelle *Lager_2*)

Artikel_Nr	Artikelart	Artikel_Bez	Bestand	Einkaufs-preis	Verkaufs-preis	Artikel-gruppe
1000	Schreibtisch	Gabriele	5	800,00	1.365,00	A
1001	Schreibtisch	Modern	10	456,00	735,00	A
1004	Büroschrank	Aktuell	17	897,00	1.345,00	A
1005	Drucker	Hanso	12	430,00	724,00	1
3000	Computer	AGIB HS	10	3.322,93	3.980,00	1
3001	Computer	Trup AK	5	3.576,00	4.190,00	1

ALTER TABLE – Ändern des Datenfeldtyps I

Die Datenfeldeigenschaften eines Datenfeldes müssen u. U. angepasst werden. So kann beispielsweise die Anzahl der maximalen Zeichen eines Datenfelds verändert werden.

ALTER TABLE *Tabelle* **ALTER COLUMN** Datenfeld *Datentyp*;

Aufgabenstellung – Ändern der Datenfeldeigenschaften eines Datenfelds

Das Datenfeld *Artikelgruppe* soll nicht nur ein Zeichen, sondern mehrere Zeichen aufnehmen können. Daher soll die Datenfeldeigenschaft entsprechend geändert werden.

ALTER TABLE *Lager_2* **ALTER COLUMN** Artikelgruppe *CHAR(2)*;

ALTER TABLE *Lager_2* **MODIFY** Artikelgruppe *CHAR(2)*;

Ergebnis: Alter_TABLE_ALTER_COLUMN_1 / ALTER_TABLE_MODIFY_1 (T. *Lager_2*)

Artikel_Nr	Artikelart	Artikel_Bez	Bestand	Einkaufspreis	Verkaufspreis	Artikelgruppe
1000	Schreibtisch	Gabriele	5	800,00	1.365,00	A1
1001	Schreibtisch	Modern	10	456,00	735,00	A1
1004	Büroschrank	Aktuell	17	897,00	1.345,00	A2
1005	Drucker	Hanso	12	430,00	724,00	B2
3000	Computer	AGIB HS	10	3.322,93	3.980,00	B1
3001	Computer	Trup AK	5	3.576,00	4.190,00	B1

ALTER TABLE – Ändern des Datenfeldtyps II

Bei der Änderung eines Datenfeldtyps können unter anderem Daten verloren gehen, wenn beispielsweise ein Textfeld (CHAR) in ein Zahlenfeld (INTEGER) geändert wird. Zeichen können dann nicht mehr in dem Datenfeld aufgenommen werden.

Aufgabenstellung – Ändern der Datenfeldeigenschaften eines Datenfelds

Das Datenfeld *Artikelgruppe* soll nur Zahlen aufnehmen. Daher soll die Datenfeldeigenschaft entsprechend geändert werden. Sind Werte in dem Datenfeld vorhanden, die diesen Vorgaben nicht entsprechen, werden sie gelöscht. Das Ausführen dieses Befehls führt also dazu, dass die bisherigen Werte im Datenfeld *Artikelgruppe* gelöscht werden.

ALTER TABLE *Lager_2* **ALTER COLUMN** Artikelgruppe *INTEGER*;

ALTER TABLE *Lager_2* **MODIFY** Artikelgruppe *INTEGER*;

Ergebnis: Alter_TABLE_ ALTER COLUMN_2 / ALTER_TABLE_MODIFY_2 (T. *Lager_2*)

Artikel_Nr	Artikelart	Artikel_Bez	Bestand	Einkaufspreis	Verkaufspreis	Artikelgruppe
1000	Schreibtisch	Gabriele	5	800,00	1.365,00	1
1001	Schreibtisch	Modern	10	456,00	735,00	1
1004	Büroschrank	Aktuell	17	897,00	1.345,00	2

ALTER TABLE – Löschen von Datenfeldern

Ein Datenfeld aus einer Tabelle soll entfernt werden. Damit werden automatisch auch alle in diesem Datenfeld erfassten Daten gelöscht.

ALTER TABLE *Tabelle* **DROP** Datenfeld;

Aufgabenstellung – Löschen eines Datenfelds

Das Datenfeld *Artikelgruppe* wird in einer Tabelle nicht mehr benötigt.

ALTER TABLE *Lager_2* **DROP** Artikelgruppe;

Ergebnis: ALTER_TABLE_DROP (Tabelle *Lager_2*)

Artikel_Nr	Artikelart	Artikel_Bez	Bestand	Einkaufspreis	Verkaufspreis
1000	Schreibtisch	Gabriele	5	800,00	1.365,00

ALTER TABLE – Nachträgliche Definition von Schlüsseln

In einer Tabelle soll nachträglich ein Datenfeld mit einem Primärschlüssel versehen werden.

ALTER TABLE *Tabelle* **ADD PRIMARY KEY**(Datenfeld);

Aufgabenstellung – Nachträgliche Definition eines Primärschlüssels

Das Datenfeld *Artikel_Nr* soll mit einem Primärschlüssel versehen werden.

ALTER TABLE *Lager_2* **ADD PRIMARY KEY** (Artikel_Nr);

Ergebnis: ALTER_TABLE_PRIMARY_KEY (Tabelle *Lager_2*)

Artikel_Nr	Artikelart	Artikel_Bez	Bestand	Einkaufspreis	Verkaufspreis
1000	Schreibtisch	Gabriele	5	800,00	1.365,00

16.7.8 CREATE INDEX – Indizieren eines Datenfeldes oder mehrerer Datenfelder

Durch das Indizieren eines Datenfeldes oder mehrerer Datenfelder kann in einer Tabelle schneller nach bestimmten Begriffen gesucht werden. Bei einem Buch wird man, wenn man nach einem Begriff sucht, nicht das gesamte Inhaltsverzeichnis oder gar das gesamte Buch durchsuchen, sondern das Stichwortverzeichnis zurate ziehen. Dieses Prinzip ist mit der Indizierung zu vergleichen. Der Befehl kann in einer Datenbank mehrfach verwandt werden, um unterschiedliche Datenfelder zu indizieren. In der Regel wird der Indexname aus einer Verbindung *IDX* und dem Tabellennamen zusammengestellt, dies ist jedoch nicht verbindlich.

CREATE INDEX *Indexname* **On** *Tabelle*(Datenfeld);

Aufgabenstellung – Definition eines Indexes

Das Datenfeld *Artikel_Bez* soll indiziert werden.

CREATE INDEX *IDX_Artikel_Bez* **On** *Lager_2*(Artikel_Bez);

Ergebnis: CREATE INDEX

Der Index wird eingefügt. In **MySQL** wird eine entsprechende Meldung ausgegeben. In **Access** kann man sich das Ergebnis in der Tabellenstruktur ansehen.

Aufgabenstellung – Nachträgliche Definition eines Indexes

Das Datenfeld *Artikelart* soll nachträglich indiziert werden.

```
ALTER TABLE Tabelle ADD INDEX(Datenfeld);
```

```
ALTER TABLE Lager_2 ADD INDEX (Artikelart);
```

16.7.9 TRUNCATE TABLE – Löschen aller Daten einer Tabelle

Unter Umständen kann es vernünftig sein, nicht eine ganze Tabelle zu löschen, sondern nur die Daten, die sich in der Tabelle befinden. Dies ist z. B. sinnvoll, wenn davon ausgegangen werden kann, dass die Struktur der Datei noch benötigt wird, später wieder Daten in die Tabelle eingegeben werden sollen usw.

```
TRUNCATE TABLE Tabelle;
```

Aufgabenstellung – Löschen der Daten einer Tabelle

Die Daten der Tabelle *Lager_2* sollen gelöscht werden.

```
TRUNCATE TABLE Lager_2;
```

Ergebnis: TRUNCATE_TABLE (Tabelle *Lager_2*)

Artikel_Nr	Artikelart	Artikel_Bez	Bestand	Einkaufspreis	Verkaufspreis

16.7.10 CREATE VIEW – Ansichten – Teilansichten einer oder mehrerer Tabellen

Bestimmte Angaben einer Tabelle sollen und dürfen unter Umständen nicht jedem Mitarbeiter, Kunden usw. bekannt sein. Daher gibt es die Möglichkeit, über den SQL-Befehl CREATE VIEW nur bestimmte Datenfelder (oder auch alle) für bestimmte Zwecke auszuwählen, also beispielsweise nur die, die für die Information eines Kunden über ein Produkt notwendig sind.

Über Ansichten lassen sich Daten in eine Tabelle einfügen.

Die Ansichten lassen sich mit Formularen und Berichten, die es in anderen Datenbanken wie beispielsweise **Access** gibt, vergleichen. In gewisser Weise liefern sie auch Ergebnisse, wie man sie durch Abfragen (SQL-Abfragen) erzielen kann. Ansichten lassen sich auch unter Nutzung mehrerer Tabellen erstellen.

```
CREATE VIEW Tabelle AS SELECT Datenfeld1 [, Datenfeld2, ...]
FROM Tabelle1 [, Tabelle2, Tabelle3, ...];
```

Aufgabenstellung – Erstellung einer Ansicht (Preisliste)

Daten, die für eine Preisliste benötigt werden, sollen in einer Ansicht dargestellt werden.

```
CREATE VIEW Preisliste AS SELECT Artikel_Nr, Artikelart, Artikel_Bez, Verkaufspreis
FROM Lager_2;
```

Ergebnis: CREATE_VIEW_SELECT (Ansicht *Preisliste*)

Artikel_Nr	Artikelart	Artikel_Bez	Verkaufspreis
1000	Schreibtisch	Gabriele	1.365,00

16.8 Data Manipulation Language (DML)

16.8.1 INSERT INTO – Einfügen von Datensätzen

Der Befehl INSERT INTO ermöglicht die Eingabe von Daten in eine Tabelle. Die Datensätze müssen entweder einzeln oder es können mehrere Datensätze mit einem Befehl eingegeben werden. In der Realität erfolgt die Eingabe der Datensätze in SQL-Datenbanken über ein Formular. Das Formular wird ausgelesen und die Daten in die Tabelle eingelesen.

In der Datenbank Access wird man die Datensätze über eine Tabelle oder ein Formular einlesen. Sie sollten jedoch zu Übungszwecken zumindest einige der Datensätze über den in SQL vorgesehenen Befehl eingeben und damit die Vorgehensweise üben.

Daten werden in den SQL-Datenbanken bei der Eingabe in Hochkommata ' ' eingeschlossen.

Beispiele: 'Meier' 'Hansen'

INSERT INTO *Tabelle*
VALUES ('Wert1', 'Wert2', ...);

Aufgabenstellung – Einfügen von Datensätzen in eine Tabelle

Jeder einzelne Datensatz muss einzeln in die Tabelle übertragen werden.

INSERT INTO *Lager*
VALUES ('1000', 'Schreibtisch', 'Gabriele', '5', '800,00', '1365,00');

INSERT INTO *Lager*
VALUES ('1001', 'Schreibtisch', 'Modern', '10', '456,00', '735,00');

INSERT INTO *Lager*
VALUES ('1004', 'Büroschrank', 'Aktuell', '17', '897,00', '1345,00');

INSERT INTO *Lager*
VALUES ('1005', 'Drucker', 'Hanso', '12', '430,00', '724,00');

INSERT INTO *Lager*
VALUES ('3000', 'Computer', 'AGIB HS', '10', '3322,93', '3980,00');

INSERT INTO *Lager*
VALUES ('3001', 'Computer', 'Trup AK', '5', '3576,00', '4190,00');

Ergebnis: Tabelle Lager (Ausschnitt)

Artikel_Nr	Artikelart	Artikel_Bez	Bestand	Einkaufspreis	Verkaufspreis
1000	Schreibtisch	Gabriele	5	800,00	1.365,00

In einigen Datenbanken muss der SQL-Befehl mit Spaltennamen eingegeben werden:

INSERT INTO *Tabelle* ('Datenfeld1', 'Datenfeld2', ...)
VALUES ('Wert1', 'Wert2', ...);

INSERT INTO *Lager* (`Artikel_Nr`, `Artikelart`, `Artikel_Bez`, `Bestand`, `Mindestbestand`, `Hoechstbestand`, `Einkaufspreis`, `Verkaufspreis`)
VALUES ('3001', 'Computer', 'Trup AK', '5', '3576,00', '4190,00');

Kopieren Sie die Tabelle *Lager* und fügen Sie sie als Tabelle *Lager_2* und Tabelle *Lager_3* wieder ein. Die Tabellen werden für die weitere Verarbeitung benötigt.

Aufgaben

1. Fügen Sie in die Tabelle *Lieferanten* mittels SQL-Befehl die folgenden Datensätze ein:

Lieferanten_Nr	Name1	Name2	Strasse	PLZ	Ort
100	Wagner GmbH	Büromöbel	Vogtweg 23	33607	Bielefeld
101	Büromöbel AG	Büroeinrichtungen	Gutachtstr. 342	13469	Berlin
102	Tranel GmbH	Büromöbel	Bechemstr 67	47058	Duisburg
155	Computer GmbH	Computer	Mühlenstr. 17	26789	Leer

2. Fügen Sie die *folgenden* Datensätze in die Tabelle *Auftrag_Lieferanten* ein:

Auftrag_Nr	Lieferanten_Nr	Artikel_Nr	Menge	Einkaufspreis	Lieferung	Zahlung
1	100	1001	3	430,00	2016-10-04	2016-10-25
2	101	1001	3	467,00	2016-10-12	2016-10-26

3. Geben Sie die folgenden Datensätze in die Tabelle *Kunden* ein:

Kunden_Nr	Name1	Strasse	PLZ	Ort
200	Otto Artig e. Kfm.	Mühlenstr. 45	26789	Leer
201	Hans Kassens	Am Forst 45	49809	Lingen
202	Bürohandlung GmbH	Markt 21	49716	Meppen
203	Bürobedarf Hinze KG	Siemensstr. 1	12459	Berlin

4. Erstellen Sie die Tabelle *Personal* und geben Sie folgende Daten ein:

Mitarbeiter_Nr	Nachname	Vorname	Strasse	PLZ	Ort	Stellung
1000	Meier	Hans	Hauptkanal re. 6	26871	Papenburg	Sachbearbeiter
1001	Regeleit	Irmgard	Spahner Str. 12	26789	Leer	Abteilungsleiter
1002	Hermes	Maria	Osterstr. 12	26826	Weener	Sachbearbeiter
1003	Müller	Irene	Belheimer Str. 1	26871	Papenburg	Abteilungsleiter

5. Fügen Sie die *folgenden* Datensätze in die Tabelle *Auftrag_Kunden* ein:

Auftrag_Nr	Kunden_Nr	Artikel_Nr	Menge	Einkaufspreis	Lieferung	Zahlung
1	201	1000	2	780,00	2016-10-16	2016-11-17
2	201	1003	3	3467,00	2016-10-06	2016-11-09

6. Erstellen Sie die folgende Tabelle *Lager_1* und fügen Sie die Daten ein:

Artikel_Nr	Artikelart	Artikel_Bez	Bestand	Einkaufspreis	Verkaufspreis	Lieferanten_Nr	Mitarbeiter_Nr
1000	Schreibtisch	Gabriele	5	800,00	1.365,00	101	1000
1001	Schreibtisch	Modern	10	456,00	735,00		1003
1004	Büroschrank	Aktuell	17	897,00	1.345,00	155	1002
1005	Drucker	Hanso	12	430,00	724,00	102	1001
3000	Computer	AGIB HS	10	3.322,93	3.980,00	101	1000
3001	Computer	Trup AK	5	3.576,00	4.190,00	155	1003

7. Erstellen Sie die Tabelle *Abteilungen* und geben Sie die Abteilungen *Direktion, Verkauf, Einkauf, Rechnungswesen* und *Lager/Versand* mit den Abteilungsnummern *1* bis *5* ein.

16.8.2 UPDATE – Aktualisierung von Daten

Daten müssen im Laufe der Zeit angepasst werden. Beispielsweise erhöhen sich Verkaufspreise, die Bezeichnung einzelner Artikeldaten ändert sich usw. Mit dem Befehl UPDATE stehen dazu verschiedene Möglichkeiten zur Verfügung. In der Realität wird jedoch in der Regel eine solche Anpassung über ein Formular erfolgen, welches mithilfe des genutzten Programms oder einer Programmier- oder Skriptsprache erstellt wurde.

Bei einem Update wird zunächst die Tabelle bestimmt, danach eine Aktualisierung durchgeführt, beispielsweise eine Berechnung und danach eine Bedingung definiert, die für die Aktualisierung erfüllt sein muss. Da es eine Reihe von unterschiedlichen Möglichkeiten der Aktualisierung gibt, wird die Aktualisierung an verschiedenen Beispielen gezeigt.

UPDATE *Tabelle* **SET** Datenfeld1 = *[Wert]*
WHERE {Bedingung}

Aufgabenstellung – Anpassung eines Wertes durch Berechnung eines neuen Wertes

Die Verkaufspreise für eine bestimmte Artikelart sollen erhöht werden.

UPDATE *Lager_2* **SET** Verkaufspreis = *Verkaufspreis * 1.2*
WHERE Artikelart = *'Drucker'*;

Ergebnis: UPDATE_SET_WHERE_1 (Ausschnitt)

Artikel_Nr	Artikelart	Artikel_Bez	Bestand	Einkaufspreis	Verkaufspreis
1005	Drucker	Hanso	12	430,00	868,80

Aufgabenstellung – Anpassung eines Wertes durch Berechnung eines neuen Wertes

Der Bestand eines Produkts soll angepasst werden.

UPDATE *Lager_2* **SET** Bestand = *Bestand + 4*
WHERE Artikel_Bez = *'AGIB HS'*;

Ergebnis: UPDATE_SET_WHERE_2 (Ausschnitt)

Artikel_Nr	Artikelart	Artikel_Bez	Bestand	Einkaufspreis	Verkaufspreis
3000	Computer	AGIB HS	14	3.322,93	3.980,00
3001	Computer	Trup AK	5	3.576,00	4.190,00

Aufgabenstellung – Anpassung eines Wertes durch Festsetzen des Wertes

Der Bestand eines Produkts soll angepasst werden.

UPDATE *Lager_2* **SET** Bestand = *9*
WHERE Artikel_Nr = *1000*;

Ergebnis: UPDATE_SET_WHERE_3 (Ausschnitt)

Artikel_Nr	Artikelart	Artikel_Bez	Bestand	Einkaufspreis	Verkaufspreis
1000	Schreibtisch	Gabriele	9	800,00	1.365,00
1001	Schreibtisch	Modern	10	456,00	735,00

Data Manipulation Language (DML)

Aufgabenstellung – Anpassung eines Wertes durch Berechnung eines neuen Wertes

Der Verkaufspreis eines Produkts soll angepasst werden. Da es mehrere Computer gibt, wird als zusätzliches Unterscheidungskriterium die Artikelbezeichnung hinzugefügt.

UPDATE *Lager_2* SET Verkaufspreis = *Verkaufspreis * 1.05*
WHERE Artikelart = 'Computer' AND Artikel_Bez = 'Trup AK';

Ergebnis: UPDATE_SET_WHERE_4

Artikel_Nr	Artikelart	Artikel_Bez	Bestand	Einkaufspreis	Verkaufspreis
3001	Computer	Trup AK	5	3.576,00	4.399,50

Aufgabenstellung – Anpassung mehrerer Werte durch Anpassung und Berechnung

Der Verkaufspreis eines Produktes soll prozentual erhöht werden.

UPDATE *Lager_2* SET Einkaufspreis = *3500,* Verkaufspreis = *Verkaufspreis * 1.15*
WHERE Artikelart=*'Computer'* AND Artikel_Bez =*'AGIB HS'*;

Ergebnis: UPDATE_SET_WHERE_5

Artikel_Nr	Artikelart	Artikel_Bez	Bestand	Einkaufspreis	Verkaufspreis
3000	Computer	AGIB HS	14	3.500,00	4.577,00

16.8.3 DELETE FROM – Löschen von Datensätzen bzw. Datenfeldern

Nicht mehr benötigte oder alle Daten sollen in einer Tabelle gelöscht werden. Die Tabelle soll allerdings für spätere Dateneingaben erhalten bleiben. Daher werden lediglich Daten gelöscht, die Struktur der Tabelle wird jedoch nicht verändert.

DELETE FROM *Tabelle*
WHERE {Bedingung}

Aufgabenstellung – Löschen bestimmter Werte

Das Warensortiment soll in Zukunft eine Artikelart nicht mehr enthalten.

DELETE
FROM *Lager_2*
WHERE Artikelart=*'Schreibtisch'*;

Ergebnis: DELETE_WHERE_1 (Ausschnitt)

Artikel_Nr	Artikelart	Artikel_Bez	Bestand	Einkaufspreis	Verkaufspreis
1004	Büroschrank	Aktuell	17	897,00	1.345,00

Aufgabenstellung – Löschen bestimmter Werte

Ein Artikel mit einer bestimmten Artikelnummer soll aus der Tabelle entfernt werden.

DELETE
FROM *Lager_2*

WHERE Artikel_NR = *1004*;

Ergebnis: DELETE_WHERE_2 (Ausschnitt)

Artikel_Nr	Artikelart	Artikel_Bez	Bestand	Einkaufspreis	Verkaufspreis
1005	Drucker	Hanso	12	430,00	724,00
3000	Computer	AGIB HS	10	3.500,00	4.577,00
3001	Computer	Trup AK	5	3.576,00	4.190,00

Aufgabenstellung – Löschen bestimmter Daten

Mehrere Artikel mit bestimmten Artikelnummern sollen aus der Tabelle entfernt werden. Bereits entfernte Datenfelder können nicht ein zweites Mal entfernt werden.

DELETE
FROM *Lager_2*
WHERE Artikel_NR = 1000 **OR** Artikel_NR = 1001 **OR** Artikel_NR = 1005;

Ergebnis: DELETE_WHERE_4

Artikel_Nr	Artikelart	Artikel_Bez	Bestand	Einkaufspreis	Verkaufspreis
3000	Computer	AGIB HS	10	3.500,00	4.577,00
3001	Computer	Trup AK	5	3.576,00	4.190,00

Aufgabenstellung – Löschen bestimmter Daten

Ein Artikel mit einer bestimmten Artikelnummer soll aus der Tabelle entfernt werden.

DELETE
FROM *Lager_2*
WHERE Einkaufspreis >= 3550 **AND** Verkaufspreis >= 4000;

Ergebnis: DELETE_WHERE_5

Artikel_Nr	Artikelart	Artikel_Bez	Bestand	Einkaufspreis	Verkaufspreis
3000	Computer	AGIB HS	10	3.500,00	4.577,00

Aufgabenstellung – Löschen aller Werte

Alle Daten in einer Tabelle werden nicht mehr benötigt und sollen daher gelöscht werden. Die Tabelle soll jedoch für die spätere Erfassung von neuen Daten erhalten bleiben, daher sollen nur die Daten, nicht jedoch die Tabelle selbst entfernt werden.

DELETE
FROM *Lager_2*;

Ergebnis: DELETE_1

Artikel_Nr	Artikelart	Artikel_Bez	Bestand	Einkaufspreis	Verkaufspreis

16.9 Data Query Language (DQL)
16.9.1 SELECT – Projektion von Datensätzen
Begriff

Mit dem Befehl SELECT werden aus einer oder mehreren Tabellen Datensätze ausgelesen. Festgelegt werden kann, ob die Inhalte aller oder nur bestimmter Datenfelder ausgegeben werden sollen. Werden nicht alle Daten einer Tabelle ausgegeben, spricht man von einer Projektion von Daten.

Der SELECT-Befehl wird ebenfalls genutzt, um bestimmte Datensätze bzw. nur bestimmte Daten auszugeben oder doppelte Ausgaben zu unterdrücken. Die Berechnung von Summen, Mittelwerten usw., aber auch andere Berechnungen, die nicht zu einer dauerhaften Änderung von Daten führen, werden ebenfalls mithilfe dieses Befehls vorgenommen.

Die Grundform der SELECT-Anweisung umfasst Klauseln, die in der hier angegebenen Reihenfolge genutzt werden können. Die beiden ersten Bestandteile müssen **obligatorisch,** also grundsätzlich, verwandt werden, die anderen Bestandteile können **optional,** also bei Bedarf genutzt werden. In der nachfolgenden Darstellung werden diese Bestandteile daher mit einer eckigen Klammer fett umrandet.

Datenfeldnamen werden bei der Ausführung des Befehls durch ein Komma voneinander getrennt, Alternativen mit einem | gekennzeichnet.

> **SELECT {** Feldname1 [, Feldname2, ...] |* **}**
> **FROM** *Tabelle1 [, Tabelle2, Tabelle3, ...]*
> **[WHERE** {Bedingung} **]**
> **[ORDER BY** Feldname1 [**ASC|DESC**] [, Feldname2 [**ASC|DESC**]] ...**]**
> **[GROUP BY** Feldname1 [**HAVING** {Bedingung}] **]**

Die einzelnen Elemente werden in der Tabelle angesprochen und mit Beispielen unterlegt.

Art	Bedeutung	Beispiel
SELECT	Alle oder einzelne Datenfelder, die projiziert (wiedergegeben) werden sollen, werden ausgewählt.	SELECT * SELECT Artikel_Nr, Artikelart
FROM	Die genutzte Tabelle oder die genutzten Tabellen werden definiert.	FROM *Lager* FROM *Lager, Auftrag*
WHERE	Datensätze werden aufgrund einer Suchbedingung selektiert (ausgewählt).	WHERE Artikel_Nr = 1005 WHERE Artikelart = 'Drucker'
ORDER BY	Die Daten können nach verschiedenen Kriterien auf- bzw. absteigend sortiert werden.	ORDER BY Artikelart **ASC** ORDER BY Artikelart **DESC**
GROUP BY	Datensätze werden aufgrund gleicher Datenwerte gruppiert. Auf dieser Grundlage können dann beispielsweise Bestände usw. berechnet werden.	GROUP BY Artikelart
HAVING	Zusätzlich zur Gruppierung von Werten wird eine Bedingung formuliert, die bestimmt, welche Werte ausgegeben werden. Die Bedingung gleicht in gewisser Weise der WHERE-Bedingung.	GROUP BY Artikelart HAVING SUM(Bestand) >= 16;

SELECT – Auswählen aller Datensätze – Anzeige aller Datenfelder

Durch die Eingabe eines Sterns (*) werden alle Datenfelder ausgegeben. Der Befehl bewirkt außerdem die Ausgabe aller Datensätze, da die Ausgabe nicht durch eine einschränkende Anweisung begrenzt wird.

SELECT *
FROM *Tabelle*;

Aufgabenstellung – Ausgabe aller Daten (3)

Alle Datensätze einer Tabelle sollen mit allen zur Verfügung stehenden Datenfeldern angezeigt werden. Die Daten sollen der Tabelle *Lager* entnommen werden.

SELECT *
FROM *Lager*;

Ergebnis: SELECT_1

Artikel_Nr	Artikelart	Artikel_Bez	Bestand	Einkaufspreis	Verkaufspreis
1000	Schreibtisch	Gabriele	5	800,00	1.365,00
1001	Schreibtisch	Modern	10	456,00	735,00
1004	Büroschrank	Aktuell	17	897,00	1.345,00
1005	Drucker	Hanso	12	430,00	724,00
3000	Computer	AGIB HS	10	3.322,93	3.980,00
3001	Computer	Trup AK	5	3.576,00	4.190,00

SELECT – Projektion – Auswählen aller Datensätze – Anzeige ausgewählter Datenfelder

Die Auswahl bestimmter Daten aus einer oder mehreren Tabellen wird als Projektion von Daten bezeichnet. Grundsätzlich lassen sich auch Daten aus verschiedenen Tabellen in einer Projektion ausgeben. Dies erfordert jedoch die Festlegung von Schlüsseln (Primärschlüssel und eventuell Fremdschlüssel) und den Aufbau von Beziehungen zwischen Tabellen in einer entsprechenden SQL-Anweisung.

SELECT Feldname1 [,Feldname2, Feldname3, …]
FROM *Tabelle*;

Aufgabenstellung – Ausgabe aller Datensätze mit bestimmten Datenfeldern

Alle Datensätze der Tabelle *Lager* sollen angezeigt werden. Allerdings sollen nur die angegebenen Datenfelder angezeigt werden. Dabei können die Datenfelder je nach Bedarf ausgewählt werden, z. B. Datenfelder für Bestandslisten usw.

SELECT Artikel_Nr, Artikelart, Artikel_Bez
FROM *Lager*;

Ergebnis: SELECT_2 (Ausschnitt)

Artikel_Nr	Artikelart	Artikel_Bez
1000	Schreibtisch	Gabriele

16.9.2 SELECT AS – Vergeben von Feldnamen für eine Auswertung

Gewählte Namen für Datenfelder sind nicht immer aussagekräftig bzw. eignen sich nicht immer für die gewünschten Zwecke. Die Datenfeldbezeichnung *Artikel_Bez* erscheint nicht immer günstig. In der Ausgabe von Daten können daher Aliasnamen verwandt werden. In den Überschriften erscheinen danach die gewünschten Angaben.

Durch die Nutzung dieses SQL-Befehls wird in keiner Weise die Datenstruktur der Tabelle beeinflusst. Auch beim nächsten Aufruf der Tabelle müssen selbstverständlich die ursprünglichen Bezeichnungen der Datenfelder genutzt werden, es kann jedoch zusätzlich wieder ein ALIAS-Name, eventuell je nach Bedarf ein anderer, genutzt werden. So könnte beispielsweise das Datenfeld Artikel_Nr bei der nächsten Selektion statt Artikelnummer mit Artikel-Nummer bezeichnet werden.

SELECT Feldname1 **AS** Bezeichnung [,Feldname2 **AS** Bezeichnung, …]
FROM *Tabelle*;

Aufgabenstellung – Ausgabe von aussagekräftigen Überschriften

Einige Datenfelder in einer Tabelle sollen mit aussagekräftigen Namen versehen werden.

SELECT Artikel_Nr **AS** Artikelnummer, Artikelart,
Artikel_Bez **AS** Artikelbezeichnung
FROM *Lager*;

Ergebnis: SELECT AS (Ausschnitt)

Artikel_Nr	Artikelart	Artikelbezeichnung
1000	Schreibtisch	Gabriele

16.9.3 SELECT DISTINCT – Unterdrückung doppelter Ausgabe in Datenfeldern

Befinden sich in einem Datenfeld einer Tabelle mehrmals dieselben Bezeichnungen, werden diese Bezeichnungen auch mehrmals ausgegeben. Dies ist jedoch nicht immer erwünscht. Mit dem SQL-Befehl DISTINCT wird die Ausgabe doppelter Bezeichnungen unterdrückt.

SELECT DISTINCT Feldname
FROM *Tabelle*;

Aufgabenstellung – Ausgabe von Daten ohne Mehrfachnennung

Alle Artikelarten sollen ausgegeben werden, nicht jedoch mehrfach. Es wird eine automatisch aufsteigend sortierte Liste der Daten ausgegeben.

SELECT DISTINCT Artikelart
FROM *Lager*;

Ergebnis: SELECT_DISTINCT

Artikelart
Büroschrank
Computer
Drucker
Schreibtisch

16.9.4 SELECT-WHERE – Auswahl von Datensätzen

Allgemeine Erklärungen und Beispiel

Sollen nicht alle Datensätze ausgegeben werden, können mithilfe von Operatoren Teilmengen bestimmt werden. Je nach genutztem Operator werden unterschiedliche Datensätze ausgegeben. Zusätzlich können ALIAS-Namen genutzt und Datenfelder bestimmt werden, die ausgegeben werden sollen. Grundsätzlich lautet die Syntax des Befehls folgendermaßen:

> **SELECT {** Feldname1 [, Feldname2, …] | * **}**
> **FROM** *Tabelle*
> **WHERE** Feldname **OPERATOR** *Ausdruck*

Sollen mehrere Bedingungen überprüft werden, kann dies mithilfe von der Logikoperatoren **AND** und **OR** erfolgen.

> **SELECT {** Feldname1 [, Feldname2, …] | * **}**
> **FROM** *Tabelle*
> **WHERE** Feldname **OPERATOR** *Ausdruck* **AND|OR** Feldname **OPERATOR** *Ausdruck*

Außerdem sind verschiedene Kombinationen der einzelnen Möglichkeiten gegeben.

Aufgabenstellung – Ausgabe bestimmter Datensätze

Alle Artikel einer bestimmten Artikelart werden ausgegeben. Außerdem sollen nicht alle Datenfelder ausgegeben und die restlichen Datenfeldbezeichnungen vernünftig gewählt werden.

> **SELECT** Artikel_Nr **AS** Artikelnummer, Artikelart, Artikel_Bez
> **AS** Artikelbezeichnung
> **FROM** *Lager*
> **WHERE** Artikelart = *'Computer'*;

Hinweis: Benutzen Sie zur Erzeugung des Zeichens ' die Tastenkombination [⇧] + [#].

Ergebnis: SELECT_WHERE_1

Artikelnummer	Artikelart	Artikelbezeichnung
3000	Computer	AGIB HS
3001	Computer	Trup AK

Operatoren

Oftmals werden nur Daten benötigt, die bestimmten Kriterien entsprechen. Zu diesem Zweck werden u. a. Logik-Operatoren verwandt:

Operator	Beschreibung	Beispiele
OR	Alle Daten, die einem der beiden Kriterien entsprechen, werden ausgegeben.	Artikelart <> *Computer'* **OR** Artikelart <> *'Drucker'*
AND	Alle Daten, die beiden Kriterien entsprechen, werden ausgegeben.	Einkaufspreis **>=** *100* **AND** Einkaufspreis **<** *550*
NOT	Alle Daten, die nicht den angegebenen Kriterien entsprechen, werden ausgegeben.	Artikelart **NOT LIKE** *'C%'*

Data Query Language (DQL)

In der folgenden Tabelle werden die grundsätzlichen Möglichkeiten zusammengefasst:

Operator	Beschreibung	Beispiele
= Gleich	Überprüfung, ob eine Bedingung erfüllt ist. Ist die Bedingung erfüllt, werden die entsprechenden Daten ausgegeben.	Artikelart = *'Computer'* Bestand = *50* Verkaufspreis = *456,00*
!= <> Ungleich	Es werden alle Daten ausgegeben, die ungleich des eingegebenen Ausdrucks sind. Dies ist nicht nur bei Zahlen, sondern auch bei Namen usw. der Fall.	Artikelart <> *'Computer'* Bestand != *50* Artikelart <> *Computer'* **OR** Artikelart <> *'Drucker'*
< Kleiner als	Es werden beispielsweise Artikelarten ausgegeben, wo der erste Buchstabe ein A oder B oder die ersten Buchstaben mit Ci beginnen. Für den Computer sind aufgrund des genutzten Codes auch Buchstaben Zahlenwerte, sodass eine genaue Abgrenzung erfolgen kann.	Bestand < *20* Artikelart < *'Computer'* Artikelart < *'Computer'* **AND** Bestand < *20*
<= Kleiner oder gleich	Alle Werte, die kleiner oder gleich der Bedingung sind, werden ausgegeben. Dabei kann es sich um Zahlen oder Buchstaben handeln.	Verkaufspreis <= *500* Artikel_Bez <= *'TRUP AK'*
> Größer als	Alle Werte, die größer der Bedingung sind, werden ausgegeben. Dabei kann es sich um Zahlen oder Buchstaben handeln.	Einkaufspreis > *550* Artikelart < *'Computer'* **AND** Bestand > *20*
>= Größer oder gleich	Alle Werte, die größer oder gleich der Bedingung sind, werden ausgegeben. Dabei kann es sich um Zahlen oder Buchstaben handeln.	Einkaufspreis >= *550* Einkaufspreis >= *100* **AND** Einkaufspreis < *550*
IS [NOT] Null	Überprüfung, ob ein Wert vorhanden ist. Es geht dabei nicht darum, ob ein Wert z. B. *0* ist, sondern ob überhaupt ein Wert eingetragen ist. Die Ergebnisse sind teilweise von der Datenstruktur abhängig, sodass eventuell nicht immer das erwartete Ergebnis angezeigt wird.	Artikelart **IS NULL**
[NOT] LIKE	Abfragen mit dem Befehl **LIKE** können mithilfe von Platzhaltern gestaltet werden. Die Verwendung von Platzhaltern und damit die Nutzung des SQL-Befehls LIKE sind in Datenbanksystemen unterschiedlich geregelt. Daher empfiehlt sich ein Blick in Hilfe-Dateien oder Handbücher (siehe nächste Seite).	Artikelart **LIKE** *'Computer'* Artikelart **LIKE** *'C%'* Artikelart **LIKE** *'C_m%'* Artikelart **NOT LIKE** *'C%'*
[NOT] IN	Überprüfung, ob ein Feldwert in einer Menge von in dem Datenfeld vorhandenen Werten auftritt.	Artikelart **IN** *('Computer')* Artikelart **NOT IN** *('Computer', 'Drucker')*

Operator	Beschreibung	Beispiele
[NOT] BETWEEN	Alle Werte, die in einem bestimmten Bereich liegen, werden ausgegeben. **Besonderheit:** Die Grenzwerte (Beispiel 1: *100, 1500*) werden mit ausgegeben.	Verkaufspreis **BETWEEN** 100 **AND** 1500 Einkaufspreis **BETWEEN** 100 **AND** 500 **AND NOT LIKE** 400
[NOT] EXISTS	Die SQL-Abfrage wird im Zusammenhang mit sogenannten Unterabfragen verwandt. Auf diese Art der Abfragen wird im Buch nicht eingegangen.	**SELECT** Artikel_Nr **FROM** Auftrag_Lieferanten **WHERE EXISTS** (**SELECT** * **FROM** Lager);

Platzhalter in den Datenbanksystemen **MySQL** (%) (_) und **ACCESS** (*) (?):

Platzhalter	Beschreibung	Beispiele	Ausgaben u. a.
% (*)	Alle Daten nach dem Zeichen werden ausgegeben.	Ma% Ma*	Maler Maurer
_ (?)	Ein beliebiges Zeichen kann an dieser Stelle stehen.	M__er M??er	Meier Maier

Aufgabenstellung – Ausgabe von Daten unter Nutzung der Größer-Kleiner-Bedingung

Alle Artikel außer einer bestimmten Artikelart sollen ausgegeben werden.

SELECT *
FROM *Lager*
WHERE Artikelart **<>** *'Computer'*;

Ergebnis: SELECT_WHERE_2

Artikel_Nr	Artikelart	Artikel_Bez	Bestand	Einkaufspreis	Verkaufspreis
1000	Schreibtisch	Gabriele	5	800,00	1.365,00
1001	Schreibtisch	Modern	10	456,00	735,00
1004	Büroschrank	Aktuell	17	897,00	1.345,00
1005	Drucker	Hanso	12	430,00	724,00

Aufgabenstellung – Ausgabe von Daten unter Nutzung der Größer-Gleich-Bedingung

Alle Artikel, bei denen ein Bestand von 12 oder mehr vorhanden ist, werden ausgegeben.

SELECT *
FROM *Lager*
WHERE Bestand **>=** *12*;

Ergebnis: SELECT_WHERE_3

Artikel_Nr	Artikelart	Artikel_Bez	Bestand	Einkaufspreis	Verkaufspreis
1004	Büroschrank	Aktuell	17	897,00	1.345,00
1005	Drucker	Hanso	12	430,00	724,00

Data Query Language (DQL)

Aufgabenstellung – Ausgabe von Daten unter Nutzung des Operators AND

Es sollen alle Datensätze ausgegeben werden, die zwei Bedingungen erfüllen.

```
SELECT *
FROM Lager
WHERE Artikelart ='Computer' AND Bestand >= 10;
```

Ergebnis: SELECT_WHERE_4

Artikel_Nr	Artikelart	Artikel_Bez	Bestand	Einkaufspreis	Verkaufspreis
3000	Computer	AGIB HS	10	3.322,93	3.980,00

Aufgabenstellung – Ausgabe von Daten unter Nutzung des Operators NOT AND

Es sollen alle Datensätze ausgegeben werden, die zwei Bedingungen erfüllen.

```
SELECT *
FROM Lager
WHERE Artikelart ='Computer' AND NOT Bestand >= 10;
```

Ergebnis: SELECT_WHERE_5

Artikel_Nr	Artikelart	Artikel_Bez	Bestand	Einkaufspreis	Verkaufspreis
3001	Computer	Trup AK	5	3.576,00	4.190,00

Aufgabenstellung – Ausgabe von Daten unter Nutzung des Operators OR

Es sollen alle Datensätze ausgegeben werden, die eine von zwei Bedingungen erfüllen.

```
SELECT *
FROM Lager
WHERE Artikelart='Computer' OR Artikelart='Drucker';
```

Ergebnis: SELECT_WHERE_6 (Ausschnitt)

Artikel_Nr	Artikelart	Artikel_Bez	Bestand	Einkaufspreis	Verkaufspreis
1005	Drucker	Hanso	12	430,00	724,00
3000	Computer	AGIB HS	10	3.322,93	3.980,00

Aufgabenstellung – Ausgabe von Daten unter Nutzung des Operators BETWEEN

Daten eines Datenfelds, die zwischen zwei Werten liegen, sollen ausgegeben werden.

```
SELECT Artikel_Nr, Artikelart, Artikel_Bez, Bestand, Einkaufspreis
FROM Lager
WHERE Bestand BETWEEN 8 AND 12;
```

Ergebnis: SELECT_WHERE_7 (Ausschnitt)

Artikel_Nr	Artikelart	Artikel_Bez	Bestand	Einkaufspreis
1001	Schreibtisch	Modern	10	456,00

Hinweis: Die Randwerte (*8* und *12*) werden mit ausgegeben.

Aufgabenstellung – Ausgabe von Daten unter Nutzung des Operators BETWEEN

Daten zwischen verschiedenen Werten sollen ausgegeben werden.

```
SELECT * FROM Lager
WHERE Artikelart Between 'Büroschrank' AND 'Drucker'
ORDER BY Artikelart;
```

Ergebnis: SELECT_WHERE_8

Artikel_Nr	Artikelart	Artikel_Bez	Bestand	Einkaufspreis	Verkaufspreis
1004	Büroschrank	Aktuell	17	897,00	1.345,00
3000	Computer	AGIB HS	10	3.322,93	3.980,00
3001	Computer	Trup AK	5	3.576,00	4.190,00
1005	Drucker	Hanso	12	430,00	724,00

Aufgabenstellung – Ausgabe von Daten unter Nutzung des Operators BETWEEN

Daten zwischen verschiedenen Werten sollen ausgegeben werden.

```
SELECT *
FROM Lager
WHERE Einkaufspreis Between 500 AND 850;
```

Ergebnis: SELECT_WHERE_9 (Ausschnitt)

Artikel_Nr	Artikelart	Artikel_Bez	Bestand	Einkaufspreis	Verkaufspreis
1000	Schreibtisch	Gabriele	5	800,00	1.365,00

Aufgabenstellung – Ausgabe von Daten unter Nutzung des Operators LIKE

Die Daten eines Datenfelds sollen mithilfe von Platzhaltern ausgegeben werden.

```
SELECT *
FROM Lager
WHERE Artikelart LIKE 'Schreib*';
```

```
SELECT *
FROM Lager
WHERE Artikelart LIKE 'Schreib%';
```

Ergebnis: SELECT_WHERE_10 (Ausschnitt)

Artikel_Nr	Artikelart	Artikel_Bez	Bestand	Einkaufspreis	Verkaufspreis
1000	Schreibtisch	Gabriele	5	800,00	1.365,00

Data Query Language (DQL)

Aufgabenstellung – Ausgabe von Daten unter Nutzung des Operators LIKE

Alle Artikelbezeichnungen mit dem Anfangsbuchstaben A sollen ausgegeben werden.

SELECT *
FROM *Lager*
WHERE Artikel_Bez **LIKE** *'?a*'*;

SELECT *
FROM *Lager*
WHERE Artikel_Bez **LIKE** *'_a%'*;

Ergebnis: SELECT_WHERE_11

Artikel_Nr	Artikelart	Artikel_Bez	Bestand	Einkaufspreis	Verkaufspreis
1000	Schreibtisch	Gabriele	5	800,00	1.365,00
1005	Drucker	Hanso	12	430,00	724,00

Aufgabenstellung – Ausgabe von Daten unter Nutzung des Operators IN

Bestimmte Artikelarten, die angegeben werden, sollen aus einer Tabelle ausgegeben werden.

SELECT *
FROM *Lager*
WHERE Artikelart **IN** *('Computer','Drucker')*;

Ergebnis: SELECT_WHERE_12

Artikel_Nr	Artikelart	Artikel_Bez	Bestand	Einkaufspreis	Verkaufspreis
1005	Drucker	Hanso	12	430,00	724,00
3000	Computer	AGIB HS	10	3.322,93	3.980,00
3001	Computer	Trup AK	5	3.576,00	4.190,00

Aufgabenstellung – Ausgabe von Daten unter Nutzung des Operators IN

Daten zwischen verschiedenen Werten sollen ausgegeben werden.

SELECT *
FROM *Lager*
WHERE Artikel_Nr **IN** *(1000,3000,3001)*;

Ergebnis: SELECT_WHERE_13

Artikel_Nr	Artikelart	Artikel_Bez	Bestand	Einkaufspreis	Verkaufspreis
1000	Schreibtisch	Gabriele	5	800,00	1.365,00
3000	Computer	AGIB HS	10	3.322,93	3.980,00
3001	Computer	Trup AK	5	3.576,00	4.190,00

16.9.5 SELECT – Berechnung von Werten

Mithilfe vorhandener Daten in Datenfeldern können benötigte Werte berechnet werden.

Aufgabenstellung – Berechnung durch Multiplikation

Der Gesamteinkaufspreis einzelner Artikel soll ermittelt werden.

SELECT Artikel_Bez, Bestand, Einkaufspreis,
Bestand*Einkaufspreis **AS** Gesamtpreis
FROM *Lager*;

Ergebnis: SELECT_Berechnung_1 (Ausschnitt)

Artikel_Bez	Bestand	Einkaufspreis	Gesamtpreis
Gabriele	5	800,00	4.000,00
Modern	10	456,00	4.560,00
Aktuell	17	897,00	15.249,00

Aufgabenstellung – Berechnung bestimmter Werte durch Multiplikation

Bestimmte Werte, wie beispielsweise die Gesamteinkaufspreise der Artikel einer einzelnen Artikelart, sollen ermittelt werden.

SELECT Artikelart, Artikel_Bez, Bestand, Einkaufspreis,
Bestand*Einkaufspreis **AS** Gesamtpreis
FROM *Lager*
WHERE Artikelart = *'Drucker'*;

Ergebnis: SELECT_Berechnung_2

Artikelart	Artikel_Bez	Bestand	Einkaufspreis	Gesamtpreis
Drucker	Hanso	12	430,00	5.160,00

Aufgabenstellung – Berechnungen (Multiplikation, Subtraktion, Prozent)

Die Differenz und die prozentuale Differenz zwischen Werten soll ermittelt werden.

SELECT Artikelart, Artikel_Bez, Einkaufspreis, Verkaufspreis,
Verkaufspreis-Einkaufspreis **AS** Differenz,
((Verkaufspreis-Einkaufspreis)/Einkaufspreis) * 100 **AS** Prozent
FROM *Lager*
WHERE Artikelart = *'Schreibtisch'*;

Ergebnis: SELECT_Berechnung_3

Artikelart	Artikel_Bez	Einkaufspreis	Verkaufspreis	Differenz	Prozent
Schreibtisch	Gabriele	800,00	1.365,00	565,00	70,62
Schreibtisch	Modern	456,00	735,00	279,00	61,18

Data Query Language (DQL)

16.9.6 SELECT ORDER BY – Sortieren von Datensätzen

Datensätze in Tabellen können nach verschiedenen Kriterien sortiert werden, beispielsweise aufsteigend und absteigend. Auch eine wie auch immer gestaltete Sortierung nach mehreren Kriterien ist möglich, es kann also in einer Sortierung ein Datenfeld beispielsweise absteigend und ein anderes aufsteigend sortiert werden.

> **SELECT** { Feldname1 [, Feldname2, ...] |* }
> **FROM** *Tabelle1 [, Tabelle2, Tabelle3, ...]*
> [**WHERE** {Bedingung}]
> [**ORDER BY** Feldname1 **[ASC|DESC]** [, Feldname2 **[ASC|DESC]**] ...]

Aufgabenstellung – Aufsteigende Sortierung

In einer Tabelle soll nach einem Datenfeld aufsteigend sortiert werden. Erfolgt keine Kennung der Sortierung (ASC bzw. DESC) wird automatisch aufsteigend sortiert. Daher ist die Angabe der Sortierungsart ASC optional.

> **SELECT** *
> **FROM** *Lager*
> **ORDER BY** Artikelart;

> **SELECT** *
> **FROM** *Lager*
> **ORDER BY** Artikelart **ASC**;

Ergebnis: SELECT_ORDER_BY_1 (Ausschnitt)

Artikel_Nr	Artikelart	Artikel_Bez	Bestand	Einkaufspreis	Verkaufspreis
1004	Büroschrank	Aktuell	17	897,00	1.345,00
3001	Computer	Trup AK	5	3.576,00	4.190,00
3000	Computer	AGIB HS	10	3.322,93	3.980,00

Aufgabenstellung – Absteigende Sortierung (Ausschnitt)

In einer Tabelle soll nach einem Datenfeld absteigend sortiert werden. Eine Kennung der Sortierungsart ist unbedingt erforderlich.

> **SELECT** *
> **FROM** *Lager*
> **ORDER BY** Artikelart **DESC**;

Ergebnis: SELECT_ORDER_BY_2 (Ausschnitt)

Artikel_Nr	Artikelart	Artikel_Bez	Bestand	Einkaufspreis	Verkaufspreis
1001	Schreibtisch	Modern	10	456,00	735,00
1000	Schreibtisch	Gabriele	5	800,00	1.365,00
1005	Drucker	Hanso	12	430,00	724,00

Aufgabenstellung – Aufsteigende Sortierung nach mehreren Datenfeldern.

In einer Tabelle soll nach mehreren Datenfeldern aufsteigend sortiert werden. Eine Kennung der Sortierungsart kann, aber muss nicht erfolgen. Die Reihenfolge der Sortierung ergibt sich aus der Reihenfolge der angegebenen Datenfelder. Es wird zunächst nach dem ersten angegebenen Datenfeld, danach nach dem nächsten Datenfeld usw. sortiert.

SELECT *
FROM *Lager*
ORDER BY Artikelart, Artikel_Bez;

SELECT *
FROM *Lager*
ORDER BY Artikelart **ASC**, Artikel_Bez **ASC**;

Ergebnis: SELECT_ORDER_BY_3

Artikel_Nr	Artikelart	Artikel_Bez	Bestand	Einkaufspreis	Verkaufspreis
1004	Büroschrank	Aktuell	17	897,00	1.345,00
3000	Computer	AGIB HS	10	3.322,93	3.980,00
3001	Computer	Trup AK	5	3.576,00	4.190,00
1005	Drucker	Hanso	12	430,00	724,00
1000	Schreibtisch	Gabriele	5	800,00	1.365,00
1001	Schreibtisch	Modern	10	456,00	735,00

Aufgabenstellung – Sortierung nach unterschiedlichen Sortierungsarten

In einer Tabelle soll ein Datenfeld aufsteigend und ein zweites Datenfeld absteigend sortiert werden. Außerdem soll die Ausgabe durch ALIAS-Namen gestaltet werden.

SELECT Artikel_Nr **AS** Artikelnummer,
Artikelart, Artikel_Bez **AS** Artikelbezeichnung, Verkaufspreis
FROM *Lager*
ORDER BY Artikelart , Artikel_Bez **DESC**;

Ergebnis: SELECT_ORDER_BY_4

Artikelnummer	Artikelart	Artikelbezeichnung	Verkaufspreis
1004	Büroschrank	Aktuell	1.345,00
3001	Computer	Trup AK	4.190,00
3000	Computer	AGIB HS	3.980,00
1005	Drucker	Hanso	724,00
1001	Schreibtisch	Modern	735,00
1000	Schreibtisch	Gabriele	1.365,00

Data Query Language (DQL)

16.9.7 SELECT GROUP BY – Gruppieren von Daten

Durch die Gruppierung können nicht nur Gesamtsummen usw. ausgegeben werden, sondern auch Summen, Mittelwerte usw. in Abhängigkeit von den Inhalten eines anderen Datenfelds. Eine aufsteigende Sortierung wird nach der Gruppierung automatisch vorgenommen, es kann jedoch auch eine andere Sortierung je nach den Anforderungen bestimmt werden.

> **SELECT** { Feldname1 [, Feldname2, ...] |* }
> **FROM** *Tabelle1 [, Tabelle2, Tabelle3, ...]*
> [**GROUP BY** Feldname1 [**HAVING** {*Bedingung*}]]
> [**ORDER BY** Feldname1 [**ASC|DESC**] [, Feldname2 [**ASC|DESC**]] ...]

Wird sowohl ausgewählt als auch gruppiert und sortiert, ist folgende Reihenfolge einzuhalten:
- Gruppierung,
- Sortierung.

Aufgabenstellung – Summe der Bestände aller gruppierten Elemente

Die Daten sollen nach den Inhalten eines Datenfelds gruppiert werden. Die jeweiligen Summen der gruppierten Werte sollen nach absteigender Sortierung ausgegeben werden.

> **SELECT** Artikelart, **Sum**(Bestand) **AS** Summe_Bestand
> **FROM** *Lager*
> **GROUP BY** Artikelart
> **ORDER BY SUM**(Bestand) **DESC**;

Ergebnis: SELECT_GROUP_BY_1

Artikelart	Summe_Bestand
Büroschrank	17
Computer	15
Schreibtisch	15
Drucker	12

Aufgabenstellung – Ausgabe des Minimums usw. aller gruppierten Ebenen

Die minimale, der maximale und der durchschnittliche Wert der Werte eines Datenfelds sollen ausgegeben werden. Ist jeweils nur ein Wert vorhanden, sind diese drei Werte identisch.

> **SELECT** Artikelart, **MIN**(Bestand) **AS** Minimum_Bestand,
> **MAX**(Bestand) **AS** Maximum_Bestand, **AVG**(Bestand) **AS** Mittelwert_Bestand
> **FROM** *Lager*
> **GROUP BY** Artikelart;

Ergebnis: SELECT_GROUP_BY_2 (Ausschnitt)

Artikelart	Minimum_Bestand	Maximum_Bestand	Mittelwert_Bestand
Büroschrank	17	17	17
Computer	5	10	7,5
Drucker	12	12	12

16.9.8 SELECT HAVING – Gruppieren mit Bedingungen

Zusätzlich zur Gruppierung von Werten wird eine Bedingung formuliert, die bestimmt, welche Werte ausgegeben werden. Die Bedingung gleicht in gewisser Weise der WHERE-Bedingung.

SELECT { Feldname1 [, Feldname2, ...] |* **}**
FROM *Tabelle1 [, Tabelle2, Tabelle3, ...]*
 [**GROUP BY** Feldname1 [**HAVING** {*Bedingung*}]]

Aufgabenstellung – Berechnung einer Summe unter Nutzung einer Bedingung

Die Summe der Werte eines Datenfelds sollen unter Nutzung einer Bedingung ab einem bestimmten Wert ausgegeben werden.

SELECT Artikelart, **Sum**(Bestand) **AS** Summe_Bestand **FROM** *Lager*
GROUP BY Artikelart
HAVING SUM(Bestand) **>=** *16*;

Ergebnis: SELECT_HAVING_BY_1

Artikelart	Summe_Bestand
Büroschrank	17

Aufgabenstellung – Berechnung eines Mittelwerts unter Nutzung einer Bedingung

Bestimmte Mittelwerte der Werte eines Datenfelds sollen unter Nutzung des SQL-Befehls BETWEEN ausgegeben werden.

SELECT Artikelart, **AVG**(Bestand) **AS** Mittelwert_Bestand
FROM *Lager*
GROUP BY Artikelart
HAVING AVG(Bestand) **BETWEEN** *10* **AND** *14*;

Ergebnis: SELECT_GROUP_BY_2

Artikelart	Mittelwert_Bestand
Drucker	12

Aufgabenstellung – Berechnung unter Nutzung von Bedingungen und Operatoren

Werte sollen in Abhängigkeit von einer UND-Bedingung ausgegeben werden.

SELECT Artikelart, **Sum**(Bestand) **AS** Summe_Bestand,
AVG(Bestand) **AS** Mittelwert_Bestand
FROM *Lager*
GROUP BY Artikelart
HAVING SUM(Bestand)**>=***10* **AND AVG**(Bestand) **<***10*;

Ergebnis: SELECT_GROUP_BY (Ausschnitt)

Artikelart	Summe_Bestand	Mittelwert_Bestand
Computer	15	7,5

16.9.9 UNION – JOINS – Datenauswertung aus verschiedenen Tabellen

Vorbemerkungen

Nachfolgend sollen Daten aus verschiedenen Tabellen miteinander in Verbindung gesetzt und damit ausgewertet werden. Bei den gezeigten Beispielen handelt es sich im Wesentlichen um die Nutzung von Beispielen, die mit 1:n-Beziehungen beschrieben werden könnten. Eine Übertragung der Sachverhalte auf andere Beziehungen ist jederzeit möglich. Außerdem werden noch weitere Auswertungen vorgenommen.

UNION

Daten aus verschiedenen Tabellen, die einheitlich aufgebaut sind oder die einheitliche Kriterien wie beispielsweise Namen und Orte enthalten, können für Auswertungen sinnvoll zusammengestellt werden. Außerdem können Kriterien definiert werden, sodass eine spezielle Auswertung definiert werden kann.

Aufgabenstellung – Auslesen von Daten aus verschiedenen Tabellen

Die Daten der Tabellen *Lieferanten* und *Kunden* sollen zusammengefasst werden. Für Anschreiben soll eine Liste mit den wichtigsten Daten der Lieferanten und Kunden zur Verfügung stehen.

```
SELECT Name1, Strasse, PLZ, Ort FROM Lieferanten
UNION
SELECT Name1, Strasse, PLZ, Ort FROM Kunden
ORDER BY Name1;
```

Ergebnis: SELECT_UNION_1

Name1	Strasse	PLZ	Ort
Bürobedarf Hinze KG	Siemensstr. 1	12459	Berlin
Bürohandlung GmbH	Markt 21	49716	Meppen
Büromöbel AG	Gutachtstr. 342	13469	Berlin

Aufgabenstellung – Auslesen von Daten aus verschiedenen Tabellen nach Kriterien

Die Daten der Tabellen *Lieferanten* und *Kunden* sollen zusammengefasst werden. Für Anschreiben soll eine Liste mit den wichtigsten Daten der Lieferanten und Kunden zur Verfügung stehen.

```
SELECT Name1, Strasse, PLZ, Ort FROM Lieferanten
WHERE Ort = 'Leer'
UNION SELECT Name1, Strasse, PLZ, Ort FROM Kunden
WHERE Ort = 'Leer';
```

Ergebnis: SELECT_UNION_2

Name1	Strasse	PLZ	Ort
Computer GmbH	Mühlenstr. 17	26789	Leer
Otto Artig e. Kfm.	Mühlenstr. 45	26789	Leer

JOINS

Als Join (Verbund, Verbindung) wird das Zusammenführen von Daten aus verschiedenen Tabellen in einer relationalen Datenbank bezeichnet. Durch die Nutzung verschiedener Kriterien können unterschiedliche Ergebnisse erzielt werden. Bei den genutzten Tabellen spricht man von einer linken und einer rechten Tabelle. Diese Angaben beziehen sich auf die Reihenfolge der genutzten Tabellen, die erste genutzte Tabelle wird also als linke, die zweite genutzte Tabelle als rechte Tabelle bezeichnet.

Grundsätzlich lassen sich die folgenden in allen Datenbanken nutzbaren Verbindungen unterscheiden:

Art	Bedeutung
INNER JOIN	Datensätze aus den beiden Tabellen werden zusammengeführt, wenn die angegebenen Kriterien alle erfüllt sind. Besteht keine Übereinstimmung, wird der Datensatz auch nicht ausgegeben. Wird beispielsweise ein Produkt von keinem Lieferanten geliefert, so wird bei der Zusammenführung der Daten dieses Produkt auch nicht angezeigt.
LEFT JOIN LEFT OUTER JOIN	Die beiden angegebenen SQL-Befehle sind identisch und führen zum gleichen Ergebnis. Daten aus der linken (ersten) Tabelle werden auf jeden Fall ausgegeben. Daten aus der rechten (zweiten) Tabelle nur dann, wenn sie einem Datensatz aus der linken Tabelle zugeordnet werden können. In einigen Datenbanken (wie **MySQL**) werden nicht vorhandene Daten mit *NULL* gekennzeichnet. Die Daten aus der linken Tabelle werden ausgegeben, die Datenfelder aus der rechten werden mit *NULL* ausgegeben.
RIGHT JOIN RIGHT OUTER JOIN	Die beiden angegebenen SQL-Befehle sind identisch und führen zum gleichen Ergebnis. Daten aus der rechten (zweiten) Tabelle werden auf jeden Fall ausgegeben. Daten aus der linken (ersten) Tabelle nur dann, wenn sie einem Datensatz aus der rechten Tabelle zugeordnet werden können. In einigen Datenbanken (wie **MySQL**) werden nicht vorhandene Daten mit *NULL* gekennzeichnet. Die Daten aus der rechten Tabelle werden ausgegeben, die Datenfelder aus der linken werden mit *NULL* ausgegeben.

Aufgabenstellung – INNER JOIN – Ausgabe aller Daten

Alle Datensätze, bei denen es einen Lieferanten für ein Produkt gibt, sollen ausgegeben werden. Gibt es keinen Lieferanten, soll der Artikel nicht ausgegeben werden.

SELECT *Lager_1*.Artikel_Nr, *Lager_1*.Artikel_Bez,

Lieferanten.Lieferanten_Nr, *Lieferanten*.Name1, *Lieferanten*.Ort

FROM *Lager_1*

INNER JOIN *Lieferanten*

ON *Lager_1*.Lieferanten_Nr = *Lieferanten*.Lieferanten_Nr

ORDER BY Artikel_Nr;

Data Query Language (DQL)

Ergebnis: SELECT_INNER_JOIN_1

Artikel_Nr	Artikel_Bez	Lieferanten_Nr	Name1	Ort
1000	Gabriele	101	Büromöbel AG	Berlin
1004	Aktuell	155	Computer GmbH	Leer
1005	Hanso	102	Tranel GmbH	Duisburg
3000	AGIB HS	101	Büromöbel AG	Berlin
3001	Trup AK	155	Computer GmbH	Leer

Aufgabenstellung – LEFT JOIN – Ausgabe aller Daten der linken Tabelle

Alle Artikel sollen ausgegeben werden. Gibt es keinen Lieferanten, sollen die entsprechenden Datenfelder der Lieferanten frei bleiben bzw. es soll gekennzeichnet (mit NULL) werden, dass es keine zugeordneten Daten gibt.

SELECT *Lager_1*.Artikel_Nr, *Lager_1*.Artikel_Bez,
Lieferanten.Lieferanten_Nr, *Lieferanten*.Name1, *Lieferanten*.Ort
FROM *Lager_1*
LEFT JOIN *Lieferanten*
ON *Lager_1*.Lieferanten_Nr = *Lieferanten*.Lieferanten_Nr
ORDER BY Artikel_Nr;

Ergebnis Access: SELECT_LEFT_JOIN

Artikel_Nr	Artikel_Bez	Lieferanten_Nr	Name1	Ort
1000	Gabriele	101	Büromöbel AG	Berlin
1001	Modern			
1004	Aktuell	155	Computer GmbH	Leer
1005	Hanso	102	Tranel GmbH	Duisburg
3000	AGIB HS	101	Büromöbel AG	Berlin
3001	Trup AK	155	Computer GmbH	Leer

Ergebnis MySQL: SELECT_LEFT_JOIN

Artikel_Nr	Artikel_Bez	Lieferanten_Nr	Name1	Ort
1000	Gabriele	101	Büromöbel AG	Berlin
1001	Modern	*NULL*	*NULL*	*NULL*
1004	Aktuell	155	Computer GmbH	Leer
1005	Hanso	102	Tranel GmbH	Duisburg
3000	AGIB HS	101	Büromöbel AG	Berlin
3001	Trup AK	155	Computer GmbH	Leer

Aufgabenstellung – RIGHT JOIN – Ausgabe aller Daten der rechten Tabelle

Alle Lieferanten sollen ausgegeben werden. Liefert ein Lieferant keinen Artikel, soll dies aus der Ergebnistabelle zu erkennen sein.

SELECT *Lager_1*.Artikel_Nr, *Lager_1*.Artikel_Bez,
Lieferanten.Lieferanten_Nr, *Lieferanten*.Name1, *Lieferanten*.Ort
FROM *Lager_1*
RIGHT JOIN *Lieferanten*
ON *Lager_1*.Lieferanten_Nr = *Lieferanten*.Lieferanten_Nr
ORDER BY *Lieferanten*.Lieferanten_Nr;

Ergebnis Access: SELECT_RIGHT_JOIN (Ausschnitt)

Artikel_Nr	Artikel_Bez	Lieferanten_Nr	Name1	Ort
		100	Wagner GmbH	Bielefeld
1000	Gabriele	101	Büromöbel AG	Berlin

Ergebnis MySQL: SELECT_RIGHT_JOIN (Ausschnitt)

Artikel_Nr	Artikel_Bez	Lieferanten_Nr	Name1	Ort
NULL	NULL	100	Wagner GmbH	Bielefeld
1000	Gabriele	101	Büromöbel AG	Berlin

Aufgabenstellung – INNER JOIN – Ausgabe aller Daten – Alternative

Alle Datensätze, bei denen es einen Lieferanten für ein Produkt gibt, sollen ausgegeben werden. Gibt es keinen Lieferanten, soll der Artikel nicht ausgegeben werden.

Hinweis: Die linke und die rechte Tabelle werden ausgetauscht. Dadurch ändert sich die Reihenfolge der Datenfelder bei der Ausgabe. Entsprechendes gilt auch für die Verbindungen LEFT-JOIN und RIGHT-JOIN.

SELECT *Lieferanten*.Lieferanten_Nr, *Lieferanten*.Name1,
Lieferanten.Ort, *Lager_1*.Artikel_Nr, *Lager_1*.Artikel_Bez
FROM *Lieferanten*
INNER JOIN
Lager_1 ON *Lieferanten*.Lieferanten_Nr = *Lager_1*.Lieferanten_Nr;

Ergebnis: SELECT_INNER_JOIN_2 (Ausschnitt)

Lieferanten_Nr	Name1	Ort	Artikel_Nr	Artikel_Bez
101	Büromöbel AG	Berlin	1000	Gabriele
155	Computer GmbH	Leer	1004	Aktuell
102	Tranel GmbH	Duisburg	1005	Hanso

16.9.10 Auswertung von Daten aus verschiedenen Tabellen

Vorbemerkungen

Abfragen lassen sich über mehrere Tabellen ausführen. Dies ist folgendermaßen möglich:
- Aufbau von Beziehungen und Auswertung durch Abfragen (**Access**),
- SQL-Abfragen unter Verwendung von Joins,
- SQL-Abfragen ohne Verwendung von Joins.

Die erste Möglichkeit wird an verschiedenen Stellen im Buch intensiv beschrieben. Die Möglichkeiten 2 und 3 sind oftmals alternativ anwendbar. Joins wurden im vorherigen Kapitel erklärt. Zusätzlich werden Mitarbeiterdaten aus der Tabelle *Personal* genutzt.

Aufgabenstellung – Ausgabe aller Daten aus zwei Tabellen

Alle Datensätze, bei denen es einen Lieferanten für ein Produkt gibt, sollen ausgegeben werden. Gibt es keinen Lieferanten, soll der Artikel nicht ausgegeben werden.

Access-Abfrage

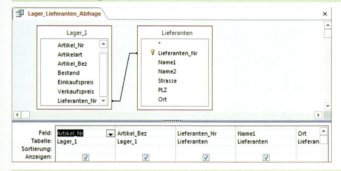

SQL-Abfrage unter Verwendung von Joins

SELECT *Lager_1*.Artikel_Nr, *Lager_1*.Artikel_Bez,
Lieferanten.Lieferanten_Nr, *Lieferanten*.Name1, *Lieferanten*.Ort
FROM *Lager_1*
INNER JOIN *Lieferanten*
ON *Lager_1*.Lieferanten_Nr = *Lieferanten*.Lieferanten_Nr
ORDER BY Artikel_Nr;

SQL-Abfrage ohne Verwendung von Joins

SELECT *Lager_1*.Artikel_Nr, *Lager_1*.Artikel_Bez,
Lieferanten.Lieferanten_Nr, *Lieferanten*.Name1, *Lieferanten*.Ort
FROM *Lager_1, Lieferanten*
WHERE *Lager_1*.Lieferanten_Nr = *Lieferanten*.Lieferanten_Nr
ORDER BY Artikel_Nr;

Ergebnis: Lager_Lieferanten (Ausschnitt)

Artikel_Nr	Artikel_Bez	Lieferanten_Nr	Name1	Ort
1000	Gabriele	101	Büromöbel AG	Berlin

Aufgabenstellung – Ausgabe von Daten aus mehreren Tabellen

Daten aus mehreren Tabellen sollen ausgewertet werden.

Hinweis: Richten Sie, wenn Sie das Beispiel nachverfolgen möchten, die Dateien ein. Ansonsten können Sie sich auch den Sachverhalt ansehen und nachvollziehen.

Access-Abfrage

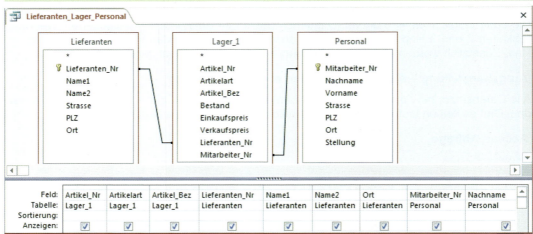

SQL-Abfrage unter Verwendung von Joins

SELECT *Lager_1*.Artikel_Nr, *Lager_1*.Artikelart, *Lager_1*.Artikel_Bez,
Lieferanten.Lieferanten_Nr, *Lieferanten*.Name1, *Lieferanten*.Name2, *Lieferanten*.Ort,
Personal.Mitarbeiter_Nr, *Personal*.Nachname
FROM *Personal*
INNER JOIN (*Lieferanten* INNER JOIN *Lager_1*
ON *Lieferanten*.Lieferanten_Nr=*Lager_1*.Lieferanten_Nr)
ON *Personal*.Mitarbeiter_Nr=*Lager_1*.Mitarbeiter_Nr;

Hinweise:

- Datenfelder werden jeweils mit Tabelle und Datenfeld angegeben: z. B. *Lager*.Artikel_Nr.
- Tabellen werden über Joins verbunden (**FROM *Lieferanten* INNER JOIN Lager**).
- Die Auswertung wird über einen Primärschlüssel und einen Fremdschlüssel vorgenommen (**ON *Lieferanten*.Liefereranten_Nr = *Lager*.Liefereranten_Nr).

SQL-Abfrage ohne Verwendung von Joins

SELECT *Lager_1*.Artikel_Nr, *Lager_1*.Artikelart, *Lager_1*.Artikel_Bez,
Lieferanten.Lieferanten_Nr, *Lieferanten*.Name1, *Lieferanten*.Name2, *Lieferanten*.Ort,
Personal.Mitarbeiter_Nr, *Personal*.Nachname
FROM *Personal, Lieferanten, Lager_1*
WHERE *Lieferanten*.Lieferanten_Nr=*Lager_1*.Lieferanten_Nr
AND *Personal*.Mitarbeiter_Nr=*Lager_1*.Mitarbeiter_Nr;

Data Query Language (DQL) 619

Hinweise:
- Datenfelder werden jeweils mit Tabelle und Datenfeld angegeben: z. B. **Lager**.Artikel_Nr
- Tabellen werden durch ein Komma verbunden (**FROM Lieferanten**, **Lager**, **Lager**).
- Auswertungen werden über Primärschlüssel und Fremdschlüssel vorgenommen.
  (**WHERE Lieferanten**.Liefereranten_Nr = **Lager**.Liefereranten_Nr)
- Mit dem Operator **AND** werden die nächsten Bedingungen angefügt.
  (**AND Personal**.Mitarbeiter_Nr = **Lager**.Mitarbeiter_Nr)

Ergebnis: Lager_Lieferanten_Personal (Ausschnitt)

Artikel_Nr	Artikelart	Artikel_Bez	Liefer	Name1	Name2	Ort	Mitart	Nachna
1000	Schreibtisch	Gabriele	101	Büromöbel AG	Büroeinrichtungen	Berlin	1000	Meier
1004	Büroschrank	Aktuell	155	Computer GmbH	Computer	Leer	1003	Müller
1005	Drucker	Hanso	102	Tranel GmbH	Büromöbel	Duisburg	1001	Regeleit
3000	Computer	AGIB HS	101	Büromöbel AG	Büroeinrichtungen	Berlin	1000	Meier
3001	Computer	Trup AK	155	Computer GmbH	Computer	Leer	1003	Müller

Aufgabenstellung – Ausgabe von Daten aus mehreren Tabellen mit Bedingungen

Daten aus mehreren Tabellen sollen ausgewertet werden. Außerdem wird eine zusätzliche Bedingung eingefügt, in diesem Fall sollen alle Computer ausgegeben werden.

SQL-Abfrage unter Verwendung von Joins

SELECT **Lager_1**.Artikel_Nr, **Lager_1**.Artikelart, **Lager_1**.Artikel_Bez,
Lieferanten.Lieferanten_Nr, **Lieferanten**.Name1, **Lieferanten**.Name2, **Lieferanten**.Ort,
Personal.Mitarbeiter_Nr, **Personal**.Nachname
FROM **Personal**
INNER JOIN (**Lieferanten** INNER JOIN **Lager_1**
ON **Lieferanten**.Lieferanten_Nr=**Lager_1**.Lieferanten_Nr)
ON **Personal**.Mitarbeiter_Nr=**Lager_1**.Mitarbeiter_Nr
WHERE **Lager_1**.Artikelart=*"Computer"*;

SQL-Abfrage ohne Verwendung von Joins

Hinweis: Mit der WHERE-Bedingung werden Daten ausgewählt.
(**WHERE Lager**.Artikelart=*"Computer"*)

SQL-Abfrage ohne Verwendung von Joins

SELECT **Lager_1**.Artikel_Nr, **Lager_1**.Artikelart, **Lager_1**.Artikel_Bez,
Lieferanten.Lieferanten_Nr, **Lieferanten**.Name1, **Lieferanten**.Name2, **Lieferanten**.Ort,
Personal.Mitarbeiter_Nr, **Personal**.Nachname
FROM **Personal, Lieferanten, Lager_1**
WHERE **Lieferanten**.Lieferanten_Nr=**Lager_1**.Lieferanten_Nr
AND **Personal**.Mitarbeiter_Nr=**Lager_1**.Mitarbeiter_Nr
AND **Lager_1**.Artikelart=*"Computer"*;

Hinweis: Mit dem Operator **AND** werden weitere Bedingungen angefügt.

16.10 SQL-Funktionen
16.10.1 Vorbemerkungen

Innerhalb einer Datenbank können Funktionen verwendet werden, mit deren Hilfe beispielsweise mathematische Auswertungen, Auswertungen in Abhängigkeit von einem Wert usw. durchgeführt werden können. Im Wesentlichen lassen sich die folgenden Arten von Funktionen unterscheiden:

- Numerische Funktionen,
- Alphanumerische Funktionen (String-Funktionen),
- Dateiumwandlungsfunktionen,
- Datums- und Zeitfunktionen,
- Kontrollfluss-Funktionen,
- Aggregatfunktionen.

Nachfolgend werden einige der für die praktische Arbeit benötigten Funktionen kurz erklärt. Selbstverständlich kann nur ein kleiner Teil der zur Verfügung stehenden Funktionen beschrieben werden. Dies soll anhand einer Beispieltabelle erfolgen, die sowohl in einer Access- als auch in einer MySQL-Datenbank eingerichtet werden kann.

Durch eine farbliche Kennung wird angegeben, dass einzelne Funktionen in den Datenbanksystemen **Access** und **MySQL** unterschiedlich definiert sind (*rot = allgemein gültig, blau = Access, grün = MySQL*).

SELECT Funktionsname(Parameter1, [Parameter2], ...) FROM *Tabelle*;

SELECT MAX(Bestand) FROM Lager;

Hinweis: Führen Sie die jeweiligen Beispiele für die Nutzung verschiedenartiger Funktionen aus. Versuchen Sie anschließend die Aufgabenstellungen zu bearbeiten, die sich an Ende des gesamten Kapitels befinden. Bei Angabe mehrerer SQL-Befehle kann der Befehl entweder alternativ eingesetzt werden oder er steht nur in einem Datenbanksystem zur Verfügung.

16.10.2 Numerische Funktionen

Mithilfe mumerischer Funktionen können Werte schneller ermittelt werden. Ansonsten müssten z. B. komplizierte Formeln entwickelt und eingesetzt werden. In der nachfolgenden Tabelle werden wichtige und immer wieder benötigte numerische Funktionen aufgeführt. Das jeweils genutzte Datenfeld muss numerische Werte (n) enthalten.

SQL-Funktion	Beschreibung	Beispiele	Ergebnis
ABS(n)	Der Absolutwert entfernt die Vorzeichen eines Wertes.	*Abs(-234)* *Abs(234)*	*234* *234*
CEILING(n) **CEIL(n)**	Die Nachkommstellen werden aufgerundet.	*CEILING(234.15)* *CEIL(-234.1)*	*235* *-234*
EXP(n)	Die Eulersche Zahl e^n wird ermittelt.	*EXP(1)*	*2.71828*
FLOOR(n)	Die Nachkommstellen werden abgerundet.	*FLOOR(342,56)* *FLOOR(342,56)*	*342* *-343*

SQL-Funktionen

SQL-Funktion	Beschreibung	Beispiele	Ergebnis
LN(n)	Der natürliche Logarithmus (zur Basis e) wird ermittelt. Werte, die kleiner oder gleich 0 sind, liefern das Ergebnis NULL zurück.	LN(2.71828) LN(-23) LN(1)	1 NULL 0
MAX(n)	Der größte Wert einer Reihe von Werten wird ermittelt.	MAX(Bestand) MIN(Artikelart)	17 Schreibtisch
MIN(n)	Der kleinste Wert einer Reihe von Werten wird ermittelt.	MIN(Bestand) MIN(Artikelart)	5 Büroschrank
MOD(n,n1)	Der Rest einer ganzzahligen Division wird ermittelt.	MOD(5,2) MOD(Bestand,2)	1
ROUND(n,[n1])	Der Wert wird mathematisch korrekt gerundet. Optional kann angegeben werden, auf welche Zahl hinter dem Komma gerundet werden soll. Ansonsten wird auf ganze Zahlen gerundet.	ROUND(4.15) ROUND(4.65) ROUND(4.15, 1)	4 5 4.2
PI(n)	Der Wert PI wird ausgegeben.	PI()	3.1415....
POWER(n)	Die Potenzfunktion wird angewandt.	POWER(3.4)	81
SQRT(n)	Die positive Quadratwurzel einer Zahl wird zurückgegeben.	SQRT(16)	4

Aufgabenstellung – Runden von Werten

Der Wert eines Datenfeldes soll gerundet werden. Die Anzahl der Nachkommastellen kann angegeben werden. Ohne Angabe einer Nachkommastelle wird auf ganze Zahlen gerundet.

SELECT Artikel_Nr, Artikel_Bez, Einkaufspreis, **ROUND**(Einkaufspreis,0) **AS** Preis_1
FROM *Lager*;

Ergebnis: SELECT_ROUND (Ausschnitt)

Artikel_Nr	Artikel_Bez	Einkaufspreis	Preis_1
1000	Gabriele	800,00	800,00
3000	AGIB HS	3322,93	3323,00

Aufgabenstellung – Ermittlung von Beständen

Der minimale und maximale Bestand sowie die Summe des Bestands sollen ermittelt werden.

SELECT MIN(Bestand) **AS** Minimaler_Bestand, **Max**(Bestand) **AS** Maximaler_Bestand,
SUM(Bestand) **AS** Summe_Bestand
FROM *Lager*;

Ergebnis: SELECT_MIN_MAX_SUM

Minimaler_Bestand	Maximaler_Bestand	Summe_Bestand
5	17	59

Aufgabenstellung – Ganze Zahl und ganzzahliger Rest einer Division

Der ganzzahlige Rest einer Division soll bei der Modulo-Division ermittelt werden. Zuvor sollen mit der Funktion **INT** ganze (abgerundete) Zahlen erzeugt werden. Für das Abrunden steht ansonsten in **SQL** keine Funktion zur Verfügung.

SELECT Artikel_Nr, Artikelart, Artikel_Bez, Einkaufspreis,
INT(Einkaufspreis) **AS** Einkaufspreis_gerundet, Verkaufspreis,
INT(Verkaufspreis) **AS** Verkaufspreis_gerundet,
INT(Verkaufspreis/Einkaufspreis) **AS** Division_gerundet,
Verkaufspreis **MOD** Einkaufspreis **AS** Ganzzahliger_Rest
FROM Lager;

SELECT Artikel_Nr, Artikelart, Artikel_Bez, Einkaufspreis,
FLOOR(Einkaufspreis) **AS** Einkaufspreis_gerundet, Verkaufspreis,
FLOOR(Verkaufspreis) **AS** Verkaufspreis_gerundet,
FLOOR(Verkaufspreis/Einkaufspreis) **AS** Division_gerundet,
Verkaufspreis **MOD** Einkaufspreis **AS** Ganzzahliger_Rest
FROM Lager;

Ergebnis: SELECT_INT_MOD / SELECT_FLOOR_MOD (Datenfelder) (Ausschnitt)

A_Nr	Artikelart	A_Bez	EP_ger	VP_ger	Division_ger	Ganzz_ger
1000	Schreibtisch	Gabriele	800	1365	1	565
1001	Schreibtisch	Modern	456	726	1	270

16.10.3 Alphanumerische Funktionen

Alphanumerische Funktionen lassen sich auf Texte anwenden. In diesen Texten dürfen sich selbstverständlich auch Zahlen befinden.

SQL-Funktion	Beschreibung	Beispiele	Ergebnis
CONCATE (Text1, Text2)	Die einzelnen Texte werden aneinandergehängt. Es bietet sich in der Regel an, zwischen den Werten Leerzeichen zu erzeugen.	CONCAT(Artikelart, ' ', Artikel_Bez) CONCAT(Artikel_Bez, ', zum Preis von ', Verkaufspreis, ' €.')	Schreibtisch Gabriele Gabriele, zum Preis von 800,00 €.
LEFT(a, a2)	Eine genau bestimmte Anzahl von Zeichen am linken Rand eines Strings wird ausgegeben.	LEFT(Artikelart, 5)	Schre
LENGTH(a)	Die Anzahl der Zeichen eines Wertes wird angegeben.	LENGTH(Artikelart) LENGTH(Bestand)	12 1
LOWER(a)	Alle Zeichen eines Textes werden in Kleinbuchstaben umgewandelt.	LOWER(Artikelart)	drucker
LTRIM(a)	Aus einem Text werden alle führenden Leerzeichen entfernt.	LRIM(Artikelart)	' Drucker ' 'Drucker '

SQL-Funktionen

SQL-Funktion	Beschreibung	Beispiele	Ergebnis
MID(a, a2)	Eine bestimmte Anzahl von Zeichen eines Strings wird ab einer bestimmten Position im String ausgegeben.	MID(Artikelart, 2, 3)	chr
REPLACE (a, a2, a3)	In einem Text wird ein Zeichen oder es werden mehrere Zeichen durch andere ersetzt.	REPLACE(Artikelart, 'S', 'A')	Achreibtisch
RIGHT(a, a2)	Eine genau bestimmte Anzahl von Zeichen auf dem rechten Rand eines Strings wird ausgegeben.	RIGHT(Artikelart, 5)	tisch
RTRIM(a)	Aus einem Text werden alle anhängenden Leerzeichen entfernt.	RTRIM(Artikelart)	' Drucker ' 'Drucker '
SUBSTRING (a, a2)	In einem Text wird ein bestimmter Teil eines Strings ausgegeben.	SUBSTRING (Artikelart, 3, 4)	hrei
TRIM(a)	Aus einem Text werden alle führenden und anhängenden Leerzeichen entfernt. Dies sollte vor allem dann geschehen, wenn die Daten z. B. mit einer Programmier- oder Skriptsprache weiterverarbeitet werden.	TRIM(Artikelart)	' Drucker ' 'Drucker' ' Computer' 'Computer'
UPPER(a)	Alle Zeichen eines Textes werden in Großbuchstaben umgewandelt.	UPPER(Artikelart)	DRUCKER

Aufgabenstellung – Kurzzeichen für die Inhalte eines Datenfelds

Die Daten eines Datenfelds sollen zusätzlich als Kurzzeichen ausgegeben werden.

SELECT Artikelart, **LEFT**(Artikelart,2) **AS** Kurzzeichen, Artikel_Bez
FROM Lager;

Ergebnis: SELECT_LEFT (Ausschnitt)

Artikelart	Kurzzeichen	Artikel_Bez
Schreibtisch	Sc	Gabriele
Schreibtisch	Sc	Modern

Aufgabenstellung – Kurzzeichen für die Inhalte eines Datenfelds

Für jeden Inhalt eines Datenfelds soll ein Kurzzeichen ausgegeben werden. Allerdings sollen die Kurzzeichen nur einmal angezeigt werden.

SELECT DISTINCT Artikelart, **LEFT** (Artikelart,3) **AS** Kurzzeichen
FROM Lager;

Ergebnis: SELECT_DISTINCT_LEFT (Ausschnitt)

Artikelart	Kurzzeichen
Büroschrank	Bür

Aufgabenstellung – Ausgabe der letzten Zeichen eines Strings

Die letzten drei Buchstaben eines Wortes sollen ausgegeben werden.

SELECT Artikel_Nr, Artikelart, Artikel_Bez,
RIGHT(Verkaufspreis,1) **AS** Verkaufspreis_letzte_Zahl
FROM *Lager*
ORDER BY Artikel_Nr;

Ergebnis: SELECT RIGHT

Artikel_Nr	Artikelart	Artikel_Bez	Verkaufspreis_letzte_Zahl
1000	Schreibtisch	Gabriele	5
1001	Schreibtisch	Modern	5
1004	Büroschrank	Aktuell	5
1005	Drucker	Hanso	4
3000	Computer	AGIB HS	0
3001	Computer	Trup AK	0

Aufgabenstellung – Ausgaben aus der Mitte eines Strings

Bestimmte Zeichen aus der Mitte eines Strings sollen ausgegeben werden.

SELECT Artikelart, **Mid**(Artikelart,4,2) **AS** Mitte_des_Strings, Artikel_Bez
FROM *Lager*;

Ergebnis: SELECT_MID

Artikelart	Mitte_des_Strings	Artikel_Bez
Schreibtisch	re	Gabriele
Schreibtisch	re	Modern
Büroschrank	os	Aktuell
Drucker	ck	Hanso
Computer	pu	AGIB HS
Computer	pu	Trup AK

16.10.4 Datentypumwandlungsfunktionen

Müssen Daten zur Weiterverarbeitung in ein anderes Format umgewandelt werden, spricht man von Casting. So ist die Umwandlung einer Zahl in einen Text die Grundlage dafür, dass bestimmte Funktionen überhaupt angewandt werden können.

Eine Umwandlung ist aus logischen Gründen nicht immer möglich, in einem solchen Fall wird eine Fehlermeldung ausgegeben. Die Konvertierungsbefehle sind außerdem zwischen den einzelnen Datenbanksystemen außerordentlich unterschiedlich. Daher ist in der Regel das jeweilige Handbuch zurate zu ziehen.

16.10.5 Datumsfunktionen

Mithilfe dieser Funktionen können Zeitabstände, Berechnungen von Tagen, Bestimmungen von Jahren, Monaten, Tagen usw. vorgenommen werden. Da in den einzelnen Datenbanksystemen die Funktionen und die sich daraus ergebenden Anwendungsmöglichkeiten sehr unterschiedlich sind, werden an dieser Stelle nur Standardmöglichkeiten angesprochen.

SQL-Funktion	Beschreibung	Beispiele	Ergebnis
DAY()	Ein Tag wird ausgegeben.	DAY(Lieferung)	29
MONTH()	Ein Monat wird ausgegeben.	MONTH(Lieferung)	10
WEEKDAY()	Der Wochentag wird in Form einer Zahl ausgegeben (1 = Montag, 2 = Dienstag usw.).	WEEKDAY (Zahlung)	4
YEAR()	Ein Jahr wird ausgegeben.	YEAR(Lieferung)	2016

Aufgabenstellung – Ermittlung von Tag, Monat, Jahr und Wochentag

Die Einzeldaten des Lieferungsdatums sollen ausgegeben werden.

SELECT Lieferung, DAY(Lieferung) AS Tag, MONTH(Lieferung) AS *Monat,*
YEAR(Lieferung) AS Jahr, WEEKDAY(Lieferung) AS Wochentag
FROM *Auftrag_Lieferanten*;

Ergebnis: SELECT_DAY_MONTH_YEAR_WEEKDAY

Lieferung	Tag	Monat	Jahr	Wochentag
04.10.2016	4	10	2016	6
12.10.2016	12	10	2016	7

Aufgabenstellung – Berechnung von Tagen

Zur Berechnung von Zeitabständen stehen unterschiedliche Funktionen je nach Datenbank zur Verfügung. Es gibt jedoch auch die Möglichkeit, die Differenz zu berechnen, z. B. zwischen Liefer- und Zahlungstag. Ist ein Zahlungsziel vereinbart, lässt sich relativ einfach überprüfen, ob die Zahlung verspätet erfolgt. Die Berechnung muss entsprechend ergänzt werden.

SELECT Lieferung, DAY(Lieferung) AS Lieferungstag,
MONTH(Lieferung) *30 AS Lieferungsmonat, YEAR(Lieferung)*360 AS Lieferungsjahr,
Zahlung, DAY(Zahlung) AS Zahlungstag, MONTH(Zahlung) *30 AS Zahlungsmonat,
YEAR*(Zahlung)*360* AS Zahlungsjahr,
DAY(Zahlung)+(MONTH(Zahlung) *30) + (YEAR(Zahlung)*360) -
((DAY(Lieferung)+(MONTH(Lieferung) *30) + (YEAR(Lieferung)*360)) AS Tage
FROM *Auftrag_Lieferanten*;

Ergebnis: SELECT_Lieferung_Zahlung

Lieferung	Zahlung	Tage
04.10.2016	25.10.2016	21
12.10.2016	26.10.2016	14

16.10.6 Logikfunktionen

Entsprechende Funktionen sind in der Lage, Werte in Abhängigkeit von Bedingungen zu verändern. Beispielsweise kann der Preis eines Produkts in Abhängigkeit von einem Bestand oder einem Preis erhöht werden.

Aufgabenstellung – Anpassung eines Preises in Abhängigkeit vom bisherigen Preis

Der Preis der Ware soll bei einem bisherigen Verkaufspreis von über 1.000,00 € um 2 % erhöht werden. Ansonsten soll der Preis nicht geändert werden.

Im Gegensatz zu vielen Programmiersprachen muss in diesem Fall auch das Nichtverändern des Verkaufspreises in die Anweisung eingearbeitet werden.

Programmablaufplan – Struktogramm

Die Sachverhalte können mithilfe von Programmablaufplänen (PAP) und Struktogrammen dargestellt werden.

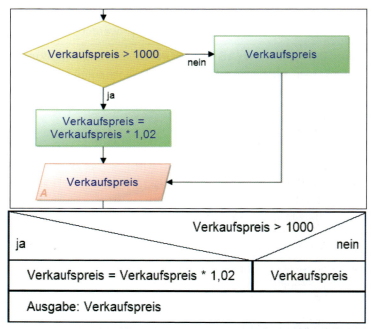

UPDATE *Lager* **SET** Verkaufspreis
= **IIf**([Verkaufspreis]>1000, [Verkaufspreis]*1.02, [Verkaufspreis]);

UPDATE *Lager* **SET** Verkaufspreis
= **If**(Verkaufspreis>1000, Verkaufspreis*1.02, Verkaufspreis);

Ergebnis: UPDATE_SET_IF_1 (Ausschnitt Tabelle *Lager*)

Artikel_Nr	Artikelart	Artikel_Bez	Bestand	Einkaufspreis	Verkaufspreis
1000	Schreibtisch	Gabriele	5	800,00	1.392,30
1001	Schreibtisch	Modern	10	456,00	735,00

Aufgabenstellung – Anpassung eines Preises in Abhängigkeit vom bisherigen Preis

Der Preis der Ware soll bei einem Preis von unter 1.000,00 € um 2 % erhöht werden. In einem zweiten Fall soll der Preis bei einem Preis von unter 1.000,00 € ebenfalls um 2 % erhöht werden, ist der Preis jedoch höher oder gleich 1.000,00 €, soll er um 2 % gesenkt werden.

Programmablaufplan – Struktogramm

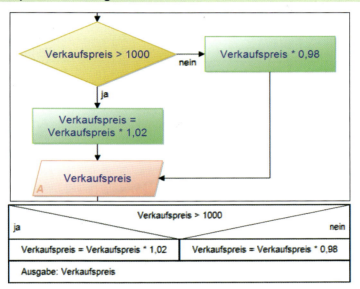

UPDATE *Lager* **SET** Verkaufspreis
= **IIf**([Verkaufspreis]>1000, [Verkaufspreis]*1.02, [Verkaufspreis]*0.98);

UPDATE *Lager* **SET** Verkaufspreis
= **If**(Verkaufspreis>1000,Verkaufspreis*1.02,Verkaufspreis*0.98);

Ergebnis: UPDATE_SET_IF_2 (Ausschnitt Tabelle *Lager*)

Artikel_Nr	Artikelart	Artikel_Bez	Bestand	Einkaufspreis	Verkaufspreis
1000	Schreibtisch	Gabriele	5	800,00	1.420,15
1001	Schreibtisch	Modern	10	456,00	720,30

Aufgabenstellung – Anpassung eines Preises in Abhängigkeit von der Artikelart

Der Preis für Produkte einer bestimmten Artikelart soll bei einem Preis um 5 % erhöht werden. Für alle Produkte soll der Preis um 4 % gesenkt werden.

UPDATE *Lager* **SET** Verkaufspreis
= **IIf**([Artikelart]='Computer',[Verkaufspreis]*1.05,[Verkaufspreis]*0.96);

UPDATE *Lager* **SET** Verkaufspreis
= **If**(Artikelart='Computer', Verkaufspreis*1.05, Verkaufspreis*0.96);

Ergebnis: UPDATE_SET_IF_3 (Ausschnitt Tabelle *Lager*)

Artikel_Nr	Artikelart	Artikel_Bez	Bestand	Einkaufspreis	Verkaufspreis
1000	Schreibtisch	Gabriele	5	800,00	1363,34
1001	Schreibtisch	Modern	10	456,00	691,49
1004	Büroschrank	Aktuell	17	897,00	1.343,37
1005	Drucker	Hanso	12	430,00	681,14
3000	Computer	AGIB HS	10	3.322,93	4.347,83
3001	Computer	Trup AK	5	3.576,00	4.577,24

Aufgabenstellung – Anpassung eines Preises in Abhängigkeit von mehreren Kriterien

Der Preis eines bestimmten Produkts soll in Abhängigkeit von einer Artikelart und dem Einkaufspreis angepasst werden. Dies kann mit und ohne sonstige Anpassungen erfolgen. Alternativ könnte auch eine OR-Bedingung formuliert werden.

UPDATE *Lager* SET Verkaufspreis
= IIf ([Artikelart]=*'Schreibtisch'* AND [Einkaufspreis]<700,
[Verkaufspreis]*1.05,[Verkaufspreis]);

UPDATE *Lager* SET Verkaufspreis
= If(Artikelart=*'Schreibtisch'* AND Einkaufspreis<700,
Verkaufspreis*1.05,Verkaufspreis);

Ergebnis: UPDATE_SET_IF_4 (Ausschnitt Tabelle *Lager*)

Artikel_Nr	Artikelart	Artikel_Bez	Bestand	Einkaufspreis	Verkaufspreis
1000	Schreibtisch	Gabriele	5	800,00	1363,34
1001	Schreibtisch	Modern	10	456,00	726,06
1004	Büroschrank	Aktuell	17	897,00	1.343,37

16.10.7 Aggregatfunktionen

Mithilfe von Aggregatfunktionen wird z. B. die Summe aller Werte in einem Datenfeld ermittelt. Daten können einzeln oder verschiedene Daten können gemeinsam genutzt werden.

SQL-Funktion	Beschreibung	Beispiele	Ergebnis
AVG(a)	Der durchschnittliche Wert in einem Datenfeld wird ermittelt.	*AVG(Bestand)*	
COUNT(a)	Die Anzahl der Werte in einem Datenfeld wird ermittelt.	*COUNT(Artikelart)*	
SUM(a)	Die Summe aller Werte eines Datenfelds wird ermittelt.	*SUM(Bestand)*	
MAX(a)	Der maximale Wert in einem Datenfeld wird ermittelt.	*MAX(Bestand)*	
MIN(a)	Der minimale Wert in einem Datenfeld wird ermittelt.	*MIN(Bestand)*	

SQL-Funktionen

Aufgabenstellung – Ermittlung von Beständen

Der minimale und maximale Bestand sowie die Summe des Bestands sollen ermittelt werden.

SELECT MIN(Bestand) **AS** Minimaler_Bestand, **Max**(Bestand) **AS** Maximaler_Bestand, **SUM**(Bestand) **AS** Summe_Bestand, **AVG**(Bestand) **AS** Mittelwert_Bestand
FROM *Lager*;

Ergebnis: SELECT_MIN_MAX_SUM_AVG

Minimaler_Bestand	Maximaler_Bestand	Summe_Bestand	Mittelwert_Bestand
5	17	59	9,833

Aufgabenstellung – Anzahl der Werte

Die Anzahl der Werte eines Datenfelds soll ausgegeben werden.

SELECT COUNT(Artikelart) **AS** Anzahl_der_Werte
FROM *Lager*;

Ergebnis: SELECT_COUNT

Anzahl_der_Werte
6

Aufgaben

1. Erstellen Sie zwischen den nachfolgenden Tabellen der Datenbank die folgende Beziehung. Werten Sie danach die Daten über SQL-Abfragen mit oder ohne Joins aus. Die Beziehungsdarstellung soll Ihnen den Sachverhalt verdeutlichen.

2. Führen Sie entsprechende Abfragen unter Nutzung der Tabellen *Kunden*, *Auftrag_Kunden* und *Lager* durch.
3. Erstellen Sie die Tabelle *Abteilung_Personal* mit den Datenfeldern *Abteilung_Nr* und *Personal_Nr*. Geben Sie die Datensätze *1 1000, 2 1002, 3 1000* und *3 1001* ein. Werten Sie anschließend über SQL-Abfragen mit oder ohne Joins aus.

Übungen:

1. Aufgabe

Erstellen Sie die Tabellen der Datenbank *SV_München* (siehe Seite *459*).
a) Geben Sie jeweils einige Datensätze in die Tabellen ein.
b) Werten Sie die Datenbank durch sinnvolle Abfragen aus.
c) Erstellen Sie sinnvolle Formulare und Berichte.
d) Erstellen Sie in einem zweiten Schritt alle Tabellen und Abfragen mit SQL-Befehlen.

2. Aufgabe

In der Datenbank *Arbeitsvermittlung* wird die Tabelle *Arbeitnehmer* (siehe Seite *541*) eingerichtet.
a) Erstellen Sie mithilfe eines SQL-Befehls die identische Tabelle unter dem Namen *Arbeitnehmer_1*.
b) Fügen Sie mithilfe eines SQL-Befehls die ersten drei Datensätze in die Tabelle (siehe Seite *541*) ein. Ergänzen Sie die Tabellen um ein Datenfeld für den Betrieb, in dem die Arbeitnehmer arbeiten.
c) Legen Sie die Tabelle *Betriebe_1* an. Fügen Sie mithilfe eines SQL-Befehls die folgenden Datensätze ein:

BNr	Name_1	Name_2	Strasse	PLZ	Ort	ANr
1	Büro Schmitz	Bürobedarf	Salzstr. 765	44894	Bochum	1001
2	Hoffmann AG	Stahlhandel	Güterstr. 23	44145	Dortmund	1002
3	Santel GmbH	Schuhhandel	Sydowstr. 56	44369	Dortmund	

d) Erstellen Sie eine SQL-Abfrage unter Nutzung der Tabellen *Arbeitnehmer_1* und *Betriebe_1*. Geben Sie alle Datensätze mit Betrieben aus, bei denen Arbeitnehmer beschäftigt sind. Betriebe ohne Arbeitnehmer sollen nicht aufgeführt werden.
e) Erstellen Sie eine SQL-Abfrage unter Nutzung der Tabellen *Arbeitnehmer_1* und *Betriebe_1*. Geben Sie alle Datensätze der Betriebe aus, außerdem sollen die jeweiligen Arbeitnehmer ausgegeben werden. Betriebe ohne Arbeitnehmer sollen ebenfalls ausgegeben werden.
f) Erstellen Sie eine SQL-Abfrage unter Nutzung der Tabellen *Arbeitnehmer_1* und *Betriebe_1*. Geben Sie alle Datensätze der Betriebe aus, außerdem sollen die jeweiligen Arbeitnehmer ausgegeben werden. Betriebe ohne Arbeitnehmer sollen ebenfalls ausgegeben werden.
g) Erstellen Sie eine SQL-Abfrage unter Nutzung der Tabellen *Arbeitnehmer_1* und *Betriebe_1*. Geben Sie alle Datensätze der Arbeitnehmer aus, außerdem sollen die jeweiligen Betriebe ausgegeben werden. Arbeitnehmer, die zzt. in keinem Betrieb beschäftigt sind, sollen ebenfalls ausgegeben werden.
h) Erstellen Sie eine SQL-Abfrage unter Nutzung der Tabellen *Arbeitnehmer_1* und *Betriebe_1*. Stellen Sie fest, welche Arbeitnehmer beim Betrieb *1* beschäftigt sind.

3. Aufgabe

Im **BuchPlusWeb** finden Sie die Seite *559_2*. Bearbeiten Sie zunächst die Aufgaben *5* und *6* mithilfe des von Ihnen genutzten Datenbanksystems. Führen Sie anschließend einige der Aufgaben mithilfe von SQL-Befehlen durch. Erweitern Sie die Aufgabenstellungen nach Ihren eigenen Vorstellungen.

17 PHP und MySQL – Datenbanken

17.1 Voraussetzungen

Um eine MySQL-Datenbank mithilfe der Skriptsprache PHP nutzen zu können, sind Voraussetzungen zu beachten, die im Buch an anderer Stelle beschrieben werden:

- Installation eines Webservers XAMPP,
- Nutzung der vorgeschriebenen Ordner für PHP-Webseiten (z. B. C/xampp/htdocs oder C/xampp/htdocs/PHP_Datenbanken und MySQL-Datenbanken (automatisch).
- Folgende Festlegungen in Bezug auf Server und Passwort werden in den Skripten genutzt. Sie können und sollten individuell angepasst werden, je nachdem, wie das System eingerichtet ist. Oftmals ist z. B. noch kein Passwort vergeben worden.
    - Server: **localhost**
    - Benutzer: **root**
    - Passwort:

17.2 Grundlegende Arbeiten mit einer Datenbank

Im Rahmen dieses Buchs ist es nicht möglich, alle Aspekte der Erstellung und Nutzung einer Datenbank mithilfe der Skriptsprache PHP zu beleuchten. Daher sollen die folgenden Aspekte angesprochen werden:

- Erstellung und Löschung einer Datenbank,
- Erstellung, Löschung einer Tabelle und Änderung der Datenstruktur einer Tabelle,
- Ausgabe der Tabellen einer Datenbank / der Struktur einer Tabelle in einer Datenbank,
- Einfügen von Daten in eine Tabelle,
- Ausgabe von Daten nach verschiedenen Kriterien.

Auf den folgenden Seiten werden teilweise Formulare zur Eingabe von SQL-Befehlen usw. eingesetzt. Dabei wird die Formatvorlage *formulare.css* genutzt, die auf der Seite *367* abgedruckt ist. Die Erstellung von Stylesheets wird im Kapitel *11 Stylesheets (CSS)* erklärt.

17.3 Datenbanken

17.3.1 Erstellung von Datenbanken – CREATE DATABASE

Aufbau einer Verbindung zur Datenbank

Der Aufbau der Verbindung zu einer Datenbank wird nachfolgend in Form eines Programmablaufplans (PAP) und eines Struktogramms dargestellt. Es wird davon ausgegangen, dass das Tool **XAMPP** ordnungsgemäß installiert wurde und die entsprechenden Verzeichnisse genutzt werden. Im Wesentlichen besteht ein zu schreibendes PHP-Skript aus den folgenden Komponenten:

- Eingabe/Angabe der Verbindungsdaten (Serververbindung, Benutzername, Passwort),
- Verbindung zur Datenbank (Meldung, ob die Verbindung gelungen ist oder nicht),
- SQL-Befehl zur Erstellung einer Datenbank (Meldung, ob eine Datenbank erstellt wurde oder nicht),
- Schließen der Datenbank (Meldung, ob die Schließung gelungen ist oder nicht).

Die Darstellungen beziehen sich auf das auf der übernächsten Seite erstellte Skript. Werden beispielsweise Eingaben über ein Formular ausgelesen, sind die Darstellungen entsprechend anzupassen. Ein PAP bzw. Struktogramm wird nur im ersten Schritt hier angegeben, für andere Schritte sollten Sie es selbst erstellen.

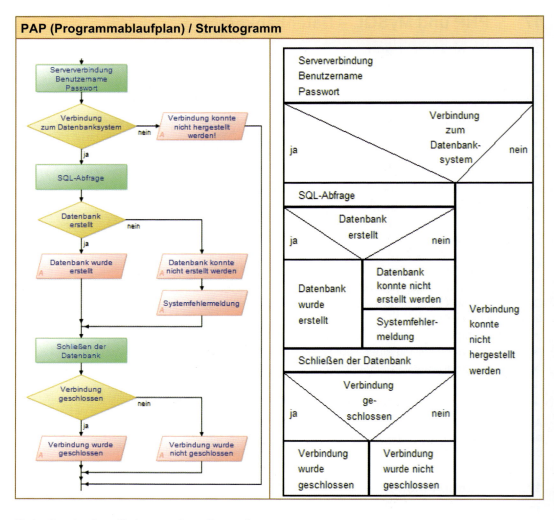

Datenbank ohne Nutzung eines Formulars

Eine Datenbank wird mithilfe eines PHP-Skripts erstellt. Ist eine Datenbank unter dem gewählten Namen bereits vorhanden, wird die Erstellung der Datenbank abgelehnt. Danach kann die Verbindung auch nicht geschlossen werden, da sie nicht zustande gekommen ist.

PHP	Bedeutung
mysql_connect() @mysql_connect()	Die Verbindung zu einer Datenbank wird hergestellt. Eine eventuelle Fehlermeldung wird unterdrückt.
die	Ein laufendes Skript wird mit einer Fehlermeldung abgebrochen.
mysql_query()	Eine SQL-Abfrage wird an den Datenbankserver gesandt.
mysql_error()	Eine Fehlermeldung wird ausgegeben.
mysql_close() @mysql_close()	Die Verbindung zu einer Datenbank wird geschlossen. Eine eventuelle Fehlermeldung wird unterdrückt.

Datenbanken

db_erstellen_1.php — htdocs/PHP_Datenbanken

```php
<?php
  // Verbindungsdaten und Herstellung der Verbindung zur Datenbank
  $db_Server = "localhost";
  $db_Benutzer = "root";
  $db_Passwort = "";
  $db_Verbindung=@mysql_connect($db_Server, $db_Benutzer, $db_Passwort )
    or die ( "Eine Verbindung zur Datenbank konnte nicht hergestellt werden!" );
  // SQL-Befehl
  $sql = "CREATE DATABASE PHP_Betrieb1";
  // Datenbankabfrage
  if (mysql_query($sql, $db_Verbindung)) {
    echo "Datenbank PHP_Betrieb1 wurde erstellt! <br><br>";
  } else {
    echo "Datenbank konnte nicht erstellt werden! <br><br>";
    echo "Fehlermeldung: " . mysql_error() . "<br><br>";
  }
  // Verbindung zur Datenbank schließen
  $db_Schliessen = @ mysql_close ( $db_Verbindung );
  if ($db_Schliessen)
    {
    echo "Die Verbindung zur Datenbank wurde geschlossen!";
  } else {
    echo "Die Verbindung zur Datenbank konnte nicht geschlossen werden!";
  }
?>
```

Anzeige im Browser – Ergebnis

Datenbank PHP_Betrieb1 wurde erstellt!

Die Verbindung zur Datenbank wurde geschlossen!

Anzeige im Browser – Ergebnis (falls die Datenbank bereits vorhanden ist)

Datenbank konnte nicht erstellt werden!

Fehlermeldung: Can't create database 'php_betrieb1'; database exists

Die Verbindung zur Datenbank wurde geschlossen!

Überprüfen der Existenz der Datenbank in phpMyAdmin und im Ordner

Wenn Sie die Existenz der Datenbank überprüfen möchten, können Sie dies sowohl im Browser über **phpMyAdmin** als auch im Verzeichnis *C:/xampp/mysql/data*.

Anzeige im Browser/Explorer – Ergebnis

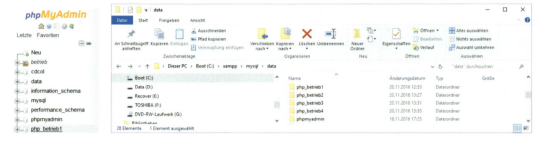

Einbinden eines Skripts mit den Verbindungsdaten

Der Herstellung einer Verbindung zu einer Datenbank ist immer identisch. Daher bietet es sich an, die entsprechenden Befehle in eine separate Datei auszulagern und diese Datei dann in die eigentliche Hauptdatei einzubinden.

PHP	Bedeutung
include("Datei.php")	Ein Skript einer Datei wird in eine andere Datei eingeladen.

db_verbindung.php	htdocs/PHP_Datenbanken

```
1  <?php
2  // Verbindungsdaten und Herstellung der Verbindung zur Datenbank
3  $db_Server = "localhost";
4  $db_Benutzer = "root";
5  $db_Passwort = "";
6  $db_verbindung=@mysql_connect($db_Server, $db_Benutzer, $db_Passwort)
7    or die ( "Eine Verbindung zur Datenbank konnte nicht hergestellt werden!" );
8  ?>
```

Auch das Schließen der Verbindung sollte in eine separate Datei ausgelagert werden.

db_schliessen.php	htdocs/PHP_Datenbanken

```
1  <?php
2    // Schließen der Datenbank
3    $db_schliessen = @mysql_close ( $db_verbindung );
4    // Ausgabe des Ergebnisse der Schließung der Datenbank
5    if ($db_schliessen)
6    {
7      echo "Die Verbindung zur Datenbank wurde geschlossen!";
8    } else {
9      echo "Die Verbindung zur Datenbank konnte nicht geschlossen werden!";
10   }
11 ?>
```

Datenbanken

Das veränderte Skript zur Erstellung einer Datenbank bindet nun die beiden Skripte zur Verbindungsherstellung zum Datenbanksystem MySQL und zum Schließen einer Datenbank ein.

db_erstellen_2.php	htdocs/PHP_Datenbanken

```php
1  <?php
2    // Verbindung zur Datenbank herstellen
3    include("db_verbindung.php");
4    // Datenbankabfrage
5    $sql = "CREATE DATABASE PHP_Betrieb2";
6    // Überprüfung der Erstellung der Datenbank
7    if (mysql_query($sql, $db_verbindung)) {
8      echo "Datenbank wurde erstellt! <br><br>";
9    } else {
10     echo "Datenbank konnte nicht erstellt werden! <br><br>";
11     echo "Fehlermeldung: " . mysql_error() . "<br><br>";
12   }
13   // Verbindung zur Datenbank schließen
14   include("db_schliessen.php");
15 ?>
```

Datenbankerstellung unter Nutzung eines Formulars I
Durch die Eingabe eines SQL-Befehls in ein Formular kann eine Datenbank erzeugt werden.

db_erstellen_3.html	htdocs/PHP_Datenbanken

```html
1  <!DOCTYPE html>
2  <html>
3    <head>
4      <title>Datenbank</title>
5      <link rel="stylesheet" href="formulare.css" type="text/css">
6    </head>
7    <body>
8      <h1>Erstellung einer Datenbank</h1>
9      <form action="db_erstellen_3.php" method="post" >
10       <fieldset>
11         <label for ="Befehl">Befehl</label>
12         <input name="Befehl" type="text" size="40" maxlength="60"
                required="required" id="Befehl">
13       </fieldset>
14       <br><br>
15       <fieldset>
16         <input type = "SUBMIT" value = "Erstellen">
17         <input type = "RESET" value = "Zurücksetzen">
18       </fieldset>
19     </form>
20   </body>
21 </html>
```

Anzeige im Browser – Formular

Befehl	CREATE DATABASE PHP_Betrieb3

db_erstellen_3.php   htdocs/PHP_Datenbanken

```php
<?php
  include("db_verbindung.php");
  $sql = $_POST["Befehl"];
  if (mysql_query($sql, $db_verbindung)) {
    echo "Datenbank wurde erstellt! <br><br>";
  } else {
    echo "Datenbank konnte nicht erstellt werden! <br><br>";
    echo " Fehlermeldung: " . mysql_error();
  }
  echo "<br>";
  include("db_schliessen.php");
?>
```

Datenbankerstellung unter Nutzung eines Formulars II

Eine Datenbank kann auch nur durch die Eingabe des Namens der Datenbank erzeugt werden. Die letzten Dateien müssen leicht abgeändert werden. In der PHP-Datei müssen der SQL-Befehl zur Erzeugung einer Datenbank und der Datenbankname verbunden werden.

db_erstellen_4.html   htdocs/PHP_Datenbanken

```html
<!DOCTYPE html>
<html>
  <head>
    <title>Datenbank</title>
    <link rel="stylesheet" href="formulare.css" type="text/css">
  </head>
  <body>
    <h1>Erstellung einer Datenbank</h1>
    <form action="db_erstellen_4.php" method="post" >
      <fieldset>
        <label for ="Datenbank">Datenbankname:</label>
        <input name="Datenbank" type="text" size="40" maxlength="60"
          required="required" id="Datenbank">
      </fieldset><br><br>
      <fieldset>
        <input type = "SUBMIT" value = "Erstellen">
        <input type = "RESET" value = "Zurücksetzen">
      </fieldset>
    </form>
  </body>
</html>
```

Datenbanken **637**

db_erstellen_4.php	htdocs/PHP_Datenbanken

```php
 1  <?php
 2    include("db_verbindung.php");
 3    $Datenbank = $_POST["Datenbank"];
 4    // Verbinden des SQL-Befehls und des ausgelesenen Werts
 5    $sql = "CREATE DATABASE $Datenbank";
 6    if (mysql_query($sql, $db_verbindung)) {
 7      echo "Datenbank <b>" . $Datenbank . "</b> wurde erstellt! <br><br>";
 8    } else {
 9      echo "Datenbank konnte nicht erstellt werden! <br><br>";
10      echo " Fehlermeldung: " . mysql_error() . "<br>";
11    }
12    include("db_schliessen.php");
13  ?>
```

17.3.2 Löschen einer Datenbank – DROP DATABASE

Das Erstellen und das Löschen einer Datenbank sind in wesentlichen Punkten identisch. Daher sollen nicht alle Skripts an dieser Stelle ausgegeben werden.

db_loeschen_2.php	htdocs/PHP_Datenbanken

```php
 1  <?php
 2    include("db_verbindung.php");
 3    $sql = "DROP DATABASE PHP_Betrieb2";
 4    if (mysql_query($sql, $db_verbindung)) {
 5      echo "Datenbank wurde gelöscht!";
 6    } else {
 7      echo "Datenbank konnte nicht gelöscht werden. <br><br>";
 8      echo "Fehlermeldung: "  . mysql_error();
 9    }
10  ?>
```

Auch mithilfe eines Formulars müssen nur wenige Anweisungen leicht geändert werden, um die Löschung einer Datenbank vornehmen zu können. Daneben müssen Überschriften und Schaltflächentexte angepasst werden.

db_loeschen_4.html	htdocs/PHP_Datenbanken

```html
 7    <form action="db_loeschen_4.php" method="post" >
 8      <fieldset>
 9        <label for ="Datenbank">Datenbankname:</label>
10        <input name="Datenbank" type="text" size="40" maxlength="60"
            required="required" id="Datenbank">
11      </fieldset>
```

db_loeschen_4.php	htdocs/PHP_Datenbanken

```php
 1  <?php
 2    include("db_verbindung.php");
 3    $Datenbank = $_POST["Datenbank"];
 4    $sql = "DROP DATABASE $Datenbank";
 5    if (mysql_query($sql, $db_verbindung)) {
 6      echo "Datenbank <b>" . $Datenbank . "</b> wurde gelöscht!";
 7    } else {
 8      echo "Datenbank konnte nicht gelöscht werden.<br><br>";
 9      echo " Fehlermeldung: " . mysql_error();
10    }
11  ?>
```

Anzeige im Browser – Ergebnis

Datenbank **PHP_Betrieb4** wurde gelöscht!

Datenbank konnte nicht gelöscht werden.

Fehlermeldung: Can't drop database 'php_betrieb4'; database doesn't exist

17.3.3 Anzeigen aller vorhandenen Datenbanken – SHOW DATABASES

Ein Datenbanksystem kann unter Umständen aus mehreren Datenbanken bestehen. Daher ist es durchaus angebracht, sich die vorhandenen Datenbanken einmal anzusehen. Der entsprechende SQL-Befehl wird in ein PHP-Script eingebaut.

db_anzeigen.php	htdocs/PHP_Datenbanken

```php
 1  <?php
 2    include("db_verbindung.php");
 3    echo "Erstellte Datenbanken<br><br>";
 4    $sql = "SHOW DATABASES";
 5    $result = mysql_query($sql);
 6    if (!$result) {
 7      echo "Die Datenbanken konnten nicht ausgegeben werden\n";
 8      echo "MySQL Fehler: " . mysql_error();
 9      exit;
10    }
11    while ($row = mysql_fetch_row($result)) {
12      echo "{$row[0]}\n <br>";
13    }
14    include("db_schliessen.php");
15  ?>
```

Anzeige im Browser – Ergebnis

Erstellte Datenbanken

betrieb
betrieb_mysql
betrieb_sql_mysql

17.4 Tabellen

17.4.1 Erstellen einer Tabelle – CREATE TABLE

Vorbemerkungen

Erstellen Sie zunächst mithilfe der Datei **Datenbank_Erstellen_4.html** eine Datenbank unter dem Namen *PHP_Betrieb1*. Auf diese Datenbank beziehen sich anschließend alle nachfolgend darstellten Skripte. Wenn auf andere Datenbanken zugegriffen werden soll, müssen zusätzliche Verbindungsdateien zu diesen Datenbanken erstellt werden (Zeile 5 in der nachfolgenden Datei).

Bevor eine Tabelle erstellt wird, sollen zunächst Skripte zum Verbindungsaufbau zu einer Tabelle und zum Anzeigen aller Tabellen in einer Datenbank erstellt werden. Diese Skripte können dann später in andere Skripte eingebunden werden.

Verbindungsaufbau zu einer Tabelle

Der Verbindungsaufbau zu einer Tabelle ähnelt dem Verbindungsaufbau zu einer Datenbank. Zusätzlich muss die Datenbank aufgerufen werden, in der Befehle ausgeführt werden sollen.

t_verbindung.php	htdocs/PHP_Datenbanken
1 `<?php`	
2 `$db_Server = "localhost";`	
3 `$db_Benutzer = "root";`	
4 `$db_Passwort = "";`	
5 `$db_Name = "PHP_Betrieb1";`	
6 `$db_verbindung=@mysql_connect ($db_Server,$db_Benutzer,$db_Passwort )`	
`or die ( "Eine Verbindung zur Datenbank konnte nicht hergestellt werden!" );`	
7 `$db = mysql_select_db($db_Name , $db_verbindung)`	
`or die ("Auswahl der Datenbank nicht möglich.");`	
8 `?>`	

Anzeige im Browser – Ergebnis

Gelingt der Verbindungsaufbau zur angegebenen Datenbank, wird keine Meldung ausgegeben. Ansonsten wird eine der angegebenen Fehlermeldungen ausgegeben.

> Eine Verbindung zur Datenbank konnte nicht hergestellt werden!
>
> Auswahl der Datenbank nicht möglich.

Ausgabe der Tabellen einer Datenbank

Oftmals ist es wichtig, dass alle erstellten Tabellen ausgegeben werden, um sich einen Überblick zu verschaffen, welche Daten in der Datenbank erfasst wurden. Bei Ausführung des Skripts zum jetzigen Zeitpunkt werden logischerweise keine Tabellen ausgegeben, da sich keine Tabellen in der Datenbank befinden. Später werden dann Tabellen angegeben.

Anzeige im Browser – Ergebnis

Tabellen in der Datenbank **PHP_Betrieb1**

Tabellen in der Datenbank **PHP_Betrieb1**

lager

t_anzeigen.php	htdocs/PHP_Datenbanken

```php
1   <?php
2     include("t_verbindung.php");
3     echo "Tabellen in der Datenbank <strong>$db_Name</strong><br><br>";
4     $sql = "SHOW TABLES FROM $db_Name";
5     $result = mysql_query($sql);
6     if (!$result) {
7       echo "Die Tabellen konnten nicht ausgegeben werden\n";
8       echo "MySQL Fehler: " . mysql_error();
9       exit;
10    }
11    while ($row = mysql_fetch_row($result)) {
12      echo "{$row[0]}\n <br>";
13    }
14  ?>
```

Erstellung einer Tabelle ohne Nutzung eines Formulars

Wesentliche Teile der Erstellung einer Tabelle, wie der Verbindungsaufbau, sind bereits in anderen Skripten erfolgt. So muss nur noch ein SQL-Befehl eingebaut werden.

t_erstellen_1.php	htdocs/PHP_Datenbanken

```php
1   <?php
2     include("t_verbindung.php");
3     mysql_query
4     ("
5       CREATE TABLE Lager
6       (
7       Artikel_Nr INTEGER(5)PRIMARY KEY NOT NULL auto_increment,
8       Artikelart CHAR (20),
9       Artikel_Bez CHAR (20),
10      Bestand INTEGER(5),
11      Mindestbestand INTEGER(5),
12      Hoechstbestand INTEGER(5),
13      Einkaufspreis DECIMAL (10,2),
14      Verkaufspreis DECIMAL (10,2)
15      );
16    ");
17    include("t_anzeigen.php");
18    include("db_schliessen.php");
19  ?>
```

Anzeige im Browser – Ergebnis

Tabellen in der Datenbank **PHP_Betrieb1**

lager
Die Verbindung zur Datenbank wurde geschlossen!

Tabellen

Erstellung einer Tabelle mit Nutzung eines Formulars

Eine Tabelle kann auch mithilfe eines Formulars erstellt werden. Dabei wird der SQL-Befehl zur Erstellung einer Tabelle ausgelesen.

t_erstellen_2.html	htdocs/PHP_Datenbanken

```html
1   <!DOCTYPE html>
2   <html>
3     <head>
4       <title>Erstellung einer Tabelle</title>
5       <link rel="stylesheet" href="formulare.css" type="text/css">
6     </head>
7     <body>
8       <h1>Erstellung einer Tabelle</h1>
9       <form action="t_erstellen_2.php" method="post" >
10        <fieldset>
11          <legend class="f1">Geben Sie einen Befehl ein:</legend>
12          <textarea name="Tabelle" rows="12" cols="60" wrap="soft">
13          </textarea>
14        </fieldset>
15        <p></p>
16        <fieldset>
17          <legend class="f2">Schaltflächen:</legend>
18          <input type="SUBMIT" Value="Absenden">
19          <input type="RESET" Value="Zurücksetzen">
20        </fieldset>
21      </form>
22    </body>
23  </html>
```

Anzeige im Browser – Formular	PHP-Ergebnis

Geben Sie einen Befehl ein:

```
CREATE TABLE Kunden
(
Kunden_Nr INTEGER (5) PRIMARY KEY NOT NULL auto_increment,
Name1 CHAR(30),
Name2 CHAR(30),
Strasse CHAR(30),
PLZ INTEGER(5),
Ort CHAR(30),
Kunde_seit DATE
);
```

Tabellen in der Datenbank **PHP_Betrieb1**

kunden
lager
Die Verbindung zur Datenbank wurde geschlossen!

t_erstellen_2.php	htdocs/PHP_Datenbanken

```php
1  <?php
2    include("t_verbindung.php");
3    $Befehl = $_POST["Tabelle"];
4    mysql_query($Befehl);
5    $db_Resultat = mysql_list_tables ( $db_Name);
6    $Menge = mysql_num_rows ( $db_Resultat );
7    include("t_anzeigen.php");
8    include("db_schliessen.php");
9  ?>
```

17.4.2 Löschen einer Tabelle – DROP TABLE

Das Löschen einer Tabelle kann eigentlich auch mit dem zuvor erstellten Skript zur Tabellenerstellung vorgenommen werden, da im Prinzip nur der benutzte SQL-Befehl geändert wird.

Da jedoch einige Kleinigkeiten, vor allem wegen der Ausgabe, geändert werden müssen, sollen Teile der Skripte angegeben werden. Sie sollten die Dateien t_erstellen_2.html und t_erstellen_2.php zunächst unter den Namen t_loeschen.html und t_loeschen.php abspeichern und dann die HTML-Datei wie angeben ändern. Änderungen an PHP-Datei sind nicht notwendig. Erstellen Sie außerdem eine Tabelle Lager1, die dann gelöscht werden soll.

t_loeschen.html	htdocs/PHP_Datenbanken

```html
1   <!DOCTYPE html>
2   <html>
3     <head>
4       <title>Löschung einer Tabelle</title>
5       <link rel="stylesheet" href="formulare.css" type="text/css">
6     </head>
7     <body>
8       <h1>Löschung einer Tabelle</h1>
9       <form action="t_loeschen.php" method="post" >
10        <fieldset>
11          <legend class="f1">DROP TABLE <em>Tabellenname; </em></legend>
12          <label for ="Tabelle">SQL-Befehl:</label>
13          <input name="Tabelle" type="text" size="40" maxlength="60"
              required="required" id="Tabelle">
14        </fieldset>
15        <p></p>
16        <fieldset>
17          <legend class="f2">Schaltflächen:</legend>
18          <input type="SUBMIT" Value="Löschen">
19          <input type="RESET" Value="Zurücksetzen">
20        </fieldset>
21      </form>
22    </body>
23  </html>
```

Anzeige im Browser – Formular	PHP-Ergebnis

Tabellen in der Datenbank **PHP_Betrieb1**

kunden
lager
Die Verbindung zur Datenbank wurde geschlossen!

17.4.3 Datenstruktur einer Tabelle
Die Struktur einer Tabelle gibt Aufschluss über Datenfelder, Feldeigenschaften usw.

t_struktur.html	htdocs/PHP_Datenbanken

```
 1  <!DOCTYPE html>
 2  <html>
 3    <head>
 4      <title>Struktur einer Tabelle</title>
 5      <link rel="stylesheet" href="formulare.css" type="text/css">
 6    </head>
 7  <body>
 8    <h1>Struktur einer Tabelle</h1>
 9    <form action="t_struktur.php" method="post" >
10      <fieldset>
11        <legend class="f1">Struktur einer Tabelle</em></legend>
12        <label for ="Tabelle">Tabelle:</label>
13        <input name="Tabelle" type="text" size="40" maxlength="60"
               required="required" id="Tabelle">
14      </fieldset>
15      <p></p>
16      <fieldset>
17        <legend class="f2">Schaltflächen:</legend>
18        <input type="SUBMIT" Value="Absenden">
19        <input type="RESET" Value="Zurücksetzen">
20      </fieldset>
21    </form>
22  </body>
23  </html>
```

Anzeige im Browser – Formular	PHP-Ergebnis

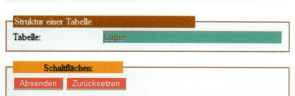

PHP	Bedeutung
mysql_list_fields()	Aufgrund der Kennung von Datenbank und Tabelle wird eine Ergebniskennung der Felder der Tabelle erzeugt, sodass mit anderen Befehlen Datenfeldeigenschaften ausgelesen werden können.
mysql_num_fields()	Die Anzahl der Datenfelder wird angegeben.
mysql_field_name()	Der Name eines Datenfelds wird ausgelesen.
mysql_field_type()	Der Felddatentyp eines Datenfelds wird ermittelt.
mysql_field_len()	Die Länge des Datenfelds wird angegeben.
mysql_field_flags()	Die erweiterten Eigenschaften eines Datenfelds werden ausgegeben, z. B. wird ein gesetzter Primärschlüssel angegeben.

t_struktur.php **htdocs/PHP_Datenbanken**

```php
1   <?php
2     include("t_verbindung.php");   $db_Tabelle = $_POST["Tabelle"];
4     $Resultat = mysql_list_fields ( $db_Name, $db_Tabelle, $db_verbindung );
5     $Menge = mysql_num_fields ( $Resultat );
6     echo "Datenstruktur der Tabelle <b>$db_Tabelle </b><br><br>";
7     echo "<table border='1'>";
8     for ( $x = 0; $x < $Menge; $x++ )
9     {
10      echo "<tr>";
11      echo "<td>" . $Feldname=mysql_field_name ( $Resultat, $x ) . "</td>";
12      echo "<td>" . $Typ=mysql_field_type ( $Resultat, $x ) . "</td>";
13      echo "<td>" . $Laenge=mysql_field_len ( $Resultat, $x ) . "</td>";
14      echo "<td>" . $Feldeigenschaften=mysql_field_flags ( $Resultat, $x ) . "</td>";
15     }
16     echo "</table>";
17     echo "<br>";
18     include("db_schliessen.php");
19  ?>
```

17.4.4 Anpassung der Tabellenstruktur usw. – ALTER TABLE

Die Anpassung der Datenstruktur einer Tabelle kann mithilfe eines SQL-Befehls relativ einfach vorgenommen werden. Die Dateien *t_erstellen_2.html* und *t_erstellen_2.php* können zu diesem Zweck genutzt werden. Besser ist jedoch, dass Sie die beiden Dateien unter den Namen *t_aendern.html* und *t_aendern.php* nochmals abspeichern und die Dateien anpassen.

Anzeige im Browser – Formular

Ändern der Tabellenstruktur

Geben Sie einen Befehl ein:
ALTER TABLE Lager ADD Artikelgruppe CHAR(1);

PHP-Ergebnis (Struktur)

Verkaufspreis	real	12
Artikelgruppe	string	1

17.4.5 Auslesen von Daten – SELECT
Auslesen von Daten mit einem SQL-Befehl

Das Auslesen von Daten kann auf vielerlei Weise erfolgen, hier soll nur ein Beispiel angegeben werden. Mit den bereits erworbenen Kenntnissen ist es sicherlich möglich, weitere sinnvolle Auswertungen zu programmieren.

Im gezeigten Beispiel wird die Tabelle *Lager* ausgewertet, ein Umschreiben auf andere Tabellen ist relativ leicht zu realisieren. So müssen beispielsweise Datenfelder aus dem PHP-Skript entfernt werden, wenn nur bestimmte Datenfelder ausgegeben werden sollen, etwa bei Erstellung einer Preisliste mit Artikelnummern, Artikelart, Artikelbezeichnung und Verkaufspreis.

Entsprechende Anpassungen müssen ebenfalls vorgenommen werden, wenn eine andere Tabelle ausgelesen werden soll.

t_auslesen.html	htdocs/PHP_Datenbanken

```
1   <!DOCTYPE html>
2   <html>
3     <head>
4       <title>Tabelle</title>
5       <link rel="stylesheet" href="formulare.css" type="text/css">
6     </head>
7     <body>
8       <h1>Auslesen einer Tabelle</h1>
9       <form action="t_auslesen.php" method="post" >
10        <fieldset>
11          <legend class="f1">Auslesen der Daten einer Tabelle</em></legend>
12          <label for ="SQL">SQL-Befehl:</label>
13          <input name="SQL" type="text" size="40" maxlength="60"
                required="required" id="SQL">
14        </fieldset>
15        <p></p>
16        <fieldset>
17          <legend class="f2">Schaltflächen:</legend>
18          <input type="SUBMIT" Value="Absenden">
19          <input type="RESET" Value="Zurücksetzen">
20        </fieldset>
21      </form>
22    </body>
23  </html>
```

Anzeige im Browser – Eingabe

PHP	Bedeutung
htmlspecialchars()	Mit dem Befehl werden bestimmte Sonderzeichen, wie ' und ", in den vorgesehenen HTML-Code umgewandelt.

t_auslesen.php   htdocs/PHP_Datenbanken

```php
1   <?php
2     include("t_verbindung.php");
3     $sql = $_POST["SQL"];
4     // Anfrage an die DB schicken und die Rückmeldung in eine Variable ablegen
5     $Abfrageergebnis = mysql_query( $sql, $db_verbindung );
6     // Überschrift /Anzahl der gefundenen Datensätze
7     echo "<h1>Daten der Tabelle Lager</h1>";
8     $Anzahl = mysql_num_rows( $Abfrageergebnis );
9     echo "<p>Es wurden <b>" . $Anzahl . "</b> Datensätze gefunden!</p>";
10    echo "<table border='1'>";
11    echo "<tr><th>Artikel_Nr</th><th>Artikelart</th><th>Artikel_Bez</th>
          <th>Bestand</th><th>Mindestbestand</th><th>Höchstbestand</th>
          <th>Einkaufspreis</th><th>Verkaufspreis</th></tr>";
12    // Ausgabe der Datensätze (zeilenweise)
13    while ($datensatz = mysql_fetch_array( $Abfrageergebnis ))
14    {
15      // Ein Datensatz entspricht einer Tabellenzeile
16      echo "<tr>";
17      echo "<td>" . $datensatz["Artikel_Nr"] . "</td>";
18      echo "<td>" . htmlspecialchars( $datensatz["Artikelart"] ) . "</td>";
19      echo "<td>" . htmlspecialchars( $datensatz["Artikel_Bez"] ) . "</td>";
20      echo "<td>" . $datensatz["Bestand"] . "</td>";
21      echo "<td>" . $datensatz["Mindestbestand"] . "</td>";
22      echo "<td>" . $datensatz["Hoechstbestand"] . "</td>";
23      echo "<td>" . $datensatz["Einkaufspreis"] . "</td>";
24      echo "<td>" . $datensatz["Verkaufspreis"] . "</td>";
25      echo "</tr>";
26    }
27    echo "</table>";
28  ?>
```

Anzeige im Browser – Ergebnis

Daten der Tabelle Lager

Es wurden 15 Datensätze gefunden!

Artikel_Nr	Artikelart	Artikel_Bez	Bestand	Mindestbestand	Höchstbestand	Einkaufspreis	Verkaufspreis
1001	Schreibtisch	Modern	10	15	30	456.00	794.98
1000	Schreibtisch	Gabriele	5	5	10	800.00	1476.38

Wenn keine Daten in der Tabelle sind, wird angegeben, dass 0 Datensätze gefunden wurden.

Tabellen

Auslesen von Daten über die Angabe der Tabelle

Es empfiehlt sich, zu überprüfen, ob eine Tabelle überhaupt vorhanden ist. In diesem Fall bietet es sich an, nur den Namen der Tabelle über das HTML-Formular auszulesen und im PHP-Script den Namen mit einem SELECT-Befehl zu verbinden.

t_auslesen_2.html	htdocs/PHP_Datenbanken
9	`<form action="t_auslesen_2.php" method="post" >`
10	`<fieldset>`
11	`<legend class="f1">Auslesen der Daten einer Tabelle</em></legend>`
12	`<label for ="Tabelle">Tabelle:</label>`
13	`<input name=" Tabelle L" type="text" size="40" maxlength="60" required="required" id="Tabelle">`
14	`</fieldset>`

t_auslesen_2.php	htdocs/PHP_Datenbanken
1	`<?php`
2	`include("t_verbindung.php");`
3	`$sql1 = $_POST["Tabelle"];`
4	`$sql = "SELECT * FROM $sql1";`
5	`$Abfrageergebnis = mysql_query( $sql, $db_verbindung );`
6	`if($sql1=='Lager') {`
7	`echo "<h1>Daten der Tabelle Lager</h1>";`
8	`$Anzahl = mysql_num_rows( $Abfrageergebnis );`
9	`echo "<p>Es wurden <b>" . $Anzahl . "</b> Datensätze gefunden!</p>";`
10	`echo "<table border='1'>";`
11	`echo "<tr><th>Artikel_Nr</th><th>Artikelart</th><th>Artikel_Bez</th><th>Bestand</th><th>Mindestbestand</th><th>Höchstbestand</th><th>Einkaufspreis</th><th>Verkaufspreis</th></tr>";`
12	`while ($datensatz = mysql_fetch_array( $Abfrageergebnis )) {`
13	`echo "<tr>";`
14	`echo "<td>" . $datensatz["Artikel_Nr"] . "</td>";`
15	`echo "<td>" . htmlspecialchars( $datensatz["Artikelart"] ) . "</td>";`
16	`echo "<td>" . htmlspecialchars( $datensatz["Artikel_Bez"] ) . "</td>";`
17	`echo "<td>" . $datensatz["Bestand"] . "</td>";`
18	`echo "<td>" . $datensatz["Mindestbestand"] . "</td>";`
19	`echo "<td>" . $datensatz["Hoechstbestand"] . "</td>";`
20	`echo "<td>" . $datensatz["Einkaufspreis"] . "</td>";`
21	`echo "<td>" . $datensatz["Verkaufspreis"] . "</td>";`
22	`echo "</tr>";    }`
23	`echo "</table>";`
24	`} else {`
25	`echo "Tabelle $sql1 existiert nicht.";`
26	`}`
27	`?>`

Anzeige im Browser – Ergebnis

Auslesen einer Tabelle

Auslesen der Daten einer Tabelle
Tabelle: Lager

Schaltflächen:
[Absenden] [Zurücksetzen]

Daten der Tabelle Lager

Es wurden **15** Datensätze gefunden!

Artikel_Nr	Artikelart	Artikel_Bez	Bestand	Mindestbestand
1000	Schreibtisch	Gabriele	5	5

Auslesen einer Tabelle

Auslesen der Daten einer Tabelle
Tabelle: Kunden

Schaltflächen:
[Absenden] [Zurücksetzen]

Tabelle Kunden existiert nicht.

17.4.6 Einfügen von Daten

Vorbemerkungen

Das Einfügen von Daten sollte über das Tool **phpMyAdmin** erfolgen, da die Erstellung eines Skripts für das Eingeben von Werten weitergehende Programmierkenntnisse erfordert.

Grundsätzlich können Tabellen, die in einer anderen Datenbank, beispielsweise mithilfe von **phpMyAdmin**, erstellt wurden, von einer Datenbank in eine andere kopiert werden. Um die Daten mit PHP nutzen zu können, müssen sie in dem Datenbankformat (*InnoDB*) abgespeichert sein. Liegen sie z. B. im Format *MyISAM* vor, müssen sie konvertiert werden. Dies ist mithilfe von **phpMyAdmin** sehr einfach.

Kopieren und Einfügen einer Tabelle

Oftmals wird eine Tabelle dadurch gesichert, dass sie mit der Tabellenstruktur und den Daten unter einem anderen Namen in derselben oder einer anderen Datenbank, unter Umständen in einem anderen Datenformat, nochmals abgespeichert wird. Im nun beschrieben Fall handelt es sich jedoch um keine Sicherung, es soll stattdessen in einer anderen Datenbank mit den bereits vorhandenen Daten gearbeitet werden.

Die bisherige Tabelle *Lager*, die normalerweise noch keine Daten enthält, soll durch eine Tabelle ersetzt werden, die Daten enthält. Diese Daten sollten z. B. in der Tabelle *Lager* in der Datenbank *Betrieb* enthalten sein.

Bearbeitungsschritte:

- Löschen Sie aus der Datenbank *PHP_Betrieb1* die bisherige Tabelle *Lager* mithilfe der Dateien *t_loeschen.html* und *t_loeschen.php*.
- Rufen Sie **phpMyAdmin** auf. Markieren Sie im linken Bereich des Bildschirms in der Datenbank *Betrieb* die Tabelle *Lager*.
- Klicken Sie den Menüpunkt **Operationen** an.

← Server: 127.0.0.1 » Datenbank: betrieb » Tabelle: lager

[Anzeigen] [Struktur] [SQL] [Suche] [Einfügen] [Exportieren] [Importieren] [Rechte] [Operationen]

Bearbeitungsschritte:

- Gehen Sie in den Bereich **Kopiere Tabelle nach (Datenbank.Tabellenname)**. Wählen Sie die Datenbank aus, in die die Tabelle kopiert werden soll. Geben Sie gegebenenfalls den Namen der neuen Tabelle ein und klicken Sie die Schaltfläche **OK** an.

- Die Meldung, dass die Tabelle kopiert wurde, wird angezeigt. Wechseln Sie danach zur Datenbank *PHP_Betrieb1*. Die Tabelle *Lager* wird angezeigt. Markieren Sie sie.

- Klicken Sie den Menüpunkt **Operationen** an.

- Ändern Sie, falls notwendig, das Tabellenformt in *InnoDB*. Schließen Sie die Bearbeitung mit dem Anklicken der Schaltfläche **OK** ab.

- Verlassen Sie **phpMyAdmin**. Rufen Sie die Datei *t_auslesen_2.html* auf. Geben Sie die Tabelle *Lager* ein. Anschließend können Sie sehen, dass die Tabelle mit Daten gefüllt ist.

Daten der Tabelle Lager

Es wurden 15 Datensätze gefunden!

Artikel_Nr	Artikelart	Artikel_Bez	Bestand	Mindestbestand	Höchstbestand	Einkaufspreis	Verkaufspreis
1001	Schreibtisch	Modern	10	15	30	456.00	794.98
1000	Schreibtisch	Gabriele	5	5	10	800.00	1476.38

- Übertragen Sie auf die gleiche Weise die Tabellen *Lieferanten* und *Kunden*. Die jeweiligen Strukturen der Tabellen können Sie sich über die Datei *t_struktur.html* ansehen.

Datenstruktur der Tabelle Lieferanten

Lieferer_Nr	int	11	not_null primary_key
Name1	string	30	not_null
Name2	string	30	not_null
Strasse	string	30	not_null
PLZ	int	11	not_null
Ort	string	30	not_null

Datenstruktur der Tabelle Kunden

Kunden_Nr	int	11	not_null primary_key
Name1	string	30	not_null
Strasse	string	30	not_null
PLZ	int	5	not_null
Ort	string	30	not_null

Auslesen von Daten aus unterschiedlichen Tabellen

Normalerweise sollen mit einem Skript nicht nur die Daten einer Tabelle, sondern möglichst aller Tabellen ausgelesen werden. Mithilfe von Kontrollstrukturen wie etwa dem If-Befehl ist dies möglich. Es bietet sich aber an, den Befehl *switch* zu nutzen. Danach können durch leichte Anpassungen, z. B. bei den Spaltenüberschriften und den auszulesenden Daten, beliebig viele Tabellen ausgelesen werden.

Nutzen Sie zur Erstellung bisher erstellte Dateien. Erstellen Sie die Datei t_auslesen_3.html und rufen Sie die richtige PHP-Datei t_auslesen_3.php auf. Ergänzen Sie die Datei t_auslesen.php um einen Teil, mit dem Kundendaten ausgelesen werden können. Erstellen Sie außerdem eine zusätzliche HTML-Datei, die eine Auswahlliste zur Verfügung stellt.

t_auslesen_3.html	htdocs/PHP_Datenbanken
9	`<form action="t_auslesen_3.php" method="post" >`

t_auslesen_4.html	htdocs/PHP_Formulare
1	`<label for ="Artikel">Artikel</label>`
2	`<select name="Artikel">`
3	`<option>Personal Computer</option>`
4	`<option>Laptop</option>`
5	`<option>Tablet</option>`
6	`<option>Monitor</option>`
7	`<option>DVD-Laufwerk</option>`
8	`<option>Festplatte</option>`
9	`</select>`

t_auslesen_3.php	htdocs/PHP_Datenbanken
1	`<?php`
2	`  include("t_verbindung.php");`
3	`  $sql1 = $_POST["Tabelle"];`
4	`  $sql = "SELECT * FROM $sql1";`
5	`  $Abfrageergebnis = mysql_query( $sql, $db_verbindung );`
6	`  switch ($sql1) {`
7	`    case "Lager";`
8	`      echo "<h1>Daten der Tabelle Lager</h1>";`
9	`      $Anzahl = mysql_num_rows( $Abfrageergebnis );`
10	`      echo "<p>Es wurden <b>" . $Anzahl . "</b> Datens&auml;tze gefunden!</p>";`
11	`      echo "<table border='1'>";`
12	`      echo "<tr><th>Artikel_Nr</th><th>Artikelart</th><th>Artikel_Bez</th><th>Bestand</th><th>Mindestbestand</th><th>Höchstbestand</th><th>Einkaufspreis</th><th>Verkaufspreis</th></tr>";`
13	`      while ($datensatz = mysql_fetch_array( $Abfrageergebnis )) {`
14	`        echo "<tr>";`
15	`        echo "<td>" . $datensatz["Artikel_Nr"] . "</td>";`
16	`        echo "<td>" . htmlspecialchars( $datensatz["Artikelart"] ) . "</td>";`

Tabellen **651**

```php
17          echo "<td>" . htmlspecialchars( $datensatz["Artikel_Bez"] ) . "</td>";
18          echo "<td>" . $datensatz["Bestand"] . "</td>";
19          echo "<td>" . $datensatz["Mindestbestand"] . "</td>";
20          echo "<td>" . $datensatz["Hoechstbestand"] . "</td>";
21          echo "<td>" . $datensatz["Einkaufspreis"] . "</td>";
22          echo "<td>" . $datensatz["Verkaufspreis"] . "</td>";
23        echo "</tr>";        }
24      echo "</table>";
25      break;
26      case "Lieferanten";
27      echo "<h1>Daten der Tabelle Lager</h1>";
28      $Anzahl = mysql_num_rows( $Abfrageergebnis );
29      echo "<p> Es wurden <b>" . $Anzahl . "</b> Datens&auml;tze
            gefunden!</p>";
30      echo "<table border='1'>";
31      echo "<tr><th>Lieferanten_Nr</th><th>Name1</th><th>Name2</th>
            <th>Stra&szlig;e</th><th>PLZ</th><th>Ort</th></tr>";
32      while ($datensatz = mysql_fetch_array( $Abfrageergebnis )) {
33        echo "<tr>";
34        echo "<td>" . $datensatz["Lieferer_Nr"] . "</td>";
35        echo "<td>" . htmlspecialchars( $datensatz["Name1"] ) . "</td>";
36        echo "<td>" . htmlspecialchars( $datensatz["Name2"] ) . "</td>";
37        echo "<td>" . htmlspecialchars( $datensatz["Strasse"] ) . "</td>";
38        echo "<td>" . $datensatz["PLZ"] . "</td>";
39        echo "<td>" . htmlspecialchars( $datensatz["Ort"] ) . "</td>";
40        echo "</tr>";        }
41      echo "</table>";
42      break;
43      default:
44      echo "Tabelle $sql1 existiert nicht.";
45    }
46  ?>
```

Anzeige im Browser – Ergebnis

Daten der Tabelle Kunden

Es wurden **8** Datensätze gefunden!

Kunden_Nr	Name1	Straße	PLZ	Ort
200	Otto Artig e. Kfm.		26789	Leer
201	Hans Kassens	Am Forst 45	49809	Lingen

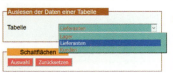

Daten der Tabelle Lieferanten

Es wurden **7** Datensätze gefunden!

Lieferer_Nr	Name1	Name2	Straße	PLZ	Ort
100	Wagner & Co.		Vogtweg 23	33607	Bielefeld
101			Gutachtstr. 342	13469	Berlin

17.5 Erstellung einer Web-Oberfläche

Vorbemerkungen

Die erstellten Dateien sollten zu einem Web zusammengeführt werden. Außerdem sollte mithilfe von Stylesheets eine vernünftige Darstellung realisiert werden.

Das Grundgerüst eines solchen Webs ist im Kapitel *Boxmodell* im Rahmen der Erarbeitung von Stylesheets beschrieben. Die entsprechenden Stylesheets müssen in der Datei *Format.css* definiert werden. Es werden zumindest vier Boxen für die Überschrift (*Datenbanken*), die Auswahl der Oberpunkte (*Datenbanken*, *Tabellen* usw.) und der jeweiligen Unterpunkte (*Anzeigen*, *Erstellen* usw.) benötigt. Die einzelnen Unterpunkte sollen je nach Bedarf vervollständigt werden. Die Oberpunkte *Auswertungen und Bestellungen* sollen erst später bei Bedarf mit Inhalten versehen werden.

Das Web sollte in etwa so aussehen:

Während die Inhalte der Boxen *1* und *2* auf jeder Seite fast identisch sind (bis auf *id="akt"*), wird der Inhalt der Box *3* mit den jeweiligen Unterpunkten bestückt. In der Box *4* befindet sich entweder eine Eingabeseite (z. B. *DB_Erstellen_3.html*) oder nach der Eingabe von Daten und dem entsprechenden Aufruf eine Ausgabeseite (z. B. *DB_Erstellen_3.php*).

Aufbau einer Seite – Beispiel

Als Beispiel für den Aufbau kann die Seite *Datenbanken.php* (*Datenbanken.html*) dienen, die die einzelnen Inhalte der benötigten Dateien angibt.

In der hier dargestellten Box 4 wird in der angezeigten Seite lediglich ein Wort ausgegeben. In anderen Fällen müssen die erstellten Formulare und PHP-Seiten eingebaut werden und die entsprechenden Stylesheets eingebunden werden.

Sehr genau ist jeweils zu überlegen, ob es sich um eine HTML-Seite oder PHP-Seite handelt, die eingerichtet werden muss. Das Web kann nach Bedarf ergänzt werden oder es können Seiten wieder herausgenommen werden. Die entsprechenden Stylesheets-Seiten wurden im Kapitel *Stylesheets* bereits teilweise erstellt. Eventuell müssen Ergänzungen vorgenommen werden.

datenbanken.php	htdocs/PHP_Datenbanken

```
1   <!DOCTYPE html>
2   <html>
3     <head>
4       <link href="format.css" rel="stylesheet" type="text/css" />
5       <title>index</title>
6     </head>
7     <body>
8       <div id="wrapper">
9         <div id="box1">
10          <h1>Datenbanken</h1>
11        </div>
12        <div id="box2">
13          <ul id="navi">
14            <li><a href="Datenbanken.php" id="akt">Datenbanken</a></li>
15            <li><a href="Tabellen.php">Tabellen</a></li>
16            <li><a href="Auswertungen.php">Auswertungen</a></li>
17            <li><a href="Bestellungen.php">Bestellungen</a></li>
18          </ul>
19        </div>
20        <div id="box3">
21          <ul id="navi">
22            <li><a href="db_anzeigen.html" id="akt">Anzeigen</a></li>
23            <li><a href="db_erstellen.html">Erstellen</a></li>
24            <li><a href="db_loeschen.html">Löschen</a></li>
25          </ul>
26        </div>
27        <div id="box4">
28          <h4>Datenbank</h4>
29        </div>
30      </div>
31    </body>
32  </html>
```

18 Statistische Analyseverfahren

18.1 Vorbemerkungen

Mithilfe einer Tabellenkalkulation oder einer Programmier- bzw. Skriptsprache werden statistische Auswertungen vorgenommen. Anhand von Beispielen soll dies kurz beschrieben werden. Andere mögliche Auswertungen lassen sich danach anhand von Formeln usw. vornehmen.

18.2 Auswertungen

In der folgenden Tabelle werden einige für statische Auswertungen wichtige Funktionen beschrieben. Alle angegebenen Werte werden anschließend mithilfe von Funktionen in Excel ermittelt. Anschließend werden jeweils einige Werte zur Demonstration mit den Skriptsprachen **VBA** und **PHP** ermittelt.

Hinweis: Die genutzten Formeln entsprechen den Formeln, die von der Tabellenkalkulation **Excel** genutzt werden. Im Einzelfall können in anderen Quellen veränderte Formeln angegeben werden.

Funktion	Funktion in Excel/Formel	Erklärung
Summe	SUMME(**Zahl1**;Zahl2; ...)	Die einzelnen Werte eines Datenbereichs werden addiert.
Anzahl	ANZAHL(Wert1;Wert2;...)	Die Anzahl der Werte eines Datenbereichs wird ermittelt.
Mittelwert	MITTELWERT(Zahl1;Zahl2;...)	Das arithmetische Mittel eines Datenbereichs wird ermittelt.
Maximum	MAX(Zahl1;Zahl2;...)	Der größte Wert eines Datenbereichs wird ermittelt.
Minimum	MIN(Zahl1;Zahl2;...)	Der kleinste Wert eines Datenbereichs wird ermittelt.
Modalwert	MODALWERT(Zahl1;Zahl2;...)	Der häufigste Wert eines Datenbereichs wird zurückgegeben.
Median	MEDIAN(Zahl1;Zahl2;...)	Die Zahl, die in der Mitte einer Zahlenreihe liegt, wird als Median bezeichnet.
Standardabweichung	STABW(Zahl1;Zahl2;...) $$\sqrt{\frac{\sum(x-\bar{x})^2}{(n-1)}}$$	Die Standardabweichung ist ein Maß für die Streuung der Werte einer Zufallsvariablen um ihren Mittelwert.
Varianz	VARIANZ(Zahl1;Zahl2;...) $$\frac{\sum(x-\bar{x})^2}{(n-1)}$$	Die Varianz ist ein Maß, das beschreibt, wie stark eine Messgröße (genauer eine Zufallsgröße) „streut". Sie wird berechnet, indem man die Abstände der Messwerte vom Mittelwert quadriert, addiert und durch die Anzahl der Messwerte teilt.

18.3 Auswertungen mit Excel

Zur Berechnung statistischer Werte stehen in **Excel** verschiedene Funktionen zur Verfügung. Der Zweck dieser Funktionen wurde auf der vorherigen Seite beschrieben.

Bearbeitungsschritte:

- Erstellen Sie die folgende Tabelle. Geben Sie die Werte ein und nehmen Sie mithilfe der Funktionen die jeweiligen statistischen Auswertungen vor.

	A	B	C	D	E	E
1	Wert 1	176			Excel-Funktion	Funktionen in Excel
2	Wert 2	353				
3	Wert 3	345		Summe	6242	=SUMME($B$1:$B$50)
4	Wert 4	456		Anzahl	15	=ANZAHL($B$1:$B$50)
5	Wert 5	322		Mittelwert	416,13	=RUNDEN(MITTELWERT($B$1:$B$50);2)
6	Wert 6	456		Minimum	160	=MIN(B1:B50)
7	Wert 7	333		Maximum	664	=MAX($B$1:$B$50)
8	Wert 8	160		Modalwert	345	=MODALWERT(B1:B50)
9	Wert 9	245		Median	353	=MEDIAN(B1:B50)
10	Wert 10	644		Standardabweichung	166,12	=RUNDEN(STABW(B1:B50);2)
11	Wert 11	555		Varianz	27595,12	=RUNDEN(VARIANZ(B1:B50);2)
12	Wert 12	664				
13	Wert 13	345				
14	Wert 14	545				
15	Wert 15	643				

18.4 Auswertungen mit VBA

Mithilfe von VBA lassen sich prinzipiell alle Funktionen programmieren. Nachfolgend werden einige wichtige Werte ermittelt. Einzelne Bereiche im Code werden mit einem einführenden Kommentar versehen. Die Daten werden zunächst, bevor sie verarbeitet werden, in ein Array übertragen. Dieses Array definiert die Anordnung der Einträge. Die Einträge können beispielsweise aus einer Tabellenspalte kommen.

Befehl	Beispiel	Beschreibung
Rem	Rem Kommentar	Einfügen eines Kommentars in den Code
ReDim Preserve	ReDim Preserve Arr(x)	Reservierung von Speicherplatz für ein dynamisches Datenfeld (in einem Array)
UBound ()	UBound(Arr)	Der größte verfügbare Index des Datenfelds wird zurückgegeben. Umgangssprachlich kann man sagen, dass die einzelnen Datenfelder durchgezählt werden. Eine Schleife wird dann bis zum Höchstwert durchlaufen.

Anzeige in der Tabelle1 – Ergebnis

	D	E	F				
1		Excel-Funktion	Berechnungen mit VBA	6	Minimum	160	160
2				7	Maximum	664	664
3	Summe	6242	6242	8	Modalwert	345	
4	Anzahl	15	15	9	Median	353	
5	Mittelwert	416,13	416,13	10	Standardabweichung	166,12	166,12
				11	Varianz	27595,12	27595,13

```vb
1    Sub Statistik()
2      Rem Definition der Variablen
3      Dim Arr()
4      Dim Summe, y, Anzahl As Integer
5      Dim Mittelwert, Minimum, Minimum1, Minimum2, Maximum, Maximum1, _
         Maximum2, Standardabw, Quadrat, Varianz, Standardabweichung As Double
6      Rem Auslesen der Daten aus der Tabelle
7      For x = 1 To 50
8        ReDim Preserve Arr(x)
9        Arr(x) = Tabelle1.Range("B" & x)
10     Next x
11     Rem Ermittlung der Summe und Anzahl der Werte
12     For x = 1 To UBound(Arr)
13       If Arr(x) <> 0 Then
14         Summe = Summe + Arr(x)
15         Anzahl = Anzahl + 1
16       End If
17     Next x
18     Rem Ermittlung des Maximalwerts in der Datentabelle
19     Maximum = 0
20     Maximum1 = 0
21     Maximum2 = 0
22     For x = 1 To UBound(Arr)
23       If Arr(x) <> 0 Then
24         Maximum = Arr(x)
25         Maximum1 = Maximum
26         If Maximum2 < Maximum1 Then
27           Maximum2 = Maximum1
28         Else
29           Maximum2 = Maximum2
30         End If
31       End If
32     Next x
33     Rem Ermittlung des Minimalwerts in der Datentabelle
34     Minimum = 0
35     Minimum1 = 0
36     Minimum2 = Maximum2
37     For x = 1 To UBound(Arr)
38       If Arr(x) <> 0 Then
39         Minimum = Arr(x)
```

```
40        Minimum1 = Minimum
41          If Minimum1 < Minimum2 Then
42            Minimum2 = Minimum1
43          Else
44            Minimum2 = Minimum2
45          End If
46        End If
47      Next x
48      Rem Ermittlung der Standardabweichung und der Varianz
49      Mittelwert = Round(Summe / Anzahl, 2)
50      Anzahl = 0
51      Quadrat1 = 0
52      For x = 1 To UBound(Arr)
53        If Arr(x) <> 0 Then
54          Standardabw = Round(Arr(x) - Mittelwert, 2)
55          Quadrat = Standardabw * Standardabw
56          Quadrat1 = Round(Quadrat1 + Quadrat, 2)
57          Anzahl = Anzahl + 1
58          Debug.Print Anzahl, Mittelwert, Arr(x), Standardabw, Quadrat
59        End If
60      Next x
61      Varianz = Round(Quadrat1 / (Anzahl - 1), 2)
62      Standardabweichung = Round(Sqr(Varianz), 2)
63      Sheets("Tabelle1").Range("F3:F100").Clear
64      With Sheets("Tabelle1")
65        .Range("F3").Value = Summe
66        .Range("F4").Value = Anzahl
67        .Range("F5").Value = Mittelwert
68        .Range("F6").Value = Minimum2
69        .Range("F7").Value = Maximum2
70        .Range("F10").Value = Standardabweichung
71        .Range("F11").Value = Varianz
72      End With
73    End Sub
```

18.5 Auswertungen mit PHP

Mithilfe der Skriptsprache lassen sich die Ergebnisse ebenfalls erzielen. Da andere Funktionen zur Verfügung stehen, sieht der Code allerdings etwas anders aus.

Die Werte werden in einem Array gespeichert. Es ist allerdings auch möglich, einzelne Werte als Variable zu speichern und dann Berechnungen vorzunehmen. Es ist jedoch anzunehmen, dass diese Vorgehensweise nicht unbedingt vorteilhaft ist. Unter Umständen stehen auch einzelne Funktionen nicht zur Verfügung.

statistische_funktionen.php	htdocs/Finanzwirtschaft

```php
1   <?php
2     echo "<h1>Statistische Funktionen</h1>";
3     $Wert = array(176,353,345,456,322,456,333,160,
                   245,644,555,664,345,545,643);
4     $Summe = array_sum($Wert);
5     $Anzahl = count($Wert);
6     $Mittelwert = round(($Summe/$Anzahl),2);
7     $Maximum = max($Wert);
8     $Minimum = min($Wert);
9     $Anzahl = count ($Wert);
10    for ( $x = 0; $x < $Anzahl; $x++ )
11      {
12        $Standardabw = $Wert[$x]- $Mittelwert;
13        $Quadrat = $Standardabw * $Standardabw;
14        $Quadrat1 = round($Quadrat1 + $Quadrat ,2);
15      }
16    $Varianz = round($Quadrat1/($Anzahl-1),2);
17    $Standardabweichung = round(sqrt($Varianz),2);
18    echo "Summe: <B>$Summe</b><br>";
19    echo "Anzahl: <B>$Anzahl</b><br>";
20    echo "Mittelwert: <B>$Mittelwert</b><br>";
21    echo "Maximum: <B>$Maximum</b><br>";
22    echo "Minimum: <B>$Minimum</b><br>";
23    echo "Standardabweichung: <B>$Standardabweichung</b><br>";
24    echo "Varianz: <B>$Varianz</b><br><br> ";
25  ?>
```

Anzeige im Browser – Ergebnis

Statistische Funktionen

Summe: **6242**
Anzahl: **15**
Mittelwert: **416.13**
Maximum: **664**
Minimum: **160**
Standardabweichung: **166.12**
Varianz: **27595.13**

19 Betriebs- und volkswirtschaftliche Auswertungen

19.1 Finanzmathematische Auswertungen

Vorbemerkungen

Mithilfe finanzwirtschaftlicher Auswerten können u. a. Zins- und Rentenberechnungen durchgeführt werden. Für Unternehmen und Privatpersonen ist es beispielsweise interessant, festzustellen, wie viel ein Kapital, welches in einigen Jahren gezahlt werden muss, zum heutigen Tag wert ist usw.

Zinsrechnung

Unter Nutzung der Zinsrechnung werden Zinsen, angelegtes Kapital, Zinssätze usw. berechnet. Es fallen keine Zinseszinsen an.

Funktion	Formel	Erklärung
Zinsen	$Z = \dfrac{K * p * t}{100 * 360}$	Die Zinsen für ein eingesetztes Kapital werden berechnet. Es wird die Tageszinsformel zugrunde gelegt.
Kapital	$K = \dfrac{Z * 100 * 360}{p * t}$	Das Kapital, welches bei Anlage zu einem bestimmten Zinssatz für eine bestimmte Zeit eine genau bestimmte Zinssumme ergibt, wird ermittelt.
Zinssatz	$p = \dfrac{Z * 100 * 360}{K * t}$	Der Zinssatz für ein für einen bestimmten Zeitraum angelegtes Kapital wird ermittelt. Die Zinsen müssen bekannt sein.
Tage	$t = \dfrac{Z * 100 * 360}{K * p}$	Die Anlagedauer wird bei gegebenen Zinsen, Zinssatz und Kapital ermittelt.

Zeichenerklärung:
Z = Zinsen   K = Kapital   p = Zinssatz   t = Tage

Beispiel: Ermittlung der Tage mit VBA

Ein Kapital von 10.000,00 € bringt bei einem Zinssatz von 5 % 100,00 € Zinsen. Wie lange wurde es angelegt?

```vba
Public Sub Tage()
   Dim Kapital, Zinssatz, Zinsen, Tage As Double
   Kapital = 10000
   Zinsen = 100.05
   Zinssatz = 5
   Tage = Round(Zinsen * 100 * 360 / (Kapital * Zinssatz), 0)
   Debug.Print "Kapital: " & Kapital
   Debug.Print "Zinsen:  " & Zinsen
   Debug.Print "Zinssatz: " & Zinssatz
   Debug.Print "Tage:    " & Tage
End Sub
```

Anzeige im Direktbereich – Ergebnis

```
Direktbereich
Kapital:    10000
Zinsen:     100,05
Zinssatz:   5
Tage:       72
```

Beispiel: Ermittlung der Tage mit PHP

Ein Kapital von 10.000,00 € bringt bei einem Zinssatz von 5 % 100,00 € Zinsen. Wie lange wurde es angelegt?

tage.php	htdocs/Finanzwirtschaft

```php
1  <?php
2    echo "<h1>Tage</h1>";
3    $Kapital = 10000; $Zinssatz = 5; $Zinsen = 100.5;
4    $Tage = Round($Zinsen * 100 * 360 /($Kapital * $Zinssatz),0);
5    echo "Kapital: <B>$Kapital</b><br><br> ";
6    echo "Zinssatz: <B>$Zinssatz</b><br><br> ";
7    echo "Zinsen: <B>$Zinsen</b><br><br><br> ";
8    echo "Tage: <B>$Tage</b><br><br> ";
9  ?>
```

Zinseszinsrechnung

Zinseszinsrechnungen stellen weitere Möglichkeiten der Zinsberechnung zur Verfügung. An anderen Stellen dieses Buchs finden Sie Beispiele für die Zinseszinsrechnung.

Funktion	Funktion in Excel/Formel	Erklärung
Aufzinsung	$K_n = K_0 * q^n$	Das Kapital einschließlich Zinsen und Zinseszinsen wird ermittelt.
Abzinsung	$K_0 = \dfrac{K_n}{q^n}$	Das ursprünglich eingesetzte Kapital wird unter Berücksichtigung von Zinsen und Zinseszinsen ermittelt.
Zinssatz	$P = \left(\left(\dfrac{K_n}{K_0}\right)^{\frac{1}{n}} - 1\right) * 100$	Der gewährte Zinssatz einer Geldanlage wird aufgrund der gegebenen Werte *Anfangskapital*, *Endkapital* und *Anlagedauer* ermittelt.
Jahre	$n = \dfrac{lg\left[\dfrac{K_n}{K_0}\right]}{lg\ q}$	Der Anlagezeitraum für ein Kapital wird aufgrund der gegebenen Werte *Anfangskapital*, *Endkapital* und *Zinssatz* ermittelt.

Zeichenerklärung:

$q = 1 + \dfrac{p}{100}$

K_n = Endkapital K_0 = Anfangskapital   p = Zinssatz   n = Jahre

Finanzmathematische Auswertungen

Rentenrechnung

Die Rentenrechnung beschäftigt sich mit verschiedenen Varianten der Ein- und Auszahlung von Beträgen, die z. B. kontinuierlich ein- oder ausgezahlt werden.

Funktion	Formel	Erklärung
Rentenendwert (nachschüssige Rente)	$R_n = r * \dfrac{q^n - 1}{q - 1}$	Der Rentenendwert bei regelmäßigen Einzahlungen am Jahresende wird ermittelt.
Rentenendwert (vorschüssige Rente)	$R_n = r * q * \dfrac{q^n - 1}{q - 1}$	Der Rentenendwert bei regelmäßigen Einzahlungen am Jahresanfang wird ermittelt.
Rentenbarwert	$R_0 = R_n * \dfrac{1}{q^n}$	Der gegenwärtige Wert einer Rente wird berechnet.
Rentenrate (nachschüssige Rente)	$r = \dfrac{R_n}{\frac{q^n - 1}{q - 1}}$	Die Rentenrate, die gezahlt werden muss, wenn ein bestimmter Endbetrag erzielt werden soll, wird berechnet.
Rentenrate (vorschüssige Rente)	$r = \dfrac{R_n}{q * \frac{q^n - 1}{q - 1}}$	Die Rentenrate, die gezahlt werden muss, wenn ein bestimmter Endbetrag erzielt werden soll, wird berechnet.
Laufzeit (nachschüssige Rente)	$n = \dfrac{lg\left(\frac{R_n * (q - 1)}{r}\right) + 1}{lg(q)}$	Sind Rentenendwert usw. bekannt, wird ermittelt, wie lange die Rentenbeträge eingezahlt werden müssen.
Laufzeit (vorschüssige Rente)	$n = \dfrac{lg\left(\frac{R_n * (q - 1)}{r * q}\right) + 1}{lg(q)}$	Sind Rentenendwert usw. bekannt, wird ermittelt, wie lange die Rentenbeträge eingezahlt werden müssen.
Annuität	$z = BW_o * \dfrac{i + (1 + i)^n}{(1 + i)^n - 1}$	Ein fälliger Rentenbetrag soll nicht in einer Summe, sondern in kontinuierlichen Raten ausgezahlt werden.
Kontinuierliche Auszahlung	$z = EW_n * \dfrac{i}{(1 + i)^n - 1}$	Ein zu einem späteren Zeitpunkt fälliger Rentenbetrag soll schon vorher in kontinuierlichen Raten ausgezahlt werden.

Art	Erklärung
Vorschüssige Rente	Bei der vorschüssigen Rente werden Rentenraten am Anfang eines Rentenjahres eingezahlt.
Nachschüssige Rente	Bei der nachschüssigen Rente werden Rentenraten am Ende eines Rentenjahres eingezahlt.

Zeichenerklärung:

$q = 1 + \dfrac{p}{100}$

R_n = Rentenendwert R_0 = Rentenbarwert r = Rentenrate n = Laufzeit in Jahren

Beispiel: Ermittlung des Rentenendwerts mit VBA

Ein Betrag von 200,00 € wird 10 Jahre lang am Ende (am Anfang) eines jeden Jahres eingezahlt und mit 5 % verzinst. Ermitteln Sie das Kapital am Ende der Anlagezeit.

```vba
1   Public Sub Rentenendwert()
2     Dim Rentenendwert, Rentenrate, Zinssatz, Rew1, Rew2, q As Double
3     Dim Jahr As Integer
4     Rentenrate = 200
5     Zinssatz = 5
6     Jahre = 10
7     q = 1 + (Zinssatz / 100)
8     Rew1 = (q ^ Jahre) - 1
9     Rew2 = (1 + (Zinssatz / 100)) - 1
10    Rentenendwert = Round(Rentenrate * (Rew1 / Rew2), 2)
11    Debug.Print "Rentenrate     : " & Rentenrate
12    Debug.Print "Zinssatz       : " & Zinssatz
13    Debug.Print "Jahre          : " & Jahre
14    Debug.Print "Rentenendwert  : " & Rentenendwert
15  End Sub
```

Anzeige im Direktbereich – Ergebnis

```
Direktbereich
 Kapital:     10000
 Zinsen:      100,05
 Zinssatz:    5
 Tage:        72
```

Beispiel: Ermittlung des Rentenendwerts mit PHP

Ein Betrag von 300,00 € wird 10 Jahre lang am Ende (am Anfang) eines jeden Jahres eingezahlt und mit 5 % verzinst. Ermitteln Sie das Kapital am Ende der Anlagezeit.

rentenendwert_n.php	htdocs/Finanzwirtschaft

```php
1   <?php
2     echo "<h1>Rentenendwert</h1>";
3     $Rentenrate = 200;
4     $Zinssatz = 5;
5     $Jahre = 10;
6     $q = 1 + ($Zinssatz/100);
7     $REW1 = pow($q,$Jahre)-1;
8     $REW2 = (1+($Zinssatz/100))-1;
9     $Rentenendwert = round($Rentenrate * ($REW1/$REW2),2);
10    echo "Rentenrate: <B>$Rentenrate</b><br><br> ";
11    echo "Zinssatz: <B>$Zinssatz</b><br><br> ";
12    echo "Jahre: <B>$Jahre</b><br><br> ";
13    echo "Rentenendwert: <B>$Rentenendwert</b><br><br> ";
14  ?>
```

19.2 Wirtschaftliche Auswertungen

Vorbemerkungen

Mithilfe einer Programmier- oder Skriptsprache lassen sich vielfältige wirtschaftliche Auswertungen vornehmen. So können beispielsweise Abschreibungen und Finanzierungen berechnet, Kalkulationen vorgenommen, Bilanzkennzahlen ermittelt und Break-Even-Point- und Monopolpreisberechnungen vorgenommen werden. Aus der Fülle der Möglichkeiten werden zwei dargestellt.

Break-Even-Point

Bei der Break-Even-Point-Berechnung wird der Punkt berechnet, an dem weder Gewinne noch Verluste erzielt werden.

```vb
1  Public Sub Break_Even_Point()
2    Dim Kosten_Fix, Kosten_Var, Erlöse, BEP As Double
3    Kosten_Fix = 20
4    Kosten_Var = 5
5    Erlöse = 10
6    If Kosten_Var >= Erlöse Then
7      Debug.Print "Kein Break-Even-Point vorhanden!"
8    Else
9      BEP = Kosten_Fix / (Erlöse - Kosten_Var)
10     Debug.Print "Break-Even-Point", BEP
11   End If
12 End Sub
```

Anzeige im Direktbereich – Ergebnis

bep.php	htdocs/Wirtschaft

```php
1  <?php
2    echo "<h2>Break-Even-Point</h2>";
3    $Kosten_Fix = 20;
4    $Kosten_Var = 5;
5    $Erlöse = 10;
6    If ($Kosten_Var >= $Erlöse) {
7      echo "Kein Break-Even-Point vorhanden!";
8    }
9    Else{
10     $BEP = $Kosten_Fix / ($Erlöse - $Kosten_Var);
11     echo "Break-Even-Point     ".$BEP;
12   }
13 ?>
```

Monopolpreis

Die Ermittlung des Monopolpreises soll als Beispiel für die Möglichkeiten der Ermittlung wirtschaftlich relevanter Daten demonstriert werden.

monopol.php	htdocs/Wirtschaft

```php
1   <?php
2     echo "<h1>Monopol</h1>";
3     $Var_Kosten = 0.5; $Fix_Kosten = 2; $PAF1 = 7; $PAF2 = 1;
4     $Menge = round(($PAF1 - $Var_Kosten)/($Fix_Kosten * $PAF2),2);
5     $Preis = round(($PAF1 - $Menge),2);
6     $Gewinn = round(-($Menge*$Menge)
                + (($PAF1-$Var_Kosten)* $Menge)- $Fix_Kosten,2);
7     echo "Menge : <B>$Menge</b><br>";
8     echo "Preis : <B>$Preis</b><br>";
9     echo "Gewinn : <B>$Gewinn</b><br>";
10  ?>
```

Anzeige im Browser – Ergebnis

Monopol

Menge : 3.25
Preis : 3.75
Gewinn : 8.56

```vb
1   Public Sub Monopol()
2     Dim Var_Kosten, Fix_Kosten, PAF1, PAF2, Menge, Preis, Gewinn As Double
3     Var_Kosten = 0.5
4     Fix_Kosten = 2
5     PAF1 = 7
6     PAF2 = 1
7     Menge = Round((PAF1 - Var_Kosten) / (Fix_Kosten * PAF2), 2)
8     Preis = Round((PAF1 - Menge), 2)
9     Gewinn = Round(-(Menge * Menge) + ((PAF1 - Var_Kosten) * Menge)
10              - Fix_Kosten, 2)
      Sheets("Tabelle1").Range("A1:F100").Clear
11    With Sheets("Tabelle1")
12      .Range("A1").Value = "Monopolpreisbildung"
13      .Range("A3").Value = "Menge"
14      .Range("B3").Value = Menge
15      .Range("A4").Value = "Preis"
16      .Range("B4").Value = Menge
17      .Range("A5").Value = "Gewinn"
18      .Range("B5").Value = Gewinn
19    End With
20  End Sub
```

Wirtschaftliche Auswertungen

20 Grundlagen des E-Commerce

Begriff

Einen allgemein gültigen Begriff E-Commerce oder C-Business gibt es nicht. Man kann jedoch sagen, dass darunter sämtliche betrieblichen Aktivitäten und Verfahren gemeint sind, die unter Einsatz elektronischer Medien zur Optimierung der Geschäftsprozesse – insbesondere im Absatzbereich – beitragen.

Über das Internet werden Verträge geschlossen und Informationen zur Verfügung gestellt. Auf Webseiten von Unternehmen findet man Informationen, z. B. über Produkte. Dies führt u. U. zur Anbahnung von Kaufverträgen.

Die Markttransparenz für Anbieter, die Konkurrenzunternehmen besser beobachten können, und Konsumenten, die sich bei vielen Anbietern über das Netz informieren können, steigt. Daraus ergeben sich für Unternehmen Chancen und Risiken.

Ausprägungsformen

Beim E-Commerce werden entsprechend der Beteiligten an Kaufverträgen und sonstigen Transaktionen u. a. folgende Arten unterschieden. Beispiele verdeutlichen den Sachverhalt:

Art	
B2B Business-To-Business	Geschäftsverkehr zwischen Unternehmen und Unternehmen • Abwicklung eines Kaufes zwischen Unternehmen
B2C Business-To-Consumer	Geschäftsverkehr zwischen Unternehmen und Konsumenten • Kauf eines Buches bei *amazon* • Kauf von Waren bei Versandunternehmen, Unternehmen mit speziellem Warensortiment (z. B. Elektronik, Lebensmitteln, Reisen usw.)
C2C Consumer-To-Consumer	Geschäftsverkehr zwischen Konsumenten und Konsumenten (Verkäufer und Käufer sind Privatpersonen) • Verkauf eines Gegenstandes bei *ebay* oder einem anderen Unternehmen, welches eine entsprechende Plattform zur Verfügung stellt.
B2A Business-To-Administration	Geschäftsverkehr zwischen Unternehmen und Behörden • Abgabe von Angeboten über das Internet nach Ausschreibungen (öffentliche Bauten, Straßen usw.) der öffentlichen Hand (Bund, Länder, Kommunen)
A2C Administration-To-Customer	Geschäftsverkehr zwischen Behörden und Bürger • Abgabe einer Steuererklärung über das Internet

Zahlungssysteme

Die Zahlung ist u. U. der problematische Teil eines Kaufs im Internet. Der Käufer will nur dann zahlen, wenn er einwandfreie Ware bekommen hat. Der Verkäufer will für seine im einwandfreien Zustand gelieferte Ware den entsprechend vereinbarten Kaufpreis bekommen.

In der Aufstellung werden die Vor- und Nachteile klassischer Zahlungsarten gegenübergestellt. Sie zeigt, dass diese Arten nur bedingt für den Onlinehandel geeignet sind:

Art		Verkäufer	Käufer
Vorkasse	Vorteile	• bekommt Geld, bevor die Ware übergeben wird	• keine
	Nachteile	• keine	• bezahlt Ware, bevor er sie bekommen hat
Nachnahme	Vorteile	• bekommt Geld, bevor die Ware übergeben wird	• keine
	Nachteile	• Käufer nimmt Ware eventuell nicht an	• bezahlt Ware, bevor er sie prüfen konnte
Überweisung (nach Lieferung)	Vorteile	• keine	• kann Ware prüfen und muss erst danach zahlen
	Nachteile	• Zahlung erfolgt erst nach Lieferung der Ware	• keine
Lastschriftverfahren	Vorteile	• kann das Geld vom Konto des Käufers einziehen	• kann Ware prüfen und muss erst danach zahlen
	Nachteile	• Zahlung erfolgt mangels Kontodeckung nicht • Zahlung wird storniert	• keine

Im Laufe der Zeit sind verschiedene Zahlungsarten entwickelt und teilweise wieder eingestellt worden. Allen Verfahren ist gemeinsam, dass sowohl das Risiko für den Verkäufer als auch den Käufer minimiert werden soll. Solche Zahlungsverfahren sind u. a. die Zahlung mit **Kreditkarte** oder das System **PayPal**.

Vor- und Nachteile des E-Commerce

Für Unternehmen und Kunden ist der elektronische Handel sowohl mit Vorteilen als auch mit Nachteilen verbunden. Die positive Entwicklung des E-Commerce in den letzten Jahren zeigt jedoch, dass beide Parteien die Vorteile größer einschätzen als die Nachteile.

	Vorteile	Nachteile
Kunden	• bessere Markttransparenz • günstigere Preise • Einkauf ist nicht an feste Zeiten gebunden („rund um die Uhr") • bessere Möglichkeiten des Erhalts von Updates usw.	• keine persönliche Beratung • Ware entspricht nicht den Erwartungen • Probleme bei Reklamationen • evtl. Probleme bei Vorauszahlung einer Ware
Unternehmen	• Ausweitung des Absatzgebietes • bessere Werbemöglichkeiten • Kostenersparnis aufgrund von weniger Verkaufsraum	• stärkere Konkurrenz • Probleme bei der Zahlung • Rechtliche Unklarheiten besonders im Außenhandel (unterschiedliche Gesetze)

Stichwortverzeichnis

Algorithmen

Abweisende Schleife	193
Fußgesteuerte Schleife	194
Iteration	184, 191, 193, 194
Kopfgesteuerte Schleife	193
Nichtabweisende Schleife	194
PAP, Programmablaufplan	184
Selektion	184, 186, 187, 188 190
Sequenz	184, 185
Struktogramm	184

Bildbearbeitung

Auflösung	148
Ausgabe	182
Auswahlwerkzeuge	156
Maske	156
Lasso-Auswahl	156
Zauberstab	156
Bilder, Internet	154
Bildgröße	161
Bildtypen	151
Digitale Bilder	147
Ebenen	174
Effekte	180, 181
Ellipse	172, 173
Farbauswahl	164
Farbbalance	149
Farbe	148
Farbeimer	164, 168
Farbeinstellungen	164
Farbmodelle, CMYK, HSB, RGB	148
Farbpalette	149
Farbpinsel	164, 168
Farbtiefe, Farbton	149
Farbverlauf	164, 166
Filter	180
Freihand	172, 173
Grafik	
Auswahl Bereich	156, 164
Bereich löschen	167
Klonen	170
Kopieren	158
Lasso	160
Text	171
Zauberstab	160
Zeichenwerkzeuge	172
Grafikformate	151
Helligkeit	149
Klonen	164
Komprimierung	150
Kontrast	150
Linie/Kurve	172
Pipette	168
Pixel	148
Radierer	164
Transparenz	149
Zeichenstift	164

CSS (Cascading Stylesheets)

2D-Transformation	315
Abstände	290, 292
Animationen	325
Arten von Stylesheets	266
Attribute, Attribut-Selektoren	265, 271, 275
Audio	296
Aufzählungszeichen	293
Bilder	296
body	265
Box, Hintergrundtext	333
Boxen, Boxmodell	302, 330
fixiert	334
Navigation	337
Position	332
Cascading Stylesheets	238, 265, 266
Class	272
Deckkraft	326
Elemente	313
Externes Stylesheet	266, 268
Farben, Farbverlauf	280, 328
Geschwisterelemente	276, 278
Grafiken	296
Gruppierung Stylesheets	269
Hintergrund	280, 322
Hintergrundbilder, Hintergrundfarbe	280, 281, 282
ID-Selektoren	271, 273
Inline-Style	266
Internes Stylesheet	266, 267
Kindelemente	276, 278
Klassen-Selektoren	271, 272
Links	305
Listen	293, 294
Modularisierung	273
Nachfahrenelemente	276
Navigation	307
Nummerierung	294
Position	332, 333
absolut	332
relativ	335
Pseudoelemente	297
Rahmen und Hintergründe	290, 321, 323
Regeln	270
Schatten	320
Schrift, Schriftarten	283, 284, 286, 319
Schrift und Rotation	317
Schriftgröße	285
Selector, Selektoren	265, 271
Spalten	314
Stylesheets	265, 266
Stylesheets, Vererbung	269
Tabellen	295
Text, Textfarbe	280, 283, 286
Typ-Selektoren	271
Universal-Selektor	271
Video	296
Zeilenabstand	285

Stichwortverzeichnis

Datenaustausch
Datenexport 134
Diagramm 135
Verknüpfung 135
Serienbrief 137

Datenbank
1:1-Beziehung 447, 452
1:n-Beziehung 448, 452
Attribut, Attributwert 439, 453
Beziehungen 445
Datenbankmodell 438
Dateninkonsistenz 440
Datenintegrität 440
Datenredundanz 440
Entität, Entitätstyp 441, 442
Entity-Relationship-Modell 438, 441
ERM 438, 441
Fremdschlüssel 462, 471
Kardinalität 446
m:n-Beziehung 449, 450, 453
Modell, logisches, physisches, semantisch ... 438, 439
Nicht-Schlüssel-Attribute 445
Normalformen, Nullte 445
Normalformen, 1. Normalform 456
Normalformen, 2. Normalform 457
Normalformen, 3. Normalform 458
Normalisierung, Ziele 455
Optionalität 446
Primärschlüssel 443, 453, 454
Relation, Relationale Datenbank 439, 452
Relationship 445
Schlüssel, Schlüsselfelder 443, 444
Tupel 439
Verbundschlüssel 444

Datenbank Access
1:1-Beziehung 513
1:n-Beziehung 516
Abfragen
   Aggregatsfunktionen 509
   Aktionsabfragen 493
   Aktualisierungsabfragen 476, 487
   Anfügeabfrage 493
   Arten 493
   Auswahlabfrage 493, 494, 497
   Berechnungen 511
   Differenzen 504
   Duplikatsuche 493, 510
   Erstellen 495
   Gruppierung 509
   Inkonsistenzsuche 493
   Kreuztabellenabfrage 493, 504
   Nicht-Null-Werte 502
   Nullwerte 502
   Parameterabfrage 493, 500
   Summenbildung 509
   Syntax 494
   Tabellenerstellungsabfrage 493
   Verknüpfungen 539
Backstage-Bereich 461
Bericht 462, 491
   Assistent 492
   Erstellen 493
Beziehungen
   Nachschlage-Assistent 523
   referentielle Integrität 532
Daten
   Eingeben 469
   Formatieren 485
   Formular 489
Datenbank
   Anlegen 460, 463
   Arbeitsablauf 460
Datenfelder, Sortieren 471
Datensatz
   Eingabe 529
   Löschen 529
Eingabeformate 477
Ersetzen 472
Felddatentyp 465
   AutoWert 465
   Byte 465
   Datum 465
   Dezimal 465
   Double 465
   Integer 465
   Ja/Nein 465
   Kurzer Text 465
   Langer Text 465
   Long Integer 465
   Single 465
   Währung 465
   Zahl 465
Feldgröße 468
Formulare 462, 487
   Assistent 488
   Daten 489
   Daten löschen 490
   Daten suchen 490
Funktionen 511
   Finanzmathematik 511
   Logik 512
   Wenn 512
Gleichheitsverknüpfung 537
Gültigkeit 480
Indizes 482
Inklusionsverknüpfung 537, 538
Inkonsistenzen 530
Löschabfrage 493
Löschen
   Datenfeld 471
   Tabelle 471
m:n-Beziehung 518, 523, 527
Nachschlage-Assistent 523
Navigationsbereich 462
Primärschlüssel, zusammengesetzter 527
SQL-Befehle 460
Standardwerte 475
Suchen 472
Tabelle, Anlegen 460, 465, 466
Tabellengestaltung 473
Text-, Kombinations- und Listenfelder 479
Zeit 465

Stichwortverzeichnis

Datenbank MySQL

1:1-Beziehung	566
1:n-Beziehung	570
Abfrage	560
Abfrage-Fenster	563
AUTO_INCREMENT	552
Beziehungen	566
Bearbeiten	550
Daten	554
Einfügen	554
Löschen	550
Löschen aller Daten	551
Datenbank	546
Datenfelder	554
Datenfelder, Löschen	557
Datenfeldnamen, Ändern	557
Datum	556
Feldeigenschaft	558
Index	552
Kopieren	550
m:n-Beziehung	571
NULL	552
Passwort	544
phpMyAdmin	543
Primärschlüssel	558
PRIMARY KEY	552
Rechte	544
SQL-Befehl	562, 564
Suche	560
Primärschlüssel, zusammengesetzter	575
Tabelle	547
Anzeigen	565
Einfügen	551, 553
Eingabe	548
Erstellen	553
Eigenschaften	552
Kopieren	551
Tabellenstruktur	554
UNIQUE KEY	552
Zahl	552

Datenbank SQL

CREATE TABLE	583, 585, 586, 587, 588
CREATE DATABASE	584, 588
ALTER TABLE	590, 591, 592, 593
AS	601
CHAR(n)	587
DATE	587
Datenbank Access	582
Datenbank MySQL	584
Datenbanksprache	579
DELETE	597
DISTINCT	601
DROP DATABASE	586
DROP TABLE	590
GRANT	580
GROUP BY	611
HAVING	612
INNER JOIN	580
INNER JOIN	614
INSERT INTO	594
INTEGER	587
JOINS	614
LEFT JOIN	580
LEFT JOIN	614
LEFT OUTER JOIN	614
NOT-NULL-Bedingung	588
ORDER BY	609
Query Language	579
REAL	587
REVOKE	580
RIGHT JOIN	580
RIGHT JOIN	614
RIGHT OUTER JOIN	614
SELECT	599, 608
Structured Primärschlüssel	588
UNION	580
UNION	613
UPDATE	600
WHERE	612

Datenaustausch

Datenexport	134
Excel-Tabelle	134
Diagramm	135
Verknüpfung	136
Serienbriefe	137
Ausgabe	144
Bedingungsfelder	145
Bedingungsfelder – alternativer Text	145
Datenquelle Access	139
Datenquelle Excel	140
Datenquelle Word-Tabelle	141
Hauptdokument	137, 138
Filtern	146
Seriendruckfelder	142
Sortieren	146

DV-System

Anwendungssoftware	15
Ausgabegeräte	13
Betriebssystem	15
Datenkommunikation	13, 16
Drucker	13
Eingabegeräte	13
Hardware	11, 12
Informationstechnologie	11
Intranet, LAN, Wireless-LAN	17
Kommuniktionsnetze	17
Laptop	13
Motherboard	13
Multimedia	13
Netbook	12
Notebook	12
Netzwerke	13
Personalcmputer	12
Performance	14
Software	11
Smartphone	12
Speicher	13
Systemsoftware	15
Tablet	12
Tower	12
Zentraleinheit	13

E-Commerce

A2C 665
Ausprägungsformen 665
B2A 665
B2B 665
B2C 665
Begriff 665
Vor- und Nachteile 666
Zahlungssysteme 665

HTML

Attribute 238, 245
Audio 256
Aufzählungen, Unterpunkte 248
Bilder 254
Block-Elemente 238
Definitionslisten 249
Element-Typen 238
Formulare 240
Grafiken 254
Grundgerüst 239
Head 237
HTML 238
HTML-Befehle
   <a>…</a> 241, 260, 261, 263, 305
   <abbr>…</abbr> 241
   <adress>…</address> 243
   <article>…</article> 243
   <aside>…</aside> 243
   <audio>…</audio> 256
   <blockquote>…</blockquote> 240
   <body>…</body> 243

 241
   <cite>…</cite> 241
   <dd>…</dd> 249
   <div>…</div> 240
   <dl>…</dl> 249
   <dt>…</dt> 249
   <figcaption>…</figcaption> 255
   <figure>…</figure> 255
   <footer>…</footer> 243
   <h1>…</h1> 243, 258
   <header>…</header> 243
   <hr> 240
   <img> 255
   <kdb>…</kdb> 241
   <li>…</li> 247, 250
   <link> 268
   <mark>…</mark> 241
   <nav>…</nav> 243
   <ol>…</ol> 250
   <p>…</p> 238, 240
   <q>…</q> 241
   <section>…</section> 243
   <span>…</span> 241, 246
   <strong>…</strong> 241
   <sub>…</sub> 241
   <sup>…<sup> 241
   <table> </table> 251
   <tbody>…</tbody> 251
   <td>…</td> 251
   <th>…</th> 251
   <thead>…</thead> 251
   <thfoot>…</tfoot> 251
   <time>…</time> 241
   <tr>…</tr> 251
   <ul> </ul> 247
   <wbr> 241
Hyperlinks, E-Mail 260
Hyperlinks, Webseiten 260
HyperText Markup Language 238
Individuelle Attribute 245
Inline-Elemente 238
Links 261
Links auf Bilder 263
Listen 247
Medien 240
Nummerierungen 250
Relative Links 261
Seitenstrukturierung 240
source 256
Struktur 237
Tabellen 240
Tags 238
Textauszeichnung 240
Textstrukturierung 240
Thumbnails 263
Titel Seite 246
Universalattribute 245
Video 258

PHP

Kommentar 349
\$ Dollar-Symbol 350
/*Kommentar*/ 349
// Kommentar 349
\\ Backslash 350
" Anführungszeichen 350
Arithmetische Operatoren 356
Arrays 377, 422
   assoziatives 425
   eindimensional 422
   festgelegter Index 424
   mehrdimensional 426
   sortieren 427
Ausgabe 377
   Daten 345
   Falsche Ausgaben 348
   formatiert 377
Auswahl
   einseitig 396, 398
   mehrseitig 396, 405, 407
   zweiseitig 396, 401
Boolean 354, 355
Datentypen 354
do … while 396, 418
Double 354
echo 345
Einwegverschlüsselung 430
Fallunterscheidung 396, 409

Stichwortverzeichnis

Fehler, Fehlersuche 347
Fehler-Kontroll-Operator 361
for 396, 412
foreach 396
Funktion – rekursiv 436
Funktionen 381, 433
Hexadeximal-Schreibweise 350
HTML-Befehle – Formular
    <form>…</form> 364
    <fieldset>…</fieldset> 364
    <input>…</input> 364, 365, 371,372
    <legend>…</legend> 364
    <label>…</label> 364
    <optgroup> … </optgroup> 369
    <option>…</option> 369
    <select>…</select> 369
    <textarea>…</textarea> 374
Formular 363
    Auswahlliste 369
    Checkboxen 373
    Datenliste 371
    E-Mail 375
    Eingabefelder 368
    Elemente 375
    Radio-Button 372
    Text 374
    Textfelder 364
Formular – Attribut 364, 365, 371, 372, 374
If 396, 398
if … else 396, 401
if … elseif 396, 405
if … elseif … else 396, 407
Integer 354
Kommentare 349
Konstante 353
Kontrollstrukturen 396
Logik-Operatoren 358
Mathematische Funktionen 386
Maximalwert 428
Mehrwegverschlüsselung 431
Minimalwert 428
Objects 354
Operatoren 356
Passwortschutz 432
Zeilenumbruch 350
Schleife, abweisend 396, 416
Schleife, nichtabweisend 396, 418
Sequenz 396, 397
Sonderzeichen 350
String 354, 355, 381
String-Funktionen 381
switch 396, 409
Syntaxfehler 348
Tabulator 350
Variablen-Funktionen 384
Vergleichsoperatoren 357
Verkettungsoperatoren 360
Variable 352
while 396, 416
Zählschleife 396, 412
Zuweisungsoperatoren 358

PHP – MySQL

ALTER TABLE 644
CREATE DATABASE 631
CREATE TABLE 639
Daten, Auslesen, Einfügen 645, 648
Datenbank, Löschen, Verbindung 637, 631
DROP DATABASE 637
DROP TABLE 642
SELECT 645
Tabelle
    Ausgeben 645
    Datenstrukturen 643
    Erstellen, Erstellen mit Formular 639, 641
    Löschen 642
Tabellenstruktur 643
Web, Oberfläche 652

Präsentationssoftware

Absatz 124
Animationen 127
Beurteilungskriterien, Beurteilungsbogen ... 131, 132
Bilder, Bilddateien 109, 122, 125
Bildschirmpräsentation 114
Design 110, 119
Diagramme 109, 126, 127
Effekte 119
Entwurfsvorlagen 120
Folien 116
Excel-Tabelle 117
Pfeile 118
Tabellen 109, 116
Text, Textfeld 109, 118, 122
Word-Art-Objekt 118
Foliengröße, Foliensortierung 110, 115
Folienpräsentationseffekte 127
Grafiken, Grafikdateien 108, 125
Hintergrund, Hintergrundformate 110, 119
Masterfolien 129
Notizen, Notizenseite 115, 122
Online-Grafiken 109
Organisations-Diagramm 126
Präsentation 111
    Entwicklung 115
    Erstellung 111
    Selbstablaufend 108
    Zeigen 129
    vorgefertigt 121
Präsentationsansichten 115
Schaltfläche Office 120, 121
Schrift, Schriftarten 119, 123
SmartArt, SmartArt-Grafik 109, 124
Übergänge 128
Vorlagen 110
Vortrag 108, 130
Zeichnungsobjekte 126, 127

Statistische Analyseverfahren

Anzahl 654
Maximum, Median, Minimum, Mittelwert 654
Modalwert 654
Standardabweichung 654
Varianz 654

Tabellenkalkulation

Abschließen	24
Adressierung	32
absolut	32, 33
Namen	32, 35, 36, 37, 38
relativ	32, 33
Backstage-Bereich	20
Diagramme	
Achsentitel	76
Balkendiagramm	70
Blasendiagramm	70
Datentabelle, Datenbeschriftung	76
Datenreihe, Datenpunkt	76
Datentabelle	76
Diagrammbereich	76
Diagrammtitel	76
Diagrammelemente ,Diagrammfilter	77
Diagrammtools	77
Diagrammtyp	71
Kreisdiagramm	70
Legende	76
Liniendiagramm	70, 78
Markieren	71
Nachbearbeitung	76
Säulendiagramm	70
Verbunddiagramm	70, 79
x-Achse	76
y-Achse	76
Zeichnungsfläche	76
Drag and Drop	29
Formatierung	69
Formeln	41, 42
Durchschnittsrechnung	44
Prozentrechnung	39
Zinsrechnung, Zinseszinsformel	40, 41
Funktionen	
Information	46
Logik	46, 53
Matrix	46
Statistik	46
Datum & Zeit	46
Finanzmathematik, Mathematik	46, 50
Funktions-Assistent	48
Finanzmathematische Funktionen	51
RUNDEN	48
GANZZAHL	48
POTENZ	50
ZW, ZUKUNFTSWERT	51
Logik	53
WENN, UND, ODER	53, 55, 57, 58
Statistik	60
ANZAHL, ANZAHL2	60
MAX (Maximum), MIN (Minimum)	60
MITTELWERT	60
ZÄHLENWENN	61
Matrix	61
SVERWEIS	61
SPALTE	63
Datum	66
TAGE360	67
Menüband	21
Schnellanalyse	30
SVERWEIS	65

Textverarbeitung

Absatzeinzug	93
Absatzformatierung	91
Aufzählung	97, 99
Bilder	105
Diagramme	105
Eingaben	82
Formatierung	87
Absatz	91
Format übertragen	90
Schaltflächen	89
Gliederung	83
Grafik	105
Grammatik	85
Korrekturen	82
Lineal	93
Nummerierung	97, 98
Rechtschreibprüfung	85
Schriftart, Schriftfarbe, Schriftgröße	87
Sonderzeichen, Symbole	84
Tabellen, Anlegen, Auswählen, Formatieren	100, 101
Radierer	103
Zellen ändern, einfügen, löschen	103
Tabulatoren, Lineal	94
Zeichen, Zeichenformat	83, 87, 88

VBA (Visual Basic for Applications)

Arbeitsumgebung	195
Befehlsschaltfläche	226
Bezeichnungsfeld	226
Case	212
Debug.Print	199
Dim … As	199
Direktbereich	199
Do Loop Until	214, 223
Do Loop While	214, 221
Do Until Loop	214, 220
Do While Loop	214, 217
For To Step Next	214
Funktionen	224
Konstante und Variable, global, lokal	202
If Then	208
If Then Else	209
If Then ElseIf Else	210
InputBox	199
Konstante	202
MsgBox	200, 201
Proceduren	196
Range	200
Schaltflächen	229
Selektion	208
Sequenzen	206
Sheets.Range.Clear	200
Userform	226
Variable, Variablen-Typen	202
With	200

Wirtschaftliche Auswertungen

Break-Even-Point, Monopolpreis	663, 664
Finanzmathematik	659
Rentenrechnung	661
Zinsrechnung, Zinseszinsrechnung	388, 659